Die falsche Münze unserer Träume

David Graeber

Die falsche Münze unserer Träume

Wert, Tausch und menschliches Handeln

Aus dem Englischen von
Michaela Grabinger, Sven Koch, Andrea Stumpf
und Gabriele Werbeck

DIAPHANES

Titel der Originalausgabe:
*Towards an Anthropological Theory of Value:
The False Coin of Our Own Dreams*

ISBN 978-3-0358-0648-9
www.diaphanes.net

Satz und Layout: 2edit, Zürich
Druck: Steinmeier, Deiningen

Inhalt

Die Überzeugung aller, der Glaube, resultiert aus einem Bedürfnis aller, aus ihren einmütigen Wünschen. Das magische Urteil ist Gegenstand eines sozialen Einverständnisses, Übersetzung eines sozialen Bedürfnisses [...]. Weil die gewünschte Wirkung von allen ermittelt wird, wird das Mittel, das dazu geeignet ist, diese Wirkung hervorzubringen, anerkannt; weil die Hindus, die auf die Brahmanen der *Atharvaveda* zurückgriffen, die Heilung der Fieberkranken wünschten, erschien ihnen das Besprengen mit kaltem Wasser und die sympathetische Berührung eines Frosches als ausreichendes Gegenmittel gegen das Tertian- oder Quartanfieber. Letztlich ist es immer die Gesellschaft, die sich selbst mit der falschen Münze ihres Traums bezahlt.

Marcel Mauss und Henri Hubert:
»Entwurf einer allgemeinen Theorie der Magie« (1904)

Einleitung

Als ich mit der Arbeit an diesem Buch begann, waren meine Ziele recht bescheiden. Ich wollte eigentlich nur zur ethnologischen Werttheorie beitragen. Schon seit Längerem gibt es in der Ethnologie Bedarf nach einer Theorie, mit der sich nicht nur die völlig unterschiedlichen Weltbilder von unterschiedlichen Kulturen untersuchen lassen (was Ethnologen seit jeher gut beschreiben), sondern auch wie diese Kulturen festlegen, was schön, erstrebenswert oder bedeutend ist. Oder, könnte man auch sagen, wie sich Bedeutung in Begehren verwandelt. Damit verbunden ist jedoch die Beantwortung einer Menge erwiesenermaßen kniffliger Fragen, die sich zudem nicht auf das Gebiet der Ethnologie beschränken, sondern aus dem gesamten Bereich der Sozialwissenschaften stammen. Deswegen wollte ich anfangs nur versuchen, die Umrisse einer solchen Theorie zu zeichnen und sie mit den Überlegungen zu Reichtum, Macht und Geld zu verbinden, die ich vor einigen Jahren in dem Aufsatz »Beads and Money: Notes toward a Theory of Wealth and Power« entfaltet habe.

Während des Schreibens geschah jedoch etwas anderes. Je mehr ich schrieb, desto klarer wurde mir, dass meine Annahmen und Anliegen vielfach den in den Sozialwissenschaften herrschenden Meinungen widersprachen – zumindest in jenen Fachrichtungen, die sich selbst sehr stark politisch verstehen (Soziologie, Ethnologie, Geschichte, Kulturwissenschaften usw.). So wie ich mich immer mehr dazu verpflichtet fühlte, meine abweichenden Positionen zu verdeutlichen, reifte in mir die Erkenntnis, dass sich das Buch zu einem viel anspruchsvolleren Projekt auswuchs: In mancher Hinsicht nahm es die Züge eines politischen Traktats an, zumindest aber die einer längeren Reflexion über das Verhältnis von Disziplinen wie Ethnologie und Politik.

Es ist heute allgemein anerkannt – Journalisten würden von einer unbezweifelbaren Tatsache sprechen –, dass sich die amerikanische Linke in den letzten Jahrzehnten des zwanzigsten Jahrhunderts weitgehend in die Universitäten und Forschungseinrichtungen zurückgezogen hat, um dort zunehmend obskure und radikale Metatheorien zu entwickeln und alles, was ihr in die

Finger kam, zu dekonstruieren, während der Rest der Welt immer konservativer wurde. Diese verkürzte Darstellung ist vermutlich nicht einmal ganz falsch. Aber Ereignisse in letzter Zeit legen nahe, dass man das auch ganz anders sehen könnte. In den vergangenen Jahren fanden neue soziale Bewegungen starken Zulauf – vor allem solche, die sich gegen den Neoliberalismus richten (der in den USA als Doktrin des freien Markts firmiert) –, und sie haben selbst die hintersten Winkel der Welt erreicht, mit einiger Verspätung sogar die USA. Die sogenannte akademische Linke Amerikas hat dabei allerdings so gut wie keine Rolle gespielt, ja, manchen ihrer selbsternannten Vertreter scheint kaum bewusst, dass solche Bewegungen überhaupt existieren. Doch vielleicht sollte das nicht überraschen: Für die moderne kritische Metatheorie ist der Neoliberalismus weiterhin so gut wie kein Thema, über ihn hat sie kaum etwas zu sagen.

Warum ist das so? Mir scheint, dass diese kritische Theorie auf verblüffend vielfältige Weise neoliberale Gedanken vorweggenommen hat. Nehmen wir die sogenannte Postmoderne. Sie ist zugegebenermaßen ein schwieriges Beispiel, weil es nur wenige Intellektuelle gibt, die sich selbst als »postmodern« bezeichnen würden. Doch andererseits ist genau das ein Grund, warum der Begriff eine solche Wirkung entfalten konnte: Die Postmoderne war kein Konzept, das jemand vorschlug, sondern kam als *fait accompli* daher, das man schlicht zu akzeptieren hatte. Ab den 1980er Jahren wurde das mit einigen Argumenten unterfüttert, die sich – in überspitzter Form – in etwa so zusammenfassen lässt:

1. Wir leben in der Zeit der Postmoderne. Die Welt hat sich verändert; dafür kann niemand was, es ist in einem unaufhaltsamen Prozess einfach passiert; deswegen können wir auch nichts dagegen unternehmen, sondern müssen uns schlicht an die neuen Bedingungen anpassen.

2. Eine Folge unserer Postmodernität ist, dass sich Modelle, die auf eine Veränderung der Welt oder der menschlichen Gesellschaft durch kollektives politisches Handeln zielen, nicht mehr verwirklichen lassen. Die Realität ist aufgesplittert und fragmentiert; außerdem sind solche Modelle entweder unrealistisch oder sie führen zu totalitären Schreckensszenarien.

3. Obwohl man den Eindruck gewinnen könnte, es bliebe nur noch wenig Spielraum für geschichtswirksames menschliches Handeln, gibt es keinen Grund zur Verzweiflung. Legitimes politisches Handeln ist weiterhin möglich, vorausgesetzt es findet auf der persönlichen Ebene statt: in der Herausbildung subversiver Identitäten, durch kreative Formen des Konsums und anderes mehr. Solches Handeln ist in sich politisch und hat potentiell befreiende Wirkung.

Das ist, wie gesagt, überspitzt dargestellt. Die Argumente in einem beliebigen politischen Text aus jener Zeit waren meist viel raffinierter. Dennoch variierten sie fast zwangsläufig das eine oder andere dieser drei Themen. Vergleichen wir sie nun mit dem, was die Massenmedien seit den 1990er Jahren über ein Phänomen namens Globalisierung in Umlauf bringen:

1. Wir leben in der Zeit des globalen Markts. Die Welt hat sich verändert; dafür kann niemand was, es ist in einem unaufhaltsamen Prozess einfach passiert; deswegen können wir auch nichts dagegen unternehmen, sondern müssen uns schlicht an die neuen Bedingungen anpassen.

2. Eine Folge davon ist, dass sich Modelle, die auf eine Veränderung der Gesellschaft durch kollektives politisches Handeln zielen, nicht mehr verwirklichen lassen. Revolutionäre Träume haben sich als unrealistisch erwiesen oder – schlimmer noch – lassen totalitäre Schreckensszenarien wahr werden; sogar die Vorstellung, die menschliche Gesellschaft durch politische Wahlen zu verändern, muss heute im Namen der »Wettbewerbsfähigkeit« aufgegeben werden.

3. Selbst wenn man den Eindruck gewinnen könnte, das ließe der Demokratie nur noch wenig Spielraum, gibt es keinen Grund zur Verzweiflung: Marktverhalten und vor allem die individuellen Konsumentscheidungen *sind* Demokratie; eigentlich brauchen wir gar nicht mehr Demokratie.

Zwischen beiden Gedankengängen bestehen selbstverständlich große Unterschiede. Im Kern behaupten alle Verkünder der Postmoderne jedoch, dass wir ein Stadium erreicht haben, in dem alle totalisierenden Systeme – Wissenschaft, Menschheit, Nation, Wahrheit usw. – keine Gültigkeit mehr besitzen; in dem es keine großen Systeme mehr gibt, welche die in unvereinbare Einzelteile zerfallene heutige Welt wieder einen können. Man kann sich nicht einmal mehr einen einzigen Maßstab vorstellen, nach dem sich all diese Dinge beurteilen lassen. Dagegen singen die Neoliberalen das Loblied des globalen Markts, der im Grunde nichts anderes ist als das umfassendste und monolithischste je geschaffene Maßsystem, ein totalisierendes System, das alles, was auf diesem Planeten existiert – jedes Ding, jedes Stückchen Land, jede menschliche Fähigkeit oder Beziehung –, einem einzigen Wertmaßstab unterwirft.

Es wird immer offensichtlicher, dass das, was die Anhänger der Postmoderne beschrieben, zum großen Teil nur die Auswirkungen dieses universellen Marktsystems waren, das wie jedes totalisierende Wertsystem alle anderen diskreditiert und ablehnt. Erstaunlicherweise haben sie das aber überhaupt nicht bemerkt. Wie konnte das passieren? Und warum fanden sie kaum je einen Hebel, ein System zu kritisieren, das alles, was sie einforderten, mit Füßen trat?

Der wahrscheinliche Grund ist, dass all jene, die Begriffe wie »Postmoderne« verwendeten, sich ihrer Forderungen gar nicht bewusst waren. Sie verfassten ja keine Manifeste einer postmodernen Bewegung. Sie meinten, einfach eine unaufhaltsame Entwicklung zu beschreiben, die bereits eingesetzt hatte und durch irgendwelche »strukturellen Kräfte« vorangetrieben wurde. Und das war nur die pointierte Formulierung einer von viel größeren Kreisen vertretenen Ansicht. Hierin liegt die in meinen Augen beste Erklärung für die gegenwärtige Lähmung. Um es kurz zu machen: Da mittlerweile klar ist, dass diese »strukturellen Kräfte« von allein höchstwahrscheinlich nichts hervorbringen, was uns gefällt, liegt es an uns, echte Alternativen zu entwickeln. Doch selbst wenn wir dabei die etwas entmutigende Frage, wer dieses »wir« sein soll, beiseitelassen, müssen wir unsere Theoriegewohnheiten erheblich verändern. Denn es gilt anzuerkennen, dass Menschen in einer wie auch immer gearteten sozialen Bewegung fähig sind, den Lauf der Geschichte entscheidend zu beeinflussen. Dass sich Alternativen aktiv schaffen lassen und nicht von allein einstellen. Das wiederum bedeutet, man muss ernsthaft darüber nachdenken, welche Rolle Intellektuelle in diesem Prozess spielen können und vor allem wie man sie einbindet, ohne dass sie – wie nur allzu oft in der Vergangenheit – in einen unsinnigen sektiererischen Dogmatismus verfallen. Meine Erfahrung im letzten Jahr meiner Mitarbeit im Direct Action Network lehrt mich, dass uns die Aktivisten hier in vielen Fragen mehr als einen Schritt voraus sind.

Das vorliegende Buch ist kein Versuch, diese Fragen zu beantworten. Wie gesagt, wollte ich damit zunächst einige Probleme ethnologischer Werttheorien herausarbeiten. Dennoch scheint mir eine Werttheorie kein schlechter Ausgangspunkt, um nach Alternativen zu einer – nennen wir's mal – Philosophie des Neoliberalismus und seiner grundlegenden Annahmen über die Natur des Menschen zu suchen. Denn wenn wir vielleicht doch keine kühl kalkulierenden Wesen sind, die für sich selbst das Maximum an Macht, Vergnügen und materiellem Wohlstand zu akkumulieren versuchen, was sind wir dann? Die ersten drei Kapitel versuchen einen Überblick zu geben, wie ältere Gesellschaftstheorien mit diesen Fragen umgegangen sind, in welche Sackgassen sie gerieten und wie viele der offensichtlich innovativsten jüngeren Theoretiker allzu oft wieder um die alten Dilemmata kreisen – und das in den meisten Fällen ohne es zu bemerken. Den Abschluss bildet ein möglicher Ausweg, der von einer »heraklitischen Tradition« ausgeht, die in dem, was uns als fixes Objekt erscheint, ein Bewegungsmuster erkennt und Handlungsstrukturen darin, was uns als feste »Sozialstrukturen« erscheinen. In diesem Sinn ist Wert, so mein Vorschlag, das, wodurch Handlungen für den Handelnden Bedeutung gewinnen, indem sie als Teil eines größeren sozialen Ganzen betrachtet werden – selbst wenn in vielen Fällen dieses Ganze primär in der Vorstellung der handelnden Personen besteht. Dieser Gedanke beruht auf einer recht eigenwilligen Interpretation Marx'scher Ideen.

Die zweite Hälfte des Buches befasst sich in erster Linie mit zwei konkreten Themen, dem Tausch und der sozialen Kreativität. Am Anfang steht ein Aufsatz aus dem Jahr 1996, der ursprünglich »Beads and Money: Notes toward a Theory of Wealth and Power« betitelt war und die Frage aufwirft, warum oft Dinge als Zahlungsmittel ausgewählt wurden, die sonst nur als Schmuckgegenstände dienten (Perlen, Muscheln, Gold, Silber usw.); daran schließt die Auseinandersetzung mit mehreren ausführlichen ethnographischen Fallstudien an: zunächst ein Kapitel über den Wampum im amerikanischen Nordosten des siebzehnten Jahrhunderts, dann ein Rückgriff auf die berühmten Beispiele des französischen Ethnologen Marcel Mauss, die »Schenkökonomien« der Trobriander, Maori und Kwakiutl, und schließlich etwas Material aus meinen eigenen Arbeiten zur Magie und den Königsritualen der Merina auf Madagaskar. Im Zuge dessen versuche ich, einige weniger bekannte Ideen von Mauss herauszuarbeiten und weiter zu entfalten, insbesondere seine Ansicht über die mögliche Rolle der Ethnologie bei der Entwicklung einer revolutionären Theorie. In vieler Hinsicht erweist sich Mauss dabei als ideale Ergänzung zu Marx: Während dieser den Kapitalismus einer grundlegenden Kritik unterzog, lag jenem vor allem daran, die Erkenntnisse der vergleichenden Ethnographie – des einzigen Forschungszweigs, der alle menschlichen Möglichkeiten zu erfassen vermag – zur Konzeption von Alternativen zum Kapitalismus fruchtbar zu machen. Jeder Ansatz birgt Gefahren, wenn man ihn zu weit treibt. Schließt man sich Mauss' Vorhaben mit zu großem unkritischem Enthusiasmus an, landet man bei einem naiven Relativismus, der den Aspekt der Macht übersieht. Widmet man sich aber zu strikt und ausschließlich dem eigenen kritischen Ansinnen, besteht die Gefahr des Abgleitens in eine derart zynische Sicht auf die gesellschaftliche Realität, auf eine Welt, die von nichts anderem als Macht und Herrschaft bestimmt wird, dass schon die Vorstellung von Veränderung ganz und gar unmöglich wird – und genau das ist meiner Meinung nach passiert, als man in den 1970er und 1980er Jahren Theorie und Kritik zu weit trieb und damit dem neoliberalen Backlash, die sich in so vielen Aspekten der Postmoderne verbirgt, Tür und Tor öffnete.

Vorliegendes Buch wendet sich nicht nur an Ethnologen. Ich hoffe, dass es auch allgemein für Gesellschaftstheoretiker von Interesse ist und speziell für all jene, die sich wie ich momentan um eine Verbindung von Theorie und politischem Engagement bemühen. Letzten Endes ist es ein Appell »an die Menschlichkeit, gegen den Neoliberalismus«, wie die Zapatisten sagen. Es ist ein Versuch, zumindest eine erste Vorstellung davon zu gewinnen, wie eine humanistische Sozialwissenschaft aussehen könnte – ohne dabei alles aufzugeben, was an der Idee von Wissenschaft wirklich wertvoll ist.

Erstes Kapitel

Drei Spielarten des Wertbegriffs

Wer sich etwas intensiver mit ethnologischer Forschung beschäftigt, kann sich kaum des Eindrucks erwehren, dass Werttheorien derzeit der letzte Schrei sind. Überall findet man Verweise auf »Wert« und »Werttheorien«, und meist suggerieren sie auch, es gäbe dazu eine umfangreiche und sehr komplizierte Literatur.[1] Will man dieser Literatur jedoch habhaft werden, kommt man schnell in die Bredouille. Man hat größte Schwierigkeiten, in neueren Forschungsarbeiten eine systematische Werttheorie zu finden; und beinahe ebenso schwer ist es, das theoretische Fundament – so es überhaupt eines gibt – zu entdecken, das eine Autorin oder ein Autor dem verwendeten Wertbegriff zugrunde legt. Manchmal hat man sogar den Eindruck, dass Unschärfe den Begriff erst interessant macht.

In diesem Kapitel möchte ich ein wenig darüber nachdenken, wie es zu dieser Situation gekommen ist. Meiner Meinung nach hat das mit einer gewissen Theorievergessenheit zu tun, die sich in der Ethnologie breitgemacht hat. So wurden die großen theoretischen Probleme von vor ungefähr zwanzig Jahren nie wirklich gelöst, sondern bloß achselzuckend beiseitegeschoben. Dabei gibt es eine Art unausgesprochenen Konsens, dass sich die meisten dieser Probleme mit einer Werttheorie hätten lösen lassen, nur ist diese Theorie leider nicht zustande gekommen. Vielleicht ist das der Grund, warum viele Wissenschaftler so tun, als gäbe es eine.

Der Grund für diese hohen Erwartungen an eine Werttheorie wird klarer, wenn man sich vor Augen führt, wie »Wert« früher in der Gesellschaftstheorie verwendet wurde. So könnte man sagen, dass sich drei große Denkströmungen im heutigen Wertbegriff vereinen, nämlich:

1. Werte im soziologischen Sinn, also Auffassungen darüber, was im menschlichen Leben gut, richtig oder erwünscht ist bzw. begehrt wird.

2. Wert im ökonomischen Sinn, also das Maß, in dem Dinge erwünscht oder begehrt werden; er wird insbesondere daran gemessen, wie viel andere dafür herzugeben bereit sind.

3. Wert im linguistischen Sinn, der auf Ferdinand de Saussures strukturale Linguistik[2] zurückgeht und sich vereinfacht als »bedeutsamer Unterschied« umschreiben lässt.

Wenn Ethnologen heute von Wert sprechen – insbesondere von »Wert« im Singular, wo man vor zwanzig Jahren noch »Werte« im Plural gesagt hätte –, dann impliziert das zumindest, dass die Verwendung ein und desselben Wortes für all diese Sachverhalte kein Zufall ist und sie letztlich auch Abwandlungen ein und derselben Sache sind. Denkt man jedoch erst einmal darüber nach, wird diese Vorstellung schnell problematisch. Denn das hieße zum Beispiel, dass wir zwei gar nicht so verschiedene Dinge meinen, wenn wir von der »Bedeutung« eines Wortes und von der »Bedeutung« bzw. Sinn unseres Lebens sprechen. Und dass beide auch etwas mit dem Verkaufspreis eines Kühlschranks gemein hätten. So formuliert, ist das natürlich fragwürdig. Ein Skeptiker könnte beispielsweise einwenden: Mag sein, dass diese Wertbegriffe alle etwas gemein haben, aber wenn dem so ist, dann müsste dieses »etwas« so abstrakt und vage sein, dass es auch dann bedeutungslos wäre, wenn man es benennen könnte. In diesem Fall käme es dann tatsächlich nur auf die Mehrdeutigkeit an. Ich teile diese Meinung allerdings nicht. Betrachtet man die Geschichte des ethnologischen Denkens zu jedem der drei oben genannten Wertbegriffe, dann stellt man beinahe in jedem Fall fest, dass Wissenschaftler, die eine kohärente Theorie zu einem der Werte entwickeln wollten, stets genau deswegen in große Schwierigkeiten gerieten, weil sie die beiden anderen nicht ausreichend berücksichtigt hatten.

Im Folgenden möchte ich drei dieser Fälle darstellen:

I: Das Wertprojekt von Clyde Kluckhohn

Die Theorie von Werten oder Wertesystemen fällt größtenteils in die Gebiete von Philosophie (wo sie Axiologie genannt wird) und Soziologie (wo sie von dem handelt, wovon man frei ist, wenn man »wertfrei« ist). Das heißt jedoch nicht, dass Ethnologen den Begriff »Wert« nicht ebenfalls und immer schon verwenden. Man kann ein ethnologisches Werk beinahe jeder Epoche aufschlagen: Wenn man nur lange genug darin herumblättert, stößt man auf wenigstens einen oder zwei beiläufige Hinweise auf »Werte«. Doch nur selten wurde in der Ethnologie ein größerer Versuch unternommen, sie zu definieren, geschweige denn dass eine Betrachtung von Werten zum Bestandteil einer ethnologischen Theorie wurde. Eine große Ausnahme sind die Bemühungen von Clyde Kluckhohn und einigen seiner Kollegen in Harvard, die in den späten 1940er und frühen 1950er Jahren das Thema Wert in den Mittelpunkt ethnologischer Fragestellungen zu rücken versuchten. Im Grunde zielte Kluckhohns Projekt sogar auf eine Neubestimmung der Ethnologie als vergleichende Untersuchung von Werten.

Heute erinnert man sich an Kluckhohns Projekt vor allem, weil es auch einen Niederschlag in Talcott Parsons' und Edward Shils' *General Theory of Action* (1951) fand, laut der aus Soziologie, Ethnologie und Psychologie eine Gesamtwissenschaft des Menschen geschmiedet werden sollte. Dabei sollte sich die Psychologie mit der Persönlichkeitsstruktur des Individuums beschäftigen, die Soziologie mit den sozialen Beziehungen, und die Ethnologie sollte untersuchen, wie die Kultur beides miteinander verbindet; Letzteres läuft im Wesentlichen auf die Frage hinaus, wie sich Werte in Symbolen und Bedeutungen einschleichen und festsetzen. Als Ethnologe arbeitete Kluckhohn vor allem unter den Navajo, doch er plante auch eine vergleichende Studie von Werten vornehmlich im County Rimrock in New Mexico, in dem fünf verschiedene Bevölkerungsgruppen lebten: Navajo, Zuñi, Mormonen, Texaner und Mexikanische Amerikaner.[3] Diese Ausgangssituation war Kluckhohns Meinung nach die beste Voraussetzung, um ein streng wissenschaftliches Experiment auch in der Ethnologie durchführen zu können: eine Gelegenheit zur Beobachtung von fünf an dieselbe Umwelt angepassten, aber mit ganz unterschiedlichen Wertesystemen ausgestatteten Gruppen. Kluckhohn schickte fünf Studenten los, die je eine Gruppe beobachten sollten (im Laufe der Zeit war dann eine Vielzahl weiterer Forscher aus der nächsten Ethnologengeneration an der Rimrock-Studie beteiligt), während er in Harvard blieb, ein Seminar über Werte hielt und eine Reihe von Thesenpapieren schrieb, mit denen er die Untersuchungsbedingungen festgelegen wollte.

Doch was genau sind Werte? Kluckhohn hat seine Definitionen immer wieder überarbeitet. Die Hauptannahme lautet jedoch, dass Werte »Auffassungen des Erwünschten« sind – Auffassungen oder Vorstellungen, die menschliche Entscheidungen über verschiedene Handlungsmöglichkeiten beeinflussen.[4] Der Schlüsselbegriff dabei ist das »Erwünschte«. Es verweist nicht einfach auf das, was die Menschen konkret wollen – in ihren Alltagsleben wollen sie ja alles Mögliche. Vielmehr sind Werte Vorstellungen dessen, was sie wollen *sollten*. Sie sind die Kriterien, nach denen Menschen beurteilen, welche Wünsche und Begehren sie für gerechtfertigt und lohnend halten und welche nicht. Werte sind also Vorstellungen, die zwar nicht unbedingt in Bezug zum Sinn des Lebens stehen, aber doch wenigstens darauf verweisen, was man mit Recht vom Leben erwarten kann. In diesem zweiten Teil der Definition steckt jedoch die eigentliche Schwierigkeit: Für Kluckhohn sind Werte nicht nur abstrakt, sondern Vorstellungen, die sich auch unmittelbar auf das menschliche Verhalten auswirken. Offen bleibt aber die Frage, wie sie das tun.

Eine Antwort darauf fällt selbstverständlich nicht so schwer, wenn man in einem herkömmlichen Sinn von Werten spricht. So könnte man zum Beispiel sagen, die Navajo aus Rimrock messen etwas, das sie »Harmonie« nennen, einen hohen Wert bei, oder die Texaner dem, was sie »Erfolg« nennen. Normalerweise besteht eine »Wertanalyse« in ihrer einfachen Form nur aus der Identifizierung solcher Begriffe und ihrer Interpretation, indem man herausfindet, was »Harmonie« oder »Erfolg« in der jeweiligen Gemeinschaft exakt bedeuten, und diese Definitionen dann in einen weiteren kulturellen Rahmen stellt. Problematisch dabei ist jedoch, dass solche Begriffe überwiegend sehr gruppenspezifisch verwendet werden. Kluckhohn interessierte sich für den systematischen *Vergleich* von Werten.

Um solche Vorstellungen zu vergleichen, führten Kluckhohn und seine Schüler schließlich eine zweite, weniger abstrakte Ebene ein, die sie »Wertorientierungen« nannten. Das waren »Annahmen über Ziele und Zwecke der menschlichen Existenz«, die Art des Wissens, »was Menschen voneinander und von den Göttern mit

Recht erwarten dürfen und worin Erfüllung und Enttäuschung bestehen«.[5] Mit anderen Worten: Wertorientierungen verbanden »Auffassungen des Erwünschten« mit Annahmen über die Welt, in der agiert werden musste. Der nächste Schritt bestand in der Verfertigung einer grundlegenden Liste von existentiellen Fragen, die von vermutlich jeder Kultur in irgendeiner Form beantwortet werden müssen: Sind die Menschen gut oder böse? Sollen sie im Einklang mit der Natur leben, über sie herrschen oder sich ihr unterordnen? Soll sich ein Individuum vor allem um sich selbst kümmern, oder einer größeren Gruppe oder anderen Individuen dienen? Kluckhohn hat eine solche Liste entworfen, aber er und seinen Studenten fanden es sehr schwer, von diesem höchst abstrakten Niveau auf handfestere Einzelheiten zu kommen, etwa warum manche Völker lieber Kartoffeln als Reis anbauen oder der Kreuzkusinenheirat den Vorzug geben – also genau jene Fragen des Alltags, mit denen sich Ethnologen sonst beschäftigen.

An diesem Punkt bekommt die Geschichte etwas Tragisches. Fast alle Beteiligten schien das Gefühl zu beschleichen, dass die Rimrock-Studie zu nichts führte, und die Feldforscher konnten sich bei der Ausformulierung ihrer Beobachtungen kaum auf eine gemeinsame Terminologie einigen. Obwohl Kluckhohns Schüler, vor allem die Philosophin Edith Albert, Ende der 1950er und Anfang der 1960er Jahre weiter Texte voll wissenschaftlichem Selbstbewusstsein schrieben, scheinen Kluckhohns letzte Jahre von einer gewissen Enttäuschung überschattet gewesen zu sein, einer Unfähigkeit, den entscheidenden Schritt zu tun, der eine echte, systematische vergleichende Untersuchung von Werten ermöglicht hätte – oder zumindest erlaubt hätte, Werte und Handlungen auf zufriedenstellende Weise zu korrelieren.[6] Kluckhohns Enttäuschung war umso größer, als er sein Projekt als letzte Chance begriff, die amerikanische Ethnologie vor etwas zu bewahren, was in den Augen beinahe aller anderen einem Stillstand der Theorie-Entwicklung gleichkam. Während die Ethnologie in Großbritannien immer als Teil der Soziologie verstanden wurde, war die von Franz Boas begründete nordamerikanische Schule der deutschen Kulturtheorie gefolgt und hatte Gesellschaften nicht allein als Organisationsformen von Beziehungen der Menschen zueinander betrachtet, sondern auch Strukturen von Gedanken und Gefühlen verglichen. Dabei ging man immer davon aus, dass im Zentrum jeder Kultur bestimmte Muster, Symbole oder Themen standen, die sie im Innersten zusammenhielten und die sich nicht auf die Psychologie des Individuums reduzieren ließen; das Problem war jedoch, genau zu bestimmen, worum es sich dabei handelte und wie man dessen habhaft werden konnte. So ergibt sich ein eigenartiges und widersprüchliches Bild, da die Ethnologie Boas'scher Prägung zu jener Zeit auch ihr größtes akademisches Ansehen und eine breite Öffentlichkeitswirkung erreichte und aufgrund des Kalten Kriegs sehr viele Gelder erhielt; es war eine Zeit, in der auch normale Amerikaner ethnologische Bücher lasen, in der sich aber zugleich das Gefühl eines intellektuellen Bankrotts einstellte. Kluckhohns Bemühungen, die Ethnologie als die Wissenschaft von Werten neu zu formulieren, ließ sich als ein letzter Versuch begreifen, das Boas'sche Projekt zu retten; heute gilt es als weitere Sackgasse. Allerdings glaubt, wer überhaupt noch von diesem Vorhaben spricht,[7] meist, dass es nicht an sich problematisch war, sondern dass lediglich eine geeignete Strukturtheorie fehlte. Kluckhohn arbeitete an einem Vergleich von Gedankensystemen, hatte jedoch kein theoretisches Modell dafür, wie Vorstellungen oder Auffassungen sich zu Systemen zusammenfügten. In seinen letzten Lebensjahren freundete sich Kluckhohn immer mehr mit der Idee an, linguistische Modelle zu übernehmen, doch dafür gab es damals noch keine geeigneten Instrumente. Ihm freundlich gesonnene Kritiker sind jedoch offenbar der Meinung, dass die Entwicklung anders verlaufen wäre, wenn man Kluckhohns Projekt noch so lange fortgesetzt hätte, bis in den späten 1960er Jahren die strukturalistischen Modelle aufkamen.

Wie dem auch sei, das Projekt fand jedenfalls keine Nachfolger in der akademischen Welt. Das heißt jedoch nicht, dass in der Ethnologie nicht mehr von »Werten« die Rede gewesen wäre. Einige regional orientierte Forschungsrichtungen sind von bestimmten Werten geradezu besessen (vor allem jene, die sich mit Regionen ohne allzu komplexe Sozialstrukturen befassen, etwa Clans oder Lineage-Systemen): Die bekanntesten sind vermutlich die ethnologischen Arbeiten zum Mittelmeerraum, die sich seit jeher fast ausschließlich mit der »Ehre« befassen. Doch über Werte im Allgemeinen findet sich beinahe nichts, sogar bei Wissenschaftlern, die in der Tradition Kluckhohns stehen. Einige der einflussreichsten amerikanischen Kulturtheoretiker der 1960er und 1970er Jahre – ich denke vor allem an Clifford Geertz und David Schneider – setzten dessen Arbeit in vieler Hinsicht fort, gaben ihr aber ganz andere Schwerpunkte.

In gewisser Weise ist das sehr schade. Denn bei all seiner praktischen Folgenlosigkeit hat Kluckhohns Hauptgedanke etwas sehr Anregendes: dass sich Kulturen nicht allein in ihren Annahmen über die Beschaffenheit der Welt unterscheiden, sondern auch in ihrem Glauben an das, was sich mit Recht von ihr erwarten lässt. Und das heißt nichts anderes, als dass die Ethnologie eine vergleichende Untersuchung der praktischen Lebensphilosophien sein sollte. Das gesellschaftswissenschaftliche Projekt, das dem am nächsten kam, war vermutlich Max Webers vergleichende Analyse der Weltreligionen, die ebenfalls eine begrenzte Zahl möglicher Denkweisen über Sinn und Bedeutung der menschlichen Existenz umreißen wollte, um dann die Folgen für das soziale Handeln in jeder einzelnen davon zu verstehen. Möglicherweise steht seine Arbeit sogar vor einer Art Revival: Vor nicht allzu langer Zeit hat zum Beispiel Charles Nuckolls in *Culture* (1998) eine Verbindung von Wertanalyse und psychologischen Ansätzen in der Ethnologie versucht. An dieser Stelle ist jedoch nur festzuhalten, dass der erste größere Versuch einer ethnologischen Werttheorie scheiterte und die Beschäftigung mit dieser Thematik sich seit den 1960er Jahren in zwei entgegengesetzte Richtungen entwickelte: Die eine orientierte sich an der Ökonomie, die andere an der Linguistik.

II: *Homo oeconomicus*

In der modernen Ethnologie wurde fast von Anfang an versucht, das theoretische Instrumentarium der Mikroökonomie auch auf die Untersuchung nichtwestlicher Gesellschaften anzuwenden. Das war aus mehreren Gründen naheliegend. Zunächst vermochten es die Wirtschaftswissenschaften besser als alle anderen Sozialwissenschaften (mit Ausnahme der Linguistik), sich und ihre Methoden als den Naturwissenschaften vergleichbar darzustellen; zudem profitieren die wirtschaftswissenschaftlichen Fächer schon lange davon, dass Stipendiengeber sie für das Paradebeispiel einer »harten« Wissenschaft halten (und meist haben diese Leute auch selbst irgendeine Art ökonomischer Ausbildung erhalten). Darüber hinaus haben die Wirtschaftswissenschaften den Vorteil, ein sehr einfaches Menschenbild mit außerordentlich komplizierten mathematischen Formeln zu verbinden, was es Nichtfachleuten sehr schwer macht, sie zu verstehen, geschweige denn zu kritisieren. Dabei sind ihre theoretischen Grundlagen recht schlicht. Eine Gesellschaft besteht aus Individuen. Jedes Individuum hat vermutlich eine mehr oder weniger genaue Vorstellung davon, was es sich vom Leben erwartet, und es wird versuchen, möglichst viel davon mit möglichst geringem Aufwand zu erreichen. (Das ist das »Minimax-Prinzip«: Menschen wollen mit minimalem Aufwand maximalen Nutzen erzielen.) Das, was üblicherweise Gesellschaft heißt, ist – zumindest wenn man sich mit der kulturellen »Einmischung« ein wenig zurückhält – nichts weiter als das Ergebnis dieser eigennutzorientierten Aktivitäten.

Bronislaw Malinowski hat ein derartiges Denken schon 1922 kritisiert – im allerersten Werk der Wirtschaftsethnologie, *Argonauten des westlichen Pazifik*. Mit dieser These, meinte er, ließe sich das Wirtschaftsleben auf den Trobriand-Inseln nicht erklären:

> Ein weiterer Begriff, mit dem nun ein für allemal aufgeräumt werden muß, ist der des primitiven *homo oeconomicus*, wie er durch einige gängige ökonomische Lehrbücher geistert […] der in allen seinen Handlungen von einer rationalistischen Idee des Eigennutzes getrieben wird und seine Ziele direkt mit dem geringsten Aufwand erreicht. Schon ein einziges gut gewähltes Beispiel wird beweisen können, wie widersinnig diese Unterstellung ist […] Der primitive Trobriander liefert uns ein solches Beispiel, das dieser irreführenden Theorie widerspricht […] Wie wir bereits wissen, wird – erstens – die Arbeit nicht nach dem Prinzip des geringsten Aufwandes verrichtet, sondern im Gegenteil unter großem Zeit- und Energieaufwand an völlig unnötige Bemühungen gewendet – jedenfalls vom Standpunkt des Utilitaristen aus gesehen.[8]

Als Beispiel führt Malinowski die Einstellung der Männer Trobriands zum Yamsanbau an: Ihr unablässiges Arbeiten, um die eigene Ackerfläche zur bestaufgeräumten und schönsten zu machen, ist – ökonomisch betrachtet – völlig nutzlos. Der Zweck dieser Feldarbeit war, damit anzugeben, wie viel Mühe ein Mann darauf verwenden konnte; im Endeffekt führte das nur dazu, dass die halbe Ernte verrottete, weil es gar nicht genügend Abnehmer dafür gab. Und zu allem Überfluss aß ein Yamsbauer seine eigenen Yams meist gar nicht selbst:

> Entscheidend ist hierbei jedoch, daß alle oder fast alle Früchte seiner Arbeit und sicherlich der ganze Überschuß, den er durch vermehrte Anstrengungen erzielen kann, nicht dem Manne selbst zufließen, sondern seinen direkten Verwandten. Ohne näher auf das System der Ernteverteilung einzugehen, […] läßt sich doch sagen, daß drei Viertel der Feldfrüchte teils als Tribut an den Häuptling und teils als Schuld des Mannes an den Ehemann seiner Schwester (oder Mutter) und dessen Familie gehen.[9]

Mit anderen Worten: statt sparsam zu wirtschaften, nehmen die Trobriander-Männer ganz bewusst unnötige Mühen auf sich – und dann schenken sie die Früchte ihrer Arbeit den Familien ihrer Schwestern. Dafür erhalten sie nicht einmal eine direkte Gegenleistung, da ihre eigene Familie nicht von der ihrer Schwester versorgt wird, sondern von der des Bruders ihrer Frau.

Weitere solcher Beispiele gäbe es in Hülle und Fülle, und in den Anfangsjahren der Ethnologie wurden sie auch immer wieder angeführt. Aber das hat offenbar nicht gefruchtet. Etwa alle zehn Jahre gibt es wenigsten einen neuen Versuch, den *homo oeconomicus* in der Ethnologie zu Ehren kommen zu lassen, auch wenn man dabei für gewöhnlich alle Grundsätze der ökonomischen Theorie über Bord werfen muss.

Allerdings ist der Versuch einer Versöhnung von Ethnologie und Ökonomie auch in sich widersprüchlich. Das liegt daran, dass mit der Gründung beider Disziplinen nahezu entgegengesetzte Zielsetzungen verfolgt wurden. In der ökonomischen Theorie geht es vor allem um Prognosen. Als Wissenschaft wurde sie von reichen Leuten begründet, die sie auch weiterhin mit üppigen Finanzmitteln ausstatten, um zu erfahren, was andere Reiche wahrscheinlich tun werden. Das führt dazu, dass diese Wissenschaft stärker als anderen in die Welt, die sie beschreibt, eingreift. In den Wirtschaftswissenschaften geht es also vor allem um das Verhalten von Personen, die selbst mit der Wirtschaft vertraut sind – entweder mit Menschen, die eine wirtschaftliche Ausbildung durchlaufen haben, oder mit solchen, die zumindest in von der Wirtschaft abhängigen Institutionen tätig sind. Die ökonomische Forschung hat das, was sie beschreibt, fast immer mitgeprägt.[10] Für Wirtschaftswissenschaftler ist das anscheinend auch kein Problem; im Gegenteil, hier ist man offenbar der Meinung, dass das so sein muss. Das war in der Ethnologie von Anfang an anders. Dort interessiert man sich seit jeher vor allem für das Handeln von Personen, die in praktischer wie theoretischer Hinsicht von der Welt der Beobachter möglichst *wenig* beeinflusst sind. Das galt insbesondere für die Zeit, als man in der Ethnologie meinte, es mit »Wilden« zu tun zu haben; doch bis heute interessieren sich Ethnologen vor allem für solche Menschen und Völker, deren Weltverständnis und deren Interessen und Bestrebungen sich am stärksten von ihren eigenen unterscheiden. Deswegen beobachtet man sie meist auch ohne den Wunsch, diesen Interessen und Bestrebungen zu dienen. Als Malinowski darüber nachdachte, was die Trobriander mit ihrer Form von Feldarbeit bezweckten, wäre es ihm wohl nicht im Traum eingefallen, dass die Lektüre seines Buchs ihnen bei der Erreichung ihrer wie auch immer gearteten Ziele helfen könnte. Die meisten Ethnologen wären sogar ziemlich bestürzt, wenn sie feststellen müssten, dass ethnologische Schriften zu diesem Zweck genutzt würden – etwa dass ein Volk sie wie eine Gebrauchsanweisung zur Ausführung der eigenen Riten verwendet.

In den Wirtschaftswissenschaften geht es also um Prognosen von individuellem Verhalten, in der Ethnologie um das Verständnis kollektiver Unterschiede.

Deswegen führt der Versuch, eigennutzorientierte Modelle auf die Ethnologie zu übertragen, stets in alle möglichen und oft höchst verworrenen Sackgassen. Die klassischen Schriften der Wirtschaftsethnologie – Franz Boas' Arbeiten über den Potlatch der Kwakiutl oder Malinowskis über den Kula-Tauschhandel der Trobriander[11] – behandelten beispielsweise Tauschsysteme, die anscheinend auf völlig anderen Prinzipien beruhten als jene, mit denen die beiden Ethnologen vertraut waren; in diesen Systemen wollten die wichtigsten Teilnehmer offenbar nicht möglichst viel Reichtum akkumulieren, sondern maßen sich darin, wer am meisten schenken konnte. 1925 prägte Marcel Mauss dafür den Begriff »Schenkökonomie«.

Generell bereitet die – selbst in westlichen Gesellschaften bekannte – Praxis des Schenkens Wirtschaftswissenschaftlern einiges Kopfzerbrechen, und ihre Versuche, sie zu erklären, führen unweigerlich zu der einen oder anderen Variante eines ziemlich dämlichen Zirkelschlusses.

F: Wie lässt es sich erklären, dass Menschen manchmal etwas ohne Gegenleistung verschenken, wenn sie nur aus Eigennutz bzw. zur Gewinnmaximierung handeln?

A: Sie wollen damit ihren sozialen Status, ihre Ehre oder das eigene Prestige erhöhen.

F: Und was ist mit anonymen Schenkern?

A: Na ja, die wollen ihr Selbstwertgefühl steigern oder das gute Gefühl genießen.

Und so fort. Wenn man es darauf anlegt, dann findet man immer *irgendwas*, das Menschen vermehren oder vergrößern wollen. Aber wenn eigennutzorientierte Modelle nicht mehr besagen, als dass Menschen *irgendeinen* Gewinn aus etwas ziehen möchten, sind sie offensichtlich nicht in der Lage, genauere Prognosen darüber zu treffen. In dem Fall macht die Verwendung solcher Modelle die Ethnologie aber um keinen Deut wissenschaftlicher. Denn dann ist das Einzige, was sie zum analytischen Instrumentarium beitragen, Mutmaßungen über die menschliche Natur und speziell die Annahme, dass niemand etwas nur um anderer Menschen willen tut, sondern jeder stets und bei allem, was er tut, ausschließlich auf den eigenen Vorteil bedacht ist. Im normalen Sprachgebrauch gibt es ein Wort für diese Haltung: Zynismus. Die meisten Menschen meiden den Umgang mit Leuten, die zu viel davon haben. In den Wirtschaftswissenschaften ist das aber offenbar »wissenschaftlich«.[12]

Trotz allem zeitigt dieses andauernde Stolpern in Sackgassen einen interessanten Nebeneffekt. Zur Anwendung solcher aus der Wirtschaftswissenschaft übernommenen Modelle gehört fast immer die Formulierung herkömmlicher soziologischer Werte wie Macht, Prestige, moralische Reinheit usw. in einer Weise, dass sie prinzipiell mit ökonomischen Werten vergleichbar sind. Das heißt, Wirtschaftsethnologen müssen über Werte sprechen. Nur müssen sie dies auf eine besondere Weise tun. Sagt man beispielsweise, eine Person hat die Wahl zwischen mehr Geld und Besitz oder mehr Prestige, dann verdinglicht man ein Abstraktum (»Prestige«), um es wie einen Gegenstand zu behandeln, der sich nicht grundsätzlich von Pastasauce im Glas oder Roheisenmasseln unterscheidet. Das ist schon etwas seltsam, da man über Prestige nicht frei verfügen oder es gar konsumieren kann; vielmehr existiert es nur in den Köpfen der anderen.[13] Es existiert nur in einem Gewebe sozialer Beziehungen und Verhältnisse. Natürlich kann man einwenden, dass auch Eigentum auf sozialen Beziehungen und Verhältnissen beruht und auf die gleiche Weise verdinglicht wird: Kauft man ein Auto, dann erwirbt man eigentlich nicht das Nutzungsrecht, sondern das Recht, anderen dessen Nutzung zu verbieten – oder um ganz genau zu sein, man kauft deren Einverständnis, dass man dies mit Recht tut. Doch weil das Eigentum aus der Perspektive sozialer Beziehungen so schwammig ist – im Grunde ist es ein Vertrag zwischen dem Eigentümer und dem Rest der Menschheit –, lässt es sich auch leicht als Ding auffassen. Oder mit anderen Worten: Der Art und Weise, wie in der ökonomischen Theorie von Gütern und Dienstleistungen gesprochen wird, ist das Reduzieren sozialer Beziehungen auf Dinge schon immanent; ein ökonomistisches[14] Verständnis von Werten weitet dasselbe Verfahren noch aus und wendet es auf nahezu alles an.

Doch auf welcher Grundlage? Pastasoßen und Prestige haben in Wirklichkeit nichts miteinander gemein, außer dass Menschen beide gut finden. Letztlich versucht die ökonomische Theorie, alles menschliche Verhalten – jedenfalls jegliches Verhalten, das ihr erklärenswert scheint – auf der Grundlage eines bestimmten Begriffs von Wunsch oder Begehren zu erklären, der wiederum auf einem bestimmten Begriff von Genuss beruht. Menschen bemühen sich darum, Dinge zu erwerben, weil die sie auf irgendeine Art und Weise glücklich oder zufrieden machen (oder weil sie das glauben). Ein Chocolate-Cheesecake verspricht Genuss, aber das Gleiche gilt für das Wissen, dass man nicht für fett gehalten wird;

wer rational handelt, wägt beides kontinuierlich gegeneinander ab. In den Wirtschaftswissenschaften heißt dieses Genussversprechen Wert.

Im Grunde beruht die Wirtschaftstheorie zum großen Teil auf der Verdrängung all dessen, was auch nur im Entferntesten an »Gesellschaft« erinnert. Doch selbst wenn es gelänge, alle sozialen Beziehungen zu verdinglichen, so dass man sich in einem empiristischen Traumzustand befände, in einer Welt, die aus nichts anderem als Individuen und Dingen bestünde, müsste man sich doch manchmal fragen, warum diese Individuen glauben, dass ihnen manche Dinge mehr Genuss bereiten als andere. Der Verweis auf menschliche Bedürfnisse hilft einem hier nur zu einem gewissen Grad.[15] Vor die Frage gestellt, warum Chocolate-Cheesecake in manchen Teilen der Welt die Menschen völlig kaltlässt, während sie bei salzigem Pflaumensaft ganz aus dem Häuschen geraten, oder warum wieder andere Fettleibigkeit attraktiv finden, müssen sogar Wirtschaftswissenschaftler auf so etwas wie Gesellschaft oder Kultur zurückgreifen.

Um genau solche Themen ging es bei der Auseinandersetzung zwischen den Formalisten und Substantivisten, die in den 1960er Jahren die Wirtschaftsethnologie prägte.[16] Heute glaubt man, dass diese Debatte nichts Nennenswertes erbracht hat, und auch die theoretischen Annahmen beider Positionen gelten als widerlegt. Die zugrunde liegende Thematik hat sich damit aber nicht erledigt. Daher möchte ich sie kurz zusammenfassen.

Die Begriffe »Formalismus« und »Substantivismus« stammen beide von dem Wirtschaftshistoriker und Sozialwissenschaftler Karl Polanyi. Polanyis bekanntestes Werk, *The Great Transformation* (1944), zeigt die im England des achtzehnten und neunzehnten Jahrhunderts liegenden Ursprünge dessen auf, was wir heute »Markt« nennen. Damals kam die Ansicht auf, der Markt sei gewissermaßen etwas Naturgegebenes – eine direkte Ableitung der von Adam Smith postulierten »natürlichen Neigung des Menschen, zu handeln und Dinge gegeneinander auszutauschen«. Diese Annahme ist eine logische Folge derselben (zynischen) Sicht auf die Natur des Menschen, auf der auch die ökonomische Theorie fußt. Die – selten je explizit gemachte – Begründung dafür lautet ungefähr so: Die Menschen sind von Begehren und Bedürfnissen getrieben, und diese sind unbegrenzt. Menschen sind aber auch vernunftbegabt und neigen stets dazu, rational abzuwägen, wie das Begehrte und Erwünschte am effizientesten zu erhalten ist. Überlässt man sie daher ganz sich selbst, wird sich unweigerlich so etwas wie ein »freier Markt« entwickeln. Das ist zwar während 99 Prozent der Menschheitsgeschichte überhaupt nicht passiert, doch daran sind nur die Eingriffe der jeweiligen Staaten oder Adelsschichten schuld. Feudalverhältnisse, die auf Gewalt beruhen, sind prinzipiell unvereinbar mit Marktverhältnissen, doch als sich die Feudalherrschaft ihrem Ende näherte, bildete sich zwangsläufig der Markt heraus und ersetzte sie.[17]

Das Schöne an Polanyis Werk ist, dass es den völligen Unsinn dieser herrschenden Meinung zeigt. Gerade der Staat mit seiner Zwangsgewalt hat entscheidend zur Herausbildung des Markts beigetragen, der auf Institutionen wie Privateigentum, nationalen Währungen, rechtsverbindlichen Verträgen und einem Kreditwesen beruht. All das musste erst durch staatliches Handeln geschaffen und dann auch aufrechterhalten werden. Der Markt war und ist eine Schöpfung des Staates. Denkt man auch nur halbwegs ernsthaft über das von Ökonomen vorausgesetzte menschliche Verhalten nach, dann ist das auch schlüssig: Das Prinzip der Eigennutzmaximierung behauptet schließlich, dass jeder in all seinen Beziehungen zu anderen möglichst viel Gewinn für sich herausschlagen möchte und sich dabei nicht im Geringsten um die Interessen des Gegenübers schert – aber dass er sich zugleich unter keinen Umständen des nächstliegenden Mittels bedient, sich den Wohlstand jener anzueignen, deren Schicksal ihm egal ist, nämlich der Gewalt. Ohne staatliche Gewalt und Polizei gäbe es kein »Marktverhalten«.

Anschließend beschreibt Polanyi, wie beinahe zeitgleich mit der Etablierung dieser Institutionen Männer wie Smith, Malthus und Ricardo auftauchten und unter Verwendung von Analogien zur Natur argumentierten, diese neuen Verhaltensweisen beruhten auf unumstößlichen und universellen Gesetzen. Diejenige Forschungsrichtung, die sich mit solchen Gesetzen befasst, bezeichnet Polanyi als Formalismus. Dabei leugnet Polanyi nicht, dass formale Methoden das geeignete Mittel sind, um das Marktverhalten der Menschen zu verstehen. In den meisten Gesellschaften gibt es jene

Institutionen aber gar nicht. Daher kann man in Bezug auf sie auch nicht von einer »Wirtschaft« sprechen, die als autonome Sphäre menschlichen Verhaltens einer eigenen, inneren Logik folgt. Vielmehr bedarf es hier einer von ihm »substantivistisch« genannten Untersuchung der tatsächlichen Prozesse, durch die sich eine Gesellschaft mit Nahrung, Wohnung und anderen materiellen Gütern versorgt, bei der außerdem bedacht wird, dass dieser Prozess ein integraler Bestandteil der Gesellschaft ist und nicht von den anderen Sphären menschlicher Handlungszusammenhänge wie Politik, Religion oder Familie getrennt werden kann.

Die substantivistische Schule der Wirtschaftsethnologie (ihr Hauptvertreter ist der Polanyi-Schüler George Dalton) war damit grundsätzlich empirisch ausgerichtet. Man wählt eine bestehende Gesellschaft aus, untersucht die Distribution materieller Güter und versucht, deren Prinzipien zu verstehen. Das wichtigste Resultat war ein Katalog neuer Formen von Tausch und Distribution, die alle nicht nach den Prinzipien der Nutzenmaximierung funktionierten und die in der Ethnologie bereits bekannten Schenkökonomien ergänzten. Dazu gehörten Konzepte wie redistributive Ökonomien, das Phänomen der »Handelsplätze« (neutrale Enklaven, in denen Kaufleute aus verschiedenen Ländern auf der Grundlage vorab festgelegter Wechselkursen miteinander handeln konnten[18]), »Tauschsphären«[19] und Marshall Sahlins' »Sphären der Geselligkeit«.[20]

Obwohl damit im Detail wertvolle Erkenntnisgewinne verbunden waren, blieb das theoretische Instrumentarium insgesamt problematisch. Festzustellen, dass »Gesellschaften« die Distribution materieller Güter auf unterschiedliche Weise regeln können, ist eine Sache; eine andere ist die Erklärung, was einzelne Mitglieder der jeweiligen Gesellschaft denken, was sie tun, wenn sie etwas verschenken, eine Mitgift fordern oder an einem Handelsplatz Safran gegen Elfenbein tauschen. Genau diesen Punkt strichen die Gegner der Substantivisten bald heraus, und so kam die substantivistische Kritik durch selbsternannte Formalisten selbst unter Beschuss.[21] Diese Formalisten behaupteten, Polanyi hätte missverstanden, worum es den Wirtschaftswissenschaftlern ging. Die Forschung hinge gar nicht von der Existenz einer sogenannten »Wirtschaft« ab. Vielmehr befassten sich die Ökonomen mit einem bestimmten menschlichen Verhalten, dem »Wirtschaften«. Menschen wirtschaften, wenn sie Entscheidungen über die Nutzung knapper Ressourcen treffen, um so mit möglichst geringem Aufwand möglichst gute Ergebnisse zu erzielen. (Und ja, sagten sie, dazu gehörten auch Hypothesen über die menschliche Natur, schließlich müsse man immer von *irgendwelchen* Hypothesen ausgehen: Entscheidend sei letztlich nur, dass die darauf aufbauenden Theorien Ergebnisse lieferten.) Aufgabe der Sozialwissenschaften sei nicht der Vergleich verschiedener Gesellschaftssysteme, sondern die Ergründung der Motive menschlichen Verhaltens.

Damit hatten sie durchaus Recht. Meistens versuchten sich die Substantivisten gar nicht an Erklärungen, sondern stellten nur Taxonomien auf. Wenn sie sich auf eine Theorie beriefen, dann war es in den meisten Fällen eine Variante des Durkheim'schen Funktionalismus. Hielten die Ökonomen die Ausprägung einer Gesellschaft vor allem für das Resultat von individuellen Entscheidungen, stellten die Funktionalisten die Gesellschaft als eigenständige aktive Kraft dar – manchmal sogar fast als etwas bewusst und absichtsvoll Handelndes, auch wenn dem nur eine Form von animalischer Selbsterhaltung zugrunde lag. Für Anhänger Durkheims lassen sich wirtschaftliche Institutionen als Mittel sozialer Integration verstehen – eine Möglichkeit, wie Gesellschaften ein Netz sittlicher Bindungen zwischen Individuen knüpfen, die sonst nur ein ungeordneter Haufen wären – oder aber zumindest als Mittel, mit dessen Hilfe eine »Gesellschaft« die Zuteilung von Ressourcen vornimmt. Dabei drängt sich die Frage auf, *wie* die »Gesellschaft« Menschen dazu motiviert. Ohne eine Motivationstheorie bleibt einem nur die Vorstellung fremdgesteuerter Automaten, die blindlings den von der Gesellschaft vorgegebenen Regeln folgen; und das wiederum stellt einen vor das Rätsel, wie sich Gesellschaften überhaupt verändern können.

Wie angedeutet, hatten die Formalisten selbst auch keine bessere Lösung. Sie nutzten ein Instrumentarium, das ursprünglich dazu diente, das Verhalten Einzelner in einem Marktumfeld zu prognostizieren, und indem sie es ein wenig anders anwandten, konnten sie manchmal das Verhalten von Menschen aus anderen Kulturen vorhersagen, aber nicht die Werte, die deren Handlungen motivierten, genauso wenig wie sie übrigens eine Gesellschaft insgesamt beschreiben konnten. Das höchste der Gefühle war, wenn die Formalisten anhand einer Auswahl von (zum Beispiel) in Belutschistan lebenden Menschen und einer zufälligen Sammlung von Werten (Nahrung, Sex, Prestige, nicht für alle Ewigkeit Höllenqualen leiden zu müssen usw.) den Nachweis versuchten, wie die Gesellschaft Belutschistans aus den Strategien hervorgegangen war, welche die Leute zur Erreichung dieser Werte entwickelt hatten. Das entspricht im Großen und Ganzen dem, was in den Augen von Frederick Barth und seiner Transaktionalismus genannten Schule auch die Aufgabe der Ethnologie ist.[22] Der Transaktionalismus war vermutlich der ehrgeizigste Versuch, die Grundsätze des Formalismus auf die Ethnologie zu übertragen, und er erregte in den 1960er Jahren auch einige Aufmerksamkeit. Doch selbst wenn man ein Modell schaffen konnte, das mit einer geeigneten Sammlung von Werten das gesamte Lineage-System Belutschistans oder die Struktur eines westafrikanischen Königreichs darstellte, blieb die Frage, welchen Sinn das Ganze haben sollte. Was würde man erfahren, das man nicht vorher schon gewusst hatte? Im Endeffekt hielte man nicht einmal eine historische Rekonstruktion in Händen, sondern ein rein logisches Modell, das nicht notwendigerweise irgendetwas mit den tatsächlichen geschichtlichen Ursprüngen der untersuchten Gesellschaften zu tun hatte.

Heute dürften sich die meisten Ethnologen fragen, warum man sich überhaupt mit dem längst abgehakten Streit zwischen Substantivismus und Formalismus beschäftigen sollte. Er hat jedoch einen interessanten Aspekt. Mir scheint, dass die zugrunde liegende Problematik noch ungelöst ist. Wer sich wie die Substantivisten zunächst eine Gesellschaft als Ganzes vornimmt, muss danach fragen, was die Menschen motiviert, ihre Gesellschaft zu reproduzieren; und wer sich wie die Formalisten in erster Linie mit individuellen Bedürfnissen befasst, kann nicht erklären, warum Menschen manche Dinge vermehren möchten und andere nicht (bzw. steht in irgendeiner anderen Form vor der Frage nach der Bedeutung). Obwohl sich die Wissenschaft mittlerweile anderen Themen zugewandt hat, tauchen immer wieder dieselben Probleme auf. Wie zu sehen sein wird, ist eine Menge von dem, was heute als die neueste und originellste poststrukturalistische Theorie gilt, nichts anderes als ein aufgewärmter Transaktionalismus, nur ohne schicke ökonomische Phrasen; dafür ist er jetzt mit viel schickeren linguistischen Phrasen verziert.

III: Strukturalismus und linguistischer Wert

In der Linguistik spricht man schon lange von der Bedeutung eines Wortes als seinem »Wert«. In der Ethnologie gab es früh Versuche, diese Begriffsverwendung auf andere Arten von Wert zu übertragen. Einen interessanten unternimmt Evans-Pritchards in *The Nuer* mit einer Analyse des »Werts« von *cieng*, dem Wort der Nuer für »Zuhause«.[23] Der »Wert« von *cieng* ändert sich dabei je nach Kontext: Ein Sprecher kann damit sein Haus bezeichnen, sein Dorf, die Region, in der er lebt, oder im Gespräch mit einem Fremden sogar das ganze Nuerland. Doch *cieng* ist mehr als ein Wort; der Begriff »Zuhause« hat in jedem Zusammenhang auch einen bestimmten emotionalen Gehalt. So impliziert er ein Gefühl von Verbundenheit, das auch in politisches Handeln überführt werden kann. Das Zuhause ist der Ort, den man gegen Fremde verteidigt. Es geht also auch um Wert im soziologischen Sinn, um Werte. »Werte«, schreibt Evans-Pritchard, »sind in Wörtern verkörpert, über die sie Handlungen beeinflussen«.[24] Daneben kann *cieng* bei Blutfehden auch zur Unterscheidung von Freunden und Feinden dienen, es wird damit also auch ein politischer Wert. Es ist bemerkenswert, wie der Wertbegriff hier zwischen »Bedeutung« und so etwas wie »Bedeutsamkeit« hin- und herwechselt: In letzterem Sinn ist das eigene Zuhause wesentlich für das eigene Selbstverständnis, das Zugehörigkeitsgefühl, für das, was einem im Leben am liebsten ist.

Evans-Pritchard hat einen faszinierenden Anfang gemacht, doch danach ist man nicht viel weiter gekommen. Wenn Ethnologen heute vom Wert von Wörtern sprechen, dann beziehen sie sich beinahe immer auf die Überlegungen von Ferdinand de Saussure, dem Begründer der modernen strukturalen Linguistik.

In *Grundfragen der Sprachwissenschaft* (1916, dt. 1966) behauptete Saussure, man könne durchaus sagen, dass ein Wort einen Wert habe, nur sei dieser im Wesentlichen »negativ«. Damit meinte er, dass Wörter nur durch die Beziehungen und Verschiedenheiten mit anderen Wörtern derselben Sprache Bedeutung erlangen. Zum

Beispiel »Rot«: dessen Bedeutung bzw. Wert lässt sich in keiner bekannten Sprache bestimmen, wenn man die anderen Farbbezeichnungen nicht kennt; das heißt, wenn man nicht weiß, welche Farben »Rot« nicht ist. Man kann zwar beispielsweise ein Wort einer afrikanischen Sprache mit »Rot« übersetzen, aber es hätte nicht dieselbe Bedeutung (denselben Wert) wie das deutsche »Rot«, wenn es in der anderen Sprache kein Wort für »Braun« usw. gäbe. In diesem Fall könnten die Sprecher jener Sprache zum Beispiel Bäume als Rot bezeichnen. Daher wäre die präziseste Definition des deutschen »Rot«: jene Farbe, die nicht Blau, nicht Gelb, nicht Braun etc. ist. Daraus folgt, dass man die »Werte« aller Farbbezeichnungen einer Sprache kennen muss, um den Wert einer einzigen verstehen zu können: Die Bedeutung einer Bezeichnung ist seine Position im Gesamtsystem.[25] Saussures Gedanken wirkten sehr stark auf die Ethnologie und waren der größte Einzelbeitrag zur Entwicklung des Strukturalismus, der von Saussures Annahme ausging, dass alle Bedeutungssysteme nach denselben Prinzipien wie eine Sprache organisiert sind, so dass die Linguistik streng genommen nur das Teilgebiet einer (noch nicht existierenden) allgemeinen Wissenschaft, der von ihm so genannten Semiologie, ist.

Diese Beispiele zeigen, dass es Saussure mehr um das Vokabular als um die Grammatik ging, mehr um Substantive und Adjektive als um Verben, und mehr um die Objekte menschlichen Handelns als um das Handeln selbst. Es ist daher nicht überraschend, dass diejenigen, die sich von Saussure anregen ließen und diese nichtexistente Wissenschaft entwickelten, vor allem bei der Bedeutungsanalyse von materiellen Objekten erfolgreich waren.[26] Objekte definieren sich durch die Unterscheidungen, die man zwischen ihnen treffen kann. Um die Bedeutsamkeit (den Wert) eines Dings zu verstehen, muss man seine Position in einem größeren System verstehen. Genau wie sich der Wert von »Rot« negativ bestimmt, also durch alle Farben, die es nicht ist, müsste man beispielsweise bei der Analyse der Bedeutung eines unter dem Jackett getragenen Rollkragenpullovers das gesamte Spektrum an Kleidungsstücken betrachten, das die betreffende Person tragen *könnte*: Das Tragen eines Rollkragenpullovers bedeutet also, dass man kein Hemd mit Krawatte unter dem Jackett trägt, aber auch kein T-Shirt oder gar nichts. Die Bedeutsamkeit eines Elements ergibt sich damit nur aus der Differenz zu anderen möglichen Elementen innerhalb desselben Systems. Dieser Gedanke ist sehr wichtig, da ihm zufolge nichts isoliert analysiert werden kann. Um ein einzelnes Objekt zu begreifen, muss man zunächst ein Gesamtsystem identifizieren. Eben das ist das Kennzeichen des Strukturalismus: Seine Analysen zielen stets auf die Offenlegung eines versteckten Kodes oder Symbolsystems, das gleich der Sprache alle in ihm enthaltenen Elemente miteinander verbindet.

Beinahe zwangsläufig ergab sich daraus jedoch die Frage nach dem Zusammenhang dieses Wertbegriffs mit den beiden anderen. Als der Strukturalismus noch etwas ganz Neues war und Lösungen für beinahe alle offenen Fragen in der Gesellschaftstheorie versprach, verstand es sich fast von selbst, dass diese Verbindung herzustellen sein musste. So schloss Marshall Sahlins, ein zum Strukturalisten gewandelter Substantivist, seine berühmte Analyse des westlichen Kleidungssystems mit dem Gedanken, man könne auch den ökonomischen Wert nur als das Produkt bedeutsamer Unterscheidungen verstehen. Um zu begreifen, warum Menschen Dinge kaufen wollen, so Sahlins, müssen wir die Position des Dings in einem größeren Bedeutungszusammenhang erkennen:

> Die Produktion um des Profits willen ist die Produktion eines symbolisch bedeutsamen Unterschieds; im Fall des Verbrauchermarkts ist es die Produktion einer angemessenen sozialen Unterscheidung kraft eines konkreten Kontrasts im Objekt. Das ist in der offenkundigen Doppeldeutigkeit des Begriffs ›Wert‹ enthalten, der sich (wie das differentielle Konzept eines Wortes) sowohl auf den Preis wie auf die Bedeutung von etwas und auch allgemein auf das beziehen kann, was den Leuten ›teuer‹ ist, ob im moralischen oder monetären Sinn. Die Ethnologen kennen übrigens diese Doppeldeutigkeit sehr wohl, auch wenn sie sich ihrer nicht immer ganz bewußt sind; viele verwenden sie, um die allgemeine Verbreitung des rationalen ökonomischen Verhaltens zu veranschaulichen, selbst dort, wo der Austausch über den Markt gerade nicht vorhanden ist. Auch hier wirtschaften die Leute mit ihren Ressourcen, sie sind nur an anderen nichtmateriellen ›Werten‹ interessiert – zum Beispiel an Brüderlichkeit.[27]

Damit meint Wert in jedem Sinn letztlich dasselbe, was auch die Formalisten einräumen mussten. Dinge haben eine Bedeutung, weil sie bedeutsam sind. Dinge sind bedeutsam, weil sie eine Bedeutung haben.

Sahlins bemerkt weiter, dass Saussure eine ähnliche Analogie aufgestellt hat, und schlägt vor, die diesbezügliche Passage Saussures als Grundlegung der weiteren Wirtschaftsethnologie zu nutzen. Zur Feststellung des Werts von einer Fünf-Franc-Münze, hatte Saussure geschrieben, muss man wissen, dass man sie (a) gegen etwas Unähnliches »auswechseln« kann, zum Beispiel gegen einen Laib Brot, und (b) dass man sie mit etwas Ähnlichem »vergleichen« kann, zum Beispiel einer Ein-Franc-Münze oder einem anderen Geldstück:

> Ebenso kann ein Wort ausgewechselt werden gegen etwas Unähnliches: eine Vorstellung; außerdem kann es verglichen werden mit einer Sache gleicher Natur: einem anderen Wort. Sein Wert ist also nicht bestimmt, wenn man nur feststellt, daß er ausgewechselt werden kann gegen diese oder jene Vorstellung, d. h. daß es diese oder jene Bedeutung hat; man muß es auch noch vergleichen mit ähnlichen Werten, mit anderen Wörtern, die man daneben setzen kann.[28]

Vielleicht das Beste, was sich über diese Passage sagen lässt, ist, dass man in der ersten Begeisterung über einen schönen neuentdeckten Welterklärungsmechanismus – und das war der Strukturalismus in den 1960er und 1970er Jahren – durchaus den gesunden Menschenverstand hintanstellen und ausprobieren kann, wie weit man damit kommt. Dennoch scheint der Mechanismus hier an seine Grenzen zu stoßen. Denn was bedeutet die Aussage, dass man ein Wort gegen eine Vorstellung »auswechselt«, wenn man es verwendet? Inwiefern ähnelt das der Bezahlung eines Händlers beim Kauf von Brot? Und vor allem: Von welcher Art »Vergleich« ist hier die Rede? Denn wenn man feststellt, dass ein Brot fünf Francs kostet und ein Steak mit Pommes frites zwanzig, dann stellt man nicht nur fest, dass Brot und Steak mit Pommes frites sich *unterscheiden*. Höchstwahrscheinlich fällt noch stärker auf, dass das eine *mehr* wert ist als das andere. Deswegen lässt sich mit Recht sagen, dass eine Bewertung im Spiel ist. Genau das macht Geld so einzigartig – es kann exakt anzeigen, um wie viel eine Sache mehr wert ist als die andere[29] – und genau das kann Saussures Modell nicht erklären. Letzteres liefert eine Erklärung dafür, wie die Welt unterteilt wird und die Dinge aufgrund von Unterschieden kategorisiert werden (und Sahlins hat natürlich Recht mit der Bemerkung, dass es beim Marketing in einer Konsumgesellschaft oft darauf ankommt, symbolische Unterscheidungen zwischen Produkten zu erzeugen, die wie zwei Cornflakes- oder Waschpulvermarken praktisch identisch sind). Doch das erklärt noch nicht, warum Menschen dafür auch Geld ausgeben. Man kauft Dinge nicht nur, weil man sieht, dass sie sich irgendwie von anderen unterscheiden. Und selbst wenn, erklärt das nicht, warum man für manche Dinge mehr auszugeben bereit ist als für andere.

Die Vor- und Nachteile des Strukturalismus sind inzwischen hinreichend bekannt. Als seine große Schwachstelle gilt im Allgemeinen, dass er kaum Bewertungen vornimmt. So wurde schon oft bemerkt, dass die strukturalistische Literaturwissenschaft Romane oder Gedichte formal häufig mustergültig analysiert und dabei viele verborgene Bedeutungsschichten aufgedeckt hat, jedoch fast nie sagt, ob das betreffende Werk auch gut ist. Ähnlich richtet der Strukturalismus in der Ethnologie, für den die Werke von Claude Lévi-Strauss exemplarisch sind,[30] sein Hauptaugenmerk auf das Weltverständnis in unterschiedlichen Kulturen; dabei leistet er Erstaunliches, aber sobald man verstehen will, warum man zum Beispiel ein Ding für besser (erwünschter, begehrenswerter, wertvoller) hält als ein anderes, kommt man schnell in Schwierigkeiten. Das große Problem des Strukturalismus ist, nicht nur das passiv erworbene, kontemplative Verhältnis eines Volkes zur Welt zu verstehen (der »zerebrale Wilde« von Clifford Geertz), sondern auch seine aktive Teilnahme an ihr zu erklären.[31]

Wahrscheinlich hat niemand mehr dazu beigetragen, uns aus dieser gedanklichen Sackgasse zu führen, als Marshall Sahlins selbst, und er kam dabei zu bemerkenswerten Ergebnissen.[32] Deswegen tue ich ihm wohl Unrecht, wenn ich einen einzelnen, frühen Text von ihm herausgreife. Allerdings hat er seitdem das Thema »Wert« beinahe ganz ausgeklammert. Der einzige Strukturalist, der sich kontinuierlich um eine Werttheorie bemüht hat, ist Louis Dumont.[33] Deswegen lohnt ein genauerer Blick auf sein Werk.

Am bekanntesten wurde Dumont durch die Popularisierung des Begriffs der Hierarchie in den Sozialwissenschaften. Seinen Wertbegriff entwickelt er direkt aus dem der Hierarchie.

Nach Dumont entwickelte sich der klassische Strukturalismus als eine Technik zur Analyse der formalen Organisation von Ideen, nicht von Werten. Eine strukturale Analyse bedeutet zunächst die Identifizierung wesentlicher begrifflicher Oppositionen – roh/gekocht, rein/unrein, maskulin/feminin, konsanguinale/affinale Verwandtschaft – und danach das Herausarbeiten der wechselseitigen Beziehungen, etwa in einer Reihe von Mythen oder Ritualen oder auch in einem ganzen Gesellschaftssystem. Die meisten Strukturalisten vergessen jedoch, meint Dumont, dass diese Ideen zugleich Werte sind. Das liegt daran, dass bei jedem solchen Begriffspaar ein Begriff als überlegen angesehen wird. Der überlegene Begriff schließt den unterlegenen immer in sich ein und »umfasst« ihn. Der Begriff des »Umfassens« ist bei Dumont ein Schlüssel zum Hierarchiebegriff. Eins seiner Lieblingsbeispiele ist die Opposition von rechts und links. Der Ethnologie ist schon lange bekannt, dass die meisten Kulturen der Welt die rechte Hand für moralisch überlegen halten.[34] Wenn man jemandem die Hand gibt, so Dumont, muss man sich normalerweise für die eine oder andere entscheiden. Streckt man die rechte Hand aus, repräsentiert sie dennoch die ganze Person – einschließlich der nicht ausgestreckten linken.[35] Insofern »umfasst« oder »umschließt« die rechte Hand hier auch die linke, die zugleich ihr Widerpart ist. (Er nennt es »das Gegenteil umfassen«.) Dieses hierarchische Prinzip, behauptet Dumont, gilt für alle wichtigen Binäroppositionen, und er meint sogar, dass die Gleichrangigkeit zweier solcher Begriffe undenkbar ist und dass es auch kein anderes Prinzip der Rangabstufung gibt. Letzteres hat – wenig überraschend – lebhafte Diskussionen ausgelöst, da es offenkundig nicht zutrifft.[36]

Bedeutung entsteht also aus begrifflichen Unterscheidungen, und durch die ihnen immanenten Abstufungen enthalten diese stets ein wertendes Element.[37] Noch wichtiger ist, dass die sozialen Kontexte, in denen diese Unterscheidungen praktische Wirksamkeit entfalten, ebenfalls abgestuft sind. Gesellschaften sind in verschiedene Felder oder Ebenen unterteilt, und die höheren umfassen die niedrigeren – sie sind allgemeiner und haben daher größeren Wert. In jeder Gesellschaft werden beispielsweise häusliche Angelegenheiten, die nur eine kleine Gruppe berühren, gegenüber den einen größeren Teil der Gesellschaft betreffenden, politischen Belangen als untergeordnet betrachtet; vermutlich ordnet man auch die Sphäre des Politischen insgesamt der des Religiösen oder Kosmologischen unter, in der Priester oder Ähnliches die Menschheit gegenüber den weltenlenkenden Mächten vertreten.[38] Besonders innovativ ist Dumonts Theorie im Hinblick darauf, wie sich die Verhältnisse zwischen verschiedenen begrifflichen Vorstellungen auf verschiedenen Ebenen umkehren können. Da Dumont sein Modell aus der Analyse des indischen Kastenwesens entwickelt, lässt sich dieses auch gut als Beispiel heranziehen. Auf der religiösen Ebene, auf der die Brahmanen die Menschheit vor den Göttern vertreten, ist Reinheit das Ordnungsprinzip. Alle Kasten werden aufgrund ihrer Reinheit eingestuft, und danach stehen die Brahmanen sogar über den Königen. In der untergeordneten politischen Sphäre, wo Menschen nur auf andere Menschen treffen, ist Macht der höchste Wert, und hier stehen die Könige über den Brahmanen, die deren Befehlen Folge leisten müssen. Dennoch stehen die Brahmanen letztlich höher, weil die Sphäre ihrer Überlegenheit die umfassendste ist.[39]

Selbstverständlich ist dies nicht von Belang für die heutige westliche Gesellschaft, aber für Dumont sind die letzten dreihundert Jahre europäischer Geschichte sowieso eine Anomalie. Andere Gesellschaften (»fast möchte man sagen, ›normale Gesellschaften‹«) sind »holistisch«, und holistische Gesellschaften sind stets hierarchisch und folgen einer Stufenordnung von Feldern, die je höher sie angesiedelt sind, desto umfassender bzw. inklusiver sind. Unsere Gesellschaft ist insofern die große Ausnahme, als für uns das Individuum den größten Wert darstellt: Jeder Person wird eine Einzigartigkeit zugeschrieben, die auf die Vorstellung einer unsterblichen Seele zurückgeht, die wiederum per definitionem unvergleichlich ist. Jedes Individuum ist ein Wert für sich, und an sich kann keines höher stehen als andere. Mit der Meinung, der Individualismus habe die Herausbildung der »Wirtschaft« erst ermöglicht, stützt sich Dumont in vielen Arbeiten eigentlich auf Polanyis *The Great Transformation*.[40]

Dies ließe sich weiter fortsetzen. So gibt es in Frankreich eine Dumont verpflichtete Schule der Ethnologie, und deren Annäherung an traditionelle nichtwestliche Gesellschaften (also normale hierarchische) ist in vieler Hinsicht eine neue Form des Substantivismus. Vermutlich lehnt sie alles, was auch nur von ferne an den methodologischen Individualismus erinnert, noch radikaler ab als das Original.[41] Der Hauptunterschied besteht jedenfalls in der Zurückweisung der funktionalistischen Annahme, dass wirtschaftliche Institutionen in einer Gesellschaft integrativ wirken; an ihre Stelle tritt die Saussure'sche Vorstellung, dass man erst das ganze Bedeutungssystem verstehen muss, damit ein Teil davon sinnvoll wird. Damit ist der erste Schritt in einer Analyse die Identifizierung einer Totalität. Die Anhänger Dumonts bezeichnen ihr Projekt als »Vergleichen von Ganzheiten«, womit sie weniger Symbolzusammenhänge meinen als Gesellschaften, die als Gesamtsysteme um bestimmte zentrale Werte – oder wie Dumont sagt »Ideenwerte« – herum strukturiert sind.

Es ist bemerkenswert, dass selbst in Dumonts ursprünglicher Arbeit über Indien der Begriff »Wert« recht unscharf verwendet wird. Reinheit ist zum Beispiel eindeutig ein Wert des Typs der »kulturellen Werte«, die Kluckhohn im Sinn hatte – eine Vorstellung dessen, wie Menschen sein wollen sollten; Macht dagegen scheint eher einer jener Werte, den die Formalisten zur Erklärung dessen anführten, was Menschen tatsächlich wünschen oder begehren, selbst wenn sie es nicht unbedingt zugeben.[42] Für Dumont sind beide aber letztlich »Ideenwerte«, die sich als Teil eines übergreifenden Bedeutungszusammenhangs mit Saussure'schen Begriffen analysieren lassen.

Ein gutes Beispiel dieser Praxis ist das von den vier Dumont-Schülern Daniel de Coppet, Cécile Barraud, André Iteanu und Raymond Jamous gemeinsam verfasste *Of Relations and the Dead* (1994): Coppet hat bei den 'Are'Are auf den Salomonen gearbeitet,[43] Barraud in dem molukkischen Dorf Tanebar-Evav,[44] Iteanu bei den Orokaiva in Papua-Neuguinea[45] und Jamous bei den Berbern im marokkanischen Rif.[46] Absicht des Buchs ist ein Vergleich der einzelnen Gesellschaften als Gesamtsysteme.

Jede der Gesellschaften erweist sich als um zwei oder drei zentrale Werte strukturiert. Der höchste davon bestimmt die Stellung ihrer Mitglieder im Kosmos. So ist unter Jamous' Berbern nicht etwa die Ehre der höchste Wert, obwohl ranghohe Männer viel Zeit aufwenden, um durch verschiedene aggressive Tauschformen von mit großer Geste überreichten Geschenken bis zu Gewalttaten bei Blutfehden ihre Ehre zu verteidigen oder zu vermehren. Der höchste Wert ist vielmehr *baraka*, was sich in etwa mit göttlicher Gnade übersetzen lässt und den Heiligen immanent ist, die Streitigkeiten schlichten und allgemein als Mittler zwischen Menschen und Gott fungieren. In Barrauds molukkischem Dorf wird das Leben von der Praxis des Frauentauschs bestimmt, doch erfolgt dieser auf der Grundlage eines untergeordneten Werts namens *haratut* – in etwa: das Verhältnis von Inselgesellschaft zu ihren göttlichen Vorfahren –, während der höchste Wert der des *lor* oder »Gesetzes« ist, in dem die Gemeinschaften der Lebenden und der Toten an andere Gemeinschaften rückgebunden sind. Die beiden melanesischen Beispiele sind noch verzwickter, da hier die Werte nicht benannt werden – die Autoren machen die interessante (und durch und durch strukturalistische) Beobachtung, dass die zentralen Werte nur dann benannt werden, wenn es in einer Gesellschaft das Bewusstsein gibt, dass andere Gesellschaften andere Werte haben. Ist sie sich dessen nicht bewusst, unterscheidet sie nicht grundsätzlich zwischen Gesellschaft- und kosmischer Ordnung, und die eigenen Werte werden als integraler Teil der gesamten Wirklichkeit begriffen. Bei den 'Are'Are zum Beispiel sind die drei zentralen Werte in den drei Grundbestandteilen des Menschen verkörpert: Leib, Atem und Ahnenbild (nur Letzteres besteht auch nach dem Tod einer Person fort). Diese haben wiederum Entsprechungen in den drei wichtigsten Tauschobjekten: Taro, Schweine und Muschelgeld. De Coppet zufolge besteht das rituelle Leben der 'Are'Are zu einem großen Teil aus eng verzahnten Tauschhandlungen, bei denen Taro, Schweine und Muschelgeld den Besitzer wechseln und die dabei Personen auf- oder abbauen, indem sie durch Heiraten neu erschaffen oder bei Beerdigungen aufgelöst werden und – auf der höchsten Ebene – das Verhältnis zwischen den Menschen und ihren Ahnen reproduzieren.

In solchen Gesellschaften, meinen die Autoren, ist es völlig absurd, von eigennutzorientierten Individuen im Sinne eines *homo oeconomicus* zu sprechen. Hier gibt es keine Individuen. Jede Person besteht aus genau jenen Stoffen, die sie tauscht, und diese sind zugleich die Grundbestandteile des Universums.

Die Autoren räumen ein, dass es in allen vier Gesellschaften »große Männer« gibt – die melanesischen »Big Men«, beduinische »Männer der Ehre«, die wichtigen Oberhäupter einer Lineage auf den Molukken – und dass sie stets die wichtigste Tauschform der jeweiligen Gesellschaft beherrschen. Aber die Werte, die sie dabei vermehren oder vergrößern wollen, sind nie die höchsten der Gesellschaft. Es gibt immer zwei Ebenen: einerseits auf der niedrigeren Ebene Werte, die für den Transaktionalismus typisch sind – etwa »Ehre«, »Macht«, »Reichtum« usw.; und andererseits auf der höheren Ebene eher Werte im Sinne Kluckhohns – Auffassungen davon, was im Leben wirklich wichtig ist. Daher, so die Autoren, fungieren die großen Männer aus gesamtgesellschaftlicher Perspektive nur als Träger bestimmter Formen von kosmologischen Ritualen – Rituale, die ihrerseits die Gesellschaft als Ganzes einschließlich ihrer zentralen Werte reproduzieren. Während dies in gewisser Weise Dumonts Aussage widerspricht, der von ihm untersuchte Wert habe nichts mit dem ökonomischen Wert gemein (Wirtschaftswissenschaftler betrachten Präferenzen; bei hierarchischen Werten geht es um intrinsische Überlegenheit), enthält dieses Modell doch alle drei wichtigen Spielarten des Wertbegriffs, auch wenn dabei einer von ihnen einer Synthese der beiden anderen unterworfen ist. Zur Frage, warum die »großen Männer« diese Rituale ausführen: Das tun sie nicht, um sich selbst zu erhöhen, sondern weil sie es für die richtige Handlungsweise halten.

Mehr als alle anderen Ansätze versprechen die Dumont-Schüler eine große Synthese aller Werttheorien – in ihrem Fall durch eine Art überhöhten Substantivismus. Doch dazu müssen sie streng unterscheiden zwischen »modernen« Gesellschaften, in denen die Menschen Individuen sind und nach ökonomischen Werten streben, und »holistischen« Gesellschaften, in denen sie das nicht tun. Dadurch entsteht ein fundamentaler Bruch zwischen den Gesellschaften, in denen die Ethnologen leben, und jenen, die sie untersuchen. Zweitens führen sie die altbekannten Probleme des Funktionalismus wieder ein. So scheint die Rede von Gesellschaften als einer »Gesamtheit« klare Grenzen zwischen ihnen zu implizieren sowie die Annahme, dass sie in relativer Isolation bestehen.[47] Historisch betrachtet ist das aber nur selten der Fall. Darüber hinaus wird so beinahe jede Erklärung verhindert, warum sich diese Gesellschaften überhaupt ändern können. So lautet auch eines der berühmtesten Argumente Dumonts, dass sich das indische Kastensystem per definitionem nicht verändern kann; entweder es besteht fort, oder es stürzt in sich zusammen und wird durch ein völlig anderes System ersetzt: Gleich einem Stuhl, der im Inneren von Termiten zerfressen wird, behält es so lange seine Form, bis es auseinanderbricht.[48] Doch genau das sind die Gründe, warum die Ethnologen den Funktionalismus ursprünglich abgelehnt haben.

Fazit

An dieser Stelle sollte zumindest in Ansätzen klar geworden sein, welche Geschichte hinter dem Begriff »Wert« steckt. Er beinhaltet die Möglichkeit einer Lösung lange bekannter theoretischer Probleme, insbesondere die Überbrückung des Unterschiedes zwischen einem »Top-down-Ansatz« und einem »Bottom-up-Ansatz«: zwischen Theorien, denen eine gewisse Vorstellung von sozialer Struktur, Gesellschaftsordnung oder einer anderen ganzheitlichen Konzeption zugrunde liegt, und Theorien, die von individueller Motivation ausgehen. Die Verbindung von beiden ist seit jeher ein Problem der Gesellschaftstheorie.

Selbstverständlich lassen sich auch ganz generell Sinn und Zweck einer großangelegten Theorie hinterfragen. Manche halten schon die Vorstellung für absurd und meinen, dass der größte Nutzen der Ethnologie in der Ethnographie liegt, der Beschreibung anderer Gesellschaften und anderer Lebensstile. Zweifellos ist das ein wichtiger Teil unserer Arbeit: die Aufzeichnung kultureller und sozialer Unterschiede, eine Zusammenstellung dessen, was Menschsein zu verschiedenen Zeiten und an verschiedenen Orten bedeutet hat (und daher auch eine der menschlichen Möglichkeiten). Es lässt sich kaum leugnen, dass sich die Leser in zweihundert Jahren vermutlich genau dafür interessieren, wenn sie unsere heutigen Bücher zur Hand nehmen. Die herkömmliche Antwort darauf lautet, dass auch der Ethnographie stets eine Theorie zugrunde liegt. Da selbst allem Anschein nach schlichte sachliche Beschreibungen auf allerlei Annahmen und Voreinstellungen über das, was wichtig und bedeutend ist, beruhen und diese wiederum darauf, worum es den Menschen oder einer Gesellschaft im Kern geht, besteht die eigentliche Wahl darin, solche Fragen offen anzusprechen oder sie unausgesprochen stehen zu lassen – was letztlich nur dazu führt, dass man auf die allgemeinen Vorstellungen der eigenen Kultur zurückgreift. Im Endeffekt kommt dabei nur irgendeine Form ökonomistischen Denkens heraus. Und je mehr man sich mit der Motivation von Menschen befasst, desto problematischer wird es. Eine neuere Variante dieser Haltung, nämlich dass das »Große« in der »Großen Theorie« abzulehnen ist, führt zu genau denselben Problemen; dies wird im nächsten Kapitel zu sehen sein.

Die Wirtschaftswissenschaften haben selbstverständlich eine sehr genaue Vorstellung davon, was sie tun wollen und worin eine erfolgreiche Analyse besteht (liefert sie eine Prognose dessen, was geschehen wird, oder nicht?). Im Hinblick auf die Geschichte der ethnologischen Theorie lässt sich dieselbe Frage stellen. Worauf richtete sich das Forschungsinteresse der Ethnologen einer bestimmten Zeit? Die Disziplin hat in dieser Hinsicht eindeutig verschiedene Phasen durchlaufen. Zu jeder Zeit wurden Daten gesammelt. Aber für einen Anhänger des Evolutionismus des neunzehnten Jahrhunderts lag der Sinn einer Datensammlung zu einer bestimmten Gesellschaft in der Ermittlung ihrer Position innerhalb der großen historischen Abfolge und in der Untersuchung, ob ihre Existenz etwas über die Universalgeschichte der Menschheit verriet. Für einen Funktionalisten ging es darum zu zeigen, wie eine bestimmte Praxis oder Institution zur Stabilität der Gesellschaft beitrug (und darin lag die kaum einmal offen ausgesprochene Annahme, dass die Gesellschaft ohne solche Institutionen in einer Art Hobbes'schem Chaos kollabieren würde). Für einen Strukturalisten war der Zweck der Analyse der Nachweis, wie soziale Formen aus symbolischen Elementen zusammengesetzt waren, die alle in einem Gesamtsystem von Bedeutungen zusammenhingen. Alle hatten jedoch letztlich vor allem eines im Sinn: die Beschreibung eines logisch kohärenten Systems, was bedeutete, sich von der individuellen Handlung abzuwenden –

und dabei blieb ein Leerstelle zurück, die wirtschaftliche Theorien auszufüllen versuchten.

Anfang der 1980er Jahre bestand allgemeines Einverständnis darüber, dass die Formulierung einer »dynamischen« Theorie des Strukturalismus, die auch die Unvorhersehbarkeit menschlichen Handelns, die Kreativität und den Wandel erklären konnte, das dringlichste Problem der Zeit wäre. Meist sprach man davon als einer Verschiebung von der *langue* zur *parole*, von der Sprache (»dem Kode«, was auch immer man im Einzelnen darunter verstehen mochte) zum Sprechen. Damit kehrte auch die Wertproblematik wieder in die intellektuellen Debatten zurück. Aus den genannten Gründen schien eine Werttheorie exakt diese Lücke zu schließen: Sie sollte die Gesellschaft und die Ziele der Menschen verbinden und den Brückenschlag von der Bedeutung zum Begehren ermöglichen.

Interessant ist, dass in diesen Debatten so gut wie niemand Kluckhohns intellektuelles Erbe erwähnte. Sein Werk galt als völlig veraltet. Das zeigt nicht zuletzt, wie sehr der Strukturalismus das intellektuelle Klima geprägt hat. Doch so schlicht Kluckhohns Modelle auch sein mögen, immerhin fand er eine Möglichkeit, Kulturen nicht nur in Bezug auf ihre unterschiedliche Wahrnehmung der Welt zu betrachten, sondern auch wie sie sich in der Vorstellung dessen unterscheiden, wie die Welt sein sollte – sozusagen als moralische Projekte. Darin unterschied er sich so sehr von anderen Theoretikern, dass seine Arbeiten völlig irrelevant schienen.

Wie dem auch sei, das alles bietet eine Erklärung sowohl für die anhaltende Popularität des Begriffs »Wert« als auch für den Mangel einer konkreten Werttheorie. Die Ethnologie hat die Dilemmata der 1980er Jahre jedenfalls nicht gelöst, sondern ist meist einfach darüber hinweggegangen und hat sich anderen Themen gewidmet: der Politik ethnographischer Feldforschung, der Erinnerung, dem Körper, dem Transnationalismus usw. Der Strukturalismus verlor erst seine beherrschende Stellung und kam dann allmählich aus der Mode; er wurde von Theorien der Macht (Foucault) oder der Praxis (Bourdieu) ersetzt, und es stellte sich das Gefühl ein, dass das alles nicht mehr der Rede wert war. Vielleicht neigt man deswegen nun auch dazu, so zu tun, als gäbe es eine solche Theorie wirklich.

Wie im nächsten Kapitel gezeigt wird, sind die meisten neuen Theorien, die frühere Debatten überholt scheinen lassen, in vielen Aspekten nichts anderes als die alten Themen in neuem Gewand. Außerdem glaube ich nicht, dass es zur Lösung eines Problems beiträgt, wenn man es ignoriert.

Zweites Kapitel

Aktuelle Strömungen in der Tauschtheorie

Im vorangehenden Kapitel ging es um ungelöste Theorieprobleme in der Ethnologie – speziell um die kontroversen Positionen von Funktionalismus und Ökonomismus, die in den 1960er Jahren im Streit zwischen Formalisten und Substantivisten ganz deutlich zutage traten – und darum, wie der Wertbegriff sie zu bewältigen versprach. Entgegen der herrschenden Meinung scheint mir, dass diese Themen keineswegs abschließend behandelt sind. Während einerseits die Dumont-Schule offen versucht, Polanyis Substantivismus wenigstens in Teilen wiederzubeleben, stützen sich viele Poststrukturalisten – wenngleich weniger offen – auf dieselben Annahmen wie schon der ökonomische Formalismus. Ein kurzer Überblick über die aktuelle Diskussion in der Tauschtheorie soll zeigen, wie sehr man sich dabei im Kreis dreht und nicht über die alten Problematiken hinausgelangt.

In diesem Kapitel will ich die historische Linie bis in die Gegenwart weiterverfolgen und die wichtigsten Werttheorien kurz darstellen. Als Erstes widme ich mich der Blüte von Marxismus und kritischer Theorie; danach stelle ich – anhand der Beispiele Pierre Bourdieu und Arjun Appadurai – das Neuaufleben ökonomistischer Modelle dar; daran schließt ein Abriss des Werks von Annette Weiner an; und zuletzt folgt eine längere Auseinandersetzung mit einem alternativen Ansatz, der von Marilyn Strathern am deutlichsten herausgearbeitet wurde und der sich vor allem an Mauss anlehnt, wobei er in vielerlei Hinsicht nur Saussure'sche Ideen wieder aufgreift.

Die Blüte des Marxismus und die Folgen

Hatte der Streit zwischen Formalisten und Substantivisten die intellektuelle Debatte der 1960er Jahre geprägt, so war es in den 1970ern die Auseinandersetzung zwischen Strukturalismus und Marxismus. Da beide Seiten vollkommen unterschiedliche

Gesichtspunkte in die Ethnologie einbrachten, überrascht es nicht, dass sie auch beide die alten Diskussionen für überholt hielten.

Im zwanzigsten Jahrhunderts gab es lange überhaupt keine marxistische Ethnologie. Der Grund war, dass man sich als orthodoxer Marxist noch an der evolutionistischen Theorie orientierte, die Lewis Henry Morgan und Friedrich Engels Mitte des neunzehnten Jahrhunderts entwickelt hatten. Ihr zufolge mussten alle Gesellschaften eine Abfolge von Entwicklungsstufen durchlaufen, von der es kein Abweichen gab: ursprüngliches Matriarchat, Patriarchat, Sklavengesellschaft, Feudalherrschaft usw. Da dieses Konstrukt bald unhaltbar wurde, standen marxistische Ethnologen vor der Wahl, entweder gegen die Parteilinie zu verstoßen oder Unsinn zu schreiben. Daher vermieden sie meist jeden Verweis auf die marxistische Theorie (was vor dem Zweiten Weltkrieg an Universitäten im Westen sowieso angeraten war, da dort Marxisten oft verfolgt wurden). Das änderte sich erst in den 1960er Jahren in Frankreich, als Louis Althusser eine flexiblere Begrifflichkeit, die vor allem um die »Produktionsweise« kreist, entwickelte – und fast noch wichtiger: in die Diskussion einführen konnte –, so dass auf einmal auch eine marxistische Ethnologie möglich wurde.[1] Die Grundlagen schufen französische Ethnologen wie Claude Meillassoux und Maurice Godelier, doch bald wurden ihre Überlegungen auch in England und Amerika aufgegriffen. Die wichtigste Neuerung, die mit dem marxistischen Denken in die Ethnologie kam, war, dass die Produktion ins Zentrum des Interesses rückte. Aus marxistischer Perspektive hatten sowohl Formalisten wie Substantivisten das Entscheidende ausgelassen, weil sich ihre Diskussionen auf Distribution und Tausch beschränkten. Doch um eine Gesellschaft zu verstehen, so die Marxisten, muss man vor allem begreifen, wie sie durch unablässige kreative Arbeit ihren Fortbestand sichert oder, in marxistischer Terminologie, »sich reproduziert«.

Das war ein himmelweiter Unterschied zum Funktionalismus, der von einem vorher festgelegten Gesellschaftsbegriff ausgehend untersucht, wie eine Gesellschaft im Einzelfall organisiert ist. Der Marxismus dagegen befasst sich damit, wie das, was wir »Gesellschaft« nennen, durch verschiedene Formen produktiver Arbeit immer wieder neu geschaffen wird und wie elementare Praktiken von Ausbeutung und Ungleichheit einer Gesellschaft in ebenjenen sozialen Beziehungen, die eine Bevölkerung zur Reproduktion der Gesellschaft anhalten, verankert sind. Trotz offensichtlicher Vorteile hat dieser Ansatz, der die »Produktionsweise« in den Mittelpunkt rückt, aber den Nachteil, dass er zur Untersuchung von in Staaten organisierten Gesellschaften entwickelt wurde; von Gesellschaften also, in denen eine herrschende Klasse einen Zwangsapparat unterhält, der denjenigen, die den größten Teil der produktiven Arbeit erledigen, den Überschuss abnimmt. Die meisten so angelegten Studien – ich denke hier etwa an Perry Andersons meisterhafte Arbeiten *Von der Antike zum Feudalismus* (1978) und *Die Entstehung des absolutistischen Staates* (1979) – skizzieren die Geschichte verschiedener Produktionsweisen, die in einer Gesellschaft auch nebeneinander bestehen können; sie zeigen, wie dominante Produktionsweisen der herrschenden Klasse dienen, deren Interessen vom Staat geschützt werden; oder sie beschreiben die fundamentalen inneren Widersprüche dieser Produktionsweisen, die deswegen meist dazu gezwungen sind, sich in etwas anderes zu verwandeln. Unklar bleibt jedoch die Übertragung dieser Konzepte auf Gesellschaften, die gar nicht in Form von Staaten organisiert sind.

Mit Begriffen wie Ausbeutung, Fetischismus, Aneignung oder Reproduktion verfügt der Marxismus über ein analytisches Instrumentarium, das nach gängiger Meinung Marx mit großem Erfolg zur Analyse des Kapitalismus genutzt hatte, von dem aber niemand genau wusste, wie es auf andere Gegenstände anzuwenden war. Jeder Wissenschaftler verwendete die Begriffe anders, was häufig zu Streitereien führte, bei denen man sich gegenseitig die kanonischen Texte vorhielt und darüber stritt, was Marx »eigentlich meinte«. Dies (und auch der spezielle Jargon) ließ den Marxismus rasch etwas unzugänglich wirken und schmälerte seine Anziehungskraft für Nichtmarxisten erheblich. Nach dem kurz auflodernden Interesse in den 1970er Jahren bediente man sich des Marxismus in der Ethnologie – zumindest in der englischsprachigen Welt[2] – vor allem dazu, um den Kapitalismus und sein Verhältnis zu indigenen Völkern zu verstehen.

All das könnte den Eindruck erwecken, der Marxismus hätte die Ethnologie nicht weiter beeinflusst. Doch das trifft nur bei oberflächlicher Betrachtung und für die institutionelle Ebene zu. Sieht man genauer hin, so war sein Einfluss erheblich. Der Grund dafür ist, dass der Marxismus die Entwicklung gleich mehrerer neuer Denkansätze angestoßen hat – ich nenne sie der Kürze halber zusammenfassend »kritische Theorie« –, die seit den 1960er Jahren bei vielen Ethnologen die Vorstellungen vom Sinn und Zweck ihrer Wissenschaft verändert haben. Den größten Teil des zwanzigsten Jahrhunderts über war die Ethnologie entschieden relativistisch. Seit Franz Boas war es geradezu axiomatisch, dass moralische Urteile darin nichts verloren hatten: Denn mit welchem Recht legen wir westliche Maßstäbe an Völker an, die diese nicht teilen, wenn kulturelle Standards im Grunde willkürlich sind? Der Marxismus war alles andere als unkritisch, aber in seinen Untersuchungen ging er stets von den kulturellen Maßstäben des Westens aus. Er war entwickelt worden, um die Mechanismen der systematischen Ungleichheit und Ungerechtigkeit, die in der eigenen, westlichen Gesellschaft am Werk waren, offenzulegen und zur Auflösung und radikalen Neuordnung dieser Gesellschaft beizutragen. Wenn Marxisten eine nichtwestliche Gesellschaftsordnung kritisierten, dann taten sie das nicht, weil sie anders war als die eigene, sondern gerade weil sie ihr *ähnlich* war.[3] Dasselbe gilt für andere kritische Denkansätze, die in jener Zeit entstanden, allen voran der Feminismus, dessen Wirkung auf die Ethnologie und das Geistesleben im Allgemeinen wahrscheinlich noch bedeutender ist als die des Marxismus, trifft aber auch auf Disziplinen wie die Semiotik oder die Kulturwissenschaft zu. Sie alle gehörten zu einer generellen Linksorientierung im akademischen Leben, die vermutlich in den späten 1970er Jahren ihren Höhepunkt erreichte (kurz bevor die Politik überall einen Rechtsschwenk machte) und in deren Gefolge sich die Grundlagen intellektueller Debatten dauerhaft veränderten. Mithin sorgte sie dafür, dass sich viele Akademiker heute für politisch radikal halten, selbst wenn sie sich im Laufe der Jahre darauf verlegt haben, immer noch leidenschaftlichere Thesenpapiere für eine große politische Bewegung zu verfassen, die es gar nicht gibt.

Nun hat Marx selbst eine Werttheorie entwickelt. Im *Kapital*, aber auch in anderen Werken schreibt er, dass sich der Wert einer Ware aus der menschlichen Arbeit ableitet, die in deren Produktion geflossen ist, doch dies wird offenbar vergessen, wenn das Objekt auf dem Markt gekauft und verkauft wird, so dass ihm der Wert quasi natürlich aus seinen Eigenschaften zuwächst. Das Argument ist bekannt und hat eine Reihe von Interpretationen nach sich gezogen. Es wurde jedoch kaum untersucht, ob und wie es auch auf nichtkapitalistische Systeme angewandt werden kann.[4]

Die herrschende Meinung besagt, dass in den 1960er Jahren der Tausch im Zentrum des wissenschaftlichen Interesses stand, in den 1970ern die Produktion; und in den 1980ern befasste man sich vor allem mit dem Konsum. Das ist nicht unzutreffend. Während sich die Beschäftigung mit der kulturellen Bedeutung von Konsum zumindest auf Baudrillard und Schriften wie *Das System der Dinge* (1991), *Pour une critique de l'économie politique du signe* (1972) oder *Der symbolische Tausch und der Tod* (1982) zurückführen lässt, gibt es seit den 1980ern eine vielfältige Theorie, die im Konsum eine Form des Selbstausdrucks sieht. Ihr vermutlich hartnäckigster Verfechter ist der britische Ethnologe Daniel Miller.[5] Aber auch Marshall Sahlins' Arbeiten über Gebrauchsgüter stehen am Anfang dieser Tradition, und wenn sich Autoren wie er dem Thema »Wert« widmen, dann behandeln sie ihn überwiegend als eine Art Saussure'schen Kode. Zur gleichen Zeit sind aber auch wenigstens zwei neue Ansätze in der Tauschtheorie entstanden, die beide auf ihre Weise auf den Marxismus reagieren. Der eine, der gewöhnlich in Verbindung mit dem sogenannten kreativen Konsum auftritt, ist eine eigenartige Wiederkehr des ökonomischen Formalismus, obwohl er sich kaum noch einen wissenschaftlichen Anstrich gibt. Der zweite, von mir neomaussisch genannt, ist vermutlich interessanter.

Aber der Reihe nach.

I. Die Wiederkehr des *homo oeconomicus*

Hier ist nicht der Ort, die Geschichte des Poststrukturalismus nachzuzeichnen. Zur besseren Verständlichkeit der folgenden Ausführungen möchte ich aber einige Punkte ansprechen. Es ist schwer, einen gemeinsamen Nenner zu finden für die Arbeiten so verschiedener Autoren wie Foucault, Derrida, Bourdieu, Deleuze und Guattari, Lyotard und anderer, die unter diesem Schlagwort subsumiert werden. Wenn es jedoch einen gibt, dann ist es das Bestreben, Totalitäten jeder Art aufzulösen – egal ob es sich um die Gesellschaft, symbolische Ordnungen oder die Psyche handelt. Für Poststrukturalisten besteht die Realität aus einer Vielzahl heterogener »Felder«, »Maschinen«, »Diskurse«, »Sprachspiele« oder anderen Formen von sich überlagernden Ebenen, Plateaus oder sonst etwas und bildet – das ist der entscheidende Punkt – keine wie auch immer geartete kohärente Struktur oder Hierarchie. Statt einander einschließender oder umfassender Zusammenhänge wie bei Dumont gibt es ein Mosaik disparater Oberflächen, und auf jeder wird ein anderes Spiel nach anderen Regeln gespielt. Zudem kann man nach Meinung der meisten Poststrukturalisten nicht einmal davon sprechen, dass sich Individuen zwischen diesen Oberflächen hin- und herbewegen; vielmehr sind die Spieler (oder »Subjekte) selbst Konstrukte des Spiels oder Diskurseffekte, und unsere Vorstellung, wir hätten ein kohärentes Ich, ist zum großen Teil Illusion. Letzten Endes spricht die Sprache durch uns. Ging es in den alten Debatten darum, ob die Gesellschaft oder das Individuum Vorrang hatten, waren nun sowohl Gesellschaft als auch Individuum fragmentiert. Damit schien auch ein Streit wie der zwischen Formalismus und Substantivismus endgültig passé. Doch dieser Schein trügt.

Auf jeder Ebene, jedem Plateau und jedem Feld gleichen sich die Dinge auf erstaunliche Weise. Überall begegnet man einer Handvoll individuellen – gelegentlich auch kollektiven – Akteuren, die mit den anderen konkurrieren, sie irgendwie zu dominieren versuchen und ihnen den eigenen Willen aufzwingen wollen.

Hier ist nicht der Platz, um dies in jedem Einzelfall zu belegen. Es ist jedoch hilfreich, sich das Beispiel Pierre Bourdieu genauer anzusehen, und zwar aus zwei Gründen. Erstens, weil Bourdieu als derjenige gilt, dem am ehesten eine Versöhnung von Strukturalismus und Handlungstheorie gelungen ist. So ist sein Begriff des Habitus – symbolische Systeme, die verinnerlicht und unendlich reproduziert werden können, ohne dass sich die Akteure dessen bewusst werden – zu Recht berühmt geworden. Zweitens, weil sein Blick auf das wirtschaftliche Handeln durch und durch formalistisch ist.

Ein Beispiel dafür ist seine Interpretation von Mauss' Essay über die Gabe. Darin definiert Mauss gleich zu Beginn Gaben als »Geschenke [...], die theoretisch freiwillig sind, in Wirklichkeit jedoch immer gegeben und erwidert werden *müssen*«.[6] Auch in unserer Gesellschaft gibt man sich beim Schenken oft den Anstrich reiner Großzügigkeit, während man in Wirklichkeit vom Beschenkten erwartet, etwas von gleichem oder sogar höherem Wert zurückzuerhalten. Daher kann ein Geschenk auch eine Herausforderung sein und der Beschenkte zutiefst gedemütigt werden, wenn er mit keiner entsprechenden Gegengabe aufwarten kann. Nichtsdestoweniger kommt Mauss zu dem Schluss, dass das einem Geschenk innewohnende Interesse nicht unbedingt mit Gewinnstreben – ja nicht einmal mit einem moralischen Sieg – auf Kosten eines anderen verbunden sein muss. Gaben sind eine Möglichkeit, soziale Beziehungen herzustellen, indem sie Verbindungen und Verpflichtungen zwischen Individuen und Gruppen schaffen, die andernfalls nichts miteinander zu tun hätten. Funktionalistische Denker (darunter Polanyi) griffen diese Idee sofort auf, weil sie zu ihren eigenen Überlegungen passte. Für sie war Tausch zunächst und vor allem eine Möglichkeit zur sozialen Integration. Manche sahen darin sogar das Band, das Gesellschaften im Innern zusammenhielt.[7] Für die Strukturalisten galt das sogar in höherem Maße: So baut Claude Lévi-Strauss das Argument weiter aus und meint in *Die elementaren Strukturen der Verwandtschaft* (1981), die Institution der Ehe sei – und zwar in jeder Gesellschaft – als Frauentausch zwischen Männergruppen zu betrachten, der wiederum die Funktion habe, ein Netz sozialer Allianzen zu knüpfen.

In seiner ethnographischen Arbeit über die algerischen Kabylen entwickelt Bourdieu eine radikal andere Perspektive auf die Gabe, indem er auf die vorgebliche Großzügigkeit zurückgreift. So bemerkt er, dass der Unterschied zwischen Gabentausch und Tauschhandel oft nur darin besteht, dass zwischen Geschenk und Gegengeschenk ein längerer Zeitraum liegt. Diese Verzögerung erlaubt es, so zu tun, als sei jede Handlung nur ein Akt der Großzügigkeit ohne ein Element kalkulierten Eigeninteresses. Dieser Trick, so Bourdieu, ist typisch für traditionelle Gesellschaften, die im Gegensatz zu unserer kein eigenes Feld wirtschaftlichen Handelns kennen.

> Weil der Geschenkaustausch die Transaktion in der Zeit ausbreitet, die der rationale Vertrag in einem Zeitpunkt zusammenrafft und damit verschleiert, bildet er die einzige, wenn auch nicht immer praktizierte, so doch vollständig anerkannte Zirkulationsweise von Gütern in Gesellschaften, die, wie Lukács sagt, »den wirklichen Boden des Lebens« verleugnen und die, gleichsam als wollten und könnten sie den ökonomischen Realitäten deren rein ökonomische Bedeutung nicht zubilligen, eine Ökonomie an-sich und keine für-sich haben. In der Tat hat alles den Anschein, als beruhte das der »archaischen« Ökonomie Eigentümliche in der Tatsache, daß das ökonomische Handeln die ökonomischen Zwecke, auf die hin es doch objektiv ausgerichtet ist, explizit nicht anerkennen könnte: »Die Idolatrie der Natur«, die die Konstitution der Natur als primäre Materie und ebenso die Konstitution des menschlichen Handelns als *Arbeit*, d. h. als aggressiven Kampf des Menschen gegen die äußere Natur, verwehrt, sowie die systematische Hervorbringung des symbolischen Aspekts der Produktionsakte und -verhältnisse zielen darauf ab, die Konstitution der Ökonomie als solcher, d. h. als von Gesetzen des interessengebundenen Kalküls, von der Konkurrenz oder der Ausbeutung beherrschten Systems zu unterbinden.[8]

Bemerkenswerterweise beginnt Bourdieu hier mit dem an Polanyi erinnernden Argument, dass in traditionellen Gesellschaften wie der kabylischen die Wirtschaft keine getrennte Sphäre ist, sondern in die sozialen Beziehungen eingebunden bleibt.[9] Doch wo sich Polanyis Ökonomiebegriff auf die Frage beschränkt, wie sich eine Gesellschaft mit Nahrung und anderen Lebensnotwendigkeiten versorgt, ist Bourdieus Definition streng formalistisch: Bei ihm ist Ökonomie das am Eigennutz orientierte Kalkül und meint rationale Entscheidungen über die Distribution knapper Ressourcen, bei der jeder möglichst viel für sich gewinnen möchte. Bei realistischer, »objektiver« Betrachtung, so Bourdieu, findet immer irgendein »Wirtschaften« oder Ähnliches statt. Nur verwenden dort, wo es keine Märkte gibt, alle große Mühe darauf, diesen Umstand zu verschleiern. Dieses ständige Vortäuschen ist jedoch lästig und erfordert oft so viel Zeit wie die eigentliche wirtschaftliche Tätigkeit, so dass es beinahe sofort verschwindet, wenn ein marktwirtschaftliches System etabliert ist und das verschleierte ökonomische Kalkül offen zutage tritt.

Eine traditionelle Gesellschaft wird damit von einer Moral beherrscht, die aber nie Praxis werden kann: Die Leute sind sich des ökonomischen Kalküls durchaus bewusst und lehnen es prinzipiell ab, dennoch ist es Grundlage all ihres Handelns. Das führt zu einem Sartre'schen »Sich-selbst-Belügen« in der ganzen Gesellschaft.[10]

Abschließend bringt Bourdieu noch einmal alle ökonomistischen Argumente in Stellung. Wenn sich Menschen ökonomisch scheinbar irrational verhalten, dann tun sie das nur, weil die Werte, die sie aus Eigennutz vergrößern oder mehren, nicht materiell sind. Es »richten sich die praktischen Handlungen auch dann noch am ökonomischen Kalkül aus, wenn sie, da sie sich der Logik des Interessenkalküls (im eingeschränkten Sinne) entziehen und sich an nichtmateriellen und schwer zu quantifizierenden Einsätzen orientieren, den Anschein von Interesselosigkeit vermitteln.« Daher ist es notwendig,

> das ökonomische Kalkül unterschiedslos auf *alle*, materielle wie symbolische Güter auszudehnen, die rar scheinen und wert, innerhalb einer bestimmten gesellschaftlichen Formation untersucht zu werden – handle es sich um ›schöne Worte‹ oder ein Lächeln, um einen Händedruck oder ein Achselzucken, um Komplimente oder Aufmerksamkeiten, Herausforderungen oder Beleidigungen, um die Ehre oder um Ehrenämter, um Vollmachten oder Vergnügungen, um ›Klatsch‹ oder wissenschaftliche Informationen, um Distinktion oder um Auszeichnungen usw.[11]

In der kabylischen Gesellschaft lassen sich, so Bourdieu, diese Güter letztlich auf zwei Formen von »Kapital« reduzieren: ökonomisches Kapital (Land, Haustiere …) und symbolisches Kapital (Familienehre und Prestige). In einer Gesellschaft ohne selbstregulierenden Markt ist letzteres nützlicher, da man Ehre viel leichter zum Erwerb von Reichtum verwenden kann als umgekehrt.

In gewisser Hinsicht hat Bourdieu zweifellos Recht. Es gibt keinen Bereich menschlichen Lebens ohne eigennütziges Kalkül. Andererseits gibt es auch keinen Bereich ohne Freundlichkeit oder

Treue gegenüber idealistischen Grundsätzen, und so kann man sich durchaus fragen, warum das eine als »objektive« Wirklichkeit gesetzt wird, das andere nicht. In diesem Punkt ist Bourdieu am deutlichsten Poststrukturalist. Jedes Feld menschlicher Bestrebungen, meint er, wird von einem Bündel kompetitiver Strategien bestimmt. Wenn Geschenke zur gängigen Praxis gehören, dann ist Schenken auch eine dieser Strategien. Deswegen sind die Motive des Schenkenden unwichtig. Man kann als netter freundlicher Mensch nur von dem Wunsch motiviert sein, einem Freund zu helfen, aber objektiv kommt es nicht darauf an, weil das Schenken aufgrund der Gesamtstruktur der Situation immer ein Machtspiel ist, ein Versuch, symbolisches Kapital zu akkumulieren und gegenüber dem anderen einen Vorteil herauszuschlagen; so nehmen alle anderen die eigenen Handlungen wahr, und darin liegt ihre eigentliche Bedeutung. (Wer etwas anderes behauptet, geht nur dem »Subjektivismus« auf den Leim.) Diese Position klingt auffällig nach der der Wirtschaftswissenschaften. Dort nimmt man ebenfalls an, dass »objektive« oder »wissenschaftliche« Analysen nur dann mit Erfolg abgeschlossen wurden, wenn sich mit ihnen sagen lässt, dass die Menschen auf den eigenen Vorteil bedacht sind.

Bei konservativen Ökonomen mag eine derartige Haltung nicht weiter überraschen. Doch ist es etwas anderes, sie im Herzen kritischer Theorie zu entdecken, ausgerechnet bei Pierre Bourdieu, der mehr als andere Gesellschaftstheoretiker dazu beigetragen hat, strukturelle Privilegien und Ausbeutung selbst in der akademischen Welt offenzulegen und dafür auch persönlich einiges in Kauf genommen hat. Kein Mensch käme auf die Idee, an seiner Integrität und seinen guten Absichten zu zweifeln. Nur warum schätzt er im Bereich des Umgangs der Menschen miteinander die Bedeutung von Integrität und guten Absichten so gering?

Ich vermute, das liegt an einem blinden Fleck im kritischen Projekt selbst. Als in den 1960er und 1970er Jahren Marxismus, Semiotik und Konsorten auf die akademische Bühne stürmten, galten sie vor allem als Methoden, mit denen sich hinter die oberflächliche Realität blicken ließ. Man wollte die verborgenen Strukturen von Macht, Herrschaft und Ausbeutung entlarven, die selbst den einfachsten und gewöhnlichsten Aspekten des täglichen Lebens zugrunde lagen. Selbstverständlich findet man sie da auch. Aber wenn das *alles* ist, wonach man sucht, verengt sich das Bild der sozialen Wirklichkeit rasch. Die Gesamtwirkung bei der Lektüre dieser Literatur ist erstaunlich ernüchternd; es bleibt nur das beinahe gnostische Gefühl einer gefallenen Welt, in der das ganze menschliche Leben von Gewalt und Herrschaft dominiert ist.[12] Die kritische Theorie trug also letztlich mit dazu bei, ihre eigenen guten Absichten zu untergraben, indem sie Macht und Herrschaft so sehr ins Zentrum der sozialen Wirklichkeit rückte und dort verankerte, dass die Vorstellung einer Welt ohne sie nicht mehr möglich wurde. Aber damit wird auch jede Kritik sinnlos. So dauerte es nicht mehr lange, bis Leute wie Foucault oder Baudrillard behaupteten, Widerstand sei zwecklos (jedenfalls ein organisierter politischer Widerstand), dass Macht das konstituierende Element von allem sei, und häufig auch, dass es keinen Ausweg aus totalisierenden Systemen gebe und man diese Tatsache am besten mit einer gewissen ironischen Distanz zu akzeptieren habe. Und wenn alles gleichermaßen korrupt ist, kann auch so ziemlich alles erlöst bzw. rehabilitiert werden[13] – auch die kreativ und alternativ angehauchten Formen des Massenkonsums, wie ihn Akademiker der oberen Mittelschicht bevorzugen.

Mir ist bewusst, dass ich hier intellektuelle Strömungen so schildere, als existierten sie in einem Vakuum. Tatsächlich geht es wohl eher um das Ende der großen sozialen Bewegungen der 1960er Jahre (mit Ausnahme des Feminismus), den Anfang der 1980er einsetzenden politischen Niedergang der Linken und den Aufstieg neoliberaler Ideologien weltweit. Auch das geschah nicht isoliert von den intellektuellen Strömungen – vermutlich wurde der Aufstieg des Neoliberalismus (im Wesentlichen nichts anderes als das, wogegen sich Polanyi schon vor fünfzig Jahren gewandt hatte) durch das Versagen der Linken plausible Alternativen anzubieten, überhaupt erst ermöglicht – aber das führt zu weit vom Thema dieses Buchs weg. Hier mag der Hinweis genügen, dass der Poststrukturalismus eine weitere Bresche schlug, durch die sich der eigennutzorientierte und vom ökonomischen Kalkül bestimmte *homo oeconomicus* einschleichen konnte.

Damit können wir endlich zum Wert zurückkehren.

Appadurais »politics of value«

Der Text, der die aktuelle Wertdiskussion in der Ethnologie am stärksten geprägt hat, ist Arjun Appadurais »Introduction: Commodities and the Politics of Value«, die Einleitung zu dem von ihm herausgegebenen Sammelband *The Social Life of Things* (1986). Einige Begriffe daraus – »Wertregime«, »Wertkonkurrenzen«, »Wertpolitik« – wurden seither endlos wiederholt und zitiert. Umso wichtiger ist da die Frage, welchen Wertbegriff Appadurai überhaupt hat. Es lohnt sich, den Text im Hinblick darauf noch einmal zu lesen.

Appadurai beginnt mit einer Diskussion des Begriffs »Ware«, den Marx und andere für Dinge verwenden, die für den Verkauf auf einem Handelsmarkt produziert werden. Die Betonung der Produktion, bemerkt Appadurai, beruht auf Marx' Ansicht, Wert entstehe durch menschliche Arbeit. Für problematisch hält er jedoch, dass Waren so zu einem essentiell kapitalistischen Phänomen werden, das in einigen Gesellschaften vorkommt, in anderen aber nicht. Statt auf Marx, so Appadurai, sollte die Ethnologie daher besser auf Georg Simmel und dessen in *Die Philosophie des Geldes* (1900) entwickelten Wertbegriff zurückgreifen.

Nach Simmel gründet Wert weder auf menschlicher Arbeit, noch hängt er von einem größeren sozialen System ab. Er entsteht durch Tausch. Deswegen ist er einzig eine Auswirkung des individuellen Begehrens. Der Wert eines Dings ist das Maß dafür, wie sehr ein Käufer es will. Er bemisst sich danach, wie viel diese Person dafür zu geben bereit ist.

Wie Marx dachte Simmel vor allem über die Funktionsweise von Dingen in einer Marktwirtschaft nach. Appadurai meint jedoch, dass Simmels Modell – anders als das Marx'sche – auch dann angewandt werden kann, wenn es keine derartigen Märkte gibt. In allen Gesellschaften gibt es irgendwelche Formen von Tausch. Daher besteht kein Grund zu der Annahme, die Kommodifizierung sei ein rein kapitalistisches Phänomen. Jedes Ding kann zur Ware werden, wenn man es in erster Linie als etwas betrachtet, das gegen etwas anderes eingetauscht werden könnte oder das man geben würde, um dafür etwas anderes, das man mehr begehrt, zu erwerben.

> Das bedeutet, man betrachtet alle Dinge eher hinsichtlich ihres Potentials als Ware, statt vergeblich nach dem alles erklärenden Unterschied zwischen Waren und anderen Dingen zu fahnden. Außerdem bricht es mit dem produktionsfixierten Marx'schen Verständnis von Ware und erlaubt, den gesamten Weg von Produktion über Tausch/ Distribution bis zum Konsum in den Blick zu nehmen.[14]

Dieser Ansatz hat unzweifelhaft Vorteile. Allerdings sind es die üblichen Vorteile des Formalismus. So erlaubt er, das Problem von sozialen Totalitäten, Bedeutungsstrukturen und Ähnlichem auszublenden und sich auf individuelle Akteure und ihre Motivationen zu beschränken. Alternativ schlägt Appadurai vor, die Geschichte eines einzelnen Objekts zu untersuchen: seine »Lebensgeschichte« zu verfolgen, während es zwischen verschiedenen »Wertregimes«[15] hin und her wechselt. Das ist einer der mutigsten und spannendsten Gedanken des Texts, und er wurde seither unzählige Male zitiert, ebenso wie die Formulierung »Wertregime« selbst. Aber so sinnträchtig sie auch sein mag, angesichts von Appadurais Verweis auf Simmel ist schwer verständlich, was sie eigentlich meint.

Was bedeutet es, wenn ein Objekt zwischen verschiedenen »Wertregimes« hin und her wechselt? Heißt das, ein und dasselbe Objekt – ein Schaukelstuhl zum Beispiel – wird erst in einem Geschäft als Handelsware verkauft, gewinnt dann allmählich als Familienerbstück einen emotionalen Wert und kommt nach vielen Jahren schließlich wieder in den Verkauf? Offensichtlich nicht. Wenn »Wert« nur das Verlangen einer Person bemisst, diesen Stuhl zu erwerben, dann schließt das den »emotionalen Wert« aus. Allerdings meint Igor Kopytoff im selben Band, es gebe zwei Arten von Wert: So haben Objekte entweder einen Wert als Waren, die mit anderen vergleichbar sind, oder als unvergleichbare »einzigartige« Objekte.[16] Darunter könnten zwar Erbstücke fallen, doch das erklärt noch nicht, wie ein System, das keinen wie auch immer gearteten Vergleich zulässt, ein »Wertregime« hervorbringen soll. Was nun? Kann man etwa von verschiedenen *Arten* von Tausch sprechen, wenn zum Beispiel ein Stuhl einmal verschenkt und ein anderes Mal auf einer Auktion verkauft werden kann? Aber das ist ebenfalls ausgeschlossen, weil sich nach Appadurai nicht streng zwischen Gaben und anderen Warenformen unterscheiden lässt.

Dabei bezieht er sich auf Bourdieus Untersuchung und bemerkt, dass der Gabentausch der Ethnologen nicht allein auf Großzügigkeit beruht, sondern wie der Warentausch dem eigennutzorientierten Kalkül unterliegt.[17]

Dabei führt Appadurai den Gedanken wesentlich weiter als Bourdieu. Die traditionelle Unterscheidung zwischen Waren und Gaben lautet, dass es beim Warentausch um das Festlegen von Gleichwertigkeit zwischen Objekten geht, während bei Gaben die Verhältnisse zwischen Menschen im Vordergrund stehen. Obwohl Bourdieu einmal bemerkt, dass auch die Gabe eine »Form von Warenzirkulation« ist, widerspricht er dem nie wirklich. Wenn er über den Gabentausch bei algerischen Bauern spricht, dann behandelt er ihn nicht primär als Erwerb von Dingen, sondern als Möglichkeit zur Akkumulation von »symbolischem Kapital«, indem die eigene Ehre oder Großzügigkeit herausgestellt oder ein Rivale beschämt wird. Appadurai dagegen kommt zu dem Schluss, bei jedem Tausch komme es bloß auf die Dinge an, ohne dass er auch nur das Geringste mit dem Herstellen, Bewahren oder Auflösen sozialer Beziehungen zu tun habe.[18] In Bezug darauf, dass Güter auch menschliche Beziehungen beeinflussen – so Gesellschaft und Kultur überhaupt eine Rolle spielen –, bleibt ihm nur der Konsum: Und wirklich geht es in diesem Text meist nur darum, wie der Güterkonsum das Senden und Empfangen sozialer Botschaften beinhaltet. Damit handelt Appadurais »Wertpolitik« vor allem davon, wie Eliten Tausch und Konsum zu kontrollieren und beschränken versuchen, während andere (beinahe immer aus niederen Schichten stammende) Kräfte ihm eine breitere Basis geben wollen, und den daraus resultierenden sozialen Konflikten. Damit sind die »Wertregimes« das Resultat dieser Auseinandersetzungen: ein Maß für den Erfolg der Eliten bei der Lenkung des frei flottierenden Tauschs oder alternativ ein Maß dafür, wie kulturelle Standards die Möglichkeiten einengen, was gegen was getauscht werden kann.

Die Ablehnung von Marx, die Betonung eigennutzorientierter Strategien, die Verherrlichung des Konsums als kreativem Selbstausdruck – das alles entsprach dem intellektuellen Mainstream Mitte der 1980er Jahre. Außerdem ist es ein Paradebeispiel dafür, dass man besser ein wenig darüber nachdenkt, an welches Ufer einen die Welle spült, auf der man mitsurfen möchte. Denn heraus kam eine Ethnologie, deren Ziel auch von Milton Friedman hätte formuliert werden können. Nach James Ferguson hat es aber einen guten Grund, warum Simmel bei heutigen neoliberalen Theoretikern eines freien Marktes in so hohem Ansehen steht.[19] So zeichnet Appadurai ein Bild der Handelswelt (des eigennützigen erwerbsorientierten Kalküls) als von einem universellen menschlichen Trieb gesteuert, der als quasi-libidinöse demokratische Kraft stets die Macht des Staats, aristokratische Hierarchien oder kulturelle Eliten, die offenbar nur restriktive, lenkende oder kontrollierende Funktion haben, subversiv zu unterwandern bestrebt ist.[20] Da sehnt man sich nach einem Karl Polanyi, der daran erinnert, mit welchem massiven Einsatz staatlicher Macht die Bedingungen erst geschaffen wurden, die unser heutiges Handels- und Geschäftsleben prägen.

Nun könnte man durchaus sagen, das geht an der Sache vorbei. Die eigentliche Bedeutung von Appadurais Essay liegt vor allem in seiner befreienden Wirkung auf andere Wissenschaftler:[21] Er eröffnete neue Möglichkeiten zu untersuchen, wie sich Objekte zwischen verschiedenen kulturellen Welten hin und her bewegen können, und erlaubte so, Kolonialismus, Tourismus, das Sammeln oder den Handel neu zu hinterfragen. Das hat durchaus seinen Charme. Viele, vielleicht sogar die meisten Ethnologen, die sich auf Appadurai und seine Terminologie stützen, blenden die offen ökonomistischen Elemente ohnedies aus. Wenn sich etwa Brad Weiss auf die »Wertregimes« bezieht, dann meint er eindeutig etwas anderes als Appadurai. Insofern ist Appadurais Arbeit für alle ein Gewinn. Aber es kommt auch auf die Theorie an. Das möchte ich anhand eines Beispiels belegen. Sowohl Appadurai als auch Kopytoff betonen in ihren Texten, dass man das »soziale Leben der Dinge« beschreiben kann. Beide definieren ihre Begriffe jedoch so, dass man nicht auf den Gedanken käme, das soziale Leben bzw. die Lebensgeschichte eines Dings könnte *selbst* zu dessen Wert beitragen.[22] Damit bleibt das Ganze bloß im Methodischen verhaftet. Denn obwohl die Vorstellung, man könnte die gesamte Lebensgeschichte etwa einer oft weitergereichten Kassette, einer Pistole oder einer Pinzette rekonstruieren, großen Reiz hat, so hätte das doch ein bisschen was von der Auflistung aller, die je auf einer Parkbank saßen. Und dabei muss man doch fragen, was damit bezweckt werden soll.

Diese Überlegung sollte man im Hinterkopf behalten, denn ein anderer großer neuer Ansatz, materielle Objekte zu bewerten, entstand etwa zur gleichen Zeit – Annette Weiners Arbeiten über »unveräußerliche Besitztümer« – und ging genau in die entgegengesetzte Richtung.[23]

Nebenbemerkung: Annette Weiners »unveräußerliche Besitztümer«

Weiners Begriff des Unveräußerlichen geht zurück auf Marcel Mauss' Essay über die Gabe. Darin meinte Mauss, Gaben seien in gewisser Weise »unveräußerlich« (*immeuble*), denn selbst nach ihrer Überreichung würden sie noch als zum Schenkenden gehörend empfunden. Zumindest hafte ihnen weiter etwas von der Persönlichkeit des Schenkenden an. Wie, so fragt Weiner, wäre eine Werttheorie beschaffen, wenn sie davon ihren Ausgang nimmt?

Sie sähe auf jeden Fall ganz anders aus als diejenige, die Appadurai und Kopytoff zugrunde legen. Erbstücke wären zum Beispiel nicht nur deswegen wertvoll, weil sie (Kopytoff zufolge) einzigartig sind, sondern wegen ihrer spezifischen Geschichte. Damit ließen sich auch einige Widersprüche in Kopytoffs Text auflösen: so zum Beispiel der, dass, wie er meint, in vielen traditionellen Gesellschaften Güter nach dem »Grad ihrer Einzigartigkeit« abgestuft sind, so als könnten manche Dinge einzigartiger als andere sein. Dabei geht es in Wirklichkeit um die Fähigkeit eines Objekts, Geschichte zu akkumulieren: Deswegen gibt es – zumindest in unserer Gesellschaft – tatsächlich einzigartige Dinge (etwa den Hope-Diamanten, Monets Seerosen oder die Brooklyn Bridge) und, im Hinblick auf den Wert darunter angesiedelt, eine Klasse von »Sammlerstücken« wie antike griechische Münzen, Miró-Grafiken oder die Erstausgaben der Silver-Surfer-Comics. Sie sind nicht eigentlich einzigartig, sondern haben aufgrund ihres historischen Ursprungs einen gewissen Seltenheitswert; zudem akkumulieren sie bei weiterer Zirkulation mehr Geschichte, die zu einer Art Ahnentafel ihrer Vorbesitzer führt – was wiederum ihren historischen Wert erhöht. Wahrscheinlich könnte man für jede Gesellschaft eine grobe Rangfolge der Objektklassen entsprechend ihrer Fähigkeit zur Akkumulation von Geschichte aufstellen. Ganz oben stünden beispielsweise die Kronjuwelen, unten Dinge wie ein Kanister Benzin oder zwei Spiegeleier.

Weiner weist darauf hin, dass in vielen Gesellschaften, mit denen sich Mauss befasst hat (die Maori, die Kwakiutl, die Trobriander), die wichtigsten Erbstücke eigene Namen und »Biographien« haben, die über Ursprung, Vorbesitzer und Menschen, die versucht haben oder denen es gelungen ist, sie an sich zu bringen oder wiederzugewinnen, Auskunft gibt. Es scheint also, dass die Zirkulation eines Objekts dessen Wert steigern kann. Aber weil sich Weiner so sehr auf den Begriff »Unveräußerlichkeit« versteift, gelangt sie zu exakt dem entgegengesetzten Schluss. Wenn die Identität eines Objekts für immer an die eines Besitzers, des Erstbesitzers, geknüpft ist, dann kann die Zirkulation seinen Wert nicht vermehren.[24]

Daher plädiert Weiner in *Inalienable Possessions* so stark für die Existenz von »transzendenten« oder »absoluten« Werten. Damit meint sie insbesondere alte Erbschätze, die oft auch Amtszeichen sind und nicht nur Namen und Rang des Trägers festhalten, sondern diese auch an die Taten der Götter oder Ahnen bei der Schöpfung der Welt rückbindet. Die Objekte, die den transzendenten Wert am stärksten verkörpern – etwa die australischen Tjuringas oder die britischen Kronjuwelen –, würde man nie hergeben. Sie können allerdings verloren gehen oder gestohlen, vergessen oder vernichtet werden. Ihre Bewahrung ist daher eine Leistung, die Erhaltung eines Abbilds der Ewigkeit.[25] Ihr Wert wird folglich nach der Furcht vor ihrem Verlust bemessen. In vielen Gesellschaften gibt es komplexe Strategien, um sich der Erbstücke zu bemächtigen, die letztlich die historische Identität eines anderen garantieren und damit dessen Anspruch auf Status und Autorität untermauern. Mit anderen Worten: Alle sind im Grunde darum bemüht, dass die wertvollsten eigenen Erbstücke *nicht* zirkulieren. Simmels Ansicht, dass Wert durch Tausch entsteht, scheint dem diametral entgegengesetzt. Doch in vielerlei Hinsicht sind das nur die zwei Seiten einer Medaille. Statt Maß dafür zu sein, wie sehr man etwas haben möchte, das man nicht besitzt, ist der

Wert bei Weiner das Maß, wie wenig man etwas hergeben will. Objekte mit transzendentem Wert sind schlicht die letzten Dinge, von denen man sich zu trennen bereit ist.[26]

Alles in allem ist schwer auszumachen, inwiefern wir seit den 1960er Jahren Fortschritte gemacht haben. Weiners Arbeiten weisen in alle möglichen interessanten Richtungen, aber sie selbst scheint oft zu schwanken zwischen der Errichtung eines einfachen spiegelbildlichen Gegenentwurfs zum ökonomistischen Denken oder – etwa in ihrem Begriff der »Reproduktion«[27] – einer mehr oder weniger starken Annäherung an die Position Dumonts. Formalismus und Substantivismus lassen offenbar nicht viel Raum für Alternativen.

II: Stratherns neomaussischer Ansatz

Es gibt allerdings einen alternativen Theorieansatz, auch wenn er bislang weitgehend auf Melanesien beschränkt ist. Ich möchte ihn neomaussisch nennen, da er sich von Mauss über die Arbeiten von Christopher Gregory[28] bis zu Marilyn Strathern verfolgen lässt.[29] Stratherns Werk gilt auch als theoretischer Höhepunkt der sogenannten New Melanesian Ethnography.[30] Deren Gedankenschärfe lässt sich nicht leugnen, und einige ihrer Kerngedanken wie jener der »teilbaren Person« haben eine über die Beschreibung Melanesiens und sogar über die Ethnologie hinausreichende Wirksamkeit entfaltet. Was die Rezeption von Stratherns Werk doch etwas behindert hat, sind vermutlich ihre äußerst schwer zu lesenden Schriften, die oft mit einer ganz eigenen Begrifflichkeit arbeiten und sich genau dann dem Verständnis zu entziehen scheinen, wenn man meint, ihr folgen zu können. Das kann die Lektüre sehr anstrengend machen.

Ich beginne mit Mauss. Die zentrale Frage des Essays über die Gabe lautet: Was an einer Gabe lässt ihren Empfänger sich verpflichtet fühlen, sie mit einer Gegengabe von etwa gleichem Wert zu erwidern? Mauss' Antwort, die eigentlich auf Ralph Waldo Emersons Essay »Gifts« zurückverweist, besagt, dass jede Gabe offenbar etwas vom Geber enthält. Deswegen, so Mauss, nehmen Objekte, die als Gabe fungieren, oft menschliche Eigenschaften an. Entsprechend betonen seine Darstellungen der »Schenkökonomien« etwa an der amerikanischen Nordwestküste, dass alles – und nicht nur Gaben, sondern auch Häuser, Kanus, Masken oder Schüsseln – so behandelt wird, als hätte es eine Persönlichkeit mit Vorlieben und Abneigungen, Absichten und Bedürfnissen. Christopher Gregory, ein Wirtschaftsethnologe, der vor allem in Papua-Neuguinea arbeitet, hält dies in *Gifts and Commodities* (1982) für allgemein verbreitet. Ökonomien, die wie unsere auf dem Tausch von Handelswaren beruhen, tun genau das Gegenteil: Sie neigen dazu, Menschen ganz oder teilweise wie Objekte zu behandeln. Das offensichtlichste Beispiel ist die menschliche Arbeit. In den Wirtschaftswissenschaften spricht man heute von Gütern und Dienstleistungen, so als gliche die menschliche Tätigkeit einem Gegenstand, den man kaufen oder verkaufen kann wie Käse oder Wagenheber.

Gregory stellt beides einander gegenüber. So sind Geschenke Akte, die »qualitative« Beziehungen zwischen Personen schaffen oder herstellen sollen; sie finden in einem bestehenden Netz persönlicher Beziehungen statt; deswegen nehmen hier Objekte oft menschliche Eigenschaften an. Demgegenüber soll der Tausch von Handelswaren eine »quantitative« Äquivalenz der Werte von getauschten Objekten herstellen und im Idealfall unpersönlich erfolgen; daher die Neigung, auch die beteiligten Menschen wie Objekte zu behandeln. Eine Gabe führt gewöhnlich dazu, dass die beschenkte Person gegenüber dem Schenker in der Schuld steht; um beim Gabentausch erfolgreich zu sein, muss man also möglichst viel Reichtum hergeben, um einen sozialen Vorteil zu erzielen. Dagegen sind in einem Warentauschsystem die Dinge selbst wichtig; deswegen wollen die Menschen darin möglichst viel Reichtum akkumulieren.

Zweifellos muss eine solche Gegenüberstellung abstrahieren. In Wirklichkeit gibt es weder eine reine Schenkökonomie noch ein Wirtschaftssystem, das allein auf dem Warentausch beruht. Aber das behauptet Gregory auch nicht. Vielmehr merkt er in *Savage Money* (1998) an, dass diese Unterscheidung nur helfen soll zu verstehen, wie sich die Papua heute zwischen beiden Systemen hin und her bewegen. Dennoch ist ein so abstraktes Modell nützlich, auch und vor allem als Ausgangspunkt für weitere Verallgemeinerungen. Wenn sich zum Beispiel die Logik einer Schenkökonomie tatsächlich so sehr von der unseres Systems unterscheidet, dann könnte damit doch auch eine andere Vorstellung von der menschlichen Natur oder von sozialen Beziehungen verbunden sein. In diese Richtung denkt zumindest Marilyn Strathern Gregorys Ideen weiter, und sie verknüpft sie mit eigenen Beobachtungen unter der Melpa-sprechenden Bevölkerung von Mount Hagen in Papua-Neuguinea. Daraus entwickelt sie einen Vergleich von melanesischer und westlicher Gesellschaftstheorie.

Strathern wurde vielfach wegen ihrer »Essenzialisierung« von Differenz kritisiert. Ich halte diese Kritik für nicht ganz angemessen, da Strathern nie behauptet, dass alle Melanesier auf die eine Art denken und die gesamte westliche Welt auf eine andere. Mir kommt ihre Arbeit eher wie ein Gedankenexperiment vor. Die westliche Gesellschaftstheorie geht von einem allen gemeinsamen gesunden Menschenverstand aus, der auf der Annahme gründet, dass alle Menschen einzigartige Individuen sind. Dementsprechend setzt die Theorie mit dem Individuum ein und versucht begreiflich zu machen, was die Individuen verbindet (und wie sie so etwas bilden, was wir »Gesellschaft« nennen). Die Papua in Mount Hagen teilen diese Grundannahmen nicht. Ohne einen Begriff von »Gesellschaft« oder »Individuum« gehen sie davon aus, dass die Beziehungen am Anfang stehen. Wie könnte also eine Gesellschaftstheorie aussehen, die auf den Grundannahmen der Melpa-Sprecher beruht? An diesem Punkt bringt sie Gregorys Unterscheidung zwischen Schenkökonomien und auf Warentausch beruhenden Ökonomien ins Spiel und führt auch Arbeiten anderer in Melanesien tätiger Ethnographen an, denen man damit einen Beitrag zur Grundlegung dieser Theorie attestieren könnte.[31]

Marxistische Kritik, Mauss'sche Replik

Am bekanntesten wurde Marilyn Strathern vermutlich durch die fortwährende Beschäftigung mit kritischer, insbesondere feministischer Theorie. Ihr meistgelesenes Buch, *The Gender of the Gift* (1988), besteht im Wesentlichen aus mehreren Repliken auf feministische oder vom Feminismus angeregte Analysen der melanesischen Gesellschaft. Führt man sich vor Augen, wie groß die Ungleichheit von Mann und Frau in diesem Teil der Welt ist, dann gerät die Lektüre des Buchs zu einer nahezu surrealistischen Erfahrung: Obwohl sich Strathern klar zum Feminismus bekennt, widmet sie sich darin über weite Strecken der Widerlegung sämtlicher Argumente, die eine Unterdrückung melanesischer Frauen belegen sollen. Das heißt nicht, dass Strathern die männliche Dominanz in Melanesien leugnet – im Gegenteil, sie spricht sie sogar ausdrücklich an.[32] Aber sie will die kulturbedingten Voraussetzungen hinter den meisten Argumente offenlegen. Als Beispiel mag ihre Replik auf Lisette Josephides' Interpretation melanesischer Tauschsysteme dienen.[33]

Die Arbeit von Josephides wurde gewissermaßen zum Klassiker der marxistischen Kritik an der Mauss'schen Tradition,[34] die in etwa so lautet: Legt man das Hauptaugenmerk auf die Gabe, den Moment, in dem Objekte in andere Hände übergehen, sieht man nur den Ausschnitt, den die Gesellschaft selbst ins Zentrum der Aufmerksamkeit rückt – den Moment also, in dem sich zwei große Männer (anscheinend sind es fast immer Männer) in der Inszenierung öffentlich zur Schau getragener Großzügigkeit gegenübertreten. Doch wenn etwas in den Vordergrund gerückt wird, tritt immer etwas anderes in den Hintergrund. Sollte man daher nicht auch nach dem verborgenen Anderen fragen? So muss doch jemand die Gaben hergestellt haben; es muss einen ganzen Produktionskreislauf gegeben haben, bei dem die Gaben erzeugt und zusammengebaut wurden – genauso wie dem Tausch weitere Prozesse folgen müssen. Statt uns von der vordergründigen Inszenierung blenden zu lassen, sollten wir auch die Arbeiten und Funktionszusammenhänge unter die Lupe nehmen.

Als Beispiel führt Josephides die Schweine der Melpa an. Im Mittelpunkt des politischen und zeremoniellen Lebens der Melpa stehen die Rituale des *moka*, bei dem sich die Clans treffen und einander beschenken. Es sind verschwenderische Feiern, bei denen man tanzt, Reden hält und besonders aufwendig gekleidet ist. Zudem werden große Mengen an Nahrung aufgehäuft und als Gegengaben für frühere Nahrungsgeschenke verschenkt. Große Männer schenken einander Schweine, die wichtigste aller Gaben. In Mount Hagen werden Schweine vor allem zu diesem Zweck gezüchtet, und eine Familie hält beinahe immer einige Tiere auf ihrem Grund, die sie meist bei einem dieser Tauschfeste erhalten hat. Aber wer erledigt die Feldarbeit, wer versorgt die Schweine? Überwiegend Frauen. Verheiratete Paare kümmern sich zwar gemeinsam um die Tiere, doch die Frau übernimmt den größten Teil der Arbeit; dennoch kann nur der Ehemann sie öffentlich weggeben und so einen »Namen« erwerben. Nur Männer können Schweine in Ruhm und politisches Ansehen umwandeln. Der ganze Prozess, so Josephides, lässt sich als Fetischisierung verstehen, weil er den Anschein erweckt, dass die Schweine durch Tauschhandlungen produziert werden statt durch die menschliche Arbeit, die für Aufzucht und Mast sowie den Anbau des Schweinefutters notwendig war – genau wie Simmel eigentlich sagt, dass Waren nur deswegen einen Wert haben, weil jemand dafür Geld zu zahlen bereit ist, und nicht wegen des Wissens und der Mühe, die in die Produktion von etwas geflossen ist, was ein Käufer zu kaufen begehren *könnte*.

Diesem Argument widerspricht Strathern. Denn darin implizit ist die Annahme, dass eine Person irgendein Recht auf das hat, die sie herstellt. Wir nehmen das an, aber müssen das alle anderen auch tun? Wenn man auf den Gebrauch des Begriffs der »Rechte« in unserer Gesellschaft blickt, so Strathern, dann stößt man schnell auf eine Reihe fundamentaler Annahmen zum Privateigentum. Wir glauben, Gesellschaft bestehe aus Individuen, und unser Begriff der Menschenrechte beruht auf dem Gedanken, ein Individuum gehöre sich selbst. Daraus leiten sich die Rechte auf geistige und körperliche Unversehrtheit oder die Unverletzlichkeit der eigenen Wohnung ab.[35] Mit der Behauptung, dass menschliche Kreativität und Schaffenskraft ebenfalls dazu gehören und Menschen deswegen ein Anrecht auf »ihre« Arbeit haben, geht der Marxismus hier nur etwas weiter. Strathern räumt ein, dass das bei einer Betrachtung der Gesellschaft Mount Hagens von außen zwar ein nachvollziehbarer Grund ist, um sie für grundsätzlich ungerecht zu erklären. Aber daraus können wir eigentlich nicht folgern, dass der Tausch der Verschleierung dieser Realität dient, solange wir keinen Anhaltspunkt dafür haben, dass die einheimische Bevölkerung das genauso sehen kann.

So weit ist das Argument leicht nachzuvollziehen. Nun fährt Strathern fort:

> Ein Vokabular, das eine Deprivation der ›Rechte‹ bemerkt, muss auch Prämissen über eine spezifische Form von Eigentum beinhalten. Die Durchsetzung von Rechten gegenüber anderen impliziert eine Art von rechtmäßigem Besitz. Ist das Recht, den *Wert* des eigenen Produkts zu bestimmen, das natürliche Recht des Produzenten?[36]

Die beiden ersten Sätze sind an sich schon bemerkenswert – offensichtlich gibt es keinerlei Rechte, die nicht auf das Privateigentum zurückgehen. Entscheidend ist jedoch der dritte. Hier ist nicht nur von Besitzrechten die Rede – nämlich dem Recht, darüber zu befinden, wer Zugang zum eigenen Produkt erhält. Es geht auch um das Recht, seine Bedeutung oder Bedeutsamkeit zu bestimmen. Und natürlich wissen wir, was es bedeutet, wenn Ethnologen einen Begriff wie »natürlich« verwenden. Wir selbst sind es, die glauben, dass dieses Recht immer dem Produzenten zufallen sollte. Wir irren jedoch, wenn wir glauben, dass es universelle Gültigkeit hat.

Der marxistische Begriff der Entfremdung, schreibt Strathern weiter, setzt voraus, dass Arbeit

> an erster Stelle einen Wert für das Ich hat [...] Wert erhält eine Tätigkeit durch ihre Appropriation durch die tätige Person selbst, insofern als die Person ein Mikrokosmos desjenigen »sozialen« Prozesses ist, durch den Appropriation durch andere, durch das »System« ebenfalls Wert verleiht.[37]

Diese Passage ist schwer verständlich, nicht zuletzt wegen der etwas eigentümlichen Verwendung des Begriffs »Appropriation«. Aber sie lässt sich entschlüsseln. Unser westlicher gesunder Menschenverstand sagt uns, dass Objekte – genau wie Individuen – schon in der Natur vorkommen (dass das letzte Konstituens der Welt, wie Gilbert Ryle einmal meinte, »blokes and things« seien). Daher nimmt man an, dass menschliches Handeln vor allem in der Aneignung und sozialen »Appropriation« dieser Objekte besteht – das heißt, man verleiht ihnen Bedeutung, indem man sie in einem größeren Kategoriensystem verortet. Mit »System« meint Strathern anscheinend eine Art Saussure'schen Kode oder alternativ ein System von Privateigentum, das die Welt in ähnlicher Weise aufteilt. Genau auf diese Bedeutung scheint Strathern zu verweisen, wenn sie von Wert spricht. Damit ist »Wert« die Bedeutung oder Bedeutsamkeit, die eine Gesellschaft einem Objekt zuschreibt. Dem Marxismus implizit ist, dass die Menschen, die Objekte produzieren, das Recht haben sollten, deren Bedeutung zu bestimmen. Für die Gesellschaft in Mount Hagen, wendet sie ein, trifft das nicht zu, da Objekte in ihren Augen nicht von Einzelnen produziert werden. Vielmehr hält sie diese für das Resultat sozialer Beziehungen.

Hier kommen wir zum Kern von Stratherns Argument. Wie Dumont sieht sie das westliche Denken vom Individualismus dominiert. Wir meinen, dass jedes Individuum einen einmaligen Wesenskern hat, der es zum dem macht, was es ist. Man mag es Ich nennen, Seele, Persönlichkeit – ganz egal, die Grundannahme ist stets, dass es keine zwei identischen Wesenskerne gibt und dieser das wirklich Bedeutsame an einem Menschen ist. Damit können wir auch von Kreativität als »Selbstausdruck« reden, sagen, dass man »sich selbst findet«, oder von Umständen sprechen, in denen man »ganz bei sich« ist. Daraus folgt, dass uns andere wahrscheinlich nur beschränkt oder oberflächlich wahrnehmen können. Die anderen wissen meist gar nicht, wer wir wirklich sind. Doch was wäre, wenn wir nicht von alledem ausgingen? Nach Strathern kennen die Melanesier weder einen solchen einzigartigen Wesenskern, noch würden sie ihn, so sie es täten, für irgendwie bedeutsam halten.[38] Vielmehr glauben sie, dass wir vor allem das sind, als was uns andere wahrnehmen. Darauf könnte man entgegnen, dass wir dann viele verschiedene Dinge wären, da unterschiedliche Menschen wahrscheinlich ganz unterschiedliche Eindrücke von uns haben oder uns in verschiedenen Kontexten verschieden sehen. Doch genau das ist Stratherns Punkt. Ihr berühmtester Gedanke ist der einer »teilbaren« oder »multiplen« Person. Ein Mensch hat eine Vielzahl potentieller Identitäten, die meist versteckt bzw. als Möglichkeit latent vorhanden sind. In einem beliebigen sozialen Kontext legt sich eine andere Person auf eine dieser latenten Möglichkeiten fest und »macht sie sichtbar«. Er oder sie sieht in einem Mann zum Beispiel den Vertreter seines Clans, den Ehemann der Schwester oder den Besitzer eines Schweins. Die jeweils anderen Möglichkeiten bleiben dann verborgen.

An diesem Punkt kommt die Werttheorie ins Spiel, weil Strathern »sichtbar machen« und »Wert zuweisen« mehr oder weniger synonym verwendet.[39]

Auch hier ist Wert einfach Bedeutung: Wenn man etwas einen Wert zuweist, dann definiert man es durch die Verortung in einem größeren begrifflichen Zusammenhang. Der Unterschied besteht darin, dass es einem Melanesier oder einer Melanesierin nicht im Traum einfallen würde zu behaupten, jemand habe das Recht, sich selbst oder das Produkt seiner Arbeit zu definieren. Vielmehr liegt der Wert immer in der Wahrnehmung von anderen. Doch noch etwas anderes spielt hier mit hinein. Wert hat zwei Komponenten. Legt sich eine Person auf eine der »latenten Möglichkeiten« einer anderen fest und macht sie sichtbar, dann kommt das zum Vorschein, was an sich immer schon als Produkt einer bereits bestehenden sozialen Beziehung gesehen wird. Angesichts der Grundannahme (nämlich dass Personen nur durch soziale Beziehungen entstehen können) ist das auch sinnvoll. Insofern lässt sich ein Mensch als Produkt der sexuellen Beziehung seines Vaters und seiner Mutter verstehen oder vielleicht auch als Produkt der Tauschbeziehung (sprich der Entrichtung eines Brautpreises) zwischen den Familien des Vaters und der Mutter. Oder wenn er als Besitzer eines Schweins identifiziert wird, dann sieht man im Schwein das Resultat der ehelichen Beziehung zwischen dem Mann und seiner Frau, die das Schwein aufgezogen hat, oder das Resultat der Tauschbeziehung zwischen dem Besitzer und einem anderen Mann, der es ihm geschenkt hat. In diesem Sinne haben Personen und Dinge vielerlei Schöpfer bzw. in der Melpa-Sprache »Quellen« oder »Ursprünge«.

An diesem Punkt lässt sich nun auch die Tauschvorstellung der Melpa verstehen. Mauss hat ja darauf hingewiesen, dass der Schenkende mit seiner Gabe auch etwas von sich mitgibt. Dasselbe gilt hier, das Schwein kann durchaus einen Aspekt der Identität seines Besitzers verkörpern. Allerdings ist für uns der Schenkende immer auch der aktive Part. Die Menschen von Mount Hagen – und nach Strathern die Melanesier generell – sehen das jedoch nicht so. Für sie ist der Tausch zum großen Teil eine Art Entfernung oder Extraktion. Das fügt sich genau in das skizzierte Bild, dass die eigenen Besitztümer nur über die Wahrnehmung anderer ihren Wert (also ihre Bedeutung) erhalten. Beim Tausch markiert die andere Person das Tauschobjekt nicht nur als das Produkt vergangener sozialer Beziehungen, sondern auch als etwas davon »Ablösbares«. Das lässt sich wieder anhand des Schweins verdeutlichen. Wenn ich den Besitzer des Schweins davon überzeuge, es mir zu geben, liegt sein Wert (a) in seinem Ursprung, den sozialen Beziehungen, die es hervorgebracht haben, und (b) darin, dass ich es von jener Person »ablösen« kann, d.h., dass das Schwein nun eine neue soziale Beziehung verkörpert, und zwar jene zwischen dem früheren Besitzer und mir.[40] Wenn ich den Besitzer dazu bringe, mir sein Schwein zu schenken, übertrage ich also den Wert einer Beziehung auf die andere. Damit verkörpert das Objekt aber auch meine Fähigkeit, dies zu tun, meine Fähigkeit, neue Beziehungen zu schaffen.

Wenn das zutrifft, dann sieht die Welt ganz anders aus, als der marxistische Begriff der Entfremdung dies vorstellt. Für Marxisten ist die Arbeit Selbstausdruck bzw. sollte es sein. Das Ideal ist der gute Handwerker und noch mehr der Künstler, dessen Arbeit sowohl sein Inneres ausdrückt, als auch einen Beitrag zur Gesellschaft insgesamt leistet. Für die Melanesier ist die Arbeit Ausdruck der Bindung an eine bestimmte Beziehung. Frauen wie Männer tragen zur Aufzucht der Schweine bei, um ihre Bindung an ihre Ehe auszudrücken.[41] Das Schwein ist so lange Verkörperung dieser Beziehung, bis es die häusliche Sphäre verlässt und in die öffentliche Sphäre des zeremoniellen Tauschs unter Männern eintritt. Mit diesem Eintritt verändert sich auch sein Wert, und es verkörpert die Beziehungen zwischen den Männern. Weil sich beide Positionen im Endeffekt stark ähneln (und Strathern zudem einräumt, dass die Ansicht, die weibliche Arbeitskraft werde ausgebeutet, von außen betrachtet durchaus legitim ist), kann man sich nun fragen, was Sinn und Zweck der ganzen Übung war. Ein Marxist könnte ja einfach sagen: »Okay, die Mystifizierung geht also noch tiefer, als ich gedacht habe.« Dem kann der Maussianer entweder beipflichten oder behaupten, dass kein Melanesier jemals, ganz egal unter welchen Umständen, sich eine Welt vorstellen könnte, in der man frei entscheiden kann, für wen oder was man arbeiten möchte.

Eine mögliche Synthese?

Das Entscheidende hier ist eindeutig Stratherns Wertbegriff, der wie erwähnt im Wesentlichen auf Saussure aufbaut: Der Wert einer Sache oder einer Person liegt in der Bedeutung, die sie durch die Einordnung in ein größeres Kategoriensystem erhält.

Interessanterweise ist das auch einer der wenigen Punkte, an denen Strathern von Gregory abweicht. Gregory wollte den Begriff »Wert« vor allem als »Tauschwert« verstanden wissen, so wie er auch in den Wirtschaftswissenschaften gebräuchlich ist.[42] Daher, schließt er, kann man in Bezug auf Schenkökonomien überhaupt nicht von Wert sprechen. Vielmehr sind beim Gabentausch die Objekte in einer Rangordnung abgestuft. Bei den Mae-Enga gibt es beispielsweise sechs Abstufungen dafür.[43] Zur höchsten Stufe gehören nur zwei Objekte: lebende Schweine und Kasuare. Man kann ein Schwein gegen einen Kasuar tauschen oder zwei Schweine gegen zwei Kasuare, aber der Tausch von Schwein oder Kasuar gegen ein Objekt einer anderen Stufe ist unmöglich. Zur Stufe darunter gehören Perlmuttanhänger, Kopfschmuck aus Vogelfedern und Steinäxte, die ebenfalls nur gegeneinander getauscht werden dürfen, nicht aber gegen etwas Höher- oder Niedrigerstehendes. Das setzt sich so fort bis zur untersten Stufe mit einfachen Nahrungsmitteln. Damit kann man zwar theoretisch sagen, dass Schweine höher bewertet werden als Äxte, doch mehr auch nicht. Um ihren Wert zu bestimmen, müsste man auch wissen, wie viel mehr Wert sie haben. Nur so ließe sich feststellen, wie viele Äxte den Wert eines Schweins ausmachen, doch ohne Tausch ist ein solcher Vergleich nicht möglich.

Das hat auch Folgen für einige in diesem Kapitel dargestellte Punkte und betrifft insbesondere die Art, wie sich Objekte anhand einer Skala von relativ dauerhaft und spezifisch bis zu relativ kurzlebig bzw. verderblich und generisch einordnen lassen und damit im Hinblick auf ihre Fähigkeit, Geschichte zu bewahren. Gregorys Rangordnung folgt einem recht einfachen Prinzip: Es entspricht konventionellen Erwartungen, dass einzigartige Erbstücke bzw. Kulturgüter einer Gesellschaft (wenn überhaupt) in der höchsten Sphäre getauscht werden und alltägliche, vergängliche Produkte wie Grundnahrungsmittel in der untersten. Und das trifft meistens auch zu. Dennoch lauert hier eine wesentliche Schwierigkeit. Die Fähigkeit zur Übermittlung von Geschichte lässt sich wenigstens annähernd beurteilen, aber die tatsächlich übermittelte Geschichte ist eigentlich immer einzigartig und kann daher nicht als Grundlage für den Aufbau eines Wertsystems dienen. Deswegen vermeidet Gregory auch den Begriff »Wert«, wenn er von Schenkökonomien spricht: »Streng genommen ist der Tausch von etwas gegen dasselbe unmöglich, denn ein spezifisches Schwein ist ja am nächsten Tag schon älter und damit ein anderes Schwein«.[44] Marilyn Stratherns Wertbegriff scheint gerade solche historischen Besonderheiten wieder miteinzuschließen. So streicht sie heraus, dass selbst wenn Frauen auf einem Markt in Neuguinea Fisch gegen Taro tauschen, zwei offensichtlich identische Fischmengen nicht als gleich gelten, weil sie unterschiedlichen Ursprungs sind.[45]

Wo Gregory sich für eine möglichst enge Definition von »Wert« entscheidet, schlägt Strathern genau die entgegengesetzte Richtung ein:

> Eine vorläufige Definition ist angebracht. Wie Gregory (1982) bemerkt, beinhaltet das ökonomische Verständnis von Wert den Vergleich – entweder als Zahlenverhältnis, in dem eine Einheit als Teilmenge des anderen angegeben wird, oder im Hinblick auf die Rangordnung der Objekte.[46] So lässt sich sowohl Ähnliches wie Unähnliches vergleichen. Außerdem wird dieser Teil der Welt (die südwestpazifische Region) noch von einer dritten Vergleichsrelation bestimmt: der zwischen einem Ding zu seinem Ursprung. Wert wird also über die Identität einer Person mit den verschiedenen sozialen Beziehungen, in die sie eingebettet ist, und ihrer gleichzeitigen Ablösbarkeit von diesen konstruiert. Vor allem das macht den Gabentausch so signifikant.[47]

Diesen Gedankengang möchte ich Schritt für Schritt durchgehen. Wert impliziert Vergleichbarkeit. Der Wert zweier Waren lässt sich im Hinblick auf ihren Geldwert vergleichen; hier kann man Verhältnisse feststellen, etwa dass fünf Laib Brot ebenso viel wert sind wie ein Steak mit Pommes frites. Oder man kann zwei Wertgegenstände in Gregorys Schenkökonomien im Hinblick auf ihren Rang vergleichen. Doch Gregorys Formel erklärt die Funktionsweise von Schenkökonomien eigentlich nicht. Zumindest in Melanesien, so Strathern, ist der Vergleich »zwischen einem Ding und seinem Ursprung« entscheidend. Nun bin ich der Ansicht, dass man die Arbeiten anderer Wissenschaftler möglichst großzügig auslegen sollte, aber je genauer man sich diese Stelle ansieht, desto unverständlicher kommt sie einem vor. Die beiden ersten »Vergleiche« sollen nicht nur festlegen, dass zwei Objekte irgendwie ähnlich oder unähnlich sind, sondern beinhalten auch eine Bewertung. Das heißt, sie sollen festlegen, ob etwas besser, wichtiger oder begehrenswerter ist als etwas anderes. Der Vergleich »zwischen einem Ding und seinem Ursprung« leistet das offensichtlich nicht. Damit sagt man nicht, ob ein Ding besser oder wünschenswerter ist als sein Ursprung. Man bemerkt lediglich, dass sich die beiden in mancher Hinsicht gleichen, in anderer unterscheiden.[48]

Wie angemerkt, stützt sich Strathern bei ihrer Wertdefinition auf Saussure. Wert ist lediglich ein bedeutsamer Unterschied, es geht nur darum, etwas innerhalb eines Kategorienrahmens zu platzieren. Meiner Meinung nach ähnelt obige Passage dem im ersten Kapitel zitierten Rückgriff von Sahlins auf Saussure. Und damit ist sie mit denselben Problemen behaftet. Versteht man Wert nur als »Unterschied«, dann verliert er viel von der Erklärungsmacht, die ihn erst attraktiv gemacht hat. Zu sagen, dass Frauen auf einem Markt in Papua-Neuguinea zwei Haufen identischer Fische als etwas Verschiedenes betrachten, ist eins. Aber es ist etwas völlig anderes zu sagen, warum eine Frau deswegen den einen und nicht den anderen will. Um *das* zu verstehen, müsste man verstehen, dass die Akteure nicht nur die Dinge und ihre Ursprünge »vergleichen«, sondern auch die Ursprünge verschiedener Dinge miteinander. Dieser Prozess des Vergleichens einzigartiger Geschichten ist, wie gesagt, theoretisch äußerst schwer zu fassen.[49]

Mit meinen Ausführungen möchte ich Stratherns Leistung keineswegs schmälern. Sie sollen nur die Schwierigkeiten illustrieren, die anstehen, wenn man ihren Ansatz außerhalb des spezifischen (und oft auch polemischen) Zusammenhangs, in dem er entwickelt wurde, anwenden will. Liest man zum Beispiel ihre Beschreibung der Schenkbeziehung, sucht man unwillkürlich nach Parallelen in unserer eigenen Gesellschaft. Doch Strathern will explizit keine allgemeine Theorie der Gabe begründen, sie will nicht einmal eine allgemeine Theorie der Schenkökonomie entwerfen, da sie nie erklärt, wie diese Theorie aus den spezifisch melanesischen – oder sogar Melpa-spezifischen – Elementen ihrer Darstellung herauszulösen wäre. So insistiert sie darauf, dass der Gabentausch ein Prozess des Entfernens oder Extrahierens ist, was unmöglich auf die mediterrane Tradition des »agnostischen Tauschs«, wie ihn Tom Beidelman für das antike Griechenland oder Pierre Bourdieu für das heutige Algerien untersucht haben,[50] übertragbar ist. Dort geht es beim Schenken oft um die Vernichtung eines politischen Gegners durch eine so üppige und großzügige Gabe, dass sie nie erwidert werden kann. Heißt das, man bräuchte für die mediterranen Schenkökonomien eine völlig andere theoretische Grundlage? Und wie sähe sie aus? Ebendiesen Fragen scheint Strathern aus dem Weg zu gehen und es anderen zu überlassen, die allgemeinen Implikationen ihrer Arbeiten zu entwickeln.

Munn: der Wert von Handlungen

Es ist also schwer zu sagen, ob die Tauschtheorie seit den 1960er Jahren Fortschritte gemacht hat oder nicht. Genauer gesagt: In vielen Belangen gab es eindeutig Fortschritte, aber speziell in Bezug auf die Wertfrage treten immer wieder die gleichen Probleme auf. Und noch immer haben wir nur die Wahl zwischen dem ökonomischen Wertbegriff oder dem Saussure'schen Verständnis von Wert als bedeutsamem Unterschied.

Es gab jedoch durchaus andere Lösungsvorschläge. So ist es aufschlussreich, Stratherns Position mit der Nancy Munns zu vergleichen, einer anderen Ethnologin, die in Melanesien gearbeitet hat.[51] Munn beschäftigte sich vor allem mit der Insel Gawa im Siedlungsgebiet der Massim vor der Südostküste von Neuguinea, die wie die Trobriand-Inseln (denen Gawa in kultureller Hinsicht sehr nahe ist) Teil des berühmten Kula ist. Sein Kennzeichen ist die Gabe von wertvollen Armreifen und Halsketten, die nur selten als

Schmuck getragen werden, aber zwischen im Kula verbundenen Völkern reihum weitergegeben werden. Im Zentrum des öffentlichen Lebens auf den Trobriand-Inseln stehen die Kula-Expeditionen, bei denen große Männer und ihr Gefolge sich zu entfernten Dörfern auf anderen Inseln begeben, um bei Tauschpartnern um ausgesuchte Erbstücke zu bitten. Da ein Armreif nur gegen eine Halskette, eine Halskette nur gegen einen Armreif getauscht werden kann, zirkulieren diese Erbstücke ständig in entgegengesetzten Richtungen, wobei Armreife im Uhrzeigersinn über die Inseln weitergegeben werden, Halsketten im Gegenuhrzeigersinn.

Auf Gawa wie auf den Trobriand-Inseln gibt es eine klare Rangordnung der Güter, und sie spiegelt auch die Fähigkeit des Gegenstands wider, Geschichte zu bewahren: Generische und verderbliche Dinge wie Nahrungsmittel stehen auf der untersten Stufe, spezifische und dauerhafte Wertgegenstände ganz oben. Auch innerhalb der Schmuckstücke gibt es eine ausgeklügelte Rangabstufung, und jeder möchte zumindest zeitweise in Besitz der berühmtesten Stücke kommen, mit denen alle innerhalb des Kula-Systems Lebenden vertraut sind. In älteren Untersuchungen sprach man darüber mit Begriffen wie »Tauschsphären«, in denen verschiedene Arten von Wertgegenständen nur zusammen mit anderen aus derselben Art zirkulieren können. Das impliziert jedoch, dass man den Wert in erster Linie in den Tauschobjekten vermutet. Munn dagegen bezeichnet das, was andere »Sphären« nennen würden, als »Wertebenen«, denn wer sich dort befindet, erhält mehr Kontrolle über und größeren Einfluss auf Zeit und Raum bzw. die »intersubjektive Raumzeit«, wie Munn es formuliert.

Die grundlegendste Wertschablone, ein Handlungsmuster zur Erzeugung von Wert, auf Gawa ist das Nahrungsgeschenk.[52] Wenn man zu viel isst, so der Gedanke auf Gawa, kann man sich nur noch hinlegen und schlafen; man kann also nichts tun und hat damit geringere Gewalt über Raum und Zeit. Wenn man dasselbe Essen dagegen einer anderen Person gibt, schafft man Verbindungen und Verpflichtungen. Das wiederum führt implizit zu einer größeren Macht über Raum und Zeit. Wenn diese andere Person weiter weg bzw. auf einer anderen Insel lebt, dann schafft die Essensgabe Verbindungen, die man auch aktivieren kann, um auf immer höheren Tauschebenen zu handeln, was einem den Tausch von dauerhafteren Wertgegenständen wie Schmuck aus Muscheln oder Kanus erlaubt und damit wiederum noch mehr Macht über die intersubjektive Raumzeit eröffnet. Die höchste Leistung ist es, den eigenen Namen an ein berühmtes Kula-Erbstück zu binden (zur Erinnerung: die bedeutendsten haben eigene Namen und Geschichten), indem man es im inselübergreifenden Kula weitergibt; und die fortwährende Weitergabe dieser Erbstücke erzeugt die höchste aller Ebenen. Dabei ist festzuhalten, dass es nicht um einen »Eintritt« oder gar den Aufstieg in bestehende höhere Tauschsphären oder -ebenen geht. Erst die Handlungen – das Gewähren von Gastfreundschaft, das Reisen, der Tausch – erschaffen diese Ebenen überhaupt. Und im Grunde sind all diese »Ebenen«, ja, sogar alle abstrakten »Strukturen« nicht mehr als das. Sie bestehen aus menschlichem Handeln.

Während Strathern in ihrer Analyse also von einem Geflecht sozialer Beziehungen ausgeht, stellt Munn das menschliche Handeln an den Anfang. Wert[53] tritt in Handlungen zutage; er ist der Prozess, in dem die unsichtbare »Potenz« einer Person – ihre Fähigkeit zu handeln – in konkrete, wahrnehmbare Formen verwandelt wird. Wenn man einer anderen Person Essbares gibt und dafür eine Muschel erhält, dann erhält man den Wert der Nahrungsmittel nicht in Form der Muschel zurück, sondern den Wert der Gabe als Handlung. Die Nahrungsmittel sind nur das Medium. Wert ist damit eine Weise, wie Menschen sich die Bedeutsamkeit ihrer eigenen Handlungen vergegenwärtigen – auch wenn Munn bemerkt, dass das alles nicht isoliert geschieht: Zumindest beim Kula-Tausch (in meiner Auslegung jedoch bei allen Formen von gesellschaftlichem Wert) ist das nur möglich, wenn diese Bedeutsamkeit von jemand anderem erkannt wird. Die höchste Stufe der Gewalt über Raum und Zeit konkretisiert sich einfach als »Ruhm«, das heißt, dass andere, auch wenn man ihnen nie begegnet ist, den eigenen Namen für bedeutsam halten und die eigenen Handlungen für signifikant.

Munns Vorstellungen verknüpfen einige Themen, die im Verlauf dieses Kapitels behandelt wurden, aber sie führt auch etwas ganz Neues ein. Insbesondere bricht sie die Dichotomie von Geschenk und Ware auf. Statt als Gegensatz zwischen dem Begehrenswerten an Objekten und der Bedeutsamkeit menschlicher Beziehungen lassen sich beide nun als verschiedene Ausprägungen ein und derselben Sache sehen. Waren müssen produziert werden (und transportiert, getauscht, konsumiert...), soziale Beziehungen müssen geschaffen und unterhalten werden, und beides verlangt den Menschen Zeit, Energie, Intelligenz und Sorge ab. Betrachtet man Wert jedoch aus der Perspektive der relativen Distribution *all dessen*, hat man einen gemeinsamen Nenner. Man verwendet die eigene Energie auf Dinge, die man für die bedeutsamsten oder bedeutendsten hält. So gesehen, könnte man sogar Annette Weiners Argument anpassen und sagen, der Wert von Dingen mit »transzendentem Wert« wäre einfach eine Wirkung der Bemühungen von Menschen, sie zu bewahren, schützen und erhalten, selbst wenn es aus der Perspektive der Handelnden den Anschein haben mag, als würde die Reihenfolge dadurch genau umgekehrt.

Eine derartige Beschreibung der Sachlage beschwört jedoch das Gespenst Marx' herauf, und damit genau jene Position, welche die in diesem Kapitel behandelten Autoren tunlichst außen vor lassen wollten. Denn hier sind wir offenbar bei der Arbeitswerttheorie, allerdings nur, wenn man Arbeit deutlich weiter fasst als beinahe alle, die sich auf die Marx'sche Tradition berufen. Indem sie sich mehr oder weniger auf »Arbeit« als physische Arbeit beschränken (wobei diese Vorstellung keineswegs für alle Kulturen gilt), bieten die meisten Marxisten einer Kritik wie jener von Strathern eine offene Flanke. Selbstverständlich handeln Menschen überall auf der Welt kreativ, und die Behauptung, in irgendeiner Gesellschaft wäre das grundsätzlich anders, würde zu Recht starkes Stirnrunzeln hervorrufen. Das Problem mit einer so weit gefassten Definition von Handeln ist nur, dass man nicht genau und zählbar bestimmen kann, wie viel davon in ein bestimmtes Objekt oder eine soziale Beziehung geflossen ist.[54] Selbst Außenstehende können das bestenfalls grob schätzen. Innerhalb der jeweiligen Gesellschaft gibt es zwar alle erdenklichen Möglichkeiten zur Wertbestimmung, doch kann man ziemlich sicher sein, dass die dahinter liegende Geschichte größtenteils – und manchmal auch vollständig – vor den Menschen verborgen wird.

Fazit (warum so wenig Handlung?)

Munns Arbeiten und insbesondere ihre Werttheorie wurden von anderen Wissenschaftlern kaum aufgegriffen,[55] und da sie in eine so grundlegend andere Richtung weisen, ist das vielleicht auch nicht überraschend.

Ich habe in diesem Kapitel zu zeigen versucht, dass sich die Werttheorien zumindest seit den 1960er Jahren zwischen zwei gleichermaßen unbefriedigenden Polen hin und her bewegt haben. Auf der einen Seite war es ein aufgewärmter Ökonomismus, für den »Wert« nur ein Maß für individuelles Begehren ist; auf der anderen kamen nicht viel mehr neue als Varianten von Saussures »bedeutsamem Unterschied« heraus. Vergleicht man diese zwei Positionen jedoch mit Munns Ansatz, bemerkt man schnell, dass beide eine Gemeinsamkeit haben. In beiden Fällen ist das, was bewertet wird, im Wesentlichen statisch. Der Ökonomismus neigt sowieso dazu, alles zu verdinglichen und komplexe soziale Beziehungen zwischen Menschen – Einverständnisse über Eigentumsrechte, Ehre oder sozialen Rang – auf Objekte zu reduzieren, die einzelne Handelnde dann begehren oder erwerben wollen können. Etwas in ein Objekt zu verwandeln, bedeutet gewöhnlich, seine weitere Entwicklung zu unterbinden. Daher ist es nicht weiter verwunderlich, dass solche Ansätze kaum je mit der Kreativität oder – und selbst das nur, wenn man darauf besteht – mit der Produktion zurechtkommen. Im Gegensatz dazu schreibt der Strukturalismus Saussure'scher Prägung nicht den Objekten Wert zu, sondern abstrakten Kategorien, und diese Kategorien bilden zusammen den größeren Bedeutungszusammenhang. Saussure hat jedoch selbst explizit gesagt, dass dieser Kode als außerhalb jeglichen Handelns, ja außerhalb von Raum und Zeit stehend zu gelten hat. Für ihn bezog die Linguistik ihr Material zwar aus einzelnen Sprechakten, doch ihr eigentlicher Forschungsgegenstand war nicht die Rede, sondern die Sprache, die grammatikalischen Regeln, die Kodes – alles, was die Rede verständlich macht. Während die Rede (*parole*) zeitlich gebunden ist und sich stets verändert, ist die Sprache (*langue*) – der Kode – synchron zu behandeln, so als existierte sie in einer Art transzendenten Sphäre außerhalb der Rede. Damit fällt es aber beiden Ansätzen schwer, kontinuierlichen Wandel und Transformation zu erklären. Der Ökonomismus neigt dazu, alles Handeln auf den Tausch zu reduzieren, und mit den Ideen Saussures als Ausgangspunkt hat man ganz grundsätzlich Schwierigkeiten mit dem Handeln.

Geht man dagegen von der latenten schöpferischen Kraft des Handelns aus, erhält das Problem eine vollkommen andere Gestalt. Wert wird dann zur Art und Weise, wie Menschen die Bedeutsamkeit ihrer eigenen Handlungen für die anderen darstellen – normalerweise reflektiert in irgendeiner gesellschaftlich anerkannten Form. Aber diese Formen selbst sind nicht die Quellen von Wert.

Ziehen wir erneut den Vergleich mit Strathern. Weil sie von Saussure ausgeht, ist Wert für sie »sichtbar machen« im Sinne des Herausstreichens einer latenten Bedeutung: Soziale Beziehungen erhalten Wert, wenn sie von jemand anderem erkannt bzw. anerkannt werden. Im Munn'schen Sinn ist Wert jedoch letztlich die Macht, soziale Beziehungen zu *schaffen*, und das Sichtbarmachen ist bloß das Erkennen eines Werts, der potentiell schon vorhanden war. Wo Strathern die Sichtbarkeit betont, spricht Munn meist von »Potenzen«, »transformativem Potential«, also allgemeinen und unsichtbaren menschlichen Fähigkeiten. Wert gründet nicht auf öffentlicher Anerkennung, die sozialen Beziehungen bereits inhärent ist, sondern ist die Art, wie Menschen, die beinahe alles tun *könnten* (sogar, falls die Umstände dies erlauben, völlig neue soziale Beziehungen schaffen), die Bedeutsamkeit ihrer Handlungen – sogar während des Handelns – einschätzen. Das ist notwendig ein sozialer Prozess, aber er wird immer von den allgemeinen menschlichen Fähigkeiten gespeist. Dieser Ansatz weist in eine völlig andere Richtung als alle anderen bisher vorgestellten Werttheorien.

Drittes Kapitel

Wert als die Bedeutsamkeit von Handlungen

Wie wäre es nun, wenn man wirklich eine Werttheorie ausarbeiten würde, die auf der Annahme beruht, dass letztlich nicht Dinge, sondern Handlungen bewertet werden? Wie könnte eine auf dieser Annahme gründende allgemeine Gesellschaftstheorie aussehen? Das möchte ich in diesem Kapitel eingehender untersuchen.

Das vorangegangene Kapitel endete mit den Studien von Nancy Munn, einer der wenigen Ethnologen, die diese Richtung eingeschlagen haben. Munn ist aber nicht die Einzige. Ebenfalls zu nennen ist Terence Turner, der ähnliche Vorstellungen entwickelte, allerdings weniger in der phänomenologischen Tradition, als vielmehr in Hinblick auf die Anwendung der Marx'schen Arbeitswerttheorie auf die Ethnologie. Turners Arbeiten stießen allerdings auf noch geringere Resonanz. Dafür gibt es zahlreiche Gründe. Viele seiner wichtigsten Aufsätze[1] sind bisher unveröffentlicht; andere finden sich entweder verstreut an entlegenen Stellen[2] oder sind so stark fachsprachlich gefasst, dass es dem Nichtexperten schwerfällt, sich einen Reim darauf zu machen.[3] So wurde zwar eine Handvoll Ethnologen von seinen Ideen stark beeinflusst (u. a. Jane Fajans, Fred Myers, Stephen Sangren), die große Mehrzahl aber nahm nicht einmal Notiz davon. Doch bevor ich Turners Ansatz (bzw. meine eigene, etwas abgewandelte Version davon) skizziere, müssen einige Grundlagen geschaffen werden.

Die Schattenseite der abendländischen Tradition

Das vorhergehende Kapitel endete mit der Vermutung, Nancy Munns Arbeiten würden deshalb nur selten aufgegriffen, weil Theorien, die von Handlung ausgehen, so weit abseits der Hauptströmungen der abendländischen intellektuellen Tradition liegen, dass die meisten Wissenschaftler nicht recht wissen, was sie damit anfangen sollen. Solche Theorien gehören gewissermaßen zur heraklitischen Tradition, die im westlichen Denken immer nur eine marginale Rolle spielte. Die abendländische Philosophie beginnt im Grunde mit dem Streit zwischen Heraklit und Parmenides, den Parmenides für sich entschied – mit dem Ergebnis, dass sich die westliche Tradition fast von Beginn an durch die Vorstellung von Objekten auszeichnete, die außerhalb von Zeit und Werden liegen, und zwar so sehr, dass die offensichtliche Realität von Veränderung immer problematisch blieb.

Werfen wir einen kurzen Blick zurück auf diesen Streit. Für Heraklit war die augenscheinliche Beständigkeit von Objekten der gewöhnlichen Wahrnehmung weitgehend eine Illusion; ihr Wesen liegt vielmehr in einem beständigen Wandel und Werden. Was wir Objekte nennen, sind in Wirklichkeit Veränderungsmuster. Ein Fluss (um Heraklits berühmtestes Beispiel zu nehmen) ist nicht einfach ein Gewässer, denn wenn man zweimal in denselben Fluss steigt, ist das Wasser, das durch ihn fließt, niemals dasselbe. Zeitlichen Bestand hat nur das Muster seines Fließens.[4] Parmenides vertrat den genau entgegengesetzten Standpunkt: Für ihn war der Wandel die Illusion. Um begreifbar zu sein, müssen Objekte bis zu einem gewissen Grad außerhalb von Zeit und Veränderung existieren. Es gibt eine für uns Menschen wohl nie vollständig erkennbare Realitätsebene, auf der die Formen unveränderlich und vollkommen sind. Von Parmenides nun lässt sich eine direkte Linie sowohl zu Pythagoras (und damit zur abendländischen Mathematik und zu den abendländischen Naturwissenschaften) als auch zu Platon (mit seiner Ideenlehre) und weiter zu so ziemlich jeder nachfolgenden Schule der abendländischen Philosophie ziehen.

Parmenides' Position war natürlich absurd, und die Naturwissenschaften haben längst gezeigt, dass Heraklit richtiger lag, als er selbst gewusst haben kann. Die Elemente, aus denen feste Körper bestehen, sind tatsächlich permanent in Bewegung.[5] Es lässt sich aber mit einigem Recht behaupten, dass wir, hätte die abendländische Philosophie seine Position nicht zugunsten der falschen von Parmenides verworfen, niemals in der Lage gewesen wären, dies zu erkennen. Das Problem des dynamischen Ansatzes besteht darin, dass er zwar einerseits offensichtlich wahr ist, es andererseits aber unmöglich macht, präzise Grenzen zu ziehen und damit präzise Messungen vorzunehmen. Wenn Objekte in Wirklichkeit Prozesse sind, erkennen wir ihre wahren Dimensionen nicht – zumindest solange sie existieren –, weil wir nicht wissen, wie lange sie noch bestehen werden. An Objekten in ständiger Veränderung lassen sich nicht einmal genaue räumliche Messungen vornehmen. Man kann das Objekt zu einem bestimmten Moment vermessen und das Ergebnis als repräsentativ verstehen, aber auch das ist nur ein imaginäres Konstrukt, weil solche »Momente« (im Sinne von unendlich kleinen Zeitpunkten ohne Dauer) in Wirklichkeit nicht existieren – auch sie sind imaginäre Konstrukte. Und genau solche imaginären Konstrukte (»Modelle«) haben die modernen Naturwissenschaften ermöglicht. Ich zitiere dazu Paul Ricœur:

> Es ist eine ganz bemerkenswerte Sache, daß Platon einen Beitrag zur euklidischen Geometrie geleistet hat, indem er Linien, Flächen, Gleichheit, Ähnlichkeit usw. definierte, ohne je auf physikalische Manipulationen und Verwandlungen zurückzugreifen oder anzuspielen. Diese Askese der mathematischen Sprache, der wir letzten Endes alle unsere Maschinen seit dem Zeitalter der Mechanik verdanken, wäre nicht möglich gewesen ohne den logischen Heroismus eines Parmenides, der die Welt des Werdens und der Praxis in Bausch und Bogen zugunsten der mit sich selbst identisch bleibenden Bedeutungen verwarf. Der Ablehnung der Bewegung und der Arbeit verdanken wir die Leistungen Euklids, Galileis, die moderne Mechanik sowie alle unsere Apparate und Maschinen.[6]

Die Angelegenheit entbehrt nicht einer gehörigen Portion Ironie, denn Ricœur sagt ja, dass es uns größtenteils deshalb gelang, eine Technik hervorzubringen, die uns eine bis dahin unvorstellbare Macht zur Veränderung der Welt verleihen konnte, weil wir zunächst in der Lage waren, uns eine Welt ohne Kräfte oder Veränderungen vorzustellen. Das trifft sicherlich zu. Entscheidend aber ist, dass wir dadurch auch etwas verloren haben. Denn hat man sich erst einmal an ein Grundinstrumentarium zur Betrachtung der Welt gewöhnt, das von einer außerhalb liegenden, imaginären, statischen, parmenideischen Welt ausgeht, wird es enorm schwierig, beides miteinander zu verbinden. Im Grunde bestanden die letzten zweitausend Jahre abendländischer Philosophie und Gesellschaftstheorie aus einer endlosen Abfolge immer komplexer werdender Versuche, die Konsequenzen zu bewältigen. Ständig stößt man auf die Annahme der Existenz feststehender Ideen und den stets aufs Neue scheiternden Versuch, herauszubekommen, wo sie denn zu finden sind. Dadurch wurde das Wissen selbst zu einem großen Problem. Roy Bhaskar behauptet seit etlichen Jahren, die westliche Philosophie leide seit Parmenides an einem »epistemischen Irrtum«, der darin bestehe, die Frage, wie wir etwas wissen können, mit der Frage, ob dieses Etwas existiert, zu verwechseln.[7]

Im Extremfall führt das zum Positivismus, d. h. zu der Annahme, dass es bei ausreichend vorhandener Zeit und mit ausreichend genauen Instrumenten möglich sein müsste, die Modelle in Deckungsgleichheit mit der Realität zu bringen. Den überzeugtesten Positivisten zufolge kann nicht nur jedes Objekt in der physischen Welt beschrieben, sondern angesichts der Berechenbarkeit physikalischer »Gesetze« auch präzise vorhergesagt werden, was unter gleichermaßen präzise gefassten Bedingungen mit dem jeweiligen Objekt geschehen wird. Da das bisher niemandem gelungen ist, bringt diese Position oft ihr Gegenteil hervor, nämlich einen aggressiven Nihilismus (derzeit am häufigsten gleichgesetzt mit diversen Formen des Poststrukturalismus), der in seiner extremsten Ausprägung behauptet, da derartige perfekte Beschreibungen nicht zu haben seien, könne man unmöglich über »Realität« sprechen.

Das alles illustriert vorzüglich, warum die meisten von uns Normalsterblichen philosophische Debatten für nutzlos halten. Eine solche Logik steht in direktem Widerspruch zur normalen Lebenserfahrung. Die meisten Menschen bezeichnen Dinge gerade deswegen als »Realitäten«, weil sie sie nicht vollkommen verstehen und beherrschen und weil sie nicht genau wissen, welche Auswirkung diese Dinge auf sie haben, ohne sie andererseits wegwünschen zu können. Das, was wir von den Dingen nicht wissen, überzeugt uns davon, dass sie real sind.

Es gab wie gesagt immer auch einen alternativen, heraklitischen Strang, in dem Objekte als Prozesse, als durch ihr Potential definiert gesehen werden und die Gesellschaft als etwas vor allem durch Handlungen Hervorgebrachtes. Die bekannteste Manifestation ist die dialektische Tradition von Hegel und Marx, die sich aber, egal in welcher Form, von Beginn an kaum in eine konventionellere Philosophie integrieren ließ. Sie gilt als abseitig, merkwürdig, rätselhaft, was im Vergleich mit dem augenscheinlich nüchternen Realismus der eher positivistischen Ansätze so aussehen mag, allerdings nicht ohne Ironie ist, wenn man bedenkt, dass man darin, sobald die oft sehr komplizierte Sprache bewältigt ist, häufig Perspektiven findet, die weit mehr der Realitätswahrnehmung des gesunden Menschenverstands entsprechen.[8]

Seit einigen Jahren versuchen Roy Bhaskar und Anhänger seines »kritisch realistischen« Ansatzes,[9] eine akzeptablere Ontologie zu entwickeln. Ihre Argumentation dabei ist berüchtigt für ihre Kompliziertheit; dennoch ist es hilfreich, einige seiner Schlussfolgerungen (in schamlos verkürzter Form) darzulegen, bevor es weitergeht:

Realismus. Bhaskar plädiert für einen »transzendentalen Realismus«. Statt die Realität auf das sinnlich Wahrnehmbare zu reduzieren, sollte man fragen, »was der Fall sein müsste«, damit erklärt werden kann, was wir tatsächlich erleben. Insbesondere versucht er, sowohl zu erklären, »warum wissenschaftliche Experimente möglich sind«, als auch, »warum wissenschaftliche Experimente notwendig sind«.

Potentialität. Seine Schlussfolgerung lautet: Während sich unsere Erfahrungen auf Ereignisse in der realen Welt beziehen, beschränkt sich die Realität nicht auf das, was wir erfahren können (»das Empirische«), ja nicht einmal auf die Gesamtheit der Ereignisse, von denen gesagt werden kann, dass sie stattgefunden haben (»das Tatsächliche«). Für Bhaskar gehört dazu auch noch eine dritte Ebene (»das Reale«). Um sie zu verstehen, muss man auch »Kräfte« berücksichtigen, d. h. Dinge teilweise hinsichtlich ihres Potentials oder Leistungsvermögens definieren. Die Naturwissenschaften verfahren hauptsächlich so, dass sie Hypothesen darüber aufstellen, welche »Mechanismen« existieren müssen, um derartige Kräfte erklären zu können, und diese dann suchen. Die Suche dürfte endlos sein, weil es immer tiefere und grundlegendere Ebenen gibt (z. B. von den Atomen zu den Elektronen, von den Elektronen zu den Quarks usw.), aber die Tatsache, dass dieses Unterfangen kein Ende kennt, bedeutet nicht, dass die Realität nicht existiert, sondern vielmehr, dass man sie nie vollständig verstehen wird.

Freiheit. Die Realität lässt sich in emergente Schichten einteilen. So wie die Chemie die Physik voraussetzt, aber nicht gänzlich auf sie reduziert werden kann, so setzt die Biologie die Chemie voraus, ohne sich auf sie reduzieren zu lassen, und das Gleiche gilt für die Humanwissenschaften in Bezug auf die Biologie. Dabei sind jeweils unterschiedliche Mechanismen am Werk. Zudem erhält jede Schicht eine gewisse Autonomie gegenüber den darunterliegenden. Wäre dies nicht der Fall, ließe sich über menschliche Freiheit nicht einmal reden, weil unsere Handlungen dann von chemischen oder biologischen Prozessen determiniert wären.

Offene Systeme. Ein weiteres Unbestimmtheitselement resultiert aus der Tatsache, dass sich Ereignisse der realen Welt in »offenen Systemen« zutragen, d. h. bei jedem Ereignis sind unterschiedliche und aus unterschiedlichen emergenten Realitätsschichten stammende Mechanismen im Spiel. Deshalb kann man nie genau vorhersagen, wie ein Ereignis in der realen Welt ausgehen wird. Und deshalb sind wissenschaftliche Experimente notwendig: Man kann durch sie zeitlich begrenzte »geschlossene Systeme« herstellen, in denen die Auswirkungen aller anderen Mechanismen weitestmöglich ausgeschaltet sind, so dass man einen einzigen Mechanismus in Aktion untersuchen kann.

Tendenzen. Man spricht demzufolge besser nicht von unumstößlichen naturwissenschaftlichen »Gesetzen«, sondern von »Tendenzen«, die auf unvorhersehbare Weise interagieren. Je höher die emergente Schicht, mit der man es zu tun hat, umso weniger vorhersehbar wird das Ganze natürlich, wobei das Beteiligtsein von Menschen selbstredend den am allerwenigsten vorhersehbaren Faktor darstellt.[10]

Für unsere Zwecke sind die Einzelheiten weniger wichtig als die Grundaussage, nämlich dass die heraklitische Position, die die Dinge hinsichtlich ihres dynamischen Potentials betrachtet, nicht auf die Preisgabe der Naturwissenschaften zielt, sondern vielmehr die einzige Hoffnung auf ein solides ontologisches Fundament der Naturwissenschaften darstellt. Dazu müssen allerdings diejenigen, die Ansprüche an die Naturwissenschaften stellen, einige ihrer ambitioniertesten – man ist versucht zu sagen totalitären, paranoiden – Träume von absolutem oder totalem Wissen aufgeben und eine gewisse Demut in Bezug auf das, was sich überhaupt verstehen lässt, an den Tag legen. Realität ist das, was man nie vollständig verstehen kann. Ist ein Objekt real, wird jede ihm geltende Beschreibung unweigerlich partiell und unvollständig sein. Gerade daran erkennen wir, dass es real ist. Die Hoffnung, etwas vollkommen verstehen zu können, kann sich nur auf Dinge beziehen, die allein in unserer Phantasie existieren.

Was für die Naturwissenschaften gilt, trifft umso mehr auf die Sozialwissenschaften zu. Bhaskar erwarb sich seinen Ruf zwar hauptsächlich als Wissenschaftstheoretiker, letztlich gilt sein Interesse aber dem Bereich der Gesellschaft. Er versucht, die philosophische Grundlage für eine Theorie der menschlichen Emanzipation zu entwickeln, naturwissenschaftliche Erkenntnis mit der Idee der menschlichen Freiheit in Einklang zu bringen. Auch hier ist Demut die eigentliche Botschaft. Die Kritischen Realisten vertreten die Auffassung, den Begriff einer sozialen Realität und somit auch einer Wissenschaft beibehalten zu können, die wahre Aussagen über diese Realität zu treffen vermag – allerdings nur, wenn man die positivistische Zahlenreiterei aufgibt, die derzeit den meisten Soziologen und Ökonomen als Wissenschaft gilt, und mit der Vorstellung bricht, die Sozialwissenschaften könnten jemals prädiktive Gesetze aufstellen.

Ein letztes Wort zur heraklitischen Perspektive, bevor wir zu Marx weitergehen, und zwar im Zusammenhang mit dem Begriff »Materialismus«. Nicht nur in der marxistischen Tradition wird üblicherweise vorausgesetzt, dass in einer materialistischen Analyse bestimmte Bereiche anderen Bereichen vorgezogen werden. Es gibt eine materielle Basis und einen ideologischen Überbau; die Produktion von Nahrungsmitteln, Wohnungen oder Werkzeugmaschinen wird als grundlegender materiell verstanden als die Produktion von Predigten, Seifenopern oder Bauvorschriften – weil die eine Produktion fundamentalere oder unmittelbarere menschliche Bedürfnisse befriedigt, während die andere (etwa im Bereich des Rechtswesens, der Religion, der Kunst und selbst des Staates) mit der Herstellung von Abstraktionen befasst ist. Aber definiert man das Rechtswesen oder die Religion im Grunde nicht genau so, wie sie sich selbst, wenn man sagt, es gehe dabei »um« Abstraktionen? Bestünde man darauf, alle diese Bereiche vorwiegend als Domänen menschlichen Handelns zu betrachten, würde sehr schnell deutlich, dass Kunst und Literatur im Grunde ebenso aus materiellen Prozessen bestehen, wie die Produktion von Nahrungsmitteln Denken erfordert. Aus einer solchen materialistischen Perspektive gesehen, ginge es in der Literatur nicht mehr vorwiegend um »Texte« (worunter man normalerweise Abstraktionen versteht, die sich gewissermaßen von Zeit und Raum lösen), sondern um das Verfassen und Lesen von Texten. Und das ist eindeutig und in jeder Hinsicht materiell: Wirkliche Menschen aus Fleisch und Blut müssen sie schreiben, brauchen die dazu notwendige freie Zeit und die entsprechenden Mittel, benötigen Stifte, Schreibmaschinen oder Computer, die Verbreitung von Literatur unterliegt allen möglichen praktischen Zwängen usw.

Diese »Materialismus«-Version wirkt vielleicht schwach und angreifbar, wäre aber konsequent angewendet ziemlich radikal. Die Kraft eines solchen Ansatzes bemisst sich daran, wie sehr er die Leute verärgert. Für die meisten Wissenschaftler ist die Anerkennung des materiellen Mediums bei ihrer Produktion eine ziemlich große Zumutung. Selbst eine Disziplin wie die Ethnologie gibt sich, außer vielleicht in der Darstellung der unmittelbaren Feldforschung, gern als über den materiellen Realitäten schwebend. Man empfände es bestimmt als unhöflich, würde jemand bei der Würdigung einer ethnologischen Monographie darauf hinweisen, dem Verfasser sei bewusst gewesen, dass fast jeder künftige Leser sich sein Werk nicht freiwillig zu Gemüte führen werde, sondern ausschließlich deshalb, weil ihn irgendein Professor dazu zwingt, oder betonen, dass die finanziellen Einschränkungen in der akademischen Publikationsmaschinerie das Buch auf einen Umfang von 300 Seiten begrenzten. Dabei spielt das alles durchaus eine wichtige Rolle bei den Büchern, die wir schreiben. Jedenfalls ist das die Art von Materialismus, die ich in diesem Buch anwende: ein Materialismus, der die Gesellschaft als etwas aus kreativem Handeln heraus Entstandenes und das kreative Handeln als etwas untrennbar mit seinem konkreten, materiellen Medium Verbundenes begreift.

Die Marx'sche Werttheorie

In Bezug auf die Marx'sche Arbeitswerttheorie sollte man als Erstes darauf hinweisen, dass sie nicht mit der von David Ricardo identisch ist, denn beide werden oft miteinander verwechselt. Nach Ricardo kann der Wert einer Ware innerhalb eines Marktsystems mittels der für ihre Herstellung aufgewendeten »Mannstunden« errechnet werden, weshalb es theoretisch möglich ist, präzise zu ermitteln, wie viele Menschen während des Produktionsprozesses (und vermutlich auch für die Herstellung der Rohmaterialien, für den Transport usw.) wie lange daran gearbeitet haben. Marx befand Ricardos Ansatz jedoch als ungenügend. Das Spezifische am Kapitalismus, so seine Argumentation, sei die Tatsache, dass nur in diesem System die Arbeit selbst – also die Fähigkeit eines Menschen, die Welt zu verändern, seine physischen wie mentalen kreativen Kräfte – gekauft und verkauft werden könne. Schließlich bezahlt ein Arbeitgeber die von ihm eingestellten Arbeiter normalerweise nicht nach durchgeführtem Auftrag, sondern nach Stunden, und erkauft sich damit ihre Fähigkeit, innerhalb dieses Zeitraums zu tun, was immer er ihnen aufträgt.[11] Deshalb kann man in einer Lohnarbeitsökonomie, in der die meisten Menschen ihre Arbeitskraft auf diese Weise verkaufen müssen, Kalkulationen anstellen, die in einer nichtkapitalistischen Gesellschaft unmöglich wären, d. h., die in ein bestimmtes Objekt investierte Arbeitsmenge als einen spezifischen *Anteil* an der Gesamtarbeitsmenge im System insgesamt betrachten. Damit ist der Wert des Objekts bestimmt.[12]

Das Konzept leuchtet eher ein, wenn man berücksichtigt, dass die Marx'sche Arbeitswerttheorie keine Preistheorie darstellen sollte. Marx war nicht sonderlich an der Entwicklung eines Modells interessiert, anhand dessen sich z. B. Preisschwankungen vorhersagen und Preismechanismen verstehen ließen. Fast allen anderen Ökonomen aber lag sehr wohl daran, wollten sie doch letztlich etwas schreiben, das denen nützt, die innerhalb eines Marktsystems operieren. Marx dagegen schrieb zum Nutzen derjenigen, die dieses System umstürzen wollten. Deshalb nahm er keineswegs an, der jeweils gezahlte Preis gebe den genauen Wert wieder. Insofern ist es besser, den Begriff »Wert« eher im Sinne von »Bedeutsamkeit« zu verstehen. Stellen wir uns ein Tortendiagramm vor, das die Volkswirtschaft der USA abbilden soll. Würde man feststellen, dass die amerikanische Wirtschaft beispielsweise 19% ihres Bruttoinlandsprodukts für das Gesundheitswesen ausgibt, 16% für die Automobilindustrie, 7% für das Fernsehen und für Hollywood und 0,2% für die Kultur, könnte man damit messen, wie viel der jeweilige Bereich der Gesellschaft bedeutet. Marx schlägt nun vor, als ein besseres Maß die Arbeit einzusetzen: Wenn die Amerikaner innerhalb eines bestimmten Jahres 7% ihrer kreativen Energie für die Produktion von Kraftfahrzeugen aufwenden, ist dies das letztgültige Maß dafür, wie wichtig es uns ist, Autos zu haben. Von hier aus lässt sich das Argument erweitern: Wenn die Amerikaner beispielsweise in einem bestimmten Jahr 0,000000000007 % oder einen ähnlich winzigen Teil ihrer kreativen Energie auf *dieses bestimmte* Auto verwendet haben, dann ist das sein Wert. So lautet im Kern Marx' Argumentation, nur sprach er von einem totalen Marktsystem, das inzwischen über jede einzelne Volkswirtschaft hinausgegangen wäre und die ganze Welt umfassen würde.

In einer ersten Annäherung kann man also den Wert eines bestimmten Produkts – und eben auch einer bestimmten Institution – als den Anteil der kreativen Energie einer Gesellschaft festlegen, den diese in die Herstellung und Erhaltung des Produkts steckt. Sofern ein objektives Maß überhaupt möglich ist, müsste es etwas in der Art sein. Es kann sich aber selbstverständlich niemals um ein *genaues* Maß handeln. »Kreative Energie«, wie immer man sie definieren wollte, ist nicht quantifizierbar.[13] Der einzige Grund, weshalb Marx solche – wenn auch nur groben – Berechnungen innerhalb eines kapitalistischen Systems für möglich hielt, war die Existenz eines Arbeitsmarkts. Dass Arbeit – faktisch also menschliche Handlungsfähigkeit, denn das, was man seinem Chef verkauft, ist die eigene Arbeitskraft – gekauft und verkauft werden konnte, setzte die Existenz eines Systems zur Errechnung ihres Preises voraus. Damit ging ein aufwendiger kultureller Apparat einher, der Dinge wie Stempelkarten, Stechuhren sowie wöchentliche oder vierzehntägige Lohnschecks beinhaltete, ganz zu schweigen von den anerkannten Standards für Arbeitstempo und Arbeitsintensität, die bei jeder bestimmten Aufgabe erwartet wurden (selbst unter den ausbeuterischsten Bedingungen wird von den Menschen selten gefordert, dass sie bei der Arbeit bis an die absoluten Grenzen ihrer körperlichen und geistigen Möglichkeiten gehen) und die Marx von der »sozial notwendigen Arbeitszeit« sprechen lassen. Es gibt also kulturelle Standards, nach denen die Arbeit in Zeiteinheiten eingeteilt werden kann, die sich zählen, addieren und miteinander vergleichen lassen. Wichtig dabei ist, dass das Instrumentarium, mit dessen Hilfe dies geschieht, gleichzeitig materiell und symbolisch ist. Einerseits muss es reale, physisch vorhandene Stechuhren geben, andererseits aber auch symbolische Repräsentationsmedien wie Geld oder Stunden.

Auch dort, wo die meisten Menschen Lohnarbeiter sind, heißt das natürlich nicht, dass die gesamte Kreativität auf dem Markt ist. Selbst in unserer eigenen, vom Markt beherrschten Gesellschaft gibt es alle möglichen Bereiche – von der Hausarbeit bis hin zu den Hobbys, zu politischem Engagement und persönlichen Vorhaben aller Art –, in denen solch ein homogenisierender Apparat fehlt. Doch ist es wohl kein Zufall, dass man genau dort von »Werten« im Plural spricht: Familienwerte, religiöse Tugenden, ästhetische Werte in Form von Kunst usw. Wo kein einheitliches Wertsystem existiert, hat man es mit zahlreichen heterogenen, disparaten Wertsystemen zu tun.

Aber wie verhält es sich nun, wenn es überhaupt keinen bzw. keinen relevanten Arbeitsmarkt gibt? Passiert dann das Gleiche? Anders gefragt: Ist es möglich, etwas in der Art der Marx'schen Werttheorie auf die große Mehrheit der menschlichen Gesellschaften anzuwenden – oder auf irgendeine, die vor dem achtzehnten Jahrhundert bestand? Für Ethnologen (wie auch für Menschen, die über eine Alternative zum Kapitalismus nachdenken) zählt diese Frage natürlich zu den wichtigsten überhaupt.

Der »praxeologische Ansatz«

Die Sache wäre einfacher, wenn Marx uns in seinen Schriften mehr Hinweise dazu gegeben hätte. Einer allgemeinen Gesellschaftstheorie noch am nächsten kam er in einigen seiner frühesten theoretischen Arbeiten: in den *Thesen über Feuerbach*, in den *Ökonomisch-philosophischen Manuskripten aus dem Jahre*

1844 und vor allem in der *Deutschen Ideologie*, die er mit Engels zwischen 1845 und 1846 verfasste. Marx lebte damals in Paris und rechnete gründlich mit den radikalen philosophischen Kreisen ab, in denen er seine intellektuelle Jugend in Deutschland verbracht hatte. Im Rahmen dieser Auseinandersetzung entstand eine Synthese zweier sehr unterschiedlicher intellektueller Traditionen, nämlich des Deutschen Idealismus Hegel'scher Prägung und des Materialismus der französischen Aufklärung. Der Vorteil von Hegels dialektischem Geschichtsverständnis lag für Marx in dessen inhärenter Dynamik. Anstatt von einer festen Vorstellung davon auszugehen, wie der Mensch oder die physische Welt beschaffen sei, wurde dort erzählt, wie sich die Menschheit durch Interaktion mit der sie umgebenden Welt praktisch selbst geschaffen hatte. Im Grunde versuchte Hegel herauszufinden, wie die Geschichte aussähe, wenn man von Anfang an die Perspektive Heraklits einnahm. Es ging dabei aber nicht nur um das Handeln, denn letztlich drehte sich Hegels Philosophie um die Geschichte der sich durch ihre eigenen Handlungen ihrer selbst vollständig bewusst werdenden Menschheit. Diese letzte Errungenschaft des wahren Sichverstehens (das Hegel ganz bescheiden in sich selbst verwirklicht sah) eröffnete die Möglichkeit menschlicher Freiheit. Das Problem war nur, dass weder der konservative Hegel noch die radikalen Junghegelianer (denen zufolge der Prozess noch nicht abgeschlossen war und nun drastischere Maßnahmen, etwa den Angriff auf die Religion, erforderlich machte) von realen Menschen aus Fleisch und Blut ausgingen. Subjekte des Handelns waren bei ihnen immer Abstraktionen wie »Verstand«, »Vernunft«, »Geist«, »Menschheit« oder »Nation«. Marx dagegen schlug eine materialistische Alternative vor. Aber auch mit dem Materialismus seiner Zeit, größtenteils ein Produkt der Philosophen der Französischen Aufklärung wie Helvétius, war Marx nicht sonderlich zufrieden. Das Problem mit »allem bisherigem Materialismus«, bemerkte er in den *Thesen über Feuerbach*, sei, dass dieser den Menschen nicht als von selbstbewussten Projekten angetrieben, sondern als geradezu passiv sehe, nämlich getrieben von unveränderlichen grundlegenden physischen Bedürfnissen und sich seiner Umgebung schlicht so »anpassend«, dass diese möglichst gut befriedigt werden könnten. Marx sprach sich stattdessen für eine Synthese aus, die den Menschen als aktives, intentionales, imaginatives Wesen versteht, gleichzeitig jedoch als physisches, das in der realen Welt existiert. So machen (wie Marx andernorts ausführt) »die Menschen« ihre eigene Geschichte, aber nicht unter selbstgewählten Umständen.

Nun geht es bei Marx oft gleichzeitig in verschiedene Richtungen. Nehmen wir als Beispiel die berühmte Beschreibung der vier »Momente« in der *Deutschen Ideologie*, in der er gemeinsam mit Engels die fundamentalen materiellen Realitäten darlegt, die berücksichtigt werden müssen, ehe man davon sprechen kann, dass die Menschen in der Lage sind, »›Geschichte machen‹ zu können«.[14] Dass der Mensch die Mittel zum Bestreiten seines Lebensunterhalts *produziert*, unterscheidet ihn vom Tier. Des Weiteren bemerkt Marx, dass die Menschen, um existieren zu können, nicht nur 1. Mittel zur Befriedigung grundlegender Bedürfnisse wie Essen und Wohnung produzieren müssen, sondern dass 2. die Produktion um dieser Bedürfnisbefriedigung willen stets zu neuen Bedürfnissen führt, dass 3. die Menschen, um fortbestehen zu können, andere Menschen zeugen müssen, was mit Fortpflanzung, Kindererziehung, Familie usw. verbunden ist, und dass es 4. in jeder Gesellschaft Formen der Kooperation geben muss, denn alle die obengenannten Dinge produzieren Menschen nie als isolierte Wesen. Erst mit diesen Voraussetzungen kann man, so Marx, von »Bewußtsein« sprechen, das, wie er hervorhebt, »hier in der Form von bewegten Luftschichten, Tönen, kurz der Sprache auftritt«,[15] die wiederum nicht unabhängig voneinander in den Köpfen der Individuen entsteht, sondern aus der Notwendigkeit der Menschen heraus, miteinander zu reden.

Es scheint hier auf die Trennung in materielle Basis und ideologischen Überbau hinauszulaufen, wie sie am klarsten im Vorwort seiner Schrift *Zur Kritik der politischen Ökonomie* (1859) beschrieben ist. Gleichzeitig bewegt es sich fort von Marx' zentralem Gedanken, dass nämlich das Bewusstsein nicht bloß ein Zusatz zur Produktion, sondern der Produktion selbst wesentlich ist. Für Marx zeigte sich der Unterschied zwischen Mensch und Tier darin, dass der Mensch Dinge *selbstbewusst* produziert. Uns Menschen macht weniger der »Verstand« (zumindest im modernen, problemlösenden Sinn) aus als vielmehr das Vorstellungsvermögen.

> Wir unterstellen die Arbeit in einer Form, worin sie dem Menschen ausschließlich angehört. Eine Spinne verrichtet Operationen, die denen des Webers ähneln, und eine Biene beschämt durch den Bau ihrer Wachszellen manchen menschlichen Baumeister. Was aber von vornherein den schlechtesten Baumeister vor der besten Biene auszeichnet, ist, daß er die Zelle in seinem Kopf gebaut hat, bevor er sie in Wachs baut.[16]

Menschen stellen sich vor, was sie haben möchten, ehe sie es machen, und deshalb können wir uns auch Alternativen ausmalen. Die menschliche Intelligenz ist also eine an sich kritische, was wiederum eine entscheidende Rolle in Marx' Geschichtsauffassung spielt, weil darauf die Möglichkeit von Revolutionen beruht.

Kehrt man aber von hier aus zu den ursprünglichen vier Momenten zurück, dann hat man (mit ein paar kleinen Modifikationen) die Basis für eine äußerst starke Handlungstheorie.[17] Und das Ergebnis sähe ungefähr so aus: In jeder Gesellschaft, könnte man sagen, beinhaltet die Produktion Folgendes:

1) Das Bemühen, vermeintliche Bedürfnisse auf Seiten des Produzenten zu befriedigen. (Diese Bedürfnisse, so Marx, umfassen zwar immer grundlegende Notwendigkeiten wie Essen und Wohnung, sind aber niemals darauf beschränkt.) Des Weiteren die Schlüsselerkenntnis, dass es »Objekte« in zweierlei Hinsicht gibt, nämlich nicht nur als physische, die tatsächlich in der Welt existieren, sondern auch, insofern sie im Bewusstsein eines Menschen (eines Subjekts) vorhanden sind, als Objekte der wie auch immer gearteten Handlung dieses Subjekts – und sei es in der Minimalvariante des aktiven Beobachtens und Erkundens. (Genau das hatte Feuerbachs Materialismus Marx zufolge übersehen.)

2) Da der Mensch ein soziales Wesen ist, muss ein System sozialer Beziehungen hergestellt werden (Familien, Clans, Gilden, Geheimgesellschaften, Ministerien usw.), innerhalb dessen die Menschen ihr produktives Handeln koordinieren. Das wiederum führt dazu, dass

3) der Produzent zu einem ganz bestimmten Menschen gemacht wird (Näherin, Haremseunuch, Filmstar usw.). In der Zusammenarbeit mit anderen definiert sich ein Mensch auf bestimmte Art

und Weise. Man kann das als das »reflexive« Element der Handlung bezeichnen. Normalerweise bedeutet es darüber hinaus, dass einem Menschen bestimmte Fähigkeiten oder Kompetenzen zugeschrieben werden oder er sie tatsächlich erwirbt.[18]

4) Es handelt sich um einen offenen Prozess, der aufgrund von 1., 2. und 3. immer neue Bedürfnisse hervorruft und somit das Potential für die Transformation seiner selbst in sich birgt.

Wir beginnen also mit der Vorstellung einer intentionalen, einer produktiven, auf ein bestimmtes Ziel gerichteten Handlung. Diese Handlung produziert soziale Beziehungen und transformiert dadurch die Produzenten selbst. So beschrieben ist das Modell ziemlich eindeutig. Es enthält kein Element, das sich nicht von selbst versteht. Um es aber konsequent anwenden zu können, müsste man alle möglichen anerkannten Elemente der Gesellschaftstheorie überdenken. Nehmen wir den Begriff »Sozialstruktur«. Wenn man von einem so weit gefassten Produktionsbegriff ausgeht, sind »Sozialstrukturen« – wie jede andere Struktur auch – im Grunde nur Handlungsmuster. Allerdings sehr komplizierte Muster, die nicht nur die unterschiedlichsten intentionalen menschlichen Handlungen koordinieren, sondern auch bewirken, dass sich die Handelnden unablässig neu definieren und sogar neu erschaffen, während sie den großen Zusammenhang, in dem all dies stattfindet, reproduzieren (und, ebenso unweigerlich, verändern). Selbst einem außenstehenden Beobachter fällt es da schwer, den Überblick zu behalten. Bestimmte Punkte – etwa die exakte Grenze zwischen individueller und kollektiver Kreativität – werden wir wohl nie ganz verstehen. Innerhalb des Systems ist es aber geradezu unmöglich.

Die individuellen Akteure sind sich meist nur des ersten der vier Momente bewusst (der spezifischen Sache, die sie herstellen oder tun, des spezifischen Ziels, das sie vor Augen haben);[19] die drei anderen im Blick zu behalten, ist wesentlich schwieriger. Man kann behaupten, dass alle großen Probleme der Gesellschaftstheorie aus dieser einen Schwierigkeit erwachsen – ob es nun um Durkheims berühmte Beobachtung geht, dass »die Gesellschaft« zwar aus einer Ansammlung von Individuen besteht, jedes dieser Individuen sie aber als eine fremde Macht ansieht, die ihm

Beschränkungen auferlegt, oder um Marx' Feststellung, dass uns unsere eigenen Erzeugungen zu fremden Wesen werden, die Macht über uns ausüben.[20]

Das Vorstellungsvermögen ist demnach unverzichtbarer Bestandteil des produktiven Handelns, es hat aber auch seine Grenzen. Anders gesagt: Menschliches Handeln ist von Natur aus, aber nie zur Gänze selbstbewusst.

Man kann von zwei Ordnungen kritischer Theorie sprechen. Die erste demonstriert, dass unser normaler Blick auf die Welt – oder auf bestimmte Phänomene in ihr – verzerrt ist, unvollständig oder ungenau, und erklärt, wie es wirklich um die Dinge bestellt ist. Die zweite, einflussreichere erklärt nicht nur, wie die Dinge wirklich sind, sondern tut dies obendrein mit der Begründung, warum die Menschen die Welt nicht von vornherein so wahrgenommen haben. Genau das verheißen die marxistischen Theorien.[21] Doch wenn man die allgemeine Stoßrichtung in Marx' Werk, von den frühen »philosophischen« Schriften bis hin zur Theorie des Warenfetischs im *Kapital*, betrachtet, stellt man fest, dass er weniger eine Theorie des falschen als vielmehr eine des *unvollständigen* Bewusstseins aufstellte[22] – eines Bewusstseins, in dem es den Akteuren so gut wie unmöglich ist, ihren spezifischen Blick auf eine Situation von der Gesamtstruktur der Situation zu unterscheiden. Ehe ich dies darlege, muss ich allerdings einen kurzen Exkurs über das Problem der Struktur einschieben.

Dynamische Strukturen

Die ethnologischen Strukturbegriffe stammen zum größten Teil aus der Saussure'schen Linguistik. Ich habe Saussures Sprachkonzept bereits als ein System von Zeichen beschrieben, die sich in einem Gleichgewicht befinden, in dem jedes Element zur Definition der anderen beiträgt. Die Anwendung dieses Konzepts auf die Ethnologie führte zu notorischen Dilemmata. Wo genau ist dieses abstrakte System zu finden? Wie sollte man einen Zusammenhang herstellen zwischen *langue* und *parole*, Synchronie und Diachronie, dem abstrakten, als außerhalb der Zeit betrachteten System und den realen Ereignissen – dass Menschen sprechen, schreiben usw., ohne sich der Prinzipien, die ihre Vorgehensweise leiten, völlig bewusst zu sein, wobei ihre Vorgehensweise das Einzige ist, wodurch wir an diese Prinzipien gelangen können? Es dürfte inzwischen klar sein, dass es sich hierbei nur um eine weitere Variante des parmenideischen Problems handelt: Wie lassen sich Modelle in Beziehung zur Realität bringen?

Entgegen ethnologischer Überzeugung war der Saussure'sche Strukturalismus allerdings nie der Einzige. Es gibt eine heraklitische Alternative, nämlich den vom Schweizer Psychologen Jean Piaget[23] entwickelten Strukturalismus, der vom Handeln ausgeht und unter »Struktur« die Koordination von Handlungen versteht.[24]

Mit Piagets Strukturalismus konnten die Ethnologen aber kaum je etwas anfangen. Wenn sie überhaupt einmal auf ihn zu sprechen kamen, dann um ihn wegen seines Mangels an kultureller Tiefe und kulturellem Verständnis abzulehnen.[25] Auf Piagets eigene Schriften bezogen trifft das sicherlich zu. Saussures Interesse galt der Frage, auf welch unterschiedliche Art unterschiedliche Sprachen die Realität definieren, während sich Piaget mit der intellektuellen Entwicklung von Kindern beschäftigte. Unschwer lässt sich erkennen, warum es die Ethnologen zum einen hinzog, zum anderen nicht. Ich denke aber auch, dass der Vorwurf sich gewissermaßen selbst bewahrheitet hat, denn wenn es Piagets Modellen an kultureller Tiefe mangelt, liegt das auch daran, dass die Ethnologen es nie für angebracht hielten, sie weiterzuentwickeln.

Piagets spezifische Argumentation in Bezug auf die Phasen der kindlichen Entwicklung gelten heute als veraltet; wichtig sind hier jedoch nicht die Einzelheiten, sondern der Gesamtansatz, und vor allem Piagets Prämisse: »(...) es trifft immer und überall zu, dass die elementaren Formen von Intelligenz aus Handlungen entstehen.«[26] Kinder interagieren mit ihrer Umwelt; sie entwickeln einfache Handlungsschemata (Greifen, Ziehen) und Möglichkeiten, diese zu koordinieren. Als Nächstes bilden sie durch einen von Piaget als »reflexive Abstraktion« bezeichneten Prozess komplexere und stärker verallgemeinerte Denkmuster. Im Verlauf dieses Prozesses beginnen sie, die logischen Prinzipien, die ihrer Interaktion mit der Welt zugrunde liegen, und die Koordinationsschemata zu verstehen – die dadurch nun ihrerseits präziser und effektiver werden (was dann weitere Prozesse reflexiver Abstraktion ermöglicht usw.). Man muss hier nicht in die Details gehen, aber ein paar Punkte sollten unbedingt beachtet werden. Erstens, dass Piaget zufolge jedes Erkenntnissystem auf Handlungen basiert: Die Mathematik beispielsweise entstammt nicht einer »Idee der Zahl«, sondern der Praxis des Zählens. Die abstrakten Kategorien, so wichtig sie sind, stehen nie am Anfang. Und zweitens, dass sich eine Struktur immer als eine Reihe von Transformationen betrachten lässt, die auf bestimmten unveränderlichen Prinzipien beruhen (das kann etwas so Simples sein, wie Teile über ein Brett schieben, das immer dasselbe bleibt); das entscheidende Merkmal solcher Transformationen ist ihre Umkehrbarkeit (die Teile können zurückgeschoben werden).

Wichtig ist, dass das, was wir als Struktur bezeichnen, nicht schon vor der Handlung existiert. Letztlich ist »Struktur« identisch mit dem Prozess ihrer eigenen Konstruktion. Komplexe abstrakte Systeme sind einfach die Art und Weise, wie Handelnde die Logik ihrer eigenen Interaktionen mit der Welt verstehen lernen. Außerdem muss beachtet werden, dass die »reflexive Abstraktion« ein offener Prozess ist. Laut Piaget geht es bei Entwicklung nicht einfach darum, eine bestimmte Stufe zu erreichen und dann aufzuhören; man kann immer neue, komplexere Stufen herstellen. An diesem Punkt führt er den deutschen Mathematiker Kurt Gödel an, dem der Nachweis gelang, dass kein logisches System (wie etwa die Mathematik) seine eigene innere Widerspruchsfreiheit beweisen kann, weil man dazu eine komplexere, höhere, dem jeweiligen System vorausgesetzte Stufe herstellen muss. Da aber auch diese Stufe ihre eigenen Prinzipien nicht zu beweisen vermag, müsste man dazu wiederum eine neue Stufe herstellen und so ad infinitum.

> [Gödel zeigte, dass es], um eine Theorie im Sinne des Beweises ihrer Widerspruchslosigkeit abzuschließen, [...] nicht mehr [genügt], ihre Voraussetzungen zu analysieren, sondern man muß die nächste aufbauen! Vorher konnte man sich von den Theorien das Bild einer Pyramide machen, die auf einer sich selbst genügenden Basis ruht, wobei das untere Stockwerk jeweils das festgefügtere war, weil es durch einfachere Werkzeuge errichtet worden war. Wird aber die Einfachheit ein Zeichen von Schwäche, und muß man, um ein Stock-

> werk zu konsolidieren, das nächste errichten, so ist die Konsistenz der Pyramide in Tat und Wahrheit von ihrer Spitze her gegeben, und zwar von einer in sich unvollendeten Spitze, die ständig erhöht werden muß.[27]

Wie in Bhaskars Konzept der wissenschaftlichen Erkenntnisfindung, bei der sich immer grundlegendere Realitätsstufen entdecken lassen, ohne dass man je den Grund erreicht, haben wir es auch hier mit einem unabschließbaren System zu tun. Immer lässt sich ein höherstufiger Blickpunkt konstruieren.

Das alles mag sehr abstrakt erscheinen, zeigt aber neue Möglichkeiten auf, eine ganze Menge seit langem bestehender Probleme in der Ethnologie zu betrachten. Nehmen wir als Beispiel Pierre Bourdieus Arbeit über den Habitus.[28] Bourdieu machte schon vor langer Zeit darauf aufmerksam, dass ein komplex agierender sozialer Akteur praktisch nicht in der Lage ist, die Prinzipien seiner Vorgehensweise klar darzulegen – für Ethnologen ein ewiger Quell der Frustration. Aus der Perspektive Gödels und Piagets lässt sich das leicht erklären. Die logische Stufe, auf der man operiert, ist immer um mindestens eine Stufe höher als die, die man erklären bzw. verstehen kann – was der russische Psychologe Vygotsky als »Zone der proximalen Entwicklung« bezeichnete.[29] Man kann nun behaupten, dass dies zwangsläufig so ist, weil man (da »Erklären« selbst eine Form von Handlung darstellt), zur vollständigen Erklärung oder zum Verständnis der eigenen Handlungen, eine komplexere (»stärkere«, umfassendere) Handlungsstufe erzeugen muss, deren Prinzipien man dann wiederum nicht vollständig erklären kann; und um diese zu erklären, bedarf es einer weiteren Stufe – in endloser Fortsetzung.

Betrachten wir noch einmal das Phänomen der Übergangsriten, seit dem 1909 erschienen Essay Arnold van Genneps ein klassisches ethnologisches Thema. Diese Riten, so van Gennep, beinhalten überall auf der Welt mindestens drei Stufen. Sie beginnen mit Trennungsriten, durch die beispielsweise ein sich der Initiation unterziehender Junge von seiner alten Identität als Kind getrennt wird, und enden mit Reintegrationsriten, durch die er in seiner neuen Identität als Mann in die Gesellschaftsordnung wiedereingeführt wird. Dazwischen fällt die Schwellenphase, in der der

Initiand gewissermaßen zwischen den Identitäten schwebt, weder ganz der eine noch ganz der andere ist. Victor Turner[30] zufolge weist diese Phase häufig ziemlich merkwürdige »anti-strukturale« Eigenschaften auf: Wer sie durchläuft, ist gleichzeitig heilig und beschmutzend, kreativ und destruktiv, göttlich und grauenvoll und letztlich jenseits von allem, was sich mit den Kategorien des normalen Lebens erklären lässt. Laut Terence Turner[31] ist das alles aber entsprechend dem Piaget'schen Ansatz eigentlich genau so, wie es sein sollte, denn auch hier besteht ein Unterschied zwischen den logischen Stufen. Um ein Klassifikationssystem aufrechtzuerhalten – d. h. ein System, das männliche Menschen in Kinder, Jugendliche, Erwachsene usw. einteilt –, ist eine bestimmte logische Operationsstufe erforderlich, die, wie jeder Kategorienkatalog, die »andere Seite« eines Handlungskatalogs darstellt. Um auf der Stufe zu operieren, auf der man die eine Kategorie in die andere überführen kann, muss man eine höhere, umfassendere Stufe betreten bzw. völlig anders geartete Kräfte einsetzen als die, die im normalen Leben zum Tragen kommen, wo die Menschen eben das eine oder das andere »sind«.[32] Auch hier kann die höchste Operationsstufe nicht dargestellt oder vollständig erklärt werden – zumindest nicht mit gesellschaftlichen Begriffen. Die Darstellung solcher Kräfte wird zum Problem. Alltagskategorien lassen sich auf sie nicht anwenden. Deshalb flüchtet man sich ins Geheimnis, ins Paradox, in die Unerkennbarkeit oder die systematische Umkehrung von normalen Vorgehensweisen – in eine »verkehrte Welt«.

Dass diese Perspektive alle möglichen wichtigen Konsequenzen nach sich zieht, ist unschwer zu erkennen. Die meisten an Durkheim orientierten Ritualanalysen beruhen auf dem Prinzip des »Heiligen«, das als ein von der profanen Existenz losgelöster Punkt der Transformation oder Metamorphose gesehen wird und für einen Durkheimianer der Punkt ist, an dem das Individuum mit der Macht der Gesellschaft in Kontakt kommt – wobei die Gesellschaft für Durkheim eine eigene emergente Realität ist, die außerhalb des Individuums existiert und es einschränkt. Diese Auffassung hat wie gesagt viel mit dem Marx'schen Entfremdungsbegriff gemein (der ja ebenfalls einer Studie über Religion entstammt); der markanteste Unterschied zwischen beiden liegt in der Einstellung dazu: Im Gegensatz zu Marx fand Durkheim es nicht weiter schlimm, dass sich die Gesellschaft als eine fremde Macht über das Individuum stülpt, wie er auch kein Problem mit der Existenz sozialer Hierarchien hatte. Für Marx, der beidem ablehnend gegenüberstand, waren es zwei Seiten einer Medaille. Um aber die Parallelen zwischen Marx und Piaget verstehen zu können, muss man sich Piagets Begriff des Egozentrismus genauer ansehen.

Egozentrismus und unvollständiges Bewusstsein

Mit die größte Leistung Piagets besteht darin, eine fast allen bekannte Tatsache – dass Kinder sich gerne als Mittelpunkt des Universums betrachten – zur Grundlage einer systematischen Theorie der intellektuellen und moralischen Entwicklung gemacht zu haben. Piaget zufolge ist Egozentrismus die Gleichsetzung der eigenen, subjektiven Perspektive auf die Welt mit der Beschaffenheit der Welt selbst. Entwicklung wiederum basiert auf der Verinnerlichung der Tatsache, dass andere Perspektiven möglich sind. Etwas fachsprachlicher gesagt: auf der Schaffung von Strukturen, die aus der Koordination unterschiedlicher möglicher Perspektiven bestehen. Ein ganz kleines Kind erkennt beispielsweise nicht, dass Objekte auch dann weiterexistieren, wenn es sie nicht mehr anschaut. Rollt der Ball aus seinem Blickfeld, ist er für das Kind verschwunden. Die Erkenntnis, dass er immer noch da ist, ist zuallererst die Erkenntnis, dass es andere Blickwinkel gibt, aus denen man den Ball betrachten und weiterhin sehen könnte. Bei älteren Kindern kann sich der Egozentrismus beispielsweise in der Unfähigkeit des Kindes zeigen, sich vorzustellen, dass andere möglicherweise nicht verstehen, was es ihnen sagt, oder in der Schwierigkeit (die oft bis in ein erstaunlich hohes Lebensalter anhält), sich klarzumachen, dass wenn ich einen Bruder namens Robert habe, Robert auch einen Bruder hat, nämlich mich.

Egozentrismus ist also in erster Linie die Unfähigkeit, Dinge aus anderen Blickwinkeln zu sehen. Auch wenn es darum geht, die kontinuierliche Existenz von Objekten zu erkennen, gelingt dies nur durch das Wissen um potentielle Perspektiven. Betrachtet man ein Auto oder eine Ente oder einen Berg, wird die Tatsache, dass es jeweils auch andere Seiten davon gibt (andere Perspektiven, aus denen man das Objekt betrachten könnte), in die Beschaffenheit des Wahrgenommenen eingefügt. Andernfalls würde es schlicht nicht genau so aussehen. Deshalb besteht das Erlangen von Reife für Piaget in der »Dezentrierung« der eigenen Person, in der Fähigkeit, die eigenen Interessen, die eigene Perspektive als nur einen Teil einer weit größeren Totalität zu begreifen, der nicht von sich aus wichtiger ist als jeder andere.

Im sozialen Bereich kann man das allerdings nicht ständig leisten. Es ist eine Sache, beim Anblick eines Hauses zu bedenken, dass es mehr als eine Seite hat, eine ganz andere jedoch, sich ununterbrochen darüber im Klaren zu sein, wie eine Familie jedem einzelnen ihrer Mitglieder erscheint oder wie jedes Mitglied einer Gruppe von Menschen, die gemeinsam an einem Projekt arbeiten, das, was sich dabei abspielt, betrachtet. Der Mensch ist geradezu notorisch unfähig, sich solcher Dinge durchgehend bewusst zu sein. Auch hier liegt offensichtlich wieder eine ganz konkrete Beschränkung des menschlichen Vorstellungsvermögens vor.

Je komplexer die soziale Situation, umso schwieriger wird es natürlich, solche Vorstellungsleistungen zu erbringen. Das führt uns zurück zum ursprünglichen, von Marx abgeleiteten Argument, dass ein Mensch, der damit beschäftigt ist zu handeln, die Welt in irgendeiner Weise zu formen, so gut wie unmöglich vollständig erkennen kann, inwiefern seine Handlungen gleichzeitig dazu beitragen, (a) das soziale System, in dem er agiert, zu reproduzieren (auch wenn dieses System etwas so Einfaches wie eine Familie oder ein Büro ist) und dadurch (b) sein eigenes Selbst rückbezüglich umzuformen und umzudefinieren. Laut Turner ist es tatsächlich ein und dasselbe, denn um oben Genanntes vollständig erkennen zu können, müsste man in der Lage sein, die subjektiven Blickwinkel aller Beteiligten zu koordinieren, müsste sehen, wie sie alle zusammenpassen (bzw. im Konfliktfall eben nicht) usw. Dieser Aspekt, der außerhalb unseres Begriffsvermögens liegt, obwohl er ein Produkt unserer eigenen Handlungen ist, erscheint als etwas Fremdes, von uns Getrenntes, als etwas, das uns eher einengt und kontrolliert. In frühen Schriften wie der *Deutschen Ideologie* betonte Marx die paradoxe Natur der Arbeitsteilung in der modernen Gesellschaft: Auf der gesamtgesellschaftlichen Ebene schafft sie zwar ein echtes Gemeininteresse, weil die Menschen einander brauchen, um zu überleben, doch geschieht dies, indem jeder Einzelne auf so eingeschränkte Interessen und Perspektiven begrenzt wird, dass keiner mehr das Gemeininteresse wirklich wahrnehmen kann. Und eben die Tatsache, dass die Menschen auf diese Teilperspektiven begrenzt werden, führte Marx zufolge zur Entfremdung: zur »Verschmelzung dessen, was wir selbst produzieren, zu einer objektiven, über uns befindlichen Macht«, dazu, dass unsere Kräfte uns als fremde, uns äußerliche Gebilde erscheinen.[33] Der Warenfetischismus ist im Grunde nur eine Variante davon – resultiert er doch vor allem aus der riesigen, vom Markt geschaffenen Kluft zwischen den Fabriken, in denen die Waren hergestellt, und den Privathaushalten, in denen die meisten Waren schließlich konsumiert werden. Wenn eine Ware – ein Futon, eine Videokassette oder eine Packung Talkumpuder – ein menschliches Bedürfnis befriedigt, dann deshalb, weil Menschen sie bewusst zu diesem Zweck entwickelt haben; sie haben Rohstoffe genommen und durch Hinzufügen ihrer Kraft und Intelligenz eine Ware gestaltet, die die entsprechenden Bedürfnisse erfüllt. Das Objekt verkörpert also menschliche Absichten, und deshalb wollen es die Konsumenten kaufen. Doch aufgrund der sonderbaren anonymen Natur des Marktsystems verschwindet diese ganze Historie aus dem Blick des Konsumenten. Aus seiner Perspektive wirkt es so, als wäre der Wert des Objekts – verkörpert in dessen Fähigkeit, die Bedürfnisse des Konsumenten zu stillen – ein Aspekt des Produkts selbst. All die Absichten scheinen in die physische Form des Objekts übergegangen zu sein, und nur diese physische Form kann der Verbraucher sehen. Anders gesagt: Auch er verwechselt seine eigene (partielle, subjektive) Perspektive mit der (totalen, objektiven) Beschaffenheit der Situation und betrachtet Objekte als etwas, das über menschliche Fähigkeiten und Eigenschaften verfügt. Und genau das – Objekten subjektive Qualitäten zuzuschreiben – ist laut Piaget auch typisch für den kindlichen Egozentrismus.[34]

Dieselbe Logik wird auf jeder Ebene des Wirtschaftslebens reproduziert, wenn es heißt, Geld bzw. Produkte hätten eine eigene Dynamik, würden sich von selbst verkaufen, die Märkte überschwemmen oder aus einem ungünstigen Investitionsklima flüchten – denn aus der jeweils eigenen, partiellen, interessengelenkten Perspektive betrachtet kann das alles durchaus zutreffen.

Dies nun gibt mir die Gelegenheit zu einer letzten Bemerkung über einige der am häufigsten erhobenen Einwände gegen den Piaget'schen Ansatz.

Die meisten Ethnologen sind extrem misstrauisch gegenüber jeder allgemeinen Theorie, die auch nur potentiell die Behauptung beinhaltet, bestimmte Menschen seien geistig gesünder, intelligenter oder vernünftiger als andere, und sie tun gut daran. Denn sobald derartige Modelle irgendeine intellektuelle Legitimität erhalten, werden sie von Rassisten und Chauvinisten der ein oder anderen Art aufgegriffen und zur Untermauerung der widerlichsten politischen Positionen benützt. Der Fall Piaget bildete da keine Ausnahme. So führte ein Forscherteam von Piaget entwickelte Tests bei Arrernte-sprachigen Australiern durch und zog aus den Ergebnissen die Schlussfolgerung, die erwachsenen Arrernte hätten das »operationale Stadium« der Intelligenzentwicklung[35] nicht erreicht. Die Folge war der erneute Versuch, den seit den Tagen Lévy-Bruhls weitgehend aufgegebenen Begriff der »primitiven Mentalität« auf Piaget'scher Grundlage wiederzubeleben.[36] Allerdings ist die Ansicht, die Arrernte wären naiv, für einen Ethnologen ziemlich erstaunlich, denn immerhin handelt es sich dabei um dieselben Menschen, die ansonsten für eines der kompliziertesten der Ethnologie bekannten Verwandtschaftssysteme berühmt sind, unter anderem für ein achtklassiges präskriptives Heiratssystem von solcher Komplexität, dass westliche Wissenschaftler Jahrzehnte brauchten, um es zu enträtseln. Die Behauptung, solche Menschen seien nicht in der Lage, differenziert zu denken, ist lächerlich, und zwar auch dann, wenn sie, wie die Menschen überall auf der Welt, die ihren eigenen ausgeklügelten Handlungsweisen zugrunde liegenden Prinzipien wohl kaum vollständig begreifen.

Auch da, wo es nicht ganz so krude ethnozentrisch zugeht, ist das Modell des reifen, voll entfalteten Individuums üblicherweise stark kulturell bestimmt und praktisch identisch mit dem Modell »Westler«. Man denkt dabei zumindest insgeheim an einen etwa vierzigjährigen Weißen im Anzug, an einen Banker oder Börsenmakler vielleicht. Der Vorteil des marxistischen Blicks auf Piaget besteht natürlich darin, dass besagter Banker oder Börsenmakler aus dieser Warte nicht mehr das Modell für Menschen darstellt, die ihre Sache gut, sondern für Menschen, die ihre Sache schlecht machen. Denn indem er den Wirtschaftsteil durchblättert und liest, wie das Gold dies tut und die Schweinebäuche jenes machen, stellt er geradezu das Musterbeispiel für erwachsenen Egozentrismus dar. Ein Arrernte-sprechender Mensch wäre mutmaßlich weit weniger naiv.

Das Kapital als Symbolanalyse

Der Schlüssel zu einer erweiterten marxistischen Werttheorie findet sich jedoch vor allem in der Marx'schen Geldtheorie.

Die Ökonomen zu Marx' Lebzeiten sprachen nicht weniger als die heutigen von Geld als einem »Maß« und einem »Medium« des Werts. Ein Maß ist es, weil man damit den Wert unterschiedlicher Dinge vergleichen, also beispielsweise sagen kann, dass eine Portion Steak mit Pommes frites so viel wert ist wie fünf Laib Brot. In dieser Funktion kann das Geld eine vollständige Abstraktion sein; physische Münzen oder Scheine müssen dabei nicht in Erscheinung treten. Fungiert Geld jedoch als Tauschmittel – um Brot tatsächlich zu kaufen oder ein bestelltes Steak zu bezahlen –, sieht die Sache anders aus. In beiden Fällen aber ist Geld schlicht ein Werkzeug. Marx nun lenkte die Aufmerksamkeit auf einen dritten Aspekt des Geldes, den man als dessen reflexives Moment bezeichnen kann: Geld als Wert an sich. Ein Werkzeug erleichtert das Tun, es ist ein Mittel zu einem Zweck. In der Perspektive von Menschen, die sich selbst an zahlreichen finanziellen Transaktionen betätigen, *ist*, so Marx' Beobachtung, das Geld der Zweck. Es wird geradezu zum Inbegriff von Wert, zum ultimativen Objekt der Begierde.

Man kann das als die Kehrseite des Warenfetischismus betrachten. Wenn sich Arbeiter bereiterklären, für Lohn zu arbeiten, stellt Geld für sie in dieser Position den Zweck des gesamten Prozesses dar. Sie führen ihre kreativen, produktiven Handlungen aus, um dafür bezahlt zu werden. Für Marx aber ist das deshalb von besonderer Bedeutung, weil der Wert, den das Geld repräsentiert, letzten Endes der Wert der Arbeit selbst ist.[37]

Was hier geschieht, übersteigt die Warenfetischisierung bei Weitem und ist für das Wesen des Kapitalismus noch grundlegender als diese. Letztlich misst und vermittelt das Geld Marx zufolge die Bedeutsamkeit bestimmter Formen menschlichen Handelns. Im Geld spiegelt sich für die Arbeiter der Sinn oder die Bedeutsamkeit ihrer eigenen kreativen Energie, ihrer eigenen Handlungskraft wider, und durch ihr Handeln die Fähigkeit, die Welt zu transformieren. Geld repräsentiert die letztgültige gesellschaftliche Bedeutsamkeit ihres Handelns, es ist das Mittel, durch das diese Bedeutsamkeit in ein gesamtes (Markt-)System eingebunden wird. Dazu ist es in der Lage, weil es auch das *Objekt* ihres Handelns ist – sie arbeiten, um am Ende der Woche einen Lohnscheck zu bekommen. Geld ist also ein Repräsentant, der eine unabdingbare Rolle bei der Erzeugung eben des von ihm Repräsentierten spielt.

Viele Leser, die sich das *Kapital* in der Annahme vornehmen, sie hätten es mit dem Werk eines »materialistischen Deterministen« zu tun, entdecken zu ihrer Überraschung, dass das Buch mit detaillierten Symbolanalysen – der Waren, des Geldes und des Fetischismus – beginnt. Aber was für eine Symboltheorie genau wendet Marx dabei an? Am besten versteht man sie wohl als eine Theorie, die – wie auch seine Theorie des produktiven Handelns – Elemente aus zwei Traditionen miteinander kombiniert, nämlich aus einer, die wir heute als im Wesentlichen deutsch bezeichnen, und aus einer französischen. Beide lassen sich als Bedeutungs- und als Signifikationstheorien begreifen. Die erste – sie wurzelt im Hegel'schen Denken, führte aber auch zum Entstehen der Hermeneutik – betrachtet Bedeutung als grundsätzlich identisch mit Intentionalität. Die Bedeutung einer Aussage ist das, was der Sprecher sagen wollte. Man liest einen Text, um die Absicht des Autors zu verstehen; diese Intentionalität vereint die einzelnen Textteile zu einem kohärenten Ganzen. Die Hermeneutik entwickelte sich innerhalb der Bibelwissenschaft, in einem Bereich also, in dem oben Gesagtes zutreffen muss, wenn man annimmt (was die Bibelforscher taten), dass die Bibel letztlich den Willen Gottes enthält. »Signifikation« – der Begriff fand seinen Exponenten später in Ferdinand de Saussure – basiert auf dem Prinzip des

Kontrasts; die Bedeutung eines Worts besteht in der Art seiner Differenz zu den anderen Wörtern einer Reihe (womit die Realität wieder unterteilt wird). Marx nun kombiniert Elemente aus beiden Traditionen. Das Geld ist demnach für die Handelnden deshalb von Bedeutung, weil es ihre Intentionen widerspiegelt (bzw. die Bedeutsamkeit ihrer intentionalen Handlungen, was so ziemlich auf dasselbe hinausläuft). Dies gelingt aber nur, wenn die intentionalen Handlungen in eine kontrastive Totalität – den Markt – integriert werden, weil meine individuellen Handlungen und Fähigkeiten nur mittels Geld als Anteil an der Totalität der Handlungen und Fähigkeiten aller anderen integriert werden können.[38]

Eine erste Annäherung:

> Geld ist ein konkretes Wertzeichen. Wert ist die Art und Weise, in der die Handlungen eines individuellen Akteurs für den Akteur selbst Bedeutung erlangen, indem sie in ein größeres gesellschaftliches Ganzes eingebunden werden.

Marx griff natürlich die hermeneutische Tradition genauso wenig auf, wie er die Saussure'sche vorwegnahm, sondern er knüpfte an Hegel an, der Handlungen ebenfalls daraufhin untersuchte, wie sie in größere »konkrete Totalitäten« integriert werden. Jede einzelne Handlung bzw. jeder einzelne Prozess wird nur dann bedeutsam (in Hegels Sprache: nimmt eine »konkrete, spezifische Form« an), wenn sie in ein größeres Handlungssystem integriert sind – so wie die einzelnen Bauteile einer Uhr in ihrer Bewegung durch das Gesamtgefüge koordiniert werden (weshalb die Einzelteile nur »abstrakter Inhalt«, die Uhr aber »konkrete Form« ist). Eine solche Analyse lässt sich endlos fortsetzen, denn die Uhr kann ihrerseits in einen größeren Prozess integriert sein, etwa in ein Wettrennen, wodurch sie selbst wiederum zum bloßen abstrakten Inhalt einer größeren konkreten Form wird usw. Auch dieses System ist also unabschließbar.

Marktlose Gesellschaften

Mit diesem marxistischen Strukturbegriff als Rüstzeug kehren wir zur Ausgangsfrage zurück: Wie lässt sich eine marxistische Werttheorie auf Gesellschaften ohne Markt anwenden?

Turners Ansicht nach[39] haben die meisten marxistischen Ethnologen letztlich nur eine leicht abweichende Version des Substantivismus hervorgebracht, d. h., auch sie haben nur untersucht, »wie sich eine Gesellschaft in materieller Hinsicht versorgt« – sieht man davon ab, dass Polanyis Anhänger hauptsächlich diverse Tauschformen untersuchten, die Marxisten dagegen ihr Augenmerk eher auf die Produktion legten. Nimmt man nun »Wert« als Ausgangspunkt, stellt sich die Frage: Ist eine solche materielle Produktion wirklich das Wichtigste in diesem Gesellschaftssystem? Wenn wir uns auf staatslose Gesellschaften beschränken – auf diejenigen also, die sich für marxistische Analysen bis heute am wenigsten eignen –, wird schnell klar, dass das Handeln, das *wir* als ökonomisch bezeichnen würden – vor allem das zur Befriedigung der Grundbedürfnisse dienende –, ganz und gar nicht dem entspricht, worauf die Menschen in diesen Gesellschaften den Großteil ihrer Zeit bzw. ihrer wie auch immer definierten »kreativen Energie« verwenden.[40] Weit mehr davon widmen die meisten nämlich dem, was man im weitesten Sinn als Sozialisation bezeichnen könnte, zumindest wenn man diese nicht auf die Grundversorgung der Kinder beschränkt, sondern darunter auch alle anderen Handlungen versteht, durch die Menschen geformt werden. Nach dieser Auffassung wäre Sozialisation ein kontinuierlicher Prozess, der nicht einfach mit der Adoleszenz aufhört – oder an welchem beliebigen, von den meisten Menschen implizit gesetzten Endpunkt auch immer. Der Mensch verändert im Lauf seines Lebens fast ständig innerhalb eines kontinuierlichen Prozesses seine gesellschaftliche Position, seine Rolle, seinen Status und muss lernen, sich jeweils darin zu verhalten. So gesehen ist das Leben ein andauernder Lernprozess.

Einen der Hauptgründe für den eingeschränkten Sozialisationsbegriff sehe ich schlicht im Sexismus. Die Grundversorgung der Kinder gilt fast überall als Frauenarbeit schlechthin; überhaupt sehen die meisten Forscher die Sozialisation zu nahe an Versorgung und Erziehung und zu weit weg von anstrengender, dramatischer Muskelarbeit, bei der stämmige Männer inmitten sprühender Funken auf glühendes Eisen einhämmern und an die man beim Begriff »Produktion« als Erstes denkt. Das Ausgangsmodell müsste ein im Wesentlichen weibliches sein, was aber wieder nur unterstreichen würde, dass die fundamentalste Ungleichheit in solchen Gesellschaften tatsächlich die auf dem Geschlecht basierende ist – was wir theoretisch bereits wussten.

Wie also soll man eine solche Produktionsweise analysieren? Nun, das Material dafür ist bereits vorhanden. Es gibt eine gewaltige Menge ethnologischer Literatur zum Thema Verwandtschaft, die zwar zugegebenermaßen nicht von denselben Prämissen ausgeht, aber umfangreiches Material bietet. Und selbst ein eher traditioneller marxistischer Ethnologe wie Eric Wolf benutzte in *Die Völker ohne Geschichte* (1986) den Begriff »verwandtschaftlich strukturierte Produktionsweise«, um solche Gesellschaften zu beschreiben. Zwar beharrten die meisten marxistischen Ethnologen darauf, dass Verwandtschaftssysteme letztlich durch die Produktion materieller Dinge bestimmt seien, aber es spricht nichts dagegen, diesen Punkt beiseitezuschieben und vom Rest so viel zu behalten, wie sinnvoll erscheint. Es geht ja schließlich darum, wie man ein Verwandtschaftssystem oder einen ähnlichen ethnologischen Gegenstand so analysieren könnte, wie Marx das Marktsystem im Kapitalismus analysierte.

Wie also verkörpern sich Handlungen, durch die Menschen geformt werden, in Wertformen, d. h. in Formen, die mir die Bedeutung meines Handelns greifbar als ein von mir begehrtes Objekt oder eine von mir begehrte Handlung widerspiegeln? Und wie ermöglicht dieser Prozess den Fetischismus – in Bezug auf Menschen, die nicht erkennen, in welchem Ausmaß sie selbst Wert produzieren – und die Ausbeutung – ein Mittel, durch das sich manche Menschen den von anderen generierten Mehrwert aneignen?

Die Baininger – Produktion und Realisation

Einen guten Einstieg bieten Jane Fajans Arbeiten über die Baininger in Papua-Neuguinea.[41] Die Baininger, eine Bevölkerungsgruppe von Tarobauern, die in verstreut liegenden kleinen Siedlungen im gebirgigen Inneren der Provinz East New Britain leben, sind in der ethnologischen Literatur dafür bekannt, dass es bei ihnen so gut wie keine differenzierten Sozialstrukturen gibt. Fajans bezeichnet die Baininger-Gesellschaft wegen der fehlenden politischen Strukturen als »egalitären Anarchismus«; tatsächlich verfügen die Baininger über praktisch keine dauerhaften Sozialstrukturen. Es gibt bei ihnen nicht nur keine Häuptlinge oder »Big Men«, sondern auch keine Clans, Lineages, Altersränge, keine Geheimgesellschaften, Ritual- und Tauschgemeinschaften oder auch nur irgendetwas, das sich als »Ritualsystem« bezeichnen ließe.[42] Früher verwendeten die Ethnologen den englischen Begriff »simple society« als Euphemismus für »primitive Gesellschaft«; er galt als Unwort, aber die Baininger kommen einer wirklich einfachen Gesellschaft durchaus nahe. Es gibt Wohngemeinschaften und individuelle Verwandtschaften – das ist alles. Vielleicht liegt darin auch der Grund dafür, dass man in der Baininger-Gesellschaft eine ungewöhnlich schwach ausgeprägte Neigung zum Mystifizieren antrifft.

Fajans zufolge basiert die Baininger-Gesellschaft auf einer Art Arbeitswerttheorie. Der Unterschied zwischen Mensch und Tier besteht darin, dass Menschen arbeiten; Arbeit – »Schweiß« – gilt als rein menschliche Tätigkeit und wird oft mit Begriffen der Hitzeentwicklung beschrieben: Feuer oder »Schweiß« bei der Feldarbeit, die wiederum als reinste Form der Arbeit betrachtet wird. Deshalb bezieht sich das grundlegende Handlungsschema oder das, was Munn »Wertschablone« nennt, auf die menschliche Arbeit zum Zweck der Kultivierung von Natur, also auf »Sozialisation« im weitesten Sinne. Eine *Wert*schablone ist sie deshalb, weil die Fähigkeit dazu in der Baininger-Gesellschaft am meisten Prestige einbringt. Die Feldarbeit ist dafür zwar das Paradigma, aber das Aufziehen (wörtlich: das »Füttern«) der Kinder hat denselben Stellenwert. Es geht darum, die Kinder, die bei der Geburt als ziemlich wilde Wesen gelten, zu vollständig ausgeformten sozialen Geschöpfen zu machen, zu Menschen, deren Menschsein wiederum größtenteils als die Befähigung zu produktivem Handeln definiert wird. Selbst hier gibt es also eine minimale Hierarchie der Sphären. Die Nahrungsmittelproduktion ist allerdings nicht einfach ein Wert an sich. Die angesehenste Handlung in der Baininger-Gesellschaft besteht darin, anderen Nahrung oder andere Verbrauchsgüter zu *geben*. Das Elternsein wird beispielsweise weniger mit Fortpflanzung in Verbindung gebracht als vielmehr damit, die Kinder mit Nahrung zu versorgen.[43] Diese Einstellung wird noch verstärkt durch die sehr weit verbreitete Gewohnheit, Pflegekinder aufzunehmen, wodurch sichergestellt ist, dass sich in fast jedem Haushalt, in dem Essen gekocht wird, mindestens ein Kind aufhält, das damit gefüttert werden kann.

Das Geben von Nahrung erfolgt bei den Bainingern auch in gemeinschaftlicherer Form. Es existieren zwar keine ausgeklügelten zeremoniellen Tauschformen wie das Moka-Ritual, aber auf einer weniger formellen Basis tauschen die Menschen unablässig Essen, Betelnüsse und Ähnliches untereinander aus. Wenn sich z. B. zwei Männer auf der Straße begegnen, bieten sie einander so gut wie immer Betelnüsse zum Kauen an, wobei jeder ein paar Nüsse des anderen nimmt. Auch Familien tauschen oft Essen aus, und zwar ebenfalls so gut wie immer in egalitären Transaktionen, Gleiches gegen Gleiches. So tauschen etwa zwei Nachbarfamilien gleich große Mengen Taro für das Abendessen aus. Während es also als »reproduktiv« – im Sinne von Produktionsproduktion – gilt, Kindern Essen zu geben, geht es bei der scheinbar sinnlosen Gewohnheit des permanenten Tauschens von Essen um die kontinuierliche Produktion von Gesellschaft. In Ermangelung dauerhafter institutioneller Strukturen, die als von individuellem menschlichem Handeln unabhängig betrachtet werden können, muss die »Gesellschaft« von den Individuen Tag für Tag neu geschaffen werden, da sie die Grundlage für die Existenz jeglicher Art von Wert ist.

Selbst in dieser ungewöhnlich reduzierten, vereinfachten Version findet man also noch eine wichtige, ständig wiederkehrende Unterscheidung, nämlich die in dialektischer Begrifflichkeit üblicherweise als Unterscheidung zwischen »Produktion« und »Realisierung« bezeichnete. Produktive Arbeit erzeugt vorwiegend potentiellen Wert. Das liegt daran, dass Wert inhärent kontrastiv ist; daher kann er nur in einem relativ öffentlichen Kontext, als Teil eines größeren sozialen Ganzen, zu einer Wirklichkeit gemacht (»realisiert«) werden. Die Baininger betrachten die Produktion von Nahrung durch Feldarbeit als den Ursprung von Wert, aber »realisiert« wird dieser erst, wenn man einem anderen Menschen einen Teil der Nahrung gibt. Als angesehenste Tat überhaupt gilt es deshalb, Kinder gut zu versorgen und sie dadurch in soziale Wesen zu verwandeln; dies wiederum erfordert die Existenz von Gesellschaft. Ohne Gesellschaft wäre die Sozialisation von Kindern nicht angesehen – ebenso wenig wie die Gesellschaft ohne die kontinuierliche Sozialisation von Kindern zu neuen Produzenten fortbestehen könnte.

Die Kayapó
Der Zyklus innerhalb der Wohngemeinschaft und die Dorfstruktur

Die Baininger boten einen guten Einstieg, weil ihnen die meisten Institutionen fehlen, die wir normalerweise mit »Sozialstruktur« assoziieren. Auf die brasilianischen Kayapó, über die Turner in den letzten dreißig Jahren geforscht hat, trifft das nicht zu. Sie gehören zu den Gê- und Bororo-Gesellschaften Zentralbrasiliens, die, als ihre Existenz Außenstehenden Mitte des zwanzigsten Jahrhunderts bekannt wurde, deshalb als bemerkenswert galten, weil sie einen scheinbar sehr einfachen technischen Entwicklungsstand mit einem fast schon verwirrend komplizierten Gesellschaftssystem verbanden. Ihre großen, kreisförmigen Dörfer bestanden oft aus mehreren hundert um einen zentralen Platz angeordneten Häusern und wiesen zahlreiche Gemeinschaftshäuser für Männer und andere Gemeinschaftsgebäude auf. Die kommunalen Strukturen nahmen zwar in den verschiedenen zentralbrasilianischen Gesellschaften unterschiedliche Formen an, waren aber ausnahmslos dual ausgeprägt: Das Dorf war in zwei Seiten geteilt (meist exogam), und es gab zwei Männerhäuser, die in jeder Hinsicht identisch waren – mit der einen Ausnahme, dass das eine aus irgendeinem Grund immer als höherwertig galt. Der Lebenszyklus wurde in ein komplexes System von Initiationsstufen unterteilt; die entsprechenden Rituale fanden in der Dorfmitte statt.

In jeder Strukturanalyse – und darunter fällt jede Analyse der Sozialstruktur – ist die wichtigste Frage die nach der Bestimmung der Analyseeinheiten. Hier greift Turner erneut auf die dialektische Tradition[44] mit ihrem Grundprinzip zurück, dass die elementarste Einheit jedes Systems die jeweils kleinste ist, die noch alle wesentlichen Beziehungen enthält, durch die das Ganze gebildet wird. Das lässt sich beispielsweise anhand des Verwandtschaftssystems, wie es die Ethnologen üblicherweise erforschen, erklären. Die kleinste Einheit müsste auf jeden Fall eine Wohngemeinschaft sein – eine Familie oder ein Haushalt.[45] Familien können natürlich in unterschiedlichen Gesellschaften ganz unterschiedlich aussehen, doch ob man es nun mit einer Familie in einer Vorstadt von Cleveland, einem irokesischen Langhaus oder einer matrilinearen Nayar-Familie zu tun hat, immer kann man mit bestimmten Dingen rechnen, etwa mit einem anerkannten Modell dafür, wie ein ordnungsgemäß beschaffener Haushalt auszusehen hat. Und dieser ordnungsgemäß beschaffene Haushalt wird in sich immer alle Beziehungen bergen (Mutter-Tochter, Ehemann-Ehefrau, Bruder-Bruder, Mutterbruder-Tochterehemann, je nachdem), die in abgewandelter Form das größere System bilden, dessen Bestandteil er ist. Die größeren Systeme basieren nur auf der Extrapolation bestimmter solcher Beziehungen und Prinzipien. Ein aus patrilinearen Clans bestehendes System beruht beispielsweise darauf, dass nur eine dieser wichtigen Beziehungen (die zwischen Vätern und Söhnen) ausgewählt und zum allgemeinen Prinzip erhoben wird, das dann zur Grundlage von Organisationen werden kann, die nicht nur die Beziehungen zwischen den Familien untereinander, sondern vor allem (durch die Kontrolle über den Brautpreis, das Aufstellen von Exogamiegesetzen usw.) den kontinuierlichen Prozess regulieren, in dem sich neue Familien bilden und alte auflösen.

Es handelt sich hier tatsächlich um genau dieselbe Art einer auf gegenseitiger Abhängigkeit beruhenden Beziehung zwischen einzelnen Stufen, wie man sie in Piagets Strukturbegriff findet: Die höhere, umfassendere Stufe hat ihre gesamte Voraussetzung in der nächstniedrigen; gleichzeitig aber ist die niedrigere ohne die höhere nicht tragfähig, weil reale Haushalte in ständigem Wandel, in endloser Vergrößerung, Verkleinerung und in Aufteilungsvorgängen begriffen sind, die neue Familien entstehen lassen, und dieser Prozess vom umfassenderen System reguliert wird. Und auch hier können, zumindest prinzipiell, immer höhere Stufen geschaffen werden.

Im Fall der Kayapó[46] besteht die Wohngemeinschaft aus einer uxorilokalen Großfamilie, zu der normalerweise drei Generationen gehören. In einem ordnungsgemäß beschaffenen Dorf kann es Hunderte solcher Familien geben, deren in riesigen Kreisen aufgestellte Häuser sich alle auf einen zentralen Dorfplatz öffnen, der als der eigentliche soziale Raum gilt. Die das Geschehen auf dem Dorfplatz bestimmenden Männer- und Frauengesellschaften sind in Moietys aufgeteilt, welche allerdings bei den Kayapó nicht exogam sind. Ein Junge braucht Mitglieder der anderen Moiety als nicht verwandte »Ersatzeltern« (*krabdjuo*), die ihn beim Eintritt in die Männergesellschaft unterstützen und ihn so ins öffentliche Leben einführen. Mit etwa acht Jahren werden die Jungen aus ihren Geburtsfamilien herausgeholt und leben von da an im Schlafsaal des Männerhauses; im Alter von etwa vierzehn Jahren erfolgt die Initiation auf die nächsthöhere Stufe, und nach der Geburt des ersten Kindes ziehen sie in den Haushalt ihrer Ehefrau, wo sie eine ausgesprochen untergeordnete Stellung einnehmen: Von einem Ehemann wird größte Unterwürfigkeit gegenüber den Eltern seiner Frau erwartet (verbunden mit allen möglichen ritualisierten Gesten der Ehrerbietung und des Meidens), während seine Frau und er die gemeinsamen Kinder großziehen. Gleichzeitig steigen beide in den kollektiven Organisationen der Dorfmitte nach und nach auf, und zwar immer entsprechend dem Stadium, das sie in ihrem eigenen Wohngemeinschaftszyklus erreicht haben (zu den Altersrängen gehören »Vater eines Kindes«, »Vater vieler Kinder« usw.). Bei den Mädchen gibt es eine parallele Struktur: Auch sie werden von »Ersatzeltern« in diverse Altersränge eingeführt; allerdings entfernt man sie nicht annähernd so radikal aus ihren Geburtsfamilien wie die Jungen, sie werden nicht in der Dorfmitte untergebracht, und obwohl sie an der Seite ihrer Ehemänner in ihren eigenen Großfamilien durchaus dominante Positionen einnehmen können, spielen sie im politischen Leben des Dorfplatzes nie eine beherrschende Rolle.

Inwiefern sind diese gemeinschaftlichen Institutionen nun aus Beziehungen konstruiert, die innerhalb der Wohngemeinschaft existieren? Turner teilt die innerfamiliären Beziehungen in zwei große Gruppen auf. Die erste und wichtigste beinhaltet insbesondere die streng hierarchischen Beziehungen zwischen Eltern und Kindern bzw. zwischen eingeheirateten Ehemännern und den Eltern ihrer Ehefrauen. Alle diese Beziehungen sind durch ähnliche Formen der Ehrbezeugung gekennzeichnet: Die untergeordnete Partei »schämt« sich in Anwesenheit der übergeordneten, darf in keiner Weise ein Verlangen nach Nahrung oder Sexualität äußern oder auch nur darauf anspielen, während die übergeordnete Partei ein solches Verlangen offen aussprechen sowie der anderen generell sagen darf, was sie tun soll. Die zweite Gruppe besteht aus den mehr solidarisch geprägten, ungezwungen Verwandtschaftsbeziehungen zwischen beispielsweise Großeltern und Enkeln, Jungen und den Mutterbrüdern oder Mädchen und den Vaterschwestern.

Jede dieser »Komplementärachsen der Familienstruktur« ist Nachschubbasis für eine der beiden Gemeinschaftsorganisationen, die das Dorfzentrum dominieren. Die erste Organisation wird von den bereits teilweise beschriebenen Männer- und Frauengesellschaften gebildet, von Gesellschaften also, die selbst extrem hierarchisch strukturiert und im Prinzip in zwei Moietys von unterschiedlicher Wertigkeit aufgeteilt sind. Man kann diese Organisation als das politische System bezeichnen. Die zweite besteht aus dem Gefüge der Kayapó-Zeremonien,[47] das alle diese Trennungen in kollektiven Tänzen und Initiationen zeitweise aufhebt, die darin gipfeln, dass man besonders privilegierten Kindern »schöne Namen« und meist auch bestimmte Erbschmuckstücke gibt, die *nekretch* heißen und die einzigen physischen Zeichen für Wohlstand sind, die die traditionelle Kayapó-Gesellschaft kennt. Die beiden »Komplementärachsen der Familienstruktur« werden somit auch zu »Komplementärachsen der Sozialstruktur«. Am wichtigsten aber ist, dass die kleinsten Einheiten durch diese größeren, umfassenderen Institutionen reproduziert werden, indem diese die Verteilung der Kinder alter Familien und das Entstehen neuer Familien durch Heirat regulieren. In Turners Worten »verkörpern« die Gemeinschaftsinstitutionen bestimmte Aspekte der kleinsten Einheiten und sind gleichzeitig die notwendigen Mittel zur kontinuierlichen Reproduktion dieser Einheiten.

Entscheidend ist hier, dass diese beiden »Achsen« zusätzlich mit den zwei wichtigsten Werten der Kayapó-Gesellschaft korrespondieren. Turner nennt sie »Dominanz« und »Schönheit«. Für den ersten Wert haben die Kayapó zwar keine Bezeichnung, er wird aber zum einen in der Autorität veranschaulicht, die der Schwiegervater über seine ehrerbietigen Schwiegersöhne ausübt, zum anderen in der Autorität, die innerhalb der nach Altersrängen gestaffelten Institutionen in der Dorfmitte zum Ausdruck kommt. Die Vorstellung von »Schönheit« beinhaltet bei den Kayapó dagegen »Perfektion, Vollständigkeit und Geschicklichkeit«[48] und zeigt sich vor allem in der Harmonie des großen Zeremoniells, das die ganze Kayapó-Gemeinschaft vereint und seine exemplarische Form wohl im Verleihen von »schönen Namen« findet. In der Sphäre der Gemeinschaft wird beides in bestimmten Formen der öffentlichen Vorführung vereint. Sie bestehen, in aufsteigendem Prestige, aus einer Art Trauerklage, die bei öffentlichen Anlässen von älteren Frauen vorgetragen wird, aus der formellen Rede, mit der ranghohe Männer die Gemeinschaft über Angelegenheiten von kollektiver Bedeutung informieren, vor allem aber aus einer Art Singsang, *ben* genannt, der den Häuptlingen[49] vorbehalten ist. Dies sind die wichtigsten sozialen Werte innerhalb der Kayapó-Gesellschaft, weil sie in den Augen der Kayapó völlig ungehemmte Selbstdarstellung (d. h. das völlige Fehlen von Ehrerbietung und demnach unbeschränkte Dominanz) mit der Meisterschaft und Fülle des Ausdrucks verbinden, die der Inbegriff von »Schönheit« sind.

Das alles ist scheinbar weit entfernt von der Analyse der Fabrikproduktion in Marx' *Kapital*. Doch folgt man Turner,[50] so lässt sich hier sehr wohl eine ähnliche Wertanalyse durchführen, weil es ein kulturelles System gibt, durch das produktive Arbeit gemäß standardisierten Zeiteinheiten eingeteilt wird. Das ist der Zyklus innerhalb der Wohngemeinschaft. Ein solcher Zyklus genügt, um aus Kindern heiratsfähige Erwachsene zu machen (d. h. um Arbeitskraft zu reproduzieren, die Fähigkeit zur Familienreproduktion), ein zweiter, um das zuvor untergeordnete Paar in die dominanten Oberhäupter seiner eigenen Großfamilie zu verwandeln. Wichtig aber ist, dass im zweiten Zyklus die tatsächliche Sozialisationsarbeit nicht mehr vom Paar selbst geleistet wird, sondern die Töchter des Paars und deren Ehemänner es durch ihre Arbeit in den neuen Status befördern.[51] Deren Arbeit produziert also einen Mehrwert. Dieser wird aber nicht – besser: nicht vorwiegend – auf der Ebene der Wohngemeinschaft angeeignet, sondern auf der gesamtgesellschaftlichen. So kann sich beispielsweise ein älterer Mann in seinem Haushalt dominant verhalten; doch selbst wenn er keine eigenen Töchter hat und deshalb nie Oberhaupt eines Großfamilien-Haushalts werden kann, befördert ihn die kollektive Arbeit der jüngeren Generation dennoch durch die Altersränge bis zu dem Punkt, an dem er die Rolle eines Ältesten im öffentlichen Leben übernehmen darf und Zugang zu den ehrwürdigsten Wertzeichen in der Kayapó-Gesellschaft erhält.

Wert wird also hauptsächlich in der öffentlichen, gemeinschaftlichen Sphäre, in Gestalt konkreter, zirkulierender Wertmedien realisiert. Das sind einerseits die obengenannten zeremoniellen Wertgegenstände und Rollen, insbesondere jedoch der Zugang zu den angesehensten Formen der verbalen Darbietung im öffentlichen (rituellen und vor allem politischen) Leben: Trauerklage, formelle Rede, Häuptlingsgesang. Letztere sind Abwandlungen der elementarsten in der Sphäre der Wohngemeinschaft geschaffenen Wertformen, werden aber gleichzeitig zum größten Teil innerhalb von Institutionen realisiert, die nach dem Modell der wichtigsten Beziehungen gebildet sind, durch welche diese Wertformen geschaffen werden. Außerdem werden sie auf deutlich ungleiche Art und Weise realisiert, und diese Ungleichheit ist direktes Resultat der Aneignung der Arbeitsprodukte anderer.

Das Gesamtbild unterscheidet sich nicht wesentlich von den Darlegungen Dumonts und seiner Schüler. Wir haben dieselbe Hierarchie der Sphären, dieselbe paarweise Anordnung der wichtigsten Werte, wobei die einen vorwiegend für die Selbstbehauptung zuständig, die anderen in umfassenderem Sinn sozial sind (wie Macht und Reinheit in Dumonts Hinduismus, Ehre und *baraka* bei Jamous' Berbern usw.). Dasselbe gilt für Fred Myers' Analyse der Werte »Verbundenheit« und »Abgrenzung« bei den Pintupi,[52] die hauptsächlich von Turner beeinflusst ist, aber auch auf bestimmte Themen Dumonts zurückgreift. Die deutlichsten

Unterschiede zwischen Turner und Dumont sind jedoch Turners wesentlich komplexerer Theorieapparat sowie die Tatsache, dass er eher der Marx'schen als der Durkheim'schen Tradition folgt und Entfremdung und Hierarchie nicht für natürliche und unvermeidliche Aspekte des menschlichen Lebens hält.

Wertzeichen

Auf den ersten Blick scheint die Interpretation eines bestimmten Häuptlingsgesangs als »Wertmedium« ein maßloses Überstrapazieren der Analogie zu Marx zu sein. Was hat eine Form öffentlicher Darbietung schon mit einer Dollarnote gemein? Betrachtet man die Sache jedoch eingehender, findet man eine ganze Reihe von Gemeinsamkeiten, wie die folgende Liste mit wichtigen Eigenschaften zeigt, die, in Turners Begrifflichkeit, von allen solchen »konkreten Zirkulationsmedien« geteilt werden:

1. Alle sind *Wertmaße*, weil sie einen Kontrast zwischen höheren und niedrigeren Graden von Dominanz, Schönheit, Ehre, Prestige oder welcher bewerteten Eigenschaft auch immer kennzeichnen. Diese Bemessung kann jede der drei folgenden Formen annehmen:

a) Präsenz/Absenz. Selbst wenn man es mit einzigartigen, inkommensurablen Werten zu tun hat, existiert die Differenz zwischen dem Umstand, dass man sie hat (bzw. mit ihnen identifiziert wird) oder eben nicht. Die »schönen Namen« der Kayapó und die damit verbundenen Insignien beispielsweise unterstehen keiner Rangordnung – jeder einzelne Name ist nur ein Wert für sich –, aber jede Namensgebungszeremonie dreht sich um die Unterscheidung zwischen »denen mit Reichtum«, also die Namen innehaben, und »denen mit nichts«, die sie eben nicht haben – selbst wenn alle anderen sozialen Unterschiede praktisch aufgelöst sind.[53]

b) Rangordnung, wie etwa in Gregorys Hierarchie der Arten von Gaben. Auch die Formen der Darbietung bei den Kayapó unterliegen einer Rangordnung: Die Ansprachen der Männer gelten normalerweise mehr als die Trauerklage der Frauen, während der Häuptlingsgesang über beiden steht.

c) Proportionalität – z. B. beim Geld.

Mit jeder dieser drei Formen wird letztlich die Bedeutsamkeit der kreativen Energie gemessen (im Fall der Kayapó insbesondere die auf die Schaffung vollständig sozialisierter Menschen verwendete), die erforderlich ist, um die kreative Energie selbst zu produzieren.

2. Sie sind *Wertmedien*, weil es sich bei ihnen um konkrete, materielle Mittel handelt, durch die dieser Wert realisiert wird. Anders gesagt: Wertzeichen dürfen sich nicht darauf beschränken, den Vergleich zwischen Wertstufen zu ermöglichen, sondern es muss auch materielle Objekte oder materielle Darbietungen geben, die diese Werte entweder so erzeugen, dass sie – zumindest potentiell – für ein größeres Publikum wahrnehmbar werden (da dieses Publikum für den Akteur mehr oder weniger »die Gesellschaft« ist) oder sich in Gegenstände übersetzen lassen, die diese Werte darstellen.

3. Alle diese Wertzeichen werden fast zwangsläufig als *Selbstzweck* betrachtet. Die Menschen sehen in diesen materiellen Zeichen meist nicht »Werkzeuge«, mit denen Wert gemessen oder vermittelt werden kann, sondern Verkörperungen von Wert an sich und sogar, in klassisch fetischistischer Manier, den Ursprung ebendieser Werte.[54]

Der letztgenannte Punkt ist wichtig, weil er aufzeigt, wie sich Sozialstruktur und individuelles Begehren in Einklang bringen lassen – genau das also, was eine Werttheorie leisten sollte.

Fraglos befürworten die meisten Kayapó (so wie die Mehrheit der Menschen) das Fortbestehen ihrer Gesellschaft und gleichen mit dieser Ansicht der Mehrzahl der anderen Menschen. Doch außer bei großen Katastrophen denken die Wenigsten über den Fortbestand der eigenen Gesellschaft nach. Die Reproduktion von Gesellschaft wird normalerweise nicht als Selbstzweck betrachtet.[55] Vielmehr erstreben die meisten Menschen gesellschaftliche Werte in mehr oder weniger konkreter Form. So arbeitet sich ein Kayapó in eine gesellschaftlich bedeutende Position in den zentralen Gemeinschaftsinstitutionen vor (und sei es nur, um eine Position zu erreichen, in der er sich frei ausdrücken kann und nicht in ständiger Beschränkung und Beschämung leben muss), hofft, eine wichtige Rolle in einem wahrhaft schönen kollektiven Ritual zu spielen, der Tochter seines Bruders einen »schönen Namen« geben zu können, ein Mensch zu werden, auf den die anderen hören, weil er für sie die Stimme moralischer Autorität verkörpert, und sicherzustellen, dass die eigenen Kinder das eines Tages ebenfalls können. Man ist versucht zu sagen, dass »Gesellschaft« als Nebeneffekt dieses Strebens nach Wert geschaffen wird. Aber auch das wäre nicht ganz zutreffend, weil dadurch etwas – die Gesellschaft – vergegenständlicht würde, was kein Gegenstand ist, sondern der Gesamtprozess, in dem alle diese Handlungen koordiniert werden,[56] während der Wert die Art und Weise ist, in der die Akteure ihr eigenes Handeln als einen bedeutsamen Teil davon sehen – was zwangsläufig eine wie auch immer geartete öffentliche Anerkennung und einen öffentlichen Vergleich erforderlich macht. Deshalb greifen ökonomische Modelle, in denen solche Handlungen vor allem auf die individuelle Befriedigung zielen, schlicht zu kurz: Sie verkennen, dass es in jeder Gesellschaft – auch innerhalb einer Marktwirtschaft – nur relativ wenige einsame Vergnügen gibt. Die wichtigsten Zwecke sind die, welche sich nur unter den Blicken eines kollektiven Publikums erreichen lassen. Man könnte sogar noch weiter gehen und sagen, dass »Gesellschaft« analytisch betrachtet zwar aus fließenden, offenen Prozessen besteht, sich von den Akteuren her gesehen jedoch sehr viel einfacher definieren lässt: »Gesellschaft« besteht dann schlicht aus diesem potentiellen Publikum, aus jedem, dessen Ansicht über einen selbst irgendeinen Belang hat – im Gegensatz zu denen, an deren Meinung über einen selbst man keinen einzigen Gedanken verschwendet (einen chinesischen Händler interessierte nicht, was ein deutscher Kleinbauer des neunzehnten Jahrhunderts über ihn dachte und umgekehrt, und den meisten Ethnologen ist es egal, was die Hausmeister, die ihr Institutsgebäude warten, von ihnen halten). Allerdings wird Wert durch diese öffentliche Beachtung nicht *erzeugt* (was beispielsweise Strathern meiner Ansicht nach nicht ausreichend berücksichtigt), sondern das, was da beachtet wird, war in gewisser Hinsicht bereits da.

All dies ist meines Erachtens von entscheidender Bedeutung für die Frage der Ausbeutung. Kehren wir kurz nach Mount Hagen und zum Streit über den Schweinetausch der Melpa zurück. Wie erinnerlich, behauptete Josephides, hinter den theatralischen öffentlichen Gesten des Schenkens zwischen Männern verberge sich eine ganze Historie weniger theatralischer, mit viel Wiederholung verbundener, größtenteils von Frauen erledigter alltäglicher Verrichtungen bei der Schweineaufzucht. Die Moka-Zeremonien erweckten den Anschein, der Wert der Schweine entstehe durch den Tausch, wodurch der wahre Ursprung des Werts – die Frauenarbeit – verhüllt werde. Stratherns Einwand lautet, diese Auffassung setze eine bestimmte Einstellung zum Eigentum sowie die Ansicht voraus, man erhalte durch produktives Arbeiten gewisse Rechte am produzierten Objekt – eine Einstellung bzw. Ansicht, die die Menschen von Mount Hagen schlicht nicht hätten. Deshalb komme es ihnen auch nie in den Sinn, dass sie ausgebeutet würden. Doch wenn Melpa-Frauen ihre Schweine füttern, ist das mehr als Tiermast. Es ist sogar mehr als die von Strathern postulierte Reproduktion der Beziehung zu ihren Ehemännern. Sie tragen damit nämlich auch zur Reproduktion einer bestimmten Gesellschaftsordnung bei, die beispielsweise auf dem Unterschied zwischen dem Bereich der Wohngemeinschaft beruht, in der Schweine gezüchtet, und dem öffentlichen, in der sie getauscht werden. Zur Reproduktion einer Gesellschaftsordnung, die Definitionen dafür mit sich bringt, was ein Mann ist, was eine Frau ist, was eine Familie ist, was männliches Prestige ist und warum eine Gabe in Form eines Schweins das wirkungsvollste Mittel zur Erzeugung eines solchen Prestiges darstellt. Diese Gesellschaftsordnung ist kein abstraktes Kategorienwerk, das vor dem Handeln existiert, sondern sie *ist* vor allem Handeln, besteht vorwiegend aus Handlungen, ist ein Prozess ständigen Erschaffens. So gesehen werden nicht nur die Schweine, sondern auch die öffentliche männliche Sphäre zu einem großen Teil durch die Arbeit der Frauen erzeugt, obwohl die Frauen weitgehend von ihr ausgeschlossen sind.[57]

Aus diesem Blickwinkel lässt sich tatsächlich von Ausbeutung sprechen. Strathern weist z. B. auf Folgendes hin: Wenn man behauptet, die Melpa-Frauen würden ausgebeutet, weil die Männer die Verfügungsgewalt über die Schweine haben, die unter Mitarbeit der Frauen aufgezogen wurden, müsste man konstatieren, dass auch die Männer ausgebeutet werden, weil die Frauen die Verfügungsgewalt über das Getreide haben, das unter Mitarbeit der Männer erzeugt wurde. Diese Logik ist unausweichlich, wenn man von Wert nur im Zusammenhang mit bestimmten Objekten und bestimmten Transaktionen spricht und sich der Vorstellung jeglicher Art von größerem sozialem Ganzen verweigert, in dem die Produktion sowohl von Schweinen als auch von Getreide ihren Wert in der Beziehung zwischen dem einen und dem anderen erhält. Nun gibt es gute Gründe dafür, weshalb Strathern den Begriff »Gesellschaft« vermeidet. Erstens möchte sie wie die meisten zeitgenössischen Theoretiker betonen, wie sehr das, was wir »Gesellschaften« zu nennen pflegen, eben nicht begrenzte Ganzheiten, sondern offene Netzwerke sind. Zweitens ist die Vorstellung von Gesellschaft den Melpa selbst fremd. Doch gerade durch die Vermeidung des Begriffs »Gesellschaft« beraubt sie die Menschen von Mount Hagen paradoxerweise fast jeder sozialen Kreativität. Ein konstruktivistischer Ansatz, wie ich ihn zu entwickeln versucht habe, könnte vielleicht ein paar von diesen Zwickmühlen auflösen. Ein solcher Ansatz geht davon aus, dass es eben doch ein wie auch immer geartetes Ganzes geben muss,[58] das aber zwangsläufig wandelbar, provisorisch ist, weil es sich stets in einem Prozess des Erzeugtwerdens durch Akteure befindet, die bestimmte Wertformen erstreben – und sei es nur, weil diese Wertformen ausschließlich auf einer größeren Bühne realisiert werden können. Wenn »die Gesellschaft« für den Handelnden schlicht das Publikum ist, das er zu beeindrucken hofft, dann besteht sie für den analytischen Beobachter aus all den Handlungen, die es dem Akteur ermöglichen, diesen Eindruck zu machen, und die somit letztlich den auf diese Weise realisierten Wert erzeugen.

Wert und Werte, Fetischismus

An dieser Stelle können wir zur Frage Wert versus Werte zurückkehren, also zur Frage ökonomische Preismechanismen versus »Auffassungen des Erwünschten«, wie sie von Kluckhohn beschrieben wurden: Ehre, Reinheit, Schönheit und Ähnliches. Ich erwähnte bereits, dass die Letztgenannten Bedeutsamkeit entweder in marktlosen Gesellschaften (z. B. bei den Kayapó) oder wie bei uns in Kontexten erhalten, die relativ isoliert vom Markt sind (z.B. Kirche, Wohnung, Museum). Turner zufolge[59] handelt es sich in beiden Fällen um eine Abwandlung ein und derselben Sache; um die Unterschiede verstehen zu können, muss man zunächst untersuchen, wodurch sie abgewandelt werden. Man muss also herausfinden, mit welchen Medien der soziale Wert realisiert wird. Am wichtigsten ist die Frage, bis zu welchem Grad Wert gewissermaßen »gespeichert« werden kann. In diesem Zusammenhang stellt Geld ein logisches Extrem dar, weil es ein haltbares, physisches Objekt ist, das gelagert, bewegt, in Reserve gehalten und von einem Kontext in einen anderen überführt werden kann.[60] Das andere Extrem sind Darbietungen wie der Häuptlingsgesang, das ehrerbietige Verhalten Untergeordneter usw. Eine Darbietung kann natürlich nicht gelagert und später »konsumiert« werden. Deshalb gibt es hier, wie Turner sagt, keine Unterscheidung zwischen den Sphären der Zirkulation und der Realisation. Beides muss gleichzeitig geschehen.

An diesem Punkt ist es hilfreich, zu Marx zurückzugehen, von dem diese Begriffe stammen. In einem kapitalistischen System wird das typische Produkt in einer Fabrik hergestellt und wandert vom Groß- zum Einzelhändler, bis es schließlich von einem Verbraucher gekauft, nach Hause gebracht und dort konsumiert wird. In Marx'scher Begrifflichkeit durchläuft es zuerst die Produktionssphäre, dann die Zirkulationssphäre und schließlich die Realisationssphäre – die letztgenannte, indem es dem Konsumenten Freude bereitet, irgendeinen Zweck erfüllt oder das Prestige des Verbrauchers bzw. der Verbraucherin erhöht. In einer Gesellschaft wie der der Kayapó decken sich dagegen Zirkulations- und Realisationssphäre. Gesellschaftlicher Wert mag vorwiegend in der Sphäre der Wohngemeinschaft produziert werden, realisiert wird er jedoch dadurch, dass er in persönlichen Identitäten in der öffentlichen, gemeinschaftlichen, allen zugänglichen Sphäre aufgeht.

Nun schrieb Marx vorwiegend über politische Ökonomie und beschäftigte sich nicht allzu sehr mit dem Geschehen in der Sphäre des Hauswesens. Ich denke aber, dass man seine Ideen nur ein wenig zu erweitern und das Thema der sozialen Produktion (der Produktion von Menschen und von sozialen Beziehungen jenseits

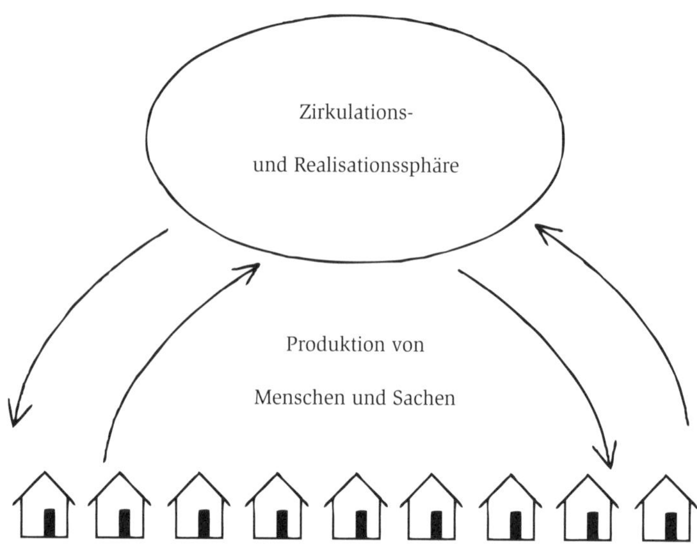

des Arbeitsplatzes) miteinzubeziehen braucht, um zu dem im nebenstehenden Schema Dargestellten zu kommen.

In einem kapitalistischen System gibt es also zwei Gruppen von kleinsten Einheiten – Fabriken (oder, realistischer gesagt, Arbeitsplätze) und Haushalte –, wobei der Markt die Beziehungen zwischen beiden vermittelt.[61] Die eine Gruppe beschäftigt sich vorrangig mit der Erzeugung von Waren, die andere mit der Erzeugung (der Pflege und Ernährung, Sozialisation, persönlichen Entwicklung usw.) von Menschen. Keine der beiden Gruppen könnte ohne die andere existieren. Aber der Markt, der sie miteinander verbindet, agiert auch als eine gewaltige Kraft der sozialen Amnesie: Die Anonymität der ökonomischen Transaktionen sorgt dafür, dass in Bezug auf spezifische Produkte jede Sphäre für die andere praktisch unsichtbar bleibt. Das Ergebnis ist ein doppelter Fetischisierungsprozess. Aus der Warte derjenigen, die ihren Geschäften in der Sphäre des Hauswesens nachgehen und dabei Waren verwenden, ist die Geschichte der Produktion dieser Waren so gut wie unsichtbar. Deshalb nehmen Gegenstände – so Marx' berühmte Feststellung – scheinbar subjektive Eigenschaf-

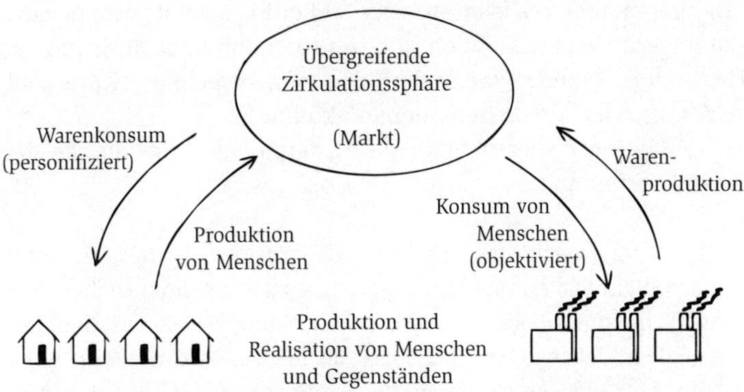

ten an. Zum Teil vielleicht auch deshalb, weil sie dort auch zur Formung von Menschen verwendet werden. Wie Marx-Kritiker oft hervorheben, kennzeichnen die meisten Waren am Ende unterschiedliche Identitätsarten – die letzte soziale »Realisierung« ihres Werts gemäß dem oben Erläuterten.

Man kann das Ganze auch schlicht als Teil des Gesamtprozesses der »sozialen Produktion« betrachten: Es werden Menschen in ihren Fähigkeiten geformt, aber auch, eher öffentlich, in Bezug auf ihre Identität, also daraufhin, als welche Art von Mensch sie gelten. Ich möchte allerdings hinzufügen, dass sich das Ganze aus der Perspektive des Arbeitsplatzes umgekehrt verhält. Dort wird die kreative Energie unsichtbar, die in die Produktion von Arbeitskraft einging (also in die realen Menschen, die in der Lage sind, das zu tun, was der Chef von ihnen verlangt). Und deshalb nehmen dort nicht die Gegenstände menschliche Eigenschaften an, sondern die realen Menschen nehmen Eigenschaften von Gegenständen an. Hier haben wir die »Verdinglichung«, von der Gregory spricht, nämlich Menschen oder menschliche Fähigkeiten, reduziert zu Waren, die man verkaufen und kaufen und somit zur Herstellung neuer Waren verwenden kann.

In einer traditionellen Gesellschaft existiert natürlich nur eine Gruppe kleinster Einheiten, weil sich die Produktion sowohl von Menschen als auch von Gegenständen auf den Haushalt konzentriert. Trotzdem gibt es selbst in einem extrem einfachen Fall wie den Bainingern immer noch eine größere Sphäre, in der Werte zirkulieren und realisiert werden. Allerdings lässt sich bei den Bainingern, wahrscheinlich aufgrund der minimal ausgeprägten Hierarchie, kaum etwas finden, das man berechtigterweise Fetischismus oder Ausbeutung nennen könnte.

Die Baininger aber stellen eine Ausnahme dar. Für die meisten Gesellschaften gilt:

> Die Werte, welche die Mitglieder der Gesellschaft mit aller Kraft aufrechtzuerhalten und im Alltagsleben zu vermehren suchen, sind letztlich ein symbolischer Ausdruck der konkreten Realisation ihrer Fähigkeit, das materiell und sozial für ihr Leben Notwendige innerhalb ihres eigenen Gesellschaftssystems zu produzieren und diese produktiven Handlungen so zu koordinieren, dass sie unabhängige Systeme bilden und dadurch festgelegte Werte und Bedeutungen erlangen, und die Formen dieser Koordination schließlich zu reproduzieren. Zwar schufen die Menschen Werte und Bedeutungen durch die Formen organisierter gegenseitiger Abhängigkeit, mittels derer sie ihr produktives Handeln zu erleichtern suchen, aber dass sie das tun, wird ihnen nicht bewusst.[62]

So wie übergeordnete Prozesse, die auf dieser »proximalen«, sich dem individuellen Bewusstsein meist entziehenden Stufe stattfinden, oft als außerhalb der menschlichen Kreativität existierend, als etwas Transzendentes, Unveränderliches betrachtet werden, so erfahren solche Wertzeichen häufig eine Fetischisierung. Die Menschen sehen sie als den Ursprung der Werte an, die diese Zeichen verkörpern und vermitteln. So wie der Wert aus dem Geld zu kommen scheint, so scheinen Ruhm und Herrlichkeit aus den zwischen den Kula-Partnern getauschten Armreifen und Halsketten aus Muscheln zu kommen, Ehre und Adel aus dem Besitz von Wappen und Familienerbstücken, die Königswürde aus dem Besitz eines Hockers, die Weisheit der Ahnen aus den Formen ihrer Rhetorik, die Macht des Häuptlings aus seiner gebieterischen Rede.

Oder eben »ein Name« aus einem Melpa-Schwein, genauer gesagt, aus einer Handlung, die darin besteht, ein Schwein zu verschenken. Denn auch Handlungen können fetischisiert werden. In ihrem Aufsatz »Exchanging Products, Producing Exchange«

[Produkte tauschen, Tausch produzieren](1993) behauptet Jane Fajans, dass genau das bei theatralischen Tauschakten, etwa beim Moka, passiert. Wie Bloch und Josephides weist auch sie darauf hin, dass die Ethnologen vor allem der Mauss'schen Tradition oft in dieselbe Falle tappen, und schlägt als Ausweg eine konsequente Unterscheidung zwischen Tausch und Zirkulation vor. Tausch findet statt, wenn irgendein Besitzgegenstand von einer Person zur anderen wechselt; Zirkulation ist dagegen die Übertragung von Werten oder wertbesetzten Eigenschaften. Innerhalb eines Markts läuft beides natürlich mehr oder weniger auf dasselbe hinaus, in anderen Kontexten aber nicht. In manchen Kontexten zirkulieren Werte, wie wir gesehen haben, innerhalb von Darbietungsformen. Auch Wissen, Gerüchte und Reputationen zirkulieren. Deshalb lässt sich, wie Fajans schreibt, der Wert einer ererbten Muschel manchmal nur realisieren, indem man sie verschenkt; in anderen Fällen, indem man sie im Rahmen eines öffentlichen Rituals zeigt, in wieder anderen, indem man sie irgendwo versteckt (aber dafür sorgt, dass andere davon wissen). In allen diesen Fällen zirkulieren Werte. Der Tausch ist also nur eine von vielen möglichen Formen, die die Zirkulation annehmen kann.

Dass solche Handlungen oder Objekte so oft fetischisiert und als Quelle von Wert statt als bloße Medien behandelt werden, durch die der Wert zirkuliert, hat viele Gründe. Einer davon findet sich in der Tatsache, dass es in vielen Fällen nicht ganz unwahr ist. Tausch oder eine Häuptlingsdarbietung *sind* eine Form von kreativem Handeln und spielen ja wirklich eine bestimmte Rolle bei der Produktion dieser Werte – die nur nicht annähernd so groß ist, wie man sie ihnen meist zuschreibt.[63] Ein weiterer, wichtigerer Grund ist Fajans zufolge der, dass beide (Handlungen und Objekte) häufig zu Modellen, zu Repräsentationen en miniature der umfassenderen Formen kreativen Handelns werden, deren Wert sie letztlich repräsentieren. Untersucht man die symbolische Organisation einer Moka-Zeremonie oder auch die von königlichen Insignien oder Kula-Wertgegenständen oder Hindu-Tempeln, stellt man häufig fest, dass sie auf ihre Art Mikrokosmen des gesamten Produktionssystems darstellen, zu dem sie gehören, und eine Kreativitätstheorie verschlüsseln, die auch auf der Alltagsstufe impliziert ist, aber eben nur selten ganz ans Licht tritt.[64]

Warum das so ist, lässt sich unschwer erkennen. Die ethnologische Arbeit besteht zum Großteil darin, genau solche Verbindungen zutage zu fördern, dieselben symbolischen Muster etwa in den Alltagsgewohnheiten des häuslichen Lebens und in der Bauweise gotischer Kathedralen zu finden.[65] Das ist nur eine neue Darstellungsweise derselben Beobachtung, wobei hier aber die Bedeutsamkeit der Kreativität hervorgehoben wird. Ich habe bereits darauf hingewiesen, dass selbst die alltäglichsten, am wenigsten theatralischen Formen des sozialen Handelns (Schweinehüten und Ähnliches) Formen symbolischer Produktion sind; sie spielen die Hauptrolle bei der Reproduktion der grundlegendsten menschlichen Definitionen dessen, was Menschen sind, der Differenz zwischen Männern und Frauen usw. Ebenfalls betont habe ich, dass dieser Gesamtprozess den Akteuren immer irgendwie entgeht. Insofern diese fetischisierten Objekte tatsächlich Bedeutungssysteme insgesamt verkörpern, repräsentieren sie solche, die größtenteils hinter den Kulissen produziert werden.

An dieser Stelle kehren wir sinnvollerweise zu Nancy Munns Begriff der Wertschablone zurück. In Gawa werden die elementarsten kulturellen Definitionen von Wert jedes Mal reproduziert, wenn man einem Gast oder einem Kind Essen gibt. Selbst in einer so einfachen Geste verbirgt sich eine ganze Kosmologie, eine ganze Gruppe von Unterscheidungen zwischen der Mühe der Feldarbeit und der Massigkeit der (im Besitz der Frauen befindlichen) Feldfrüchte sowie der Leichtigkeit und Schönheit der Muscheln und anderer zirkulierender Wertgegenstände (die den Ruhm von Männern reproduzieren) – Unterscheidungen, die konkret genau durch solche Gesten reproduziert werden, die das grundlegendste Mittel darstellen, mit denen das eine in das andere transformiert wird. Dieselbe Bedeutungsstruktur wird auf immer höheren Stufen dessen reproduziert, was Munn »intersubjektive Raum-Zeit« nennt, d. h. auf neuen Stufen, die durch dramatischere und allgemeiner anerkannte Handlungsformen geschaffen werden. Vor allem in den spektakulärsten dieser Formen – in der Herstellung aufwendig verzierter Kanus für Kula-Expeditionen, in der Zurschaustellung berühmter Erbschmuckstücke und auch im Erscheinungsbild der Kanus und Ketten selbst wird den Akteuren in schematischer Form eine Art Modell des Gesamtprozesses vorgeführt.

Dasselbe lässt sich von den Kayapó sagen. Die Werte Dominanz und Schönheit werden in ihrer einfachsten Form durch die unbedeutendsten Einzelheiten des Alltagslebens geschaffen, vor allem in der Familie – etwa in der ehrerbietigen Haltung, die die Kinder ihren Eltern gegenüber einnehmen sollen, oder in der Ungezwungenheit, die sie in der Beziehung zu bestimmten anderen Verwandten an den Tag legen dürfen. Aber auch in deutlich kreativeren Formen: So verwenden die Kayapó-Frauen viel Zeit darauf, die Körper ihrer Kinder und sich gegenseitig zu bemalen. Dabei verschlüsseln sie, wie Turners Aufsatz »The Social Skin« (1980) zu entnehmen ist, immer aufs Neue ein implizites Modell des menschlichen Körpers und der menschlichen Gesellschaft, der Verwandlung von inneren »triebhaften« Kräften in sichtbare soziale Formen. Wie bei den Bewohnern von Gawa kann man schon das als eine Art Theorie der sozialen Kreativität bezeichnen, allerdings nur, wenn man berücksichtigt, dass eine solche »Theorie« sich unmöglich von der Praxis trennen lässt. Wir haben es hier nicht mit vorgegebenen Kodes oder Prinzipien zu tun, von denen die Menschen glauben, ihnen entsprechen zu müssen, sondern mit einem Merkmal der Handlungsstruktur selbst. Auch von den Kayapó werden diese elementaren Schemata natürlich auf den umfassenderen Stufen des sozialen Handelns endlos reproduziert (in der Politik der Männerhäuser, in den rituellen Clownerien bei den Namensgebungszeremonien, in der Struktur der Kayapó-Mythen usw.); überhaupt erst aus diesem Grund erscheint das Weitergeben des Erbschmucks im Rahmen der »schönen Namen« so bedeutsam oder der Häuptlingsgesang so kraftvoll und ausdrucksstark.

Ich habe bereits darauf hingewiesen, dass eine materialistische Analyse nicht von Determiniertheit ausgehen, sondern auf dem selbstauferlegten Gebot beruhen sollte, niemals zu vergessen, dass menschliches Handeln oder auch nur Denken ausschließlich mittels eines materiellen Mediums stattfinden kann und daher unverständlich bleibt, solange man dessen Eigenschaften nicht berücksichtigt. Deshalb legt Turner in seiner Analyse so viel Wert auf die materiellen Zirkulationsmedien. Diese Medien haben Eigenschaften an und für sich. Trotz aller (oft berechtigten) Kritik an Jack Goodys Dichotomien zwischen Oralität und Literalität liegt es beispielsweise auf der Hand, dass Schreibtechniken Möglichkeiten eröffnen, die es in der gesprochenen Sprache nicht gibt (und umgekehrt). Wenn die Vergangenheit wachgehalten wird, indem man rituelle Dramen aufführt, wird sie nie ganz genauso aussehen wie die, derer man durch, sagen wir, die regelmäßige Instandsetzung alter Gebäude gedenkt – ganz zu schweigen von einer Vergangenheit, die größtenteils durch die Darbietung spiritueller Medien heraufbeschworen wird. Die Sache ist eigentlich ganz einfach und offensichtlich, wird aber von denen, deren Theorie auf einem parmenideischen Kode-Begriff fußt (d. h. von den meisten theoretisch orientierten Ethnologen) leicht vergessen.

Erste Anmerkung: Negativer Wert

Ehe ich über einige politische Implikationen dieser Werttheorie spreche, gestatten Sie mir bitte zwei vermeintliche Exkurse.

Die letzten beiden Kapitel von Nancy Munns Buch *The Fame of Gawa* beinhalten eine detaillierte Analyse dessen, was die Bewohner von Gawa unter »negativem« Wert verstehen, veranschaulicht an der Art, wie alte Männer über die Gefahren sprechen, die ihren Gemeinschaften durch Hexerei drohen. Das, was die Gawaner unter Hexerei verstehen, verhält sich fast wie ein fotografisches Negativ zur Erzeugung von positivem Wert durch den Tausch: Während Nahrung angebaut und dann verschenkt wird, damit Beziehungen entstehen, die es einem irgendwann ermöglichen, den eigenen Ruhm überall zu verbreiten, gelten Hexen als Wesen von unersättlichem Hunger, die allen in ihrer Nähe die Lebenskraft aussaugen, und zwar ganz im Geheimen.

Der Kampf gegen ein so bedrohliches Unheil erfordert die Einigkeit der Gemeinschaft. Bei allen öffentlichen Ereignissen wettern die alten Männer gegen die Hexerei und bieten ihre rhetorischen Fähigkeiten auf, um potentielle Hexen von ihrem üblen Vorhaben abzubringen. Die Gawa-Gesellschaft ist, wie Munn betont, einerseits ausgeprägt egalitär, andererseits aber hochindividualistisch, zwei Prinzipien, die zwangsläufig in Widerspruch zueinander stehen. Schon der Drang nach Ruhm untergräbt ja die Gleichheit. Deshalb wird bei den Gawa ein gemeinschaftlicher Wert hauptsächlich durch die Negation einer Negation hervorgebracht. Von

Neid getriebene Hexen greifen diejenigen an, die sich zu sehr über ihre Gefährten erhoben haben; einerseits repräsentieren sie das egalitäre Ethos der Gemeinschaft, andererseits aber einen absolut egoistischen Individualismus und damit das absolut Böse. Der gemeinschaftliche Wert, von den Gawanern »der Ruhm von Gawa« genannt, wird direkt mit der Fähigkeit der alten Männer verbunden, diesen destruktiven Hyperindividualismus zu unterdrücken und eine Situation zu schaffen, in der jeder die Freiheit besitzt, Tauschbeziehungen einzugehen, sich am Kula zu beteiligen und den eigenen individuellen Namen überall bekannt zu machen.

Turner greift den Gedanken des negativen Werts an keiner Stelle auf, und auch Fajans tut es nicht, was wahrscheinlich mit der Eigenart der Kayapó- bzw. Baininger-Gesellschaft zu tun hat. Der von Munn beschriebene Prozess ist natürlich für viele andere Orte dokumentiert. Maurice Bloch[66] schrieb, dass die wohl häufigste Art der Repräsentation eines gesellschaftlichen Werts im Ritual in der äußerst dramatischen und greifbaren Repräsentation seines Gegenteils besteht – in Darstellungen des moralisch Bösen, des Verlusts oder Verfalls, des Chaos und Aufruhrs usw. Mit der Hexerei wird, zumindest zu den meisten Zeiten und an den meisten Orten, auf andere Art dasselbe getan. Durch die Darstellung größter Immoralität bestätigt sie bestimmte moralische Werte. Und wie Monica Wilson[67] und andere Autoren gezeigt haben, variieren diese Darstellungen je nach Gesellschaft sehr stark und unterscheiden sich vor allem entsprechend der jeweiligen gesamtgesellschaftlichen Struktur voneinander.

Der Gesamtprozess, den Munn beschreibt, ähnelt dem, was ich in Madagaskar erlebte.[68] Auch dort wurde Solidarität innerhalb der Gemeinschaft vorwiegend im Kampf gegen die Hexerei wahrnehmbar – gegen eine Hexerei allerdings, die als verkehrte Version eben der egalitären Ideale betrachtet wurde, die das Fundament der Gemeinschaft bildeten. Gut möglich, dass Wert sich da, wo eine ähnliche Kombination von Egalitarismus und Individualismus existiert,[69] immer auch auf diese auffällige Art manifestiert. Dergleichen Fragen verdienen es jedenfalls, in Zukunft eingehend erforscht zu werden.

Zweite Anmerkung: Direkte versus indirekte Aneignung

Der Leser mag sich fragen, ob es überhaupt möglich ist, das alles mit einer eher konventionellen marxistischen Ethnologie in Übereinstimmung zu bringen, also mit dem, was ich als den von der »Produktionsweise« ausgehenden Ansatz beschrieben habe.[70] Es scheint da nicht viel Gemeinsames zu geben. Für den Ansatz auf der Basis der Produktionsweise, wie Althusser ihn entwickelte, dreht sich alles um die Aneignung irgendeines materiellen Mehrwerts. Jede Produktionsweise fußt auf der Beziehung zwischen zwei Klassen, nämlich den Primärproduzenten und denjenigen, die ihren Lebensunterhalt zumindest partiell dadurch bestreiten, dass sie sich einen Teil des Produkts der Primärproduzenten aneignen. Der Unterschied zwischen den Produktionsweisen liegt in der *Art* dieser Aneignung. In ihr begründet sich der Unterschied zwischen der Beziehung von Herrn und Knecht und der von Feudalherrn und Leibeigenem oder auch der von kapitalistischem Arbeitgeber und proletarischem Arbeiter.

Da eine solche Aneignung letztlich immer mittels Gewaltandrohung sichergestellt werden muss, handelt es sich im Wesentlichen um eine Staatstheorie. Deshalb hatten die Ethnologen wie gesagt große Schwierigkeiten, das Modell auf Gesellschaften ohne Staat anzuwenden. Hier könnte Turners Ansatz als die perfekte Ergänzung fungieren. Es ging ihm darum, zu verstehen, wie Ausbeutung in staatslosen Gesellschaften funktioniert; und wie eine Turner'sche Staatstheorie aussähe, ist tatsächlich nicht klar.

Kann man also beides irgendwie miteinander verbinden? Ich denke schon. Immerhin lässt sich kaum leugnen, dass da, wo es einen Staat gibt, meist auch materieller Mehrwert und eine Klasse von Menschen auftauchen, die es irgendwie hinkriegen, sich den Hauptanteil davon unter den Nagel zu reißen, was letztlich unter Androhung von Gewalt bewerkstelligt wird. Man kann demnach von zwei verschiedenen Arten der Aneignung eines Mehrwerts sprechen: entweder direkt, in materieller Form, oder indirekt, in Form von Wert. So gesehen ähneln die Ausbeutungsformen innerhalb von Gesellschaften wie der der Kayapó, die um die Verwandtschaft herum organisiert sind, den kapitalistischen weit mehr als den direkten, greifbaren, unmittelbaren, für präkapitalistische

Staaten typischen Ausbeutungsformen, die etwa darin bestehen, Kettensklaven auf die Felder zu jagen, Lehnszins einzutreiben oder in der Erntezeit die Büttel auszusenden, um dem Bauern die Hälfte des Weizens wegzunehmen.

Das wiederum hat Auswirkungen auf jede Ideologietheorie. In diesem Kapitel wurde der Gedanke der unvollständigen Perspektive betont, der Verwechslung der eigenen Sicht innerhalb einer komplexen sozialen Realität mit der Beschaffenheit der Realität selbst, einer Verwechslung, die typischerweise zu allen möglichen fetischistischen Verzerrungen führt. Die konventionelle marxistische Analyse bevorzugt meist eine wesentlich einfachere Vorstellung von materieller Basis und ideologischem Überbau, wobei der Überbau aus Institutionen wie Kirche und Justiz besteht, die vor allem dazu dienen, die Interessen der herrschenden Klasse zu validieren: Die Priester erklären den Sklaven, warum sie ihr Schicksal erdulden sollen, die Juristen sagen den Bauern, dass ihre Beziehung zum Grundherrn auf dem Gesetz basiert. Das Problem mit solchen Methoden ideologischer Beherrschung ist allerdings, dass sie, wie etwa von James Scott in *Domination and the Arts of Resistance* (1990) ausführlich dokumentiert, meist nicht besonders gut funktionieren. Die Rechtfertigungen werden von den Enteigneten, aber auch von den herrschenden Klassen selbst selten ernst genommen. Solche Regime fußen im Grunde auf Gewalt. Das aber gilt viel weniger für die in staatslosen Gesellschaften existierenden Hierarchieformen,[71] für die in der Sphäre des Hauswesens bestehenden Ungleichheiten in staatlichen Gesellschaften und nicht einmal für den Kapitalismus selbst, der (zumindest wenn er sein Proletariat nicht gänzlich verarmen lässt oder mit härtester Brutalität behandelt), im ideologischen Spiel sehr viel wirkungsvoller agiert als so gut wie jede uns bekannte frühere Ausbeutungsform. Wenn es staatlichen Strukturen gelingt, sich zu legitimieren, geschieht dies meist mithilfe des Appells an die in der Sphäre des Hauswesens existierenden Werte, die natürlich in wesentlich fundamentaleren Formen der Ungleichheit und wesentlich effektiveren Formen der ideologischen Verzerrung wurzeln – am offensichtlichsten im Genderbereich.

Fazit: Tausend Totalitäten

Vielleicht findet der Leser das ganze Gerede von Totalitäten ein bisschen komisch. Das Kapitel begann mit der Befürwortung einer Aufgabe von Ansprüchen auf die absolute oder totale Wahrheit, mit dem Akzeptieren der Tatsache, dass menschliches Wissen immer unvollständig sein wird. Es endet mit der Aussage, dass man sich dem Begriff »Wert« ohne eine Vorstellung von Totalität nicht sinnvoll nähern kann. Die ständige Bezugnahme auf Totalität in Turners Arbeiten ist für den modernen Leser bestimmt verwirrend, widerspricht sie doch dem Großteil der heutigen Theorien, der auf die Dekonstruktion all dessen gerichtet ist, was einem geschlossenen System auch nur ähnelt. Und ich gestehe, dass ich selbst nicht ganz glücklich damit bin. Aber Totalität ist nun einmal ein Aspekt, der den Zugang zu den wichtigsten Fragen hinsichtlich Freiheit, Politik und Bedeutung eröffnet, weshalb ich es für das Beste halte, dieses ziemlich lange und komplizierte Kapitel zu beenden, indem ich noch einmal auf diesen Begriff eingehe.

Zunächst einmal besteht ein Unterschied zwischen den Totalitäten, deren Existenz im empirischen Sinn von den Forschern behauptet wird – z. B. ein Originaltext, eine klar umgrenzte »Gesellschaft«, ein mythologisches »System« –, und den Totalitäten, die in der Vorstellung der Akteure existieren. Für die Sozialwissenschaften steht längst fest, dass es Erstere nicht gibt, zumindest nicht in ursprünglicher Form. Jedes geschlossene System ist ein Konstrukt, ein nicht einmal besonders nützliches Konstrukt, denn so eindeutig ist nichts im wirklichen Leben. Gesellschaftliche Prozesse sind komplex und überschneiden sich auf unendlich vielfältige Weise. Wenn es andererseits etwas gibt, worauf sich so gut wie alle Traditionen der Bedeutungslehre – die dialektische und hermeneutische ebenso wie die strukturalistische – einigen können, dann darauf, dass Bedeutung für den Menschen eine Sache des Vergleichs ist. Einzelne Teile erhalten Bedeutung in der Beziehung zueinander, und dieser Prozess beinhaltet immer die Referenz auf ein wie auch immer geartetes Ganzes – ob es sich nun um Wörter in einer Sprache, Abschnitte in einer Geschichte oder um »Waren und Dienstleistungen« auf dem Markt handelt. Dasselbe gilt für Wert. Die Realisierung von Wert ist zwangsläufig ein Prozess des Vergleichens und impliziert deshalb zwangsläufig ein zumindest imaginiertes Publikum. Für den Akteur ist, wie gesagt, dieses Publikum normalerweise die ganze »Gesellschaft«.

Turners Argumentation läuft aber darauf hinaus, dass eine solche Totalität zwar in der Vorstellung der Akteure vorhanden sein muss, deshalb aber nicht alles, was als Totalität beschrieben werden kann, zwangsläufig auch tatsächlich existiert. Es kann existieren. Oder eben nicht. Das entscheidet sich (genau wie die Frage, auf welcher Stufe die Totalität existiert – auf der einer Gesellschaft, einer Gemeinschaft, eines einzelnen rituellen Vorgangs usw.) durch empirische Beobachtung. Dieser Punkt ist offenbar von Michail Bachtin beeinflusst, der zwischen der idealen Geschlossenheit der »Chronotopoi« – kleiner, in der Vorstellung konstruierter Raum-Zeit-Universen – und einer unendlich komplexen Realität unterschied, in der Bedeutung durch einen unabschließbaren Dialog geschaffen wird.

Das Idealbild einer Gesellschaft von sich selbst stimmt also fast nie damit überein, wie diese Gesellschaft tatsächlich funktioniert. Die oben besprochenen Kayapó-Dörfer sind dafür ein geradezu mustergültiges Beispiel. Turner beschreibt sie als in zwei einander gegenüberliegende Moietys unterteilt, und zwar weil die Kayapó selbst sie immer so beschreiben. In Wirklichkeit besteht seit 1936 kein Kayapó-Dorf mehr aus Moietys. Interne Rivalitäten und Zwistigkeiten führten schon vor langem zu einer Spaltung solcher Dörfer in zwei verschiedene Siedlungen. Turner schreibt das einem Werte-Ungleichgewicht zu: Während Dominanz und Schönheit idealerweise ein komplementäres Ganzes bilden, ist die Dominanz in Wirklichkeit wesentlich mächtiger als die Schönheit. Die Moiety-Struktur soll ja die höchste Synthese dieser beiden Komplementärprinzipien repräsentieren. Zwar gilt die eine Moiety als der anderen »überlegen«, in jeder anderen Hinsicht aber sind sie vollkommen identisch, und als Ausdruck größter Harmonie in einem Kayapó-Dorf gilt die Fähigkeit der Bewohner, bei den »Schöne Namen«-Zeremonien und anderen gemeinschaftlichen, die spezifischen Bindungen der Menschen transzendierenden Ritualen zusammenzuwirken und ein transzendentes Gemeinschaftsgefühl zu erzeugen. In Wirklichkeit aber reicht der Reiz der Schönheit nie ganz aus. Persönliche Rivalitäten zwischen wichtigen politischen Akteuren führen zu Zerwürfnissen, die Spannungen werden immer größer, bis sich schließlich die eine Hälfte des Dorfs abspaltet und eine eigene, rivalisierende Gemeinschaft gründet. Normalerweise wollen die beiden Dörfer dann nie mehr etwas miteinander zu tun haben.[72]

Wichtig ist aber nicht nur die Frage, warum es in den Kayapó-Dörfern keine Moietys mehr gibt, sondern auch, warum die Kayapó sechzig Jahre später auf die Frage, wie ein Dorf bei ihnen organisiert ist, ausnahmslos von Dörfern mit Moietys sprechen. Es existieren auch heute noch Gemeinschaften mit zwei Moietys, aber nur in der Vorstellung. Deshalb repräsentieren sie eine permanente Möglichkeit, eine Vision dessen, wie die Kayapó-Gesellschaft eigentlich sein sollte und vielleicht noch immer sein könnte. Über politische Projekte bezüglich einer Wiedervereinigung von getrennten Moietys wird zwar gelegentlich diskutiert, sie scheitern aber bisher offenbar an den Gefahren, die ein Zusammenleben zu vieler Menschen mit historisch bedingten Ressentiments in ein und derselben Gemeinschaft mit sich bringt.[73] Was aber nicht heißen muss, dass es immer so sein wird.

Weil für Marx die Vorstellungskraft den Menschen zum Menschen macht, sind Produktion und Revolution aus seiner Sicht die beiden exemplarisch menschlichen Handlungen. Die Vorstellung birgt die Möglichkeit in sich, etwas anders zu machen; wer die existierende Welt mit imaginativ betrachtet, betrachtet sie daher zwangsläufig kritisch; wer eine imaginierte Gesellschaft zu verwirklichen sucht, betreibt Revolution. Natürlich werden die wenigsten historischen Veränderungen so reflektiert herbeigeführt. Gerade weil die meisten Menschen nicht bewusst versuchen, ihre eigene Gesellschaft zu reproduzieren, sondern einfach nach Wert streben, fällt es ihnen so leicht, diese Gesellschaft letztlich zu verändern. In Krisenzeiten kann sich das allerdings ändern. Eine Gesellschaftsordnung lässt sich im Grunde als eine Arena betrachten, in der bestimmte Werttypen produziert und realisiert werden. Auf dieser Basis können sie verteidigt werden (man stelle sich vor, irgendeine der in diesem Kapitel besprochenen Gesellschaften würde zwangsweise einem modernen Staat eingegliedert), aber auch von denen in Frage gestellt werden, für die die existierenden Werttypen nicht vorrangig sind. In jeder realen sozialen Situation sind unzählige solcher imaginärer, auf unterschiedlichen Wertvorstellungen beruhender Totalitäten im Spiel. Sie mögen bruchstückhaft und ephemer sein oder auch nur als versponnene oder halb verwirklichte, von Kultanhängern oder Revolutionären kühn ausgerufene Projekte existieren. Wie sie sich miteinander verbinden – oder auch nicht –, lässt sich nicht vorhersagen. Sicher ist nur, dass sie nie vollständig miteinander verknüpft sein werden.

Damit wären wir wieder bei einer »Politik der Werte« angelangt, allerdings einer ganz anderen als Appadurais neoliberalem Verständnis davon. Das eigentliche Ziel von Politik, so Turner, ist nicht die Aneignung von Wert, sondern die Festlegung dessen, was Wert *ist*.[74] Ebenso ist eigentliche Freiheit nicht die Freiheit, Wert zu bilden oder anzuhäufen, sondern die Freiheit, (im Kollektiv oder individuell) zu entscheiden, was das Leben lebenswert macht. Letztlich geht es in der Politik also um die Bedeutung – den Sinn – des Lebens. Jedes solche bedeutungsstiftende Projekt hat zwangsläufig mit dem Imaginieren von Totalitäten zu tun (da dies nun einmal der Stoff ist, aus dem Bedeutung besteht), auch wenn kein einziges dieser Projekte jemals vollständig in die Realität überführt werden kann – weil Realität per definitionem das ist, was immer komplizierter ist als jede Konstruktion, die wir ihm überstülpen.

Theorien haben durchaus politische Implikationen. Das gilt für die Theoretiker, die jeden Totalitätsgedanken von sich weisen, wie auch für diejenigen, die sich an ihn klammern. Falls es überhaupt einen Unterschied zwischen beiden gibt, besteht er darin, dass sich die Letztgenannten verpflichtet fühlen, ihre politische Position zum Ausdruck zu bringen. Wir haben also auf der einen Seite Louis Dumonts »Holismus« mit seiner bewusst konservativen Politik[75] und auf der anderen Terry Turners gleichermaßen bewusst libertären Marxismus. Damit will ich nicht sagen, dass den Überlegungen derjenigen, die Totalitäten prinzipiell ablehnen, solche politischen Implikationen fehlen, sie werden aber meiner Ansicht nach nur selten bis an ihr logisches Ende geführt. Diese politischen Implikationen werden am schmerzlichsten bei denen sichtbar, die nicht nur einfach behaupten, totalisierende Theorien seien gefährlich (was ja nur allzu wahr ist), sondern auch, dass wir bereits in eine durchgeknallte neue »postmoderne« Ära eingetreten seien, in der es keine universellen Bewertungsmaßstäbe mehr gebe – dass alles nur noch aus unaufhörlichem Wandel, Zersplitterung ehemaliger Solidaritäten und inkommensurablen Akten kreativer Selbstinszenierung bestehe. Diese Position war zwar in den achtziger und neunziger Jahren des letzten Jahrhunderts unter radikalen Wissenschaftlern durchaus populär und ist es in manchen Kreisen noch immer, doch wie ich in der Einleitung schrieb, ist zumindest heute den meisten Menschen klar, dass man die achtziger und neunziger Jahre nicht als den Anbruch eines neuen postmodernen Zeitalters in Erinnerung behalten wird (vielen ist der Begriff bereits etwas peinlich, ganz zu schweigen von ihren eigenen damaligen apokalyptischen Proklamationen hinsichtlich seiner Signifikanz), sondern als die Ära des triumphierenden Weltmarkts – eine Ära, in der das gigantischste, totalisierendste und umfassendste universelle Bewertungssystem in der Geschichte der Menschheit so gut wie allem aufgezwungen wurde. Wenigstens versteht man dadurch besser, warum die Ökonomie einer der wenigen Bereiche war, zu denen die meisten postmodernen Theoretiker praktisch nichts zu sagen hatten. Das wiederum macht Autoren wie Appadurai, die Wirtschaftsthemen sehr wohl ansprechen, so wichtig: Ihre neoliberalen Thesen liegen klar auf der Hand. Hinter der Metaphorik fast der gesamten Postmoderne steckt im Grunde nur die Ideologie des Markts – und nicht einmal die Realität des Markts (denn wirklich existierende Märkte werden immer gemäß den Interessen der Mächtigen reguliert), sondern die Vorstellung von der Funktionsweise des Markts, die wir nach dem Willen der Marktideologen haben sollen.

Ich will mich damit nicht über irgendwelche selbsternannten Radikalen unter den Akademikern lustig machen. Es geht mir um mehr. Jede Vorstellung von Freiheit, ob nun die eher individualistische Vision des kreativen Konsums oder die Idee der freien kulturellen Kreativität und Dezentrierung,[76] die ich hier zu entwickeln versuchte, erfordert *sowohl* Widerstand gegen die Auferlegung jedweder totalisierenden Ansicht darüber, wie Gesellschaft oder Wert zu sein habe, *als auch* die Anerkennung der Notwendigkeit eines irgendwie gearteten regulierenden Mechanismus und verlangt deshalb ernsthaftes Nachdenken darüber, welcher Mechanismus am ehesten gewährleistet, dass die Menschen unter Wert verstehen dürfen, was sie wollen. Wer das nicht tut, reproduziert, jedenfalls in der heutigen Zeit, schlicht die Logik des Markts, ohne sie ausdrücklich zu billigen. Und wenn wir uns ernsthaft Gedanken über Alternativen zu der Version von »Freiheit« machen wollen, die uns derzeit präsentiert wird – eine Freiheit, in der Nationalstaaten zuallererst als Beschützer von Firmenbesitz fungieren, nicht gewählte internationale Institutionen einen ansonsten ungezügelten »freien Markt« vorwiegend so regulieren, dass die Interessen der Finanzwelt gewahrt bleiben, und die persönliche Freiheit darauf reduziert wird, Konsumentscheidungen treffen zu können –, nehmen wir besser Abschied von dem Glauben, diese Dinge würden sich von selbst erledigen, und beginnen, über einen brauchbareren und hoffentlich mit weniger Zwang verbundenen Regulierungsmechanismus nachzudenken.

Viertes Kapitel

Handlung und Reflexion oder Annäherung an eine Theorie des Reichtums und der Macht

> Gustav und Donald, die von den Aridianern (Arabern) gefangengenommen werden, machen Seifenblasen, auf die die Eingeborenen geradezu versessen sind. »Haha! Sie platzen, wenn man sie fängt, hi hi!« Und Ali ben Goli, der Häuptling, sagt: »Das ist wahrer Zauber. Meine Leute lachen wie die Kinder. Sie begreifen nicht, wie das gemacht wird.« »Das ist ein Geheimnis, das von Generation zu Generation weitergegeben wird«, sagte Gustav. »Ich werde es dir verraten, wenn du uns die Freiheit schenkst.« (...) Der Häuptling ruft voller Erstaunen aus: »Nur die Freiheit? Ich werde euch mehr geben!« Die Araber willigen in ihre eigene Ausbeutung ein. »Schmuck haben wir, aber für uns ist er ohne Nutzen. Er bringt einen nicht zum Lachen wie diese Zauberblasen.«[1]

Jedes amerikanische Schulkind kann Ihnen die Geschichte von den niederländischen Siedlern herunterbeten, die den einheimischen Indianern für Glasperlen und anderen Tand im Wert von vierundzwanzig Dollar die Insel Manhattan abkauften. Die Geschichte zählt zu den Gründungsmythen der Vereinigten Staaten, ist sie doch geradezu das Paradigma eines richtig guten Deals in einer auf Kommerz basierenden Nation. Wahr ist sie wohl nicht (wahrscheinlich dachten die Indianer, es handle sich um ein buntes, für sie exotisches Geschenk als Zeichen der Friedfertigkeit, wofür sie den Niederländern im Gegenzug erlaubten, das Land zu nutzen, nicht aber, es für immer in »Besitz« zu nehmen), doch weil weltweit so viele Völker im Umgang mit europäischen Händlern und Siedlern bereit waren, europäische Glasperlen für Land oder Anderes einzutauschen, halten wir die kindliche Unfähigkeit, billigen Flitterkram von wahrhaft wertvollen Dingen zu unterscheiden, im Allgemeinen für ein Kennzeichen ihrer »Primitivität«.

In Wirklichkeit nahmen europäische Händler auf ihre Reisen nach Afrika und zum Indischen Ozean deshalb Glasperlen mit, weil diese dort bereits seit Jahrhunderten als Tauschmittel galten. In anderen Gegenden machten sie die Erfahrung, dass Schmuckperlen zu den wenigen europäischen Produkten zählten, die von den dortigen Einwohnern immer gern angenommen wurden, so dass Perlen in vielen Regionen, in denen sie vor Ankunft der Europäer kein Tauschmittel gewesen waren, danach schnell zu einem wurden.

Aber warum? Warum eignen sich ausgerechnet Glasperlen so gut als Tauschmittel – oder zumindest als Handelsmedium zwischen Menschen, die mit dem Geschmack und den Gewohnheiten der jeweils anderen nicht vertraut sind?

Glasperlen erfüllen die meisten Kriterien, die Wirtschaftswissenschaftler üblicherweise an Geld anlegen. Man kann sie zwar nicht teilen, aber sie sind annähernd miteinander vergleichbar, bestens zu transportieren und nicht verderblich. Dasselbe trifft allerdings auch auf unzählige andere Gegenstände zu, die nie als Tauschmittel benutzt wurden. Von ihnen unterscheiden sich die Glasperlen allein dadurch, dass sie schön anzusehen sind – genauer gesagt: dass sie sich als persönlicher Schmuck eignen. Was diesen Punkt betrifft, befinden sie sich bereits in wesentlich größerer Gesellschaft. Erstaunlich viele Dinge, die in verschiedenen Weltgegenden als Tauschmittel eingeführt wurden, dienten vorwiegend, wenn nicht ausschließlich, als Schmuck. Gold und Silber sind dafür nur die naheliegendsten Beispiele; ebenso gut kann man die Gehäuse der Kaurischnecken und die Spondylusschalen in Afrika, Neuguinea und auf dem amerikanischen Kontinent anführen, das Federgeld auf den Neuen Hebriden oder jede andere Art von »primitivem Tauschmittel«. Geld besteht meist aus Objekten, die sonst nur existieren, um gesehen zu werden. Winzige Kupferäxte wurden zum Tauschmittel gemacht, auch extrem dünne, nie aber Äxte, mit denen man tatsächlich einen Baum hätte fällen können.

In diesem Kapitel – und teilweise auch in den folgenden – möchte ich über die Gründe dafür und über die damit verbundenen Implikationen nachdenken. Untersucht man, wodurch der Wert von Objekten bestimmt wird (und das gilt sowohl für Tauschobjekte als auch für Reichtum im Allgemeinen), stößt man fast zwangsläufig auf das Thema Sichtbarkeit/Unsichtbarkeit. So gelangt man zwar meist nur schwer an systematische Informationen darüber, was die Menschen mit den eingetauschten Glasperlen eigentlich machten, aber aus dem, was in Erfahrung zu bringen ist, wissen wir, dass sie sie entweder als persönlichen Schmuck trugen oder aber mit einer gewissen Befangenheit wegschlossen und versteckten, und zwar, wie wir noch sehen werden, im Rahmen aufwendiger Rituale. Um das zu verstehen, muss man auf die ethnographische Literatur zurückkommen und einige geläufige Vorstellungen über Wert, Macht, Tausch und den Menschen hinterfragen. Ich beginne mit der Zurschaustellung von Reichtum.

Die Zurschaustellung von Reichtum

»Die Kachin«, schreibt Edmund Leach, »betrachten beweglichen Besitz nicht als Kapital, das investiert werden soll, sondern als Schmuck der Person.«[2] Und sie waren damit wohl nicht die Einzigen. Zur Schau gestellter Reichtum ist immer in gewisser Weise Schmuck der Person. In vielen Gesellschaften ist tatsächlicher Schmuck, nämlich jegliche Art von Erbschmuck, die meistgeschätzte Art von Reichtum. Wie bei den berühmten Beispielen, die Marcel Mauss in »Die Gabe« anführt – die Kupferplatten der Kwakiutl, die Mäntel und Äxte der Maori, die Kula-Armreife und -Halsketten –, handelt es sich nicht nur um Objekte, die die Mitglieder der sie produzierenden Gesellschaften als die wertvollsten Gegenstände anerkennen, sondern auch um deren wichtigste Tauschmittel.

So gesehen ist das, was ich gerade über das Geld gesagt habe, keine große Überraschung. Wenn Schmuckgegenstände bereits so hoch geschätzt sind, ist es wohl nur zu verständlich, dass sie auch als Repräsentanten eines abstrakten Werts benutzt werden. Vielleicht steckt ja gar nichts Geheimnisvolles dahinter. Ich glaube aber doch. Denn der Wert, der dem Erbschmuck in den meisten Gesellschaften zugeschrieben wird, hat wenig bis nichts mit dem Wert zu tun, den wir dem Geld beimessen, und ist diesem oft sogar diametral entgegengesetzt.

Mit der Formulierung »Schmuck der Person« spielt Leach wahrscheinlich auf den berühmten Essay »Eine Kategorie des menschlichen Geistes: Der Begriff der Person und des ›Ich‹« (1938, dt.: 1978) von Marcel Mauss an. Darin behauptet Mauss, dass sich in Gesellschaften ohne eine Ideologie des Individuums (in »archaischen Gesellschaften«, wie er sie nennt) die Person oder das öffentliche Ich der Mitglieder oft aus verschiedenen symbolischen Besitzstücken zusammensetzt: aus Namen und Ranganspruchen, Ritualparaphernalien und anderen Insignien und Amtszeichen. Häufig ergibt sich der Anspruch auf den jeweiligen gesellschaftlichen Rang schon allein aus dem Besitz solcher Zeichen. Insignien dieser Art können aber nie Tauschobjekte im üblichen Sinn werden; sie aus der Hand zu geben hieße, vollständig auf die eigene soziale Identität zu verzichten. Ein König, der seine Krone abgibt, ist kein König mehr.

Es besteht aber ein klarer Zusammenhang zwischen Mauss' Ausführungen zur Person und seiner Argumentation in dem Essay »Die Gabe« (1925; dt. 1974): Ein Schenkakt kann auf sehr wirkungsvolle Weise soziale Bindungen schaffen, weil ein Geschenk immer etwas vom Ich des Schenkenden in sich birgt. Mauss beschäftigt sich in diesem Essay mit oben erwähntem »Erbschatz«. Jedes Stück hat einen eigenen Namen und eine eigene Geschichte – die für seinen Wert maßgeblich ist. Da diese Geschichte fast immer (zumindest teilweise) eine Geschichte der Eigentümerschaft darstellt, gehen die sozialen Identitäten von Schenkendem und Beschenktem in die soziale Identität des Gegenstands ein und haben deshalb immer auch zu einem gewissen Grad an allen Transaktionen Anteil, in die er einbezogen ist.

Ich erwähnte bereits, dass in vielen Tauschsystemen und besonders in Mauss' »Schenkökonomien« die unterschiedlichen Arten von Wertgegenständen in einer Rangordnung abgestuft sind, und zwar entsprechend ihrer Fähigkeit, Geschichte zu vermitteln, wie etwa im Kula-Tausch[3] mit seiner Hierarchie der Güterarten, in der verderbliche und generische Substanzen wie Nahrungsmittel ganz unten, einzigartige, unverderbliche Wertgegenstände ganz oben stehen. Die Armreife und Halsketten aus Muscheln sind wiederum unterteilt in namenlose, generische, ganz unten rangierende, sodann in eine höherrangige Klasse von seltenen Armreifen, von denen pro Variante nur einige wenige Exemplare existieren, sowie in die an oberster Stelle stehenden, absolut einmaligen Erbstücke mit eigenem Namen und eigener Geschichte, die jeder kennt. Damit soll nur betont werden, wie wenig der Wert von Kula-Gegenständen dem von Geld ähnelt. Denn Geld besteht nicht aus einmaligen Objekten. Zumindest im Prinzip ist es etwas absolut Generisches – eine Ein-Dollar-Note ist wie die andere. Deshalb gibt Geld seine Geschichte nie zu erkennen. Wo eine bestimmte Dollarnote war, lässt sich nicht eruieren. Und die Kenntnis davon ist auch nicht wichtig, weil weder die Identität ihrer früheren Besitzer noch die Art der Transaktionen, in denen sie einmal eine Rolle spielte, ihren Wert beeinflussen. Deshalb sind mit Geld verbundene Transaktionen »anonym«. Die soziale Identität der Transakteure muss nicht Teil dessen werden, worum es bei der jeweiligen Transaktion geht, ja sie braucht darin überhaupt keine Rolle zu spielen.

Dass Kleidung und Schmuck die soziale Identität kennzeichnen, ist eine ethnologische Binsenweisheit. In ihrer Funktion als Schauobjekte definieren sie die Unterschiede zwischen den Menschen. Auch durch die Zurschaustellung von Familienschmuck wird gewissermaßen die Unverwechselbarkeit des Besitzers bestätigt. Dasselbe gilt für Reichtum allgemein: Wer in unserer Gesellschaft viel Geld angehäuft hat, beginnt unweigerlich, einen Teil davon in einzigartigen historischen Wert umzuwandeln – in alte Herrenhäuser, Gemälde von van Gogh, reinrassige Vollblüter –, den man als Schmuck der Person des Besitzers betrachten kann. (Wer es nicht täte, würde sogar als ziemlich sonderbar gelten.)

Geld an sich kann natürlich nie in diesem Maß zum Schmuck des Menschen werden. Distinktionsmittel ist es nur in quantitativer Hinsicht: Manche Menschen haben mehr, manche weniger. Trotzdem behaupte ich – und werde dem Nachweis dieser Behauptung den größten Teil der nächsten beiden Kapitel widmen –, dass Geld ziemlich oft mit der Person des Besitzers gleichgesetzt wird, wenn auch in etwas anderer Hinsicht. Es dient zwar nicht so sehr als Distinktionsmittel, wird aber häufig mit der allgemeinen, verborgenen Handlungsfähigkeit des Besitzers identifiziert.

Handlung und Reflexion

In der Literatur über Macht besteht, verglichen mit den Arbeiten über Wert, kein Mangel an Material zum Thema Sichtbarkeit und Unsichtbarkeit. Mit Begriffen wie »Panoptismus« oder »das Auge der Macht« wird in der Gesellschaftstheorie seit geraumer Zeit nur so um sich geworfen. Ihre Verwendung geht bekanntlich größtenteils auf die Schriften Michel Foucaults zurück, besonders auf sein Buch *Überwachen und Strafen*,[4] in dem er erklärt, es habe im Europa des beginnenden achtzehnten Jahrhunderts eine große Veränderung in der Art der Machtausübung stattgefunden. Im bis dahin existierenden Feudalismus, so Foucault, ist die Macht »diejenige, die sich sehen läßt, die sich zeigt«.[5] Sie hatte ihren Platz in Kathedralen, Palästen und vor allem im »materiellen Körper des Königs«, der bei Festzügen und großen Veranstaltungen permanent zur Schau gestellt wurde. Im Feudalismus waren nur die Mächtigen individualisiert, »wesentlich« und »besonders« gemacht. Ihre Gesichter erschienen auf Münzen und Gemälden, ihre Taten und Genealogien bildeten die offizielle Staatsgeschichte, ihr Privatleben war Gegenstand der Politik.[6] Den Machtlosen blieb nur die Zuschauerrolle. Mit dem Ende des Feudalstaats kehren sich die Grundlagen der Macht jedoch um. In den nun aufkommenden »Disziplinarsystemen« wird die Macht von gesichtslosen, unsichtbaren Bürokratien ausgeübt, die ihre Objekte kontrollieren, prüfen und beurteilen. Es ist eine Logik der Überwachung, verankert in völlig neuen Erscheinungen wie der Fabrik, der Arztvisite in den Spitälern, der Schulprüfung und der Militärparade, innerhalb derer sich die Machtausübenden in entpersönlichte Abstraktionen verwandeln, während die Überwachungsobjekte individualisiert werden – zumindest insofern, als man sie kontrollieren, beurteilen und nach genauen formalen Kriterien einstufen kann.[7]

Foucault stellt diese Veränderung als eine scharfe Zäsur zwischen zwei vollkommen verschiedenen Ordnungen dar, aber ich halte es für besser, diese beiden Ordnungen als zwei verschiedene Machtmodalitäten zu betrachten, die in jeder Gesellschaft nebeneinander bestehen. Schließlich verschwanden mit dem Ende des Feudalismus Festzüge, große Veranstaltungen und die Zurschaustellung von Macht ebenso wenig wie die Präsentation von Reichtum.[8] Was aber nicht heißen soll, dass die europäische Kultur damals keine Akzentverschiebung erfahren hätte. Vieles spricht dafür – nicht zuletzt, dass sich in dem betreffenden Zeitraum unter den europäischen Eliten die Normen des persönlichen Schmucks veränderten.

Der Kleidungshistoriker John Carl Flügel spricht in diesem Zusammenhang vom »großen Verzicht der Männer«.[9] Im achtzehnten Jahrhundert hatten die reichen Männer die in der Renaissance übliche farbenprächtige Aufmachung – bunte, dekorative Kleidung, Schminke, Schmuck usw. – weitgehend aufgegeben; das alles schickte sich jetzt nur noch für Frauen. Schon um 1750 gab es eine formelle männliche Kleidung, die dem, was sich dann bald zum modernen Geschäftsanzug entwickelte, bereits sehr ähnelte. Wie Terence Turner zeigt,[10] ging die neue Männergarderobe aus der »Sportkleidung« hervor, nämlich aus der Jagdkleidung des Landadels, und diese äußerliche Veränderung gehörte zu einer allgemeinen ideologischen Verschiebung innerhalb der Führungsschicht: weg vom alten aristokratischen Ethos des Konsums, hin zur Betonung bürgerlicher Nüchternheit und produktiver Arbeit als moralischem Wert. Die Kleidung der Männer vermittelte jetzt Handlungsfähigkeit; da die Sphäre des Konsums vorwiegend als weibliche Domäne betrachtet wurde, veränderte sich die Kleidung der Frauen weniger stark.

Die Unterschiede in der Kleidung enthielten auch eine implizite verschlüsselte Gendertheorie, und zwar, wie John Berger[11] treffend schreibt, eine Gendertheorie, in der »das wirksame Auftreten des Mannes (abhängig ist) von der Verheißung der Kraft und Macht, die er verkörpert«, von seiner Handlungsfähigkeit – »eine(r) Macht, die er auf andere ausübt. Im Gegensatz dazu drückt das Auftreten und damit die Erscheinung einer Frau ihre Einstellung zu sich selbst aus und macht darüber hinaus klar, was man mit ihr tun kann und was nicht.« Bergers Erkenntnis ist von großer Bedeutung für die Analyse der Politik des Sehens. Weil die Frau unter Bedingungen leben muss, die von einer männlichen Macht festgelegt sind, der zufolge eine Frau das ist, was sie in der Einschätzung anderer ist, muss die Frau »sich ständig selbst beobachten und wird fast ständig von dem Bild begleitet, das sie sich von sich selbst macht. Ob sie durch ein Zimmer geht oder über den Tod ihres Vaters weint, sie wird es kaum vermeiden können, sich selbst beim Gehen oder Weinen zu beobachten«.[12] In einer solchen Situation kann eine Frau nicht einfach um des Handelns willen handeln, ihr Ich ist ständig in einen implizit männlichen Prüfer und eine weibliche Geprüfte gespalten.[13]

Dass Kleiderordnungen dies verstärken, ist offensichtlich. Die formelle Bekleidung des Mannes soll den Körper verbergen. Ihre Schlichtheit scheint nicht nur der Unkenntlichmachung der männlichen Körperform, sondern auch der Auslöschung der Individualität des Mannes zu dienen; sie macht ihn abstrakt und gewissermaßen unsichtbar. Frauenkleidung dagegen enthüllt nicht nur mehr vom Körper (oder deutet eine Enthüllung zumindest an), sondern verwandelt das Enthüllte in eines von vielen schmückenden Objekten (indem einzelne Körperteile schlicht zu Pendants von Kleidung, Schminke und Schmuck werden), welche die Trägerin im Zusammenspiel als einen Anblick und im weiteren Sinn als relativ konkret und materiell definieren.

Als Kritik an den Genderbeziehungen lässt sich diese Analyse allerdings nur auf die westliche Gesellschaft anwenden, und zwar auf die westliche Gesellschaft neueren Datums. Aber die Spaltung in ein relativ unsichtbares Ich, das nach außen hin agiert, und ein konkretes, sichtbares, vorwiegend auf sich selbst bezogenes ist von viel weitergehender Bedeutung, weil sie möglicherweise der Dynamik des menschlichen Denkens und Handelns innewohnt.

Dieselbe Dichotomie findet sich beispielsweise in Pierre Bourdieus Hinweis in *Entwurf einer Theorie der Praxis* (1976), die Geschicklichkeit eines wirklich kompetenten sozialen Akteurs beruhe hauptsächlich darauf, dass dieser sich der Prinzipien, die sein Handeln leiten, nicht vollständig innewird. Diese Prinzipien werden ihm nur dann bewusst, wenn er aus seiner gewohnten Vorgehensweise gerissen wird, weil er sich plötzlich mit einer echten Alternative dazu konfrontiert sieht. Bourdieu bezeichnet diesen Prozess als »Objektivierung«. Mit anderen Worten: Sobald man nicht genau weiß, was man tun soll, wird man sich seiner selbst bewusst.

Eine ähnliche Unterscheidung zwischen Handeln und Selbstbewusstsein zeigt sich in Jacques Lacans Konzept des »Spiegelstadiums« in der kindlichen Entwicklung.[14] Ein Kleinkind, heißt es dort, hat kein Bewusstsein von den genauen Grenzen zwischen sich und seiner Umwelt. Ohne kohärentes Selbstbild ist es nicht viel mehr als ein desorganisiertes Bündel von Trieben und Motivationen, was zum Teil daran liegt, dass dem Kind noch kein einzelnes Objekt zur Verfügung steht, an das es ein Selbstbild heften könnte. Daher das »Spiegelstadium«, das in dem Moment beginnt, in dem das Kind zum ersten Mal mit einem äußeren Bild seiner selbst konfrontiert ist, mit einer imaginären Totalität, auf deren Grundlage ein Empfinden dieses Selbst konstruiert werden kann. Es handelt sich dabei nicht um einen einmaligen Vorgang. Das Ich ist für Lacan immer ein imaginäres Konstrukt. Im Alltagsleben und in der alltäglichen Erfahrung bleibt der Mensch eine widersprüchliche Vielheit von Gedanken, libidinösen Trieben und unbewussten Impulsen. Das handelnde Ich und die imaginäre Einheit sind einander für immer entgegengesetzt.

Beide Theoretiker (und es ließen sich viele weitere anführen) stellen Handlung und Reflexion als unterschiedliche Aspekte oder Momente des Ichs dar, so dass die Erfahrung zu einem unablässigen Hin und Her zwischen beidem wird. Diese Auffassung von der Struktur menschlicher Erfahrung ist nicht nur überzeugend, sondern – wie gut belegt ist –, auch sehr weit verbreitet. Darüber hinaus findet sie ihren Ausdruck fast immer in Metaphern des Sehens. An dieser Stelle komme ich von den zeitgenössischen französischen Theoretikern zu einem völlig antiquierten englischen und verweise den Leser an Edward Tylors Ausführungen zur Entstehung des Seelenglaubens in *Die Anfänge der Cultur*.[15]

Tylor untersucht, wie in Dutzenden unterschiedlicher Sprachen rund um den Globus die Seele bezeichnet wird, und kommt zu dem Schluss, dass man fast alle in eine von zwei Gruppen einteilen kann: Da ist auf der einen Seite gewissermaßen die »Lebens-Seele«, ein dem Menschen innewohnendes vitales Prinzip, das im übertragenen Sinn häufig mit dem Herzen oder dem Atem gleichgesetzt wird. Dabei schwingt die Vorstellung einer verborgenen Kraft mit, die für die Lebendigkeit des Körpers sorgt, meist aber auch für abstrakte Fähigkeiten wie Denken und Intentionalität. Die »Lebens-Seele« steht, kurz gesagt, für die innere Handlungsfähigkeit des Menschen, für seine inneren Kräfte. Ihr Gegenpol ist eine gänzlich andere »Seele«, die typischerweise mit einem

Wort bezeichnet wird, das die ursprüngliche Bedeutung »Schatten« bzw. »Spiegelbild« hat. In beiden Fällen wird die körperliche Erscheinung eines Menschen heraufbeschworen, jedoch getrennt von seiner tatsächlichen Körperlichkeit. In fast allen Beispielen Tylors, heißt es von dieser »Bild-Seele« (wenn ich sie so nennen darf), dass sie losgelöst vom Körper umherschweifen kann. Und fast immer gilt sie als den Tod des Körpers überdauernd – was auf die »Lebens-Seele« nur in Ausnahmefällen zutrifft.

Tylor behauptet, beide Vorstellungen würden letztlich gleichgesetzt, doch seine eigenen Belege zeigen, dass die meisten Kulturen das ganz und gar nicht tun, sondern sie als gesonderte, wenn auch komplementäre Aspekte des Ichs sehen. Die Unterscheidung existiert zwar nicht überall auf der Welt (jedenfalls nicht in den von Tylor verwendeten relativ formalen Begriffen), ist aber so erstaunlich weit verbreitet, dass man sich fragen muss, warum. Warum sind Spiegelbilder eine so naheliegende Metapher für das öffentliche Ich? Was hat die Handlungsfähigkeit an sich, dass sie unsichtbar zu sein scheint?

Die wohl beste Antwort auf die zweite Frage stammt von Thomas Hobbes, der in der Erörterung der Dämonologie darauf hinweist, dass alles Unsichtbare »von unbekannter, das heißt von unbegrenzter Macht« ist.[16] Anders gesagt: Das vollkommen Unspezifische birgt ein unbegrenztes Potential in sich. Das völlig Unbekannte kann alles sein und deshalb auch alles *tun*.

Damit würde bereits das Verbergen des Körpers und die Auslöschung der Individualität (etwa durch die formelle Kleidung des Mannes) aussagen, dass ein Mann durch seine Handlungsfähigkeit definiert werden muss – oder, mit Bergers Worten, durch »die Verheißung der Kraft und Macht, die er verkörpert«. Darüber hinaus wäre erklärt, warum die menschliche Handlungsfähigkeit ganz allgemein – Tylors »Lebens-Seele« – so oft als unsichtbar bezeichnet wird.

Sichtbar sein dagegen heißt konkret und »spezifisch« sein (abgeleitet vom lateinischen *specere*, auf Deutsch »schauen«), als Objekt des Handelns fungieren, anstatt auf andere einzuwirken. Berger schreibt, dass das Ich einer Frau sogar beim Blick in den Spiegel in einen fremden, männlichen Beobachter und eine passive, weibliche Beobachtete gespalten ist. Ganz ähnlich agiert die Macht, die durch das Zurschaustellen von Reichtum oder königlichem Prunk ausgeübt wird, nicht als eine direkt auf andere wirkende. Sie ist ihrem Wesen nach immer eine persuasive Macht, die in anderen Akte der Willfährigkeit, der Huldigung oder Anerkennung gegenüber der sich zur Schau stellenden Person hervorrufen soll.[17]

Dies ist jedenfalls *eine* Folgerung aus Bergers Analyse des »Auftretens und damit der Erscheinung einer Frau« – eine Folgerung von großer Bedeutsamkeit für die Untersuchung von Macht im Allgemeinen:

> Männer prüfen Frauen, ehe sie mit ihnen umgehen. Wie eine Frau sich einem Mann darstellt, kann folglich darüber entscheiden, wie sie von ihm behandelt wird. Um eine gewisse Kontrolle über diesen Vorgang zu gewinnen, müssen Frauen ihn in sich aufnehmen und verinnerlichen. Der prüfende Teil einer Frau behandelt den geprüften Teil ihres Selbst in einer Weise, die den anderen zeigt, wie ihr ganzes Selbst behandelt werden möchte. Und diese exemplarische Behandlung ihrer selbst durch sie selbst macht ihre Erscheinung aus. Auftreten und Erscheinung jeder Frau regeln, was und was nicht zulässig ist in ihrer Gegenwart. Jede ihrer Handlungen – ganz gleich, wie deren unmittelbarer Zweck oder ihre Ursache aussieht – kann auch als ein Hinweis dafür angesehen werden, wie sie gern behandelt werden möchte.[18]

Berger beschreibt hier eindeutig eine aus der Subordination geborene Macht. Vielleicht spricht man besser von einem Machtrest, von den Überbleibseln, mit denen sich diejenigen begnügen müssen, die keinen Zugang zu den direkteren Arten der Machtentfaltung haben. Rein formal unterscheidet sich dieser Machtrest allerdings kaum von der Macht, die mittels Zurschaustellung von aristokratischem Reichtum oder königlichem Prunk ausgeübt wird. Auch Könige und Adelige schmückten sich mit Reichtum, um »den anderen (zu zeigen), wie ihr ganzes Selbst behandelt werden möchte«. Denn der Status eines Königs basiert letztlich auf seiner Fähigkeit, andere davon zu überzeugen, ihn als König anzuerkennen und ihm deshalb ihren Tribut zu zollen. Das Gepränge ermöglicht es dem König, sich selbst so zu definieren, dass andere dazu gebracht werden, ihm einen Teil ihres Reichtums zu übereignen.

Sie machen das nicht im Rahmen eines impliziten Tauschs, nicht weil sie vom König erwarten, dass er dafür etwas *tut*, sondern wegen der Art von Mensch, der er in ihren Augen *ist*.[19] Indem sie sich mit Gold überhäufen, bringen Könige andere Menschen dazu, sie ebenfalls mit Gold zu überhäufen.

Von Max Weber stammt die Beobachtung, dass Angehörige des Feudaladels ihren Status oft mit ihrem *Sein* rechtfertigten, mit ihrer Lebensführung in der Gegenwart, während sich die niedrigeren Stände einschließlich der Kaufleute tendenziell darüber definierten, was sie leisteten, schufen oder erstrebten.[20] Auch hier besteht die Dichotomie fort, jetzt aber weitgehend auf Genderkonzepte hin verlagert. Während Männer mit hohem Status meist mittels bürgerlicher Begriffe definiert werden, nämlich als aktive Produzenten, haben der Elite angehörige Frauen die alte aristokratische Rolle der passiven Konsumentin geerbt. Oder wie der Dichter Robert Graves schrieb: »Man Does, Woman Is« [Männer handeln, Frauen sind].

Durch Webers Darstellungsweise kommt der zeitliche Bezug des Themas deutlich zum Ausdruck. Die Unterscheidung zwischen meiner »Handlung« und meiner »Reflexion« ist ja eigentlich eine zwischen künftig auszuführenden Handlungen und solchen, die in der Vergangenheit bereits ausgeführt wurden. Die vom Mann verkörperte »Verheißung der Kraft und Macht« ist sein Potential zukünftigen Handelns; bei der Frau andererseits besteht die »exemplarische Behandlung ihrer selbst durch sie selbst« aus Handlungen, die sie bereits ausgeführt hat oder deren Ausführung zumindest noch andauert. Der Mensch verschwindet gewissermaßen in seiner Ausrichtung auf das Handeln, weil Handeln eine Ausführung zum Ausdruck bringt, die nur in der Zukunft existiert. Gleichzeitig ist die sichtbare *persona*, das eigene »Sein«, schlicht die angesammelte Wirkung der Handlungen, die sich in der Vergangenheit auf den jeweiligen Menschen richteten – die Wirkung aller Handlungen, die einen zu dem machten, was man ist. Das Sein – sofern es in sozialer Hinsicht Bedeutung hat – ist erstarrte Handlung, und so wie hinter jeder Kategorie praktische Tätigkeiten stehen,[21] ist jedes einzigartige Wesen das Resultat einer ebenso singulären Geschichte. Die Zurschaustellung zum Zweck des Überzeugens ist im Grunde einzig und allein die Aufforderung an andere, Handlungen nachzuahmen, die implizit als bereits in der Vergangenheit ausgeführt gelten.

Geld versus Münze

Bisher lautete meine Argumentation, Mauss' Gaben würden sich mit der jeweils spezifischen sozialen Identität der Geber und Empfänger vermischen (mit deren äußerlichem »Bild« sozusagen), während Geld mit den unspezifischen, unsichtbaren inneren Kräften eines Menschen gleichgesetzt wird. Ich bin aber nicht der Erste, der so argumentiert; ganz Ähnliches steht in den Eröffnungskapiteln des Marx'schen *Kapitals*, in denen es um die Dynamik des Warentauschs geht.

In Marx' Auffassung vom kapitalistischen Markt werden Geld und Waren in der Wahrnehmung der Käufer und Verkäufer ununterbrochen neu definiert und pendeln zwischen dem von ihm so genannten abstrakten »Inhalt« und der konkreten »Form« hin und her. Modernen Lesern erscheint die dialektische Terminologie vielleicht etwas obskur, aber diese Begriffe unterscheiden sich in ihrer Bedeutung nicht wesentlich von meiner »Handlung« bzw. »Reflexion«.

Beginnen wir mit einem von Marx selbst angeführten Beispiel.[22] Angenommen, ein Mann besitzt 20 Ellen Leinwand, ein anderer einen Rock. Sie vereinbaren, das eine gegen das andere zu tauschen, und teilen somit die Auffassung, dass beides äquivalent ist. Allerdings betrachten sie diese Gleichwertigkeit völlig unterschiedlich. Der erste Mann will den Rock; ihm sind offenbar die besonderen materiellen Eigenschaften dieses Kleidungsstücks wichtig. Für die 20 Ellen Leinwand gilt das dagegen nicht. Der Stoff ist für ihn nur Mittel zum Zweck, das Leinen hätte auch irgendetwas anderes sein können, solange der Wert mit dem des Rocks übereingestimmt hätte. Aus der Sicht dieses Mannes, so Marx, ist die Leinwand eine bloße Abstraktion, der Rock dagegen konkrete, spezifische »Form«. Aus der Perspektive des anderen Mannes trifft natürlich genau das Gegenteil zu.

Marx zufolge gilt dies für alle Transaktionen, die mit Geld verbundenen eingeschlossen. Es kommt immer auf die Perspektive –

und auf die Absichten – der Akteure an. Wenn ich eine Ware verkaufe, tue ich das mit dem Ziel, Geld zu bekommen; deshalb ist Geld für mich in dieser Situation eine konkrete »Form«, während mir die zu verkaufenden Waren als eine formlose Abstraktion erscheinen. Die Mittel haben keine bestimmten Eigenschaften, sondern werden mit der Handlungsfähigkeit des Benutzers gleichgesetzt.

Im Rahmen seiner Ausführungen zur Schatzbildung in der *Kritik der politischen Ökonomie*[23] und in den *Grundrissen* fasst Marx die Unterscheidung zwischen Geld in dessen abstrakten und konkreten Aspekten als eine Unterscheidung zwischen »Geld« und »Münze«. »Münze«, schreibt er, ist das beim Tausch angebotene physische Objekt. Zu »Geld« im strengen Sinn des Worts wird sie erst, wenn sie sich vorübergehend aus der Zirkulation zurückzieht, also nicht mehr das unmittelbare Objekt des Handelns ist, sondern gewissermaßen ein universelles Potential *zum* Handeln darstellt. Indem er das Geld festhält, bewahrt der Schatzbildner seine Macht – die Macht, etwas kaufen zu können. Für den Schatzbildner wird Geld gewissermaßen zu einer asketischen Religion – Marx vergleicht es mit dem Puritanismus –, in welcher der Besitzer eine intensive, heimliche Privatbeziehung zur Quelle seiner Macht entwickelt. Wer einen beachtlichen Schatz angehäuft hat, wird immer den Impuls haben, ihn unter der Erde zu verstecken, damit kein anderer ihn sehen kann:

> Das Entreißen des Geldes aus dem Strom der Zirkulation und Retten vor dem gesellschaftlichen Stoffwechsel zeigt sich auch äußerlich im *Vergraben*, so daß der gesellschaftliche Reichtum als unterirdischer unvergänglicher Schatz in ein ganz heimliches Privatverhältnis zum Warenbesitzer gebracht wird. Doktor Bernier, der sich eine Zeitlang zu Delhi am Hofe Aurangzebs aufhielt, erzählt, wie die Kaufleute ihr Geld heimlich und tief vergraben, besonders aber die nicht-mohammedanischen Heiden, die fast allen Handel und alles Geld in der Hand haben, »befangen wie sie sind im Glauben, daß das Gold und Silber, welches sie während ihres Lebens verbergen, ihnen nach dem Tode in der andern Welt dienen wird«.[24]

Das Beispiel verdeutlicht, dass ein solches Verhalten für Marx zwar nicht vom Kapitalismus an sich herrührt, sehr wohl aber von der Natur des Geldes, seiner abstrakten, fast mystischen Kraft. Ähnlich argumentiert Engels, wenn er behauptet, dass das Prägegeld bei seiner Einführung in der griechischen Welt im siebten Jahrhundert v. Chr. weniger als ökonomisches Instrument denn als Zaubermittel betrachtet wurde: als »das Zaubermittel, das sich nach Belieben in jedes wünschenswerte und gewünschte Ding verwandeln kann«.[25]

Das war zwar leicht übertrieben, aber in einem brillanten Aufsatz mit dem Titel »The Ring of Gyges« weist Marc Shell[26] darauf hin, dass im Mittelpunkt der Erzählungen, die im antiken Griechenland über den Mann kursierten, der als Erster Münzen prägte, tatsächlich eine Art Talisman stand, nämlich ein Ring, der seinen Träger unsichtbar machen konnte.[27]

Gyges, Herrscher über Lydien im sechsten Jahrhundert, galt im Altertum – und gilt bis heute – als der erste König, der Münzen prägte. Herodot zufolge war Gyges kein legitimer König, sondern ein Usurpator. Ursprünglich nur ein Höfling und Freund des Königs Kandaules, begann sein Aufstieg zur Macht, als ihn der König, nachdem er die Schönheit seiner Frau überschwänglich gepriesen hatte, dazu überredete, sich in den Gemächern der Königin zu verstecken, damit er ihm beweisen konnte, dass er nicht übertrieb. Die Königin aber entdeckte Gyges, empörte sich über die Verletzung ihres sittlichen Empfindens und forderte Gyges auf, entweder den König umzubringen und seinen Platz einzunehmen oder aber sich selbst töten zu lassen. Daraufhin versteckte sich Gyges noch einmal am selben Ort, wartete, bis der König seine Frau nachts wieder aufsuchte, und ermordete ihn.

Shell betont, dass Herodots Erzählung als Parallele zu einer anderen Usurpationsgeschichte gelesen werden muss, und zwar zur Geschichte des Mederkönigs Deiokes, die zugleich Herodots Mythos vom Ursprung der Tyrannei ist.

Der medische Adelige Deiokes war als Richter weithin bekannt und genoss so hohes Ansehen, dass das Volk ihm, als er sich von seinem Amt zurückziehen wollte, die Königswürde antrug, um ihn zum Bleiben zu bewegen. Kaum hatte er die Macht inne, verbarg er sich in seiner Hauptstadt hinter einer goldenen Mauer, verfügte, dass ihn niemand mehr sehen dürfe und ließ überall im Land Späher und Lauscher in Dienst nehmen. Es gibt mehrere Parallelen zwischen den beiden Erzählungen. Gyges begründete die lydische Herrscherdynastie, Deiokes die medische. Das Aufeinandertreffen ihrer beiden Nachfahren Krösus und Kyros nach der Eroberung Lydiens durch die Perser bildet den Höhepunkt der ersten Hälfte von Herodots Historie. In gewisser Hinsicht verhalten sie sich auch invers zueinander. Gyges benutzt seine Unsichtbarkeit, um an die Macht zu kommen, die er dann aber auf traditionelle, öffentliche Weise ausübt. Deiokes dagegen gelingt es, seinen Ruhm, seine öffentliche Sichtbarkeit in Macht zu verwandeln, er verändert dabei aber deren Ausübung, indem er sie unsichtbar und privat gestaltet. Gyges wird König, wenn auch mithilfe illegitimer Maßnahmen; Deiokes wird ein Tyrann.

Die beiden Erzählungen bewegen sich also in entgegengesetzte Richtungen, was auch sehr einleuchtet. Denn Gyges galt ja nicht als Erfinder des Geldes, sondern als Erfinder der Münzprägung – zwei völlig verschiedene Dinge.

Shell präsentiert eine Vielzahl von Belegen dafür, dass die Griechen zu Herodots Zeit dem Geld eine unsichtbare Macht zuschrieben, die sie gerade aufgrund dieser Unsichtbarkeit für politisch gefährlich erachteten. Platon erwähnt die Gyges-Geschichte erstmals, als einer der Gesprächspartner im Dialog die Ansicht äußert, Reichtum sei gut, weil er den Besitzer nach dem Tod für die rächenden Augen des Hades unsichtbar mache (ein seltsames Echo der von Marx zitierten hinduistischen Kaufleute). »Hades« bedeutet »der Unsichtbare«, und Platon behauptet an anderer Stelle, Plutos, der Gott der Totenwelt, heiße so, weil das Wort für »Reichtum« *ploutos* sei und weil Gold und Silber »aus der Tiefe der Erde kommen«.[28] Da das Geld eher private Interessen als die des Staates repräsentierte, sah man darin viele Ähnlichkeiten mit der Tyrannei, der Ausübung staatlicher Macht in privatem Interesse.

Öffentlich und privat oder geheim, sichtbar und unsichtbar – alles keine zufälligen Metaphern. Die Unterscheidung zwischen öffentlich und privat war zentral für das Selbstverständnis der griechischen Polis. In *Myth and Thought among the Greeks* (1983) beschreibt Jean-Pierre Vernant die Entstehung der Polis im sechsten und siebten vorchristlichen Jahrhundert als einen Prozess der

Offenlegung und Enthüllung, ja Entsakralisierung, durch den alle Macht, die zuvor geheim oder auf die Häuser der Adeligen beschränkt war, in den öffentlichen Bereich der Agora verlegt und für alle sichtbar gemacht wurde. Debatten wurden nun in der Öffentlichkeit geführt, Gesetze bekanntgegeben. »Die alten Sacra, Amtszeichen, religiösen Symbole, Embleme, Holzbildnisse, über die man als Talismane der Macht in der Abgeschiedenheit der Paläste oder in den versteckten Winkeln der Priesterhäuser eifersüchtig gewacht hatte«, wurden nach und nach »in den Tempel gebracht, an einen offenen und öffentlichen Ort«.[29]

Die verborgene Macht des Geldes bildete dabei keine Ausnahme: Der Staat begann der privaten Geldanhäufung entgegenzutreten, und zwar so entschieden, dass Geld, das weiterhin versteckt wurde, schließlich als etwas Gefährliches, Unterirdisches galt, das den Zusammenhalt der politischen Gemeinschaft bedrohte. Der Staat selbst behielt seine Geldvorräte natürlich, legte jedoch Wert darauf, sie für alle sichtbar zu machen: So wurden beispielsweise die athenischen Goldreserven in Form von Goldplatten an der Monumentalstatue der Athene im Parthenon angebracht. Was der Staat für den Privatgebrauch freigab, wurde mit seiner Prägung versehen.

Und hier komme ich auf die Unterscheidung zwischen Geld und Münze zurück.

Noch einmal: Man schrieb Gyges nicht die Erfindung des Geldes zu, sondern die Erfindung der Münze, was nicht dasselbe ist. Wenn man Geld so simpel definiert wie die Ökonomen – als Tauschmaß und Tauschmedium –, kann man natürlich sagen, dass es in Vorderasien damals bereits seit mehreren tausend Jahren Gold und Silber gab und es auch in Lydien und Griechenland verwendet wurde. Nur war das Geld vor Gyges nicht durch den Staat mit einem einheitlichen Nennwert ausgeprägt gewesen. Die Leute trugen es in Form von Klumpen oder Bröckchen mit sich herum, und die Händler wogen es bei jedem Geschäftsvorgang mit ihren Waagen ab. Eine ziemlich umständliche Art, einen Kauf oder Verkauf zu tätigen; aber offenbar funktionierte dieses System, denn es wurde über Jahrtausende unverändert praktiziert. Warum aber begannen es dann die Herrscher in Lydien und bald darauf auch in Griechenland zu verändern?

Die existierenden Belege lassen vermuten, dass die Erfindung des Münzwesens den Handel nur unwesentlich vereinfachte. Das antike Griechenland war in hunderte winziger Stadtstaaten unterteilt, und jeder von ihnen begann seine eigenen Münzen auszugeben, jeweils mit einem eigenen Denominationssystem. Diese Denominationen – Nennwerte – basierten auf völlig unterschiedlichen Gewichts- und Maßsystemen. Da die Münzen über die Grenzen hinweg zirkulierten, befanden sich im Beutel des normalen Marktbesuchers mit großer Wahrscheinlichkeit verschiedene Währungen und somit wiederum völlig unterschiedliche Gold- und Silberstückchen. Bei wichtigen Transaktionen mussten die griechischen Händler die Münzen nach wie vor wiegen. Moses Finley zufolge wurde die Münzprägung nicht erfunden, um die wirtschaftliche Effizienz zu erhöhen.[30] Vielmehr handelte es sich um eine politische Maßnahme. Die Ausgabe einer eigenen Währung signalisierte politische Unabhängigkeit, und jeder noch so kleine Stadtstaat meinte sie unter Beweis stellen zu müssen. Das dürfte aber noch nicht die ganze Erklärung sein, denn es bleibt die Frage, warum eigene Münzen überhaupt als Ausweis politischer Unabhängigkeit galten.

Meine Antwort darauf lautet: Wenn die Polis es für erforderlich hielt, Münzen mit einem Abbild ihrer selbst zu versehen, tat sie es, weil sie Geld als eine gefährliche, heimliche Macht betrachtete, die gebändigt und domestiziert werden musste, *indem man sie sichtbar machte*. Das Emblem staatlicher Autorität musste ihm mit Gewalt eingeprägt, ja buchstäblich eingehämmert werden. Die so entstandenen Münzen waren oft von großer Schönheit. Manche galten schon zu ihrer Zeit als Kunstwerke. Dass der Staat für die Herstellung der Prägestempel die besten Künstler beschäftigte, zeigt letztlich aber sein verzweifeltes Bemühen, eine andere Wertdefinition an die Stelle derjenigen zu setzen, die sich ihm ständig entziehen konnte. Es war der Versuch, Geld in ein Schmuckobjekt, in etwas ausgeprägt Sichtbares zu verwandeln.[31]

Der Gyges-Mythos liefert zwar keinen eindeutigen Hinweis auf die Erfindung der Münzprägung, ist aber gewissermaßen ein Modell für den Prozess: Private, unsichtbare Mächte werden in legitime, politische, durch den öffentlichen Blick beschränkte und begrenzte verwandelt.

Verschiedene Arten von Fetischismus

Ich habe oben zwei Formen sozialer Macht unterschieden, die Macht, direkt auf andere einzuwirken, und jene, die eigene Person so zu definieren, dass andere sich ihr gegenüber verhalten, wie man selbst will. Die eine Machtform wird meist den verborgenen Fähigkeiten des Akteurs zugeschrieben, die andere der Zurschaustellung, also der Sichtbarkeit. Unschwer lässt sich jetzt erkennen, dass diese Analyse auch auf Wert angewendet werden kann. Wenn Geld die Fähigkeit seines Besitzers, auf die Welt einzuwirken, tendenziell erweitert (und deshalb laut Marx gern versteckt wird), dann weisen Gegenstände, deren Wert ihrer jeweiligen besonderen Geschichte oder Identität zugerechnet wird, die ebenso starke Tendenz auf, in die soziale Identität oder *persona* des Besitzers integriert zu werden und in ihm den Impuls zu wecken, sie stolz vorzuzeigen.

Wichtig ist, dass dabei nie eine Festlegung erfolgt. Nur wenige Gegenstände sind entweder das eine oder das andere. In einem Marktsystem sind, wie Marx uns in Erinnerung bringt, Geld und Waren immer zweierlei gleichzeitig, weil Käufer und Verkäufer sie aus entgegengesetzten Blickwinkeln wahrnehmen. Und in jedem Wertsystem gibt es zumindest ein ständiges Umlenken und Abweichen hierhin und dorthin, einen unablässigen Kampf um die Bestimmung. Häufig werden diese Kämpfe, wie etwa im Fall der griechischen Polis, ziemlich offen politisch ausgetragen. Und da sie auch ein Versuch sind, so gegensätzliche Werte wie künstlerische Schönheit, Reichtum und staatliche Autorität zu versöhnen, kann man sagen, dass sie im Wesentlichen *immer* politisch sind.

Die stete Verwandlung des Sichtbaren ins Unsichtbare und umgekehrt birgt vielleicht die Antwort auf die Frage in sich, mit der ich dieses Kapitel eröffnete: Warum Glasperlen? Warum besteht Geld in so vielen Gesellschaften aus Schmuckgegenständen?

Zu Beginn zog ich den Vergleich zwischen Geld und den Schmuckgegenständen, die in Mauss' Essay über die Gabe und in der ethnologischen Tauschtheorie überhaupt eine so zentrale Rolle spielen. Diese Gegenstände, schrieb ich, seien einzigartige Schätze und als solche etwas völlig anderes als Geld. Mauss selbst bemerkt jedoch, dass den seltensten und wertvollsten unter ihnen – Äxten und Mänteln bei den Maori, Kupferplatten der Kwakiutl sowie Kula-Armreifen und Halsketten – eine eigene Persönlichkeit, Intelligenz sowie ein eigener Wille zugeschrieben wird. Offenbar impliziert bereits die Tatsache, dass ein Gegenstand eine eigene Identität besitzt – eine einzigartige Form, einen Namen, eine Geschichte –, die dahinterliegende Präsenz einer Art verborgener Lebenskraft oder Handlungsmöglichkeit, so wie bei Tylor die innere »Lebens-Seele« immer hinter dem einzigartigen äußeren »Bild« eines Menschen verborgen ist.[32]

Aber warum wird vielen Erbstücken Handlungsfähigkeit zugeschrieben? Zum Teil ist es wohl auf ihren Wert zurückzuführen. Schließlich weckt Wert das Begehren derjenigen, die ihn erkennen und anerkennen, und bringt sie zum Handeln. Königlicher Prunk fordert die Zuschauer auf, dem Beispiel früherer Zuschauer zu folgen; bei Tauschobjekten erfolgt dieselbe Aufforderung durch die Wahrnehmung von Wert. »Andere haben versucht, diese Dinge zu erlangen«, so lautet die stillschweigende Botschaft, »deshalb sollte ich es auch tun.«

Der Wert eines Erbstücks ist wie gesagt im weitesten Sinn historisch, abgeleitet von den Herstellungs-, Gebrauchs- oder Aneignungsakten, die in der Vergangenheit im Zusammenhang mit dem jeweiligen Gegenstand erfolgten. Der Wert eines Erbstücks ist im Grunde der Wert von Handlungen, deren Bedeutsamkeit in die aktuelle Identität des Gegenstands einging – dabei kann die Betonung auf der genialen Arbeit des Künstlers liegen, der ihn schuf, auf den Anstrengungen, die manche Menschen unternahmen, um ihn zu erlangen, oder auf der Tatsache, dass einst einem mythischen Riesen damit der Kopf abgeschlagen wurde. Da der Wert der Handlungen bereits in der physischen Existenz des Objekts fixiert wurde, ist es nur ein kleiner Schritt dahin, die hinter diesen Handlungen stehende Handlungsmöglichkeit auch dem Objekt selbst zuzuschreiben und, wie Mauss, von Wertgegenständen zu sprechen, die sich von einem Besitzer zum nächsten übereignen oder das Schicksal ihrer Besitzer aktiv beeinflussen.

An dieser Stelle liegt der Vergleich mit Marx' Analyse des Warenfetischismus und des Geldes nahe. Marx zufolge ist das Einzige, was wirklich hinter der spezifischen, materiellen Form des Objekts steckt, das man kaufen möchte, die menschliche Energie, die in seine Produktion einfloss; der Begehrende aber sieht diese Kraft meist als dem Objekt selbst zugehörig. Sie scheint dem Gegenstand einen eigenen Willen, eine eigene Macht zu verleihen. Jedenfalls üben Waren auf diejenigen Macht aus, die sie begehren. Die Marx'schen Waren unterscheiden sich von den Erbstücken vor allem deshalb, weil die Illusion von Handlungsmöglichkeit bei ihnen daher rührt, dass ihre wahre Geschichte vergessen ist; bei den Erbstücken dagegen stammt der Wert, der die Illusion von Handlungsmacht ermöglicht, gerade aus dieser Geschichte, sei sie real oder imaginiert. In beiden Fällen werden die Energien, die in die Herstellung der spezifischen Form des Objekts einflossen und es begehrenswert machten, verschoben und erscheinen als eine gespenstische Handlungsmacht, die seine gegenwärtigen Bewegungen lenken. Das Objekt des Begehrens wird zum illusionären Spiegel der manipulierten Intentionen des Begehrenden.

Dies macht die diversen in diesem Kapitel erwähnten Spiegelmetaphern besser verständlich.[33] Ein Mensch, der sich im Spiegel betrachtet, ist in aktiv und passiv, Beobachter und Beobachteten gespalten. Allein die Wahrnehmung des eigenen Bildes impliziert bereits die Existenz eines unsichtbaren Agens, das es sieht. Walter Ong[34] behauptet sogar, in der Natur des Sehens liege immer schon die Andeutung eines Jenseitigen, Ungesehenen. Der Blick erfasst nur die Oberfläche der Dinge. Um herauszufinden, ob eine Münze aus reinem Gold besteht oder nur vergoldet ist, sieht man sie nicht nur an, sondern beißt darauf, wiegt sie in der Hand oder beklopft sie, um ihren Klang zu hören. Einen Gegenstand ansehen bedeutet Ong zufolge immer, nur einen Bruchteil des Dings anzusehen, und der Betrachter ist sich immer zumindest vage der Tatsache bewusst, dass es darunter noch etwas anderes gibt.

Die Zusammenhänge zwischen Handlung und Reflexion, die ständigen Bewegungen zwischen sichtbaren und unsichtbaren Formen von Wert und die Tatsache, dass wertgeschätzten Objekten so oft eine verborgene Kraft zugeschrieben wird, machen verständlich, wie sich aus Schmuckobjekten Geld entwickelt haben könnte. Diese Dinge gleiten immer in ihr Gegenteil.

Und nun kann ich endlich auf die Glasperlen zurückkommen.

Ich weiß nicht, ob Glasperlen jemals irgendwo in einer durchmonetarisierten Ökonomie als Geld verwendet wurden. Sie fungierten fast immer als Tauschwährung, als anonymes Tauschmittel zwischen Menschen unterschiedlicher Kulturen, vor allem zwischen Mitgliedern von Gesellschaften mit einer voll entwickelten Handelswirtschaft und Mitgliedern von Gesellschaften ohne eine solche. Natürlich eigneten sich Glasperlen deshalb so gut dafür, weil man sie mühelos von einzigartigen Formen in generische und wieder zurück transformieren kann. Man kann sie in großen Mengen kaufen, kunstvolle Perlenstickereien daraus machen oder andere Schmuckgegenstände damit besticken, die sich dann aber auch, wenn nötig, wieder in einzelne, nicht voneinander unterscheidbare Gegenstände teilen lassen. Deshalb sind sie wie dafür geschaffen, zwischen radikal unterschiedlichen Wertbereichen (meinetwegen auch Wert-»Regimes«) hin- und herzuwechseln. Ich möchte anhand eines Beispiels zeigen, wie Tauschperlen verwendet werden konnten.

Madagaskar und der Sklavenhandel

Tauschperlen aus der Region des Indischen Ozeans waren in Madagaskar spätestens seit dem zwölften Jahrhundert n. Chr.,[35] wahrscheinlich aber schon wesentlich früher weit verbreitet. Perlen aus roter Koralle, später aus rotem Glas, fungierten offenbar als Tauschmittel. Im siebzehnten Jahrhundert erkannten die europäischen Händler, die auf dem Weg nach Ostindien Halt machten, um Proviant an Bord zu holen, dass die Inselbewohner ausschließlich solche Perlen im Austausch für ihr Vieh akzeptierten. Im Verlauf des achtzehnten Jahrhunderts verloren die Perlen jedoch an Bedeutung, als der Sklavenhandel aufkam, bei dem vorwiegend mit Silber bezahlt wurde.[36] Nach und nach nahmen Spanische Taler den Platz der roten Perlen ein.

Das Imerina, der Teil Madagaskars, dessen spätere Geschichte am besten erforscht ist, liegt auf dem Zentralplateau der Insel, weit entfernt von den großen Handelshäfen, und war damals sehr abgeschieden. Aufgrund seiner politischen Zersplitterung wurde das Gebiet zum Hauptziel der Sklavenjäger von der Küste. Die Herrscher Imerinas führten untereinander fast dauernd Krieg – nicht zuletzt, um Gefangene zu machen, die sie dann an die Insel regelmäßig durchstreifende ausländische Händler verkaufen konnten – vor allem wohl an indische Moslems, aber auch an den einen oder anderen Europäer.

Maurice Bloch beschrieb die um 1777 vorherrschende Situation, als der erste europäische Bericht über die Merina-Gesellschaft entstand. Im Imerina fanden vielerorts Wochenmärkte statt, auf denen man alle möglichen Waren kaufen konnte. Als Geld dienten Silbertaler, die in kleinere Nennwerte zerteilt waren – der kleinste davon 1⁄720 eines Talers – und bei jeder Transaktion gewogen wurden.[37] Auf den Silbervorrat konnte man sich aber, so Bloch, nicht verlassen: Wenn die Sklavenhändler einmal lange auf sich warten ließen, versiegte er, so dass die Geldwirtschaft nicht mehr funktionierte. Sobald der nächste Sklavenhändler auftauchte, belebten sich die Märkte wieder, und die Herrscher konnten erneut Steuern eintreiben.

Einer der Gründe für das rasche Versiegen der Geldvorräte war die Gewohnheit, importierte Münzen einzuschmelzen, um daraus Silberketten und andere Schmuckgegenstände anzufertigen. Neben den Glasperlen war Silberschmuck im damaligen Imerina die wichtigste Form der persönlichen Zierde. Vor allem Ketten – die dickste mit einem Silbergehalt im Wert von vierhundert Taler – wurden zu bedeutenden Familienstücken.[38] Aber nicht jeder Familie war der Besitz solcher Gegenstände erlaubt. Die Quellen sind zwar frustrierend ungenau, aber offenbar gab es mehrere ziemlich komplizierte Luxusgesetze in Bezug auf Kleidung und persönlichen Schmuck. So durften beispielsweise rote Perlen nur von adeligen Männern und Frauen getragen werden; der großen Masse der Bevölkerung scheint es zumindest theoretisch verboten gewesen zu sein, überhaupt teuren Schmuck zu tragen.

Zumindest legt das ein 1834 verfasster Bericht über die königliche Versammlung nahe, in der die Luxusgesetze abgeschafft wurden. Zu dieser Zeit war das Imerina ein vereinigtes Königreich, dessen Herrscher, Radama I., durch ein Abkommen mit England den Sklavenhandel abgeschafft hatte. Der Bericht basiert auf den Aufzeichnungen von Radamas britischem Berater James Hastie, wie sie in William Ellis' *History of Madagascar* veröffentlicht wurden.[39]

Die britische Regierung hatte Radama Saatgut und Setzlinge für den gewerblichen Anbau zukommen lassen, um ihm einen Ersatz für den Sklavenexport zur Verfügung zu stellen. In besagter Versammlung verteilte der König die Entschädigung an Repräsentanten seines Volkes und schilderte eindringlich die Vorteile der kommerziellen Landwirtschaft. Mehrere Repräsentanten gaben daraufhin zu bedenken, die meisten von Radamas Untertanen hätten gar keine Motivation, in einen Wettbewerb um Reichtum zu treten, da es ihnen die Luxusgesetze nicht erlaubten, die schönen Dinge, die man sich dafür kaufen könne, zu erwerben. Nach einigen Diskussionen willigte der König in die Abschaffung der Gesetze ein. Laut Ellis wurde diese Entscheidung öffentlich so groß gefeiert wie nichts anderes seit der Abschaffung des Sklavenhandels.

Etwa um diese Zeit – vielleicht sogar in derselben Versammlung – verkündete Radama auch, dass Schulden, die man aufgenommen hatte, um Schmuck für die Toten zu kaufen, nicht mehr eintreibbar seien.[40] Dies, so der König, sei notwendig, weil

> viele Menschen in dem Bestreben, ihrem Respekt für die verstorbenen Verwandten Ausdruck zu verleihen, Schulden machten, um wertvolle Kleider und Schmuckgegenstände zu kaufen, die sie, dem alten Brauch folgend, den Gräbern der Toten beigaben. Und weil es mehrmals dazu kam, dass Einzelne aufgrund ihrer Unfähigkeit, die so entstandenen Schulden zu bezahlen, in Sklaverei gerieten. So waren die Toten in prächtige Gewänder gehüllt, mit Schmuck bedeckt und von Silber umgeben, während die nächsten lebenden Verwandten eben dadurch die größte Erniedrigung zu erdulden hatten.

Für die Toten werden die Luxusgesetze eher nicht gegolten haben. Aber selbst wenn – sie wären kaum durchsetzbar gewesen, weil niemand es gewagt hätte, das Grab eines nichtverwandten Menschen zu öffnen.

Man kann sich nicht des Eindrucks erwehren, dass alle diese Maßnahmen den Versuch darstellten, den Wettbewerb um Schmuck von den Toten zu den Lebenden zu verlagern – ihn sozusagen ans Licht zu bringen. Wenn dem so war, dann erwies sich dieses Unterfangen nicht als sonderlich erfolgreich. Der Brauch, kostbare Schmuckgegenstände als Grabbeigaben zu verwenden, schwand zwar mit der

Zeit tatsächlich, doch das Tragen von Schmuck setzte sich bei den gewöhnlichen Menschen nie durch. Ganz im Gegenteil: In den folgenden Jahrzehnten hörten offenbar auch die Reichen damit auf. Mitte des Jahrhunderts verschwanden die Beschreibungen von wohlhabenden, mit Glasperlen und Silber prächtig herausgeputzten Leuten, wie sie zu Radamas Zeiten noch völlig üblich gewesen waren, aus den Berichten der Reisenden.[41] Viele der gewaltigen Silberketten und andere kunstvolle Schmuckstücke wurden wohl eingeschmolzen oder vergraben. Andere behielt man als Familienstücke, sie wurden aber kaum je getragen oder ausgestellt. Der einzige Bereich, in dem sowohl Glasperlen als auch Silberschmuck nach Radamas Zeit weiterhin Verwendung fanden, war die Herstellung von *ody*, Talismanen – die es auch heute noch gibt, jetzt aber meist aus Plastik und Blech.

Ody und Sampy

Der Begriff *ody* bezog sich auf Gegenstände, die jeweils nur einen einzigen Zweck hatten. Dieser Zweck konnte völlig unterschiedlich geartet sein – Angriffe von Krokodilen abwehren, den Erfolg einer Reise garantieren, Liebe entfachen oder den Widersacher dazu bringen, dass er sich vor Gericht verplappert –, er war aber immer auf eine Sache beschränkt. *Ody* konnten auch von Einzelpersonen besessen werden, während die *sampy* genannten Talismane allgemeineren Schutz für größere soziale Gruppen boten. Die meisten Abstammungsgruppen hatten eigene *sampy*, und die königlichen *sampy* beschützten das gesamte Königreich. Letztere wurden den Untertanen des Königs in regelmäßigen Abständen vorgezeigt; auch besprengte man die versammelte Menge mit dem Wasser, mit dem man die *sampy* gereinigt hatte, um die Menschen vor Zauberei, Krankheit und anderen Gefahren zu schützen.[42]

Bei *ody* und *sampy* handelte es sich allerdings nicht um Schauobjekte. Ihre diversen magischen Bestandteile waren fast immer in einem Horn, einer Schachtel oder einem kleinen Beutel verborgen, und auch diese Behälter wurden den Blicken normalerweise entzogen. Selbst wenn man sie am Körper trug, blieben sie immer unter den Kleidern. Die meisten *ody* wurden in Seide gehüllt auf dem Hausaltar aufbewahrt, der sich stets in der nordöstlichen Ecke des Hauses befand. Die *sampy* verwahrte man noch aufwendiger in eisernen Gefäßen oder Truhen, und auch bei ihrer regelmäßigen Zurschaustellung, wenn sie bei öffentlichen Zeremonien an der Spitze langer Stangen vor das Volk gebracht wurden, blieben sie in Seide gehüllt und damit im Grunde unsichtbar.[43]

Die verborgenen Bestandteile selbst waren vorwiegend Stücke vom Holz, von den Blättern, der Rinde oder den Wurzeln seltener Bäume. Das alles war »Medizin« oder *fanafody*, wobei formell nicht zwischen dem unterschieden wurde, was in unseren Augen Kräuterheilmittel wären (etwa ein Aufguss aus zerstoßenen Blättern gegen Bauchschmerzen) und zeremonieller Magie (z. B. das Beten zu einem Stück Holz, um Blitze auf die Feinde zu lenken). Vermutlich waren Glasperlen und Silberschmuck in früher Zeit, bestimmt aber während der Herrschaft Radamas in dieses pharmakologische System eingebunden; oft wurden beliebte Perlenarten nach einem magischen Holz benannt, dessen Kräfte dann auch der Perle nachgesagt wurden.[44] Man glaubte jedoch nicht, dass diese Kräfte aus der Beschaffenheit der Materialien selbst stammten. Diese waren wenig mehr als eine Verbindung.

Die Wirkmacht eines Talismans hieß *hasina*. Im neunzehnten Jahrhundert ging es im Imerina bei fast allen rituellen Handlungen um die Erschaffung oder Manipulation von *hasina* – eine Bezeichnung, die Alain Delivré[45] als die Fähigkeit umschreibt, die Welt durch nicht wahrnehmbare Mittel zu beeinflussen. In den meisten Fällen, fügt er hinzu, ging es bei *hasina* um die Beziehung zwischen einem unsichtbaren Geist und einem materiellen Objekt, durch das der Geist mit Menschen in Kontakt treten konnte. Ahnen waren Geister, denen man hauptsächlich mittels ihrer Gräber oder Hinterlassenschaften begegnete; mit Vazimba-Geistern kam man über bestimmte Bäume, Felsen oder Quellen in Berührung usw. Alle diese Objekte waren Verbindungen zur Handlungsmacht der Geister und deshalb *masina*, d. h. »*hasina* habend«. Dasselbe galt für *ody*, deren Kraft aus der Beziehung zwischen den jeweiligen Bestandteilen und einer Ranakandriana genannten Art von Geist stammte.

Um ein *ody* zu einzusetzen, musste man es aus seiner Verhüllung nehmen, sich ihm zuwenden und es im Gebet »aufwecken«

und ansprechen. Dann musste meist ziemlich detailliert erklärt werden, worum man den Talisman bat und aus welchem Grund. *Ody* wurden also wie Wesen mit Bewusstsein behandelt; sie galten als Objekte, die über eine Art entkörperlichte Intelligenz verfügten. Im Gebet wurden sie oft mit Worten wie »Du, das du keine Augen hast und doch sehen kannst, keine Ohren, aber doch hören kannst« angerufen oder mit Wendungen wie »Du, dessen Name bekannt ist, dessen Gesicht aber niemand sieht«.[46] Die madagassischen Quellen unterscheiden stets genau zwischen diesem dem Geist zugeschriebenen Bewusstsein (und dessen Handlungsmacht) und dem »Holz« bzw. den physischen Bestandteilen eines Talismans.[47]

Allerdings – und hier wird es kompliziert – wurde zwar die Persönlichkeit und Handlungsmacht eines Talismans mit einem entkörperlichten Geist gleichgesetzt, aber dieser Geist hatte nichts mit der individuellen *Identität* des Talismans zu tun. Bei den Beschwörungen wurde das *ody* mit seinem Namen angerufen, doch dieser war nicht der Name eines Geists, sondern einfach der Name des wichtigsten Holzstücks, aus dem es bestand. Der Unterschied zwischen den *ody* lag also in ihren Bestandteilen.

Das Ganze gehört zu einer wesentlich umfassenderen madagassischen Rituallogik, auf die bereits Delivré hingewiesen hat. Alle spirituellen Kräfte im madagassischen Kosmos sind mehr oder weniger nichtspezifische Wesen. Eine individuelle Identität erhalten sie erst durch die Objekte, mit deren Hilfe die Menschen Kontakt zu ihnen aufnehmen. An sich sind sie ununterscheidbar. In manchen Mythen heißt es von ihnen, sie seien dem Aussehen nach buchstäblich identisch.[48] Immer identisch sind sie in Bezug auf die sie umgebende uniforme Uneindeutigkeit, auf das völlige Fehlen bestimmender Merkmale, was im Fall der Ranakandriana dadurch verdeutlicht wird, dass alle Quellen immer wieder betonen, wie schwer sie zu sehen sind. Man glaubte, dass die Ranakandriana in Höhlen oder an lichtlosen Orten lebten, wo man zwar ihre Stimmen hören, nicht aber ihre Formen erkennen könne, und dass sie davonflögen, sobald man den Blick auf sie richte. Dementsprechend wurden sie in Gebeten wie den oben zitierten stets als unsichtbar oder körperlos beschrieben.

Die uniforme Uneindeutigkeit der madagassischen spirituellen Kräfte führte zu endlosen Debatten zwischen den ausländischen Beobachtern. So gab es lange Diskussionen darüber, ob Begriffe wie *zanahary* (»Schöpfer« oder »Gott«) in der Singular- oder der Pluralform übersetzt werden sollten. Aus christlicher Perspektive ist das natürlich eine sehr wichtige Frage, der man aber in Madagaskar kaum jemals größere Bedeutung beimaß. Ich würde behaupten, dass die Uneindeutigkeit selbst schon viel erklärt: Durch die Abwesenheit jeglicher bestimmender Merkmale sind »Geister« reines, formloses Potential. Der Begriff *zanahary* beispielsweise konnte sich auf jedes Wesen beziehen, das die Fähigkeit besitzt, etwas mithilfe nicht wahrnehmbarer Mittel zu erschaffen. Sinnvoller als die Frage, wie diese Wesen aussahen oder wie viele es gab, ist die Einsicht, dass besagte Fähigkeit, etwas zu erschaffen, gerade aus dem Fehlen einer Definition herrührt. Die unspezifische, generische Beschaffenheit dieser Wesen selbst stellt Macht oder unbegrenzte Möglichkeit dar.

Innerhalb dieser Logik verlieh den Talismanen gerade die Tatsache, dass ihre Bestandteile dem Blick entzogen waren, die generische Handlungsmacht. Doch *ody* waren nicht einfach nur generisches Potential. Ihre Bestandteile waren spezifische Objekte, und eben diese Bestandteile bestimmten die spezifische Art und Weise, in der sich die Handlungsmacht zeigte. Jeder Bestandteil entsprach also einer der Kräfte des *ody*.

Lars Vig, ein norwegischer Missionar, beschreibt in *Charmes* (1969) sehr detailliert, wie man sich die Wirkungsweise von *ody* vorstellte. Nehmen wir seinen Bericht über ein beliebtes *ody basy*, einen »Gewehr-Talisman«, der Soldaten vor feindlichen Kugeln schützen sollte.[49] Der Talisman hat fünfzehn Bestandteile, die meisten davon Holzstückchen. Bei der Anrufung wird jedes davon bei seinem Namen genannt und aufgefordert zu handeln. Die Worte, mit denen die Handlung beschrieben wird, sind von der Bezeichnung des jeweiligen Bestandteils abgeleitet. Das erste, ein Stück von der *arify*-Pflanze (das Wort *arify* hat dieselbe Wortwurzel wie »abwenden«), wird gebeten, die vom Feind abgefeuerten Kugeln abzulenken. Ein anderer Holzspan, *betambana* (»viele Hindernisse«) genannt, wird ersucht, »die Feinde vom Angriff abzuhalten, ein Unglück eintreten zu lassen, das sie am Angriff hindert«[50] usw. Fast immer ist die Handlung des Talismans nach außen gerichtet, auf einen anderen Menschen hin als den, der ihn in Anspruch nimmt – auch das ist typisch für die madagassischen *ody*. Gewehr-Talismane machen ihre Besitzer niemals undurchdringlich für Kugeln, sondern sorgen dafür, dass die Menschen, die sie abfeuern, das Ziel verfehlen. Anstatt die Eigenschaften des Besitzers zu verändern, verleiht ihm das *ody* eine bestimmte Handlungsfähigkeit. Wie die versteckten Goldschätze bei Marx oder wie Engels' Zaubermittel wurden die verborgenen Bestandteile von Talismanen mit der Fähigkeit ihres Besitzers gleichgesetzt, auf die Welt einzuwirken.

Das Opfer und das Erschaffen von Talismanen

Dieses Spiel von Spezifischem und Generischem, Gesehenem und Ungesehenem kehrte auf den einzelnen Stufen der Merina-Rituale ebenso wieder wie die in den oben zitierten Gebeten geschaffene Verbindung zwischen Wörtern und Objekten.

Nehmen wir als Beispiel die Opferrituale. *Sorona*, das Wort für das, was wir »Opfer« nennen würden, hatte eine viel weitere Bedeutung. Es bezog sich auf jede »religiöse Zeremonie, mittels derer von dem jeweils Angebeteten eine erwünschte Unterstützung erlangt werden sollte«.[51] Häufig wurde das Wort *sorona* nicht für das Ritual selbst, sondern für Gegenstände verwendet, die diese »erwünschte Unterstützung« repräsentierten und deshalb bewusst als Opfergaben aufbewahrt wurden. In dieser Hinsicht waren *sorona* das Gegenteil von *faditra* – Gegenständen, die abzuwendende Übel repräsentierten –, denn diese wurden bewusst weggeworfen.

Solche Akte des Konsekrierens und Wegwerfens gehörten zu den meisten Ritualen. Immer wenn der König zum Krieg rief, opferten die Hofastrologen eine unversehrte Silbermünze[52] als *sorona* und beteten, das Heer möge ebenso intakt bleiben und nicht vom Feind zerstückelt werden. Dann warfen sie etwas Asche aus dem Herd des Königs als *faditra* in den Wind und beteten, das Heer möge, anders als das zu Asche gewordene Holz, nicht vernichtet werden.[53]

Fast immer war die Konsekration von *sorona* von einem Schwur begleitet. Man legte beispielsweise eine Glasperle oder einen Rohrkolben auf das Ritualbrett in der nordöstlichen Ecke des Hauses und versprach dabei, den unsichtbaren Kräften ein Schaf oder einen Ochsen zu opfern, wenn die »erwünschte Unterstützung« eintraf. War es so weit, dann wurde die Opferung des Tieres selbst als *sorona* bezeichnet, und man hob den Schädel und die Füße auf.[54]

Sorona bestanden meist aus denselben Gegenständen, die auch als Bestandteile von *ody* dienten. Und ebenso wie diese repräsentierten sie weniger Objekte als vielmehr Handlungen (im oben angeführten Beispiel: zerstört werden, als Ganzes bewahren). Es kam auch vor, dass *sorona* zu *ody* wurden:

> Das sorona ist ein Talisman, der die erwünschte Gunst erweisen soll, und kann ein Tieropfer sein, wobei das meiste Fett des Tieres nach dessen Tötung gegessen wird. Manchmal besteht sorona darin, einen Gegenstand zu tragen, der durch sikidy [Weissagung] bestimmt wurde und mit der Zeit zu einem ody wird, das heißt zu einem Talisman oder Amulett. Obwohl es zuerst für einen ganz bestimmten Zweck eingesetzt wurde, schreibt man ihm irgendwann eine innere Kraft zu, weshalb es auch dann weiterhin getragen wird, wenn der gewähnte Anlass für seinen sofortigen Gebrauch längst nicht mehr gegeben ist.
>
> Diese sorona bestehen manchmal aus Silberstückchen oder Silberketten, manchmal auch aus mehr oder weniger wertvollen Glasperlen. Gelegentlich werden bunte Perlenketten hergestellt, die der Opfernde dann um den Hals und an den Armen trägt.[55]

Glasperlen und Silber wurden demnach als *sorona* getragen, das die »erwünschte Unterstützung« repräsentierte (in diesem Fall das Verhelfen zu Reichtum), und zu diesem Zweck an der Person des Opfernden zur Schau gestellt. Ellis erwähnt es zwar nicht explizit, aber wenn die Bestandteile zu einem *ody* wurden, verbarg man sie wahrscheinlich, so wie man es mit den Bestandteilen von *ody* immer tat. Zumindest geschah es so mit den *sorona*, die auf dem Ritualbrett im Haus geopfert wurden, dort, wo man die Familien-*ody* oder -*sampy* normalerweise aufbewahrte. Sobald die Gebete erhört waren, konnte man die Talismane in Seide hüllen und zu den anderen *ody* stellen.[56]

Lassen Sie mich zusammenfassen:

Sorona waren materielle Bittzeichen. Sie repräsentierten die Wünsche oder Absichten derjenigen, die sie opferten, die Maßnahme, die die formlosen und unsichtbaren Kräfte ergreifen sollten. Man kann sie fast als physische Hieroglyphen betrachten, die in sichtbarer Form die als Gebet gesprochenen Worte reproduzierten. Doch der Status der Objekte änderte sich, sobald die Gebete erhört waren. Von diesem Zeitpunkt an galten sie als Verkörperungen von oder Verbindungen zu jenen unsichtbaren Kräften – als Objekte, durch die der Mensch mit ihnen in Kontakt treten konnte. Deshalb wurden sie nun nicht mehr gezeigt, sondern, als die Bestandteile von *ody*, versteckt – in Hörnern, Schachteln oder Säckchen, in rote Seide gehüllt oder auf andere Weise dem Blick entzogen. Man kann die *ody* beinahe als umgekehrte Beispiele für die Mauss'sche Gabe betrachten: Die Gabe ist hier nicht Teil der Person des Gebers, sondern konstituiert die Person des Empfängers.

Es gab bestimmt noch viele andere Arten, *ody* zu erschaffen, aber die vorgestellte ist von besonderer Bedeutung in Bezug auf Glasperlen und Geld, weil sie möglicherweise einen Hinweis auf die Mechanismen gibt, durch die Schmuckgegenstände dem Blick so plötzlich und durchgängig entzogen und zu versteckten Talismanen werden. Als *sorona* brachten die Glasperlen und Silberketten den Wunsch ihres Trägers nach Reichtum zum Ausdruck. Sie zu tragen hatte dieselbe Funktion wie jede Zurschaustellung von Reichtum: Es handelte sich um einen Akt des Überzeugens, auch wenn das Objekt des Überzeugens in diesem Fall eine abstrakte, unsichtbare Kraft war. Und auch hier sollten die auf einen selbst gerichteten Handlungen als Modelle für die Handlungen dienen, zu denen man andere anregen wollte. Indem man sich mit Reichtum überhäufte, wollte man andere dazu bewegen, dasselbe zu tun.

Doch sobald sie sich als wirksam erwiesen hatten, wurden dieselben Gegenstände – eben diese *sorona* –, der Logik des madagassischen Rituals folgend, mit den Kräften gleichgesetzt, die der Bitte entsprochen hatten, und deshalb versteckte man sie. Sie wurden zu *ody* und besaßen als solche die Fähigkeit, regelmäßig

Reichtum auf die zu lenken, die sie trugen. Und genau das ist bis heute die Funktion von Glasperlen und Silberschmuck. Wenn sie als Bestandteile in magischen Talismanen auftauchen, handeln sie fast immer dahingehend, dass sie direkt oder indirekt Reichtum auf den Besitzer lenken.

Die politische Dimension oder Steuern als Ritualopfer

Die politischen Aspekte der Geldverwendung im Imerina – ein Thema, mit dem sich Bloch in seinem Aufsatz »The Symbolism of Money in Imerina« (1989) eingehend auseinandersetzte – habe ich bisher ebenso wenig angesprochen wie die Politik der Sichtbarkeit und Unsichtbarkeit im Allgemeinen. Ich kann diese Fragen hier zwar nicht im Einzelnen erörtern, aber es ist vielleicht ganz nützlich, am Ende dieses Kapitels aufzuzeigen, in welche Richtungen eine solche Analyse führen könnte.

Ich beschrieb das Merina-Ritual als eine Reihe von Techniken zur Erschaffung und Lenkung von *hasina*. Das Madagassische kennt zwar keine wirkliche Entsprechung zu unserem Begriff »Ritual«, aber eines der Wörter, die am häufigsten verwendet werden, um Rituale zu beschreiben, war (und ist) *manasina*. Die wörtliche Übersetzung lautet »mit *hasina* ausstatten« bzw. »etwas *masina* machen« (*masina* ist die Adjektivform).

Im Merina-Königreich wurde das Verb *manasina* meist im Zusammenhang mit der Gabe von Geld an den Herrscher gebraucht. Das hing unter anderem damit zusammen, dass unversehrte Silbermünzen, wie sie bei solchen Zeremonien verschenkt wurden, selbst *hasina* hießen. *Hasina* mussten bei jedem öffentlichen Erscheinen des Königs verschenkt werden, was sich bei öffentlichen Versammlungen oder bei der jährlichen Zeremonie des Königsbads zu einem komplizierten Ritual entwickelte, in dessen Verlauf Repräsentanten der diversen Ränge und Provinzen des Königreichs der Reihe nach Tribut zollten. Stellt man sich aber die Münzen als eine Art *sorona* vor, lässt sich leicht erkennen, dass die Untertanen dem König, indem sie ihm diese Münzen darboten, auch *hasina* im anderen Sinn gaben.

Wenn ganze Silbermünzen als *sorona* oder, was gelegentlich vorkam, als Bestandteile von Talismanen verwendet wurden, stand die Münze, weil sie rund und unversehrt war, für Vollständigkeit und Vollkommenheit. Ich nannte ja bereits ein Beispiel, in dem eine Silbermünze für die Unversehrtheit des Landesheers stand. Noch häufiger galten die im Königsritual verwendeten Münzen als Repräsentanten der Intaktheit des Königreichs, der Hoffnung, seine Einheit möge fortbestehen. Der Akt des Verschenkens einer Münze als Zeichen der Loyalität kann demnach als die Erschaffung des Königs gesehen werden, zumindest aber als die Erschaffung der Kraft, durch die er das Königreich eint, nämlich *hasina*.

Dies wurde quasi explizit verkündet, wenn bei der Zeremonie des Königlichen Bads, dem Höhepunkt des Ritualkalenders der Merina, der Herrscher sich den Volksrepräsentanten zeigte, die ihm *hasina* überreichten. Unmittelbar danach nahm er hinter einem Wandschirm ein Bad, wobei er »Möge ich *masina* sein!« ausrief. Dann trat er wieder hervor und besprengte seine Untertanen mit dem Wasser, in dem er gerade gebadet hatte, so wie die Hüter des *sampy* das Volk bei anderen Gelegenheiten mit dem Wasser besprengten, mit dem das nationale *sampy* gereinigt worden war.[57] Hier findet sich, in eine kurze Abfolge von rituellen Gesten gedrängt, das ganze Muster von *sorona* und *ody*: Ein Gegenstand, den man stellvertretend für die Wünsche des Königreichs zur Schau stellt, wird zu einem unsichtbaren Talisman, der diese Wünsche immer wieder zu erfüllen vermag.

Ausblicke und ein Fazit

Eine zentrale in diesem Kapitel vorgebrachte Behauptung ist die der Existenz einer weitverbreiteten Unterscheidung zwischen der Macht, direkt auf andere einzuwirken (ein Potential, das nur in der Zukunft verwirklicht werden kann), und der Macht, andere zum Handeln zu bewegen, indem man Belege dafür zur Schau stellt, wie die eigene Person in der Vergangenheit behandelt wurde. Beides, so lautete meine Argumentation, wird häufig durch Metaphern des Sehens zum Ausdruck gebracht: die erstgenannte Macht dargestellt als etwas Verstecktes, die zweitgenannte verwirklicht durch Formen optischer Darstellung.

Dasselbe gilt für die Unterscheidung zwischen der Macht des Geldes und der Macht (oder, wenn man so will, den Wert) dessen, was ich »Erbschmuck« nannte. Geld wird aufgrund seiner Fähigkeit, sich in vielerlei Dinge zu verwandeln, meist als eine unsichtbare Potenz dargestellt. Geld ist das Potential zukünftiger Spezifität, auch wenn dieses Potential nur mittels eines zukünftigen Tauschakts verwirklicht werden kann. Damit verhält es sich gegensätzlich zu den Objekten, deren Wert in wie auch immer gearteten vergangenen Handlungen wurzelt. Diese Objekte sind nicht nur häufig selbst Schauobjekte, sondern besitzen auch die Macht, andere zum Handeln zu bewegen – eine Macht, die eindeutig viel mit der Macht aristokratischer Zurschaustellung oder königlichen Prunks gemein hat. Doch wenn aristokratische Zurschaustellung den Betrachter im einfachsten Fall auffordert, dem sich zur Schau Stellenden etwas von seinem Reichtum abzugeben oder ihm Ehre zu erweisen, weil andere dies bereits getan haben, so ist die elementarste Form des Tauschwerts genau das Gegenteil: Sie spornt dazu an, sich einen Gegenstand zu beschaffen, weil andere es in der Vergangenheit taten.

Wenn es sich so verhält, dann muss man, um den jedem einzelnen Gegenstand zugeschriebenen Wert zu verstehen, die Bedeutung der verschiedenen Akte des Erschaffens, Konsekrierens, Gebrauchens, Aneignens usw. verstehen, aus denen sich seine Geschichte zusammensetzt.[58] Man muss dann fragen: Welche dieser Handlungen bestimmen welchen Aspekt seines Werts? Welche dieser Handlungen machen den Wert aus, um dessen Wiederholung gebeten wird? Dazu kommt das notorisch knifflige Problem des Fetischs. Die hier entwickelte Auffassung von Fetischismus lässt sich wohl am besten so beschreiben: Wer einem Gegenstand Wert zuerkennt, wird gewissermaßen zu einer Brücke über die Zeit. Denn man erkennt dabei nicht nur die Existenz einer Geschichte vergangenen Begehrens und vergangener Intentionen an, die die aktuelle Form des Gegenstands gestalteten, sondern auch, dass sich die Geschichte vermittels des eigenen Begehrens, der eigenen Wünsche und Intentionen fortsetzt und in eben diesem Akt der Anerkennung erneut wachgerufen wird. Wer ein Objekt fetischisiert, verwechselt also die Macht einer im eigenen Begehren verinnerlichten Geschichte mit einer Macht, die dem Objekt selbst innewohnt. Fetischobjekte werden zu Spiegeln der manipulierten Intentionen des Betrachters. Und in gewisser Weise erfordert schon der Begriff des Begehrens – zumindest so, wie ich ihn in diesem Kapitel entwickelt habe – eine solche Fetischisierung.

Erinnern wir uns an Gyges, der sich unsichtbar machte, um die entblößte lydische Königin zu betrachten, oder an die uniform gekleideten bürgerlichen Männer, wie sie eine jener dekorativen, spezifisch gekleideten bürgerlichen Frauen anstarren. Unsichtbarkeit und Abstraktion bieten hier eine Möglichkeit, auf die eigene Handlungsmacht hinzuweisen (und Schauen ist in jedem Fall eine Handlung), aber könnte man nicht ebenso gut sagen, dass sie den Mann als ein begehrendes Wesen implizieren, das (zumindest in dieser Situation) nicht durch das, was es ist oder hat, charakterisiert wird, sondern durch das, was es nicht ist, durch eine Abwesenheit, einen Mangel? Schließlich werden wir ja gerade von dieser Abwesenheit oder Unvollkommenheit überhaupt erst zum Handeln gebracht. Denken wir sodann an Marx' Tauschanalyse, in der das begehrte Objekt immer konkret und spezifisch ist. Könnte man nicht sagen, dass auch die Abstraktion, das Nichtvorhandensein einer dem Begehrenden und seinem Besitz zugeschriebenen Definition, eine Möglichkeit ist, sich Begehren vorzustellen? Es ist eine Abwesenheit – wenn auch eine, die zwangsläufig die Anerkennung einer imaginären Totalität beinhaltet, welche seine Aufhebung wäre. In solchen Situationen spielt meiner Meinung nach das Objekt des Begehrens weitgehend dieselbe Rolle wie Lacans Spiegelobjekte: Es repräsentiert eine imaginierte Ganzheit, an die der Begehrende sein eigenes unausgeformtes Selbstbild heften kann. Oder, um kurz zu Marx' dialektischer Terminologie zurückzukehren: Es lässt den Begehrenden als einen abstrakten Inhalt wirken, der nur durch diese bestimmte konkrete Form verwirklicht werden kann.[59]

Selbst auf dieser individuellsten Stufe also bedingen Handlung und Reflexion einander unaufhörlich in einer unendlichen Vielfalt von Umschichtungen und Umwandlungen. Im Verlauf von historischen Umbrüchen ist stets eine ähnliche Dynamik am Werk, die gerade die Kategorien, anhand derer Wert wahrgenommen wird, transformiert oder doch zumindest in Frage stellt. Und wenn das madagassische Beispiel mit dem Bemühen der Könige, Geldmaterialien in Symbole der nationalen Einheit zu verwandeln, und dem Bemühen des Volks, diese Materialien zu verborgenen Machtquellen umzufunktionieren, etwas demonstriert, dann dass diese Kämpfe um Wert letztlich immer politische Kämpfe sind – und sei es nur, weil die wichtigsten politischen Kämpfe in jeder Gesellschaft (und hier kehre ich zu Turner[60] zurück) immer Kämpfe um die Definition von Wert sein werden.

Fünftes Kapitel

Wampum und soziale Kreativität bei den Irokesen

In diesem Kapitel möchte ich mich etwas näher mit Wampum befassen, jenen weißen und lila Muschelperlen, die im frühkolonialen Nordosten Nordamerikas zum Zahlungsmittel wurden. Unter den »primitiven Wertsachen« – wie Kula-Halsketten, Kwakiutl-Kupferplatten oder die Eisenstangen, mit denen bei den westafrikanischen Tiv der Brautpreis bezahlt wird – nimmt Wampum eine Sonderstellung ein. Als Gegenstand ist er am bekanntesten. Die meisten Amerikaner wissen wahrscheinlich, wie Wampum aussieht oder sind ihm auch schon einmal im Museum begegnet, was man von den anderen Gegenständen nicht unbedingt sagen kann. Anders als diese gehört Wampum jedoch nicht zum typischen Repertoire der ethnologischen Tauschtheorie.

Dafür gibt es mehrere Gründe. Zum einen war Wampum in einem Bereich in Umlauf, den ein westlicher Beobachter eher der Politik als der Wirtschaft zuordnen würde. Außerdem hatte er seine Blütezeit im siebzehnten und achtzehnten Jahrhundert, lange vor der Geburtsstunde der modernen Ethnographie. Gleichzeitig kann man sich nur schwer des Eindrucks erwehren, dass wir uns im Fall von Wampum zu nah vor der eigenen Haustür bewegen. Schließlich stammten die Muscheln und Schnecken, aus denen Wampum hergestellt wurde, hauptsächlich von der Küste vor Long Island, und noch heute findet man ihre Schalen und Gehäuse an den Stränden von Fire Island, der Hamptons und anderer Orte, an denen New Yorker Börsenmakler und Literaten im Sommer gerne ihre Wochenenden verbringen. Wampum wurde hauptsächlich beim Handel mit Irokesensiedlungen verwendet, die damals über den Norden des heutigen Staates New York verstreut lagen. Die Ersten, die Wampum in großen Mengen herstellten, waren die Pequot in Connecticut, die 1637 im berüchtigten Mystic-Massaker von englischen Siedlern ausgelöscht wurden. Mit dieser Art von Geschichte befassen sich die New Yorker nicht gern – die Amerikaner im Allgemeinen nicht.

Und schließlich spielten auch die Ethnologen keine ganz unschuldige Rolle. Als die Sechs Nationen der Irokesen in den späten 1960er Jahren versuchten, die Verfügungsgewalt über die zu ihrem Erbe gehörende Wampum-Sammlung der staatlichen New Yorker Museen wiederzuerlangen, verfasste William Fenton, bis heute einer der renommiertesten englischsprachigen Experten auf diesem Gebiet, unter dem Titel »The New York State Wampum Collection: The Case for Integrity of Cultural Treasures« eine längere Abhandlung, in der er ausführlich darlegte, warum der Forderung nicht entsprochen werden sollte. Wie man sich vorstellen kann, trug dieser Aufsatz nur dazu bei, die amerikanischen Ureinwohner in der weit verbreiteten (und in einem hohen Maß historisch gerechtfertigten) Vermutung zu bestärken, dass Ethnologen bestenfalls Handlanger des Kulturimperialismus waren und schlimmstenfalls noch üblere Ziele verfolgten. Infolge der daraus resultierenden Verbitterung sind ethnologische Studien zu Wampum etwas heikel.

All das ist sehr bedauerlich, weil die Untersuchung von Wampum meiner Ansicht nach für jede Werttheorie potentiell von großem Interesse ist. Es dürfte sich dabei um den am besten dokumentierten Fall handeln, in dem Perlen als Tauschmittel zwischen europäischen Händlern und einer völlig anders organisierten Gesellschaft verwendet wurden, und er vermittelt uns ein ziemlich genaues Bild davon, was die nichteuropäischen Handelspartner mit den Perlen, die in ihren Besitz gelangten, machten. Im Mittelpunkt dieses Kapitels stehen die irokesischen Völker der Fünf (später Sechs) Nationen. Ich beginne mit der Geschichte von Wampum – bis etwa Ende des achtzehnten Jahrhunderts –, der bei der Entstehung des Irokesenbundes zu außergewöhnlich großer Bedeutung gelangte. Mit der Ankunft von europäischen Pelzhändlern und wenig später von Siedlern an der amerikanischen Nordostküste begann, wie vorauszusehen war, für die Völker im Binnenland eine lang anhaltende Zeit gewaltsamer Umwälzungen: endlose Fehden, Massaker und Zwangsumsiedlungen, Vertreibung und Versprengung ganzer Völker, zweihundert Jahre lang nahezu unablässig kriegerische Auseinandersetzungen. Bei alldem spielte Wampum eine eigentümliche Rolle. Auf Wampum stützte sich der Pelzhandel, mit dem die meisten Probleme überhaupt erst begonnen hatten – Wampum war eines der Lockmittel, mit denen die Neuankömmlinge die Ureinwohner dazu brachten, sich gegenseitig zu bekriegen. Gleichzeitig wurde Wampum jedoch innerhalb des Irokesenbundes – die Irokesen galten bei ihren indianischen Nachbarn als besonders grausames und furchteinflößendes Volk von Kriegern – vor allem für sein friedensstiftendes Potential geschätzt.

Der Ursprung von Wampum

Auf die Ankunft der Europäer an den Küsten im Nordosten Amerikas folgten so rasch so viele Veränderungen, dass sich über die Zeit vorher kaum etwas mit Bestimmtheit sagen lässt. Es besteht keine Einigkeit darüber, ob es bereits vor 1500 irgendetwas existierte, das man als »Wampum« bezeichnen könnte; allerdings ist das eher ein begriffliches Problem, denn es gab mit Sicherheit polierte Perlen der einen oder anderen Art – seltene Steine, Glimmer, Perlen aus Muscheln oder Federkielen – und ähnliche schimmernde oder glänzende Gegenstände, die für die Bevölkerung im nordöstlichen Waldland eine wichtige Form von Reichtum darstellten.[1]

Im sechzehnten Jahrhundert konzentrierte sich das europäische Interesse an Nordamerika in erster Linie auf Pelze – insbesondere Biberfelle, die damals vor allem von Hutmachern nachgefragt waren. Die Händler aus Holland und England brachten reichlich bemessene Vorräte an Glasperlen mit – die man damals bereits in Venedig und den Niederlanden in Massenfertigung für die Märkte in Afrika und am Indischen Ozean herstellte – und trafen auf Ureinwohner, die für gewöhnlich bereitwillig Felle dafür eintauschten. Eine Zeitlang waren die Perlen reguläres Zahlungsmittel. Es gab sogar Bestrebungen, sie in Massachusetts herzustellen. Als sich die Enklaven der europäischen Siedler im Lauf der Zeit immer weiter ausdehnten, wurden die Glasperlen allmählich von Wampum verdrängt: den kleinen, zylindrischen weißen und lila Perlen, die die algonkinsprachigen Völker in Massachusetts und auf Long Island schon seit langem aus Wellhornschnecken und Venusmuscheln herstellten. Die englischen und holländischen Kolonialisten hatten offenbar keine großen Schwierigkeiten, sie zur Massenproduktion dieser Perlen zu zwingen, ließen daraus einfarbige weiße oder lila Gürtel flechten (Letztere waren aufgrund ihrer Seltenheit doppelt so viel wert) und bestimmten feste Kurse für den Tauschhandel mit den Binnenlandindianern: soundso viele Klafter Wampumschnur für dieses oder jenes Fell. Nachdem die Küstenindianer weitgehend ausgelöscht worden waren, begannen die Kolonialisten die Perlen selbst herzustellen.[2]

Wampum war nicht nur ein Zahlungsmittel für den Handel mit den Ureinwohnern. Die Siedler benutzten es auch für Geschäfte untereinander. In den frühen Kolonien herrschte chronischer Geldmangel; Silbergeld gab es praktisch gar nicht und die meisten Geschäfte zwischen den Siedlern wurden mittels Tausch, Kredit und Wampum abgewickelt. Von den Kolonialregierungen wurde Wampum bis Mitte des siebzehnten Jahrhunderts als gesetzliches Zahlungsmittel anerkannt, und viele Siedler zogen Wampum selbst dann noch vor, als in ausreichender Menge Münzgeld verfügbar war – wenn auch vielleicht nur deswegen, weil es die Indianer eher akzeptierten.[3] Andererseits gibt es keine Belege dafür, dass sie beim Handel untereinander Wampum benutzten, selbst wenn sie in unmittelbarer Nähe der Europäer lebten. Wir haben es hier also mit zwei völlig unterschiedlichen Wertregimen zu tun.

Zur Zeit der ersten europäischen Siedler lebten an der Küste hauptsächlich algonkinsprachige Stämme und in den Wäldern westlich des Hudson Mitglieder der irokesischen Sprachfamilie. Letztere wohnten überwiegend in großen befestigten Dörfern und hatten sich zu verschiedenen Konföderationen zusammengeschlossen, von denen die bedeutendsten die Huronen am St.-Lorenz-Strom und die über den Norden des heutigen Staates New York verteilten Irokesen waren. Nachdem die Biber an der Küste binnen kurzem nahezu ausgerottet waren, befanden sich die Huronen (verbündet mit den damals in Quebec angesiedelten französischen Händlern) in der besten Position, um die Zugänge zu weiter im Westen gelegenen Jagdgründen zu kontrollieren. Aus dem frühen siebzehnten Jahrhundert liegen uns über die Huronen sehr viel ausführlichere Informationen vor als über jedes andere Irokesenvolk, was vor allem darauf zurückzuführen ist, dass sich in den meisten Huronengemeinschaften französische Jesuiten niedergelassen hatten, die akribisch Buch über ihre Arbeit führten. Über die Fünf Nationen des Irokesenbundes im Süden – Onondaga, Oneida, Seneca, Mohawk und Cayuga – wusste man dagegen sehr viel weniger. In den Augen der meisten Küstenalgonkin waren sie offenbar furchteinflößende Kannibalen[4] – fest steht jedenfalls, dass die Irokesen dank ihres Bündnisses mit den Holländern wesentlich verlässlicher mit Feuerwaffen versorgt wurden. In den sogenannten »Biberkriegen« von 1641 bis 1649 gelang es ihnen, die meisten größeren Huronensiedlungen zu zerstören, eine große Zahl von Huronen gefangen zu nehmen und den Rest der Bevölkerung zu vertreiben. Bis 1656 hatten die Irokesen auch die Konföderationen der Petun und der Neutralen im Westen entmachtet und sich auf diese Weise ein Handelsmonopol geschaffen, das sie ein Jahrhundert lang behalten sollten.

In den folgenden einhundertfünfzig Jahren waren die Irokesen an einem Krieg nach dem anderen beteiligt: zwischen Briten und Franzosen, zwischen britischen und amerikanischen Kolonialisten und zwischen den einzelnen indianischen Nationen. In dieser Zeit begann Wampum – den die Irokesen als Bezahlung für Felle und als Tribut von besiegten Gegnern erhielten – eine zentrale Rolle in ihrem politischen Leben zu spielen, ja man könnte sogar sagen bei der Konstituierung der irokesischen Gesellschaft selbst.[5] Das ist die Zeit, die ich näher untersuchen möchte; aber zum besseren Verständnis der Geschehnisse ist zunächst zumindest der Versuch einer Rekonstruktion der frühen irokesischen Sozialstruktur erforderlich.

Die Wiederauferstehung von Namen

Wie die algonkischen Völker im Osten waren die irokesischen Nationen matrilinear und matrilokal. Im Unterschied zu den Algonkin teilten die Irokesen (die Fünf Nationen ebenso wie die Huronen) jedoch eine ganz spezielle Auffassung: Sie betrachteten ihre Gesellschaften nicht als Zusammenschluss lebender Individuen, sondern als Zusammenschluss ewiger Namen, die im Lauf der Zeit von einem Träger an den nächsten weitergegeben wurden.

Die meisten Völker im nordöstlichen Nordamerika pflegten den Brauch der »Wiederauferstehung« von Namen. Wenn beispielsweise ein berühmter Krieger starb, konnte man seinen Namen einem anderen geben, der dann in gewisser Weise als Inkarnation dieses Kriegers betrachtet wurde; wenn es sich um einen Häuptling handelte, konnte er auch dessen Amt erben. In jesuitischen Aufzeichnungen über die Huronen aus dem Jahr 1642 heißt es:

> Oft wurde berichtet, dass die Toten ins Leben zurückgeholt werden, indem man ihre Namen auf Lebende überträgt. Dies geschieht aus mehreren Gründen – um die Erinnerung an einen mutigen Mann wachzuhalten und als Ansporn für den künftigen Träger seines Namens, ihm nachzueifern; um Rache an den Feinden zu üben, denn derjenige, der den Namen eines in der Schlacht Getöteten übernimmt, verpflichtet sich, dessen Tod zu rächen und der Familie des Toten zu helfen, da derjenige, der ihn ins Leben zurückholt und verkörpert, alle Pflichten des Verstorbenen übernimmt [...][6]

Bezeichnenderweise wurde der betreffenden Person zu diesem Zweck ein Kragen aus Wampum umgelegt, und wenn sie ihn annahm und nicht abschüttelte, wurde sie zum früheren Ich des Toten.

Die Irokesen gingen jedoch noch viel weiter: Letztlich sollten alle Namen wieder zum Leben erweckt werden, indem man sie an andere weitergab. Eine irokesische Nation (oder ein Stamm) bestand für gewöhnlich aus mehreren matrilinearen Clans und diese wiederum jeweils aus zwei Moieties. Jeder Clan besaß eine Sammlung von Namen, über die eine ältere Frau wachte. Die wichtigsten Namen, etwa Häuptlingsnamen, konnte man gleichzeitig als Titel auffassen, insofern jeder einer bestimmten Position im politischen Gefüge des Stamms oder der Konföderation entsprach. Starb einer dieser Amtsinhaber, dann ließ man den Namen »wiederauferstehen«, wie es die Huronen nannten, indem man ihn auf eine Person mit ähnlichen Eigenschaften übertrug und gleichzeitig die mit dem Titel verbundenen Regalien und damit das Amt selbst.[7] Man könnte also sagen, dass die Anzahl von »Personen« – im Mauss'schen Sinne als einzelne soziale Identitäten verstanden, die sich durch verschiedene gesellschaftlich anerkannte Insignien konstituieren – im irokesischen Kosmos gleichbleibend war, da sie, wie Tylors »Bilder«, den Tod ihres Trägers überlebten.[8] Zu jedem beliebigen Zeitpunkt in der Geschichte träfe man also auf dieselbe Ansammlung von *personae*, und der einzige Unterschied bestünde darin, dass die Häuptlingsämter alle besetzt wären, einige der weniger hohen Positionen dagegen nicht.

In irokesischen Quellen wurde dies häufig als »den Namen um den Hals hängen« bezeichnet. Die Belege sind dürftig, aber zumindest bei manchen irokesischen Nationen – möglicherweise auch bei allen – besaß offenbar jeder Clan einen seiner Namenssammlung entsprechenden Vorrat an »Namensketten«, die sich gleichfalls in der Obhut der Namenshüterin befanden.[9] Für die wichtigsten Häuptlingstitel gab es eigene Wampumgürtel, denen die Rolle von Amtsinsignien zukam und die dem Nachfolger, zusammen mit weiteren Insignien, tatsächlich um den Hals gelegt wurden.[10]

Es lässt sich hier schlecht irgendeine allgemeine Aussage treffen, da wir es mit einer Vielzahl von Völkern zu tun haben, die wahrscheinlich nie alle die gleichen Gewohnheiten pflegten. Vielmehr ist anzunehmen, dass es selbst in den einzelnen Clans oder Langhäusern unterschiedliche Bräuche gab. Fest steht jedoch, dass insbesondere bei den Fünf Nationen die Wiederauferstehung von Namen eine wesentliche Rolle bei der Konstituierung der Gesellschaft spielte. Möglicherweise handelte es sich lediglich um eine kulturelle Eigenart, aber man kann sich nur schwer des Verdachts erwehren, dass hier ein Zusammenhang mit der ungewöhnlichen Raubgier der irokesischen Gesellschaft bestand.

Krieg und Sozialstruktur

Der Bund oder die Liga der Hodenosaunee (oder »Irokesen«) bestand anfangs aus den Fünf Nationen – Onondaga, Mohawk, Seneca, Cayuga und Oneida –, von denen jede ein Gebiet südlich des Eriesees im Norden des heutigen Staates New York bewohnte.[11] Die Bevölkerung lebte überwiegend in großen, auf Hügeln errichteten Dörfern, die mit sorgfältig errichteten Palisadenzäunen befestigt waren und in holländischen und englischen Quellen oftmals als »Kastelle« bezeichnet wurden.

Innerhalb der Palisaden hatten die Frauen das Sagen. Die Langhäuser wurden von einer Gruppe miteinander verwandter Frauen verwaltet. Die Domäne der Männer war »der Wald«, sie waren für Kriegführung und Jagd zuständig. Dörfer und Nationen waren durch ein Netz politischer Institutionen miteinander verbunden; die Organisation des Irokesenbundes, der vermutlich Ende des fünfzehnten Jahrhunderts entstanden war, diente später als eines der Vorbilder für das föderale System der Vereinigten Staaten. Dementsprechend gab es verschiedene Räte für die verschiedenen Ebenen: zwischen Langhaus und Dorf, Dorf und Nation, Nation und Konföderation. Zwei Aspekte verdienen hier meiner Ansicht nach besondere Beachtung. Zum einen hatten Frauen in diesem System eine sehr wichtige Rolle inne. Für die Langhäuser waren ausschließlich aus Frauen bestehende Räte verantwortlich, und da den Frauen auch die Nahrungsversorgung oblag, stand es ihnen frei, einen eingeheirateten Mann aus der häuslichen Gemeinschaft auszuschließen. Die Dörfer wurden von aus Männern und Frauen bestehenden Räten geführt. Auch die Räte auf nationaler Ebene und Bundesebene bestanden aus männlichen und weiblichen Amtsinhabern. Die weiblichen Räte verloren zwar mit jeder nächsthöheren Ebene an Bedeutung – auf der Ebene der Langhäuser waren die Männer überhaupt nicht eingebunden, während auf Bundesebene wiederum der Frauenrat lediglich ein Vetorecht hinsichtlich der von Männern getroffenen Entscheidungen hatte –, die auf unterer Ebene gefällten Entscheidungen hatten jedoch einen wesentlich größeren unmittelbaren Einfluss auf das Alltagsleben. Was also die täglichen Dinge des Lebens angeht, scheint die irokesische Gesellschaft einem Matriarchat denkbar nahe gewesen zu sein. Zum anderen war die Gesellschaft trotz dieses komplexen föderalistischen Systems in vielerlei Hinsicht ausgesprochen egalitär. Amtsinhaber, Männer wie Frauen, wurden aus einem Kreis potentieller Erben ausgewählt, die Ämter selbst, zumindest die politischen Ämter der Männer, wurden gleichermaßen als Verpflichtung und als Belohnung betrachtet, da kein materieller Vorteil damit verbunden war und sie ihrem Inhaber mit Sicherheit auch nicht zur Ausübung irgendeiner Form von Zwangsgewalt verhalfen.

Nun stammen die meisten der uns vorliegenden Zeugnisse natürlich aus einer Zeit ständiger Kriege. Es lässt sich nicht genau sagen, wie sich das auf die Rollen von Männern und Frauen auswirkte. Einerseits dürfte es den Männerräten, die sich vor allem mit Angelegenheiten wie Krieg und Frieden beschäftigten, zu größerer Bedeutung verholfen haben. Andererseits führte es im Lauf der Zeit dazu, dass viele der Männer in einer Gemeinschaft gar keine Irokesen mehr waren, was wiederum auf lokaler Ebene den Frauen mehr Autorität verliehen haben dürfte.

Die irokesische Kriegführung entsprach einem unter den Ureinwohnern Nordamerikas weit verbreiteten Muster. Daniel Richter spricht von einem »Mourning War«-Komplex.[12] Dieser folgt einer ähnlichen Logik wie eine Fehde, ist aber nicht ganz dasselbe. Der Tod nahezu jeder wichtigen Person konnte zu einem Kriegszug führen, gleichgültig ob sie von Feinden getötet worden war oder nicht. Bei den Fünf Nationen kann man darin vielleicht eine Erweiterung des Prinzips sehen, die Toten zu ersetzen. Starb ein wichtiger Amtsinhaber oder eine wichtige Amtsinhaberin, konnte ihr Name sofort auf einen anderen übertragen werden. In der Literatur findet sich dafür die Bezeichnung »Wiederbelebungszeremonie«, da auf diese Weise das Leben und die Stärke, die der Gemeinschaft durch den Tod genommen worden waren, wiederhergestellt wurde. Schließlich wurden auch weniger wichtige Mitglieder der Gemeinschaft ersetzt. In der Zwischenzeit konnte ein solcher Verlust jedoch schreckliche Folgen haben, insbesondere für die Menschen, die dem Verstorbenen am nächsten gestanden hatten. Man glaubte, dass Trauer und Schmerz die Hinterbliebenen in den Wahnsinn treiben konnten. Die Frauen der trauernden Familie verlangten daher oft, dass ein Überfallkommando (für gewöhnlich aus ihren männlichen Verwandten gebildet) losgeschickt wurde, um Ersatz zu beschaffen. Für gewöhnlich richteten sich die Überfälle gegen einen der benachbarten, traditionell als Feinde betrachteten Stämme. Gelegentlich wuchsen sie sich zu einer größeren kriegerischen Auseinandersetzung mit zahlreichen Standkämpfen aus, die Richter als »überwiegend zeremonielle Begegnungen zwischen großen Aufgeboten an Kriegern mit hölzernen Schilden und aufwendigem Kopfschmuck«[13] beschreibt. Dass jemand im Kampf zu Tode kam, war eher die Ausnahme, da der Zweck des Krieges in erster Linie darin bestand, Gefangene zu machen.

Das Schicksal, das diese Gefangenen auf irokesischem Stammesgebiet erwartete, konnte erstaunlich angenehm oder unvorstellbar grauenvoll sein. Die Gefangenen wurden von der Familie, die einen Verlust zu beklagen hatte, förmlich adoptiert. Danach blieb es den Familienmitgliedern überlassen, ob sie sie zu Tode folterten oder als Ersatz für den Verstorbenen behielten. Nach Meinung der europäischen Beobachter beruhte diese Entscheidung auf einer Laune des Augenblicks. Diejenigen, denen der Tod bestimmt war, wurden zuerst festlich bewirtet und anschließend an einen Pfahl gebunden und systematisch gefoltert, vor allem traktierte man sie mit Brandfackeln und glühendem Metall, oft eine ganze Nacht hindurch, bis sie starben. Manchmal endeten diese Zeremonien offenbar mit einem Gelage, bei dem Teile des Körpers des Toten verzehrt wurden (die Nachbarstämme lagen also nicht ganz falsch). Die meisten Frauen und Kinder, die bei Überfällen gefangen genommen wurden, und auch eine relativ große Anzahl von Männern – wahrscheinlich auch hier die Mehrzahl – wurden jedoch nicht getötet, sondern dauerhaft adoptiert. Sie erhielten den Namen des Verstorbenen und wurden im Idealfall sofort wie ein Familienmitglied behandelt, es fielen ihnen sämtliche Rechte und Pflichten des Verstorbenen zu (d. h., ein Mann nahm normalerweise den Platz des Ehemanns der Witwe des Verstorbenen ein) und sie wurden von dessen weiblichen Verwandten liebevoll umsorgt. Nach einer Probezeit, in der man aufmerksam beobachtete, ob die Gefangenen irgendwelche Anzeichen für Unzufriedenheit erkennen ließen, konnten sie schließlich zu vollwertigen Mitgliedern der Gesellschaft werden, in einigen Fällen führten sie sogar Kriegsparteien an oder erhielten wichtigere Namen und mit politischer Verantwortung verbundene Ämter.

Jedenfalls scheint es in früheren Zeiten so gewesen zu sein. Im siebzehnten Jahrhundert wurden die kriegerischen Auseinandersetzungen immer heftiger und zerstörerischer, und den Irokesen gelang es, eine Reihe rivalisierender Bünde zu zerschlagen, unter anderem die der Mohikaner, Huronen, Petun, Neutralen, Erie und Susquahannock. Diese Kriege führten einerseits zu beispiellosen Massakern (ein Irokesenhäuptling ließ aus Trauer und Zorn über den Tod seines Bruders an einem einzigen Tag achtzig gefangen genommene Huronen töten), andererseits zur Aufnahme einer großen Zahl von Gefangenen in die irokesische Gesellschaft. Aus dieser Zeit liegen Berichte über eine Klassengesellschaft vor, in der ein Großteil der niederen Arbeiten von adoptierten Gefangenen verrichtet wurde und den Mitgliedern der Adoptivfamilien das Recht zustand, diese bereits beim geringsten Ungehorsam oder Fehlverhalten zu töten.[14] Missionare klagten darüber, dass in vielen Gemeinschaften die Mehrzahl der Männer die Sprache der eigenen Nation nicht beherrschte.[15] Möglicherweise entwickelte sich erst zu der Zeit die Praxis irokesischer Namensgebung in dieser ungewöhnlichen systematischen Form (möglicherweise hatte sie aber auch bereits seit langem bestanden und war einer der Gründe, warum sich die Fünf Nationen erfolgreicher ausdehnen und andere integrieren konnten als ihre Nachbarn). Aber wie dem auch sei, diese von Gewalt geprägte Epoche war nicht von Dauer, denn bereits die Kinder der Gefangenen wurden als vollwertige Mitglieder ihrer Adoptivclans betrachtet.

Friedensverhandlungen

Wenden wir uns an dieser Stelle wieder der Rolle von Wampum zu. Wampum erfüllte eine wichtige Funktion, was den Beginn und die Beendigung von Kriegen betraf.

Wenn beispielsweise der Tod eines Mannes dessen Familie dazu veranlasste, für einen Feldzug zu rüsten, dann gab die Clanmutter offenbar seinen Namen kund, indem sie einem verwandten Kriegshäuptling einen Wampumgürtel sandte. Dieser stellte dann einen Trupp Männer zusammen, deren Auftrag es war, einen Gefangenen als Ersatz für den Verstorbenen zurückzubringen.[16] War der Betreffende jedoch ermordet worden und der Mörder gehörte keiner gänzlich fremden Gruppe an, bestimmte man für gewöhnlich einen Rächer.[17] Der Clan des Mörders konnte das nur verhindern, indem er der Familie des Opfers unverzüglich Wampum zum Geschenk machte. Die übliche Menge waren fünf Klafter für das Leben eines Mannes und zehn für das einer Frau.[18] Innerhalb des Bundes sorgten ausgeklügelte Mechanismen dafür, dass solche Angelegenheiten rasch erledigt wurden; Ratsversammlungen wurden einberufen, und von den wichtigen Mitgliedern des Clans des Mörders wurden große Mengen Wampum eingetrieben. Das letzte Wort hatten jedoch die Hinterbliebenen. Sie konnten sich unnachgiebig zeigen und darauf bestehen, dass der Rächer entsandt wurde.

Die Abläufe bei Friedensverhandlungen sind deshalb wichtig, weil der Bund in erster Linie deswegen gegründet worden war. Der mit »Bund« übersetzte irokesische Begriff bedeutet ursprünglich nichts anderes als »Frieden«: Der gesamte politische Apparat wurde von seinen Schöpfern vor allem als Instrument zur Beilegung blutiger Auseinandersetzungen betrachtet. Der Bund bestand weniger aus einer Regierung oder einer Allianz[19] als vielmehr aus einer Reihe von Freundschaftsverträgen, die das institutionelle Instrumentarium zur Vermeidung von Fehden lieferten und das Einvernehmen zwischen den fünf beteiligten Nationen sicherten. Trotz ihres Rufs als raubgierige Krieger betrachteten es die Irokesen als wichtigsten Zweck politischen Handelns, für Frieden zu sorgen.

Wampum war für jede Friedensverhandlung unverzichtbar. Jeder diplomatische Akt sowohl innerhalb des Bundes als auch außerhalb musste durch die Übergabe und die Entgegennahme von Wampum vollzogen werden. Gab es eine Botschaft zu übermitteln, wurde sie in Wampumgürtel oder -schnüre »hineingesprochen«, die der Bote dem Empfänger überreichte. Diese Gürtel oder Schnüre wurden als »Worte« bezeichnet; oft waren sie zu mnemonischen Mustern geflochten, die sich auf den Inhalt der Botschaft bezogen. Ohne Wampum wurde eine Botschaft vom Empfänger kaum ernst genommen. Auch in Ratsversammlungen verwendeten die Redner Wampumgürtel – ebenfalls »Worte« genannt –, die sie an den entsprechenden Stellen ihrer Rede als materielle Verkörperung des Gesagten einen nach dem anderen niederlegten.[20]

Schickte man Gesandte zu einer anderen Nation, um Vorschläge für einen Vertrag zu unterbreiten, dann wurden nicht nur die Bedingungen des Vertrags selbst in Wampumgürtel gesprochen, man gab den Gesandten außerdem Gürtel und Schnüre als Geschenke an die betreffende Nation mit. Auch sie waren manchmal zu »Worten« geflochten; auf jeden Fall wurden sie in Ergänzung zu den vermittelnden Worten nacheinander präsentiert. Da die Diplomatie der Irokesen gut dokumentiert ist, können wir uns einen Eindruck verschaffen, wie solche Ansprachen aussahen:

> Sie lauten etwa wie folgt, wobei jeder Satz mit großem Ernst vorgebracht und durch die Übergabe eines Wampumgürtels bestätigt wird: »Brüder, mit diesem Gürtel öffne ich eure Ohren, auf dass ihr hören möget; aus euren Füßen ziehe ich die Dornen, die sie auf eurem Weg durchbohrten; ich reinige die Sitze des Ratshauses, auf dass ihr bequem sitzen möget; ich wasche euren Kopf und euren Körper, auf dass euer Geist erfrischt werde; ich betrauere mit euch den Verlust eurer Freunde, die seit unserem letzten Treffen gestorben sind; ich wische das Blut weg, das möglicherweise zwischen uns vergossen wurde.« […] Und sein Gedächtnis wurde mit Wampumgürteln aufgefrischt, die er als Zeichen der Aufrichtigkeit und Wahrhaftigkeit seiner Worte nach jedem Abschnitt seiner Rede überreichte.[21]

Anschließend legte der Gesandte dem Häuptling die Vertragsgürtel um die Schultern, und der Häuptling stimmte dem Vertrag zu oder er lehnte ihn ab, indem er sie abschüttelte.[22] Wenn er zustimmte, gab man dem Gesandten Nachbildungen der Vertragsgürtel mit und beide Seiten behielten ihre Gürtel als Aufzeichnungen der gegenseitigen Verpflichtungen.

Michael Foster führt hierzu aus, dass bei solchen Verhandlungen der Austausch von Wampum vor allem als Möglichkeit betrachtet wurde, Wege der Kommunikation zu öffnen.[23] Deshalb die rhetorische Hervorhebung des »Öffnens der Ohren« und des »Freimachens der Kehle« bei den Adressaten der Ansprache und das Bestreben, auch im Übrigen für eine angenehme Atmosphäre zu sorgen. Das war besonders wichtig, wenn es zuvor Feindseligkeiten zwischen den beiden Parteien gegeben hatte (was für gewöhnlich der Fall war). Insoweit pflichte ich Foster bei, aber die Idee von »Kommunikation« spielt in sehr viel umfassendere kosmologische Vorstellungen hinein. Die Religion der Irokesen war in der Hauptsache »eine Religion des Dankens«.[24] Rituale sah man in erster Linie als Möglichkeit, dem Schöpfer zu danken, indem man seine Freude über die Existenz des von ihm geschaffenen Kosmos zeigte. Bis heute gehören zu beinahe jedem rituellen Ereignis oder sogar zu jeder Zusammenkunft Dankesreden, in denen der Redner die wesentlichen Elemente des Kosmos aufzählt – Erde, Bäume, Wind, Sonne, Mond, Himmel – und der Reihe nach ihre Existenz preist.[25] Diese Lobpreisung oder Freude kann man sich auch als Gefühl von Ausdehnung vorstellen, ein Sichöffnen für die gesamte Schöpfung und die Gemeinschaft. In ähnlicher Weise dienten Kondolenzen, wie das Überreichen von Wampum, dazu, die Trauer und den Zorn zu vertreiben, die Geist und Körper der Hinterbliebenen blockierten, und sie wieder in Austausch mit der Welt und anderen Menschen treten zu lassen. Deshalb sprachen die Redner nicht nur davon, Augen, Ohren und Kehlen ihrer Adressaten frei zu machen, sie wollten ihnen auch wieder Sonne und Himmel erscheinen lassen. Bei der »Öffnung von Kommunikationswegen« geht es also nicht nur darum, eine Atmosphäre zu schaffen, in der Menschen miteinander reden können; es geht vielmehr darum, sie für das gesamte Universum zu öffnen.

Doch warum sollte gerade Wampum das geeignete Mittel dafür sein?

Die plausibelste Erklärung stammt von George Hamell.[26] Demzufolge kannte man im gesamten Osten des nordamerikanischen Waldlands eine Vielzahl von Gegenständen, die das verkörperten, was er als »Leben und Licht« bezeichnet – wobei Hamells Begriff der Erleuchtung in etwa dem der Expansion bei mir entspricht. Dazu gehörten die verschiedensten glänzenden oder spiegelnden Gegenstände, von Quarzkristall über Obsidian bis zu bestimmten Muscheln und später Wampum und Glasperlen. Bereits vor der Ankunft der Europäer stellten sie eine Kategorie von Reichtum dar, mit dem über große Entfernungen hinweg Handel getrieben wurde und den insbesondere all jene benötigten, die schamanistische Zwecke verfolgten. Man schrieb Wampum die inhärente Fähigkeit zu, Trauer zu vertreiben. Einem Mythos der Seneca zufolge hatte Hiawatha – der Wampum erfunden haben und einer der Gründer des Bundes gewesen sein soll – die ersten Wampumschnüre hergestellt und dabei folgenden Schwur geleistet:

> Träfe ich jemanden in tiefer Trauer, dann würde ich diese Schnüre nehmen und ihm Trost spenden. Die Schnüre würden zu Worten werden und die Dunkelheit vertreiben, die über dem Trauernden liegt.[27]

Bereits in diesen wenigen Verweisen treten einige deutliche Gegensatzpaare zutage. Der Unterschied zwischen Vergnügen und Schmerz, Freude und Kummer wird als ein Unterschied zwischen Expansion und Kontraktion begriffen, und im weiteren Sinn zwischen Licht (das es einem erlaubt, den Blick in die Welt hinaus auszudehnen, Sonne und Himmel zu sehen) und Dunkelheit (in der sich der Blick auf die unmittelbare Umgebung des Ichs kontrahiert). Wichtiger vielleicht noch, es ist der Gegensatz zwischen artikulierter Sprache und Stille oder unartikulierter Wut; Wampumschnüre selbst sind Gegenstände des Lichts, aber zugleich sind sie »Worte«, die die Ohren und Kehlen derer, an die sie sich richten, befreien und ihnen jenen Bereich der »Selbsterweiterung« zugänglich machen, in den man nur durch Sprache gelangt.[28] In den beiden irokesischen Gefangenen bestimmten Schicksalsvarianten kommt genau das zum Ausdruck: Im einen Fall wird dem Gefangenen in Form einer Wampumschnur ein Name um den Hals gehängt; im anderen rotglühende Beile, die sich in sein Fleisch brennen und ihm ein entsetzliches Martyrium bereiten, das schließlich zur endgültigen Kontraktion führt, zum Tod.

Die Ursprünge des Großen Friedens

Der Seneca-Ethnologe Arthur Parker erklärte 1946, um die Geschichte seines Volkes zu verstehen, müsse man zunächst eine kosmologische Sichtweise einnehmen, das heißt, man müsse sehen, wie sich die Irokesen selbst in der Geschichte des Universums verorten. Für seine Zeitgenossen lagen diesem Universum drei große schöpferische Momente zugrunde: erstens die Erschaffung des Universums, zweitens die Gründung des Bundes beziehungsweise der »Große Frieden« und drittens die Reformen des Seneca-Propheten Handsome Lake zu Beginn des neunzehnten Jahrhunderts. Zu jedem davon gibt es ausführliche mündliche Überlieferungen. In der Zeit, um die es hier geht, scheinen allerdings nur zwei existiert zu haben.

Irokesische Legenden zum Ursprung des Bundes beginnen stets mit der Beschreibung einer Zeit, zu der das Land durch ständige Fehden und Kriege verwüstet war.[29] Die Ahnen der Irokesen waren in die Wälder geflohen und in einen Zustand der Barbarei zurückgefallen, Mord, Kannibalismus und Plünderungen waren gang und gäbe. In diesen Geschichten nehmen Trauer und Wut oft die Form von körperlichen Missbildungen an: Die Menschen hatten sich buchstäblich in Ungeheuer verwandelt. Doch dann taucht inmitten von Chaos, Krieg und Verfall ein Mann namens Deganawidah auf, der das Volk mithilfe von Magie und Überzeugungskraft reformiert und ihm dauerhaften Frieden bringt. Die Geschichte folgt seinen Taten, berichtet von der Begegnung und dem Zusammenschluss mit Hiawatha und der Schaffung der irokesischen Gesellschaft in ihrer gegenwärtigen Form, indem er den einzelnen Clans und Nationen Namen gibt. Sie erreicht ihren Höhepunkt, wenn die Helden dem schrecklichsten aller Wesen gegenüberstehen, dem bösen Zauberer und Onondonga-Häuptling Tadodaho – von dem es heißt, er habe die Hände einer Schildkröte gehabt, die Füße eines Bären, Schlangen anstelle von Haaren und einen mehrere Klafter langen Penis, der einige Male um seinen Körper geschlungen war.[30] Statt sich auf einen Kampf einzulassen, überreichen ihm die Helden nacheinander dreizehn Wampumschnüre, jeweils von einem Lied begleitet. Mit jeder dieser Gaben verschwindet eine der Missbildungen Tadodahos, bis er schließlich wieder ein normaler Mensch ist. Der geläuterte Tadodaho erklärt sich bereit, Hüter des Feuers im Ratshaus der Onondaga und Bewahrer des Bundeswampum (einschließlich der dreizehn Schnüre) zu werden. Anschließend spricht Deganawidah die Bundesgesetze in Wampumschnüre, die der Obhut Tadodahos übergeben werden, und verschwindet von der Erde.

Alle anderen Protagonisten der Geschichte, einschließlich Hiawatha, blieben auf der Erde und lebten ebenso weiter wie die Clans und Nationen, denen Deganawidah Namen gegeben hatte.

Tadodaho wurde zum Hüter der Wampumgürtel des Bundes, und seither wird jeder Tadodaho, der Hüter des Schatzes wird.

Auch hier fallen die Parallelen zwischen der Vertreibung der Trauer und der Verleihung der Namen auf. Deganawidah und Hiawatha tun immer beides. Man könnte sagen, dass sie die Gesellschaft damit in zweifacher Hinsicht erschaffen: erstens indem sie Frieden bringen, das Potential für eine Sozialität, die ihn ermöglicht; zweitens indem sie im Rahmen dieses neu geschlossenen

Friedens Differenzierungen treffen und der Gesellschaft damit ihre Struktur verleihen. All diese ursprünglichen Gesten werden bis in die Gegenwart durch die Übergabe von Wampum wiederholt. Wie in vielen mythologischen Systemen werden die meisten dieser heutigen Handlungen nicht im gleichen Sinn als schöpferisch betrachtet; es geht dabei einfach um die ständige Wiederherstellung desselben Namens- und Ämtergefüges. Gleichwohl könnte ohne dieses unablässige Wiederherstellen der Große Frieden nicht fortbestehen und die Menschheit würde vermutlich erneut in die Barbarei zurückfallen.

Der Höhepunkt des Mythos – die Läuterung von Tadodaho – wurde im wichtigsten Ritual des Bundes wiederholt: bei der Kondolenzzeremonie, die alljährlich abgehalten wurde, um Häuptlinge als Ersatz für die verstorbenen »aufzurichten«. Wie bei den kleineren Clanritualen, die als Vorbild dienten, standen sich dabei zwei Moieties gegenüber, von denen die eine »von klarem Geist« war, die andere in Trauer. Die Moiety mit dem klaren Geist vertrieb die Trauer der anderen mit dreizehn »Worten« oder Botschaften, zu denen jeweils eine Wampumschnur präsentiert wurde, deren Muster die Botschaft in visueller Form wiederholte.[31] Auch hier diente jede Schnur dem Zweck, eine durch die Trauer verursachte Verletzung oder Blockade zu beseitigen: die Tränen aus den Augen der Trauernden zu wischen, ihre verstopften Ohren wieder zu öffnen, ihre Kehle frei zu machen, ihren Körper zu strecken, die Blutflecken von ihrem Lager zu wischen, die Dunkelheit um sie herum zu vertreiben und so weiter. Erst danach konnten die Häuptlinge aufgerichtet werden, indem man ihnen die den Namen der Verstorbenen entsprechenden Schnüre oder Gürtel überreichte.

Die Durchführung des vollständigen Rituals erforderte außerdem die Rezitation der Häuptlingsnamen und der Bundesgesetze.[32] Die Gürtel, in die Deganawidah diese Gesetze gesprochen hatte, wurden zusammen mit den Vertragsgürteln des Bundes (Verträge, die in gewisser Weise deren Erweiterung waren) unter Tadodahos Obhut im Onondaga-Ratshaus aufbewahrt. Auch sie wurden einer nach dem anderen ausgebreitet, während die Ältesten ihre Bedeutung erklärten.

> Zu gewissen Zeiten kommen sie zusammen, um dieselben wieder durchzustudiren, und sich die Begriffe zu erneuern, zu deren Ausdruck und Bestätigung sie bestimmt sind. Sie setzen sich um die Kiste herum, nehmen einen String und Belt nach dem anderen heraus, und lassen ihn im Kreise herumgehen, damit ein jeder ihn genau betrachten könne. Dabey wiederholen sie die Worte, die bey der Uebergabe desselben gesprochen und damit verbunden worden. Dadurch machen sie es möglich, dass sie nach vielen Jahren alles noch genau wissen, was sie versprochen haben, und was ihnen ist versprochen worden. Da sie die Gewohnheit haben, auch junge Knaben, die mit den vornehmsten Hauptleuten nahe verwandt sind, dabey zuhören zu lassen; so werden diese sehr frühzeitig mit ihren Staatssachen bekannt [...].[33]

Solche Gürtel waren fast immer zu komplexen Bildern geflochten, die als visuelle Wiedergabe der einst in sie hineingesprochenen Worte verstanden werden konnten, es handelte sich dabei jedoch nicht um Hieroglyphen. Vielmehr dienten sie als Gedächtnisstützen und wären völlig bedeutungslos gewesen ohne die Auslegung durch die Ältesten, die mit ihrer Hilfe »die geheimen Aufzeichnungen hervorholen, die in ihrer Erinnerung verschlossen sind«.[34]

Zirkulation und Geschichte

Die Irokesen des siebzehnten und achtzehnten Jahrhunderts waren also offenbar der Auffassung, unablässig eine im Prinzip auf Frieden gegründete Gesellschaftsordnung zu reproduzieren, auch wenn sie ebenso unablässig auf – oftmals räuberischen – Kriegszügen waren. Eine ungewöhnlich statische Geschichtsauffassung – insbesondere die Auffassung von Gesellschaft als einer bestimmten Menge unveränderlicher, mit Namen verbundener Ämter – dürfte das noch erleichtert haben, da es bedeutete, dass man die oftmals schmutzigen oder schrecklichen Einzelheiten der realen Geschichte gewissermaßen verschwinden lassen konnte, wenn man in Ritualen mit schönen Worten und schönen Gegenständen die wesentlichen Grundlagen der Gesellschaft, ihre letztgültige Wahrheit wiederherstellte.

Wampum wurde zum notwendigen Mittel für diesen Vorgang. Auf den ersten Blick mag das irgendwie paradox erscheinen, da die irokesische Gesellschaft Wampum schließlich nicht selbst produzierte. Er kam von außerhalb. Aber in gewisser Weise erscheint das bei einem Material, dem man die Fähigkeit zu sozialer Kreativität zuschrieb, nur passend. Damit wären wir bei einem bekannten kosmologischen Dilemma gelandet: Wie kann das, was über die Fähigkeit verfügt, eine bestimmte Ordnung zu konstituieren, seinerseits an dieser Ordnung teilhaben? (Das ist natürlich eine weitere Variante des im dritten Kapitel erwähnten Gödel'schen Theorems.) Deganawidah selbst kam wie viele dieser Helden von außerhalb der Gesellschaft: Er wurde von einer jungfräulichen Mutter in einem Huronendorf geboren. Nachdem er die neue Gesellschaftsordnung konstituiert hatte, verschwand er; Als Einziger der Figuren in der Geschichte blieb er kein Teil davon.

Wampum hielt vor allem auf zwei Wegen Einzug in die irokesische Gesellschaft. Zum einen durch den Pelzhandel. Im Lauf des siebzehnten Jahrhunderts gewannen die Irokesen als Handelspartner zunehmend an Bedeutung, und holländische, französische und englische Kaufleute lieferten im Austausch gegen Felle große Mengen Wampum. Zum anderen durch Tributzahlungen. In den Kriegen, die die Irokesen um die Kontrolle über den Pelzhandel führten, zwangen sie den besiegten Gegnern ausgesprochen einseitige Verträge auf, die zu jährlichen Tributzahlungen in Form von Hunderten von Klaftern Wampum verpflichteten. In beiden Fällen bekamen sie Wampum meist bereits zu einfarbigen Gürteln von einheitlicher Größe geflochten.[35]

Anschließend verteilte man ihn offenbar unter den wichtigeren Amtsinhabern, einer Gruppe, die in einigen frühen Quellen als »Adel« bezeichnet wird. »Von ihnen werden sie beigebracht«, schrieb Lafitau, »und unter ihnen werden sie wieder verteilt, wenn das Dorf Geschenke erhält und wenn Antworten auf die Gürtel ihrer Botschafter eintreffen«;[36] allerdings finden sich verschiedentlich auch Hinweise, dass Amtsinhaber bei zeremoniellen Tänzen oder anderen Ereignissen »den Zuschauern Wampum zuwarfen« oder ihn auf andere Weise verteilten.[37] Aber er scheint nicht im eigentlichen Sinn zirkuliert zu haben, das heißt von Hand zu Hand gegangen zu sein. Und er wurde auch kaum als Schmuck verwendet, weder von Würdenträgern noch von sonst jemandem.[38] Stattdessen wurde er in Truhen oder Beuteln verborgen im Langhaus seines Besitzers aufbewahrt, bis er für irgendwelche rituellen oder diplomatischen Zwecke gebraucht wurde, woraufhin die Frauen des Langhauses die erforderlichen Muster daraus flochten. Wie Beauchamp berichtet, wurden die Gürtel zu manchen Ratsversammlungen »geradezu scheffelweise mitgenommen, manchmal waren es mehr als hundert, aber anschließend wurden fast alle wieder aufgetrennt oder zu irgendeinem anderen Anlass verwendet«. Standen solche Ereignisse auf Bundesebene an, hatten Amtsinhaber offenbar das Recht, auf die Vorräte der Mitglieder ihrer Gemeinschaft zurückzugreifen, und verteilten hinterher wiederum einen Teil dessen, was sie selbst erhalten hatten. (So war es jedenfalls bei diplomatischen Angelegenheiten, die gelegentlich sogar mit einem noch größeren Aufwand verbunden waren.)

Verborgenes Wampum stellte somit eine Art Potential für politische Handlungen dar: um Frieden zu schließen oder um einen Krieg zu erklären. Es blieb unsichtbar, bis etwas Wichtiges gesagt oder getan werden musste: eine Rede in der Ratsversammlung, die Vorbereitung eines Feldzugs, Verhandlungen über ein Abkommen, Trost für einen Trauernden. Zu solchen Gelegenheiten konnte man generisches Wampum als Geschenk übergeben, einfarbige weiße oder »schwarze« (lila) Gürtel. Häufiger überreichte man jedoch Gürtel mit speziellen Mustern aus weißen und schwarzen Perlen, die nacheinander als visuelle Ergänzung zum Vortrag eines Redners präsentiert wurden. Waren die Worte von wirklich großer Bedeutung, konnte man die Gürtel in dieser Form aufbewahren, sie wurden in eine Truhe gelegt und man holte sie regelmäßig hervor, um sie zu zeigen und sich die Worte in Erinnerung zu rufen; andernfalls wurden sie aufgetrennt und neu verteilt.

Meiner Ansicht nach kann man hier zwei verschiedene Formen von Wert unterscheiden, die sich, wenn man so will, analog zu zwei Arten des Sprechens verhalten, denen Wampum ähnelte. Einerseits waren die Muster von Wampum, der zur Lösung von Konflikten oder zum Öffnen von Kommunikationswegen verwendet wurde, so vergänglich wie ein gewöhnliches Gespräch, und wie bei vielen gewöhnlichen Gesprächen war es nicht so wichtig, was gesagt wurde, sondern dass überhaupt miteinander gesprochen wurde. Hamell zufolge verkörperten Perlen das, was als höchster Wert in der irokesischen Kultur bezeichnet werden könnte: ein Bewusstsein für Helligkeit, Klarheit, Ausdehnung, ungehinderte Kommunikation mit dem Kosmos, das sich in der Gesellschaft in Frieden und Zusammengehörigkeit der Menschen manifestierte. Wampum symbolisierte jedoch nicht einfach nur Wert. Indem man es verarbeitete, verteilte und anderen als tröstende Worte überreichte, um ihre von Trauer und Zorn herrührenden Blockaden zu lösen, erzeugte man diesen Frieden und Zusammenhalt. Wie bei Marx das Geld symbolisierte Wampum einen Wert, der nur durch seinen Austausch realisiert werden konnte.

Andererseits konnten bestimmte »Worte« – Gürtel und Schnüre mit einem bestimmten Muster – an sich bedeutungsvoll und erinnerungswürdig sein. Wie die einzigartigen Erbstücke im vierten Kapitel war ihr Wert entweder – in Form von Namensgürteln – mit einzigartigen persönlichen Identitäten verbunden oder er gründete – in Form von Gesetzes- und Vertragsgürteln – auf einer einzigartigen Geschichte menschlichen Handelns. Vermutlich deshalb konnte man Lafitau zufolge diese letzteren Gürtel gleichermaßen als »Worte« oder »Transaktionen« bezeichnen: Sie waren die verkörperte Erinnerung an frühere diplomatische Leistungen und Friedensverhandlungen. Wenn verborgenes, generisches oder vergängliches Wampum über das Potential verfügte, Frieden zu stiften, dann waren die vererbten Gürtel Frieden, der in Form von Perlmutt Gestalt angenommen hatte.

Schöpfung und Intentionalität

Stellen wir uns einmal die Geschichte einer Wampumperle aus der Zeit um 1675 vor. Sie wurde irgendwo auf Long Island von einem Algonkin aus dem Gehäuse einer Wellhornschnecke angefertigt und in einen weißen Gürtel eingeflochten, der anschließend einem holländischen Beamten als Tribut überreicht wurde. Eine Zeitlang war der Gürtel als Zahlungsmittel unter den Siedlern in Neu-England und Neu-Amsterdam in Umlauf und jede neue Transaktion löschte die Erinnerung an die vorhergehende aus. Zu guter Letzt kaufte ein englischer Händler damit das Fell eines irgendwo am

Lake Michigan erlegten Bibers von einem Seneca, der es seinerseits von einem Ojibwa-Handelspartner bekommen hatte. Anschließend wanderte der Gürtel nach Westen zu den Großen Seen, wo die Felle von den Tributpflichtigen der Irokesen eingetrieben wurden, und von dort erneut als Tribut zurück zu den Irokesen; oder er blieb im Langhaus des Mannes, der das Fell an den englischen Händler verkauft hatte. Auf jeden Fall wurde weiterhin die Erinnerung an jede Transaktion durch die nachfolgende ausgelöscht. Der Wert von Wampum gründete also wie der des Geldes nicht auf der Bedeutung vergangener Handlungen, sondern auf seiner Fähigkeit, zukünftige in die Wege zu leiten und, so sollte man hinzufügen, darauf, dass er Medium eines Tauschkreislaufs war, der einen großen Teil Nordamerikas einschloss, eine Totalität von Interaktionen, die durch ihr Medium unablässig reproduziert wurde. Wampum war, ebenfalls wie Geld, ein winziger Teil einer größeren, undifferenzierten Totalität. Nur wenn der Gürtel aufgetrennt und die Perlen zu neuen »Worten« geflochten wurden, wechselte deren Wert vom Potential für zukünftige Handlungen zum Potential von Handlungen, die bereits stattgefunden hatten.

Außerhalb der Kolonien wurde Wampum lediglich auf anonyme Art und Weise für Geschäfte zwischen Partnern verwendet, die sich nicht als derselben Gesellschaft zugehörig betrachteten: ein englischer Händler und ein Seneca, ein Seneca und ein Ojibwa usw. Bei Transaktionen zwischen Mitgliedern derselben Gesellschaft oder auch bei Transaktionen zwischen verschiedenen Nationen, die der Herbeiführung von Frieden dienten, verhielt es sich anders. Manchmal waren die »Worte« einfach nur eine Wiederholung von Handlungen aus einer mythischen Vergangenheit wie Namensgebungen oder Kondolenzen. Bei anderen dagegen handelte es sich nicht um bloße Wiederholungen, vielmehr waren sie selbst schöpferische Akte, an die man sich erinnern würde, sofern sie erfolgreich waren. Nachfolgend der 23. Artikel der Verfassung des Bundes:

> 23. Jeder Häuptling der Konföderation der Fünf Nationen darf Muschelschnüre (oder Wampumgürtel) jedweder Größe und Länge als Pfand oder Beleg für Angelegenheiten von nationaler oder internationaler Bedeutung herstellen.

> Wenn es notwendig ist, durch einen Kriegshäuptling oder einen anderen Boten eine Muschelschnur zu überbringen, um zur Zusammenkunft zu laden, soll der Bote den Inhalt der Schnur derjenigen Partei vortragen, für die er bestimmt ist. Diese Partei soll die Botschaft wiederholen und die Muschelschnur zurückgeben, und wenn zur Zusammenkunft geladen wurde, soll sie sich für die Reise rüsten.
> Jedes Volk der Fünf Nationen darf Muscheln (oder Wampum) als Beleg für ein Pfand, einen Vertrag oder eine Übereinkunft verwenden.[39]

Der Vertragsstil ist vermutlich das Ergebnis einer späteren sprachlichen Überarbeitung, aber »Pfand« kommt irokesischen Vorstellungen sicher wesentlich näher als »Geschenk«. Zwar behielt der Empfänger für gewöhnlich das, was ihm übergeben wurde, aber selbst Zahlungen von Blutgeld in Form von weißem Wampum wurden »nicht als Kompensation für das Leben des Verstorbenen, sondern als reuiges Eingeständnis des Verbrechens mit der Bitte um Vergebung« betrachtet.[40] Ein Wampumgeschenk gab also die Absichten des Gebers zu erkennen (wenn man es nicht als »Wort« bezeichnete, konnte man sagen, dass es die »Gedanken« oder den »Geist« des Gebers in sich trug[41]). Aber das tat es in einer potentiell dauerhaften Form. Durch die Möglichkeit, Wampum als Erinnerungsstück aufzubewahren, wurde die Übergabe zu einem Beweis der Aufrichtigkeit, so dass ohne Wampum kein wichtiger Vorschlag und keine Verhandlung ernst genommen worden wäre.

Der entscheidende Augenblick der Handlung oder »Transaktion«, den man im Gedächtnis behielt, war dabei nicht die Übergabe von Wampum, sondern dessen Zurschaustellung: der Moment, wenn der Sprecher die Schnüre oder Gürtel aus dem Beutel oder Korb holte, in dem sie verborgen gewesen waren, und sie vor der Versammlung auf dem Boden ausbreitete. Es war ein Akt der Enthüllung, mit dem das dem Geist oder der Seele innewohnende Unsichtbare, Immaterielle in die sichtbare, greifbare Wirklichkeit geholt wurde. In gewisser Hinsicht war dies der schöpferische Akt schlechthin, durch den neue politische Gegebenheiten geschaffen werden konnten.

Die spezielle Verbindung des Geistes mit Worten verdient eine nähere Untersuchung, da sie von besonderer Bedeutung für die Kulturen des nordöstlichen Waldlands allgemein und insbesondere für die Idee der Person zu sein scheint. Den Schlüssel liefert hier der Aufsatz von Irving Hallowell über die Vorstellungen von Seele bei den Ojibwa, einem algonkischen Volk in Kanada. »Seele« bezieht sich bei den Ojibwa auf jedes Wesen, das zu Wahrnehmung und Intentionalität fähig ist. Zwar sind die Objibwa der Ansicht, dass Seelen viele verschiedene Gestalten annehmen oder von einer Gestalt in die nächste wechseln können, der unveränderliche Kern selbst bleibt für das Auge jedoch stets unsichtbar.[42] Etwas, das andererseits allen Seelen gemeinsam ist, ist die Fähigkeit zu sprechen, und »der einzige Sinn, mit dem ein Mensch die Anwesenheit von Seelen *jedweder* Kategorie unmittelbar wahrnehmen kann, ist der Hörsinn«.[43] Anders gesagt, selbst wenn Seelen unsichtbar sind, erzeugen sie stets irgendeine Art von Geräusch.

Falls diese Deutung auch auf die Vorstellungen der Irokesen zutrifft,[44] dann können Worte in ähnlicher Weise wie Wampum als Vermittler zwischen dem Unsichtbaren und dem Sichtbaren betrachtet werden. Sie vermitteln zwischen geheimen Begierden und konkreten, sichtbaren Gegebenheiten. Das ist sehr wichtig, weil es meiner Ansicht nach die Frage nach einer zugrunde liegenden Schöpfungstheorie aufwirft.

Wie bereits erwähnt, zeichnet sich das irokesische Ritual durchgängig durch Dankesreden aus, mit denen der Offiziant die Aufmerksamkeit auf alle Aspekte des Kosmos lenkt, die den Menschen Glück und Freude schenken, und dem Schöpfer für jeden einzelnen dankt. In diesen Reden wird die Schöpfung selbst stets als Sprechakt behandelt. Nachdem der Redner alle Aspekte des Kosmos aufgezählt hat, erklärt er, »dies hat der Schöpfer bestimmt« (oder »beabsichtigt«) – dann zitiert er dessen Worte und versichert, dass sie tatsächlich wahr sind und weiterhin wahr sein werden, und dass wir aus diesem Grund alle dankbar sein sollten. Nachfolgend ein kurzes Beispiel:

> Und das ist es, was der Schöpfer tat. Er bestimmte: »Auf der Erde werden Pflanzen wachsen. Ja, alle werden einen Namen haben, so viele, wie Pflanzen auf der Erde wachsen. Zu einer gewissen Zeit werden sie aus der Erde kommen und aus eigenem Antrieb reifen. Sie werden den Menschen, die auf Erden wandeln, im Überfluss als Medizin dienen.« So war es seine Absicht. Und es ist wahr: Wir ver-

> wenden sie bis heute […] Und auch dies tat der Schöpfer. Für die auf der Erde wachsenden Pflanzen bestimmte er: »Es wird eine gewisse Pflanze geben, die zu einer gewissen Zeit stets Beeren trägt. Dann werde ich sie veranlassen, sich meiner zu erinnern, die Menschen, die auf Erden wandeln. Immer wenn sie die Beeren über der Erde hängen sehen, werden sie ihre Dankbarkeit zum Ausdruck bringen.« Und es ist wahr: Wir sehen sie, wenn der Wind auf der Erde sich wieder erwärmt; dann hängen die Erdbeeren tatsächlich da. Und es ist ebenfalls wahr, dass wir sie verwenden, dass wir den Saft der Beeren trinken. Das tat er. Und es ist wahr: So trägt es sich zu.[45]

Und so geht es weiter mit Quellen, Wäldern und Tieren. Das Bild der Schöpfung besteht immer aus einer Reihe wohlüberlegter, intentionaler Handlungen.

Solche Dankesreden wurden praktisch zu jedem wichtigen rituellen Anlass gehalten (und werden immer noch gehalten), so dass das gewöhnliche Volk sie wahrscheinlich Dutzende, wenn nicht sogar Hunderte Male hörte. Deshalb ist man ein wenig überrascht, wenn man einen Blick in Sammlungen irokesischer Mythen wirft und feststellt, dass in den Geschichten über die Erschaffung der Welt die Entstehung des Universums ganz anders dargestellt wird.

Diese Mythen wurden in der Mehrzahl Mitte bis Ende des neunzehnten Jahrhunderts von den älteren Angehörigen verschiedener Irokesennationen gesammelt und einige Zeit später übersetzt.[46] In diesen Erzählungen wird der ursprüngliche Schöpfer/Protagonist, manchmal als »Träger der Erde« bezeichnet, schlicht als Häuptling eines Volkes dargestellt, das im Himmel lebte. Zu jener Zeit gab es weder Sonne noch Mond, stattdessen einen riesigen Baum in der Mitte des Himmels, der es am Tag hell werden ließ und nachts dunkel. Der Häuptling, so heißt es, hatte gerade eine junge Frau geheiratet, eine unberührte Jungfrau. Als sie sich vor seinem Langhaus unterhielten, vermischte sich ihr Atem und sie wurde schwanger. Das legt nahe, dass die Worte des Häuptlings über eine gewisse schöpferische Kraft verfügten. Er scheint sich der Zeugungsfähigkeit seiner Sprache allerdings nicht bewusst gewesen zu sein, denn als sie ihm später von ihrer Schwangerschaft berichtete (sie hatten bis dahin keinerlei sexuellen Kontakt), war er sehr aufgebracht.

Nachfolgend ein Auszug aus dem Originaltext in dem merkwürdigen Stil, den man damals beim Übersetzen von Mythen für angemessen hielt:

> Es ist sicher, so heißt es, dass es Gestalt annahm, als sie beide miteinander sprachen, als sie beide zusammen atmeten, dass es wahrhaftig sein Atem war, den die Jungfrau auffing, und dass dies den Wandel im Leben der Jungfrau herbeiführte [das heißt ihre Schwangerschaft] […]
> So geschah es, dass es fortwährend unverkennbarer ward, dass die Jungfrau ein Kind in sich trug. Zu gegebener Zeit wurde der Häuptling dessen gewahr, und er sagte: »Was hat diesen Wandel in deinem Leben hervorgerufen? Wahrhaftig, du wirst ein Kind gebären. Jedoch haben du und ich niemals das Lager geteilt. Ich glaube, dass nicht ich es bin, der den Wandel in deinem Leben herbeigeführt hat. Weißt du selbst, wer es ist?« Sie verstand die Bedeutung seiner Worte nicht.[47]

Während der Häuptling die Macht seiner Worte nicht begriff, hatte seine Frau offenbar keine Ahnung von dem, was wir als normale Art der Fortpflanzung bezeichnen würden. Schließlich gebar sie eine Tochter. Zu dieser Zeit war der Häuptling bereits krank.

> Sein Leiden wurde immer schlimmer. Alle Bewohner des Dorfes fanden sich bei ihm ein […] Sie befragten ihn ein ums andere Mal, versuchten, sein Wort zu deuten, zu ergründen, wonach es ihn verlangte, was er durch seinen Traum erwartete. So suchten sie Tag für Tag sein Wort zu finden […] wonach sich seine Seele sehnte.[48]

Wie wir noch sehen werden, glaubte man für gewöhnlich, dass Krankheiten von unerfüllten Begierden herrührten: Begierden, von denen die Leidenden oftmals selbst nichts wussten oder die sich ihnen nur auf indirekte Weise in ihren Träumen offenbarten.

Der Schöpfer, so erfahren wir, versammelte sein Volk um sich, verkündete, er habe einen Traum gehabt, und bat darum, »sein Wort zu finden«, das heißt seinen Traum zu deuten. Viele versuchten es vergeblich. Schließlich meinte einer, der Traum bedeute, dass der große Baum neben dem Langhaus des Häuptlings ausgerissen worden sei, so dass alle durch das Loch in den Abgrund darunter blicken könnten. Dies, erwiderte der Häuptling, sei die richtige Antwort, und so machten sich die Leute unverzüglich daran, den Baum auszureißen. Der Häuptling blickte hinunter und forderte dann seine Frau auf, es ihm gleichzutun. Als sie der Aufforderung folgte, stieß er sie in das Loch.

Dem Mythos zufolge gebar sie dort unten schließlich Zwillinge. An dieser Stelle scheint sich der ursprüngliche Schöpfer, der sich weder seiner schöpferischen Fähigkeiten noch seiner zerstörerischen Impulse so recht bewusst war, in zwei Teile zu spalten: in einen guten Zwilling (der dem Schöpfer in den Dankesreden zu entsprechen scheint), der tatsächlich das Universum mit all seinen Besonderheiten erschafft, diese benennt und eine Welt zu errichten versucht, die dem Menschen untertan ist, und einen bösen Zwilling, der versucht, alles von seinem Bruder Erschaffene wieder zu zerstören. Der etwas merkwürdig anmutende Verweis auf das Deuten von Träumen verdient eine ausführlichere Erklärung, da er ein sehr wichtiges Moment irokesischer Rituale betrifft.

Die Diktatur der Träume

Beginnen wir mit einigen Komponenten, die meiner Ansicht nach von entscheidender Bedeutung für den Mythos und die damit verbundene Schöpfungstheorie sind:

1. Die Ereigniskette wird ausgelöst durch die Unkenntnis des Protagonisten hinsichtlich seiner schöpferischen Kräfte.

2. Diese Unkenntnis führt zu Zorn und Aggression – wobei sich der Protagonist auch dessen nicht ganz bewusst zu sein scheint. Sie äußern sich in eher symbolischer Form: dem Wunsch, den großen Baum auszureißen. In der Symbolik irokesischer Diplomatie nahm der »Friedensbaum« als Symbol des Bundes einen Platz in dessen Mitte ein, und »den Baum auszureißen« bedeutete Krieg.[49]

3. In jedem Fall kann Schöpfung nicht für sich allein stattfinden, sondern nur durch die Vermittlung anderer. Die »Worte« des Häuptlings können nur mit seiner Frau als Mittlerin etwas entstehen lassen (indem er sie schwängert) und später dann durch

andere, die »sein Wort raten« und seine Begierden in die Wirklichkeit übersetzen.

Das Traumdeuten scheint bei allen irokesischen Völkern eine wichtige Rolle gespielt zu haben, und frühe missionarische Quellen haben eine Menge dazu zu sagen.[50] Im Jahr 1649 schrieb beispielsweise der Jesuitenpater Ragueneau über die Huronen:

> Über diese Begierden hinaus, die wir gemeinschaftlich haben, die uns freistehen oder wenigstens willensbestimmt sind, die aus der vorgängigen Kenntnis irgendeiner Tauglichkeit erwachsen, die man in der begehrten Sache vermutet hat, glauben die Huronen, daß unsere Seelen noch andere, gleichsam natürliche und verborgene Begierden haben [...].
> Nun glauben sie aber, daß unsere Seele diese natürlichen Begierden durch die Träume als durch ihre Sprache zu erkennen gibt, so daß sie, wenn diese Begierden verwirklicht sind, zufriedengestellt ist; umgekehrt aber, wenn man ihr nicht vergönnt, was sie begehrt, empört sie sich, nicht nur indem sie dem Körper das Wohlergehen und das Glück verweigert, das sie ihm verschaffen wollte, sondern häufig sogar dadurch, dass sie sich gegen ihn auflehnt und ihm verschiedene Krankheiten und sogar den Tod zufügt.[51]

Um solche Träume zu verwirklichen, bedurfte man jedoch für gewöhnlich der Hilfe anderer. Die jesuitischen Berichte zeigen, dass Nachbarn oder Verwandte es für ihre Pflicht hielten, solchen »Begierden der Seele« Genüge zu tun, soweit sie dazu in der Lage waren. Wenn es sich um den Traum einer wichtigen Person handelte, berief man möglicherweise eine Ratsversammlung ein, um zu beratschlagen, was er bedeuten könnte und wie er sich erfüllen ließ. Offenkundig unerfüllbare Träume konnten in symbolischer Form ausgelebt werden: Eine Frau, die träumte, die Felder eines anderen in Besitz zu nehmen, musste sich beispielsweise mit ein paar symbolischen Ackerfurchen als Geschenk begnügen. Einem Mann, der geträumt hatte, er würde zu Tode gefoltert, verpasste man vielleicht ein symbolisches Brandmal.[52] Gelegentlich kam es jedoch auch zu ziemlich ausführlichen und für die Missionare schockierenden Inszenierungen, wie im Fall einer kranken alten Huronenfrau, die träumte, dass sich alle jungen Männer und Frauen des Dorfes zu einer Orgie in ihrem Langhaus einfanden, und deren Traum recht detailgetreu nachgespielt wurde.[53]

Wie es scheint, richteten sich diese Träume häufig auf konkrete Dinge. Mit Sicherheit war das während der alljährlichen Traumdeutungsfeste als Teil der Wintersonnwendriten der Fall. Dabei präsentierten sich die Teilnehmer ihre Träume gegenseitig in Form von Rätseln oder Scharaden – es war wichtig, dass der Traum nicht in klaren, eindeutigen Worten erzählt wurde, auch wenn der Träumende selbst ihn verstand. Anschließend boten Freunde und Nachbarn nacheinander verschiedene Gegenstände an und versuchten herauszufinden, ob sie das waren, was die Seele begehrte. Manchmal machte man das auch, wenn jemand krank wurde und erkannte, dass die Krankheit Folge eines unerfüllten Traums war. Der Kranke – in den Berichten der Jesuiten scheint es sich dabei allerdings meistens um Frauen gehandelt zu haben – stellte vielleicht nicht einmal ein Rätsel, sondern zog einfach mit einem Gefolge durchs Dorf und bat jeden, den Traum zu deuten. Le Jeune beschrieb 1636 ein Ritual der Huronen, das stattfand,

> wenn jemand sagt, dass sie alle Hütten aufsuchen und berichten müssen, was sie geträumt haben. Sobald es Abend wird, zieht dann eine Horde Wahnsinniger zwischen den Hütten umher und bringt alles in Aufruhr; am Morgen kommen sie zurück und klagen mit lauter Stimme: »Wir haben geträumt«, ohne zu sagen, was. Die Bewohner der Hütte raten, was es ist, und überreichen es der Horde, die alles nimmt, bis der richtige Gegenstand erraten wurde. Man sieht sie mit Beilen, Kesseln, Porzellan und ähnlichen Geschenken um den Hals herauskommen, jeder nach seiner Weise. Wenn sie das Gesuchte gefunden haben, danken sie demjenigen, der es ihnen gab; und nachdem sie noch ein paar Beigaben zu dem rätselhaften Geschenk entgegengenommen haben – etwa ein Stück Leder oder eine Schusterahle, wenn es sich um einen Schuh handelte –, ziehen sie gemeinsam in den Wald, und dort, außerhalb des Dorfs, werfen sie, wie sie sagen, den Wahnsinn ab, und dem Kranken geht es sogleich besser.[54]

Das anfängliche Chaos, von dem hier die Rede ist, nimmt in anderen Berichten gewalttätige Züge an. Zum Beispiel in Pater Dablons Beschreibung eines Traumdeutungsfestes der Onondaga im Februar 1656. Sobald die Ältesten es für eröffnet erklärt hatten, sah man »nur noch Männer, Frauen und Kinder, die wie wahnsinnig auf den Wegen und zwischen den Hütten herumrannten«, trotz der Kälte zumeist nur spärlich bekleidet:

> Einige tragen Wasser oder etwas Übleres umher und begießen damit alle, denen sie begegnen; andere tragen Brandfackeln, Kohlen und Asche von den Feuerstellen umher und verstreuen sie in alle Richtungen, ohne sich darum zu kümmern, wen sie treffen; andere zerbrechen die Kessel, das Geschirr und allen Hausrat, der ihnen in die Hände fällt. Einige sind mit Speeren, Bajonetten, Messern, Beilen und Stöcken bewaffnet und drohen, damit über den Ersten, dem sie begegnen, herzufallen; und all das währt so lange fort, bis jeder seinen Gegenstand erhalten hat und sein Traum erfüllt wurde.[55]

Le Jeune berichtet an anderer Stelle von »Bacchanten« in seltsamen Kostümen, denen es in den Nächten des Festes freisteht, zu »tun, was ihnen beliebt, und niemand wagt es, etwas dagegen zu sagen«.

> Wenn sie einen Kessel über dem Feuer sehen, werfen sie ihn um; sie zerbrechen die irdenen Töpfe, schlagen die Hunde, verstreuen überall Feuer und Asche, so viel, dass oftmals die Hütten und ganze Dörfer niederbrennen. Bei alldem geht es darum, dass es dem Kranken umso mehr Erleichterung bringt, je mehr Lärm und Aufruhr sie machen.[56]

Dem seitens der Gemeinschaft mit geduldiger Nachsicht ertragenen Chaos folgt das eigentliche Traumdeuten, sei es mithilfe von Rätseln, Scharaden oder einfach durch ein langwieriges Ausschlussverfahren. In den meisten Fällen werden Gegenstände, die sich als falsch erwiesen haben, zurückgegeben, aber wie es scheint, wechselten mitunter auch große Mengen an Hab und Gut den Besitzer. »Es wäre grausam, ja geradezu Mord«, erklärt Dablon, »einem Mann nicht den Gegenstand aus seinem Traum zu geben, da eine solche Weigerung seinen Tod zur Folge haben könnte. Manche sehen sich folglich all ihres Besitzes beraubt, ohne Hoffnung auf Wiedergutmachung, denn was immer sie auf diese Weise weggeben, erhalten sie nicht zurück, es sei denn, sie träumen von demselben Gegenstand, oder geben vor, davon zu träumen.«[57] Dablon fügt hinzu, nach seinem Dafürhalten geschehe dies nicht sehr häufig, da man glaubte, es bringe Unglück, einen Traum vorzutäuschen. Letztlich wurde den erhaltenen Gegenständen oftmals eine dauerhafte Schutzwirkung für den Träumenden zugeschrieben; so wurde das beim Traumdeutungsritual übergebene Fell eines Bären oder Hirsches als »Heilmittel« betrachtet und sein Besitzer benutzte es, um seinen Körper damit zu bedecken, oder er behielt es als eine Art schützenden Talisman bei sich, wenn er bedroht wurde.[58]

Die einzelnen Elemente stimmen weitgehend mit dem Mythos überein: Unwissenheit (der Traum deutet auf etwas hin, von dem der Träumende nicht einmal wusste, dass er es begehrte), Aggression (die wilden Drohungen und Zerstörungen am Abend) und die Verpflichtung anderer, dafür zu sorgen, dass die Begierden gestillt werden.

Nicht alle Träume taten eine bloße Begierde der Seele kund. Bei manchen ist nicht ganz klar, ob die Inspiration aus der Seele des Träumenden kam oder von einer »Träger der Himmel« oder auch »Herr über unser Leben« genannten Gottheit – offenbar der in einer gewissen Hinsicht besonders aggressive Schöpfer;[59] das ist wohl der Grund dafür, warum man die Träume wichtiger Personen oft als Angelegenheit von nationaler Tragweite betrachtete. Oder man maß ihnen eine entscheidende Bedeutung in politischen Debatten zu; Jean de Brebeuf führt dazu aus, »wenn ein Anführer das eine sagte und ein Traum etwas anderes, dann konnte sich der Anführer die Kehle heiser schreien – zuerst wird dem Traum gehorcht«.[60] Es ist jedoch zu bezweifeln, dass der gleiche Traum immer gleich viel zählte, unabhängig davon, wer ihn träumte.

Schließlich gab es noch die Traumerscheinungen, bei denen Götter oder Geister dem Träumenden etwas verkündeten, den Verlauf zukünftiger Ereignisse vorhersagten, neue Rituale ins Leben riefen oder auch neue Regeln zur Lagerung der Ernte aufstellten.[61] Eines der häufig angeführten beiden Beispiele hierfür ist das einer

Huronenfrau, die entgegen dem Brauch in ein anderes Dorf verheiratet wurde und dem Mond in Gestalt einer wunderschönen Frau begegnete: Diese gab sich als Herrin aller Huronen zu erkennen, versicherte die Träumende ihrer Liebe und tat den Wunsch kund, dass die Huronenfrau ganz in Rot gekleidet bei einem großen Fest Tribut von allen Verbündeten der Huronen entgegennehmen solle, und dieses Fest, so befahl sie, solle fortan auch von anderen Dörfern und Nationen gefeiert werden.[62] In dem anderen Beispiel geht es um einen kranken, »verunstalteten« Onondagakrieger, der nach der Rückkehr von einem erfolglosen Feldzug gegen die Erie verkündete, er sei dem Schöpfer in Gestalt eines Zwergs begegnet, und dieser habe gefordert, dass man ihm zwei Frauen gebe und jedes Langhaus Hunde, Wampum und Essen opfern solle, um zukünftige Siege zu sichern.[63] Wie es scheint, waren die irokesischen Gesellschaften jener Zeit offen für neue Rituale, und in Träumen wurden regelmäßig bedeutsame neue kosmologische Wahrheiten kundgetan, die sich für gewöhnlich genauso schnell wieder in Luft auflösten, wie sie aufgetaucht waren.

Die Wintersonnwendzeremonie und das Opfer des weißen Hundes

Es bereitet manchmal Schwierigkeiten, die ungenauen und oft sensationslüsternen Berichte über irokesische Rituale, die man in frühen missionarischen Quellen findet, mit den ab dem neunzehnten Jahrhundert gesammelten akribischen Beschreibungen in Einklang zu bringen. Das »Fest der Träume« beispielsweise, das von mehreren frühen Berichterstattern erwähnt wird, war eindeutig ein Teil der sogenannten Wintersonnwendzeremonie,[64] das irokesische Neujahr und wichtigstes Ereignis des heutigen Ritualkalenders. In den meisten irokesischen Gemeinschaften gehört dazu weiterhin das Traumdeuten, auch wenn sich das Ritual selbst im Lauf der Jahrhunderte stark verändert hat. Spontanes Traumdeuten findet offenbar überhaupt nicht mehr statt.

Die auffälligste dieser Veränderungen besteht darin, wie sehr ein ursprünglich formloser und improvisierter Vorgang im Laufe der Zeit in Regeln gefasst und formalisiert wurde. Inzwischen ist die »Sprache« der Träume festgeschrieben und es finden keine dramatischen Inszenierungen mehr statt, sondern es gibt einen feststehenden Kodex, welche Träume wichtig sind, und eine umfangreiche Liste damit korrespondierender Nahrungsmittel und Miniaturtalismane, die jeweils als passendes Geschenk gelten. Harold Blau liefert eine anschauliche Beschreibung der Traumdeutungsrituale der Onondaga in New York in den frühen 1960er Jahren.[65] Die Nation der Onondaga ist, wie bei den Irokesen üblich, in zwei Moieties geteilt. Auf dem Höhepunkt der Zeremonie präsentiert jede Moiety ihre Träume in Form von Rätseln und versucht die Träume der anderen Moiety zu deuten, indem sie die entsprechenden Nahrungsmittel offeriert. Sobald ein Traum richtig gedeutet wurde, kehrt der Träumende in das Versammlungshaus seiner Moiety zurück, wo ein Angehöriger dieser Moiety den Traum ebenfalls richtig deuten muss, später überreichen dann beide die entsprechenden Geschenke. So bekommt beispielsweise ein Mann, der geträumt hat, dass er Lacrosse spielt, am Ende vielleicht ein Pfund Zucker und das Miniaturmodell eines Lacrosseschlägers. Analog existiert es eine Vielzahl symbolischer Objekte, verkleinerte Ausgaben des eigentlichen Objekts des Begehrens: Tiere, Kanus, Schlitten, Falschgesichtermasken und alle möglichen anderen Dinge, die der Träumende für gewöhnlich als persönlichen Talisman oder Schutzamulett behält.[66]

Auf dem Höhepunkt dieses Rituals kommt es zu einigen interessanten Verkehrungen. Nachdem etwa hundert Träume gedeutet worden sind, tritt ein Mann ein, der den Schöpfer verkörpert, und stellt den Mitgliedern beider Moieties seine Rätsel. Die Lösung ist jedoch immer die gleiche. Im neunzehnten Jahrhundert begehrte der Schöpfer als Opfer zwei Hunde, die erwürgt und anschließend weiß angemalt und mit weißen Wampumgürteln geschmückt wurden. Sie dienten vermutlich als Ersatz für getötete Kriegsgefangene, die man in gewisser Weise als Opfergaben an den Schöpfer betrachtete. Seit 1885 findet auch das Hunderitual nicht mehr statt und der Schöpfer erhält stattdessen Tabak und weiße Bänder.[67] Das Opfer zeichnet sich durch verschiedene Verkehrungen hinsichtlich der üblichen Beziehung zwischen Schöpfer und Menschheit aus. Während normalerweise die Menschen Dankesreden halten und Lieder zum Lob der Schöpfung singen, singt hier der

Schöpfer selbst ein Dankeslied (wobei nicht klar ist, an wen es sich richtet). Während in der Dankesrede normalerweise die Wahrhaftigkeit der Worte des Schöpfers hervorgehoben wird, erklären hier die Opfernden, sie überbrächten die Gabe zum Beweis, dass *ihre* Worte wahr sind. Schließlich ist »der weiße Hund, der dem Schöpfer geopfert wird [...], ein Traumsymbol aller Menschen an den Schöpfer, und er wird zu seinem Wächter«.[68]

Damit sind wir wieder an unserem Ausgangspunkt angelangt: bei einem träumenden Gott, der erneut etwas verwirrt zu sein scheint, was seine Rolle bei der Schöpfung angeht, und in dessen Schöpferkraft sich (deshalb?) schließlich der Drang nach Zerstörung mischt.

Es ist jedoch nicht dieser Aspekt, dem mein Hauptinteresse gilt, sondern vielmehr die zugrunde liegende Schöpfungstheorie und der damit verbundenen Vorstellungen von der Person. Zwei Aspekte der Person kennen wir bereits: zum einen die formale Mauss'sche *persona*, die bei den Fünf Nationen in den ewigen Namen eingebettet war; zum anderen die innere »Seele« oder der Ort der Begierde. Das eine fand seinen Ausdruck in sichtbaren Symbolen wie Wampum, während das andere grundsätzlich unsichtbar war und in erster Linie durch Träume und Stimmen wahrgenommen wurde. Beides lag in einem gewissen Maß außerhalb des Bewusstseins, aber, so könnte man sagen, an zwei entgegengesetzten Polen: das eine von der Gesellschaft auferlegte Pflicht, das andere Begierden, die so intim waren, dass sich nicht einmal der Begehrende ihrer vollständig bewusst war.

Träume waren die Begierden dieser inneren Seele oder »die Sprache«, in der diese geheimen, unsichtbaren Begierden eine visuelle Form annehmen konnten. Wallace hebt jedoch hervor, dass es für diesen Vorgang – bei dem verborgene Begierden sichtbar, manifest und spezifisch werden und zu guter Letzt eine dauerhafte materielle Form annehmen konnten – der Teilnahme anderer bedurfte. »Über Träume soll nicht nachgegrübelt werden, sie sollen nicht analysiert werden und zu einsamen, individuellen Handlungen führen, sie sollen erzählt werden oder zumindest angedeutet, und es ist an den anderen, zu handeln.«[69] Anders gesagt, das Verborgene kann nur sichtbar werden (oder das Generische spezifisch), indem das Individuelle gemeinschaftlich wird (oder das Spezifische generisch). Seine höchste Form erreicht das gemeinschaftliche Handeln beim Traumdeuten zur Wintersonnenwende, wenn die gesamte Gemeinschaft aufgerufen ist, den Träumen des Einzelnen eine greifbare Form zu geben. Wenn die Leute die Geschenke, die bei solchen Gelegenheiten ausgetauscht werden, aufbewahren und sie als Talismane oder Schutzamulette in Ehren halten, dann sicher nicht allein deswegen, weil sie materielle Symbole für das im Geist einer Person Verborgene sind, sondern weil sie zugleich für die schützenden Handlungen anderer stehen.

Wallace verleiht alldem eine psychologische Färbung, was nicht weiter verwunderlich ist in Anbetracht des Themas und der Ausrichtung der amerikanischen Ethnologie zu jener Zeit. In irokesischen Gesellschaften stand einem ausgesprochen nachsichtigen Umgang mit Kindern ein ungeheurer psychischer Druck auf Erwachsene gegenüber. Kinder wurden niemals bestraft, die Wünsche eines Kindes nicht zu erfüllen, konnte unter Umständen dessen Gesundheit schaden. Von Erwachsenen, insbesondere von Männern, wurde andererseits ein hohes Maß an Großzügigkeit, Tapferkeit und vor allem stoische Gelassenheit in schwierigen Situationen erwartet. Selbst von jemandem, der zu Tode gefoltert wurde, erwartete man, dass er seinem Schicksal mit unerschütterlichem Gleichmut ins Gesicht sah, was er im Allgemeinen auch tat. Die irokesische Traumtherapie bot dem Einzelnen die Chance, von der Gemeinschaft ähnlich nachsichtig wie ein Kind behandelt zu werden. In neuerer Zeit sind es die Kapriolen der Falschgesichter, die den großen Traumfesten am nächsten kommen. Zu bestimmten Zeiten dürfen die Mitglieder dieser Bünde die Häuser anderer Leute auf den Kopf stellen, Streiche spielen, betteln und mit Sachen um sich werfen und man begegnet ihnen mit der gleichen Nachsicht wie einem launischen Kind. Dahinter lässt sich der gleiche psychologische Komplex erkennen, nämlich »ein Verlangen, sich passiv zu verhalten, zu betteln, ein verantwortungsloses, forderndes, ungezogenes Kind zu sein und sich mit dem Schöpfer selbst zu messen, und all das im Namen des Gemeinwohls zum Ausdruck zu bringen«.[70]

Man kann das Phänomen auch aus dem Blickwinkel betrachten, der im ersten Teil dieses Buches vorgestellt wurde: Wie Formen von Wert entstehen, um einen Vorgang zu steuern, bei dem es letztendlich um die Erschaffung von Menschen geht. Die Wintersonnwendzeremonie war auch die Zeit, zu der man Kindern einen Namen gab und den Trauernden Trost spendete, und die Kondolenz war wie das Traumdeuten etwas, wozu man der Hilfe der anderen Moiety bedurfte.[71]

Allgemein gesagt bietet das Gefüge der Moiety die Möglichkeit, imaginäre Totalitäten zu schaffen. Wenn bei einem Ritual beide »Seiten« anwesend sind, dann ist in gewissem Sinn die Gesellschaft als Ganzes anwesend. Solche Totalitäten gründen auf den Beziehungen zwischen den wie auch immer gearteten häuslichen Gemeinschaften, die die Grundbausteine der betreffenden Gesellschaft sind, und sie dienen zugleich als Mittel zu ihrer Reproduktion. Bei den Irokesen waren das natürlich die matrilinearen Langhäuser, in denen die Frauen alle wichtigen Entscheidungen trafen. Offenbar war das Traumdeuten früher nicht an das eine oder andere Geschlecht gebunden, inzwischen liegt es jedoch weitgehend in den Händen der Männer. Kondolenzen waren dagegen seit jeher eine Sache der Männer, bei der die Frauen kaum eine Rolle spielten. Davon abgesehen fanden die wichtigsten Arbeiten jedoch in den Langhäusern statt und deshalb ist es umso bedauerlicher, dass wir nicht allzu viel darüber wissen, wie sie organisiert waren. Hier sind Wallace' Ausführungen zur Sozialisation hilfreich, wonach bei der Erziehung der Nachsicht mit den kindlichen Launen eine allmähliche »Abhärtung« gegenüberstand (zum Beispiel indem man Kinder im Winter bewusst zu leicht anzog und gelegentlich in kaltes Wasser tauchte). Man kann darin die entgegengesetzten Pole ein und desselben Prozesses sehen, der dem Ziel dient, möglichst autonome Erwachsene hervorzubringen, wie es bei einer Gesellschaft, die offenbar ebenso viel Wert auf Gleichheit wie auf Individualität legte, zu erwarten ist.

Sowohl das Traumdeuten als auch die Kondolenzen orientieren sich eindeutig an dieser Form von Sozialisation. In beiden Fällen kümmern sich die Mitglieder der einen Moiety fürsorglich um die der anderen. Es gibt aber noch mehr Gemeinsamkeiten. Im Mittelpunkt steht jeweils die seelische Befindlichkeit des Einzelnen, dem alle möglichen düsteren Aussichten drohen: Unerfüllte Begierden können zum Tod führen und Trauer kann den Trauernden in den Wahnsinn treiben. Man könnte sogar noch weiter gehen, und sagen, dass einer unterschwelligen (zumindest potentiell vorhandenen) Gewalt jeweils Fürsorge entgegengesetzt wurde. Diese Gewalt kommt am deutlichsten in den jesuitischen Berichten über das Traumdeuten zum Ausdruck, denen zufolge die Träumenden nachts losziehen und über andere herfallen, Feuer legen und Hausrat zerstören.[72] Und wenn Kondolenzrituale friedlicher ablaufen, dann deshalb, weil die Gewalt nicht nötig ist: Der gesamte Vorgang dient dem Zweck, von Empfindungen zu befreien, die den Wunsch nach Vergeltung und damit furchtbare Kriegshandlungen und Grausamkeiten nach sich ziehen könnten. In beiden Fällen wechseln am Ende zwischen den zwei Seiten Gegenstände den Besitzer, und diese Gegenstände sind oder werden die vermutlich höchstgeschätzten Wertsymbole, die die irokesische Gesellschaft kennt.

Von einer anderen Warte aus betrachtet könnte man sagen, dass Traumdeuten und Kondolenz für zwei entgegengesetzte Bewegungen bei der Konstruktion der Person stehen. Beim Traumdeuten geht es um die Verwirklichung und Befriedigung der intimsten Phantasien und Begierden des Individuums, was nur mithilfe anderer möglich ist – genau genommen nur durch die Gesellschaft als Ganzes, insofern die Träume von der jeweils anderen Moiety gedeutet werden müssen. Der Kondolenz geht natürlich keine individuelle Begierde voraus, sondern die Auslöschung des Individuums durch den Tod. In allen irokesischen Gesellschaften besteht eine der Hauptaufgaben einer Moiety darin, die Toten der jeweils anderen zu begraben. Dabei geht es auch um die Entstehung von Sozialität und etwas, das über den Tod des Individuums hinaus fortdauert. Wampum ist das vorrangige Medium zur Wiederherstellung dieses fortdauernden Lebens der Gesellschaft: durch die Kondolenz selbst und durch die Namensgebung. Man könnte also sagen, wenn es beim Traumdeuten darum geht, dass sich das Individuum nur durch die Vermittlung der Gesellschaft verwirklichen kann, dann geht es bei der Wiederauferstehung von Namen darum, dass die Gesellschaft nicht ohne die Vermittlung von Individuen weiterbestehen kann. Deshalb die Gegenstände, die zwischen den Moieties ausgetauscht werden: im ersten Fall ausgesprochen spezifische, im zweiten ausgesprochen generische.

Und deshalb auch die unterschiedlichen Modelle von Kreativität, die jeweils damit verbunden sind. Bei dem einen offenbart der Gegenstand den Geist oder das »Wort« des Gebers, bei dem anderen offenbart es den Geist oder das »Wort« des Empfängers.

Es wechselt jedoch nicht alles zwischen den Moieties hin und her. Vielmehr gab es immer auch ein komplementäres Geschenk von der eigenen Moiety. Sobald bei der Wintersonnwendzeremonie der Onondoga ein Mitglied der anderen Moiety einen Traum richtig deutet, muss diese Deutung von einem Mitglied der eigenen Moiety bestätigt werden. Schließlich tauschen beide Seiten Geschenke aus, wobei der eigentliche Talisman das Geschenk der anderen Seite ist. Die eigenen matrilinearen Verwandten überreichen lediglich eine äquivalente Auswahl an Nahrung: einen Sack Mais, einen Sack Zucker und so weiter. Mit anderen Worten, ein ziemlich generisches Geschenk ergänzt ein ziemlich spezifisches. Bei der Kondolenz ging das noch viel weiter, denn während die Kondolenz selbst etwas ist, das eine Moiety (die »von klarem Geist«) der anderen (den »Trauernden«) erweisen muss, erfolgt die anschließende Übertragung der Namen nicht nur innerhalb der eigenen Moiety, sondern darüber hinaus auch innerhalb des eigenen matrilinearen Clans. Und während das eine Sache der Männer ist, liegt das andere ausschließlich in den Händen der Frauen: Selbst die Nachfolger der wichtigsten Häuptlinge des Bundes werden von einem weiblichen Rat nominiert. Mit anderen Worten, in diesem Fall übergeben die matrilinearen Verwandten ein verhältnismäßig spezifisches Geschenk (einen einzigartigen Namen) als Komplement zu einem verhältnismäßig generischen Geschenk (Wampum in einer seiner Standardformen) der anderen Seite.

Diesen komplementären Geschenken ist gemeinsam, dass sie verhältnismäßig unkompliziert sind; Geschenken in Form von Nahrung oder Namen haftet nichts von der möglichen Gefahr und Gewalt an, die sonst stets hinter den Beziehungen zwischen den Moieties lauern. Meiner Ansicht nach ist das der Schlüssel zum Wesen der Moieties. Der Tradition zufolge waren die irokesischen Moieties früher exogam.[73] Das scheint seit längerem nicht mehr der Fall zu sein – verboten sind nur Heiraten innerhalb des eigenen Clans –, aber auch wenn die irokesischen Gesellschaften niemals exogam gewesen sein sollten, ist es wichtig, dass die Leute es glauben. Lynn Ceci verweist auf einen irokesischen Mythos zum Ursprung von Wampum, der zugleich ein Mythos zum Ursprung der Exogamie ist: Ein junger Krieger von einem feindlichen Stamm ist der Einzige, der einen magischen, mit Wampum bedeckten Vogel zu töten vermag. Er heiratet die Tochter des Häuptlings und verteilt die Muschelperlen in seiner Sippe und der seiner Frau, um auf diese Weise Frieden zu stiften.[74] Wie Ceci anmerkt, war es jedoch normalerweise die Exogamie selbst, die Frieden stiftete, »da sich dann die jungen Jäger-Krieger unter ihre angeheirateten Verwandten mischen«.[75] Man könnte Eheschließungen bei den Irokesen tatsächlich als Tausch von potentiell gefährlichen jungen Männern zwischen weitgehend autarken Gruppen von Frauen betrachten.[76] Folglich ist es nur einleuchtend, dass dieselben Männer – insbesondere die älteren – im Rahmen der weiter gefassten »politischen« Beziehungen zwischen den Moieties rituelle Handlungen übernahmen, die sich an die ursprüngliche Sozialisation anlehnten, um auf diese Weise dem Potential zu Gewalt und Zerstörung entgegenzuwirken, dessen Ursprung letztlich in ihnen selbst lag.[77]

All das könnte dazu beitragen, eine im Übrigen merkwürdige Eigenschaft von Wampum zu erklären. Parker zufolge symbolisierten die weißen Perlen in den Bundesgürteln die Frauen und die lila oder »schwarzen« Perlen die Männer.[78] Das ist an sich nicht überraschend: Allem Anschein nach wurden die Werte »Licht und Leben«, denen Wampum seine politische Funktion verdankte, von weißen Perlen verkörpert – die schwarzen wiederum standen für das Gegenteil, die negativen Werte Kummer, Trauer, Zorn und Krieg, wobei zumindest Letzterer als männliche Domäne betrachtet wurde.[79] Das Merkwürdige dabei ist nun, dass Wampum, obwohl er eine der grundlegenden weiblichen Tugenden verkörperte, eine der wenigen wichtigen Eigentumsformen in der irokesischen Gesellschaft war, über die Frauen keine Kontrolle hatten.[80] Häuser, Felder, Nahrung, die meisten Werkzeuge und Hausrat – selbst solche Dinge wie die Messingkessel, eines der frühesten und wichtigsten von den Europäern erworbenen Handelsgüter[81] – befanden sich entweder im Besitz einzelner Frauen oder im Besitz von Kollektiven wie Langhäusern oder Clans, in denen die Frauen das Sagen hatten. Die Frauen verflochten die

Perlen zwar, aber von einigen wenigen Ausnahmen wie Namensgürteln abgesehen, zirkulierten Wampumgürtel und -schnüre fast ausschließlich unter Männern.

Darin ließe sich eine letzte Art der Verkehrungen sehen, die Handlungen auf der politischen Ebene der Friedensschlüsse auf der darunterliegenden Ebene bewirkten: Bei irokesischen Verwandtschaftssystemen ging es in erster Linie darum, dass Gruppen von Frauen Männer austauschten, in der Politik tauschten dagegen Männer ein seinem Wesen nach weibliches Material aus. Man kann darin allerdings auch das Ergebnis einer notwendigen und unvermeidlichen Spannung in jeder Gesellschaftsphilosophie sehen, die »Frieden« als höchsten menschlichen Wert betrachtet. Zugegebenermaßen hatten die Irokesen eine denkbar weit gefasste Definition von Frieden: Frieden war das »im Handeln zum Ausdruck kommende Gute«, ein Ausdruck von »Weisheit und Güte«[82] und der freudvollen Verbundenheit mit dem Kosmos. Wie ein Dumontianer vielleicht sagen würde, war er der höchste, umfassendste Wert, da es um die Beziehungen der Menschen zum Kosmos als Ganzes ging, die höchste »imaginäre Totalität«. Logischerweise beruhte er auf seinem vorherigen Gegenteil. Ohne Krieg hat »Frieden« keine Bedeutung. In gewisser Weise sind daher die Wampumgürtel – oder, vielleicht genauer, der Vorgang des Flechtens – ein Modell des Vorgangs, den sie vermitteln sollten, ein Vorgang, der im Ritual unablässig reproduziert wird: die Umwandlung des Zerstörungspotentials in Harmonie, indem man es in ein größeres gesellschaftliches Ganzes einbindet.

Traumökonomien

Lassen Sie mich abschließend ein paar Worte zum historischen Kontext sagen.

Die im letzten Abschnitt beschriebene Grundstruktur ist vermutlich ziemlich alt. Das trifft sowohl auf die grundlegenden Formen der Hervorbringung von Personen zu als auch auf ihre rituellen Brechungen: Dinge wie Traumdeuten und Kondolenz wurden von den Mitgliedern der irokesischen Sprachfamilie vermutlich schon lange praktiziert, bevor die ersten fremden Schiffe an der Küste auftauchten. Dasselbe gilt für die konkreten Wertsymbole, die daraus hervorgingen: Zweifellos wussten die Leute auch schon länger Traumsymbole zu schätzen und verwendeten bei Friedensverhandlungen glänzende Gegenstände, die von weit entlegenen Orten stammten.

Andererseits wurde Wampum erst Ende des siebzehnten oder Anfang des achtzehnten Jahrhunderts zum universellen Instrument der Diplomatie, und die Sprache der Träume wurde wahrscheinlich im neunzehnten Jahrhundert weitgehend auf symbolische Zeichen reduziert. Was bei der Lektüre jesuitischer Berichte und anderer Quellen aus dieser Zeit sofort ins Auge fällt, ist, wie wenig festgelegt das alles war, insbesondere wenn man es mit den strengen zeremoniellen Verhaltensregeln späterer Zeiten vergleicht. Natürlich hat das etwas mit diesen Quellen selbst zu tun. Aber es scheint außerdem eine echte Veränderung widerzuspiegeln.

Als im sechzehnten Jahrhundert europäische Handels- und Fischereischiffe – französische, spanische, holländische, schwedische, englische und baskische – vor der amerikanischen Nordostküste auftauchten, brachten sie Handelswaren mit: Glasperlen, aber auch Messingkessel und Eisenäxte, die eine rasche Verbreitung fanden. Vom Beginn einer abhängigen Wirtschaft im eigentlichen Sinn kann man allerdings erst hundert Jahre später sprechen, als die Europäer anfingen, Siedlungen zu gründen und die indigenen Gesellschaften in den weltweiten Pelzhandel eingebunden wurden. Schon bald waren die Konföderation der Huronen und danach die Fünf Nationen von den Europäern abhängig, was die Versorgung mit Werkzeugen, Hausrat, Kleidung, Waffen, ja sogar Nahrung betraf, und all das erhielten sie im Austausch gegen eine einzige Ware: Pelz. Um ihre Gesellschaft am Leben zu erhalten, waren sie auf Güter angewiesen, die sie durch Geschäfte mit Ausländern erwarben, die Eigentums- und Verteilungsverhältnisse innerhalb der Gesellschaft blieben jedoch weitgehend unverändert.

> Innerhalb der Gemeinschaft der Huronen fanden genau genommen keine Handelsgeschäfte statt. Gelangte man in den Besitz von Gütern, wurden sie spontan unter der Lineage (oder Gruppen des Clans) verteilt. Diese allgemeine Praxis des Schenkens garantierte Gleichheit

> und entsprach der Geringschätzung, die man der Anhäufung von Gütern entgegenbrachte; auf ihr gründeten zu allen Zeiten die Regeln der Höflichkeit wie auch die Vorliebe der Huronen für Glücksspiele, Beiträge zu Festen, Ritualen und Umzügen sowie die Verpflichtung, einem Mitglied der Gemeinschaft jeden Wunsch zu erfüllen, den es äußerte. Infolgedessen gab es bei den Huronen weder Verkäufer noch Käufer, weder Befehlshaber noch Befehligte, weder Reiche noch Arme […] »Kehren sie vom Fischen, von der Jagd und von ihren Geschäften zurück, tauschen sie viele Geschenke aus; wenn sie auf diese Weise in den Besitz von etwas besonders Gutem gelangt sind, selbst wenn sie es gekauft haben oder es ihnen geschenkt wurde, richten sie damit ein Fest für das gesamte Dorf aus. Sie sind allen Fremden gegenüber außerordentlich gastfreundlich.«[83]

Denys Delâge stellt fest, dass sich bei den Huronen neue Eigentumsverhältnisse und Möglichkeiten zur Akkumulation persönlichen Besitzes tatsächlich nur unter den zum Christentum Konvertierten herausbildeten; bei den Fünf Nationen scheint überhaupt nichts dergleichen stattgefunden zu haben. Man kann jedoch nur schwer der Versuchung widerstehen, die dramatischen Schilderungen in manchen jesuitischen Berichten – Spiele, bei denen die Leute ihren gesamten persönlichen Besitz einsetzten, bis hin zu ihrer Kleidung; Rituale, bei denen Hausrat zerstört und Häuser niedergebrannt wurden und bei denen mitunter riesige Mengen an Hab und Gut den Besitzer wechselten, um jemandes Traum zu erfüllen – als Reaktion auf diese Entwicklung zu interpretieren. Wahrscheinlich ist es kein Zufall, dass die »Beile, Kessel und Porzellan«, die den Träumenden in Lejeunes Bericht um den Hals gehängt wurden, in den ersten hundert Jahren des Handels die wohl wichtigsten drei Importgüter waren.

Man könnte anführen, wie Delâge es tut, dass es sich dabei um die Moral eines auf der Jagd basierenden Wirtschaftssystems handelte, oder zumindest eines Systems, in dem ein unverhoffter Glücksfall zumeist aus einer großen Menge Fleisch bestand. Handelsgüter, die ihrerseits im Austausch gegen Tiere erworben wurden, behandelte man mehr oder weniger genauso. Faktoren wie das Traumdeuten und ein nicht abreißender Strom von neuen Offenbarungen und Propheten hinterlassen jedoch den Eindruck einer höchst instabilen Gesellschaft, in der man sich in einem gewissen Sinn alles unter den Nagel reißen konnte. Hätte man zu jener Zeit dort gelebt, wäre man zweifellos Zeuge endloser politischer Manöver zwischen Männern und Frauen geworden, zwischen jungen Kriegern und älteren, jungen Frauen und alten, denen, die Zugang zu fremden Reichtümern hatten, und eher traditionellen Obrigkeiten und so weiter und so fort. Natürlich finden solche Auseinandersetzungen ständig in jeder Gesellschaft statt, aber hier scheint sich das normalerweise eher gemächliche Hin und Her in eine nach allen Seiten hin offene Situation verwandelt zu haben, ein Pokerspiel, bei dem die Hälfte der Spielkarten plötzlich aus Jokern bestand.

Wahrscheinlich ist der Begriff »Traumökonomie« hier nicht ganz passend, aber er fängt zumindest etwas von der Mischung aus Unvorhersehbarkeit und Vergänglichkeit ein. Dramatische Momente waren offenbar genauso schnell wieder vorbei, wie sie entstanden.

Es lässt sich hier ein allgemeines Muster erkennen, das durch die Art und Weise, wie Ethnologen sich der Frage des kulturellen Wandels näherten, mitunter etwas verdeckt wurde. Ein Schlüsselbegriff ist »Erneuerungsbewegung«, den Anthony Wallace mit Blick auf die irokesische Geschichte geprägt hat.[84] In Zeiten extremer kultureller Unruhe, so Wallace, erscheinen oft Propheten auf der Bildfläche, die selbstbewusst die kulturelle Reformation vorantreiben. Musterbeispiel ist der Seneca-Prophet Handsome Lake, der in den Jahren nach der Amerikanischen Revolution den in jeder Hinsicht schwer angeschlagenen Sechs Nationen etwas brachte, das man als ultimative Traumoffenbarung betrachten könnte: einen neuen Moralkodex, der Elemente der Religion der Quäker und der Irokesen miteinander verband und unter anderem die Kontrolle über das wirtschaftliche und politische Leben der Irokesen wieder in die Hände der Männer legte. Die aus den Fugen geratene Welt, die in den jesuitischen Berichten beschrieben wird, erscheint damit einfach nur als Vorlauf zu Erneuerungsbewegungen – die in wirklich aussichtslosen Situationen die extremen Formen millenaristischer Kulte und des Glaubens an einen unmittelbar bevorstehenden Weltuntergang annehmen können.

Man kann das aber auch anders sehen. Zahlreiche Ethnologen und Historiker haben auf die bemerkenswerte Zunahme an kultureller Kreativität hingewiesen, die nach der Eingliederung traditioneller Gesellschaften in ein globales Wirtschaftssystem oft bei den ersten beiden Generationen zu beobachten ist. Wenn die Bedingungen stimmen und sich die Gruppe eine gewisse politische Autonomie bewahrt und sich in Bezug auf den Markt in einer vergleichsweise vorteilhaften Position befindet, kann das zu einer beeindruckenden Erweiterung und Bereicherung bestehender kultureller Formen führen: Kunst, Architektur, Drama, Ritual, Tausch. In diesem Zusammenhang ist oft von einer kulturellen Renaissance die Rede. Das ist vielleicht nicht die treffendste Bezeichnung, da die Vorstellung von »Wiedergeburt« impliziert, dass etwas zuvor tot oder todgeweiht war. Dennoch ist eine Analogie beispielsweise zur italienischen Renaissance nicht ganz von der Hand zu weisen: Auch diese wurde zumindest zum Teil durch den im Verlauf der Eingliederung in ein globales Wirtschaftssystem neu erworbenen Reichtum der Städte ermöglicht, den man größtenteils in ziemlich kühne Vorhaben zur kulturellen Erneuerung steckte und auf diese Weise alte Traditionen weiterentwickelte und neue begründete. Was ethnologische Parallelen angeht, ist die Renaissance der Kwakiutl von etwa 1875 bis 1920 wahrscheinlich das bekannteste Beispiel, zusammen mit der Blüte von Tauschsystemen wie *te* und *moka* im Hochland von Neuguinea in den 1950er und 1960er Jahren oder, um ein weniger bekanntes Beispiel zu nennen, madagassische Begräbniskunst und Begräbnisrituale um die gleiche Zeit. Die Liste von Beispielen ließe sich ohne weiteres fortführen. Ihnen allen ist wohl gemeinsam, dass neue Mittel trotz der heftigen sozialen Kämpfe, die ihnen oft erst Kraft verleihen, überwiegend zur Erreichung alter Ziele eingesetzt werden; genauer gesagt, viele neue Ressourcen dienen der Aufgabe, traditionelle Wertformen zu verfolgen.

Solche Zustände dauern selten länger als fünfzig Jahre an, dann finden sie auf die eine oder andere Weise ein abruptes Ende.

Die Art von »Traumökonomie«, wie man ihr im siebzehnten Jahrhundert im amerikanischen Nordosten begegnet, könnte als düsterere Variante betrachtet werden. In gewisser Weise erscheint sie als soziokulturelles Äquivalent einer Blasen-Wirtschaft, in der über Nacht riesige Vermögen gemacht und verloren werden, und zwar in dem zumindest stillschweigenden Wissen, dass Blasen immer platzen. Man könnte sich aber auch die Kriegswirtschaft einer dem Untergang geweihten Stadt vorstellen, in der es möglich ist, an dem einen Tag durch Betrug oder Diebstahl ein immenses Vermögen zu erwerben und es am nächsten Tag zu verspielen. Immerhin war das siebzehnte Jahrhundert eine Zeit, in der neue Quellen des Reichtums und eine neue Abhängigkeit mit noch nie dagewesenen Epidemien, Hungersnöten und Genoziden verbunden waren. Ein Großteil der Bevölkerung zwischen Pennsylvania und Quebec starb; allein während der Biberkriege wurden unter anderem Petun, Neutrale, Susquahannock, Mohikaner und Huronen als politische Entitäten ausgelöscht, ihre Bevölkerungen dahingemetzelt, vertrieben oder in rivalisierende Gesellschaften integriert. Es wäre verwunderlich, wenn diese Unsicherheit nicht irgendeinen Niederschlag im gesellschaftlichen Leben selbst gefunden hätte.

Man könnte sagen, dies geschah auf eine Weise, wie es vielleicht ein Kommodifizierungstheoretiker vorhersagen würde: durch die Betonung individueller Selbstverwirklichung. Es war jedoch eine Selbstverwirklichung unter völlig anderen kulturellen Bedingungen.

Wampum erlangte seine übermächtige Bedeutung erst gegen Ende dieser Epoche und hauptsächlich bei den Fünf Nationen, die im Begriff waren, alle anderen entweder zu vernichten oder sie zu integrieren. An diesem Punkt könnte man in Wampum als Zahlungsmittel des Pelzhandels ein Symbol für ihre zunehmende Abhängigkeit sehen und für das, was zum Zusammenbruch der Region und zu einer Situation führte, die immer stärker an das im Epos von Deganawidah beschriebene Chaos erinnert haben muss. Schätzungen zufolge waren um 1650 drei Millionen Wampumperlen in Umlauf,[85] und sie wurden zu einem der wichtigsten Instrumente für das große politische Projekt der Irokesen, das darin bestand, »eine Landschaft des Friedens zu kultivieren«,[86] indem sie alle Völker der Region in einem Bund vereinten. Das erforderte natürlich eine unablässige Wiederholung der strengen Kondolenzregeln, ein Geist, der sich deutlich von dem des Traumdeutens unterschied. Indem die Amtsinhaber des Bundes das Zahlungsmittel des Handels, die Ursache der Gewalt, in ein friedensstiftendes Potential konvertierten, folgten sie einer uralten rituellen Logik. Und die Perlen selbst schlugen durch das Hin-und-her-Wechseln zwischen abstraktem Potential und konkreter Form zugleich eine Brücke zwischen einem Handelssystem, das der Akkumulation materieller Dinge diente, und einem Gesellschaftssystem, dessen oberstes Gebot in zunehmendem Maße die Akkumulation von Menschen geworden war: In den meisten Fällen bewerkstelligte man das, in dem man einem Gefangenen einen Wampumgürtel um die Schultern legte und ihm auf diese Weise einen Namen gab.

Sechstes Kapitel

Zurück zu Marcel Mauss

Wir haben es hier mit einem hervorragenden Beispiel dafür zu tun, wie kapitalistisches Eigentum geschaffen wird. Insbesondere die Aneignung von Gold ist ein blutiges Geschäft. Im 16. und 17. Jahrhundert schlachteten die Spanier die Peruaner und Mexikaner ab, im 19. Jahrhundert wurden kaltblütig die kalifornischen Indianer ausgerottet, die australischen Aborigines methodisch vernichtet. Und jetzt richtet sich diese Art des Massenmords, eigentlich ein Krieg, gegen die Buren. Das Bürgertum schreckt vor Blut genauso wenig zurück wie vor der Ausbeutung des Menschen. Da sehen wir, dass »Privateigentum auf Arbeit gründet«!

Marcel Mauss, »La guerre du Transvaal«,
in: *Le Mouvement Socialiste*, 1. Juni 1900

Bürger, wenn es uns darum zu tun ist, auf diesem Weg voranzuschreiten, dürfen wie niemals unsere Rolle als Sozialisten und Revolutionäre vergessen [...] Wir glauben, Kameraden, dass die Organisatoren und Aktivisten den Arbeiter zur Vorsorge ermutigen, ihm ein wenig Sicherheit in dieser stiefmütterlichen Gesellschaft schaffen können. Aber damit werden wir uns nicht zufriedengeben. Indem wir ihm eine Art Vorgeschmack auf all die Vorzüge einer zukünftigen Gesellschaft geben, werden wir ihn auf seine revolutionäre Aufgabe vorbereiten [...] Wir werden ein regelrechtes Arsenal von sozialistischem Kapital inmitten des bürgerlichen Kapitals bilden.

Marcel Mauss vor dem Ersten Nationalen und
Internationalen Kongress der sozialistischen Kooperativen,
2.–5. Juli 1900

In den bisherigen Kapiteln ist das Werk von Marcel Mauss etwas zu kurz gekommen, besonders im Vergleich zu dem von Marx. Dabei ist meines Erachtens Mauss' theoretischem Schaffen in der Geschichte der Ethnologie eine überragende Bedeutung beizumessen. Er hatte ein Gespür für die interessantesten Fragestellungen, auch wenn ihm bewusst war, dass er zu seiner Zeit, zu Beginn der ethnologischen Forschung, noch gar nicht über die Mittel verfügte, sie zu beantworten. In der englischsprachigen Welt ist seine Arbeit durch gerade einmal eine Handvoll theoretische Schriften bekannt, wobei praktisch jede von ihnen eine wahre Flut an Sekundärliteratur nach sich gezogen hat. Der »Essai sur le don« (1925) gilt als sein Meisterwerk und hat zu mehr Debatten, Diskussionen und Überlegungen angeregt hat als jede andere ethnologische Schrift – was natürlich in den in diesem Buch entwickelten Überlegungen Niederschlag gefunden hat. In dem vorliegenden Kapitel möchte ich einige dieser Überlegungen an dem von Mauss in »Der Gabe« präsentierten Material messen, um daraus ein umfassenderes theoretisches Argument zu entwickeln. Wie ich meine, stellt sein Werk eine gute Ergänzung zu dem von Marx dar. Marx war Sozialist mit einem lebenslangen Interesse an Ethnologie; Mauss war Ethnologe und sein ganzes Leben in der sozialistischen Politik aktiv. Und genauso wie den scharfsinnigen gesellschaftspolitischen Überlegungen von Marx über viele Jahre zu wenig Aufmerksamkeit zuteilwurde, scheint heute fast niemand mehr die Bedeutung von Mauss als politischem Denker zu kennen. Sein Werk ist geprägt von politischer Leidenschaft, und das gilt besonders für »Die Gabe«. Lassen Sie mich daher mit dem Hintergrund dieses Werks beginnen.

Die Gabe als Gesellschaftsvertrag

Zu Lebzeiten galt Mauss in erster Linie als geistiger Ziehsohn seines Onkels Emile Durkheim, des Begründers der französischen Soziologie. Noch heute wird sein Werk vornehmlich als Auseinandersetzung mit denselben intellektuellen Fragen begriffen – wenn Mauss dabei auch, wie Louis Dumont bemerkt,[1] sehr viel pragmatischer und empirischer vorgegangen ist.

Durkheims Denken und Interesse waren geprägt von den Debatten französischer und britischer Gelehrter über die Richtung des gesellschaftlichen Wandels im neunzehnten Jahrhundert: über den Aufstieg des Individuums, den Niedergang von Glaubensgemeinschaften und traditionellen Formen von Autorität, den Aufstieg des Marktes zum wichtigsten Medium menschlicher Beziehungen. Bei den meisten von Mauss' Schriften lässt sich ein Bezug zu einem dieser Themen herstellen: So kann man den Essay zum »Begriff der Person« als eine Archäologie des modernen Individualismus lesen und »Die Gabe« als Untersuchung der Idee des Gesellschaftsvertrags.

Marshall Sahlins formulierte einmal die These, dass das von Mauss in Angriff genommene Problem letztlich auf Thomas Hobbes zurückgeht:[2] Wie stellt man Frieden zwischen Menschen her, die keinen unmittelbaren Grund haben, sich nicht gegenseitig umzubringen? Wie sattsam bekannt, konnte der Naturzustand des Menschen in Anbetracht seines unendlichen Besitzstrebens für Hobbes nur in einem »Krieg aller gegen alle« bestanden haben; Gesellschaft im eigentlichen Sinne könne sich erst entwickeln, wenn alle bereit wären, eine allumfassende politische Macht zu schaffen. Der erste »Gesellschaftsvertrag« gründete demnach auf einer Übereinkunft der Menschen, ihr Recht auf den Gebrauch von Gewalt an einen Staat abzutreten, der wiederum imstande war, jeden von ihnen geschlossenen Vertrag durchzusetzen. Ausgehend von Saint-Simon entwickelte sich im Laufe des neunzehnten Jahrhunderts eine Argumentation, die bei Herbert Spencer ihre Apotheose fand und der zufolge der Staat nicht für alle Zeiten Zwang ausüben muss. Man könne in der menschlichen Geschichte einen allmählichen Wandel feststellen von Gesellschaften, die auf militärischem Wettstreit beruhen, zu solchen, die auf ökonomischem Wettbewerb und frei aushandelbaren Verträgen zwischen Einzelnen beruhen. Durkheims soziologische Theorie ist über weite Strecken als Reaktion auf Spencer zu begreifen; so, wenn er erklärt, dass die Zunahme an privatwirtschaftlichen Verträgen den Staat keineswegs zurückdrängt, sondern vielmehr dazu führt, dass dieser sich in nie dagewesener Weise in das Leben seiner Bürger einmischt.

Es ist klar, dass in einem solchen geistigen Klima »der Ursprung des Vertrags« zu einer zentralen Frage wird, zu der auch das neu entstehende Fachgebiet der Ethnologie etwas zu sagen haben sollte. Auf den ersten Seiten seines Essays über die Gabe verweist Mauss zweimal darauf, dass der Text Teil einer wesentlich umfassenderen Untersuchung zu »archaischen Formen des Vertrags« ist, die er seit geraumer Zeit mit seinem Kollegen Georges Davy verfolgte.[3] Entgegen der Mutmaßungen von Gelehrten wie Hobbes und Adam Smith, aber auch von modernen Ökonomen bestanden demnach die ersten freiwilligen vertraglichen Beziehungen nicht zwischen Einzelnen, so Mauss, sondern zwischen sozialen Gruppen: »Clans, Stämmen und Familien«. Genauso wenig waren sie politischer Natur, und übrigens auch nicht ökonomischer, vielmehr waren sie, wie er schreibt, »total«, insofern sie verschiedene Bereiche miteinander verbinden, die wir als religiös, rechtlich, moralisch und ökonomisch voneinander unterscheiden würden. Das Schenken ist dafür ein ideales Beispiel, weil es einen ganz und gar freiwilligen Akt darstellt (zumindest kann es das sein) und dennoch eine Form der Verpflichtung erzeugt. Daraus leitet sich Mauss' zentrale Fragestellung ab:

> *Welches ist der Grundsatz des Rechts und Interesses, der bewirkt, daß in den rückständigen oder archaischen Gesellschaften das empfangene Geschenk obligatorisch erwidert wird? Was liegt in der gegebenen Sache für eine Kraft, die bewirkt, daß der Empfänger sie erwidert?*[4]

Damit formuliert Mauss eine äußerst scharfsinnige Gegenposition zu den zeitgenössischen Theorien des freien Marktes. Die Geschichte schreitet nicht fort vom Gesellschaftsvertrag mit dem Staat samt seinem Machtmonopol zu freien Verträgen zwischen Individuen, vielmehr stellen wir fest, dass der Ursprung des Vertrags lange vor dem Staat liegt. Diese Verträge waren nach heutigen Begriffen eher ökonomischer denn politischer Natur und gleichzeitig fern von dem, was Theoretiker des freien Marktes sich unter primitiven Ökonomien vorgestellt hätten. Die Arbeitshypothese der Ökonomen hatte gelautet – und tut es noch –, dass die ursprüngliche Form des Tauschs der von materiellem Eigennutz motivierte Tauschhandel ist: Zwei Menschen treffen sich und kommen überein, Dinge miteinander zu tauschen, die einer von ihnen hat und der andere braucht; sobald der Handel vollzogen ist, endet die Beziehung und die beiden müssen fortan nichts mehr miteinander zu tun haben. Mauss behauptet dagegen, dass die ersten Übereinkünfte, die als ökonomische Verträge beschrieben werden könnten, des Inhalts waren, *nicht* zum eigenen ökonomischen Nutzen zu handeln. Geht es nämlich schlicht um materiellen Gewinn, ist es offenkundig im Interesse des Gebenden, eine unmittelbare Gegenleistung zu fordern, und noch mehr ist es im Interesse des Empfängers, die Gabe einfach zu nehmen und zu behalten, statt nach Ablauf einer gewissen Zeit eine effektvolle Gegengabe zu machen.

Dennoch hat Sahlins sicherlich Recht: Über dem Konzept von Mauss schwebt der Hobbes'sche Geist. Wiederholt weist Mauss darauf hin, dass sich auf der primitivsten Ebene (die augenscheinlich nur in seiner Vorstellung existiert) eine völlige Entäußerung in der Gabe und ein alles vernichtender Krieg nicht unterscheiden. Er bietet keine Erklärung, was Angehörige verschiedener »Clans, Stämme und Familien« überhaupt dazu veranlassen sollte, sich gegenseitig umzubringen. Allerdings wird der Antiökonomismus durch den Akzent auf Feindseligkeiten gestärkt. Wenn etwas dem Tauschhandel Ähnliches in staatenlosen Gesellschaften stattfindet, dann, wie schon oft festgestellt wurde, fast immer zwischen Fremden, die sonst Feinde wären. Es besteht also weniger ein grundsätzlicher Gegensatz zwischen Gewaltbeziehungen und ökonomischem Eigennutz (wie Spencer erklärte und von den meisten modernen Neoliberalen unhinterfragt angenommen wird), vielmehr sind beides Spielarten ein und derselben Sache: In beiden zeigt sich, wie man mit Menschen umgeht, deren Schicksal einem gleichgültig ist. Denn sobald man Frieden miteinander schließt, muss man wenigstens so tun, als berücksichtige man nicht nur die eigenen Interessen, sondern auch die des anderen. Selbst wenn die Beteiligten es also nur auf materielle Güter abgesehen haben, müssen sie in Schenkökonomien etwas anderes vorschützen. Das ist zweifellos eine grundlegende Einsicht von Mauss. Allerdings hat sie einen hohen Preis, da die Annahme, Ordnung und friedliches Miteinander seien anders als Gewalt- und Konfliktpotential erklärungsbedürftig (eine Annahme, die zum Ausgangspunkt des Strukturfunktionalismus werden sollte), die dem Ökonomismus zugrunde liegenden zynischen Prämissen womöglich mehr stärkt, als die Schlussfolgerung von Mauss sie in Zweifel zieht.

Mauss' Lösung für das selbstgestellte Problem führt in eine völlig andere Richtung. Warum fühlen sich Menschen verpflichtet, Geschenke zu erwidern? Seine Antwort auf diese Frage ist bekannt: Objekte scheinen etwas von der Persönlichkeit des Schenkenden in sich zu tragen.[5] In diesem Zusammenhang führt er die Erklärung eines Maori-Weisen namens Tamati Ranapiri an, die berühmte Passage über das *hau* oder den »Geist« der Gabe – nach Mauss' Deutung der Teil der Seele des Schenkenden, der sozusagen mit dem Geschenk verwoben ist und durch seinen Wunsch, zu ihm zurückzukehren, den Empfänger zu einer Gegenleistung zwingt.

Später werde ich mir diese Passage genauer ansehen. Fürs Erste genügt die Feststellung, dass Mauss für seine Interpretation sehr viel Kritik geerntet hat – nicht nur von Maori-Forschern, sondern auch von ambitionierten Theoretikern wie Claude Lévi-Strauss,[6] der in der Einleitung zu der populären französischen Ausgabe des Mauss'schen Werks behauptet, dass Mauss einen fundamentalen logischen Fehler beging, als er versuchte, ein Phänomen wie die Reziprozität, die er in den unbewussten Strukturen des Geistes verwurzelt sah, durch ein einzelnes kulturelles Zeugnis zu erfassen. Ich habe allerdings den Eindruck, dass diese Debatte am eigentlichen Problem vorbeigeht. Mauss, so könnte man behaupten, hat mit seiner Interpretation des *hau* selbst eine Art Mythos geschaffen, und wie alle guten Mythen fängt auch dieser etwas ganz Wesentliches ein, das sich anders nur schwer hätte formulieren lassen. Wenn dem nicht so wäre, dann wäre sie schon lange in Vergessenheit geraten.

Jedenfalls sollte das *hau* nur ein Beispiel für ein übergreifendes Thema sein, das unter anderem auch in Mauss' Analyse des Kula auftaucht, in dem »Mechanismen der Verpflichtung, ja sogar einer Verpflichtung durch die Sache selbst« wirken,[7] bei den Wertgegenständen der Nordwestküste, die eine eigene, ihren Besitzer beherrschende spirituelle »Persönlichkeit« haben,[8] und in seiner Rekonstruktion des alten römischen Rechts mit dem »von der Sache besessene[n] Individuum«.[9] All das beruht auf einer sehr viel allgemeineren Beobachtung über die Beziehung von Menschen und Sachen. Das moderne Recht unterscheidet streng zwischen beiden; nur deshalb kann die moderne Theorie denken, Menschen würden motiviert von etwas namens »Eigennutz«, der im Grunde auf den Wunsch, Sachen zu akkumulieren, hinausläuft. Eines der zentralen Anliegen des Essays über die Gabe besteht darin, wie Mauss wiederholt erklärt, das gesamte Bündel von Annahmen, welches der Idee des »Eigennutzes« zugrunde liegt, in Frage zu stellen.

Damit bezweifelt Mauss nicht einfach nur das moderne Verständnis ökonomischer Beziehungen. Vielmehr behauptet er, dass die Annahmen der Wirtschafts- und Sozialwissenschaften nicht einmal dem in unserer eigenen Gesellschaft herrschenden Verständnis entsprechen. Dieser Punkt wird meines Erachtens in der heutigen Rezeption von Mauss häufig, wenn nicht meistens übersehen. Mauss erklärt zwar, dass man sich überhaupt nur unter der Voraussetzung des Marktes einen reinen Eigennutz vorstellen kann – ein Begriff, der sich ihm zufolge nicht einmal ins Griechische, Lateinische, Sanskrit oder klassische Arabisch übertragen lässt – und dass das moderne Ideal der reinen uneigennützigen Gabe nichts weiter als ein phantasiegeborenes Gegenbild dieses Gedankens darstellt. Im selben Zug versuchte er jedoch die enorme Anziehungskraft des Sozialismus zu verstehen. Dabei gelangt er schließlich zu einer Erklärung, die Marx' Begriff der Entfremdung überraschend ähnlich ist – auch wenn sich Mauss dessen vermutlich gar nicht bewusst war.

Lassen Sie mich daher versuchen, den politischen Kontext des Essays über die Gabe zu beschreiben.

Der »Essai sur le don« als Beitrag zu einer sozialistischen Theorie

Die Schriften von Mauss waren zum größten Teil Bestandsaufnahmen laufender Forschungen, und seine gesamte zweite Lebenshälfte stand unter dem Zeichen unabgeschlossener Projekte: eine Schrift über das Wesen des Gebets, ein Buch über die Ursprünge des Geldes, ein weiteres über Sozialismus und Nationalismus … Normalerweise gewährte er nur dann Einblicke in seine Forschungen, wenn man ihn darum bat oder er einen zwingenden Grund dazu sah. Im Fall des »Essai sur le don« war das höchstwahrscheinlich ein politischer Grund.

Nur wenigen Ethnologen ist heute offenbar bewusst, dass Mauss sein Leben lang überzeugter Sozialist war. Während seines Studiums war er ein enger Freund von Jean Jaurès, dem Führer der SFIO (Französische Sektion der Arbeiter-Internationale), vehementen Verteidiger von Dreyfus und erklärten Kriegsgegner, der 1914 dem Attentat eines rechten Fanatikers zum Opfer fiel. Für Mauss war Jaurès ein ebenso wichtiger Lehrer wie Durkheim, wenn er auch in vielerlei Hinsicht radikaler als dieser war. Nach dem Krieg setzte Mauss seine parteipolitische Arbeit fort, betätigte sich als Herausgeber sozialistischer Zeitschriften und schrieb weiter für die linke Presse. Vor allem aber war er in der französischen Genossenschaftsbewegung aktiv: Gemeinsam mit einem Freund gründete er in Paris eine Verbraucherkooperative, hatte mehrere Posten in der nationalen Organisation der Genossenschaften inne und verfasste nach Reisen durch Europa Berichte über Genossenschaftsbewegungen in Deutschland, England, Ungarn und Russland.[10]

Die erste Hälfte der 1920er Jahre, besonders um 1923 und 1924, als Mauss an dem Essay über die Gabe schrieb, war die Zeit seines größten politischen Engagements. Damals hatte sich im Gefolge der Russischen Revolution die SFIO in eine kommunistische und eine sozialistische Partei gespalten. Mauss hing von jeher der Idee eines Sozialismus von unten an, der über die Arbeit in Kooperativen und Gewerkschaften mit der Abschaffung der Lohnarbeit verwirklicht werden sollte. Seiner Meinung nach erlagen sowohl die Kommunisten als auch die Sozialdemokraten einer »Fetischisierung der Politik« und der Rolle des Staates; für ihn beschränkte sich die Rolle des Staates im Wesentlichen auf die Schaffung eines gesetzlichen Rahmens, innerhalb dessen Arbeiter leichter die Kontrolle über ihre Industrien übernehmen und ganz allgemein das Recht in Übereinstimmung mit der herrschenden Moral bringen könnten. Zu den Ereignissen in Russland hatte er ein sehr zwiespältiges Verhältnis. Von Anfang an war er ein überzeugter Anhänger der Revolution, aber die Bolschewisten waren ihm höchst suspekt.[11] Eine gewaltsame Durchsetzung des Sozialismus erschien ihm ein Widerspruch in sich;[12] ebenso widerstrebte ihm das Prinzip der

Parteilinie, und auch wenn er einräumte, dass das Sowjetregime während des Krieges unter schwierigen Bedingungen operieren musste, so prangerte er doch dessen Terrormaßnahmen an, die Verachtung demokratischer Institutionen und vor allem die Gesetzesherrschaft. All seinen Einwänden lag der Abscheu gegenüber dem kaltblütigen Utilitarismus der Bolschewisten zugrunde (»der zynische Gedanke, dass der Zweck die Mittel heilige«, schrieb er später, »machte sie selbst unter Politikern zu Mittelmaß«).

Seine Kritik war allerdings stets getragen von einem Gefühl der geistigen Verwandtschaft und der Überzeugung, dass die Revolution ein großartiges Experiment darstellte:

> Seit Marx haben es die Sozialisten wohlweislich unterlassen, Utopien und Pläne für künftige Gesellschaften zu entwerfen. Im Gegenteil, sie traten für kaum etwas anderes als die apokalyptische Allgemeinthese ein, »die Verwaltung der Dinge« zu übernehmen, und beließen die Antwort auf die Frage, wie die kollektiven Verfahren dieser Verwaltung aussehen, im Vagen, da sie unvorhersehbar sei. Wie würde diese Revolution »die Verwaltung des Menschen durch den Menschen« unterdrücken? Was soll aus diesem moralischen Aufwallen, diesem politischen und ökonomischen Chaos entstehen? So wenig religiös mein Sozialismus sein mag, so wenig Achtung vor den ersten Maßnahmen der Bolschewisten in mir erwuchs – die Auflösung der Verfassunggebenden Versammlung, der Friedensvertrag von Brest-Litowsk –, konnte ich mich doch nicht von ihnen distanzieren. Moskau erschien vielen von uns, was es für sehr viele aufgeklärte Menschen selbst hierzulande blieb, als eine Art Refugium, in dem das Schicksal unserer Ideen heranreift.[13]

Viele von Mauss' Veröffentlichungen in den vor der »Gabe« liegenden Jahren drehten sich um Lenins Neue Ökonomische Politik von 1921, die frühere Versuche einer Zwangskollektivierung aufgab, Handel legalisierte und das Land für ausländische Investitionen öffnete. Dass der sowjetische Staat unabhängige Kooperativen nicht länger unterdrückte, fand natürlich Mauss' Beifall, aber er opponierte heftig gegen die Öffnung des Landes für ausländisches Kapital – »den Ausverkauf Russlands« nannte er sie in einem Artikel in *La Vie Socialiste*[14] –, in der er den möglichen Anfang vom

Ende der Revolution heraufdämmern sah. Schon 1921 warnte er vor dem drohenden Zusammenbruch, zu anderen Zeiten gestattete er sich einen zurückhaltenden Optimismus und meinte, dass das Sowjetregime sich schlussendlich zu einem wahreren Sozialismus hin entwickeln könnte. Die ganze Sache beschäftigte ihn nicht nur sehr, sondern ließ ihn auch mit zwiespältigen Gefühlen und entmutigt zurück.

Es ist kein Zufall, dass »Socialisme et bolchevisme« und »Die Gabe«, die beide 1925 erschienen, die wichtigsten Texte von Mauss in diesem Jahrzehnt sind. Sie bildeten so etwas wie die Stützpfeiler für ein und dasselbe intellektuelle Projekt. Als der erste Großversuch einer modernen Alternative zum Kapitalismus scheiterte, beschloss Mauss wohl, mithilfe der Ergebnisse einer vergleichenden Ethnographie – mochten sie auch noch unfertig und unausgearbeitet sein, wie er sehr wohl wusste – eine realistischere Alternative wenigstens grob zu umreißen. Besonders die historische Bedeutung des Marktes beschäftigte ihn. Eines hatte das russische Experiment bewiesen, dass es nämlich nicht möglich sein würde, den Handel per Erlass abzuschaffen. Lenin hatte es versucht und war gescheitert, obwohl Russland das am wenigsten monetarisierte Land Europas war. Daher hätte man es, so Mauss' Schlussfolgerung in »Socialisme et bolchevisme«, für die absehbare Zukunft mit irgendeiner Form von Markt zu tun. Dennoch musste es einen Unterschied geben zwischen »dem Markt« als bloßem Verfahren zur Verteilung bestimmter Wirtschaftsgüter (zum Beispiel zwischen demokratisch organisierten Kooperativen oder berufsständischen Organisationen) und »dem Markt«, wie er im industriellen Westen als wesentliches Organisationsprinzip des gesellschaftlichen Lebens auch zum wertbestimmenden Faktor geworden war. Mauss wollte daher herausfinden, was genau an der Logik des Marktes dem allgemeinen Gerechtigkeitssinn und der Menschlichkeit eine solche Gewalt antat. Und er wollte begreifen, was die große Anziehungskraft sozialistischer Parteien und Wohlfahrtsprogramme ausmachte, und durch die Untersuchung ethnographischer Berichte eine Vorstellung davon entwickeln, wie eine solchen Gerechtigkeitsvorstellungen entsprechende Gesellschaft aussehen könnte: eine Gesellschaft also, in der sich der Markt auf seine eigentliche Bestimmung beschränken ließ, ein Forum gewissermaßen, in dem das Volk über die Vorzüge verschiedener Konsumgüter abstimmen könnte, und in der völlig andere Institutionen über gesellschaftlich bedeutsame Werte wachen – wie »die Freude am öffentlichen Geben; das Gefallen an ästhetischem Luxus; das Vergnügen der Gastfreundschaft und des privaten oder öffentlichen Festes«.[15]

Im Grunde versuchte Mauss die Anziehungskraft marxistischer Ideen zu begreifen, und zwar ohne Rekurs auf die Texte von Marx. Auch dieser Punkt wird oft übersehen. Das Marx'sche Werk war Anfang des zwanzigsten Jahrhunderts in Frankreich keineswegs Allgemeingut. Ein Großteil war noch nicht übersetzt und es gab keine marxistischen Theoretiker; selbst militante Sozialisten waren eher mit den Ideen von Saint-Simon, Fourier, Proudhon und selbst Robert Owen vertraut.[16] Wenn man sich auf die marxistische Theorie berief, dann für gewöhnlich auf einen vereinfachten, mechanischen Determinismus. So platt ging Mauss nicht vor, er war mit der Scharfsinnigkeit des *Kapitals* durchaus vertraut, wenn er sich womöglich auch nicht bewusst war, dass er oft dieselben Fragen wie Marx in seinen Frühschriften ansprach.[17] Während ein deutscher, ungarischer oder russischer Sozialist damals den Bolschewisten womöglich Verrat an ihrer geistigen Herkunft vorgeworfen hätte, orientierte sich Mauss an einer völlig anderen intellektuellen Tradition.

Die kritische Stoßrichtung von der »Gabe« wird ein wenig verdeckt durch den Umstand, dass Mauss sich so ausführlich mit den dramatischsten und aristokratischsten Formen des Gabentauschs auseinandersetzt.[18] Mauss beginnt mit den, wie er es nennt, »totalen Leistungen«. Zwei Gruppen, die sonst in einen kriegerischen Konflikt geraten würden, schaffen ein Verhältnis völliger gegenseitiger Abhängigkeit, indem sie einander alles darbieten. Mauss verweist auf die Beziehungen zwischen Moieties in vielen australischen und amerikanischen Gesellschaften, die als totaler Vertrag begriffen werden können. Die beiden Hälften solcher Dorfgemeinschaften sind hinsichtlich Nahrungsversorgung, Militär- und Ritualdiensten, Sexualpartnern, »Tanz, Festen und Märkten«, Gesten des Respekts und der Anerkennung und so gut wie allem anderen voneinander abhängig.[19]

Das ist alles recht vage, aber Mauss führt später den Begriff der »totalen Leistungen« in einer weniger spekulativen und dafür empirischeren Form weiter aus. In den Vorträgen, die er zwischen 1935 und 1938 am Institut d'Ethnologie der Pariser Universität hielt, spricht er von »totalen Leistungen« (oder totaler Reziprozität) als unbeschränkten Rechten, die in den meisten Gesellschaften vor allem zwischen bestimmten Familien und bestimmten Personen bestehen:

> Am Ursprung stand ein System, das ich das System der totalen Leistung (*prestation totale*) nennen werde. Wenn ein australischer Kurnai sich im selben Lager wie seine Schwiegereltern befindet, hat er nicht das Recht, auch nur ein Stück des Wildes zu verzehren, das er mitgebracht hat, denn seine Schwiegereltern bekommen alles, ihr Recht ist absolut. Wenn die Reziprozität vollkommen ist, nennen wir es Kommunismus, aber er wird unter Individuen praktiziert. Seit der Antike geht das *commercium* mit dem *connubium* einher, die Hochzeit folgt dem Handel, und der Handel folgt der Hochzeit. Pflichtgeschenk, fiktive Gabe, was man legalen Diebstahl nennt, ist in Wirklichkeit ein Kommunismus auf individueller, sozialer und familiärer Basis. Der fundamentale Irrtum besteht darin, Kommunismus und Individualismus gegen einander zu stellen.[20]

Mauss' Augenmerk gilt der Unbeschränktheit der Verpflichtungen, die oft mit einer Heirat verbunden sind. Ein Melanesier, der ein neues Kanu brauchte, konnte sich an den Mann seiner Schwester und dessen Familie wenden: Da er ihnen eine Frau gegeben hatte, schuldeten sie ihm praktisch alles und mussten ihn allein aufgrund seiner Bedürfnisse versorgen und nicht aufgrund irgendeines Rückzahlungsprinzips. Daraus leitet sich die Verwendung des Begriffs »Kommunismus« ab. Mauss erklärt, es sei ein entscheidender Fehler gewesen, anzunehmen, dass es im »primitiven Kommunismus« – oder irgendeiner anderen Form – um kollektives Eigentum gehe. Denn zum einen gibt es immer irgendwelches persönliches Eigentum; Mauss hielt das Vorhaben damaliger Revolutionäre, es abzuschaffen, für absurd.[21] Zum anderen wird auch das im Besitz einer Gruppe befindliche Eigentum selten demokratisch verwaltet: Der Unterschied zwischen einem Privatbesitzer und einem Verwalter ist oft nicht mehr als eine rechtliche Formalität. Man sollte sich also nicht die Besitztitel ansehen, sondern die Zugangs- und Verteilungsprinzipien. Wenn jemand das Recht hat, sich ohne direkte Bezahlung oder Reziprozität das zu nehmen, von dem er glaubt, es zu brauchen, dann ist das Kommunismus. Damit ist aber auch ein System des individualistischen Kommunismus möglich: Hier sind bestimmte Individuen durch solche unbeschränkten Verpflichtungen miteinander verbunden, seien sie einseitig (wie im Fall von Beziehungen zwischen Affinalverwandten) oder sei es, dass jede Partei das gleiche Recht hat, sich an die andere zu wenden (wie es heutzutage, so Mauss, bei Eheleuten der Fall ist).[22] Sie können sich über eine Gesellschaft hinweg miteinander verbinden und die »individuellen Positionen das System der totalen Gegenseitigkeit« bilden. Das sich daraus ergebende System entspräche dem, »was wir Kommunismus nennen, aber es wird immer streng individuell sein«.[23]

Aber zurück zur »Gabe«. Im Laufe der Zeit, so Mauss, kann Reziprozität auch eine kompetitivere Form annehmen, wenn nämlich durchsetzungsstarke Einzelne – die zunächst als Repräsentanten des Clans oder anderer sozialer Gruppen handeln und später in eigenem Namen[24] – darum wetteifern, sich in ihren Gaben gegenseitig zu übertreffen. Solche Systeme des »agonistischen« Tauschs nennt Mauss »Potlatsch« und er bezieht sich dabei auf besonders dramatische Tauschwettbewerbe, die kurz zuvor an der amerikanischen Nordwestküste beobachtet wurden. Für gewöhnlich lief ein solcher Wettbewerb ziemlich harmlos ab, aber gelegentlich bot einer der Beteiligten seinen gesamten Besitz auf, um den Rivalen zu übertrumpfen. Das ist dem Wettbewerb im Kapitalismus sehr ähnlich, selbst wenn beide auf entgegengesetzten Prämissen beruhen, da es beim Potlatch natürlich nicht darum geht, Besitz zu akkumulieren, sondern darum, die eigene Verachtung für materiellen Besitz auszudrücken, indem man so viel wie möglich weggibt.

Was Chris Gregory in seinem 1982 erschienenen bekannten Buch *Gifts and Commodities* beschrieb, ist damit keine Schenkökonomie per se, sondern das, was Mauss ein Potlatch-System nennen würde, also eine besonders agonistische Variante, die sogar pathologische Züge trägt. Das Schenken als Wettbewerb gab es auch in anderen aristokratischen Gesellschaften wie der der Kelten, der Germanen oder im vedischen Indien, aber das Aufkommen von Geld und Markttransaktionen (wozu der endgültige Verkauf gehört und damit eine Entfremdung von Gütern, in denen man keinen Bezug zum Gebenden mehr herstellen kann) führte dazu, dass es verschwand und an seine Stelle ein Ethos der Akkumulation um ihrer selbst willen trat. Die meisten Gesellschaften der antiken Welt hingen irgendwo dazwischen; es war möglich, Vermögen anzuhäufen, aber die Reichen wurden, wie Mauss sagt, als die Schatzmeister ihrer Mitbürger betrachtet, von denen man erwartete – oder die man wie im griechischen Liturgiesystem dazu zwang –, dass sie ihren Reichtum wieder der Allgemeinheit zur Verfügung stellten.

Die Frage, wie diese Entwicklung verlaufen ist, liegt nahe. Was waren die Ursprünge des Begriffs »Eigennutz« und wie kam es dazu, dass er so gut wie alles andere in den Hintergrund treten ließ? Alain Caillé, einer der Gründer des interdisziplinären Mouvement Anti-Utilitariste dans les Sciences Sociales, kurz MAUSS, verweist auf die Rolle, die das Christentum dabei spielte.[25] Noch bei den römischen Aristokraten und Granden zeigte sich das Ethos der verschwenderischen Großzügigkeit, wenn sie der Öffentlichkeit Bauwerke und Gärten stifteten und darum wetteiferten, wer die spektakulärsten öffentlichen Spiele ausrichtete. Aber die römische Freigiebigkeit diente vor allem der Schadenfreude: So gehörte es unter Adligen zu den beliebtesten Gepflogenheiten, Gold und Edelsteine in die Menge zu werfen, um sich an der daraus resultierenden wilden Balgerei darum zu ergötzen. Die frühchristlichen Theorien über die Gabe entstanden in Reaktion auf solche widerlichen Praktiken. Wahre Barmherzigkeit konnte der christlichen Lehre nach nicht auf dem Wunsch beruhen, Überlegenheit zu beweisen oder jemandes Wohlwollen zu erlangen, oder auf einem anderen egoistischen Beweggrund. Dieser Gedanke wurde so weit getrieben, dass es keine richtige Gabe sein konnte, wenn der Geber irgendetwas von der Sache hatte. Daraus entstanden vielerlei Probleme, da es kaum möglich war, ein Geschenk zu erhalten, von dem der Geber nicht in irgendeiner Weise profitierte, denn zumindest erlangte man durch eine gute Tat das Wohlwollen Gottes und erhöhte damit seine Chancen auf Erlösung. Das kulminierte in der verschiedentlich geäußerten Meinung, der Einzige, der eine gute Tat vollbringen könne, sei derjenige, der überzeugt sei, zur Hölle verdammt zu sein. Von hier ist es nur ein kleiner Schritt zu der bereits beschriebenen Art von Zynismus, wonach sich hinter einer scheinbar großzügigen Tat lediglich eine Form von Egoismus verberge und das Vergnügen an der guten Tat diese in irgendeiner Weise unterhöhlen würde – was im Grunde zwei Spielarten derselben Idee sind.[26]

Das moderne Ideal der Gabe wird somit zu einem irrealen Spiegelbild des Marktverhaltens: ein von keinem Gedanken an persönlichen Gewinn behinderter Akt reiner Großzügigkeit. Das aber bedeutet nicht, wie die Mitglieder von MAUSS nicht müde werden zu betonen, dass die Menschen keine Gaben mehr verteilen: Selbst in modernen, kapitalistischen Gesellschaften wechseln ständig Dinge den Besitzer, ohne dass sogleich etwas erwidert würde oder eine explizite Vereinbarung über eine künftige Gegenleistung bestünde. Es bedeutet nicht einmal, dass Gaben keine Bedeutung mehr hätten. Im Gegenteil, so erklären sie, moderne Gesellschaften könnten nicht ohne sie funktionieren. Die Gabe wurde zum »verborgenen Gesicht der Moderne«:[27] »verborgen«, weil man immer eine Begründung findet, warum bestimmte Geschenke (Geldgeschenke für Kinder, Hochzeitsgeschenke, Blutspenden, Geschäftsessen, der großzügige Umgang mit Zeit und Ratschlägen, wenn Freunde Probleme haben) gar keine Geschenke sind. Für die Gesellschaftstheorie gilt das Gleiche, und dies führt, so Godbout, zu einer Wissenschaft, die »von sozialen Bindungen spricht, ohne die Begriffe zu gebrauchen, mit denen sie im Alltagsleben zusammengebracht werden: Hingabe, Verzeihung, Verzicht, Liebe, Respekt, Würde, Versöhnung, Erlösung, Wiedergutmachung, Mitgefühl, all das also, was die Beziehungen zwischen Menschen im Innersten ausmacht und was durch die Gabe befördert wird«.[28]

In der englischsprachigen Welt hat die Gruppe MAUSS bisher so gut wie keine Beachtung gefunden. Wer meinte, ganz vorne bei der kritischen Theorie dabei zu sein, lernte Mauss über Derrida kennen,[29] der in *Zeit geben* das Mauss'sche Konzept der Gabe untersuchte und wenig überraschend feststellte, dass Gaben als Ausdruck reiner, uneigennütziger Großzügigkeit logisch unmöglich sind.

Vermutlich muss man zu dieser Schlussfolgerung kommen, wenn man von der Existenz eines »westlichen Diskurses« überzeugt ist, der sich auf nichts anderes als sich selbst beziehen kann. Aber selbst wer Ethnologie tatsächlich für möglich hält, verkennt oft, dass es Mauss nicht in erster Linie um Diskurse geht, sondern um moralische Prinzipien, von denen er meint, sie verkörperten sich bis zu einem gewissen Grad in den Praktiken *aller* Gesellschaften, wenn auch nicht in der hehren Theorie.

Mauss selbst hebt hervor, dass es in den meisten von ihm untersuchten Gesellschaften keinen Sinn hat, zwischen Großzügigkeit und Eigennutz zu unterscheiden. Wir sind diejenigen, die annehmen, dass zwischen beiden normalerweise ein Konflikt herrscht. (Aus diesem Grund hat er in Zusammenhang mit anderen Gesellschaften auch den Begriff »Gabe« oder »Geschenk« vermieden und lieber von »Leistungen« gesprochen.) Aber – und deshalb halte ich es für wichtig, sich über den politischen Kontext klar zu sein – Mauss will auch gar nicht beschreiben, wie die Logik des Marktes mit ihren strengen Unterscheidungen zwischen Personen und Dingen, Interesse und Altruismus, Freiheit und Verpflichtung zum Common Sense moderner Gesellschaften wurde. Zuvörderst versucht er zu verstehen, inwieweit sie darin versagt hat; warum so viele Leute – und besonders so viele weniger einflussreiche und weniger privilegierte Mitglieder der Gesellschaft – diese Logik moralisch anstößig finden. Warum beispielsweise Institutionen, die auf der strikten Trennbarkeit von Produzenten und ihren Produkten bestehen, gegen das allgemeine Gerechtigkeitsempfinden verstoßen, den moralischen »Felsen«, auf dem unsere – wie jede – Gesellschaft ruht. »Man kann sagen«, schreibt er in seinen Schlussfolgerungen,

> daß heute ein großer Teil des industriellen und kommerziellen Rechts mit der Moral in Konflikt steht. Die ökonomischen Vorurteile des Volkes, der Produzenten, entspringen ihrem festen Willen, der Sache zu folgen, die sie produziert haben, und der intensiven Empfindung, daß ihre Arbeit weiterverkauft wird, ohne dass sie am Gewinn teilhaben.[30]

Aus diesen Worten kann man zweifellos Marx heraushören. Aber die Entfremdungstheorie von Mauss leitet sich aus völlig anderen Zusammenhängen her; nicht von der Hegel'schen dialektischen Tradition, auf die sich Marx in seinen frühen Schriften stützt (die Mauss mit ziemlicher Sicherheit nicht rezipiert hat), sondern von der Rechtsgeschichte – nach der Eigentum »entfremdet« ist, wenn alle Rechte daran von einem Besitzer auf einen anderen übergehen. Besonders für die französische Arbeiterklasse, die sich noch nicht weit von ihrer Herkunft aus der Bauernschaft und dem Handwerk entfernt hatte, schien daran etwas grundlegend falsch zu sein. Mauss versuchte, dem auf den Grund zu gehen – genauso wie er verstehen wollte, warum die Sozialversicherungsgesetzgebung, geleitet von dem Prinzip, »daß der Arbeiter sein Leben und seine Arbeit teils der Gemeinschaft, teils seinem Arbeitgeber hingibt«[31] und daher mehr als einen Wochenlohn verdient, richtig zu sein scheint. Seine Antwort unterscheidet sich deutlich von der Marx'schen, insofern für Mauss das Lohnarbeitsverhältnis eine klägliche Schrumpfform des Vertrags ist. Dessen elementare Form ist für ihn, wie wir gesehen haben, der Kommunismus: eine unbeschränkte Übereinkunft also, in der sich alle Parteien verpflichten, das Leben der jeweils anderen zu erhalten. Bei der Lohnarbeit gibt der Arbeiter sich selbst total hin, er »gibt sein Leben und seine Arbeit«, aber das Geld, das er dafür erhält, ist keineswegs ebenso total. Wenn man sein Leben gibt, dann sollte einem dieses Leben wenigstens garantiert werden.

Gerne werden Mauss' Schlussfolgerungen am Ende der »Gabe« als schwach und inkonsistent abgetan, und es heißt, sie hielten nicht das Niveau des übrigen Textes.[32] Tatsächlich wirken sie an manchen Stellen fast zögerlich. Ein Grund dafür ist vermutlich darin zu sehen, dass Mauss sich mit seinen politischen Ausführungen nicht an das gewohnte proletarische Publikum wendet, sondern an eine breitere, gebildete Leserschaft. Das wiederum führt womöglich zu einigen der merkwürdigsten Anstöße, die Mauss in seinem Essay gibt; zum Beispiel der Aufruf, zu einem Ethos zurückzukehren, demgemäß die einzige Entschuldigung für die Akkumulation von Reichtum darin besteht, ihn wieder wegzugeben, und die Reichen sich wieder als die »Schatzmeister ihrer Mitbürger« begreifen sollen – wovon bezeichnenderweise in seinen übrigen

Schriften nichts zu lesen ist. Man kann es sich leicht machen, und das Ganze als einen unbeholfenen Versuch begreifen, den Marx zu geben. Die von marxistischen Denkern üblicherweise gegen den Essay vorgebrachten Einwände treffen zum größten Teil zu: Mauss spricht die Produktion in vorindustriellen Gesellschaften nicht einmal an, er hat keine Vorstellung von der Reproduktion sozialer Systeme als solcher und ihm fehlt eine Werttheorie. Man kann seinen Entfremdungsbegriff allerdings auch als nützliches Korrektiv für einige verbreitete Schwachstellen in der marxistischen Ethnologie begreifen. Mauss meint beispielsweise, dass sich mit jedem Weiterreichen eines Gegenstands die Entfremdung fortsetzen kann und dass genauso wenig wie die Sozialisation eines Menschen im Alter von zwölf oder achtzehn Jahren abgeschlossen ist, der Fertigungsprozess eines Produkts zum Stillstand kommt, wenn es vom Fließband rollt – Dinge werden instand gehalten, verändert und vor allem mit neuer Bedeutung aufgeladen, auch wenn sie wiederholt aus ihrem Zusammenhang gelöst und aufs Neue entfremdet werden. Gewagter noch scheint Mauss' These, dass eine Subjekt/Objekt-Vertauschung – in bestimmten Kontexten und auf bestimmten Ebenen – womöglich nicht als Mystifizierung und als Instrument der Ausbeutung dient, sondern ein normaler Aspekt des Schaffensprozesses ist, der nicht annähernd so gefährlich wie sein Gegenteil sein muss, nämlich die Reduzierung aller sozialen Beziehungen auf irgendein objektives Kalkül. Genau darin sah Mauss den Sündenfall des sowjetischen Marxismus: der extreme Utilitarismus, in dem er völlig zu Recht die – nur leicht verschobene – Logik des Marktes erkannte.

Insgesamt betrachtet ergänzen sich das Werk von Mauss und das von Marx, sie repräsentieren die zwei Seiten des Sozialismus. Marx' Werk besteht aus einer brillanten und nachhaltigen Kritik am Kapitalismus; aber wie Mauss feststellte, vermied er wohlbedacht Spekulationen darüber, wie eine gerechtere Gesellschaft aussehen könnte. Mauss wählte intuitiv einen anderen Ansatz: Ihm ging es sehr viel weniger darum, die Kräfte des Kapitalismus zu verstehen, als vielmehr darum, etwas zu verstehen – und zu erzeugen –, das außerhalb stehen könnte.

Dinge und Personen

Mauss war stets vorsichtig mit seinen Schlussfolgerungen, da er wusste, dass er mit unzulänglichem Material arbeitete. Die Ethnographie steckte damals schließlich noch in den Kinderschuhen. Davon kann heute nicht mehr die Rede sein, im Gegenteil: Die Literatur zu den Massim, zu Neuseeland oder zur amerikanischen Nordwestküste ist inzwischen so umfangreich, dass sie beinahe nur noch von Spezialisten überblickt wird. In jüngerer Zeit haben sich verschiedene Autoren diese Beispiele wieder vorgenommen und geprüft, ob die Schlussfolgerungen von Mauss standhalten; zu nennen sind hier vor allem Annette Weiner und Maurice Godelier,[33] die beide in etwa den gleichen theoretischen Ansatz wählen, aber meiner Ansicht nach zu unterschiedlichen Ergebnissen kommen. Beide haben sich auf die Ethnologie Melanesiens spezialisiert, und je weiter sie sich von Melanesien entfernen, desto mehr verlieren ihre Darstellungen an Substanz und Überzeugungskraft. Ich bin noch viel weniger Spezialist auf irgendeinem dieser Gebiete (offiziell bin ich wissenschaftlich auf Madagaskar zu Hause), trotzdem will ich das Wagnis eingehen. Allerdings werde ich andere Fragen stellen als sie und die in diesem Buch bislang entwickelten theoretischen Überlegungen zu Wert, Geschichte, Potential, Sichtbarkeit und so fort auf das Material von Mauss anwenden. Gibt man sich mit der Feststellung zufrieden, dass Gaben einen Teil des Ichs des Gebers verkörpern, dann bleiben viele der interessantesten Fragen unbeantwortet. Welcher Teil zum Beispiel? Mauss' Antwort scheint sowohl Tylors konkrete, sichtbare »Bild«-Seele als auch dessen »Lebens-Seele«, die unsichtbare Quelle menschlicher Kraft oder Intentionalität, zu umfassen. Seine Schrift über den Begriff der Person handelt unter anderem darum, in welchem Maß Personen durch bestimmte Embleme oder Besitztümer konstituiert sind (nach dieser Logik würde man mit einem Geschenk zwangsläufig ein Stück seiner selbst weggeben); in dem Essay zur Gabe wiederum hält er sich an eine Maori-Vorstellung, bei der es ausschließlich um Intentionen und innere Kräfte geht. Eine andere verwirrende Frage lautet: In welchem Maße sind diese Objekte wirklich personifiziert?

Danach werden wir sehen, ob die Ergebnisse uns etwas Neues über das übergeordnete Ziel von Mauss sagen können, nämlich die Beziehung zwischen Interesse und Großzügigkeit, Freiheit und Verpflichtung, Personen und Dingen zu verstehen.

Fall 1: Kula-Armreifen und -Halsketten

Mauss stützt sich vielfach auf Bronislaw Malinowskis 1922 erschienene *Argonauten des westlichen Pazifik*. Im Kula, dem berühmten Tausch von Armreifen und Halsketten, der die Inselgesellschaften der nördlichen Massim-Region von Papua-Neuguinea miteinander verband, sah Mauss ein Beispiel für ein Potlatch-System. Diese Erbstücke hatten zwar Namen und Geschichten, aber es ließen sich zu seiner Enttäuschung so gut wie keine Beispiele dafür finden, dass sie so behandelt wurden, als agierten sie aus sich heraus – oder, da die Trobriander »auf ihre Weise Positivisten«[34] sind, wie Kultgegenstände. Mauss war gezwungen, sich hauptsächlich auf die poetischen Metaphern zu stützen, die in magischen Beschwörungen zu finden waren.

Aus der Literatur über das Kula wird klar, dass man das Tauschsystem in diesen Gesellschaften nur verstehen kann, wenn man sich zunächst die lokalen Zeugungstheorien ansieht. Sie waren Gegenstand vieler Debatten, seit Malinowski erklärte, den ihm bekannten Trobriandern zufolge sei nicht der Geschlechtsverkehr Ursache einer Schwangerschaft, oder, genauer, eine Frau könne nicht schwanger werden, wenn sie noch nie Geschlechtsverkehr gehabt habe, sobald aber ihr Schoß einmal »geöffnet« worden sei, würde sie schwanger, wenn die *baloma*, bestimmte Geister der Ahnen, beim Baden in sie drängen, egal ob die Frau kürzlich Verkehr gehabt hatte oder nicht.[35] Allein die mütterliche Linie zählte; die Männer hatten nichts mit der Abstammung zu tun. Das Merkwürdigste aber war, dass dieselben Informanten darauf beharrten, dass Kinder gleich welchen Geschlechts das Aussehen ihrer Väter und nicht das ihrer Mütter erbten. Warum? Dafür schien es keine Erklärung zu geben. Am nächsten kam dem noch die Aussage eines anonymen Informanten: »Jawohl, Verwandte mütterlicherseits sind vom gleichen Fleisch und Blut, aber ähnliche Gesichter haben sie nicht«.[36] Das ist allerdings auch keine richtige Erklärung, sondern klingt eher wie die Feststellung einer offensichtlichen Wahrheit. Wenn alle denselben Ursprung haben, was könnte es dann für einen Grund haben, dass alle verschieden aussehen – außer dass alle unterschiedliche Väter haben?

Man glaubte also, dass der Körper eines Kindes von der mütterlichen Substanz herrührt – letztlich von der unsterblichen Substanz des mütterlichen Clans. Die Form oder äußere Erscheinung wiederum wurde von Männern übertragen.[37] Auf Gawa, wo der Hauptunterschied zwischen der undifferenzierten mütterlichen Substanz im Inneren des Körpers und dem Gesicht eines Kindes – in dem sich seine Individualität ausdrückt – gemacht wird,[38] und in den übrigen Massim-Regionen sieht es ganz ähnlich aus.

Das Aufziehen eines Kindes folgt demselben Muster. Die Mutter und ihr Bruder kümmern sich um das Kind und geben ihm zu essen; der Vater und seine Schwester sorgen für seinen Körperschmuck, sind für die Schönheitsmagie verantwortlich, die entscheidend für die Brautwerbung und den Kula-Handel ist, und geben ihm, wenn es ein Junge ist, für gewöhnlich auch seinen ersten Kula-Gegenstand.[39] Da die Kula-Gegenstände auch Schmuckstücke sind, fällt Letzteres nicht aus der Reihe, aber gleichzeitig wird damit deutlich, dass mit Älterwerden des Kindes dieselben Verhältnisse auf immer weiter reichende Handlungsfelder übertragen werden.

Darin liegt nach Nancy Munn wiederum der Schlüssel für die Wertvorstellungen der Gawaner.[40] Höchstes Ziel der Gawan-Männer ist Ruhm, die nach außen gerichtete, zeitliche und räumliche Erweiterung des Ichs. Ruhm stellt eine Art Schmuck für die Person dar. Wenn die Schmuckstücke, die man trägt (genau wie das körperliche Erscheinungsbild), äußerliche, sichtbare Aspekte des Ichs sind und das Ich auf andere hin erweitern, dann können Kula-Armreifen und -Halsketten es noch stärker erweitern, indem sie in der Ferne zirkulieren und überall dort, wo sie sind, den eigenen Namen verbreiten. Aber man kann erst dann in diese entlegenen Gebiete expandieren, wenn man ein festes Zentrum oder eine Basis geschaffen hat, die stets als relativ homogen und weiblich betrachtet wird und gleichzeitig als dynamischer »Ursprung« der Expansion. Insofern liegt die innere mütterliche Substanz verborgen hinter der äußeren Erscheinung und Schönheit, und der Kula-Handel selbst gründet auf ständigen Nahrungsgaben (eine homogene Substanz, die dem Inneren des Körpers dient) zwischen Affinalverwandten und ständiger Gastfreundschaft zwischen Kula-Partnern.

Gawan-Männer zum Beispiel lassen ihren verheirateten Schwestern regelmäßig Nahrungsgeschenke zukommen; die Ehemänner der Schwestern revanchieren sich mit weniger häufigen, dafür aber substantielleren Geschenken wie kleinen Kula-Gegenständen oder einem bemalten Kanu. Für den Mann, der für die Nahrung sorgt, stellt Letzteres keine reine Reziprozität dar, sondern einen Zuwachs an Wert, einen Tausch von »namenlosen und verderblichen« Dingen gegen einzigartige und beständige Dinge, die ihm ermöglichen, an Transaktionen zwischen den Inseln, also über größere Entfernungen hinweg, teilzunehmen.[41] Ihr höherer Wert liegt nach Munn darin begründet, dass sie die Möglichkeit eröffnen können, weitere Ebenen von Raum und Zeit zu kontrollieren. Man könnte es auch auf ihr größeres Potential zur Übermittlung von Geschichte zurückführen – wobei das hier auf dasselbe hinausläuft, weil der Besitzer solcher Gegenstände ihren potentiellen Wert nur dann realisieren kann, wenn er sie weggibt und sie so zirkulieren und damit seinen Namen verbreiten können. Wie weit ein Name sich verbreiten kann, hängt davon ab, in welchem Maß ein Ding Geschichte verkörpern kann.

Mittlerweile hat die Literatur zum Kula fast unüberschaubare Ausmaße angenommen und man könnte sich ausführlich über die jeweilige und jeweils leicht differierende Beziehung zwischen Kula und den Tauschsystemen auf den einzelnen Inseln auslassen: die Verbindung zwischen dem männlichen Tausch und dem Begräbnisritual der Frauen auf Kiriwina,[42] die Transformation von Kanus auf Gawa,[43] die graduelle Umwandlung von Geschenken zur Brautwerbung und die des Affinaltauschs in den Kula-Handel auf Muyuw[44] und so weiter. Aber das ist für meine Zwecke nicht nötig. Mir geht es hier allein darum, inwieweit diese Wertgegenstände tatsächlich an Personen teilhaben; oder, genauer, dass sie aus demselben Stoff wie Personen sind, da Kula-Muscheln allgemein gesagt nicht dauerhaft mit der Identität einer Person verknüpft sind. Eine Kula-Muschel ist wie ein Fragment einer individuellen Identität, das quasi herausgebrochen ist. Darüber hinaus sind die Handlungen, die bei einem Kula vollzogen werden, einfach eine Erweiterung derjenigen, die Personen erschaffen. Sie lassen sich entsprechend den zwei gegensätzlichen Werten unterteilen, um die herum sie sich ordnen, nämlich dem (dunklen, schweren, inneren, unsichtbaren) Aspekt des Ichs, der mit dem matrilinearen Clan gleichgesetzt wird, und dem (hellen, lichten, äußerlichen, sichtbaren) Aspekt, der mit Ruhm und Schönheit gleichgesetzt wird. Das verborgene Innere des Einzelnen wird, wie im vierten Kapitel ausgeführt, mit der Kraft zu handeln identifiziert und die äußere Eigentümlichkeit mit einer verführerischen Kraft, die bei anderen Handlungen hervorrufen kann.

Selbst die Tylor'sche Analogie hat Bestand. Das wird insbesondere klar, wenn man sich dem südlichen Teil des Massim-Archipels zuwendet. Die meisten dieser Inseln nehmen nicht am Kula-Handel teil, vielmehr liegt »der kreative Mittelpunkt des sozialen Lebens«, wie Debbora Battaglia sagt,[45] im Begräbnisritual. Die übrigen kulturellen Voraussetzungen sind allerdings ziemlich dieselben.

Auf Sabarl nehmen die Leute, so Battaglia, eine klare Unterscheidung zwischen zwei Aspekten des Ichs vor: einerseits eine innere, dynamische Energie oder Lebenskraft, die sich im Körper verbirgt (und auch hier mit Nahrung in Verbindung gebracht wird), andererseits eine »Seele« mit einem äußeren »Bild« – der hier verwendete Begriff bedeutet in bester Tylor'scher Manier »Schatten« oder »Reflexion« –, das wie üblich die Eigenschaften besitzt, vom Körper ablösbar zu sein und den Tod zu überdauern. Wenn jemand stirbt, verschwindet die Lebenskraft; die Seele verlässt die Welt und geht in die Nachwelt über, wo sie ihr »Bild« verliert und ein *baloma* wird – die *baloma* sind wie bei den Trobriandern undifferenzierte Geister des Matri-Clans, verantwortlich für die weibliche Fruchtbarkeit.[46]

Begräbniszeremonien, die einen der wichtigsten Tauschanlässe darstellen, vollziehen diesen Übergang auf der Ebene der Güter nach. Die Verwandtschaft des Toten väterlicherseits präsentiert zuerst eine gewisse Anzahl von Grünsteinbeilen – auf Sabarl stellen diese Beile, nicht die Kula-Muscheln, die höchste Form von Reichtum dar –, um sie dann den Vertretern der Verwandtschaft mütterlicherseits zu überreichen. (Vertreter des Matri-Clans erwidern dieses Geschenk später mit Nahrungsgeschenken.) Danach zieht sich die mütterliche Verwandtschaft an einen geheimen Ort zurück, wo sie mithilfe der Beile ein Bildnis des Verstorbenen herstellen, das »Leichnam« genannt wird. Dieses Bildnis verbergen sie hinter einem Schutzschirm und rufen es als einen Ahnen an, damit er mit seinen Fruchtbarkeitskräften mehr Beile für die Gemeinschaft erzeugt.[47]

Das ist sicher nicht die einzige Form des Tauschs auf Sabarl, aber sie ist die wichtigste und verläuft in genau entgegengesetzter Richtung wie das Kula – also nicht von verborgenen weiblichen Kräften zu sichtbaren männlichen, sondern umgekehrt. Der Grund liegt offensichtlich darin, dass der Vorgang nicht der Schaffung der Person in der Zeugung und im Aufziehen, sondern ihrer Auslöschung im Tod nachempfunden ist. Das ändert jedoch nichts daran, dass man die Zirkulation von Wertgegenständen in einer solchen »Schenkökonomie« nicht begreifen kann, ohne sich zuerst die grundlegenden Prozesse anzusehen, durch die eine Person geschaffen und ausgelöscht wird. Und dass solche allgemeinen Prinzipien wie Aktion und Reflexion oder die Bewegung zwischen abstraktem Potential und konkreter Form, wenn sie auftauchen – was sie im Allgemeinen tun –, auch immer Aspekte von Personen sind, bevor sie Aspekte von Dingen sind.

Battaglia verweist wie Mauss darauf, dass man auf Sabarl wirklich wichtigen Wertgegenständen dieselben Eigenschaften zuschreibt wie Personen: Sie besitzen nicht nur ein äußeres »Bild«, sondern auch eine eigene innere Lebenskraft,[48] und sie sind in ihrer äußeren Gestalt Modelle der von ihnen vermittelten Formen sozialen Handelns. Diesen Punkt kann ich hier leider nicht weiterverfolgen und verweise lediglich auf Battaglias hervorragende Darstellung der Form der Beile und zeremoniellen Halsketten.[49] Ähnliche Analysen lassen sich sicher zu Kula-Wertgegenständen durchführen, die wie so viele Muschelobjekte[50] perfekte Verkörperungen von Wert zu sein scheinen, weil sie äußere Pracht mit der andauernden Erinnerung an ein dunkles, geheimnisvolles, schoßähnliches Inneres verbinden.

Maori versus Kwakiutl

Ich habe mit den Trobriandern begonnen, weil der Fall relativ klar ist. Die beiden Schlüsselwerte korrespondieren mit meinen Kategorien von Handlung und Reflexion. Die beiden nächsten Fälle sind sehr viel komplizierter, weil sie eine deutliche Schlagseite in Richtung des einen oder des anderen haben.

Interessanterweise behandelt Mauss das Maori- und das Kwakiutl-Material völlig unterschiedlich. Die Maori erscheinen in erster Linie als Theoretiker. Mauss beginnt »Die Gabe« bekanntermaßen mit der Frage, warum Personen, die ein Geschenk erhalten, sich verpflichtet fühlen, es zu erwidern; eine Antwort findet er in den Überlegungen eines Maori-Weisen zum *hau* oder »Geist des Geschenks«. Über die Soziologie des Maori-Gabentauschs findet sich dagegen so gut wie nichts bei ihm. Im Fall der Nordwestküsten-Indianer verhält es sich umgekehrt. Es gibt kaum Bezugnahmen auf die Philosophie, dafür sehr viele Details dazu, wie ein Potlatch vollzogen und was getauscht wird.

Eigentlich ist das nicht überraschend. Schon zu Mauss' Zeiten hatten die Abgänger von Maori-Priesterschulen den Ruf, die großen Intellektuellen der »archaischen« Welt zu sein: als Kosmologen, Philosophen, selbst Metaphysiker. Die Kwakiutl dagegen standen in dem Ruf, Meister des Theaters, der dramatischen und künstlerischen Zurschaustellung zu sein. Die einen schienen besessen vom Wesen, die anderen von der Oberfläche. Auf den folgenden Seiten möchte ich (unter anderem) darstellen, warum beide nicht völlig unverdient in dem jeweiligen Ruf stehen. Das wird umso klarer, wenn man die fehlenden Teile in das Bild einfügt und sich ansieht, wie der Maori-Tausch konkret abläuft (um 1750) oder welche Philosophie hinter dem Kwakiutl-Potlatch steht (um 1895). Die beiden scheinen in vielerlei Hinsicht die beiden Extreme der logischen Möglichkeit eines Gabentauschsystems darzustellen. Wenn man verstehen will, welche Gemeinsamkeiten es in solchen Systemen geben kann, macht das einen Vergleich zwischen ihnen natürlich umso gewinnbringender.

Ich greife damit einen Vergleich zwischen Polynesien und der amerikanischen Nordwestküste auf, der von Irving Goldman entwickelt und von Marshall Sahlins fortgesetzt wurde.[51] Das Hauptargument lässt sich folgendermaßen zusammenfassen: Für die polynesischen Gesellschaften entsprach die Struktur des Universums einer riesigen Genealogie, nach der alle auf die eine oder andere Weise von den Göttern abstammten. Das führte zu einer weitgehenden Homogenität in der Gesellschaft, in der die Adligen ständig versuchten, sich durch einzigartige und bemerkenswerte Handlungen von den anderen abzusetzen. Der Kwakiutl-Kosmos wiederum war von radikaler Heterogenität geprägt. Das Universum wurde in einzelne soziale Gruppen unterteilt, die jede für sich einen eigenen, einzigartigen mythologischen Ursprung besaßen; die jeweiligen Führer waren Inkarnationen der Totems aus den Anfängen der Zeit, die im Grunde in keiner Beziehung zueinander standen. Dem System fehlte ein Vergleichsmaßstab. Einen entsprechenden Unterschied stellt Sahlins in der Nachfrage nach westlichen Gütern fest, als die Gesellschaften das erste Mal in Kontakt mit dem Weltmarkt kamen: Hawaiianische Adlige suchten sogleich einzigartige Schätze aus, mit denen sie sich von anderen Adligen absetzen konnten; Kwakiutl-Häuptlinge dagegen häuften Tausende und Abertausende identischer Hudson-Bay-Decken an, die zu einer Art einheitlicher Prestigewährung wurden.

Das scheint mir ein guter Ausgangspunkt zu sein, weil sich nicht nur eine Verbindung zum Tausch herstellen lässt, sondern weil sich daran auch einige der Unterschiede, wie die Person gedacht wird, aufzeigen lassen. Das Maori-Universum ist eine riesige Genealogie; es wird durch ein einziges Prinzip erzeugt, das letztlich das der inneren, schöpferischen Kräfte von Göttern und Menschen ist (wenn in diesem Fall auch vorgestellt als eine nahezu vollständig sexualisierte und daher naturalisierte Art von Schöpfertum). Daraus folgt eine bemerkenswert vielfältige Philosophie innerer Kräfte, in der äußere Formen nur eine geringe Rolle spielen. Bei den Kwakiutl verhält es sich genau entgegengesetzt. Alles ist Oberfläche, Behältnis, Maske. Das Innere, so man überhaupt darauf stößt, verwandelt sich in immer neue Oberflächen. In Maori-Geschichten geht es stets um Reziprozität, aber so gut wie nie um Reichtum. Kwakiutl-Geschichten dagegen berichten detailliert über verschiedene Arten von Reichtum und so gut wie gar nichts über Reziprozität. Und so fort.

Fall 2: Gaben in Aotearoa

Mauss beschäftigte sich das erste Mal eingehend mit der Maori-Religion, als er die nachgelassenen Texte seines Kollegen Robert Hertz bearbeitete. Fasziniert von dem Thema erlernte er die Maori-Sprache und hielt eine Reihe von Vorträgen zu den kosmogonischen Epen der Maori.[52] Diese Epen nehmen stets die Form einer riesigen Genealogie an, die mit abstrakten Entitäten wie Tag und Nacht oder Denken und Begehren beginnen, dann fortfahren mit den Göttern und schließlich den gesamten Kosmos einbeziehen – Wälder, Meere, Feldfrüchte, Menschen, selbst Wolken und Steine. Alle Lebewesen, sämtliche Aspekte der Wirklichkeit in der »Welt des Lichts«, in der Menschen leben, werden demnach nach einem einzigen Prinzip der geschlechtlichen Zeugung geschaffen.

Historiographische Berichte setzen diese Epen einfach fort und erzählen von den großen Kanus, die die ersten Einwanderer von der mythischen Insel Hawaiki nach Aotearoa brachten, und von den Wanderungen der Männer und Frauen, Vorfahren der verschiedenen *iwi* (»Stämme«) und später der *hapu* (»Lineages« oder »Clans«). Dieses historische Gerüst stellte zugleich den politischen Rahmen dar: Die Maori waren eine der außerordentlich seltenen Gruppen, deren Mitglieder sich tatsächlich an ihre Genealogien erinnerten und ihre Vorfahren oft mehrere hundert Jahre zurückverfolgen konnten, und die Genealogien wiederum waren die Grundlage für den sozialen Rang: Da der Rang der Kinder sich nach der Seniorität richtete und theoretisch jedem ein Platz in ein und derselben genealogischen Struktur zugeordnet werden konnte, sollte auch jeder genau wissen, wo er im Verhältnis zu allen anderen stand. Das war noch viel komplizierter, als es sich anhört, da die Maori-Verwandtschaft kognatisch war: Man konnte seine Abstammung von berühmten Vorfahren über männliche oder weibliche Linien herleiten und daher konnte so gut wie jeder freie Maori den Anspruch erheben, dank irgendeiner Verbindung ein *rangatira* zu sein, ein hochgeborener Adliger.

Die Gesellschaft war in verschiedene Stämme und *hapu* gegliedert, von denen im Prinzip jeder unter der Führerschaft eines *ariki* stand, der wiederum über eine ununterbrochene Linie von (männlichen oder weiblichen) Erstgeborenen von seinem Gründerahn abstammte. Auch hier waren die tatsächlichen politischen Verhältnisse sehr viel komplizierter: Allein der Umstand, dass eine erstgeborene Tochter es nur selten in ein politisches Amt schaffte – selbst wenn sie die Brüder im Rang übertraf –, führte zu unendlich vielen Möglichkeiten für wechselnde Allianzen, Statuskämpfe und politische Intrigen. Schließlich dreht sich die Politik in jedem kognatischen System darum, Gruppen zu bilden, da die meisten Leute sich frei entscheiden können, welcher Gruppe sie sich anschließen wollen. Ein ehrgeiziger Führer konnte eine nahezu unbegrenzte Anzahl von Verbindungen dazu nutzen, eine Gefolgschaft um sich zu scharen und neue Verwandtschaftsgruppen zu konstruieren, in denen er selbst oder ein naher Verwandter die Position des *ariki* beanspruchen konnte.[53] Wenigstens die *hapu* wurden auf diese Weise ständig neu geschaffen. All das bedeutete aber auch, dass Politik zu einem Nullsummenspiel wurde: Es gibt nur eine begrenzte Anzahl von Menschen und jeder, den man in seine eigene genealogische Gruppe gezogen hat, ist für die anderen verloren.

mana und tapu

Von allen metaphysischen Begriffen, die die Ethnologie den Maori zu verdanken hat, sind *mana* und *tapu* (»Tabu«) sicherlich die bekanntesten. In Maori werden diese Begriffe oft austauschbar benutzt, weil darin zwei unterschiedliche Aspekte von Macht zum Ausdruck kommen: zum einen die Macht zu handeln, zum anderen Macht im Sinne von Autorität, die andere respektieren müssen. Auch wenn das in Einklang mit den Begriffen steht, die im vierten Kapitel entworfen wurden, liegen die Dinge hier doch um einiges komplizierter.

So ist in den meisten Teilen Polynesiens »*mana*« zwar die Macht der Götter oder, allgemeiner, jede unsichtbare Kraft, die imstande ist, etwas geschehen oder »erscheinen« zu lassen, aber bei den Maori erhält sie eine deutliche politische Bedeutung. *Mana* kann »Prestige«, »Autorität« oder »Einfluss« bedeuten. Dahinter steht offenbar das Bewusstsein, dass politische Macht zu weiten Teilen auf Reputation gründet und davon abhängt, dass andere an sie glauben. Daher muss man sich beständig um ihren Erhalt bemühen, was dazu führte, dass Maori-Adlige (und so gut wie alle Freien hielten sich dafür) in dieser Hinsicht äußerst empfindlich waren. Einen Betrug oder eine Beleidigung, und seien sie auch noch so gering, nicht zu ahnden, führt zur Schwächung des *mana* und lässt sich nur durch irgendeine Form von *utu*, einen Akt der Entschädigung, Reziprozität oder Rache berichtigen.

Das *tapu* wiederum bezog sich in erster Linie auf Einschränkungen oder vielmehr auf den Zustand, von Einschränkungen umgeben zu sein, die einen heilig, rein, »abgehoben« von einer relativ profanen (*noa*) Welt machen, wobei diese profane Welt sich vor allem durch biologische Prozesse auszeichnet: Kochen, Essen, Ausscheiden, Sexualität. So musste gekochte Nahrung beispielsweise von *tapu*-Gegenständen ferngehalten werden. »Jeder Mann in der Gesellschaft der Maori«, schreibt Firth,

> besaß abhängig von seinem Rang ein persönliches *tapu*, das bei bedeutenden Häuptlingen ungeheuer stark war. Gekochtes und alle damit verbundenen Dinge waren die Antithese zu diesem *tapu* und der bloße Kontakt mit ihnen reichte, um das *tapu* eines jeden Objekts zu zerstören, egal wie heilig es war. Daher beteiligte sich keiner, der auch nur einen Hauch von Selbstachtung besaß, am Kochen oder Feuerholzsammeln oder trug Lasten mit gekochter Nahrung, da die am meisten tabuisierten Teile seiner Person Kopf und Rücken waren. Solche Arbeiten wurden Sklaven überlassen, die ihr *tapu* verloren hatten, und Frauen, die [meistenteils] von vorneherein keines besaßen.[54]

Das waren keine statischen Kategorien. Das Leben war ein Prozess des ständigen Auferlegens und Abstreifens von *tapu*. Wenn man sich beispielsweise selbst als *tapu* definierte, bedeutete das immer, andere im Vergleich dazu als *noa* zu definieren. Nach dem Bericht eines frühen Reisenden zogen Maori-Häuptlinge daher mit einem *taiaha*-Speer in den Krieg, dessen Spitze wie eine herausgestreckte Zunge geformt war, was den Wunsch implizierte, den Feind in Nahrung zu verwandeln. Das war kein abstraktes Symbol – Maori-Krieger verspeisten tatsächlich ihre besiegten Feinde –, aber der Häuptling konnte dieselbe Waffe auch als Stab in der Hand halten, wenn er vor seinem Volk Reden hielt, einfach als Zeichen seines höheren Status.[55] Dass das gesamte Universum als Teil einer riesigen Genealogie gesehen wurde, erzeugte in diesem Zusammenhang eine Art kosmologisches Dilemma: Menschen waren die Nachkommen der Götter, aber das galt ebenso für alles andere, auch die Tiere und Pflanzen, die als Nahrung dienten. Darüber hinaus blieb das Göttliche in all diesen Dingen gegenwärtig, damit sie überhaupt wachsen konnten – schließlich war das Göttliche vor allem das Prinzip natürlicher Fortpflanzung. Damit die Süßkartoffeln wuchsen, musste man die *tapus* einhalten, um für die Gegenwart der Götter zu sorgen. Wollte man die Süßkartoffeln ernten, musste man demnach die *tapus* brechen, so dass die Götter vertrieben wurden, und gewissermaßen in den Krieg gegen die Feldfrüchte ziehen, damit man sie töten und essen konnte.[56] Das gesamte Universum war eine Arena des endlosen Verzehrs, gleichzeitig aber wurde alles von einem Prinzip des *utu* oder der Kompensation angetrieben, nach dem man am Schluss seine Quittung bekam; das heißt, letztlich essen uns wiederum die Götter, was der Grund dafür ist, warum wir sterben müssen.[57]

Diese Fähigkeit, sich aneignen zu können, was rechtmäßig den Göttern gehört, war paradigmatisch für die Möglichkeit allgemein, bestehende Hierarchien zu verkehren. In den Mythen und Geschichten der Maori kommt das für gewöhnlich in den Erzählungen über jüngere Brüder oder wagemutige junge Krieger zum Ausdruck, die sich, unbelastet von den unzähligen Tabus und Verhaltensregeln, denen die Ranghöheren unterliegen, einen Namen machen können, indem sie all diese Regeln brechen.[58] Damit bewiesen sie ihr *mana* und konnten schließlich selbst Männer mit großem *tapu* werden. Allerdings war das eine gefährliche Strategie. Die Maori-Geschichte ist voll von solchen die Grenzen überschreitenden Kriegern, die irgendwann zu weit gingen und gegen eine Regel verstießen, gegen die sie nicht hätten verstoßen sollen, so dass sie schließlich von ihr vernichtet wurden. Sie ermöglichte jedoch eine grobe Unterteilung in verschiedene Arten von Führern: auf der Stammesebene heilige *ariki*, die nur wenig unmittelbare politische Macht innehatten; auf der Ebene der *hapu* Führer, die großenteils aus eigener Kraft wichtige Positionen erlangt hatten. Sie waren die eigentlichen politisch Handelnden, da es der *hapu* oder »Clan« war, der die zentrale ökonomische und politische Einheit darstellte.

Maori-Werte

Davon ausgehend gewinnt man eine ungefähre Vorstellung von dem Wertgefüge in traditionellen Maori-Gesellschaften. Man kann zwei weit gefasste Begriffe unterscheiden: Nennen wir sie »Erzeugung« und »Aneignung«. Erstere ist mit Schaffens- und Wachstumskräften verbunden und letztlich die göttliche Zeugungskraft. In der menschlichen Gesellschaft ist sie vor allem in der Figur der *ariki* verkörpert, besonders der ganz großen *ariki* (oft Frauen), nämlich der Erstgeborenen eines ganzen Stammes: die lebende Verkörperung der Urahnen und schließlich der Götter. Solche Figuren betrachtete man als verantwortlich für die Fruchtbarkeit und den spirituellen Zustand der Territorien der Gruppe, aber sie waren so sehr von *tapu* eingeengt, dass sie nicht viel taten, manchmal sogar gar nichts; ihre Hauptfunktion bestand einfach in ihrer Existenz. Beim Zweiten geht es ausschließlich um menschliche Leistungen, um Überschreitung und Aneignung, und die mythischen Figuren jüngerer Brüder, die sich der Autorität des *ariki* bemächtigten. Das eine ist stark fetischisiert, da alle menschliche Schaffenskraft als Widerstrahl der göttlichen Kraft betrachtet wird; das andere, bei dem es um das menschliche Durchsetzungsvermögen geht, wird nicht als grundlegend schöpferisch betrachtet, sondern als zerstörerisch[59] – Tu, der Gott, der die menschliche Seite des Kosmos repräsentiert, ist auch der Gott des Krieges. Man kann sagen, dass die beiden in einem erweiterten Ehrbegriff zusammenkommen, der sowohl das Vermögen, das eigene *tapu* zu verteidigen, als auch das Vermögen, darin immer mehr vom Universum zu umfassen, einschließt.

All das erinnert an die Begriffe, die ich im vierten Kapitel entwickelt habe: der passive Aristokrat, der sich an der Vergangenheit orientiert und nur die Funktion hat, zu sein; der aktive Krieger, der seinen Blick auf die Zukunft richtet. Aber weil die Maori-Philosophie so außerordentlich metaphysisch ist, lässt sich kaum eine klare Unterscheidung treffen zwischen beispielsweise Formen von Macht, die mit der Zurschaustellung von Besitz gleichgesetzt werden, und verborgenen Kräften des Handelns. Zunächst einmal kam der überzeugenden Zurschaustellung von Reichtum keine besondere Bedeutung zu. Stattdessen hat man es mit einem ständigen Hin und Her zwischen sichtbaren und unsichtbaren Formen zu tun, wobei die Vorstellung verbreitet war, dass die sichtbaren Formen einfach spezifische, möglicherweise flüchtige Emanationen der unsichtbaren sind. All das findet dazu in einem Kontext der Gefahr und des allgemeinen kosmischen Kampfes statt.

Das wird besonders am Besitz deutlich. Das »persönliche *tapu*« einer bedeutenden Person umfasste auch ihren Besitz, denn alles, was in Kontakt mit ihr kam, konnte als ihre Erweiterung gelten. Der Mantel eines Adligen und jedes andere Kleidungsstück war Teil von ihm und repräsentierte offenbar genau dieses Umfassungsvermögen: Wenn er eines seiner Kleidungsstücke über einen Gefangenen warf, dann hieß das, dass dessen Leben verschont wurde; eine höherstehende unverheiratete Frau, die ihren Mantel über einen Mann warf, heiratete ihn damit.[60] Wenn ein *ariki* ein Haus benutzte, dann war es allen anderen verschlossen, weil sie sonst befürchten mussten, das *tapu* zu verletzen (was normalerweise schlimme Folgen nach sich zog). Identifizierte man das Land oder anderen Besitz eines Dritten mit den *tapu*-Teilen des eigenen Körpers oder seiner persönlichen Habe und dies wurde nicht in Frage gestellt, so konnte das als Besitzanspruch verstanden werden:

> Ein Häuptling namens Raukataura durchquerte einen Wald, der einem befreundeten Stamm gehörte, und eine der Federn aus seinem Kopfschmuck blieb an einem Busch hängen. Der Häuptling setzte sich und errichtete um seine heilige Feder einen kleinen Zaun aus abgebrochenen Zweigen. Er befand sich in Begleitung einiger Männer aus dem Stamm, der den Wald besaß, aber sie sagten und taten nichts. Ihr Schweigen und ihre Tatenlosigkeit wurden als Einwilligung zur Inbesitznahme begriffen und die Söhne Raukatauras besitzen diesen Titel bis zum heutigen Tage. […] Wenn ein Häuptling beim Überqueren eines Stücks Land seinen heiligen Kopf wusch oder sich kämmte, dann erhoben seine Leute Anspruch auf dieses Land, und wenn er in einer provisorischen Hütte übernachtete, wurde auch hierauf Anspruch geltend gemacht. Solche Ansprüche wurden aber nicht leichthin erhoben, es mussten noch andere Umstände hinzukommen, wie der Tod eines nahen Verwandten zu dieser Zeit. Es musste also etwas geben, das dem Ereignis Bedeutsamkeit verlieh,

> bevor ein solcher Anspruch geltend gemacht wurde, und er musste immer durch das Gesetz des Stärksten gestützt werden.[61]

Dasselbe Prinzip kam auch auf sehr viel aggressivere Art zur Anwendung und hieß dann *tapatapa* (»Herausforderung«). Ein Häuptling – das heißt ein anerkannter lokaler Führer, dessen *tapu* besonders groß war – konnte sich einen Gegenstand faktisch aneignen, indem er ihn einfach bei seinem Namen nannte oder ihn mit einem seiner Körperteile identifizierte. Maning führt das Beispiel einer Gruppe von Häuptlingen an, die ihre Krieger beim Plündern einer Flotte Kanus beobachteten und anfingen, die besten für sich zu reklamieren:[62] »Dieses schnelle Kanu ist mein Rückgrat«, sagte einer, »mein Schädel soll der Schöpfer sein, um das dort leerzuschöpfen«, »diese beiden sind meine beiden Oberschenkel« und so fort. Dadurch brachte jeder das betreffende Kanu in den Kreis seines *tapu*, das verletzt worden wäre, wenn die Männer, die sich die Kanus angeeignet hatten, sie ihnen nicht sogleich ausgehändigt hätten.

In all diesen Fällen haben wir es mit einer Spielart des »Gesetzes des Stärksten« zu tun. Da das bloße Einzäunen einer Kopfschmuckfeder in einem Wald oder die Erhebung des Anspruchs auf ein Kanu, indem man es zu seinem Rückgrat erklärt, an sich niemandem ein Recht auf das entsprechende Objekt verleiht, war ein solches Handeln eine Machtprobe. Man musste immer noch die anderen dazu bringen, ihr Einverständnis zu geben (und sei es nur aus Angst), oder den Anspruch mit Gewalt durchsetzen. Erfolgreiche Überredung, Einschüchterung oder Gewaltanwendung aber war ganz offenkundig ein Beleg für das eigene *mana*. Das war vielleicht am dramatischsten beim *tapatapa* der Fall, denn dabei verfluchte man sich letztlich selbst. Die stärksten Flüche (oder »Hexerei«, was in Aotearoa dasselbe war) bestanden darin, Opfer mit gekochter Nahrung zu identifizieren – was an sich schon wirkungsvoll ist, insbesondere wenn man einen dem Opfer weggenommenen Gegenstand als Medium benutzen kann, da dieser Fluch das *tapu* des Opfers vernichtet und es dahinsiechen lässt.[63] Das *tapatapa* war etwas schwächer: Es konnte daraus bestehen, den eigenen Hund nach einem rivalisierenden Häuptling zu benennen – auch wenn das, wenn es entdeckt wurde, einen Racheakt als *utu* (Vergeltung, Reziprozität) verlangte. Mit anderen Worten, wenn ein Häuptling ein Kanu als sein Rückgrat bezeichnete, dann schuf er eine Situation, in der das Nichtaushändigen des Kanus eine schreckliche Herausforderung darstellte.[64]

Tapatapa ist eine Form der uneingeschränkten Aneignung und scheint nicht oft gegen Personen mit gleichem Status angewandt worden zu sein; White bemerkt, dass damit vor allem der Besitz von Sklaven vereinnahmt wurde. Setzt ein Häuptling den Fluch allerdings gegen einen Freien ein, also jemanden, der ein eigenes *tapu* besaß, so wurde von ihm erwartet, dass er sich irgendwann revanchierte – in einer entsprechend verschwenderischen, aristokratischen Form. Wie in einer Gesellschaft, in der die meisten Freien Adelsstatus beanspruchten, zu erwarten, war ein solches Verhalten nicht auf die Mächtigen beschränkt. Vieles, was man normalerweise Gabentausch nennt, nahm die Form einer wechselseitigen Aneignung an: Eine Partei verlangt ein Objekt (stillschweigend oder anderswie), der Besitzer stellt es sofort zur Verfügung und verlangt später offenbar etwas von ähnlichem Wert.

> Wenn jemand also etwas bewunderte, das einem anderen gehörte, bedeutete das, es wurde ihm sogleich geschenkt. Wie erfolgreich sich dadurch der gewünschte Gegenstand beschaffen ließ, zeigt eine Geschichte von John White über Te Reinga aus Kaitaia, einen bekannten Nimmersatt aus alten Zeiten. Er war so verfressen, dass jeder, der durch das Tal kam und Fisch oder etwas anderes zu essen mit sich führte, von ihm mit den Worten begrüßt wurde: »Diese Speise mag ich sehr gerne.« Das kam einer direkten Aufforderung gleich, sie ihm zu überreichen. Irgendwann wurde das den Leuten in dieser Gegend so lästig, dass sie beschlossen, seiner Bettelei ein Ende zu setzen, und sie schickten einige Krieger los und ließen ihn umbringen.[65]

Te Rainga besaß seinerseits offenbar wenig, das sich zu loben lohnte. Die ersten europäischen Neuseeland-Reisenden mussten rasch lernen, niemals einen von den Maori angefertigten Gegenstand zu bewundern, da ihn dessen Besitzer ihnen sonst sogleich aufdrängte und erwartete, später etwas Gleichwertiges verlangen zu können.

Auch wenn es, wie Firth bemerkt, im traditionellen Neuseeland keinen Tauschhandel gab, kommt diese Form des Gabentauschs ihm doch recht nahe. Ohne dass dabei geschachert wurde, wählte jede Partei von der anderen auf Grundlage der angenommenen Äquivalenz aus, was sie wollte. Natürlich war es nicht so, wie man vielleicht vermuten könnte, dass jeder alles fordern konnte. Zunächst einmal wurden die Wertgegenstände ihrer Art nach unterschieden. Nahrung und Gegenstände des täglichen Gebrauchs gehörten zu einer Sphäre verschwenderischer Großzügigkeit; eine Bitte um Nahrung abzulehnen scheint so gut wie ausgeschlossen gewesen zu sein.[66] Die Bitte um ein Erbstück konnte dagegen abgelehnt werden: Johansen zitiert einen Spruch über einen gewissen Tuahu Mahina, dem ein solches Erbstück, ein Mantel, verweigert wurde: »Er ist ein knausriger Mann; das zeigt sich darin, dass ihm der Hundefellmantel nicht gegeben wurde«.[67] Wie bei den Trobriandern wurden solche Erbstücke als etwas betrachtet, das eine Partei einer anderen entlockt – nur war das bei den Maori nicht Folge der verführerischen Schönheit des Empfängers, sondern seines Handlungspotentials: in diesem Fall die Fähigkeit (oder Bereitschaft) zur Reziprozität.

Es scheint ein komplexes Regelwerk von Prinzipien gegeben zu haben, die festlegten, wer unter welchen Umständen was von wem fordern oder an wen geben konnte – in seinen Feinheiten ist das heute nicht mehr zu rekonstruieren. So wurden manchmal bedeutende Erbstücke als Geschenk angeboten. Der Empfänger war nicht verpflichtet, das Geschenk anzunehmen (Mauss' »Pflicht des Nehmens« galt in Aotearoa offenbar nicht), aber wenn er es tat, versetzte er dadurch den Schenkenden in die Lage, später so gut wie alles als Gegenleistung fordern zu können. Dazu ein Beispiel, von dem John White berichtet:

> Ein solcher Fall ergab sich, als ein Häuptling namens Papaka […] zu Gast beim Ngatihape-Stamm war, der ihn unterhielt, und dem Ngatihape-Häuptling seinen Ohrschmuck schenkte. Alles, was der Häuptling an seiner Person trägt, ist heilig und wenn ein Häuptling Ohr- oder Kopfschmuck schenkt, dann zeigt das den größten Respekt, den ein Maori einem anderen Maori erweisen kann. Papaka trug stets den Schwanz eines Maori-Hundes namens »waro« an seinem Ohr

> und den überreichte er dem Ngatihape-Häuptling, der ihn annahm. Bald darauf kehrte Papaka zurück und übernahm die Führung des Ngatihape-Stamms und so auch das Recht auf dessen Land, und der Anspruch besitzt für seine Nachfahren noch heute Gültigkeit [...].[68]

»Der Ngatihape-Stamm«, so White, »hat sich praktisch dazu verpflichtet, Papaka alles zu geben, was er verlangt, als er dessen Geschenk bekam.« Das ist offensichtlich ein extremer Fall, aber dieselbe Logik taucht in der frühen Literatur immer wieder auf: Sei es der Maori-Häuptling, der vor seiner ersten Reise nach Auckland seinem Gastgeber zahlreiche unerwünschte Schweine aufdrängte, damit er verschiedene Dinge verlangen konnte, die er dort zu sehen erwartete.[69] Oder sei es die Einleitung einer wichtigen intertribalen Heirat, indem der Freier der Familie der Frau Erbstücke wie Waffen oder Schmuck als Geschenk darbot; wurden sie akzeptiert, war das »gleichbedeutend damit, den jungen Krieger als Schwiegersohn zu akzeptieren«.[70]

Es gab auch noch eine andere Form der Aneignung. Innerhalb von Verwandtschaftsgruppen wechselten durch eine Art ritualisierter Plünderung namens *muru* ständig Sachen ihren Besitzer.[71] Jeder, von dem man dachte, dass er die Ehre oder Sicherheit einer Gruppe gefährdet hatte, indem er ein bedeutendes *tapu* brach, eine sexuelle Verfehlung beging oder einen anderen oder auch sich selbst versehentlich verletzte, wurde von Angehörigen der eigenen Verwandtschaft überfallen – von wie vielen, hing von der Schwere der Missetat ab. In voller Bewaffnung machten sie sich über das Haus des Schuldigen her und entfernten sämtliche beweglichen Güter daraus. Es galt allerdings durchaus als Ehre, wenn man Ziel eines solchen Überfalls wurde. Die Überfälle kamen nicht selten vor – Maning bemerkt, dass jeder, der einen ungewöhnlichen Vorrat an Reichtümern angehäuft hatte, unablässig auf irgendwelche Verstöße hin beobachtet wurde; so wurde Maning während seines Aufenthalts in einer Maori-Siedlung selbst Zeuge, wie ein und derselbe europäische Mantel durch *muru* sechs Mal den Besitzer wechselte, bis er schließlich wieder in den Händen seines ursprünglichen Besitzers landete.

mauri und hau

Bis hierher konnte gezeigt werden, dass der Besitz als Erweiterung der Person betrachtet wird oder wenigstens als das, was Firth ihr »persönliches *tapu*« nennt. Darüber hinaus ließ sich zeigen, dass dies kein Hindernis für eine außerordentlich flexible Situation ist, in der die meisten Objekte von anderen in Besitz genommen werden können – tatsächlich könnte es das Ganze sogar noch erleichtern. Nicht nur die Beziehungen zwischen Menschen und Göttern wurden im Sinne ritueller Aneignung begriffen, sondern in einem ganz erstaunlichen Maße auch die zwischen Menschen.

Die meisten Autoren, die die Beziehung zwischen Besitz und Person in Aotearoa untersucht haben – unter anderem Mauss –, haben dabei ihre Aufmerksamkeit allerdings weniger auf *mana* und *tapu* gerichtet als auf *mauri* und *hau*. Das erfordert einen kurzen Exkurs.

Auf den ersten Blick scheinen die Maori-Theorien über die Konstituierung der menschlichen Person dem klassischen Tylor'schen Modell zu entsprechen.[72] Es gibt tatsächlich einen als *wairua* oder »Doppel« bekannten Aspekt, der den Tod überdauert und besonders Reflexionen und Schatten innewohnt; daneben gibt es eine Reihe von Begriffen, die u. a. mit Leben, Geist, Kraft und Produktivität identifizierte verborgene, unsichtbare Kräfte betreffen. *Wairua* wird dabei nur sehr eingeschränkt gebraucht: vor allem für Geister und für den Aspekt des Ichs, der in Träumen herumwandert. Wirklich entwickelt sind dagegen die unsichtbaren Prinzipien, und sie sind es auch, und das ist entscheidend, die sich an den Besitz heften. Von zentraler Bedeutung sind *hau* und *mauri*; beide beziehen sich auf eine aktive Lebenskraft, die dem Menschen innewohnt und – wie in einem philosophischen System, in dem das gesamte Universum durch dieselben Zeugungskräfte entsteht, nicht anders denkbar – auch Tieren, Pflanzen und selbst Landschaftselementen.

Wenn man von dem *hau* oder *mauri* eines Waldes oder einer fischreichen Bucht spricht, dann meint man damit zuallererst deren Produktivität: das, was sie leben und wachsen lässt und Fische, Vögel und Aale hervorbringt. Wenn man dagegen von dem *hau* oder *mauri* einer Person spricht, meint man »Produktivität« in einem völlig anderen Sinn: der Begriff hat dann nichts mit menschlicher Fruchtbarkeit oder irgendeiner anderen materiellen Produktivität zu tun. Vielmehr scheint er in einer bestimmten Vorstellung von Essenz verwurzelt zu sein. Firth nennt es »vitale Essenz«:[73] eine unsichtbare, dynamische Kraft, die hinter jeder materiellen Form steht und sie zu dem macht, was sie ist. Diese Kraft ist gleichzeitig Ursprung der Erscheinung und Potential zum Handeln, das Maori-Philosophen lediglich als Ausdruck eines inneren Wesens betrachten.[74] Wird das Objekt oder Wesen, das ihre Emanation ist – in diesem Fall ein Mensch –, gestört, verunreinigt oder »verloren«, dann verliert es deshalb auch seine Unversehrtheit und wird schwächer oder stirbt einfach.

In dieser Allgemeinheit kann man *mauri* und *hau* fast austauschbar gebrauchen. Unterschieden wurden sie vor allem durch die Art und Weise, wie sie in materielle Objekte eingebunden waren. Folgende grobe Regel könnte man formulieren: Wenn diese wesentliche Kraft sich an Objekte band, die Beziehungen zwischen Leuten vermittelten, insbesondere wenn einige von ihnen dadurch Gefahren ausgesetzt wurden, dann nannte man diese Objekte *hau*; band sie sich dagegen an ein Objekt, das daraufhin versteckt wurde, um die Kraft zu erhalten und zu schützen, dann war es *mauri*.[75]

Wenn beispielsweise ein Magier, der jemanden verfluchen will, dessen abgeschnittene Haare oder Fingernägel, Reste seines Essens oder auch seinen Fußabdruck in die Hände bekommt, würde das als *hau* bezeichnet werden. Hat er auf diese Weise Zugang zur Quelle der in diesem Objekt verkörperten Kräfte des Betreffenden erlangt, dann kann er ihm leicht schaden. Etwas Ähnliches ließ sich auch in Gang setzen, um einem »Talisman« die Zeugungskräfte eines Waldes zu verleihen, einem metonymischen Zeichen wie dem Ast eines Baums aus diesem Wald oder, was verbreiteter war, einem ungewöhnlich geformten Stein oder anderen Gegenstand. Mithilfe von heiligen Gesängen konnte man die Kräfte auf dieses Objekt übertragen und es dann als *mauri* verbergen. Normalerweise wurde es an einem geheimen Ort im Wald vergraben, um die Fruchtbarkeit des Waldes zu schützen und sie in einer Form zu verkörpern, welche die Feinde nicht entdecken und ihr daher nicht schaden konnten. Man übertrug sie darüber hinaus auf eine Eidechse, die dadurch Unsterblichkeit erlangte und sich ungesehen durch den Wald bewegte. Nur wenn die Feinde (die zu solchen Gelegenheiten offenbar in Massen auftraten) die Eidechse fingen oder den versteckten Talisman fanden, konnten sie die Fruchtbarkeit des Waldes vernichten. Ähnliche *mauri* wurden in der Nähe von Fischgründen versteckt.[76]

Diese versteckten Talismane sind sehr faszinierend. Bei ihrer Beschreibung wird fast immer hervorgehoben, dass sie eine doppelte Kraft besaßen: Sie machten Vögel und Fische nicht nur fruchtbarer, sondern lockten sie auch aus anderen Wäldern oder anderen Teilen des Meeres an.[77] Darin kann man einen Widerhall des Nullsummenspiels der kognatischen Verwandtschaft erkennen; die verborgenen Kräfte des *mauri* eines Waldes oder Fischgrunds waren Modell für jene Kräfte, die Abstammungsgruppen bilden konnten. Dazu gehörte sowohl die natürliche Fruchtbarkeit, auf der die Verwandtschaft gründete, als auch die eher politische Macht, mit der man Menschen um sich schart und versammelt und Einzelne von woanders anlockt, da es in einem kognatischen System eine feste Zahl von Individuen gibt, die einer Vielzahl unterschiedlicher Gruppen angehören könnten.

Zwei Punkte lassen sich festhalten. Erstens wurde die Zeugungskraft nicht als menschlich, sondern als göttlich verstanden. So wurde das Ackerbau-Ritual der Maori als Möglichkeit betrachtet, die Götter herbeizurufen, damit sie dem Feld Wachstums- und Fruchtbarkeitskräfte verleihen. Solange die Götter anwesend waren, war das Feld mit *tapu* geladen, und um es für den Menschen wieder zugänglich zu machen, mussten die Götter vor der Ernte vertrieben werden. Normalerweise befand sich auf diesen Feldern auch ein *mauri*, das entweder in der Erde vergraben war oder in Form von »kumara-Göttern« zur Schau gestellt wurde;[78] nach der Ernte entfernte man es für gewöhnlich. Darüber hinaus wurde die allererste Süßkartoffel eines jeden Feldes als Opfer für die Götter zurückgelassen – dieses Opfer wurde *hau* genannt und es hob den *tapu*-Zustand des Feldes und der Feldfrüchte auf, so dass diese von gewöhnlichen Menschen gegessen werden konnten.

Zweitens war das Idiom des Zeugens und Sammelns – angelehnt an die Schaffung von menschlichen politischen Gruppen – weniger deutlich, wenn man die Begriffe auf die menschlichen Gruppen selbst anwandte. Hier findet also eine doppelte Verschiebung statt.

Das ›hau‹ des Geschenks (ein weiteres Mal)

Mauss' Überlegung zum »hau des Geschenks« hat nicht enden wollende Debatten ausgelöst.[79] Das allein ist schon merkwürdig, denn so gut wie keiner der Autoren stimmt mit Mauss darin überein, dass in der Maori-Philosophie Geschenke als etwas betrachtet werden, in dem ein Teil der Seele des Schenkenden enthalten ist (sein *hau*) und dass es das Streben dieses Seelenfragments, zu seinem ehemaligen Besitzer zurückzukehren, ist, was den Empfänger dazu verpflichtet, das Geschenk zu erwidern.

Der berühmteste Text, den Mauss in den Mittelpunkt seiner Analyse stellte, stammt aus einem Essay über Vogelfallen.[80] Er ist einem Brief entnommen, den der Maori-Weise Tamati Ranapiri als Antwort auf eine Reihe Fragen von Elsdon Best zu diesem Thema verfasst hatte. Er ist wohl der meistzitierte Textbeleg in der gesamten Ethnologie.

> Ich will Ihnen jetzt vom *hau* erzählen und von der Zeremonie des *whangai hau*. Dieses *hau* ist nicht der Wind, der bläst, nein, keineswegs. Das will ich Ihnen zu erklären versuchen. Nehmen wir einmal an, Sie besitzen einen bestimmten Gegenstand (*taonga*) und diesen Gegenstand geben Sie mir. Wir haben keinen Preis dafür festgesetzt. Nun gebe ich diesen Gegenstand einem Dritten, der nach einer gewissen Zeit beschließt, etwas als Zahlung dafür zu geben, da er diesen Gegenstand besitzt, und das tut er. Der Gegenstand, den er mir gibt, ist der *hau* desjenigen, den ich ursprünglich von Ihnen bekommen habe und den ich dann ihm gegeben habe. Den muss ich Ihnen aushändigen. Es wäre nicht richtig, wenn ich ihn für mich behielte, egal ob er begehrenswert ist oder nicht. Ich muss ihn Ihnen geben, weil es ein *hau* des anderen Gegenstands ist. Würde ich eine solche Gegenleistung behalten, dann würde mich ein schlimmes Übel befallen, sogar der Tod. So ist das mit dem *hau*, dem *hau* des persönlichen Eigentums, dem *hau* des Waldes. [...][81]

Damit will er eine Zeremonie namens *whangai hau* erklären (»den *hau* nähren«), die den Wald vom *tapu* befreien soll, damit die Maori-Vogelfänger dort Vögel fangen können. Der erste gefangene Vogel muss auf einem heiligen Feuer gekocht werden und ein Teil davon dem *mauri* des Waldes dargeboten werden, dem Talisman also, der die Lebenskraft des Waldes verkörpert. Ein anderer Teil wird den Priestern geopfert, die den *mauri* dorthin gebracht haben. Da »es der *mauri* ist, der die Vögel dazu veranlasst, den Wald zu bevölkern«, so Ranapiri, »sind diese Vögel Eigentum des *mauri*, sie gehören zu ihm«. Dieses Geschenk, erklärt er, wird auch *hau* genannt.

Diese Passage ist schon oft hin und her gewendet worden, und ich werde es nicht viel anders machen, auch wenn sie in der Maori-Literatur bei weitem nicht der einzige Beleg zum »*hau* als Geschenk« ist; Mauss selbst führte einige in seinen Fußnoten auf, insbesondere zu den Begriffen *hau whitia*, »entwendeter *hau*«, oder *kai hau*, »den *hau* essen« – beide beziehen sich auf die Folgen, die eine Nichterwiderung eines Geschenks hat. Neun Jahre zuvor hatte Best geschrieben:

> Sollte ich mich eines Gegenstands, der einer anderen Person gehört, entledigen und ihr nichts von dem geben, was ich dafür erhalten habe, ist das ein *hau whitia* und mein Handeln ein *kai hau*, und mich erwartet der Tod, denn die fürchterlichen Schrecken des *makutu* (Hexerei) werden sich gegen mich wenden. Der vom anderen stammende Gegenstand ist bis zu einem gewissen Grad mit dessen *hau* getränkt und dieses gelangte vermutlich in den Gegenstand, der im Tausch dafür empfangen wurde, und daher ist es ein *hau whitia* (entwendeter *hau*), wenn ich diesen zweiten Gegenstand in andere Hände gebe.
>
> Ich sollte einen Schulterumhang aus Flachs von einer Eingeborenen in Rua-tahuna bekommen. Einer der Polizisten wollte ihn der Weberin abkaufen, aber sie weigerte sich rundweg, denn dann würden die Schrecken des *hau whitia* über sie kommen.[82]

Während Mauss das *hau* als Fragment der menschlichen Seele versteht, ausgestattet mit eigenen Begierden, begreift Best es passiver als eine Art geistige Substanz, die aus der Person fließt und von ihren Besitztümern aufgenommen werden kann. Beides scheint dem Verständnis der Maori fremd zu sein. Best liefert hier selbst ein Gegenbeispiel. Im Fall der Frau in Rua-tahuna war noch gar kein Gegenstand weitergegeben worden. »Entwendet« worden wäre eine erklärte Absicht – eine intendierte Bewegung von Gegenständen zwischen Personen.

Wenn man sich ansieht, wie der Begriff *hau* sonst verwendet wird, stellt man fest, dass er sich oft auf irgendeine Art von intentionaler Bewegung bezieht. *Hau* kann einfach »der Wind, der bläst« bedeuten, im Grunde also nichts weiter als reine Bewegung; als Verb kann es »schlagen«, aber auch »befehlen« bedeuten oder »animieren, anregen, anspornen«.[83] Wir haben es hier es mit einer Bewegung von einem intentionalen Subjekt zu einem anderen zu tun, oder besser gesagt, der Bewegung einer intentionalen Handlung, einem Vorhaben, das von einer Person begonnen und von einer anderen fortgesetzt wird. Dasselbe scheint auf intendierte Bewegungen von Objekten zuzutreffen, so wie bei Bests Schulterumhang. Ganz weit gefasst kann *hau* sich auch auf Ruhm und Reputation beziehen, den Vorgang, durch den der eigene Name gehört und verbreitet wird. Dann überschneidet es sich natürlich mit *mana*.

Vielleicht könnte man daher sagen, ein Objekt wird zu einem *hau*, wenn es eine solche Bewegung vermittelt, und dieses *hau* wird »entwendet« oder »gegessen«, wenn diese Bewegung nicht ihren normalen Weg nimmt. Vielleicht. Aber das bringt uns nicht viel weiter, denn schließlich vermittelt jeder Gegenstand, der in der menschlichen Gesellschaft eine Rolle spielt, in irgendeiner Form eine Handlung.

Man sollte sich Ranapiris Text einfach noch einmal vornehmen. Ranapiri scheint mir eine Parallele zu ziehen zwischen zwei verschiedenen Verwendungen des Wortes »hau«. Nach Williams' Maori-Wörterbuch kann *hau* bedeuten: »erwidertes Geschenk als Anerkennung für ein empfangenes Geschenk«[84] – das heißt jede Gegengabe, ob ein Dritter beteiligt ist oder nicht. Die andere Verwendung bezieht sich auf Opfer, die den Göttern gemacht werden, um das *tapu* aufzuheben.[85] Diese Parallele sollte genauer betrachtet werden.

Das Geben, das Nehmen und die Götter

Mit dem in Ranapiris Text beschriebenen Ritual namens *whangai hau* (den *hau* nähren) wird, wie gesagt, das *tapu* entfernt. Wälder waren die meiste Zeit des Jahres mit mächtigem *tapu* belegt, während die Götter ihre Arbeit taten und sie mit Pflanzen, Vögeln und anderen Tieren bevölkerten. In dieser Zeit durfte beispielsweise nichts Gekochtes dorthin gebracht werden. Um zu ernten, was die Götter produziert hatten, und es zu menschlicher Nahrung zu reduzieren – um sich also vom Moment göttlicher Zeugung zu dem menschlicher Aneignung zu bewegen –, muss das *tapu* entfernt werden. Das wird in Ranapiris Text verunklart, so dass der ganze Vorgang etwas Magisches bekommt: Er betont, dass das verborgene *mauri* des Waldes und damit sein produktives Vermögen als etwas wahrgenommen wird, das von den Priestern dorthin gebracht wurde. Nichtsdestoweniger machen die meisten der anderen Texte deutlich, dass die Kraft eines *mauri* letztlich die eines *atua* ist, eine göttliche Zeugungskraft.[86]

Daher die Bedeutung des Umstandes, dass die den Priestern – und *mauri* – geopferten Vögel gekocht waren. Nach Jean Smith war das typisch für Riten zur Aufhebung von *tapu*: Den Göttern wird eine Gabe dargeboten, allerdings in einer Form – indem beispielsweise etwas Gekochtes in den Mund ihres Abbilds gelegt wird –, die das ihre Kraft vermehrende *tapu* verunreinigt und vernichtet. Solche Gaben waren »ein Kontrollmittel, maskiert als Akt der Besänftigung«.[87]

Der Begriff *hau* wurde insbesondere auf einen Typus des Rituals zum Entfernen des *tapu* angewendet, der *pure* heißt. *Pure* bezog sich meistens auf Geschenke von gekochter Nahrung oder abgeschnittenem Menschenhaar, das ähnlich wie Gekochtes die göttlichen Kräfte schwächen konnte. Ich habe bereits erwähnt, dass abgeschnittene Haare, Nägel und ähnliche Exuvien als *hau* bezeichnet wurden, wenn man sie benutzte, um jemanden zu verfluchen. Worin genau besteht die Verbindung? Babdazan meint,[88] dass beide eine Fähigkeit zum Wachstum repräsentieren: Fingernägel und Haare sind Teile des Körpers, die ständig wachsen und so als Zeichen des Zeugungsvermögens des Individuums gesehen werden können. Dazu lässt sich ergänzen, dass beide Zeichen des Zeugungsvermögens sind, die sich selbst aber nicht fortzeugen können. Haare oder Nägel sind nichts weiter als tote Materie, die von sich aus nicht wachsen kann. Wenn man sie abschneidet, dann macht man einen Teil der Person, der Wachstum verkörpert, unfruchtbar. Süßkartoffeln – das Nahrungsmittel schlechthin –

können neues Leben hervorbringen, selbst nachdem sie geerntet wurden, daher die Betonung auf *gekochter* Nahrung: Kocht man eine Knolle, dann vernichtet man ihr Zeugungsvermögen und verwandelt sie in etwas, das sich nur noch verspeisen lässt. Dasselbe gilt natürlich für die gekochten Vögel in Ranapiris Text.

Die Parallele zum Fluch (der auch als »Hexerei« bezeichnet wird) liegt auf der Hand. In dem einen Fall werden bei der »Hexerei« die Haare oder Nägel des Opfers (*hau*) als Mittel genutzt, um dessen Lebenskraft (*hau*) zu vernichten; im anderen Fall wird das Opfer durch Flüche zu Gekochtem erklärt.[89] Es ist also genau das Gleiche.[90]

Nach Smith zeigt man eine vermeintliche Besänftigungsgeste, wenn man Gekochtes in den Mund eines Götterbildnisses steckt oder mit abgeschnittenem Haar nach einem Seeungeheuer wirft, aber eigentlich will man damit deren Stärke vernichten und sie den Menschen unterordnen. In abgeschwächter Form handelt man den Göttern gegenüber nicht anders, wie wenn man einen Menschen verflucht – man neutralisiert seine Zeugungskraft und reduziert wenigstens einen Aspekt seines Schaffens zu Nahrung. In diesem Zusammenhang verkörpern die Objekte Prozesse. Sie werden zu einem komprimierten Ikon der Handlungen, die durch ihr Medium erfolgen: Wachstum, Loslösung von der Quelle des Wachstums und Vernichtung der Zeugungskraft, damit der Mensch sich deren Produkte aneignen kann. Aus dieser Bewegung gehen die zwei wichtigsten Wertprinzipien der Maori-Gesellschaft hervor – göttliche Zeugung und menschliche Aneignung –, zwei Momente eines einzelnen erstarrten Narrativs.

Geschieht etwas Ähnliches, wenn man ein Geschenk mit einem *hau* als Geschenk erwidert? Nun, in gewisser Weise könnte man das natürlich sagen. Es entfernt das *tapu* von dem ursprünglichen Objekt. Wenn man ein Objekt stiehlt, so Hertz, dann ist es nach wie vor voller »Tabus« und »Besitzzeichen«; sie laden es mit einer Kraft auf (entweder *mana* oder *hau* genannt), die den Dieb bestrafen wird.[91] Bis eine Gegengabe erfolgt, befindet sich das Objekt noch im Kreis des *tapu* des Gebers und nicht in dem des Empfängers. So lange stellt es eine Gefahr dar: Es kann als Angriffsmittel genutzt werden und das *tapu* des Empfängers vernichten (wie beim Fluch), oder es kann, wie Mauss meint, auch selbstständig agieren.

Ich habe allerdings den Eindruck, es steckt noch mehr hinter dem Aufheben des *tapu* durch eine »Gegengabe« – was sich nur dann ganz erklärt, wenn man die besondere Form der Aneignung beim Gabentausch der Maori bedenkt. Nimmt man ein wertvolles Geschenk von einem anderen an, dann kann der Schenkende so gut wie alles verlangen, was ihm äquivalent erscheint: sogar das Land, die Tochter oder das Ich des Empfängers. Verweigert man es ihm, droht der vollständige Ehrverlust (von der Drohung der »Hexerei« gar nicht zu reden). Letztlich stehen damit sämtliche Besitztümer des Empfängers in der Macht des Gebenden. Das ist das genaue Gegenteil von *tapu*; *noa* zu sein, frei von *tapu*, heißt auch, »unter der Macht eines anderen« zu stehen.[92] Ranapiris Analogie zwischen den zwei Gabenarten erscheint jetzt völlig schlüssig. Der Schenkende ist in der Position des Zeugungsgottes. Der Gott (oder *mauri*, wenn Sie so wollen) hat schließlich durch seine Zeugungskräfte die Vögel geschaffen, die gerade gefangen wurden; sie gehören ihm. Um sich die Vögel aneignen zu können, gibt der menschliche Jäger einen kleinen Teil davon als »Erste-Frucht-Opfer« zurück, allerdings in gekochter Form, was zumindest die temporäre Vernichtung jener Kraft bedeutet. Der Gott sollte natürlich ein Recht an allem haben, denn nicht nur der Wald, sondern auch dessen Produkte stehen unter seinem *tapu*. Mittels des *hau* hebt der Mensch das *tapu* auf, das der Gott auferlegt hatte, während seine Zeugungskraft wirkte. Es ist ganz ähnlich wie bei den Süßkartoffeln. Allerdings ist die Macht des Schenkenden nicht ganz so groß wie die des Gottes; nur in seltenen Fällen, wie in dem von Papaka, hat er das Recht, alles zu verlangen. Aber irgendetwas darf er verlangen und so schwebt seine Macht auf ähnlich undifferenzierte, allumfassende Weise über dem gesamten Besitz des Empfängers. Man schützt sich vor ihr, indem man eine Gegengabe anbietet, ein *hau*. Dann nämlich befreit man den Rest seines Besitzes von der Drohung, unter das *tapu* des Gebers zu fallen.

Eine Gegengabe anzubieten, kann unter anderem deshalb als *hau* betrachtet werden, weil ein Maori der damaligen Zeit ein solches Vorgehen nicht automatisch für üblich gehalten hätte. Wenn wir an den Gabentausch denken, nehmen wir normalerweise an, dass Person A Person B etwas gibt und Person B sich nach einer gewissen Zeit revanchiert. Das scheint sich ein Maori des achtzehnten oder neunzehnten Jahrhunderts anders gedacht zu haben. Wenn Güter ihren Besitzer wechselten, dann oft – wahrscheinlich meistens – durch eine von verschiedenen ziemlich komplizierten Formen der Aneignung, wie wir gesehen haben. Das Angebot einer Gegengabe – zum Beispiel, indem man das *taonga* einem Dritten gibt, wofür man etwas zurückbekommt, das man wieder an Person A weitergibt – könnte unter anderem auch als ziemlich cleverer Trick betrachtet werden, um die Initiative zu ergreifen und die eigene Autonomie zu bewahren.

Erbstücke

An diesem Punkt angelangt, kann ich mich wieder Annette Weiners Behandlung der Maori-Literatur in *Inalienable Possessions* zuwenden. Weiner versucht, das Mauss'sche Argument im Kern zu retten: Dass nämlich die Verpflichtung, eine Gabe zu erwidern, für die Maori von der Identität der Gabe herrührt, die an die ihres ursprünglichen Eigentümers geknüpft ist. Das trifft, so Weiner, zumindest auf bestimmte Gabenarten zu, nämlich Erbstücke, die als *taonga* klassifiziert sind.[93] Sie können niemals ganz weggegeben werden, denn sie sind so sehr Teil der Identität ihres ursprünglichen Eigentümers, dass sie stets als ihm zugehörig betrachtet werden.

Von den beiden wichtigsten Erbstückkategorien wurde eine als grundlegend männlich betrachtet – nämlich Grünsteinwaffen und Schmuck – und die andere als weiblich – verschiedene kunstvoll gefertigte Mäntel oder Umhänge aus Flachs, Federn oder Hundefell. Solche Objekte werden im Laufe der Zeit als wahrhaftige Verkörperungen der Ahnen verstanden. Am deutlichsten kann man das am Grünstein sehen: Bevor Grünstein allgemeinen Gebrauch fand, wurden zu Zeiten der frühesten menschlichen Siedlungen in Neuseeland, so Weiner, die bedeutendsten Schätze aus den Knochen der Ahnen gefertigt.[94] Und wenn Grünstein also Knochen war, waren Mäntel eine Erweiterung der Haut. Selbst in jüngerer Zeit gab man solche Gegenstände bei den Begräbnissen bedeutender Männer und Frauen dem Grab bei, manchmal zusammen mit den Knochen von anderen, älteren Ahnen. Nach einer Weile wurden sie wieder aus dem Grab hervorgeholt und rituell von *tapu* befreit und erlangten so erneut den Rang wertvoller Erbstücke.[95] Erbstücke hatten also buchstäblich teil an den Toten, und Erzählungen über die Rückgewinnung lange verlorener Erbstücke kulminieren fast immer in einer Szene, in der das jeweilige Stück »ins Dorf getragen wurde, wo man es beweinte, so als sei es ein vor langer Zeit verlorener und geliebter Verwandter«[96] – danach wurde es normalerweise in einem Gemeinschaftsgrab zur Ruhe gebettet.

Mauss' Analyse des *hau* als Geschenk ist, wie gesagt, nicht ganz kohärent. Wenn das Geschenk, das ich dir gebe, einen Teil meiner selbst beinhaltet, der zu mir zurückkehren möchte, warum sollte es dann zufrieden sein, wenn du mir etwas anderes gibst? Verschärft sich das Problem dadurch nicht? Wenn eine solche Anschauung etwas rechtfertigen sollte, dann wohl nur die Rückgabe des Objekts selbst. Genau das behauptet Weiner. Um die Analogie fortzusetzen: Wenn ich dir den Schädel meines Vaters schenke, wird er dadurch noch längst nicht der Schädel deines Vaters, egal, welches Gegengeschenk du mir machst. Bewirkt der Tausch also keine völlige Entäußerung von Rechten, und Rechte gelten als das einzig Wichtige, dann wird man das ursprüngliche Geschenk nach wie vor als mein Eigentum betrachten. Zumindest in Aotearoa hieß das, ein solches Objekt konnte nie wirklich weggeben werden. Die Gaben von Erbstücken waren eigentlich nur Leihgaben. Oftmals tauschten zwei Häuptlinge, die ein Bündnis schlossen, ererbte Waffen aus oder ein altes Erbstück wanderte zwischen zwei Teilen eines Stamms hin und her; manchmal wurden Erbstücke auch bei Heiraten oder Begräbnissen verschenkt. Aber ob ein Gegengeschenk erfolgte oder nicht, immer gab man das Objekt nur zur Verwahrung weiter, als eine Art Treuhandvermögen; irgendwann musste es zurückgegeben werden.

Die Erbstücke der Maori bestanden natürlich nicht aus menschlichen Körperteilen. Daher stellt sich die Frage, wie sich Geschichte in bestimmte Objekte so stark einschreiben konnte, dass sie in einer Weise behandelt wurden, als seien sie es. In diesem Zusammenhang spricht Weiner allgemein von Objekten, die die »kosmologischen Ursprünge« einer Gruppe verkörperten; und man liest gelegentlich von solchen Dingen wie Äxten, die am Anfang der Zeit dazu benutzt wurden, Himmel und Erde voneinander zu trennen,[97] oder von Stämmen, die noch die Beile besaßen, welche ihre Vorfahren zum Schnitzen der Kanus, mit denen sie vor Jahrhunderten nach Aotearoa kamen, benutzt hatten.[98] Solche Erbstücke wurden in der Häuptlingslinie des Stamms, der *ariki*-Linie, weitergegeben.[99] Es fällt sogleich auf, dass das allesamt Werkzeuge sind. Werkzeuge werden per definitionem nicht dazu gemacht, an sich bedeutsam zu sein, sondern weil man sie braucht; sie sind nichts weiter als Mittel menschlichen Handelns. Wenn sie später als Erbstücke wertgeschätzt werden, dann weil ihr Wert darin liegt, dass sie in der Vergangenheit für Handlungen gedient haben – Handlungen, die zum Ruhm des Handelnden beitrugen, an den die Werkzeuge nun erinnern.

Solche Handlungen können sowohl kreativ wie destruktiv sein; entsprechend waren viele der berühmtesten Erbstücke Waffen.

> Das *meré* wurde als Stammesschatz hochgeschätzt und den besten eilte der schlimmste Ruf voraus. Zwar verweisen keine Kerben auf die Zahl der Köpfe, die sie gespalten haben, aber man erinnert sich an jeden einzelnen und die jeweiligen Umstände können von den Stammesmitgliedern so präzise wiedergegeben werden, wie ein Grammophon eine Plattenaufnahme wiedergibt.[100]

Selbst wenn an kreative Handlungen erinnert wird, durch die etwas erschaffen wurde, scheint das nicht die Erschaffung des Objekts selbst einzubegreifen. Viele Erbstücke werden heute als Kunstwerke betrachtet; dennoch bleiben die Namen der Künstler oder Handwerker, die sie angefertigt haben, zumeist im Dunkeln – selbst wenn der Name jedes einzelnen nachfolgenden Besitzers genauestens bekannt ist.[101]

Bedenkt man, wie metaphysisch das Denken der Maori ist, dann passt die Hervorhebung der aktiven Kräfte ganz gut dazu. Die weiblichen Objekte stellen natürlich das Pendant dar: die sichtbare äußere Haut im Gegensatz zu den verborgenen inneren Knochen (die Handlung ermöglichen), sofern Weiner Recht hat. Während männliche Schätze erschaffen oder zerstören, sind weibliche, wie wir gesehen haben, Symbole der Kraft des Umfassens und Umschließens. Aber selbst hier erwächst der Wert des Objekts vor allem aus den begleitenden Handlungen oder aus den Handlungen, die – leicht widersprüchlich – seine Attraktivität nach sich zog.

Vielleicht sollte man sich hierzu einmal ansehen, wie solche Wertgegenstände in den historischen Berichten der Maori erscheinen.

Zuvor aber ein Wort zur Geschichte der Maori. Wenn man die mündlich überlieferten Erzählungen der Maori betrachtet, so reich und detailliert sie sind, spielen Erbstücke doch selten eine große Rolle. Es sind hauptsächlich Berichte über Wanderung und Zeugung, gekränkte Ehre und Vergeltung, Erkundung und Liebe, gelegentlich auch über magische Meisterleistungen oder Heldentaten bei Jagd oder Fischfang. Es gibt Geschichten über Verführung und Flucht, über hinterhältige Morde und endlose Kriege, aber nur wenige über Besitz (das fällt umso mehr auf, wenn man sie beispielsweise mit den von Boas gesammelten Geschichten der Kwakiutl vergleicht, in denen es offenbar ausschließlich um Besitz geht) – es sei denn, ein Besitzstück war in das dramatische Geschehen selbst eingebunden. Mögen diese Geschichte also nur wenig über Eigentum und so gut wie nichts über Gaben berichten, so doch sehr viel über Reziprozität. Zentrales Thema ist meist *utu*, die Rückzahlung von Schulden, nur wird über Reziprozität überwiegend im Idiom der Gewalt gesprochen. Hier folgt meine Zusammenfassung eines der wenigen Berichte, in denen ein Erbstück – in diesem Fall ein Hundefellmantel – im Vordergrund des Geschehens steht:

> Es war um 1675 herum, da besaß ein Häuptling aus dem Binnenland zwei berühmte Schätze, eine Kriegskeule aus Grünstein namens Karioi-Mutu und einen Hundefellmantel namens Pipi-te-Wai. Zwei rivalisierende Häuptlinge von der Küstenregion Kawhia machten sich auf den Weg zu ihm, weil sie ihn darum bitten wollten; der bedeutendere Tuahu Mahina scheiterte,[102] aber seinem Rivalen Pakaue war Erfolg beschieden. Nachdem ein Verbündeter Tuahu Mahina gewarnt hatte, dass ihn niemand mehr für einen Mann halten würde, solange Pakaue lebte, griff dieser Pakaues Wehrsiedlung an. Pakaue floh und wurde schließlich von einem Verwandten Tuahu Mahinas aufgespürt und getötet; er hieß Tuatini Moko und nahm die Erbstücke an sich.
>
> Die meisten Mitglieder aus Pakaues Stamm flohen zu einem benachbarten Stamm, wo sie Verbündete fanden, ein Heer aufstellten und

> schließlich Rache an Tuahu Mahina nahmen, indem sie ihn und viele seiner Gefolgsleute töteten. Zufrieden schlossen sie mit den Überlebenden Frieden. Pakaues Sohn Te Wehi gefiel es indes nicht, dass der Mörder seines Vaters am Leben war und im Besitz der Erbstücke blieb, und schließlich suchte er sich selbst Verbündete, zwei Brüder aus Waikato, die berühmte Krieger waren. Ihr Feldzug war von Erfolg gekrönt, sie nahmen die Wehrsiedlung, in der Tuatini Moko lebte, ein, und als dieser mit den Erbstücken zu fliehen versuchte, verfolgte ihn Te Wehi und tötete ihn. Rasch verbarg er die Schätze unter seinem Mantel, aber die beiden Brüder hatten einen Spion ausgesandt, der ihnen berichtete, was geschehen war. Also forderten die beiden die Erbstücke und er musste sie ihnen aushändigen.[103]
>
> Diese beiden Brüder, die große Teile von Waikato eroberten, wurden zu derart schändlichen Kannibalen, dass sie sogar ihre eigenen Verwandten töteten und aufaßen; schließlich stellten ihre Nachbarn ein großes Heer auf, um Rache zu nehmen, und nach heftigen Kämpfen wurden sie getötet.
>
> Die Geschichte berichtet noch in aller Ausführlichkeit von weiteren Vergeltungsakten, als einer der Söhne der Krieger groß geworden war und vom Schicksal seines Vaters erfuhr. Der Schatz wurde dagegen nicht mehr erwähnt, bis viele Generationen später ein Waikato-Häuptling namens Te Whata Karaka Frieden mit dem Stamm der Ngati Maru im Norden schloss. Um die Übereinkunft zu besiegeln, übergab der Häuptling der Ngati Maru den Hundefellmantel. Niemand wusste genau, wie der Mantel in den Besitz seines Stammes kam, aber viele meinten, dass der Stamm an dem Kampf, in dem die beiden Brüder fielen, teilgenommen haben musste. Da der Mantel nun zu seinen »ursprünglichen Besitzern« zurückgekehrt war, verblieb er für alle Zeiten bei dem Stamm. Zunächst legte man ihn in eine geheime Kalksteinhöhle; als später Europäer die Höhle entdeckten, wurde er zu der Familiengrabstätte gebracht, wo er sich seither »mit anderen Stammeserbstücken« befindet.[104]

Mit am erstaunlichsten an dieser Erzählung ist, dass wir nichts über die Herkunft der Erbstücke erfahren. Karioi-Mutu und Pipi-te-Wai müssen zu Beginn der Erzählung bereits eine bedeutende Geschichte haben – sonst wären sie nie zu solch begehrenswerten Stücken geworden. Von dem Mantel erfahren wir nur, dass er ursprünglich von einem anderen Stamm, den Whanganui im Süden kam; von der Keule erfahren wir nicht einmal so viel. Aber in gewisser Weise ergibt das auch Sinn. Denn wenn die Keule ein Zeichen der Geschichte der Whanganui war, dann sollte sie richtigerweise wieder dorthin gelangen. Stattdessen dreht sich die Erzählung aber darum, wie sie in die Geschichte von Waikato verwickelt wurde. Der Wert des Mantels wurde dann zu dem der Morde, zu denen seine Inbesitznahme durch Pakaue führte, und der nachfolgenden Vergeltungskriege, von denen jeder einzelne genügt hätte, um ihn an das Gebiet und die Abkömmlinge von Waikato zu binden.[105]

Tauschakte tauchen in den Erzählungen nur selten auf (Pakues Ansuchen wird zweifellos nur erwähnt, weil es zu Gewalt führte), da sie selbst nicht dazu beitrugen, den Wert des Objekts festzusetzen oder zu zeigen. Im Gegenteil, wie bei den mittelalterlichen Relikten, die immer irgendwann im Laufe ihrer Geschichte gestohlen wurden,[106] deutet die Idee, dass sich jemand freiwillig von einem solchen Objekt trennt, darauf hin, dass es vielleicht doch nicht so wertvoll ist, wie der Erzähler suggeriert. Selbst wenn der Mantel also freiwillig weitergegeben wurde, dann nur auf jemandes Bitte hin.

Die Maori-Erbstücke bildeten Fixpunkte auf einem sich ständig verändernden Terrain von Abstammung, Heirat, Krieg und Aneignung.[107] Dennoch war es sehr schwierig, sie zu halten. Es war schon eine Leistung, dass einige Erbstücke in ununterbrochener Folge von Erstgeborenem zu Erstgeborenem weitergegeben wurden. Wegen eines berühmten *taonga* wurden Angriffe ausgeführt und schwache Gruppen boten bei einem feindlichen Überfall dem Gegner oft ihre berühmtesten Erbstücke an, um ihn friedlich zu stimmen. Salmond beschreibt Kapitän Cooks Eindrücke von einer Insel in den 1770ern, auf der mächtige Territorien mit vielen *taonga* an verarmte, stark befestigte Siedlungen angrenzten, die ständig von ihren Nachbarn überfallen wurden und wo es überhaupt keine *taonga* gab. Diese waren schon längst weggenommen oder weggegeben worden. Der Austausch von Erbstücken konnte zwar einen Friedensschluss besiegeln, aber ihre bloße Existenz führte gelegentlich auch zu Kriegen. Je nachdem, wie blutig der

Konflikt war, konnte das Objekt schließlich in die Historie einer völlig anderen Abstammungslinie verwoben werden und daher jemand anderem »gehören«, wie es die Geschichte von Pipi-te-Wai zeigt. Fast könnte man meinen, solche Erbstücke wurden unter anderem deshalb in unterirdischen Höhlen und Gräbern versteckt, weil man genau diese Situation vermeiden und dafür sorgen wollte, dass um die Stücke keine Konflikte mehr entbrannten und dass sie dauerhaft an das *mana* der Gruppe gebunden wurden, ihre unsichtbare Macht.

Die Wertsysteme der Maori maßen nicht nur den unsichtbaren, kreativen Kräften im Gegensatz zur äußerlichen Zurschaustellung eine wesentlich größere Bedeutung zu, sie gründeten auch auf einer besonderen Kosmologie, in der die Schaffenskräfte – selbst die in Menschen verborgenen – am Göttlichen teilhatten, während die für den Menschen charakteristischen Formen des Handelns aus irgendeiner Art der Aneignung, des Verzehrs oder der Vernichtung bestanden. Durch Letztere, insbesondere durch grenzüberschreitende Heldentaten individualisierte man sich und hinterließ sein Zeichen in der Geschichte. Nur wenn man diesen Umstand im Hinterkopf behält, ergibt die für ihre Komplexität berühmt-berüchtigte Metaphysik des Maori-Tauschs, die seit Mauss auch viele andere Ethnologen fasziniert hat, wirklich Sinn.

Fall 3: Der Kwakiutl-Potlatch

Mauss beschränkte sich in seiner Analyse des Potlatchs nicht auf die Kwakiutl, sondern zog auch Berichte über viele andere Nordwestküsten-Gesellschaften heran; der Einfachheit halber konzentriere ich mich hier jedoch auf diesen am besten dokumentierten Fall. Die Terminologie hat sich übrigens in jüngster Zeit geändert und man bezeichnet mit »Kwakiutl« nur noch eine Untergruppe der Nation, die sich selbst den unaussprechlichen Namen Kwakwaka'wakw gegeben hat; er bedeutet so viel wie »all jene, welche die Kwakwala-Sprache sprechen«. Da allerdings die meisten unserer Informationen von den Kwakiutl selbst stammen (den vier Stämmen, die auf Vancouver Island um Fort Rupert herum leben), will ich diesen Namen beibehalten.

Das Material zu den Kwakiutl wirft Probleme auf, die es im Fall der Maori nicht gibt. Ich dachte, es wäre möglich, einen konkreten Zeitpunkt – um 1750 – als ethnographischen Ausgangspunkt zu wählen. Aber das geht bei den Kwakiutl nicht. Das interessanteste Material stammt ungefähr aus der Zeit, in der Franz Boas seine Feldforschung betrieb; damals kam es allerdings zu rasanten sozialen Veränderungen. Daher will ich mich auf die sogenannte »Fort-Rupert-Zeit« konzentrieren, die etwa die Jahre von 1849 bis 1925 umfasste, aber auch andere historische Zeiträume hinzuziehen. Ein weiteres Problem besteht darin, dass Boas' Material, so ergiebig es auch ist, bestimmten wissenschaftlichen Standards nicht genügt. Ein großer Teil besteht aus Kwakwala-Texten (u. a. Clangeschichten, der Bericht über eine Heirat, eine Darstellung traditioneller Handwerkskünste), die ohne jeden ethnographischen Kontext präsentiert werden; bei den Clangeschichten beispielsweise erfährt man nicht, von wem sie stammen, von irgendeiner Beschreibung der damaligen Zusammensetzung des Clans ganz zu schweigen. Ethnographisch besser aufbereitetes Material ist zwar verfügbar, aber es bezieht sich größtenteils auf einen sehr viel späteren Zeitraum.

So gut wie jeder, der über die Nordwestküsten-Kulturen schreibt, hebt den Reichtum der Natur dort hervor. In der Gegend herrschte regelrechter Nahrungsüberfluss, es gab Lachs in solchen Mengen, dass die Flüsse praktisch schwarz von Fisch waren, dazu einen unerschöpflichen Vorrat an Beeren, Wurzeln, Robben und anderen Meeressäugern. Daher konnten sich die Menschen in dem relativ dicht besiedelten Landstrich leicht durch Jagen, Sammeln und besonders Fischen ernähren, und es ließen sich darüber hinaus so viele Nahrungsmittel bevorraten, dass von dem Überschuss eine Klasse von Nichtproduzenten unterhalten werden konnte. Schon im achtzehnten Jahrhundert wohnten Kwakwala-Sprecher in prächtigen Plankenhäusern aus Zedernholz, ausgestattet mit gut gefüllten geschnitzten Kisten für die Nahrungsvorräte, und der Adel sammelte riesige Reichtümer an, die bei Ritualen verteilt wurden, und kümmerte sich um die Vorbereitung feierlicher Zeremonien. Gemeine waren für die Beschaffung und Konservierung der Nahrung zuständig; es gab sogar eine kleine Schicht von Sklaven, die Feuerholz sammelten und andere niedere Aufgaben ausführten. Die Kwakiutl lebten in Gemeinschaften, die dauerhafter und stärker geschichtet waren als die jedes anderen dokumentierten Volkes, das keinen Ackerbau betrieb.

Sie waren als Gesellschaft von Jägern und Sammlern aber auch deshalb bemerkenswert, weil sie offenbar härter arbeiteten, als sie mussten. Zumindest kam die Mehrheit der frühen Beobachter zu diesem Schluss:

> In einer Region, in welcher der Subsistenzbedarf leicht befriedigt werden konnte, indem man verschiedene Naturerzeugnisse wie Lachs und Beeren in ausreichenden Mengen beschaffte und bevorratete, beschlossen die Kwakiutl, in großem Stil zu produzieren und auch in großem Stil ihren Reichtum zur Schau zu stellen, umzuverteilen und sogar zu zerstören, was ihre Kultur so unverwechselbar macht. [...] Von allen Völkern der Neuen Welt lebten die Kwakiutl in den solidesten und am verschwenderischsten ausgestatteten Häusern und waren am wohlgenährtesten. Ein augenfälliges Merkmal war die Vervielfältigung der handwerklichen Erzeugnisse. Jeder Haushalt verfertigte und besaß viele Matten, Kisten, Zedernrinden- und Felldecken, Holzschüsseln, Hornlöffel und Kanus. Es war, als wäre man im Handwerk und in der Nahrungsproduktion niemals an den Punkt gelangt, an dem der vermehrte Aufwand bei der Herstellung von immer größeren Mengen gleicher Stücke als überflüssig betrachtet wurde.[108]

Das Kwakiutl-Leben ist geprägt von zwei Dingen: Aufgaben in hochspezialisierte und differenzierte Schritte zu unterteilen, jeweils verbunden mit speziellen Werkzeugen, und eine endlose Vervielfältigung und Anhäufung von Reichtümern. Das lässt sich kaum mit ökologischer »Anpassung« erklären (auch wenn es viele versuchten). Naheliegender ist es, sich diesem Phänomen als einer Frage des Werts anzunähern. Wenn es bei Wert letztlich darum geht, wie Menschen ihre kreativen Energien einteilen, dann verhalten sich die meisten den Ethnologen bekannten Jäger-Sammler-Gesellschaften wie Ackerbaukulturen. Dazu gehören auch die Kayapo, die den größten Teil ihrer kreativen Energien weniger der Produktion materieller Dinge widmen als der Bildung bestimmter Gruppen. In der Ethnologie werden die Mechanismen, nach denen das geschieht, zumeist als »Verwandtschaftssysteme« bezeichnet. Die Kwakiutl sind insofern bemerkenswert, als sie mit viel Zeit und Aufwand das Sammeln von Nahrung und die damit verbundene materielle Produktion betrieben, und zwar nicht aus Notwendigkeit, sondern einfach weil sie dem große Bedeutung zumaßen. Nicht zufällig führen die Kwakwala-Texte unendlich viele Details über die Nahrungszubereitung auf und so gut wie nichts über die Zusammensetzung eines Haushalts. Wir wissen daher zwar eine Menge über den Bau der Kwakiutl-Häuser, aber das Gefüge eines Haushalts um 1900 liegt mehr oder weniger im Dunkeln.

Dafür, dass sie in einer derart fruchtbaren Umgebung lebten, nahmen die Kwakiutl den Hunger sehr wichtig. Die geistigen Wesen, die den Kwakwala-Kosmos bevölkerten, waren vor allem von einem unstillbaren Hunger getrieben[109] – Geister, Tiere und Menschen verzehren sich unablässig gegenseitig. Ebenso ging es bei vielen Ritualen darum, Hunger zu erfahren; Selbstbeherrschung und Verzicht bei Tisch waren Kennzeichen eines hohen Status, und auf den Festen, meist ernsten Angelegenheiten, wurden die Speisen in viel zu kleinen Portionen gereicht – wobei der Adel nicht einmal das Wenige ganz aufessen sollte. Es macht den Eindruck, als diente das System dazu, ein Gefühl der Entbehrung zu erzeugen, für das eigentlich keine Notwendigkeit bestand.

Das lässt sich meiner Meinung nach am ehesten mit einer Art Klassensystem bei den Kwakiutl erklären. Goldman und Walens haben sich am eingehendsten mit der Kosmologie der Kwakiutl befasst[110] und beide heben hervor, dass es sich dabei im Grunde um eine Jagdkosmologie handelte, wie sie von Sibirien bis Südamerika in ähnlicher Form vorkommt. Viele dieser Systeme gründen auf dem Glauben an eine kooperative Beziehung zwischen dem Menschen und seiner Beute: Wenn man Wild erlegt, dann muss man es richtig machen, und das gilt umso mehr für die Beseitigung der tierischen Reste; diese rituelle Verantwortung sorgt für die fortwährende Reinkarnation der Tiere. In solchen kosmologischen Systemen geht es ausschließlich um Nahrung und die Zirkulation von Seelen und Materie zwischen Menschen und ihrer Beute. Sie schließen Ideologien der Herrschaft oder des Erhalts einer Aristokratie von Nichtproduzenten praktisch aus, da es in Jäger-Sammler-Gesellschaften eine solche Schicht eigentlich nicht gibt. Anders gesagt, das Bestehen großer, bevorratbarer Nahrungsüberschüsse an der Nordwestküste verminderte die Unsicherheit, die tendenziell zu einer solchen Kosmologie führt, und gleichzeitig ermöglichte es das Entstehen einer Herrschaftsklasse, die eben diese Kosmologie als Rechtfertigung der eigenen Herrschaft am Leben erhielt. Adlige jagten und fischten nicht. Aber sie sorgten für die Zirkulation von Seelen, die das Jagen und Fischen ermöglichte.

Schon daraus lässt sich ersehen, wie groß die Unterschiede zu einer Kosmologie polynesischer Art sind. Die Kwakiutl scheinen in vielerlei Hinsicht gegenteilige Auffassungen zu vertreten. Bei den Maori waren die Menschen von übernatürlichen Kräften abhängig, um sich reproduzieren zu können, bei den Kwakiutl verhält es sich praktisch umgekehrt.

Hier ist ein historischer Rekurs nötig. Jenseits grundlegender kosmologischer Strukturen werden wir niemals genau wissen können, in welchem Maße diese recht ungewöhnliche Situation auf die Kwakala-Sprecher beispielsweise des siebzehnten und achtzehnten Jahrhunderts zutraf, weil unsere Informationen, wie gesagt, aus der Anfangszeit enormer sozialer Umbrüche stammen. Die Autoren von Boas' Texten lebten zu einer Zeit, als die Kwakiutl-Bevölkerung infolge eingeschleppter Krankheiten und fehlender medizinischer Versorgung seitens der kanadischen Regierung seit hundert Jahren stark abgenommen hatte. Darüber hinaus waren die Kwakiutl nicht nur dem kanadischen Staat eingegliedert worden, sondern auch einer übergeordneten Marktwirtschaft, wodurch sie einerseits großem Druck ausgesetzt waren und andererseits besonders zu Beginn unerhörte Reichtümer akkumulieren konnten. Das führte zu einer Autoritätskrise, bekannt auch als »Fort-Rupert-Klassenkampf«,[111] nach dem kanadischen Fort, um das herum sich die wichtigsten Kwakiutl-Stämme angesiedelt hatten. Gemeine besaßen zunehmend mehr Mittel, um ihre marginale Position in Frage zu stellen. Eine ständig kleiner werdende Gruppe von Aristokraten kämpfte darum, deren Ansprüche abzuwehren und die eigene privilegierte Position zu erhalten, während der Konkurrenzkampf, den sie sich gegenseitig lieferten, immer heftiger wurde. Eine Folge war eine wahre Potlatch-Inflation – jene zeremoniellen Versammlungen, in denen die Aristokraten durch die Verteilung von Fellen und anderen Dingen ihr Recht auf wichtige Titel geltend machten. Dabei überschüttete der Geber seine angeblichen Feinde mit selbst nach westlichen Maßstäben ungeheuren Reichtümern (Zehntausende von Decken, fünfzig Phonographen, tausend Silberarmreifen, sechzig Waschschüsseln etc.). Eine andere Folge war der wahrhaft schwindelerregende Zuwachs an ritueller und künstlerischer Kreativität: die Schaffung neuer dramatischer Formen und Techniken, neuer Rituale und eine Flut an künstlerischen Werken, Masken, Skulpturen und Bildern, die so aufsehenerregend waren, dass Lévi-Strauss sich zu der Bemerkung hinreißen ließ,[112] man gewinne den Eindruck, eine kleine Gesellschaft habe sieben verschiedene Picassos zur gleichen Zeit hervorgebracht.

All das gehörte zu einem, wie sich herausstellen sollte, verlorenen Kampf – das Bemühen einer gleichmacherischen Kräften ausgesetzten Elite, ihre privilegierte Stellung neu zu definieren –, und die von Franz Boas und seinem Assistenten George Hunt gesammelten Berichte, die sowohl Clangeschichten als auch Berichte über traditionelle Praktiken umfassten, waren ein Teil davon. Diese Berichte stellten eine nahezu ausschließlich männliche, aristokratische Sichtweise dar; darüber hinaus kann man nie ganz sicher sein, ob nicht das historische Gedächtnis selbst nach Maßgabe politischer Ziele rekonstruiert wird. War es beispielsweise den Kwakiutl-Aristokraten des achtzehnten Jahrhunderts tatsächlich verboten, zu jagen und zu fischen? Traf das tatsächlich auf ein ganzes Drittel der Bevölkerung zu oder nur auf ein paar wenige, die einen Herrschertitel trugen? Ging es bei den Festen immer darum, die Illusion des Hungerns zu erzeugen, oder war das erst eine spätere Entwicklung? Man weiß es nicht.

Die meisten Texte sind also auf die eine oder andere Weise problematisch. Ich betone das nur, weil es eine Rolle spielt für das, worum es mir hier geht: die Beziehung zwischen kosmologischen Konzepten, den Begriff der Person und den Gabentausch.

Verwandtschaft

Es gibt zwei zentrale Formen produktiven Handelns, die in dem von Boas zusammengetragenen Material kaum auftauchen. Die erste betrifft das normale Zusammenleben von Wohneinheiten (insbesondere das von Gemeinen); die zweite betrifft ihnen verwandte soziale Beziehungen bei kooperativen Arbeitsformen.[113] Das erklärt sich unter anderem aus dem Umstand, dass »Verwandtschaft«, wie wir es nennen würden, für Boas' Kwakiutl-Informanten vor allem eine Angelegenheit des Transfers von Titeln und bedeutenden Erbstücken war. Der Lebenszyklus eines Aristokraten wurde bestimmt von Potlatch-Zeremonien und der Verteilung von Eigentum; der Lebenszyklus eines Gemeinen (einer »Hausperson«) nicht. Daher war es für Boas und Hunt schlechterdings unmöglich, Informationen über Verwandtschaftsbeziehungen unter Gemeinen zu sammeln. Aristokraten behaupteten, Gemeine heirateten nicht, sondern »steckten zusammen wie Hunde«; Gemeine wiederum erklärten, sie würden sich schämen, über solche Dinge auch nur zu sprechen. Offenbar lebten in den meisten Häusern sowohl aristokratische als auch gemeine Familien, aber man weiß nicht, in welcher Beziehung sie zueinander standen, weil die Gemeinen in den Berichten praktisch nicht vorkommen.

Boas bietet ziemlich detaillierte Informationen über die Organisation der beiden wichtigsten Verwandtschaftsgruppen. Die kleinste Einheit, die Boas manchmal als »Clan« und manchmal als »gens« bezeichnet, hieß *numaym*. In früheren Zeiten bestand ein typisches *numaym* aus vielleicht hundert Leuten. Mehrere *numaym* wurden in einem »Stamm« zusammengefasst, der sich ein Winterdorf teilte.[114] Sie entsprechen nicht genau einer Abstammungsgruppe. Boas kam zu dem Schluss, dass man sie am ehesten als Sammlungen von Namensämtern oder -titeln begreifen konnte, da ein *numaym* tatsächlich als aus solchen »Sitzen« bestehend betrachtet wurde.[115]

Allgemein gesagt wurde ein Stamm nach dem Vorfahren benannt, der ihn gegründet hatte. Diese Vorfahren waren fast nie Menschen. Für gewöhnlich berichtete die Legende, dass ein mythisches Tier (eine Möwe, ein Donnervogel, ein Wal etc.) auf die Erde kam, seine Tiermaske abstreifte und so zum Menschen wurde. Man hielt diesen Gründer allerdings nicht für den Vorfahren des gesamten Stammes, sondern nur den der aristokratischen Hauptlinie des am höchsten stehenden *numaym*. Für gewöhnlich wurden die anderen *numaym* jeweils von einer anderen mythischen Gestalt, mitunter auch einem Paar, gegründet, die in ähnlicher Weise zur Erde »herabstieg«,[116] um Vorfahr ihrer Häuptlingslinie zu werden. Die Tiermasken der Gründer – und andere damit verbundene Paraphernalien – wurden den Nachkommen als Geschenk übergeben, damit sie sie zusammen mit seinem Namen als Erbschätze (*tlogwe*) weitergaben, idealerweise vom Vater an den ältesten Sohn. Der Anführer der Gruppe wurde als die lebende Verkörperung des Gründers betrachtet. Damit ging jede Gruppe auf ein eigenes Ursprungsereignis zurück.

Der Eindruck der Diskontinuität verschärft sich noch, insofern sich weitere Titel, die von einem *numaym* gehalten wurden, von völlig anderen Ereignissen ableiten konnten (beispielsweise der Begegnung eines Vorfahren mit einem übernatürlichen Wesen). Darüber hinaus war die Mehrheit der Mitglieder einer Gruppe meistens nicht mit dem Gründer verwandt. Die gemeinen Mitglieder, so hieß es in den Mythen, stammten von Gästen ab, die nach einem seiner Feste blieben,[117] oder von Menschen, die er aus Möweneiern oder aus Meeresmuscheln schuf oder die aus den Pfählen seines Hauses auftauchten.[118] In prosaischeren Geschichten sind sie oft die Gefolgschaft, die aus den verschiedensten Gründen einer Hauptlinie angehörte, oder jüngere Kinder der Hauptlinie, die keinen aristokratischen Status erbten.[119] Die unter ihnen stehenden Sklaven wurden nicht als Mitglieder der Gruppe verstanden.

Um dieses System verstehen zu können, muss man wissen, dass dadurch Identität von Besitz abhängig ist. Jedes *numaym* besaß – in der Kwakwala-Sichtweise bestand es im Grunde sogar daraus – eine Reihe von aristokratischen Namen oder Titeln, von denen jeder mit bestimmten Schätzen verbunden war. Wir würden sagen, die Schätze waren sowohl materieller als auch immaterieller Art. Der Titel eines Gründers konnte das Recht beinhalten, ein bestimmtes Emblem oder »Wappen« – beispielsweise einen Bären oder einen Mörderwal – auf sein Haus oder andere Besitztümer zu malen, bei einem Potlatch oder einer Winterzeremonie einen bestimmten Tanz aufzuführen oder ein bestimmtes Lied zu singen und so fort. Andere waren greifbarer, beispielsweise Häuser, geschnitzte Hauspfähle, Masken, Tanzkostüme und ähnliche Paraphernalien und Festschüsseln, die fast alle eigene Namen und Geschichten hatten. Aber wahrscheinlich ist es falsch, überhaupt zwischen materiellem und immateriellem Besitz zu unterscheiden.

Hierzu vielleicht ein Beispiel. In einem bedeutenden Kwakiutl-Haus befanden sich normalerweise vier oder fünf Festschüsseln mit Namen, die in der Form eines mythischen Wesens geschnitzt waren. Der Besitz einer solchen Schüssel brachte das Recht mit sich, bei kollektiven Festen bestimmte Nahrungsmittel zu verteilen; genauso brachte er das Recht mit sich, bestimmte Gebiete zu betreten, wo solche Nahrungsmittel (Beeren, Fische etc.) zu finden waren. Wenn eine dieser berühmten Schüsseln weitergegeben wurde, dann wurde das Objekt selbst für gewöhnlich zerstört – weitergegeben wurde also nur das Recht, sie zu reproduzieren und der neuen Schüssel ihren Namen zu geben.[120] Entsprechend verlieh die Weitergabe eines Tanznamens dem Empfänger das Recht, eine bestimmte Rolle in den Aufführungen der Winterzeremonien zu spielen; mit ihm wurde eine große Holzkiste weitergegeben, in der sich das Kostüm und Paraphernalien befanden, wobei auch hier die materiellen Gegenstände zerstört und ersetzt werden konnten.

Entscheidend war also der Besitz der Schätze. Es überrascht daher kaum, dass die weitaus meisten der von Boas übermittelten Familiengeschichten von Besitz, seinem Erwerb und seiner Weitergabe handelten. Oder dass Claude Lévi-Strauss[121] in dem hoffnungslosen Unterfangen, das Kwakiutl-Abstammungssystem auf dem üblichen Weg zu begreifen, schließlich ein völlig neues Konzept entwickelte, nämlich »das Haus«. Die Kwakiutl-Nachfolge, so Lévi-Strauss, sei ähnlich wie die Adelsfamilien des Mittelalters vornehmlich um ein Patrimonium – Häuser, Ländereien, Erbstücke, Familienehre – und weniger um irgendein Abstammungsprinzip organisiert. Dieses Patrimonium konnte auf unterschiedliche Weise übertragen werden, etwa durch Erbschaft, Heirat und Schenkung.

In solchen Systemen erlangen die Regeln des Transfers natürlich große Bedeutung. In diesem Fall scheint die Hauptunterscheidung zwischen zwei großen Kategorien von Titeln bestanden zu haben (die jeweils mit bestimmten Besitztümern verknüpft waren). Eine Kategorie war mit dem *numaym* selbst verbunden. Jedes *numaym* beinhaltete eine gewisse Anzahl von mit Namen verbundenen

Positionen, oft »Sitze« genannt, weil sie dem Besitzer das Recht gaben, bei einem Potlatch einen bestimmten Platz einzunehmen. Nach den Quellen standen diese Titel – die für die Kwakwak'wakw kanonische Zahl wird für gewöhnlich mit insgesamt 658 angegeben[122] – in einer bestimmten Rangfolge, und zwar sowohl innerhalb der *numaym* als auch darüber hinaus, da *numaym* wie Stämme alle in einer bestimmten Rangfolge zueinander standen. Wie bei den meisten Rangsystemen war es allerdings ein Ding der Unmöglichkeit, dass zwei verschiedene Informanten identische Rangfolgen aufzählten.[123] Jedenfalls machten diese Rangpositionen ein *numaym* aus. Idealerweise sollte ein Titel vom Vater auf den Sohn übergehen oder wenigstens auf das älteste Kind. Aber egal wer ihn bekam, man wurde Mitglied eines *numaym* einfach dadurch, dass man den Titel führte.

Die zweite Kategorie waren Titel, die zwischen *numaym* hin und her wechselten. Dazu gehörten insbesondere Festnamen oder -titel, durch die man eine Rolle in der Winterzeremonie erhielt. Viele von ihnen konnten nur durch Heirat weitergegeben werden.

Ein Potlatch bot in erster Linie die Gelegenheit, Namen gleich welcher Art an einem neuen Träger zu »befestigen« und ihnen durch die Verteilung von ephemereren Formen von Reichtum an die anderen Titel-Träger »Gewicht zu verleihen«.

Idealerweise sollten Titel der ersten Art vom Vater auf den Sohn übergehen (ausnahmsweise auch auf Töchter).[124] Von früh an wurde das offenbar flexibler gehandhabt. Oft wurden Namen bei der Heirat vom Schwiegervater auf den Schwiegersohn übertragen oder, noch öfter, auf die Kinder des Letzteren. Daher war das System letztlich kognatisch. Man konnte einen Namen auch von einem nicht verwandten Träger als Geschenk erlangen – für ältere Adlige war es wichtig, dass sie ihre Titel vor ihrem Tod weitergaben –, und sogar, wenn man den früheren Träger umbrachte und sich so seinen Namen und seine Besitztümer aneignete. Ein Adliger mit guten Beziehungen konnte mehrere Sitze auf sich vereinen und auf diese Weise gleichzeitig Mitglied mehrerer *numaym* werden,[125] wobei das offenbar nur während der »Fort-Rupert-Zeit« verbreitet war, als die Bevölkerungszahl dramatisch sank.[126] Aber selbst als die Bevölkerungszahl ihren Tiefststand erreichte und die Zahl erwachsener Männer weit unter der verfügbarer Titel lag, wurden die Unterschiede zwischen Aristokraten und Gemeinen aufrechterhalten – auch wenn es den Aristokraten oft einige Mühe bereitete, dafür zu sorgen, dass die Titel nicht an von ihnen für unwürdig erachtete Personen übergingen. So verhinderten sie, dass eine größere Zahl von Titeln an hochstehende Frauen ging, obwohl das streng genommen nicht verboten gewesen wäre, sondern nur nicht gerne gesehen wurde. All das war nur möglich, weil man ein Vererbungssystem wahrhaft barocken Ausmaßes entwickelte, das so fein verästelt und anpassungsfähig war, dass man heute kaum mehr rekonstruieren kann, wie Besitz unter weniger komplizierten Verhältnissen weitergegeben wurde.

Elemente der Person

Es sollte klar geworden sein, dass die Kwakiutl eine Gesellschaft waren, in der Besitz eine entscheidende Rolle bei der Bildung sozialer Identität spielte. So wurde man zumindest zu einem anderen, wenn man Titel und die damit verbundenen Schätze übernimmt. Mauss beschrieb dieses Phänomen in seinem berühmten Aufsatz über den »Begriff der Person« aus dem Jahr 1938. Das lateinische Wort »persona«, so heißt es hier, geht auf das etruskische Wort *phersu* zurück, das so viel wie »Maske« bedeutet. »Die Person« im antiken Rom wurde dadurch definiert, dass sie einen bestimmten rechtlichen Status innehatte (der Familienvater war eine juristische Person, Frauen, Kinder und Sklaven hingegen nicht, sie wurden vielmehr in seine Rechtspersönlichkeit aufgenommen und mussten daher von ihm repräsentiert werden). Aber auch in dem Begriff *dramatis personae* zeigt sich ein älterer Gebrauch; er bezieht sich auf das römische Theater, dessen Figuren aus bestimmten Typen bestanden (der Sykophant, der prahlerische Soldat etc.), mit charakteristischen Masken und Kostümen und emblematischen Requisiten. Vermutlich, schrieb Mauss, hatte dieses System einen ähnlichen Ursprung wie das der Kwakiutl, nach dem nur Adlige wahre *personae* besaßen, die in bestimmten emblematischen Besitztümern verkörpert waren und der Ahnenreihe entsprechend weitergegeben wurden; sie machten die Person buchstäblich zu der, die sie war. Lässt man historische Spekulationen einmal beiseite, dann könnte die Analogie nicht vollkommener sein. Wie wir sehen werden, bestanden nicht nur die öffentlichen *personae* der Kwakiutl-Aristokraten aus genau solchen emblematischen Besitztümern, diese waren darüber hinaus in eine Art Theater eingebunden und konnten sogar als Theaterrequisiten begriffen werden.

Der Gegensatz zwischen Maori und Kwakiutl ist hier besonders augenfällig. Im Fall der Maori gibt es schier unerschöpfliches Material zur »Seele«, über spirituelle Kräfte wie *mana*, Lebenskräfte wie *mauri* und *hau* und so fort, aber sehr wenig zu materiellen Symbolen der Identität. In Boas' Texten ist hingegen kaum etwas über das Wesen der Seele zu finden.[127] Dieses Thema hat seine Informanten offenbar nur wenig interessiert. Dabei kann man, wie Goldman und Walens,[128] den Kwakiutl-Kosmos als ein riesiges Wiederaufbereitungssystem für Seelen betrachten, die immerzu zwischen dem Reich der Menschen und dem der Tiere hin und her wandern. Selbst in ihren Untersuchungen findet man jedoch keine richtige Theorie der Seele; was die beiden darstellen, ist weitgehend von dem abgeleitet, was sie für die implizite Logik der Kwakiutl-Mythen und für besonders aussagekräftige Momente der theatralischen Darbietungen der Kwakiutl halten.

Goldman beispielsweise muss den Begriff »Formseele« prägen, um diese Theorie zu beschreiben. Man erinnere sich an die Ahnenfiguren, die auf die Erde kamen und ihre Tiermasken abstreiften, um Menschen zu werden. In den Mythen verwandeln sich Tiere in Menschen und Menschen in Tiere, indem sie mühelos aus ihren Masken oder ihrer Haut schlüpfen. In den Geschichten über Lineage-Gründungen bleibt die Maske allerdings; oder vielmehr verschwindet die ursprüngliche physische Maske und es bleibt nur ihre Form übrig. Das Recht, diese Form zu reproduzieren – sei es die eines Mörderwals, eines Bären oder Adlers –, wird dann zum Besitz des (jetzt menschlichen) Nachfahren, der ihren Namen trägt, d.h., er ist ihr gegenwärtiger Erbe und ihre gegenwärtige Verkörperung und hat das Recht, die Maske zu besonderen Anlässen wie einem Potlatch oder einem anderen feierlichen Ereignis zu tragen. Genauso hat er das Recht, das Muster auf sein Haus zu malen oder es in dessen Stützpfähle zu schnitzen oder auf andere Weise als Emblem seiner *numaym*-Identität zu benutzen; Boas bezeichnet das als »Familienwappen«.[129]

Goldman kommt zu dem Schluss, dass die Kwakiutl drei Aspekte der menschlichen Seele kannten, nämlich die persönliche Seele (die jeder besitzt, selbst Gemeine), die Namensseele und die Formseele (diese beiden besitzen nur Adlige). Die erste ist eher schlicht, und es ist fraglich, ob die anderen beiden nicht zwei Aspekte ein und derselben Sache sind, da es keinen Grund zu der Annahme gibt, dass die Sprecher der Kwakwala-Sprache eine explizite Unterscheidung zwischen einem Titel und den mit ihm verbundenen emblematischen Schätzen getroffen haben.

Dagegen unterschieden sie, wie gesagt, zwischen zwei allgemeinen Klassen von Titeln und den dazugehörigen Kostümen, Kräften und Paraphernalien. Es gab einen vorrangigen Titel, der innerhalb des *numaym* weitergegeben wurde, idealerweise vom Vater an den ältesten Sohn, und einen untergeordneten, der vom Vater der Ehefrau auf den Mann der Tochter oder auf dessen Kinder überging. Anders gesagt, waren bestimmte Namen ein intrinsischer Teil des *numaym*, zu dem sie gehörten, so dass ein Außenstehender, der den Namen erwarb, dadurch zu dessen Mitglied wurde. Erlangte eine Person einen Namen durch Heirat, als Geschenk oder auch weil sie dessen früheren Träger umbrachte (in diesem Fall erwarb der Mörder das Recht auf alle Namen und Besitztümer des Opfers), wurde sie allein dadurch Mitglied des *numaym*. Das trifft dagegen nicht auf die unzähligen zusätzlichen Namen und Paraphernalien zu – Festnamen, Winterzeremonie-Namen und so weiter –, die normalerweise durch Heirat zwischen den Gruppen weitergegeben wurden und die sozusagen subsidiäre Aspekte der aristokratischen *personae* repräsentierten. Selbst in präkolonialen Zeiten scheint eines der großen Ziele eines jeden Adligen gewesen zu sein, so viele dieser subsidiären Namen anzusammeln wie nur möglich und sich auf diese Weise mit Identitäten buchstäblich aufzupumpen – immer mehr »Gewicht« zu erlangen, wie es ein Kwakwala-Sprecher zweifellos formuliert hätte. Diese Idee des Gewichts war, wie wir sehen werden, der Schlüssel zu der zugrunde liegenden Wertvorstellung.

Das könnte man leicht zu weit treiben. Ein Adliger mit einer Reihe von Titeln wurde nicht einfach als Verkörperung mehrerer mythischer Figuren betrachtet. Vielmehr gab es die Idee eines einzigartigen Individuums, das sie vereinte, das sie erworben hatte und das Potential besaß, noch mehr zu erwerben. Aber wieder erfahren wir so gut wie nichts über diese »persönliche Seele« und ihre Kräfte. Es ist auch nicht klar, ob ein Kwakwala-Sprecher aus dem neunzehnten Jahrhundert es für möglich oder der Mühe wert gehalten hätte, etwas darüber in Erfahrung zu bringen. Hier tritt offenbar eine allgemeine Regel des Kwakiutl-Kosmos in Kraft: Wenn man die äußere Schicht abstreift, stößt man mit einiger Wahrscheinlichkeit doch nur auf eine weitere Oberfläche. Die Masken, die Gründerahnen repräsentierten – oftmals wundervolle Kunstwerke –, waren häufig Masken in Masken: der Schnabel eines riesigen Vogels, der sich zu einer weiteren Maske öffnete und nicht etwa das wahre Gesicht des Trägers zeigte; manchmal verbarg sich hinter dieser zweiten Maske sogar noch eine dritte. Stanley Walens zufolge wird bei den Kwakiutl auch die Person als eine Art Kiste betrachtet.[130] Die Nordwestküsten-Kunst ist berühmt für ihre kunstvoll geschnitzten Kisten, die in der Kwakiutl-Kultur eine zentrale Rolle spielten. Im Wesentlichen wurden bei einem Potlatch verschiedene Arten von Reichtümern aus einer Reihe von Kisten genommen und in andere gelegt. Masken und Kostüme wurden im Allgemeinen in riesigen verschlossenen Kisten aufbewahrt, bis der Zeitpunkt gekommen war, zu dem man sie für eine Zeremonie herausnahm. Wenn man solche Kisten öffnete, dann fand man darin natürlich nur einen weiteren Satz äußerer »Formseelen«. Und darin wiederum noch einen Satz Oberflächen. Walens vertritt die Ansicht, dass die Kwakiutl so gut wie alles als Kiste betrachteten: Clanterritorien waren Kisten, Häuser die Kisten darin und menschliche Körper wiederum die Kisten darin. Soziale Gruppen wie *numaym* sind konzeptuelle Kisten, die durch physische definiert werden; es gibt Kisten für das kollektive Eigentum und Vorratskisten für Nahrungsmittel, die dem gesamten *numaym* gehören, und zusätzlich hat jede Familie ihre eigenen, kleineren Vorratskisten. Was den Einzelnen angeht, so wird auch sein Name als eine Art Kiste betrachtet, in dem seine unterschiedlichen Kräfte, Eigenschaften und Rechte stecken.

> Menschen sind aus Kisten geboren, sie werden in Kisten gewickelt, sie holen, bevorraten und reichen ihr Essen darin, sie leben in Kisten, reisen in Kisten und wenn sie sterben, werden sie in Kisten

> bestattet. Selbst der Körper ist eine Art Kiste: Die Menschen leben und sterben also nicht nur in Kisten, sie sind selbst welche. [...] Namen dienen als Behältnisse für einen unsichtbaren spirituellen Stoff, so wie Holzkisten als Behältnisse für materielle Gegenstände dienen.[131]

Kisten werden demnach zu Seelen, sobald sie Namen erwerben und Ewigkeit erlangen. Auch aus diesem Grund kann nach Goldman eine »Formseele« als Seele bezeichnet werden; sie ist eine Seele, weil sie immer existieren wird.

In der gesamten Literatur findet man praktisch keine Überlegungen zu den höchsten, die Lebewesen antreibenden energetischen Kräften oder zu Zeugungskräften. Die Kisten enthalten, allgemein gesagt, nur weitere Behältnisse und wenn nicht das, dann reine undifferenzierte Potentialität. Wenn es eine Vorstellung von dieser verborgenen Potentialität gibt, dann hat sie wieder eine bemerkenswert dramatische, greifbare Form: als verdaute und erbrochene Nahrung. Bei »Ölfesten« beispielsweise schenkte man seinen Gästen Eulachonöl (Kerzenfischöl) aus und forderte sie auf, so viel davon zu trinken, bis sie es wieder erbrachen; währenddessen ergoss sich das gleiche Öl ständig durch »Speier«, Holzantlitze mit weit aufgerissenen Mündern, in ein zentrales Feuer.

> Für die Kwakiutl ist Erbrochenes nichts Schmutziges. Erbrochenes ist für eine Gesellschaft mit oralen Metaphern dasselbe, was Sperma für eine Kultur mit sexuellen Metaphern ist: eine zentrale Kategorie der materiellen Existenz, ein Symbol der undifferenzierten Materie ohne charakteristische Merkmale, dafür mit einem totalen Potential des Werdens. Die Kraft des Erbrochenen ist potentiell, noch nicht real. Erbrochenes ist die erste Stufe der Kausalität, jene Daseinsstufe, die Ordnung und Zweck vorangeht. Alles, was am Anfang des Werdens steht – Föten, Leichname, das Universum, bevor der Transformer es verwandelt hat –, wird durch das Erbrochene symbolisiert. Im Akt des Erbrechens liegt keine Zurückweisung, es ist ein positiver Schöpfungsakt, ein notwendiger Schritt im Transformationsprozess. Erbrochenes ist die transformierte Identität der wertvollsten Gaben der Geister – Nahrung. Alle Nahrung, selbst wenn sie nicht wieder erbrochen wurde, wird irgendwann während des Verdauungs-

> vorgangs zu Erbrochenem. Nahrung und Erbrochenes sind komplementäre Aspekte einer einzelnen Substanz, nämlich die in kulturelle beziehungsweise spirituelle Formen verwandelten Körper von Tieren. Erbrochenes ist daher das Symbol der transformierten Substanz, und der Kreislauf von Nahrungsaufnahme, Verdauung und Erbrechen ist eine Metapher für den Kreislauf von Tod, Seelenwanderung und Wiedergeburt.[132]

Dieses Zitat von Walens klingt vielleicht etwas übertrieben, aber es zeigt, wie im rituellen Symbolismus der Kwakiutl mit solchen Dingen umgegangen wurde. Vom verborgenen, nichtdifferenzierten Inneren dachte man tatsächlich, es repräsentiere reine Potentialität, aber das in einer ganz und gar greifbaren, materiellen Form – einer Art Ursuppe.

Walens' Vergleich von Erbrochenem und Sperma ist auch deshalb interessant, weil er erneut darauf verweist, dass in der Weltanschauung der Kwakiutl die Produktion von Nahrung über der von Menschen stand. Goldman führt diesen Punkt mit seiner Rekonstruktion der impliziten Theorie von Schöpfungskräften, die hinter den verschiedenen Arten von Erbstücken stehen, am weitesten aus.[133] Demnach gibt es zwei grundlegende Kategorien von Erbstücken – einerseits diejenigen, die mit den in eine Rangordnung gebrachten *numaym*-Titeln korrespondieren, andererseits diejenigen, die ausschließlich durch Heirat übergeben werden. Die Rangtitel, aus denen sich ein *numaym* zusammensetzt und die auf übernatürliche Gründer zurückgehen und beispielsweise auch das Recht auf Territorien zum Jagen, Fischen und Beerensammeln garantieren, repräsentieren, so Goldman, ein Ideal der ungeschlechtlichen Fortpflanzung. Sie werden unter anderem bei rituellen Festen zwischen Männern weitergegeben (Frauen können sie ausnahmsweise tragen, aber dann gelten sie sozial als Männer). Wie in vielen Jäger-Sammler-Gesellschaften gilt der Geschlechtsverkehr als abträglich für die Jagd; Körper, die mit dem Vorgang der Fortpflanzung zu tun hatten, geben einen Geruch von sich, der Tiere aufschreckt und vertreibt. Bei der zweiten, subsidiären Besitzkategorie kommen sexuelle Kräfte jedoch wieder ins Spiel; diese Erbstücke stehen in keiner Rangfolge,[134] sie werden nur bei der Heirat übergeben und gehen von der Familie der Braut auf die des Bräutigams über. Wieder zeigt sich ein deutlicher Unterschied zu den Maori. Für die Maori wird alles im Universum durch das Prinzip der geschlechtlichen Fortpflanzung erzeugt; erst wenn man sich die Gründe für die Differenzierung zwischen verschiedenen Bestandteilen dieser Schöpfung genauer ansieht, gelangt man zu einem weiteren Prinzip, das mit Wettbewerb und Gewalt zu tun hat und andere auf den Status von Nahrung reduziert. Für die Kwakiutl gibt es keine Schöpfungsgeschichte des gesamten Universums, stattdessen eine endlose Reihe kleiner Schöpfungen durch verschiedene Gründer, die nichts miteinander zu tun haben und eine im Wesentlichen ungeschlechtliche Ordnung schaffen, welche das Verhältnis zwischen Mensch und Nahrung reguliert; erst später kommt es zur geschlechtlichen Fortpflanzung als untergeordnetem Prinzip, das Verbindungen zwischen all diesen heterogenen Gruppen herstellt.

Das ist alles sehr abstrakt. Vielleicht sollte man sich deswegen genauer ansehen, wie bei den Kwakiutl eine Heirat vonstattenging.

Heirat

Wie bereits erwähnt, ging es bei einer Heirat in erster Linie um die Weitergabe des ererbten Besitzes; das hieß auch, man zog gar nicht erst in Erwägung, dass Gemeine, die nichts dergleichen besaßen, heirateten.

Heirat wurde oft als Äquivalent zu Krieg dargestellt. Bedeutende Adlige machten sich »in die Welt« auf, um eine Prinzessin für sich zu gewinnen und dabei neue Namen und Kräfte zu erwerben. Das erfolgreiche Gelingen wurde immer als Heldentat, als Wettstreit dargestellt, und man lieferte beispielsweise den Gefolgsleuten des Freiers zum Empfang eine Pseudoschlacht, wenn sie an der Küste vor dem Dorf des Vaters ankamen. Aus solchen Schlachten konnte allerdings Ernst werden, und es gab Verletzte und sogar Tote. Manchmal mussten die Freier auch Proben bestehen – sie mussten durch mit Fackeln bestückte Türen laufen oder unbewegt dasitzen, während der Hausherr Öl ins Feuer goss und seine Gäste versengte. Solche Mutproben ahmten das Geschehen in Mythen nach, wo der umherziehende Held irgendeinem fürchterlichen übernatürlichen Ungeheuer begegnet und große Schätze oder die schöne Tochter des Ungeheuers zur Frau bekommt, nachdem er es bezwungen hat.

Solche Bräuche unterstreichen das zweifellos hervorstechendste Merkmal der Kwakwaka'wakw-Kultur: den Sinn fürs Theatralische, die Lust an der großen Geste und insbesondere den simulierten Schrecken. Hunt berichtet von dem Fall eines Mannes, der in der Nacht, bevor ein Freier um die Hand seiner Tochter anhalten wollte, einen Friedhof schändete, sieben Menschenschädel und »viele große Knochen« einsammelte und sie einer riesigen Bärenmaske ins Maul steckte. Als der Freier den Raum betrat, tauchte ein als Bär verkleideter Mann auf, der sogenannte »Verzehrer der Stämme«. Der Bär klappte das Maul seiner Maske auf und die Schädel fielen heraus und polterten über den Boden. »Dieses Schicksal«, warnte er den Freier, »erlitten die letzten sechs Männer, die meine Tochter zu gewinnen versuchten.«[135] Von dieser Lust am Karnevalesken zeugen die Kwakwala-Aufführungen allgemein, allerorten Falltüren, falsches Blut und menschenfressende Ungeheuer, die kunstvoll nachgemachte halbverweste Leichname annagen. Auch deshalb wurden in der Kwakwala-Sprache Rituale gelegentlich als »Betrug« bezeichnet – was sie allerdings nicht weniger heilig machte. Die Präsenz einer heiligen Kraft, *nawalak*, erkannte man in erster Linie daran, dass sie imstande war, die Zuschauer vor Angst zittern zu lassen.

Bei den bedeutendsten Heiraten nahmen die Gefolgsleute des Freiers meist die Rolle derjenigen ein, welche die Frau aus dem väterlichen Haus lockten – nicht durch Geschenke, sondern durch die bloße Zurschaustellung ererbter Kräfte und Paraphernalien.[136] Es galt, die Anziehungskraft der Reichtümer des Freiers unter Beweis zu stellen, die ihm im Allgemeinen allein durch ihre Vorführung die Prinzessin zuführten. Diese Symbolik ist wichtig, weil sie im Potlatch wieder auftaucht. Die Prinzessin wird stets als ungemein schwer dargestellt, und in ihrer Unbeweglichkeit evoziert sie mythische Frauen, die buchstäblich mit dem Boden ihrer Häuser verwurzelt sind. Sie ist schwer von dem Besitz, der während der Zeremonie um sie herum angeordnet wird oder an ihr hängt (bei den Kwakiutl sind Gewicht und Reichtum praktisch synonym); allgemeiner kann man aber auch schwer an Bedeutung oder Wert sagen. »Ihr Stammeshäuptlinge«, ruft ein Freier,[137] der

Verbündete um sich versammelt hat, damit sie ihm helfen. »Wir sind zu dieser großen Hochzeit gekommen. Jetzt werden wir die uns innewohnenden und von unseren Vorfahren stammenden Kräfte zeigen und mit ihnen die Prinzessin dieses Häuptlings mit stolzer Ahnenreihe vom Boden lösen.« Dann ruft er einen nach dem anderen auf, damit sie ihre Schätze vorführen. Einer präsentiert einen Bogen, den sein Ahn in der Wildnis erlangt und dazu benutzt hat, seine Feinde zu bezwingen; ein zweiter eine Harpune, die ihm sein Ahn, der Donnervogel, gegeben hat; der nächste einen Quarzkristall, »den der Wolf in meinen Ahn Besitzer des großen Rauchs spie«, wieder einer ein Grizzly-Bär-Brummen. Nach jeder Rede, so erkennt der Häuptling, wurde die Prinzessin ein Stück weiter aus der Mitte des Hauses gerückt, bis sie schließlich an der Tür angelangt ist.

Dann zahlte der Bräutigam theoretisch einen »Brautpreis« an den Vater der Braut – normalerweise eine kleine Menge an Fellen oder, später, Decken. Kwakiutl-Informanten verwiesen stets mit Nachdruck auf diese Zahlung, so dass Boas zu dem Schluss kam, sie sähen Heirat als eine Art von Kauf. Aber wenn man sich die gesamte Transaktion ansieht, erkennt man, dass der vom Bräutigam und seiner Familie »gezahlte« Preis im Vergleich zu dem, was in die andere Richtung floss, vernachlässigbar war. Hierzu ein typischer Bericht vom Ende des achtzehnten Jahrhunderts: Der Bräutigam gab insgesamt vierundfünfzig Tierfelle verschiedener Art; der Schwiegervater gab (verteilt auf drei Zahlungen) über dreihundert Felle, zwei wichtige Titel, ein Kupferschild, sechs Sklaven, fünf verschiedene Tänze mit Tanznamen und Paraphernalien und einen »Kannibalenpfahl«.[138] Im neunzehnten und zwanzigsten Jahrhundert fiel dieses Ungleichgewicht kaum geringer aus.

Darüber hinaus mussten die Zahlungen des Bräutigams zurückerstattet werden, anders als die des Brautvaters. Einige Jahre nach der Heirat konnte die Braut von ihrem Vater »zurückgekauft werden«, wobei er – wieder – weit mehr als die ursprüngliche Summe gab; die Frau wurde dadurch frei (wobei sie die Verbindung zu ihrem Mann aufrechterhalten konnte, wenn sie wollte, wenngleich sich das nicht unbedingt geziemte). Manchmal geschah das, um den Status der Tochter zu erhöhen – eine Frau, die viermal verheiratet und zurückgekauft worden war, erreichte den höchsten Adelsstand –, es scheint jedoch auch darum gegangen zu sein, die Kontrolle über die Kinder zu erhalten. Damit lässt sich vielleicht der rätselhafte Umstand erklären, warum so viele Häuptlinge bereitwillig einen derart großen Teil ihres ererbten Besitzes ihren Schwiegersöhnen gaben: Vieles davon könnte man als »konstitutiven Besitz« bezeichnen. Die Namen, die sie manchmal direkt an den Schwiegersohn, normalerweise aber an die aus dieser Verbindung hervorgegangenen Nachkommen weitergaben, gehörten ihrem eigenen *numaym*; wenn sie sie weitergaben, dann reproduzierten sie damit im Grunde die eigene Gruppe. Der Freier konnte auf diese Weise Mitglied des *numaym* seiner Braut werden; zumindest war das seinen Kindern möglich, sobald sie die Namen übernahmen. Es wurde natürlich umso wahrscheinlicher, wenn die Braut zurückgekauft wurde und nicht mehr beim Vater ihrer Kinder lebte.

Potlatch

Diese Vorgänge wiederum machen verständlicher, was bei einem Potlatch geschah. Ein Potlatch wurde, wie gesagt, abgehalten, um Namen zu »befestigen«. Im Leben eines jungen Adligen musste eine Folge zunehmend wichtiger Namen befestigt werden, angefangen bei den bescheidenen Titeln für Kinder und Heranwachsende, die lediglich das Recht verliehen, nahen Verwandte kleine Dinge zu schenken, bis zu immer bedeutenderen Titeln, mit denen das Recht einherging, Besitztümer an Mitglieder anderer *numaym* oder rivalisierender Stämme zu verteilen.[139] Diese Titel wurden auch »Sitze« genannt, weil sie mit einem Ehrenplatz auf Versammlungen verbunden waren: Die Gäste waren ihren Titeln gemäß in einer strengen Rangordnung platziert, die Gastgeber erschienen, präsentierten ihre verschiedene Schätze und Privilegien und hielten dabei jene prahlerischen, bombastischen Reden, für die die Kwakiutl so berühmt sind; dann verteilten sie an alle Anwesenden Geschenke. Nachdem man einen Potlatch abgehalten hatte und ein Name befestigt worden war, hatte man das Recht, den betreffenden Sitz bei jedem folgenden Potlatch oder Fest einzunehmen. (Wenn man mehrere Sitze innehatte, nahm man nur einen Platz ein und stellte auf die anderen Holzkisten für die zu empfangenden Decken und anderen Gaben.) Die Dinge, die zu solchen Gelegenheiten verteilt wurden, seien es Decken, Öl, Mehl, Silberarmreifen oder Singer-Nähmaschinen, stellten an sich keinen konstitutiven Reichtum dar. Deshalb sprachen die Adligen mit Bedacht verächtlich von ihnen und bezeichneten sie als Kleinkram oder wörtlich »schlechte Sachen«. Dennoch galt wohl, dass man durch deren Verteilung das Recht geltend machte, den Namen eines Gründers zu tragen, indem man in begrenztem Umfang die ihn kennzeichnende Handlung nachahmte – die eben darin bestand, Dinge wegzugeben.[140]

Man sollte sich einen Moment lang der Frage zuwenden, welches Konzept historischen Handelns hier im Spiel ist. Nimmt man das alles wörtlich, könnte man meinen, es gebe überhaupt keines. All die großen Taten, aus denen die Gesellschaft hervorging, wurden in längst vergangener mythischer Zeit vollbracht, und die wichtigsten sozialen Akteure sind zwar Verkörperungen jener alten Helden, aber darauf reduziert, in bescheidenerem Maß dieselben Gesten auszuführen. Bei näherer Betrachtung liegen die Dinge jedoch komplizierter. Zunächst einmal stellte man sich die Adligen durchaus als individuelle, bewusste Akteure vor, die diese Identitäten sammelten und wieder ablegten, sich dabei aber im Grunde nicht veränderten. »Etwas Großes zu vollbringen« und einen Potlatch oder ein Fest zu veranstalten oder auf ähnliche Weise Besitz weiterzugeben, verlieh einem Namen nicht nur mehr Gewicht, sondern trug auch zum Ruhm des Akteurs hinter der Maske bei. Natürlich gab es kaum Möglichkeiten, diesen Ruhm im Gedächtnis zu verankern, außer bei denjenigen, die dem Ereignis beiwohnten; letztlich waren es die ewigen Namen und nicht so sehr die sie tragenden Akteure, derer man sich erinnerte. Aber auch hier gerät man wieder in eine Art Spiegelkabinett. Denn die Namen selbst wiesen fast zwangsläufig auf Reichtum und den Brauch des Verschenkens hin. Hier eine Liste bekannter Titel: Der überall Unruhe stiftet, Der in der Welt einsame Große, Vier-Klafter-Gesicht, Der immerzu Potlatch-Tänze veranstaltet, Kupfer, Von dem Besitz kommt, Der Reichtümer schenkt, Der Nahrung schenkt, Der überall Potlatch gibt, Zu dem Leute paddeln, Dessen Körper nichts als Reichtum ist, Von dem Geschenke erwartet werden, Großer Berg, Über dessen Besitz Leute reden, Der ständig Potlatch gibt, Der beneidet wird, Um den Menschen sich versammeln, Der Besitz wegwirft, Der beim Gehen immer Decken weggibt, Der satt macht, Der zu groß wird.[141]

Das ist womöglich das größte Paradox überhaupt. Selbst jene Namen, die auf die unnachahmlichen Taten der mythischen Vorfahren zurückgehen, beziehen sich nicht auf diese Taten, sondern auf Handlungen in der Gegenwart. Mehr noch, sie beziehen sich auf den Eindruck, den diese Handlungen auf ein breiteres Publikum machen. Selbst die Erbstücke, die oft auf mythologische Ereignisse verweisen, werden zu Kostümen und Trickrequisiten, zu Bühnenzauber – oft mit komplizierten Mechanismen aus Flaschenzügen und Schnüren versehen, um das empfängliche Publikum zu beeindrucken:

> Im Clan der Haa'nalino heißt es, dass ihr Ahn die sagenhafte doppelköpfige Schlange als Gürtel und Bogen benutzte. Beim Potlatch erscheint der Häuptling dieser *gens* zum Tanz daher mit einem solchen Gürtel und mit einem Bogen, der in der Form einer doppelköpfigen Schlange geschnitzt ist. Der Bogen ist einfach ein langer, gebogener und spitz zulaufender Stab, an dem eine Schnur befestigt ist, die durch mehrere Ringe läuft und mit den Hörnern und Zungen der Schlange verbunden ist. Wenn man an der Schnur zieht, richten sich die Hörner auf und die Zungen werden herausgestreckt. Wenn man die Schnur wieder lockert, dann sinken die Hörner und die Zungen gleiten zurück.[142]

Letztlich lässt sich alles aufs Theater zurückführen, auf das, was sich einem (anspruchsvollen, aber empfänglichen) Publikum vermitteln lässt. Ohne dieses wären die Titel und Schätze bedeutungslos; alles an ihnen bezieht sich auf dessen Anwesenheit. Und wie im dritten Kapitel gezeigt, korrespondiert die Größe dieses Publikums von der Warte des Akteurs aus mit derjenigen der Gesellschaft insgesamt. Der Akteur muss hier als Handelnder verstanden werden, was mich zu meiner anfänglich gestellten Frage nach der Geschichte zurückbringt. Die Aufführungen prägen sich nicht als solche ins Gedächtnis ein. Taucht ein Potlatch in einem historischen Bericht auf, dann nur, wenn im Zuge einer Heirat gewonnene neue Namen und Privilegien befestigt werden – da nämlich heroische Heiraten als Beispiel für den zentralen Kwakwala-Mythos betrachtet werden können, nach dem der Held in die Ferne wandert, an die Ränder des Universums, um von den Wesen, denen er dort begegnet, reich belohnt zu werden. Sonst verschwinden »große Taten«, wie auch die großen Aufführungen, für gewöhnlich. Das Kwakiutl-Theater ist halb Improvisationstheater; die Kostüme und Requisiten und Aufführungen selbst werden ständig verändert und erneuert, ohne dass die kreative Energie, die in sie gesteckt wird, eine dauerhafte Spur im kollektiven Gedächtnis hinterließe.

Besitz, Verteilung und Kosmologie

Ein paar Worte zum Potlatch als kosmisches Ereignis.

Prinzessinnen werden immer als schwer dargestellt, und die Männer nutzen die Zurschaustellung von Reichtum als Möglichkeit, sie an sich zu ziehen. Ähnlich geht es bei Reichtum und dessen Verteilung darum, dem eigenen Namen »Gewicht« zu verleihen und damit selbst groß und schwer zu werden. Wenn es einen einzelnen Wertbegriff gibt, der die gesamte Kultur der Kwakiutl durchzieht, dann der des »Gewichts« – im Fall eines formalen Titels bemaß man es an der Gesamtmenge des verschenkten Reichtums, mit dem der Titel befestigt wurde.[143] Im Vergleich dazu war der Rang eines Titels oft von nur nachgeordneter Bedeutung,[144] und so war es das Schenken, das Leidenschaft erregte und Rivalität erzeugte. Das immer wieder in den Potlatch-Reden bei Boas auftauchende Bild höchsten Erfolges vergleicht den Gastgeber mit einem gigantischen Berg, unendlich schwer, von dem sich lawinenartig Decken und andere Reichtümer ergießen und alle Anwesenden zugleich bereichern und in Gefahr bringen. In diesem Bild kommt die für die Kwakiutl typische Verbindung von Aggression und Großzügigkeit zum Ausdruck.

Das Bild des Berges ist aufschlussreich, weil, wie Boas bemerkt,[145] in vielen Ursprungsmythen der Urahn eines *numaym* entweder auf einem »Berg, der sich bewegt« oder an einem »Potlatch-Pfahl« vom Himmel zur Erde herabgestiegen sein soll – jenem Pfahl also, neben dem der Gastgeber steht, wenn er bei solchen Festen seine

Reden hält und Geschenke verteilt. Wir haben es ganz offensichtlich mit einer *axis mundi* zu tun, um den Begriff von Mircea Eliade zu gebrauchen, dem verbreiteten mythologischen Bild eines zentralen Baums, Pfahls oder Berges, der den Punkt in der Mitte des Universums bildet, an dem alles zusammenkommt – Himmel und Erde, sichtbare Welt und unsichtbares Jenseits, Leben und Tod, weltliche Gegenwart und mythische Vergangenheit – und an dem man sich zwischen den Oppositionen hin und her bewegen kann. In den meisten Systemen spiegelt sich das in einem Ritual wider, in dem ein Altar, Pfahl, Baum oder ein Standbild dieses kosmische Zentrum repräsentiert, aber nur als Widerhall oder Stellvertreter des wahren Zentrums (Berg Meru, Jerusalem, Aztlan), von dem für gewöhnlich angenommen wird, es sei weit entfernt. Das Problem ist natürlich, dass es in einem Kwakwala-Universum, das in unendlich viele Gründungsereignisse zerfällt, kein einzelnes kosmologisches Zentrum gibt, sondern unendlich viele mögliche Zentren. Im Grunde behauptet jeder, das Zentrum des Universums zu repräsentieren. Der berühmt-berüchtigte Prunk und das Hyperbolische der Kwakiutl-Häuptlinge kommen meines Erachtens daher, dass jeder etwas letztlich Unerreichbares anstrebte.

Bei all diesen partikulären, inkommensurablen Zentren war natürlich ein generisches Vergleichsmittel wichtig. Das machte die Attraktivität der Hudson-Bay-Decken aus. Bevor die Kwakiutl in regelmäßigem Kontakt mit Europäern standen, kamen diesen Decken Tierhäute am nächsten, die letztlich generische »Formseelen« waren:

> Auch die Tierhaut ist eine Form, eine Hülle, die ursprünglich der inneren Substanz eines Menschen Tierform verleiht. In den Mythen streifen die Tiere ihre Haut ganz leicht über und ab, um zeitweise nichttierisch zu werden. [...] Aus der mythischen Perspektive ist die Haut das wesentliche Attribut des Tieres, von dem es jedoch lösbar ist, so wie die Seele sich vom Körper löst. [...] Daher ist die Tierhaut [...] wie eine Maske. Aber ein Wappen ist sie natürlich nicht. Wappen sind individuell und haben epithetische Namen, Tierhäute sind verallgemeinert und namenlos generisch.[146]

Während Wappen entlang genau definierter Abstammungslinien weitergegeben werden, »zirkulieren Tierhäute unaufhörlich unter den Stämmen«.

Anders gesagt, man hat es weniger zu tun mit einer Einteilung in spezifische Objekte, die mit der äußeren *persona* identifiziert werden, und generische Objekte (wie Geld), die mit den inneren Kräften identifiziert werden, sondern vielmehr mit endlosen Variationen des Äußeren; diese werden allerdings nach spezifischeren und nach generischeren Formen geordnet. Daher rankten sich um Wappen und damit verbundene Schätze meist die komplexesten und spezifischsten Geschichten, die bis in mythische Zeiten zurückreichten. Schätze, die durch Heirat weitergegeben wurden, ließen sich dagegen sehr viel schwerer zurückverfolgen und hatten oft kürzere, fragmentarischere Geschichten. Die Häute konnten, da sie keine Geschichte besaßen, eine Art undifferenzierten »Seelenstoff« oder Lebenskraft repräsentieren. Sowohl nach Goldman als auch nach Walens dienten Rituale, wie bei den meisten Jagdkosmologien, allgemein dem Zweck, zu einer unendlichen Wiederaufbereitung von Seelen beizutragen. Aber selbst Häute waren kein uniformes Tauschmittel: Sie konnten zwar als Repräsentanten der Seele einzelner Tiere betrachtet werden, waren aber unverkennbar von unterschiedlicher Art, Größe und Qualität. Deshalb erfreuten sich, wie Sahlins bemerkt, die Wolldecken der Hudson Trading Company solcher Beliebtheit, die den Tierhäuten ähnlich, aber als Massenprodukte völlig identisch waren. Die Kwakiutl benutzten sie sofort als Zahlungsmittel, und das blieb bis in die 1910er oder 1920er Jahre so, als sie von der offiziellen kanadischen Währung abgelöst wurden.

Bevor ich zum nächsten Punkt komme, möchte ich noch einen historischen Vorbehalt einbringen. Wenn Goldman und Walens erklären, das Kwakiutl-Ritual drehe sich um die Zirkulation von Seelen, rekonstruieren sie damit gleichzeitig unter Rückgriff auf andere Jagdkosmologien, insbesondere die anderer amerikanischer Indianer, ein Ritualsystem, das um die Mitte des achtzehnten Jahrhunderts bestanden haben soll. In den Texten selbst findet man keinen unmittelbaren Hinweis darauf, dass das Schenken von Häuten oder Decken irgendetwas mit der Wiederaufbereitung von Seelen zu tun hat. Erneut fragt man sich, ob man es historisch mit einem Ritualsystem zu tun hat, das ursprünglich darauf gründete, ein kosmisches Gleichgewicht zwischen Nahrungsquellen zu erhalten, und das in etwas anderes transformiert wurde: das unablässige Bestreben, einer Welt, die innerhalb kürzester Zeit aus den Angeln gehoben worden war, wieder ein kosmisches Zentrum zu geben.

Die Einführung von Handelsdecken ermöglichte weitere Neuerungen. Die wichtigste war die Schaffung eines, wie man durchaus sagen kann, Hochfinanzsystems. Früher musste ein Adliger, der Reichtümer für einen Potlatch sammeln wollte, die Mitglieder seines *numaym* oder Stammes um einen Beitrag bitten. Mit den Decken ließ sich das Prinzip des 100-Prozent-Zinsdarlehens einführen, das Drucker und Heizer plausibel auf einen Zinshai aus der Fort-Rupert-Zeit zurückführen.[147] So brachte ein Häuptling, der den Grundstein für die Potlatch-Laufbahn eines Sohns legen wollte, zunächst einhundert Decken ein, die dieser dann sogleich an Verbündete verlieh und die Darlehen so bald als möglich zurückforderte. Irgendwann hatte er genug Decken, um eine der günstigeren Kupferplatten zu kaufen, die in der Gemeinschaft zirkulierten; diese ziselierten Kupferplatten waren das Wertvollste, was in den Nordwestküsten-Gesellschaften in Umlauf war. Jeder, der eine solche Kupferplatte kaufte, bezahlte prinzipiell mehr dafür als der letzte Käufer. Bevor man also einen Potlatch abhielt, konnte man einen Kupfer an einen rivalisierenden Clan verkaufen, der sich verpflichtet fühlte, einen gehörigen Aufschlag dafür zu zahlen. So gut wie alle großen Umverteilungen schienen vom Verkauf einer Kupferplatte auszugehen, was Boas berechtigterweise zu der Beschreibung veranlasste, sie hätten »dieselbe Funktion, die bei uns Banknoten mit hohem Nennwert haben«.[148] Kupferplatten waren die Wertspeicher schlechthin und von allen Formen des Reichtums diejenige, die am ehesten das Leben in seiner Ursprünglichkeit repräsentierte.

Die Rolle der Kupfer

Über den Ursprung der Kupferplatten wurde schon viel spekuliert. Der Legende nach entdeckte die Bela-Coola-Nation im Nordosten von Vancouver Island als Erste Kupfervorkommen und verarbeitete das Metall. Noch im achtzehnten Jahrhundert hieß es in europäischen Berichten über verschiedene Nordwestküsten-Gesellschaften, schildähnliche Platten aus geschlagenem Kupfer gälten als eine der am höchsten geschätzten Formen lokalen Reichtums. Es ist nicht klar, wie viele solcher alten Aboriginal-Kupferplatten es gab: Von den Kwakiutl-Kupferplatten haben sich mehrere hundert erhalten, aber keine ist aus heimischem Metall. Vielmehr bestehen sie alle aus Kupferblech, das erst später europäischen Händlern abgekauft oder von den Rümpfen europäischer Schiffe geborgen worden war.

Genauso wurde viel über die charakteristische Form der Kupferplatten spekuliert. Die meisten sind gut einen halben Meter lang und am oberen Ende breiter, sie haben einen kreuzförmigen Rahmen und die obere Hälfte hat die Form eines schematischen Gesichts. Es gibt die Theorie, dass die Kupfer die Stirn eines Seeungeheuers namens Komogwa darstellen, das all jene Sterblichen mit großem Reichtum bedenkt, die seinen Palast unter der Meeresoberfläche finden.[149] Einer anderen Theorie nach ist es einfach eine schematische Darstellung des menschlichen Körpers.[150] Wie dem auch sei, der Wert der Kupferplatten rührt wohl wenigstens zum Teil daher, dass sie als Äquivalent zum menschlichen Leben verstanden werden.

Das konnte man in der Frühzeit offenbar buchstäblich verstehen, da Kupferplatten als Äquivalent zu Sklaven (Kriegsgefangenen) behandelt wurden. Nur die bedeutendsten Adligen besaßen Kupferplatten und Sklaven und sie waren auch nicht Teil des ererbten Besitzes, sondern gehörten ihnen persönlich – sie konnten also nach Gutdünken weggegeben und in Umlauf zwischen den Gruppen gebracht werden. Sklaven wurden gelegentlich verkauft; sollte ein Haus oder ein Totempfahl während einer Bestattung, Initiation oder eines anderen wichtigen Ereignisses geweiht werden, wurde aus diesem Anlass oft ein Opfer dargebracht, für das ein Sklave von seinem Besitzer getötet oder freigelassen wurde – in beiden Fällen gaben Besitzer zu Ehren des Ereignisses einen Teil ihres Besitzes auf. Mit der Kolonisierung von Vancouver Island im Jahr 1849 und dem Bau von Fort Rupert fanden Krieg und Sklaverei ein Ende, und genau zu dieser Zeit scheinen Kupferplatten in großer Zahl produziert worden zu sein. Sie gewannen als

Finanzinstrumente an Bedeutung, aber auch als Ersatz für Sklaven, denn auch sie konnten zu besonderen Ereignissen geopfert, d. h. zerbrochen oder im übertragenen Sinne »getötet« werden.[151]

Diese Kupfer waren dabei nicht in demselben Sinn Erbstücke wie die meisten anderen »Erbschätze«, um die es bereits ging – Wappen, Masken oder Wintertanz-Privilegien.[152] Weder haben sie einen bestimmten historischen Ursprung noch werden sie Teil der sozialen *persona* des Besitzers. In den Mythen stammen die Kupfer von Ungeheuern des Meeres oder solchen von den Rändern des Universums; der Ursprung individueller Kupfer liegt dagegen immer im Dunkeln, man glaubte, sie kämen von weither, von außerhalb der Gemeinschaft, einer Art generischem Anderswo. Und auch wenn jede Kupferplatte einzigartig war, mit einem eigenen Namen und Muster, und daher Geschichten in sich akkumulieren konnte, so waren diese Geschichten doch sehr kurz.[153] Nur selten umfassten sie mehr als den Namen des letzten oder der letzten beiden Besitzer – und natürlich die Zahl der Decken, die man für sie erhalten hatte.

Oft wanderten Kupferplatten in dieselbe Richtung wie Bräute: Ein Vater schickte zusammen mit seiner Tochter ein oder zwei Kupferplatten und später vielleicht noch weitere, wenn sein Schwiegersohn oder Enkel einen Potlatch ausrichten musste, um einen von ihm zur Verfügung gestellten Namen zu befestigen. Bei Boas findet sich ein langer Bericht über den Verkauf einer Kupferplatte, in dem diese beinahe wie eine Braut behandelt wird: Ständig wird ihr außerordentliches Gewicht betont, während das *numyam*, das Mittel zu ihrem Erwerb sammelt, immer mehr Decken anhäuft, die schließlich die Kupferplatte an sich ziehen können.[154] Wieder findet ein Schauspiel über die Schöpfung kosmischer Zentren statt: Auch der Berg von Decken ist eine Art *axis mundi*, während der Verkäufer als ein Dzonoqwa auftritt, eines der Ungeheuer von den Rändern der Welt, die der Menschheit die Kupferplatten ursprünglich gaben.

Die mythologischen Bezüge der Kupferplatten sind extrem komplex. Goldman beispielsweise behauptet, sie würden mit der Sonne identifiziert werden, mit Lachs, mit Feuer und mit Blut, und dass sie die Form des Reichtums waren, in der alle kosmischen Bereiche zusammenkamen (Himmel, Erde, Küste und Binnenland).[155]

Eine abstraktere Repräsentation von Leben oder Lebenskraft kannten die Kwakwaka'wakw nicht. Widerspach-Thor bezeichnet die Kupferplatten als »Metapher für Energie«, »Gefäß und Katalysator von Energie, die jedes Individuum, jeder Häuptling, jeder Stamm in sich trägt«.[156] Sergej Kan meint, dass Kupferplatten Sklaven glichen, da sie in gewisser Weise Personen waren und doch wieder nicht; sie waren »wie Sklaven ›lebendig‹ und daher Reichtum schlechthin, gegen alle anderen Arten von Besitz eintauschbar«.[157]

Weil sie lebendig waren, konnten Kupferplatten getötet werden. Das führt uns endlich zu einem der bekanntesten Merkmale der Kwakwaka'wakw-Kultur: die zeremonielle Zerstörung von Reichtum und der Statuswettstreit. Aus zwei Gründen komme ich erst jetzt darauf zu sprechen. Zunächst einmal, weil besonders seit Ruth Benedicts *Urformen der Kultur* von 1934 die Bedeutung der Statusrivalität und des »Kampfes mit Besitz« gewaltig übertrieben wurde, so dass die Kwakiutl gelegentlich sogar als paranoide Megalomanen erschienen. Dabei hat auch das vermutlich vor allem mit der Leidenschaft der Kwakiutl für theatralische Effekte zu tun, und vielleicht übertrieben sie es hier einfach ein wenig mit ihrem großen theatralischen Talent. Zum anderen komme ich jetzt darauf zu sprechen, weil es uns endlich zum Thema der Reziprozität bringt.

Gelegentlich gab es zwei Anwärter auf einen Titel, oder zwei *numaym* oder Stämme stellten die Stellung des jeweils anderen in Frage und wetteiferten darum, wer den größten Potlatch gab, um den eigenen Anspruch geltend zu machen. Dann wieder gab es »fiktive Rivalitäten«[158] zwischen zwei Häuptlingen über längst erloschene Ansprüche, für die sich eigentlich niemand mehr interessierte, derentwegen sie sich jedoch bei jedem großen Potlatch, an dem sie teilnahmen, gegenseitig zu übertrumpfen versuchten, indem einer beispielsweise ein Kanu zerstörte, der andere eine minderwertige Kupferplatte und immer so weiter. Größtenteils geschah das aus Spaß und Prahlerei, aber manchmal wurde aus dem »Kampf mit Besitz« auch Ernst.

Informanten aus dem zwanzigsten Jahrhundert erklärten, dass in der fernen Vergangenheit ein Adliger einen Rivalen dadurch zu beschämen versuchte, dass er ihm einfach ein prachtvolles Geschenk offerierte und ihn so dazu zwang, das Geschenk mit ebensolcher Großzügigkeit zu erwidern.[159] Das ist natürlich das typische Gabenszenario, aber es ist historisch offenbar nicht verbürgt. In den historischen Beispielen geht es stets um Zerstörung, meist die von Kupferplatten. Wenn ein Adliger beispielsweise glaubte, ein anderer habe ihn oder seine Familie beleidigt, dann nahm er eine wertvolle Kupferplatte und zerbrach sie, wodurch er sie »tötete«, und verteilte die Scherben an die anderen Häuptlinge. Der Beschuldigte bekam das T-förmige Kreuzstück, wodurch er als geschlagen galt, bis er seinerseits eine Kupferplatte gleichen Werts »töten« konnte.[160] Die Kupferplatten ließen sich wieder zusammensetzen: Normalerweise konnte der Empfänger das Kreuzstück zu einem guten Preis an einen anderen Häuptling verkaufen, der sämtliche Stücke sammeln wollte, um damit eine neue Kupferplatte zu kaufen. Aus diesem Grund kam es vor, dass ein zu allem entschlossener Rivale das Kreuzstück nur kurz herumzeigte, um es dann hinaus aufs Meer zu bringen und dort zu »ertränken«.[161] Auch die Ölfeste standen unter dem Zeichen des Wettbewerbs. Der Gastgeber versuchte seine Gäste dazu zu bringen, zurückzuweichen, indem er Eulachonöl in das zentrale Feuer des Hauses goss und ihre Kleidung versengte; dabei kam es vor, dass sich ein rivalisierender Gast erhob – besonders wenn er überzeugt war, dass er ein größeres Fest veranstaltet hatte – und versuchte, das »Feuer zu löschen«, indem er Decken, Kupferplatten und Kanus hineinwarf, was den Gastgeber wiederum dazu zwang, es ihm gleichzutun. Daraus konnte, zumindest in den Augen Außenstehender, ein Paroxysmus der Zerstörung entstehen, bei dem rivalisierende Häuptlinge darum wetteiferten, ihre Verachtung für Reichtum und ihre Leidenschaft für die große Geste zum Ausdruck zu bringen.

Tausch und Reziprozität

In den Maori-Geschichten geht es stets um Reziprozität – oder wenigstens um Rache – und so gut wie nie um Besitz; bei den Kwakiutl-Familiengeschichten verhält es sich genau umgekehrt. Es ist auffällig, wie wenig Bedeutung die Reziprozität in dem Kwakiutl-Material hat. Gerade zu dieser Frage gab es früher viele Missverständnisse, was wohl an Franz Boas' Fehldeutung lag, wonach alles, was bei einem Potlatch verteilt wurde, schließlich doppelt zurückgezahlt werden musste. So schrieb Mauss, »die Pflicht des Erwiderns [macht] das Wesen des Potlatsch aus«,[162] und beeinflusste damit seinerseits die Diskussion. Unter normalen Umständen scheint es allerdings keine Verpflichtung zur Reziprozität gegeben zu haben. Darauf hat bereits Frank Curtis im Jahr 1915 verwiesen. Wenn der Gastgeber bei einem Potlatch Decken, Öl oder anderen »Kleinkram« verteilte, hat er die Empfänger damit offenbar zu nichts verpflichtet. Mit Sicherheit fühlte sich keiner von ihnen dazu verpflichtet, selbst einen Potlatch abzuhalten und Geschenke an hunderte Leute zu verteilen, nur weil sich der vormalige Geber unter ihnen befand. Wenn der Gastgeber eines Potlatch kürzlich ein Geschenk von einem seiner Gäste erhalten hatte, schreiben Drucker und Heizer, dann gab er dem Betreffenden womöglich etwas mehr als den anderen Gästen (zum Beispiel zwei Kannen Öl statt einer), aber wenn die beiden Gastgeber fragten, ob sie eine Gegengabe erwarteten, dann wurde ihnen normalerweise geantwortet, in absehbarer Zeit würde nur ein Teil der Gäste einen Potlatch abhalten und ohnehin führe niemand genau Buch.[163] Wenn ein Häuptling bei einem Potlatch etwas erhielt und äußerte, er habe dem Geber bei seinem Potlatch ein größeres Geschenk gemacht, so liest man bei Curtis, nahmen die meisten Leute ihm das sogar übel, denn darauf sollte ein wahrer Häuptling nicht achten.[164]

Dass einige der Gäste selbst einen Potlatch abhalten würden, war aus anderen Gründen von entscheidender Bedeutung. Man hielt einen Potlatch ab, um das Recht auf einen Titel zu begründen. Erst wenn der ehemalige Gastgeber unter diesem Titel etwas auf dem Potlatch eines anderen empfing, konnte man sagen, dass sein Potlatch erfolgreich gewesen war. Auf dem Potlatch von B gab B demnach ein Urteil über den Status von A ab; auf dem Potlatch von A gab A sein Urteil über den Status von B ab.[165] Wenn es also um so etwas wie eine »Rückzahlung« gegangen sein sollte, dann fand die nicht mit dem gegebenen Objekt (bloßem »Kleinkram«) statt, sondern in der Anerkennung, die mit dem Akt des Gebens verbunden war.

Das heißt, Titel und verwandter konstitutiver Besitz wurden ohne jede »Verpflichtung zur Erwiderung« von den Eltern an das Kind oder vom Schwiegervater an den Schwiegersohn weitergegeben. Die Titel wurden dann bei kollektiven Verteilungen befestigt, für die ebenfalls kein Reziprozitätsprinzip galt. Man kann tatsächlich nur in wenigen Zusammenhängen von Reziprozität sprechen:

1. Bei »Finanzen«: Außer bei einem Potlatch mussten Darlehen von Decken zu Zinssätzen von dreißig bis hundert Prozent zurückerstattet werden. Das scheint keine sozialen Bindungen geschaffen zu haben, auch wenn diese normalerweise Grundlage dafür waren.

2. Bei Heiraten: Während die Beziehung insgesamt völlig einseitig und nicht reziprok ist, kann der Vater seine verheiratete Tochter »zurückkaufen«. Dadurch werden nicht nur keine bleibenden Beziehungen geschaffen, sondern bestehende negiert.

3. Bei Rivalitäten: Bei einer direkten Herausforderung geht es darum, dem anderen Geschenke zu machen, die er nicht erwidern kann.

Nur im dritten Fall findet so etwas wie die bekannte Dynamik von Gabe und Gegengabe statt. Im Übrigen scheint der Kwakiutl-Tausch nach völlig anderen Prinzipien abgelaufen zu sein.

Hier ist nicht der Ort, um dem weiter nachzugehen, aber eines ist meiner Meinung nach absolut entscheidend: Wenn überhaupt, dann identifizierte man Gaben eher mit dem Empfänger als mit dem Geber. Im Fall des konstitutiven Besitzes wird man buchstäblich zu dem, was man empfängt. Das lässt sich auch auf Rivalitäten übertragen: Ein anderer wurde herausgefordert, indem man beispielsweise eine Kupferplatte »tötete«, die, wie gesehen, mit einem Menschenleben identifiziert wurde, und die Scherben übergab man dem Rivalen. Diese Übergabe kam einem Gewaltakt gleich, man führte damit einen »Schlag« gegen den Rivalen aus. Und schließlich kam dieses Prinzip bei der Verteilung von Potlatch-Gaben vor dem Aufkommen von Hudson-Bay-Handelsdecken zum Tragen: Das Fell von Meeressäugern wie Robben und Seeottern war dem Hochadel vorbehalten, das von Waldtieren anderen Adligen, Kleidung aus Rindenbast den Gemeinen.[166] Vielleicht erklärt das, warum solche generischen Gaben wie Decken, Silberarmreifen oder Singer-Nähmaschinen offiziell als »schlechte Sachen« verachtet wurden und deren Verteilung als Angriff auf den Empfänger betrachtet werden konnte. Sie waren schlecht, weil sie untereinander alle gleich waren. Ein Potlatch verwies auf den Unterschied zwischen zwei Transferarten: Der Gastgeber erhielt einen einzigartigen Titel und definierte sich dadurch selbst als einzigartig und spezifisch, während gleichzeitig die Gäste im Vergleich dazu als gesichtslos und generisch definiert wurden. Man reproduzierte somit auf materieller Ebene die Beziehung zwischen dem einzelnen, »spezifischen« Akteur und dem gesichtslosen Zuschauer. Das galt selbst dann, wenn der Gastgeber paradoxerweise warten musste, bis er selbst Gast war und unter dem Titel anerkannt wurde, weil erst jetzt der dadurch erzeugte Wert vollständig realisiert wurde.

Wie gesagt, all das ist praktisch eine Verkehrung des Maori-Prinzips, bei dem bedeutende Wertgegenstände mit dem Gebenden identifiziert wurden. Um die Unterschiede verständlicher zu machen, will ich einen systematischen Vergleich vornehmen.

Fazit I: Das Knäuel entwirren

Von Lenins Neuer Ökonomischer Politik bis hierher war es ein langer Weg. Mal sehen, ob wir einige der vielen Fäden dieses Kapitels miteinander verknüpfen können.

Zunächst einmal die Frage, welche Schlüsse wir über die Beziehung zwischen Personen und Dingen ziehen können. Ich denke, Mauss' allgemeine Annahmen haben sich weitgehend bestätigt. Jedenfalls bemisst sich der Wert der Dinge in Schenkökonomien in erster Linie daran, dass sie etwas ganz und gar Menschliches verkörpern, sei es das kreative Potential menschlichen Handelns, Fruchtbarkeit oder Ähnliches oder Geschichten und zuvor erworbene Identitäten.

Ähnliches habe ich schon für Marktwirtschaften formuliert. Hier aber, so kann man sagen, ist das (von Mauss hervorgehobene) Ideal der völligen Loslösbarkeit von Personen und Dingen Teil derselben allgemeinen Bewegung, die zur Scheidung von Produktions- und Konsumptionssphäre führte (was Marx hervorhob), wodurch die wesentlichen zwischen ihnen bestehenden Verbindungen verborgen bleiben. In diesem Sinne sind es nicht die Schenkökonomien, sondern die Marktwirtschaften, die »den wahren Nährboden ihres eigenen Lebens« leugnen, da sie ständig den Umstand verschleiern, dass alles »wirtschaftliche« Handeln letztlich ein Mittel ist, um bestimmte Arten von Person zu schaffen.

Andererseits hat sich gezeigt, dass sich Schenkökonomien deutlich darin unterscheiden können, wie sie dabei vorgehen und insbesondere wie persönliche Identitäten mit Dingen verwoben sind – wahrscheinlich viel stärker, als Mauss meinte. Seine beiden zentralen Beispiele zeigen jeweils die Grenzen des Möglichen auf. Kurz gesagt, die wichtigsten Erbstücke der Maori waren in einer Weise mit der Identität ihrer Besitzer verknüpft, dass sie eigentlich gar nicht weggegeben werden konnten; unter den Kwakiutl wurden sie dagegen in einer Weise mit einer bestimmten Person identifiziert, dass bei ihrer Entäußerung der Empfänger zu der Person wurde, die der Geber war. In keinem der beiden Fälle erleichtert die Identifikation Reziprozität. Sie macht Reziprozität unmöglich.

Rosa Cadillacs und signierte Baseballbälle

Solche augenscheinlich exotischen Praktiken scheinen Mauss' Annahme, dass wir es mit einer Moral zu tun haben, die zumindest in ihrer elementarsten Form überall existiert, auf eine Belastungsprobe zu stellen. Aber es ist nicht schwer, Parallelen zu finden, die uns vertrauter sind. Was den von mir sogenannten »konstitutiven Besitz« angeht, fällt einem sofort das Erbe ein. Wenn ein Kwakiutl-Aristokrat seinen Namen mit all den damit verbundenen Rechten, Kostümen und Paraphernalien an seinen Sohn weitergibt, vereint sich darin, was wir zum einen »Erbschaft« und zum anderen »Amtsnachfolge« nennen würden. Selbst wenn er einen Winterzeremonie-Namen an den Mann seiner Tochter weitergibt, geschieht das normalerweise, damit dieser ihn für seine Enkel verwaltet. Auch in unserer Gesellschaft ist das Erbe die verbreitetste und doppelsinnigste Form der Gabe: Einerseits ist die Weitergabe des Vermögens natürlich kein völlig eigennütziger Akt; andererseits sind solche Geschenke für die fundamentalsten Ungleichheiten in unserer Gesellschaft verantwortlich.

Man könnte daher behaupten, dass unter den Kwakwala-Sprechern alle Gaben ein wenig so funktionieren, wie wir das vom Erbe kennen. Aber das ist nur eine erste Annäherung.

In einem weiteren Schritt ist es sinnvoll, zwischen zwei Modalitäten des Schenkens zu unterscheiden: Eine davon bezieht sich in erster Linie auf die Identität des Gebers, die andere auf die des Empfängers. Dazu wollen wir uns wieder ein vertrautes Beispiel ansehen. Viele Berühmtheiten – Rockstars, Sportler, Filmstars – schenken Fans Zeichen und Symbole ihrer selbst: Kleidungsstücke, Schmuck, ein Plektrum oder etwas Ähnliches; das haben zu allen Zeiten auch Könige und Heilige mit ihren Anhängern gemacht. In solchen Fällen kann man durchaus wie Mauss sagen, der Geber schenkt ein Stück seiner selbst, das der Empfänger als stellvertretende Teilhabe an der Identität des Gebers behält. Aber dieser Empfänger wird deshalb nicht wie Elvis, weil er von ihm Strassschmuck oder einen Cadillac bekommen hat, oder wie Darryl Strawberry, weil er einen Baseball besitzt, den Strawberry aus dem Feld schlug, oder wie der Präsident der Vereinigten Staaten, weil er den Stift in Händen hält, mit dem dieser eine wichtige Gesetzesvorlage unterzeichnete. Und natürlich ist der Empfänger solcher Gaben auch nicht zu einer Gegengabe verpflichtet. Im Gegenteil, es käme eher einer Beleidigung gleich, würde er dem Geber seinerseits ein Kleidungsstück oder einen Stift schenken, bestenfalls wäre es komisch. Die Bereitschaft, ein solches Objekt anzunehmen, gleicht vielmehr einem Akt der Anerkennung im Sinne der Kwakiutl.

Das andere Extrem ist beispielsweise ein Amtszeichen. Solche Amtszeichen können zumindest als »emblematischer Besitz« betrachtet werden, insofern es von Rechts wegen nur einem Polizisten erlaubt ist, ein Polizeiabzeichen zu tragen, und nur die englische Königin die Kronjuwelen tragen darf. In manchen Fällen sind solche Zeichen sogar konstitutiv; das Amtszeichen ist das Amt, wenigstens heißt es so, und wer Besitz davon ergreift, tritt es an. Im Königreich Ankole, das im heutigen Uganda liegt, galt eine alte Trommel, die in einem Schrein am Königshof aufbewahrt wurde, als Verkörperung der Einheit des Königreichs und seines Volks.[167] Beim Tod des Königs führten die Erben Krieg um dessen Besitz »und viele Banyankole behaupten, wenn ein ausländischer König die königliche Trommel eroberte, würde er automatisch König von Ankole werden«.[168] Das ist also eindeutig »konstitutiver Besitz«. Wobei man im Kopf behalten muss, dass wir es in solchen Zusammenhängen häufig mit Redewendungen zu tun haben: Einem tollkühnen ausländischen Dieb, der sich mit der Trommel davonmacht, würde man vermutlich keinen Anspruch auf das Königreich zugestehen. Anders gesagt, die »Trommel« war eigentlich ein Metonym für ein ganzes Bündel von Rechten und Besitztümern, zu denen unter anderem der Königshof gehörte, so wie es auch beim Kwakiutl-Besitz gewesen zu sein scheint.

Selbst dieses Prinzip ist nicht so exotisch, wie man vielleicht meinen könnte. Zu einem englischen Herzogtum gehört ein Familiensitz mit eigenen Ländereien, das Recht, bestimmte heraldische Embleme zu benutzen und so fort. Letztlich ist derjenige Herzog, der in Besitz dieser Dinge gelangt. Es gibt allerdings Regeln, die sicherstellen, dass das nicht jeder x-Beliebige sein kann; einer, der den Herzog ermordet hat und sich mit einer Bande Strauchdiebe im Herrenhaus breitmacht, wird sicher nicht in den Adelsstand erhoben. Diese Dinge sind also emblematisch und nicht konstitutiv. Das liegt allerdings vor allem daran, dass der englische Adel inzwischen wie ein Museumsstück behandelt wird; im zehnten Jahrhundert ist so etwas sehr wohl möglich gewesen. Wie beim Herrschersitz der Ankole hat man es auch hier mit dem Zugang zu einer Art produktivem Apparat zu tun – Besitztümern, die für die Herrschaft emblematisch sind, weil sie eine Schlüsselrolle bei der fortwährenden Erzeugung eines das Amt umgebenden Nimbus spielen; eben jene im vierten Kapitel beschriebene Art evokativer Zurschaustellung, die so typisch für Aristokratien ist, bei der eine aus vergangenen Anerkennungs- oder Ehrbezeugungsakten bestehende Geschichte aus dem Wesen der Gegenstände selbst herzurühren scheint. Das gilt natürlich auch, wenn ein Herzog seinen Titel und damit verbundene Paraphernalien an einen auserwählten Nachfolger weitergibt, was letztlich bedeutet, dass er das Herzogtum verschenkt.

Warum also färbt mit der Überreichung eines Plektrums oder signierter Fotos die Identität einer heutigen Berühmtheit nicht in ähnlicher Weise ab? Meines Erachtens liegt die Antwort darin, dass der Nimbus der Berühmtheit – wenn man ihn denn so nennen will – nicht von einem äußeren Apparat herzustammen scheint, sondern aus dem Inneren kommt. Der große Blues-Gitarrist B. B King zum Beispiel verlässt niemals ohne seine berühmte Gitarre namens Lucille das Haus. Das weiß jeder Blues-Fan. Aber selbst wenn B. B. King Lucille weggeben würde, würde sie den Empfänger B. B. King kein bisschen ähnlicher werden lassen, denn was B. B. King letztlich berühmt macht, ist nicht seine Gitarre, sondern sein Gitarrenspiel. Die Identität der Berühmtheit geht also nicht auf den Empfänger über, da sie als etwas von *innen* Kommendes betrachtet wird, von irgendeinem inneren Wesen oder Vermögen (das wir üblicherweise »Talent« nennen) und nicht von etwas, das der Betreffende *besitzt*.[169]

In einem System wie dem der Kwakiutl werden solche Fähigkeiten oder Talente auf Besitz übertragen. Selbst das Recht, ein bestimmtes Lied zu singen oder eine bestimmte Geschichte zu erzählen, befindet sich oft im Besitz einer Person. Das Recht, eine bestimmte Rolle in einer bedeutenden rituellen Aufführung zu spielen, hängt vom Besitz der Paraphernalien ab. Das Entscheidende, so könnte man sagen, wäre hier nicht die Fähigkeit, den Blues zu spielen, sondern das Recht dazu, und das erhält man durch den Besitz von Lucille.

Der Vergleich zwischen Maori und Kwakiutl wiederum macht es uns möglich, die Unterscheidungen, die im vierten Kapitel umrissen wurden, nuancierter zu betrachten. Geld kann keine Geschichte akkumulieren, da es generisch ist, und es kann daher auch nicht zu der Identität seines Besitzers beitragen. Es sei denn, man hat eine *sehr* große Menge davon. Während der Niederschrift dieses Buchs kennt man beispielsweise Bill Gates, den Gründer von Microsoft, vor allem als reichsten Mann der Welt. Falls Bill Gates nun eines Morgens aufwachen und beschließen sollte, mir sein gesamtes Vermögen zu übertragen (falls Bill Gates das zufällig liest: vielleicht wäre das gar keine so schlechte Idee), dann würde ich dadurch nicht zum Gründer von Microsoft werden oder ein brillanter Verkaufsstratege, sondern zum reichsten Mann der Welt. Ich würde den wichtigsten Teil seiner gegenwärtigen Identität annehmen. Dass Geld dazu imstande ist – das generische, geschichtslose Ding schlechthin – und nicht bestimmte historische Objekte wie Lucille, mag seltsam klingen, aber das ist meines Erachtens ein Hinweis darauf, was hier wirklich passiert. Wenn Bill Gates mir die Rechte an irgendeiner von ihm entwickelten Software schenken würde, dann würde ich dadurch nicht deren Entwickler werden. Es liegt eben am Widerstand des Geldes gegen

Geschichte, dass seine Identität nicht an dem ehemaligen Besitzer hängt. Ähnlich verhält es sich bei einem Kwakiutl-Tanztitel. Konstitutiver Besitz dieser Art ändert sich durch Handlungen des vormaligen Besitzers nicht in seinem Wesen – oder vielmehr sollte er sich theoretisch nicht in seinem Wesen ändern. Wie gut oder wie schlecht irgendein vormaliger Besitzer bei früheren Winterzeremonien den Bärentanz getanzt hat, ist ziemlich unwichtig. Hier geht es nicht um das innere Vermögen der Beteiligten. Alles ist auf das Objekt übertragen. Das gilt auch für das erbliche Herzogtum: Es ist bei solchen Aristokratien einfach so, dass ein Herzog, selbst wenn er sich als Kommunist erweist oder sich für Jesus Christus hält, nicht weniger Herzog ist, und ein katholischer Priester ist nicht weniger geeignet, das Abendmahl auszuteilen, weil er sexuelle Verfehlungen begangen hat. Genauso wenig wird sich das Herzogtum rückwirkend in seinem Wesen ändern.

Das Entscheidende an Erbstücken wie denen der Maori wäre demnach, dass sie sich der Geschichte nicht völlig entziehen. Wie an dem Hundefellmantel Pipi-te-Wai zu sehen war, kann die Teilhabe an wichtigen historischen Ereignissen ihre vorherige Bedeutung auslöschen und ihnen eine neue verleihen. Nur auf den ersten Blick widerspricht das Weiners Idee der »Unveräußerlichkeit«. Denn wenn die Maori-*taonga* die Identitäten ihrer Besitzer nicht hätten aufnehmen können, dann hätten sie immer noch nicht dem Geber gehört, sondern demjenigen, der sie ursprünglich hergestellt hatte – und dessen Identität war zumeist nicht einmal bekannt. Stattdessen wurden sie oft durch eine kumulative Geschichte, in der es um ihre Weitergabe, Benutzung, Verlust, Wiederfinden, Schutz und Erhalt ging, mit einer Lineage identifiziert. Die allermeisten Kwakiutl-Schätze erhielten ihre historische Bedeutung wiederum durch ein einzelnes dramatisches Ereignis in der fernen Vergangenheit. Entweder kam ein mythisches Wesen auf die Erde und wurde menschlich oder ein heldenhafter Mensch ging hinüber in das Jenseits und begegnete dort einem solchen Wesen. Ähnliche Ereignisse könnten vielleicht auch in der Gegenwart stattfinden, aber dann würden neue Schätze hinzukommen und nicht alte verwandelt werden; insofern betrachtete man Wert und Bedeutung eines Schatzes als auf Dauer festgelegt. Er wurde hauptsächlich dazu benutzt, das ursprüngliche Ereignis nachzustellen und dieses Ereignis wiederum war per definitionem derart unbedeutend im Vergleich dazu, dass es an der Bedeutung des Objekts kaum etwas ändern könnte.

Dieser Blick auf die Geschichte erklärt eine Ähnlichkeit im Verhältnis der Kwakiutl und der Maori gegenüber ihren Schätzen, die sonst ziemlich rätselhaft bliebe. Die beiden Gesellschaften sind bekannt für ihre spektakulären Kunstwerke; aber in beiden betrachtete man die Kreativität der Künstler, die die meisten dieser Objekte entworfen haben, nicht als einen bedeutenden Faktor für deren Wert, wobei die Gründe dafür offenbar völlig unterschiedlich waren. Was die Künstler der Kwakiutl (zumeist Häuptlinge) anbelangt, so geht man davon aus, dass sie einfach nur wertvolle Gegenstände nachahmen, deren Prototypen in grauer Vorzeit auf die Menschen kamen; das Schnitzen einer neuen Maske oder Festschüssel oder eines neuen Wappens wird nicht als Schaffensakt betrachtet, sondern als ein Nachschaffen, ähnlich einer Aufführung. Warum die Rolle der Maori-Künstler (die angeblich auch dem Adel entstammten) bei der Schaffung von Erbstücken so selten erwähnt wird, hat kompliziertere Gründe, aber ich möchte wenigstens zwei Faktoren nennen. Erstens, wenn die Bedeutung eines Objekts mit der Kreativität des Künstlers identifiziert wird, dann ist sie eigentlich von Anfang an festgelegt; das gleicht unserem System, wo die Bedeutung, die einem Werk von Matisse oder Michelangelo zugeschrieben wird, sich auch dann kaum ändert, wenn sie Teil von dramatischen Ereignissen sind. Zweitens drehte sich der primäre *menschliche* Wert in Aotearoa weniger um eine Logik des Erschaffens als der Aneignung. Damit sind wir wieder bei dem Problem der Differenz zwischen den Wertsystemen von Maori und Kwakiutl.

Ein letzter Vergleich

In diesem Kapitel habe ich eine Reihe systematischer Gegensätze zwischen den Kosmologien, Wertsystemen und Tauschmustern der Maori und der Kwakiutl entwickelt. Es ist vielleicht hilfreich, die hervorstechendsten Merkmale nebeneinanderzustellen:

Maori	Kwakiutl
1 Einzelnes allumfassendes kognatisches Abstammungssystem	1 Gruppen völlig heterogenen Ursprungs
2 Ausgefeilte Philosophie innerer/unsichtbarer/generischer Kräfte, *taonga* (die bedeutendsten Gegenstände des Reichtums) als wichtige spezifische Ausnahmen	2 So gut wie keine Theorie der Seele, Betonung von Oberflächen, Kupferplatten (die bedeutendsten Gegenstände des Reichtums) als wichtige generische Ausnahmen
3 Reziprozität als wiederkehrendes Thema in Erzählungen	3 Wenig Reziprozität, außer in antagonistischen Beziehungen
4 Geringe Betonung des Besitzes in Geschichten	4 Geschichten ausschließlich über die Weitergabe von Besitz
5 Hervorhebung der Selbstverwirklichung durch Aneignung	5 Hervorhebung der Selbstverwirklichung durch das Geben
6 Gaben bewahren die Identität des Gebers	6 Gaben konstituieren die Identität des Empfängers

Man könnte sogar noch weitergehen. Das Maori-Denken ist geprägt von einer metaphysischen Theorie der Kräfte und dynamischen Essenzen, die ihren höchsten Ausdruck in dem Geheimwissen des priesterlichen »Hauses der Geheimnisse« findet. Da scheint es ganz gut zu passen, dass die Rolle, die Formen und Oberflächen bei den Kwakiutl spielten, in Momenten öffentlicher theatralischer Zurschaustellung ihren höchsten Ausdruck fand. Viel schwerer zu erklären ist dagegen, wie all das zu den letzten beiden noch ausstehenden Punkten der Tabelle führt.

Hier sollte vielleicht angemerkt werden, dass sich die beiden Systeme oft in erstaunlichem Maße spiegelbildlich zueinander verhalten. So war es sowohl bei den Maori als auch bei den Kwakiutl Brauch, dass ein bedeutender Mann, der einen größeren gesellschaftlichen Fauxpas beging, indem er sich selbst verletzte, ein rituelles Verbot nicht einhielt oder (im Fall der Kwakiutl) dabei erwischt wurde, wie er mit seiner Frau in der Öffentlichkeit stritt, seinen Status nur durch die Hingabe seines gesamten Besitzes zurückerhalten konnte. Der große Unterschied zwischen beiden bestand darin, dass es bei den Kwakiutl der Häuptling selbst war, der sämtliche Anwesenden in sein Haus einlud und sie aufforderte, alles, was sie tragen konnten, mitzunehmen. Bei dem Maori-Brauch des *muru* organisierten die Verwandten des Mannes eine Art Überfallkommando, das so tat, als würde es sich den Besitz mit Gewalt aneignen, selbst wenn das mit dem Einverständnis des Mannes geschah. Der Brauch entspricht sich also, nur dass in dem einen Fall das Idiom größter Freigiebigkeit herrscht, in dem anderen das aggressiver Aneignung.

Warum? Die Frage lässt sich meiner Ansicht nach am leichtesten beantworten, wenn man sich die Dilemmata ansieht, die einem angehenden historischen Akteur das jeweilige kosmologische System bereitet. Ein ehrgeiziger Maori war das Produkt eines riesigen genealogischen Generationensystems, das ihm das Recht gab, bestimmte Ansprüche auf die Loyalität anderer zu erheben, aber das galt für so gut wie alle, wenn auch in unterschiedlichem Maße. Wollte der junge Mann diese Loyalität einfordern, musste er Leute um sich scharen und sich im selben Zuge von ihnen absetzen. Anders gesagt: Maori-Akteure waren mit generischen Kräften ausgestattet, aber diese Kräfte bestanden im Grunde darin, sich selbst zum Individuum zu machen. Das war eine Folge der kosmologischen Anschauungen der Maori, wie Schwimmer erklärt: Da die Zeugungskraft der Götter die Menschen grundsätzlich gleichmachte, betrachtete man Differenzierung als Ergebnis von Konflikten und Zwistigkeiten. Gesellschaftliche Form nahm das durch die Aneignung und insbesondere die gewaltsame oder implizit gewaltsame Inbesitznahme von Land, Eigentum oder Personen an. Dadurch erwarb man seine einzigartige historische Identität. Für einen ehrgeizigen Kwakiutl sah dieses historische Dilemma völlig anders aus. Einzigartige individuelle Identitäten gab es zuhauf. Das Problem bestand nicht wie bei den Maori darin, wie man sich von der Gesellschaft (die letztlich den gesamten Kosmos umfasste) absetzte, sondern wie sich Gesellschaft überhaupt *schaffen* ließ. Denn es wurde keine grundsätzliche schon bestehende Einheit vorausgesetzt oder auch nur eine notwendige Verbindung zwischen den meisten Kwakwala-Sprechern – eine Einheit, die, wie ich ergänzen sollte, zumindest kulturell existiert haben muss, sonst hätten die Leute nicht die Annahme geteilt, sie täte es nicht. Das Dilemma bestand demnach nicht in der Selbstdefinition, sondern in der Definition anderer. In diesem Licht betrachtet war der

Potlatch ein Mechanismus zur ständigen Nacherschaffung von Gesellschaft, genauer, einer Gesellschaft, die im Grunde als potentielles Publikum definiert ist, die Totalität all jener, deren Meinung einem sozialen Akteur wichtig ist. Um Gesellschaft zu erschaffen, muss man ein Publikum versammeln und beeindrucken. Das ist das Ziel der bedeutsamsten sozialen Handlungen; Gaben und die damit einhergehende Anerkennung sind dementsprechend deren Medium und ihre letztliche Realisierung.

Fazit II: Politische und moralische Schlussfolgerungen

Es wirkt vielleicht ein wenig an den Haaren herbeigezogen, mithilfe von amerikanischen Stars oder Wirtschaftsbossen exotische Praktiken zu erklären, aber das geschieht ganz bewusst. Damit bekunde ich meine Sympathie für Mauss' Vorhaben, die moralische Grundlage aller menschlichen Gesellschaften zu erkunden. Mein Vergleich zwischen Maori und Kwakiutl scheint in die gegensätzliche Richtung zu weisen und zu zeigen, wie unterschiedlich Schenkökonomien sein können; aber letztlich sind die Unterschiede zwischen Maori und Kwakiutl vor allem solche in der Gewichtung. Die Aneignung nimmt bei den Maori einen hohen Stellenwert ein, aber beim Tausch von Nahrung beispielsweise und besonders bei ihren kollektiven Festen versuchten sie sich oft in einer dem Potlatch erstaunlich ähnlichen Weise an Großzügigkeit zu überbieten.[170]

Wie immer besteht das Problem darin, brauchbare Vergleichsbegriffe zu finden, und das gilt hier in einem besonderen Maße. Mauss konnte mit den von ihm gewählten Begriffen – »Potlatsch«, »totale Leistung«, »Gabe«, »Reziprozität« – allgemeine moralische Überlegungen zur Logik des Marktes formulieren, aber für einen kulturellen Vergleich sind sie viel zu unscharf. Ich würde sogar behaupten, dass Mauss gerade wegen dieser Begriffsunschärfe seine Grundfragen – besonders die Frage, warum Gaben erwidert werden müssen – nicht in einer Weise fassen konnte, dass sie sich sinnvoll beantworten lassen.[171] Nicht dass Lévi-Strauss es sehr viel besser gemacht hätte:[172] im Gegenteil, der Begriff, auf den er sich versteifte, die »Reziprozität«, ist auch ein ziemlich stumpfes

Schwert. Folgt man dem heutigen Gebrauch, kann Reziprozität fast alles bedeuten. Der Begriff ist nahezu bedeutungslos.

Also: Warum müssen Gaben erwidert werden?

Gaben, so viel dürfte mittlerweile klar sein, müssen nicht immer erwidert werden. Die Frage sollte also vielmehr lauten: Wann müssen sie erwidert werden? Welche Arten von Gaben? Unter welchen Umständen? Und was genau kann als Erwiderung gelten?

Die Schlussfolgerung wäre unvermeidbar gewesen, hätte Mauss den Begriff der »totalen Leistung« (die er auch als »totale Reziprozität« bezeichnet) weiter ausgearbeitet, statt sich übergangslos dem »Potlatch« zuzuwenden. Bei totalen Leistungen mussten Gaben nicht erwidert werden. Denn anders als beim kompetitiven Gabentausch schufen »totale Leistungen« Beziehungen zwischen Individuen und Gruppen, die genau deshalb dauerhaft waren, weil man sie nicht durch eine Gegengabe aufkündigen konnte. Die eine Seite konnte gegenüber der anderen unbeschränkte Forderungen erheben, weil sie dauerhaft waren; nichts wäre für ein Mitglied einer Irokesen-Moiety absurder, als mitzuzählen, wie viele Tote der jeweils anderen Moiety man in letzter Zeit begraben hatte, um festzustellen, welche vorne lag. Deshalb hielt Mauss sie auch für »kommunistisch«; auf sie trifft Louis Blancs berühmter Satz zu: »Jeder nach seinen Fähigkeiten, jedem nach seinen Bedürfnissen.« Die meisten von uns gehen mit ihren Freunden in dieser Weise um. Weil man die Beziehung nicht so behandelt, als würde sie jemals enden, ist auch keine Buchhaltung nötig. Welche Schlüsse man aus den jeweiligen realen Gegebenheiten auch ziehen mag (und die können ganz unterschiedlich sein), der Kommunismus gründet jedenfalls auf einer Ewigkeitsvorstellung. Da angenommen wird, es gebe keine Geschichte, ist jeder Moment letztlich genau wie jeder andere.

Das eigentliche Problem entstand, wie ich glaube, als Mauss sich von hier aus unilateralen Beziehungen zuwandte, in denen nur eine Partei unbeschränkt Anspruch auf die Ressourcen der anderen erheben darf. Das musste als logischer Schritt erscheinen, da Mauss' wichtigste Beispiele Beziehungen waren, die durch Heirat entstehen. Wo der Schwesterntausch die vorherrschende

Form der Heirat ist, sehen sich beide Seiten in einer Beziehung dauerhafter wechselseitiger Schuld.[173] Wenn Frauen dagegen nur in eine Richtung gegeben werden, liegt die Schuld auch nur bei einer Seite, und derjenige, der die Frau gibt, kann oft unbeschränkte Forderungen an die Familie desjenigen stellen, der die Frau nimmt, während dieser überhaupt keine gültigen Ansprüche stellen kann. Aber inwiefern kann das als Beispiel für »Reziprozität« gelten? Es scheint denkbar weit von Reziprozität entfernt zu sein. Bei einem derart vage gehaltenen Begriff fällt einem allerdings immer irgendetwas ein, und das gilt auch für Mauss, wenn er erklärt, dass solche ungleichen Beziehungen im Allgemeinen einen Kreis bilden, der alles umfasst und letztlich für eine ausgeglichene Bilanz sorgt.[174]

Genau dieses Argument griff später Lévi-Strauss auf und entwickelte es in *Die elementaren Strukturen der Verwandtschaft* weiter.[175] Er sprach von solchen zirkulären Heiratssystemen als »generalisiertem Austausch«. Dieser Begriff hatte schon immer eine verwirrende Ähnlichkeit mit Marshall Sahlins' »generalisierter Reziprozität«,[176] die allerdings nicht das Gleiche bezeichnet, sondern auf den Jeder-nach-seinen-Fähigkeiten-Kommunismus zurückgeht. Die Autoren haben sich offenbar jeweils einen anderen Aspekt von Mauss' »totaler Leistung« vorgenommen. Lévi-Strauss greift Mauss' Argument der unbeschränkten Schuld der Frauennehmer gegenüber den Frauengebern auf, um ein System höchst hierarchischer Beziehungen zu beschreiben, die allerdings aufgehoben werden können, wenn alle im Kreis heiraten. Sahlins wiederum definiert die »generalisierte Reziprozität« als eine Art unbeschränkter Verantwortung zwischen nahen Verwandten, von denen alle nach Kräften einander helfen, und zwar nicht, weil sie eine Rückzahlung erwarten, sondern einfach, weil sie wissen, dass der andere in einer ähnlichen Situation dasselbe tun *würde*. Das stellt er der »ausgeglichenen Reziprozität« gegenüber, die zwischen Menschen vorherrscht, die sich zwar weniger nah stehen, aber doch nah genug, um sich verpflichtet zu fühlen, moralischen Grundsätzen entsprechend miteinander umzugehen. »Ausgeglichene Reziprozität« umfasst dann interessanterweise den klassischen Gabentausch *und* weniger halsabschneiderische Formen von Tausch und Handel.

Es lohnt sich, diese Verbindung herzustellen. Wenn man den verwirrenden Begriff der Reziprozität weglässt, wird nämlich schnell klar, dass das klassische Gabe-Gegengabe-Szenario sehr viel mehr mit dem Markttausch zu tun hat, als wir gemeinhin annehmen, wenigstens im Vergleich zu der Art unbeschränktem Kommunismus, von dem Mauss ausging. Während es bei Letzterem immer darum geht, ein dauerhaftes Bewusstsein gegenseitiger Verpflichtung zu erhalten, geht es bei Ersterem darum, Verpflichtung zu leugnen und größtmögliche individuelle Autonomie geltend zu machen. Man könnte sogar sagen, dass es bei einem solchen ausgeglichenen Gabentausch noch mehr als bei den meisten Marktvereinbarungen darum geht, die absolute Autonomie der Akteure geltend zu machen. Nehme man zum Beispiel einen Mietvertrag. Ich vermiete Ihnen für ein paar Monate eine Wohnung, wofür Sie mir nach Ablauf der Zeit eine bestimmte Summe bezahlen. Parteien, die einen solchen Vertrag schließen, handeln so, als wären sie dazu verpflichtet, aber das sind sie gar nicht. Wenn der Vertrag nicht gesetzlich abgesichert wird, dann können Sie, wie wir beide sehr wohl wissen, einfach Ihre Sachen packen und sich aus der Verantwortung stehlen; oder (was wahrscheinlicher ist) ich komme meinen vertraglichen Verpflichtungen nicht nach, für eine gut funktionierende Heizung oder die Renovierung des Badezimmers zu sorgen. Wir tun also so, als unterlägen wir mehr Zwängen, als wir es tatsächlich tun. In dem klassischen Gabenszenario ist genau das Gegenteil der Fall: Der Geber tut so, als erwarte und wünsche er keinerlei Erwiderung auf sein Geschenk, der Empfänger tut so, als sei er durch kein Gefühl der Verpflichtung zum Gegengeschenk gebunden. Beide Parteien tun so, als seien sie sehr viel freier und autonomer, als sie es tatsächlich sind.

Meines Erachtens liegt im Begriff der Autonomie der Schlüssel zum Verständnis einer solchen Art von Gabentausch. Wenn es dabei um die »Schaffung sozialer Beziehungen« geht, dann nur um stark beschränkte, temporäre Beziehungen. Darüber hinaus sind sie völlig unausgewogen – der ursprüngliche Geber ist zunächst überlegen und behält seine Autonomie; die Autonomie des Empfängers ist dagegen so lange in Frage gestellt, bis er ein entsprechend prachtvolles Gegengeschenk macht, und in diesem Moment ist die Beziehung zu Ende. Das ist sie zumindest, wenn die beteiligten Parteien das wollen, da keine sonstigen Verpflichtungen bestehen bleiben. Der Akzent liegt stets auf der Verminderung des Gefühls von Verpflichtung oder Abhängigkeit, selbst wenn diese besteht. Natürlich *kann* ein solcher Gleiches-für-Gleiches-Tausch eine dauerhafte Beziehung gegenseitiger Unterstützung herstellen, aber das ist erst dann der Fall, wenn nicht mehr strikt Gleiches mit Gleichem vergolten wird.

Etwas Ähnliches meinte Marshall Sahlins, als er vorsichtig formulierte, in den meisten »primitiven« Gesellschaften

> ist die ausgeglichene Reziprozität nicht die vorherrschende Form des Tauschs. Strittig ist auch die Stabilität der ausgeglichenen Reziprozität. Ausgeglichener Tausch kann zur Selbstauflösung führen. Einerseits schafft ein redlicher ausgeglichener Handel zwischen vergleichsweise weit voneinander entfernten Parteien Vertrauen, vermindert die soziale Distanz und erhöht so die Chancen auf einen zukünftigen generalisierten Handel. […] Andererseits führt ein Wortbruch zum Bruch von Beziehungen, so wie eine Handelspartnerschaft durch ausbleibende Gegenleistungen zerbricht.[177]

Nicht nur ein Wortbruch – schon die Erwiderung einer Gabe hebt alle noch offenen Verpflichtungen zwischen zwei Parteien auf, es sei denn, der Empfänger war verschwenderisch und hat die ursprüngliche Gabe in einem Maße übertroffen, dass er einen Kreislauf des gegenseitigen Überbietens anstößt. Nicht ohne Grund sind die beiden Kwakwala-Transaktionen, die dem Gabe-Gegengabe-Tausch am ähnlichsten sind, die Praxis des »Zurückkaufens einer Tochter« – was im Grunde eine soziale Beziehung beendet – und die Gaben zwischen Rivalen, was die Kwakwala selbst als »Kampf mit Besitz« bezeichnen. Bei den Maori war es üblicher, Gleiches mit Gleichem zu vergelten; aber selbst hier liegt die eigentliche Bedeutung des berühmten *hau* der Gabe – so meine Deutung zutrifft – eben in seinem Vermögen, die Beteiligten vor der Bedrohung durch eine solche Beziehung zu bewahren.

Statt von einer »generalisierten« oder »ausgeglichenen« Reziprozität sollte man vielleicht besser von einer relativ »offenen« und einer relativ »geschlossenen« Reziprozität sprechen: Bei einer offenen Reziprozität wird nicht Buch geführt, weil sie eine Beziehung ständiger gegenseitiger Verpflichtung impliziert. Bei einer geschlossenen Reziprozität wird die Beziehung dagegen durch einen Kontenausgleich beendet, zumindest besteht ständig die Möglichkeit dazu. Damit kann man die Beziehung auch eher als eine Sache des Grads und weniger der Art betrachten: Geschlossene Beziehungen können offener werden, offene geschlossener.

Es drängt sich der Eindruck auf, dass die geschlossene Reziprozität von Gabe und Gegengabe die Form von Gabentausch ist, die am wenigsten das verkörpert, was eine »Schenkökonomie« von einer durch den Markt beherrschten unterscheidet. Sie ist kompetitiv, individualistisch und kann leicht zu einer Art Tauschhandel werden (wie bei den Maori). Warum stellte Mauss sie dann ins Zentrum seiner Analyse – und ignorierte dabei sogar jene Zusammenschlüsse im Geist eines individualistischen Kommunismus, die, wie sich zeigt, in den meisten von ihm behandelten Gesellschaften wesentlich wichtiger waren? Auch hier liegt die Erklärung wohl in den politischen Zielen des Essays. Dass sich vermutlich auch ein Vertreter des freien Marktes herabgesetzt fühlt, wenn er ein Geschenk nicht erwidern kann, liefert hier ein gutes Beispiel. Die auch in modernen Gesellschaften herrschende »Verpflichtung, Gaben zu erwidern« kann weder durch die Marktideologie des Eigennutzes erklärt werden noch durch ihren Gegenpart, den selbstlosen Altruismus.

Zumindest ist das Teil der Erklärung. Denn es gibt meiner Meinung nach noch einen tieferen Grund, der mit Freiheit zu tun hat. Mauss hebt hervor, dass die bei uns übliche scharfe Unterscheidung zwischen Freiheit und Verpflichtung genau wie die zwischen Eigennutz und Großzügigkeit in erster Linie eine vom Markt geschaffene Illusion ist, dessen Anonymität es möglich macht, darüber hinwegzusehen, dass wir uns in den meisten Dingen auf andere verlassen. Andernfalls muss man sich bewusst sein, dass Freiheit, wenn man nicht als Einsiedler leben will, vor allem die Freiheit der Entscheidung ist, welche Verpflichtungen man mit wem eingehen möchte. Nichtsdestoweniger lässt sich kaum leugnen, dass die Art von unbeschränkten, »kommunistischen« Beziehungen, von denen Mauss spricht, leicht in Hierarchien, Patronage und Ausbeutung abgleiten kann. Selbst Moieties haben im Allgemeinen eine Rangordnung. Die Krux liegt meiner

Meinung nach in der Organisation der Familie, die fast immer beides ist, der zentrale Ort unbeschränkter Verpflichtungen und der Ort der elementarsten Hierarchieform einer Gesellschaft, das Urmodell von Autorität. Natürlich gibt es auch hier Ausnahmen. Familien sind in verschiedenen Gesellschaften ganz unterschiedlich organisiert, und meistens liefern sie der Gesellschaft auch ein Urmodell für Gleichheit. Aber wie dem auch sei, Kommunismus und autoritäre Herrschaft tendieren überall auf unterschiedliche Weise und in unterschiedlichem Ausmaß dazu, sich zu überschneiden.[178]

Je hierarchischer Beziehungen in einem Haushalt, desto größer die Wahrscheinlichkeit, dass die Beziehungen zwischen den männlichen Haushaltsvorständen durch solche ausgeglichenen und potentiell kompetitiven Formen des Gabentauschs vermittelt werden. Man denkt sofort an das Hochland von Papua-Neuguinea mit seinem berühmten *te-* und *moka-*Tausch oder den Tausch-als-Herausforderung im Mittelmeerraum der Antike oder im modernen Nordafrika. Sind diese Gesellschaften nicht auch alle für die extreme Unterordnung der Frau bekannt? Oder der aristokratische Wettstreit bei den Kelten oder Veden, der ebenfalls aristokratische Haushalte voraussetzte, in denen die Tauschprinzipien völlig anders aussahen. Oftmals erhält die Rivalität erst dadurch ihre Schärfe. Tom Beidelman zeigt in seiner Studie über Agamemnons fehlgeschlagenen Versuch zu Beginn der *Ilias*, den Streit mit Achilles beizulegen, indem er diesem seine Sklavin zusammen mit unfassbaren Reichtümern zurückgibt, dass man durch ein derart verschwenderisches, niemals erwiderbares Geschenk den Empfänger auf eine Ebene mit einem Angehörigen des eigenen Haushalts stellt, einem Kind etwa oder einem Abhängigen, jedenfalls keinem Gleichrangigen. Ein solches Geschenk könnte kein Mann von Ehre akzeptieren.[179]

Vielleicht liegt darin eine Antwort auf die zu Beginn gestellte Frage: Wann müssen Geschenke erwidert werden? Im Falle einer strikten Äquivalenz lautet die Antwort: Geschenke müssen erwidert werden, wenn »kommunistische« Beziehungen so sehr mit Ungleichheit in eins gesetzt werden, dass sonst der Empfänger auf die Ebene eines Untergegebenen gebracht wird. Bei diesen Tauschformen wird dann eine Art fragile, kompetitive Gleichheit zwischen Akteuren hergestellt, die sich anderen gegenüber fast immer in einer hierarchisch übergeordneten Position befinden.

Ein strukturalistisches Zwischenspiel (über Wert)

Der eine oder andere wird sich fragen, wie all das mit der Frage des Werts zusammenhängt, die in diesem Kapitel nur am Rande aufgetaucht ist. Lassen Sie mich dazu einige wichtige Punkte anführen.

Erstens zur kompetitiven Gabe: Um diese fragile, kompetitive Gleichheit schaffen zu können, muss es eine Art Äquivalenzstandard für Objekte geben. Sonst könnte man unmöglich sagen, die Gegengabe sei von »gleichem oder größerem Wert« als die ursprüngliche Gabe. Solche Standards zwischen Objekten können also aus der Notwendigkeit entstehen, soziale Gleichheit zu schaffen. Theoretisch ist natürlich ein System des Gabentauschs möglich, das ohne Äquivalenzstandard auskommt. Beispielsweise wäre ein System denkbar, in dem Leute exakt dieselben Dinge tauschen: Wie in Lévi-Strauss' berühmtem Beispiel von den beiden Männern, die man in einem billigen französischen Restaurant an einen Tisch gesetzt hat und die sich nun gegenseitig aus der gemeinsamen Flasche Wein einschenken.[180] Ein solches System, in dem Fisch nur gegen Fisch und Yams nur gegen Yams getauscht werden kann, wäre allerdings höchst unpraktisch, es sei denn, es herrschte dort praktisch keine Arbeitsteilung oder alle notwendigen Wirtschaftsgüter ließen sich auf anderem Weg verteilen.

Dennoch geht es in der Literatur zur Reziprozität erstaunlich oft um einen solchen offenbar sinnlosen Austausch identischer Dinge. Man sehe sich die folgende Analyse von Edmund Leach an, der dieses Prinzip an sein logisches Extrem treibt, indem er erklärt, dass sich *ausschließlich* auf diese Weise soziale Gleichheit herstellen ließe:

> Daher grüßen sich die Engländer mit der reziproken Grußformel »Wie geht es Ihnen?« und schütteln sich dabei die Hand. Nachbarn laden sich wechselseitig ein, um sich ihrer Freundschaft zu versichern. Entfernter voneinander wohnende Freunde tauschen Briefe oder Weihnachtskarten aus und so weiter. In all diesen Fällen wird

> Gleiches gegen Gleiches getauscht und die Botschaft dahinter lautet in etwa: »Wir sind Freunde und wir sind von gleichem Status.« Aber die Mehrzahl der Tauschakte zwischen Personen ist anderer Art. Entsprechend sind die meisten Personen in einem engen Beziehungsgeflecht eher von ungleichem als von gleichem Status. Die Ungleichheit des Tauschs verhält sich kongruent zur Ungleichheit des Status.[181]

Das ist sicherlich allzu sehr vereinfacht. Dennoch kann eine solche *reductio ad absurdum* bei der Klärung der anstehenden Fragen nützlich sein. Leachs Überlegung ist ein typisches Beispiel für die von erstaunlich vielen westlichen Gesellschaftstheoretikern vertretene Annahme, dass jede systematische Unterscheidung zwischen sozialen Rollen zwangsläufig eine Form von Ungleichheit bedeutet. Zum Teil ist das wohl auf die intrinsische Uneindeutigkeit des Wortes »Ungleichheit« zurückzuführen, das einerseits bedeuten kann, dass etwas in Bezug zu etwas anderem als überlegen bzw. unterlegen eingestuft wird, und andererseits, dass zwei Dinge schlicht nicht dasselbe sind. Allgemeiner betrachtet, leiden solche Generalisierungen meiner Ansicht nach alle unter einem ähnlichen logischen Fehler. Übersehen wird nämlich, dass sich anfänglich eine Ähnlichkeit zwischen zwei Begriffen feststellen lassen muss, will man ihnen einen Rang zuweisen. Wenn zwei Begriffe völlig unterschiedlich sind, können sie überhaupt nicht verglichen werden. (Deshalb ist »schwarz« das Gegenteil von »weiß« und nicht von »Frosch«.) Wenn sie nicht vergleichbar wären, könnten sie überhaupt nicht für »ungleich« erklärt werden.[182]

Dasselbe gilt, wenn man zwei Dinge als äquivalent bezeichnet. Denn damit behauptet man nicht, dass sie in jeder Hinsicht gleich sind, sondern nur, dass sie nach jenen Kriterien gleich sind, die man in diesem Zusammenhang für wichtig erachtet, während andere mögliche Kriterien nicht wichtig sind. »Alle Menschen sind gleich, weil sie alle gleich sind darin, eine unsterbliche Seele zu besitzen; daher hat hier der Umstand, dass sie verschieden große Füße haben, keinerlei Bedeutung.« Das Wertelement bezieht sich dabei auf die Kriterien, die in einem bestimmten Zusammenhang für bedeutend oder wichtig gehalten werden. Wenn man kein Zyniker oder Anhänger Dumonts ist, gibt es keinen Grund zu der Annahme, dass die wichtigsten Zusammenhänge immer die schlimmsten sind.

Bei genauerer Betrachtung erklärt sich das alles eigentlich von selbst. Die Angelegenheit wird erst dann komplizierter, wenn man sich von dem, was nach Meinung der Leute nicht verglichen werden sollte, dem zuwendet, was ihrer Ansicht nach nicht verglichen werden kann: Dumonts Verständnis der ersten Prämisse der Moderne zum Beispiel. »Alle Menschen sind gleich, weil sie alle einzigartige Individuen sind.« Unsere Individualität macht uns inkommensurabel, daher letztlich äquivalent. Aber selbst im Fall der Inkommensurabilität gibt es Abstufungen: Auch Hunde sind einzigartige Individuen, aber nur wenige Leute werden deshalb davon ausgehen, dass sie wie unseresgleichen sind. Wieder verleiht eine grundsätzliche Ähnlichkeit (»Menschsein«) der Inkommensurabilität ihre Bedeutung.

Damit stehen wir erneut vor einem Paradox, dem wir in diesem Buch schon häufiger begegnet sind: Wie kann ein Ding einzigartiger sein als ein anderes? Man sollte doch meinen, dass das ein Widerspruch in sich ist. Aber mittlerweile dürfte klar geworden sein, dass viele Wertsysteme auf genau dieser Unterscheidung beruhen. Um auf Menschen und Hunde zurückzukommen: Die meisten Amerikaner, so mein Eindruck, übertragen eine solche Annahme auf den Wert verschiedener Arten von Lebewesen. Jedes einzelne Tier – oder Pflanze – gilt als einzigartig, aber bestimmte Arten werden eindeutig für einzigartiger als andere gehalten: Menschen misst man mehr Individualität zu als Hunden, Hunden mehr als Rindern, Rindern mehr als Fischen, Fischen mehr als Kakerlaken und so fort.[183] Je einzigartiger ein einzelner Repräsentant seiner Gattung ist, desto verwerflicher ist es wiederum, ihn zu töten. Daher darf man Katzen nicht leichtfertig umbringen; Fische dagegen können straflos geschlachtet werden; Kakerlaken zu töten, kann wiederum zu einem moralischen Imperativ werden. Bei Kunstwerken werden einer ähnlichen logischen Ordnung folgende Unterscheidungen getroffen, denn auch wenn alle schönen Bilder einzigartig in ihrer Schönheit sind, heißt das nicht, man könnte nicht behaupten, dass manche Bilder schöner sind als andere.

Ich schweife hier keineswegs ab. Wenn man verstehen will, wie ein beliebiges Wertsystem funktioniert, muss man sich ansehen, was innerhalb dieses Systems nicht gemessen und verglichen werden soll und was nicht gemessen und verglichen werden kann. Im Falle einer Schenkökonomie kann die in kommunistischen Beziehungen herrschende Ablehnung, genau nachzuverfolgen, was gegeben und genommen wird, als Beispiel für Ersteres gelten. Ein Beispiel für Letzteres ist die Betonung von einzigartigen Wertgegenständen in einem ausgeglichenen Gabentausch. Wie wir gesehen haben, werden solche Dinge oft nach dem Grad ihrer Inkommensurabilität in eine Rangfolge gebracht. Aber offensichtlich nicht immer, wie im Fall von Wampum oder Kupferplatten oder der Walzähne bei den Fidschi. Der Einfachheit halber wollen wir uns ein System vorstellen, in dem der Grad an Inkommensurabilität das einzige Kriterium für die Rangfolge wäre (oder ein Kula-System, wie es Nancy Munn beschrieb, das dem relativ nahekommt). Auf der untersten Ebene steht Gekochtes. Es wäre zwar relativ einfach, nachzuverfolgen, wer wem die größte Portion gekochte Yams gegeben hat; aber das wird niemand tun, es sei denn, er ist besonders knausrig oder missgünstig. Dagegen wäre es unmöglich, die Vorzüge von zwei berühmten Kula-Schmuckstücken zu vergleichen oder den eines solchen Schmuckstücks und eines ebenso berühmten Grünsteinbeils. Daher ist es bei einem streng ausgeglichenen Tausch richtig, das eine für das andere zu geben. So etwas scheint in fast allen marktfreien Gesellschaften vorzukommen: Zumindest kann man hier meistens eine Unterscheidung zwischen einer Sphäre des Alltagskonsums ausmachen, die oft durch ein Ethos freigiebiger Gastfreundschaft geprägt ist,[184] und einer »Prestige-Sphäre«, die sich durch sorgfältige Buchführung auszeichnet. Dafür sind die Maori ein gutes Beispiel.

Betrachtet man die Dinge auf diese Weise, kommt man zu einigen interessanten Resultaten, insbesondere wenn man, wie Munn, solche Sphären als Sphären menschlichen Handelns ansieht. Gerade in den höheren Sphären wird die Rolle des Akteurs augenscheinlich immer unklarer. Im ersten Fall, beim Alltagskonsum, geht es eindeutig um das Tun: Wer mehr *gegeben* hat, wird nicht verglichen. Im zweiten Fall, in der Prestige-Sphäre, verschiebt sich die Inkommensurabilität ganz auf das Objekt. Das liegt zum

Teil natürlich daran, dass das Objekt zur Verkörperung einer Geschichte der Handlungen anderer wird, die sich für gewöhnlich bis in eine ferne Urvergangenheit zurück erstreckt. Welche Gründe es auch haben mag, man kann sagen, je weiter man sich auf der Skala nach oben bewegt, desto stärker werden die Ursprünge des Werts mystifiziert und als innere Eigenschaft des Objekts selbst betrachtet. Diese Mystifizierung findet allerdings nur in einem außerordentlich begrenzten Umfang statt. Mauss hat hier eindeutig übertrieben: Normalerweise sprach man den Kwakiutl-Kupferplatten, Kula-Armreifen, Maori-Kriegskeulen und Ähnlichem kein eigenes Sinnen und Trachten zu. Mit sehr viel größerer Wahrscheinlichkeit stößt man auf den Seiten des *Wall Street Journal* auf eklatante Subjekt/Objekt-Vertauschungen – wo Geld ständig von einem Markt zum anderen flieht, Bonds dieses tun und Schweinebäuche jenes – als in den Berichten Beteiligter über die Vorgänge in Schenkökonomien. In solchen Gesellschaften wird viel mystifiziert, aber das findet größtenteils an anderen Stellen statt.

Zusammenfassung und Ausblick

Eine Gabe zu geben heißt, etwas abzutreten, ohne unmittelbar etwas zurückzubekommen und auch ohne eine Garantie zu erhalten, dass es jemals geschieht. Diese Definition findet sich bei MAUSS,[185] und viel besser lässt es sich auch kaum ausdrücken. Sie macht deutlich, dass der Begriff der Gabe auf eine enorme Bandbreite von Transaktionen angewendet werden kann und der Begriff der »Schenkökonomie« auf alle nicht nach Marktprinzipien organisierten Ökonomien. Dieses Kapitel soll unter anderem einen Eindruck vermitteln, wie unterschiedlich solche Ökonomien aussehen können.

Ohne eine erschöpfende Typologie von Gaben auszuarbeiten, habe ich versucht, mithilfe von Mauss' Thesen ein mögliches Gerüst dafür zu entwickeln. Der Begriff der »totalen Leistung« ist dafür ein guter Ausgangspunkt, wenn man bereit ist, ihn in seine konstitutiven Elemente zu zerlegen. Dazu müssen zeitlose Beziehungen von unabgeschlossener, kommunistischer Reziprozität, ob bei Gruppen wie Moieties oder Stämmen, Mitgliedern einer Familie oder einem Verbund von Individuen (wie in Mauss' »individualistischem Kommunismus«), von solchen mit ausgeglichenem Gabentausch unterschieden werden. Erstere können in Patronage und Ausbeutung übergehen (wobei es sowohl für den Beobachter als auch für den Akteur oft schwer zu sagen ist, wann der Übergang vollzogen ist), während Letztere leicht zu einem regelrechten Wettbewerb ausarten können – meistens solche Überbietungswettbewerbe, die Mauss »Potlatsch« nannte, aber die man vielleicht besser »agonistischer Tausch« nennen sollte. Stehen dabei eher die Objekte im Blickpunkt, kann ein solcher Wettbewerb in eine Form von Austausch übergehen, der immer mehr einem Tauschhandel gleicht. Als Handlungsstrukturen haben Erstere mit dem Erhalt des Werts von zeitloser menschlicher Verpflichtung zu tun, Letztere mit dem von ephemererer Autonomie.

Beides sind Formen des reziproken Tauschs – der hier definiert wird als Tausch, bei dem beide Parteien im Verhältnis zueinander auf äquivalente Weise handeln oder handeln wollen.[186] In Beziehungen angenommener Ungleichheit wird auch keine Reziprozität angenommen. Alain Testart führt das schlagende Beispiel an,[187] dass ein Bettler, dem man einen Dollar gibt, nicht dazu verleitet ist, einem seinerseits einen Dollar anzubieten, wenn man ihm erneut begegnet; im Gegenteil, mit ziemlicher Sicherheit wird er eher versucht sein, einen erneut um einen Dollar anzugehen. Dem liegt vermutlich eine ähnliche Logik zugrunde wie dem Fall, dass ein Star einem Fan ein Autogramm gibt oder ein Kwakiutl-Häuptling einen Potlatch veranstaltet: Die Bereitschaft des Empfängers, ein solches Objekt anzunehmen, entspricht einem Akt der Anerkennung. Das gleicht im Kleinen der Schaffung von Personen, die zumeist auf der Annahme beruht, dass innere Eigenschaften (Talent, Großzügigkeit, Anstand etc.) nur in den Augen anderer zutage treten können. Das nun aber als eine Art von »Reziprozität« zu bezeichnen – oder auch nur davon auszugehen, dass der Wunsch nach Anerkennung das *einzige* signifikante Motiv seitens des Gebers ist –, ist gleichermaßen absurd. Damit würde man nur wieder zirkuläre ökonomistische Spielchen spielen.

Annette Weiner und Maurice Godelier[188] meinen, dass Mauss einen Fehler machte, als er den Tausch so sehr in den Mittelpunkt rückte. Die wertvollsten Besitztümer einer Gesellschaft oder

Gruppe sind ihnen zufolge normalerweise jene, die nicht weggegeben werden; es gibt immer Heiligtümer und sie sind der wahre Ursprung der Kraft eben der Objekte, die in den kompetitiven Tausch eingebracht werden. Dahinter steht eine Frage, die von erstaunlich vielen der hier behandelten Autoren formuliert wird: Wie lässt sich eine niedere Sphäre der Selbstüberhöhung mit einer höheren Sphäre der in einer Gesellschaft herrschenden ewigen Wahrheiten in Einklang bringen?[189] Ich will meine Position in diesem Punkt deutlich machen. Zweifellos gibt es in jeder menschlichen Gesellschaft viele Situationen, in denen man einen Konflikt zwischen individuellen Belangen und einer wie auch immer definierten höheren Autorität oder dem Wohl der Allgemeinheit ausmachen kann. Aber dieses Argument sollte man auch nicht zu weit treiben, denn sonst tut man meines Erachtens genau das, wovor Mauss gewarnt hat: Unsere eigenen Annahmen über individuellen Eigennutz anderen unterstellen, die sie womöglich gar nicht teilen. Jedenfalls ist klar, dass weder bei den Maori noch bei den Kwakiutl die Hauptobjekte des Tauschs in irgendeinem Sinne subsidiäre Versionen der Heiligtümer waren, die von den Familien bewahrt wurden. Vielmehr haben wir äußerst komplexe Transfersysteme kennengelernt, in denen die Dimensionen von »Gruppen« selten genau umrissen sind und Entwürfe zur kosmischen Reproduktion in ihrem Wesen derart untrennbar mit strategischen Spielen der Selbstüberhöhung zusammenhängen, wie Mauss vorhergesagt hätte, dass man beides kaum entwirren kann.

An diesem Punkt angelangt will ich mich noch einmal den politischen und moralischen Implikationen des Werks von Mauss zuwenden. Doch als Erstes eine Warnung: Es besteht die Gefahr einer allzu großen Vereinfachung, insbesondere ist man versucht, »die Gabe« als menschenwürdiges Gegengewicht zu der Unpersönlichkeit und der sozialen Isolation in der modernen kapitalistischen Gesellschaft zu romantisieren. Gelegentlich passiert nämlich genau das Gegenteil. Dazu ein bekanntes Beispiel, nämlich den in Amerika unter Akademikern verbreiteten Brauch, zu einer Esseneinladung bei Freunden eine Flasche Wein mitzubringen. Genauso ist es in Amerika unter jungen Leuten aus der Mittelschicht verbreitet, dass sie sich, wenn sie von zu Hause ausziehen, nach und nach aus gemeinschaftlichen Lebensformen in immer größere soziale Isolation begeben. In einem Studentenwohnheim ist es völlig normal, dass die Kommilitonen in den Zimmern der anderen ein und aus gehen; ein solches Wohnheim gleicht einem Dorf, in dem jeder mitbekommt, was der andere gerade so macht. Die Apartments in einem College sind schon wesentlich privater, aber es ist immer noch üblich, unangekündigt bei einem Freund vorbeizuschauen. Der Übergang zur normalen bürgerlichen Existenz vollzieht sich schrittweise und er vollzieht sich vor allem durch die Errichtung einer heimischen Schwelle, die irgendwann nur noch unter zeremoniellen Vorkehrungen überschritten werden kann. Wenn man es sich genau überlegt, dann gehört der mitgebrachte Wein zu diesem Ritualisierungsprozess, der Spontanität erschwert. Er ist genauso sehr eine Schranke der Geselligkeit wie deren Ausdruck.

Mir geht es dabei nicht darum, ein Plädoyer für irgendeine Art von universeller *communitas* zu halten, und ich will mich auch nicht beschweren, dass ich nie weiß, welchen Wein ich kaufen soll. Vielmehr möchte ich dazu aufrufen, eine kritische Perspektive einzunehmen. Nimmt man Praktiken oder Institutionen gegenüber nämlich eine solche kritische Perspektive ein (wie ich es gerade getan habe), dann verortet man sie für gewöhnlich in einer größeren sozialen Totalität und erkennt, dass sie eine intrinsische Rolle bei der Reproduktion bestimmter Formen von Ungleichheit, Entfremdung oder Ungerechtigkeit spielen. Nicht ganz ohne Grund machen viele Marxisten Mauss zum Vorwurf, dass er das unterlassen hat. Aber darauf können die Maussianer ohne weiteres antworten, dass man, sollte die Kritik einen Zweck haben, auch imstande sein muss, *einige* Praktiken oder Institutionen in einer imaginären Totalität zu verorten, in der sie *nicht* an der Reproduktion von Ungleichheit, Entfremdung oder Ungerechtigkeit teilhaben. Solche Fragen standen Mauss' Denken (dem des Genossenschaftlers) natürlich immer nahe und darin ist er für mich am radikalsten. Mauss will uns dazu bringen – um dem Ganzen eine Hegel'sche Wendung zu geben –, Praktiken und Institutionen im Hinblick auf ihre Möglichkeiten zu sehen, und uns zu einem pragmatischen Optimismus zwingen. Man betrachte zum Beispiel seine eigenwillige Definition von »Kommunismus«, den er eher als eine Sache von Dispositionen und Praktiken und weniger von Besitzrechten betrachtet. Wo die Ideologen und Propagandisten, die über den öffentlichen Diskurs in diesem Land bestimmen, offenbar nie eine Gelegenheit auslassen, zu behaupten, dass etwas, was sie »Kapitalismus« nennen – meist als jedwede Form von eigennützigem finanziellen Kalkül definiert –, ständig und überall gegenwärtig ist (siehe die Schlagzeile: »Selbst in afrikanischen Flüchtlingslagern blüht der Kapitalismus«), geht Mauss mit seiner Definition den genau umgekehrten Weg. Sie zeigt uns, dass das Gespenst des Kommunismus nicht nur in Familien und Freundschaften lauert, sondern auch in der Organisation von kapitalistischen Großunternehmen und praktisch überall dort, wo Leute sich zu einer gemeinsamen Aufgabe zusammenfinden und Einnahmen und Ausgaben vor allem nach den Fähigkeiten und Erfordernissen der Akteure verteilt werden und weniger nach Bilanzen.

Ohne eine kritische Perspektive ist dieser Verweis allerdings genauso sinnlos wie die Gewohnheit, überall »Kapitalismus« zu wittern. Selbst wenn man darin eine Art Kommunismus erkennen sollte, bleibt er innerhalb größerer Strukturen gefangen, die alles andere als egalitär sind. Aber allein die bloße Existenz solcher Praktiken und Institutionen, und auch darauf verweist Mauss, macht es innerhalb der Gesellschaft möglich, solche größeren Strukturen als ungerecht zu erkennen. Ohne dass Mauss, der damals vor allem mit Verwandtschaftsbeziehungen beschäftigt war, das ausdrücklich formulierte, kann man seine Ideen ohne weiteres auf das Argument hin erweitern, dass die konkrete Erfahrung der Arbeitsorganisation in vielen kapitalistischen Unternehmen oft genau der moralischen Grundlage des Lohnarbeitsvertrags widerspricht, auf der das Unternehmen letztlich basiert.

Es sei mir ein letztes Wort zu politischen Visionen gestattet.

Wer das Verständnis für die Möglichkeiten des Menschen vergrößern und andere – gerechtere, anständigere – Formen der Organisation des wirtschaftlichen und politischen Lebens sucht, wendet sich in der Hoffnung auf Anregungen und neue Ideen oft der Ethnologie zu. Es wäre schön, wenn die Ethnologen etwas bieten könnten außer der Warnung, wie berechtigt sie sein mag, dass auch in Schenkökonomien Menschen unterjocht und zugrunde gerichtet wurden. Das war jedenfalls einer meiner Leitgedanken bei dieser Analyse, und diesbezügliche Fragen hatte ich auch im

Hinterkopf, als ich die Zusammenhänge, Ebenen und imaginären Totalitäten gegen Ende des dritten Kapitels und meine (damit zusammenhängenden) Überlegungen zu Wert, Inkommensurabilität und Gleichheit in diesem Kapitel entwickelt habe. Die meisten Ausführungen waren allerdings sehr abstrakt. Dennoch lassen sich die einzelnen Ideen in vielerlei Weise zusammensetzen, wenn man auf ihrer Grundlage eine konkretere Vorstellung entwickeln möchte, wie eine egalitärere Gesellschaft funktionieren könnte. Das halte ich auch für die richtige Vorgehensweise. Denn meiner Meinung nach brauchen wir nicht nur eine solche Vorstellung, sondern so viele unterschiedliche wie möglich. Ich hoffe, das ist ganz im Sinne von Mauss.

Siebtes Kapitel

Die falsche Münze unserer Träume oder das Fetischproblem

> Dieser Mensch ist z. B. nur König, weil sich andre Menschen als Untertanen zu ihm verhalten. Sie glauben umgekehrt Untertanen zu sein, weil er König ist.
>
> Karl Marx, *Das Kapital*[1]

> Was mich angeht, so liebte ich von all den unzähligen wunderbaren Geschichten, welche mir Mohr erzählte, am allermeisten die Geschichte von Hans Röckle. Sie dauerte Monate und Monate; denn es war eine lange, lange Geschichte und endete nie. Hans Röckle war ein Zauberer, wie sie Hoffmann liebte, der einen Spielwarenladen hatte und viele Schulden. In seinem Laden waren die wunderbarsten Dinge: hölzerne Männer und Frauen, Riesen und Zwerge, Könige und Königinnen, Meister und Gesellen, vierfüßige Tiere und Vögel so zahlreich wie in der Arche Noah, und Tische und Stühle, Equipagen und Schachteln groß und klein. Aber ach! – trotzdem er ein Zauberer war, stak er doch stets in Geldnöten, und so mußte er sehr gegen seinen Willen alle seine hübschen Sachen – Stück für Stück – dem Teufel verkaufen. Nach vielen, vielen Abenteuern und Irrwegen kamen aber dann diese Dinge immer wieder in Hans Röckles Laden zurück.
>
> Eleanor Marx über ihren Vater[2]

Nachdem es bisher hauptsächlich um Wert und Tausch ging, möchte ich an dieser Stelle das im vierten Kapitel angerissene Thema wiederaufgreifen und über soziale Macht sprechen. Auch wenn es nicht als das Naheliegendste erscheint, will ich dazu einen Blick auf den Begriff des Fetischismus werfen; er ist im Verlauf dieses Buches immer mal wieder aufgetaucht, wurde bisher aber etwas stiefmütterlich behandelt.

Mauss' Vorhaben, »archaische Formen des Gesellschaftsvertrags« zu untersuchen, klingt unverkennbar nach neunzehntem Jahrhundert, dennoch scheint es mir auch für das einundzwanzigste Jahrhundert noch von einiger Bedeutung zu sein. Zu Beginn dieses Buches habe ich erklärt, dass sich die Gesellschaftstheorie in einer Art Sackgasse befindet, aus der sie insofern nicht mehr herausfindet, als sie sich nicht vorstellen kann, dass die Leute in der Lage sind, die Gesellschaft bewusst zu verändern. Eine Möglichkeit, dieses Problem zu lösen, besteht meiner Ansicht nach darin, soziale Systeme als Strukturen kreativen Handelns und Werts zu betrachten, d.h. sich anzusehen, welche Bedeutung die Leute ihren Handlungen innerhalb solcher Strukturen beimessen. In diesem Fall betrachtet man »Gesellschaft« zwangsläufig als eine bis zu einem gewissen Grad intentionale Angelegenheit. Selbst wenn sie kein wie auch immer geartetes kollektives Projekt verkörpert, setzt sie sich zumindest aus solchen Projekten zusammen und wirkt als deren regulatives Prinzip.

Leider stellt im sozialen Denken des Abendlandes praktisch nur die Gesellschaftsvertragstheorie eine Sprache zur Verfügung, in der man auf diese Weise über Gesellschaft reden kann, und noch dazu eine ziemlich unzulängliche. Sich die Gesellschaft als Vertrag vorzustellen heißt, sie sich unter eindeutigen Marktbedingungen vorzustellen. In Anbetracht der gegenwärtig ungeheuren Macht ökonomistischer Ideologien, die uns auf jede erdenkliche Art und Weise eingehämmert werden, sind Begriffe wie »Vertrag« praktisch unbrauchbar geworden, da es kaum möglich ist, sie zu benutzen, ohne dabei an einzelne Individuen zu denken (für gewöhnlich Männer um die vierzig), die eine rationale, auf eigennützigem Kalkül basierende Übereinkunft treffen. Diejenigen, die das anders sehen, verfügen schlichtweg nicht über die Macht oder den Einfluss, um in den Köpfen der Leute andere Vorstellungen entstehen zu lassen, zumindest nicht bei so vielen, dass es ins Gewicht fallen würde. In der »Gabe« hat Mauss versucht, unser Denken über Verträge zu verändern, doch leider blieben seine Bemühungen ohne Erfolg.

Damit stehen wir im Grunde ohne eine Sprache da, in der wir über einige sehr wichtige Phänomene reden könnten, was natürlich höchst bedauerlich ist. Seit Marx sind wir es gewohnt, davon zu sprechen, wie sich Gesellschaftsordnungen naturalisieren; davon, wie im Grunde willkürliche Konventionen schließlich als unabdingbare Konstituenten des Universums erscheinen. Aber was ist mit dem Bereich, in dem Gesellschaftsordnungen nicht naturalisiert sind? Selbst in den Gesellschaften, die in Mauss' Augen die »archaischsten« wären, gibt es stets bestimmte Übereinkünfte, deren Zustandekommen nach allgemeiner Auffassung auf gegenseitigem Einvernehmen beruht, und dort, davon bin ich überzeugt, sieht man die Gesellschaftsordnung nicht ausschließlich als etwas der kosmologischen Ordnung Inhärentes an, sondern man kann sie als Ergebnis eines beiderseitigen Einverständnisses oder einer Einigung betrachten – und sei es auch nur als eine mögliche Sichtweise von vielen. Auf jeden Fall aber nicht in der Weise, wie Hobbes oder nachfolgende Markttheoretiker es sich vorstellten. Nicht als Ansammlung von Individuen, die einzig und allein danach trachten, so viel wie möglich von den begehrten Dingen zu erwerben, und mit rationalem Kalkül zu dem Schluss kommen, dass ihnen das nur gelingen kann, wenn sie bereit sind, das Eigentum der anderen zu respektieren und sich an Geschäftsvereinbarungen zu halten. Sondern als Leute, die bereits weitreichende und dauerhafte Verpflichtungen mit anderen eingegangen sind, die etwas von gleicher Art auf eine größere Gruppe ausdehnen – was, wie Mauss vielleicht als Erster erkannt hat, tatsächlich eine Art elementaren Kommunismus einschließt, eine Übereinkunft, den Bedürfnissen und Interessen anderer Bedeutung beizumessen und entsprechend damit umzugehen. Bei den Irokesen findet man ein gutes Beispiel für das, was Mauss im Sinn hatte. Die Irokesen betrachteten Gesellschaft nicht als etwas Gegebenes, sondern als menschliche Schöpfung, eine Reihe von Übereinkünften als einzige Alternative zu einem endlosen Kreislauf zerstörerischer Gewalt. Am Anfang der Geschichte über den Ursprung des Bundes steht etwas, das dem Hobbes'schen »Krieg aller gegen alle« sehr ähnlich ist. Der Unterschied bestand darin, dass nach Ansicht der Irokesen die Drohung von Gewalt nicht daher rührte, dass die Menschen lauter Einzelwesen waren, die um knappe Ressourcen kämpften, sondern weil sie bereits Beziehungen mit anderen eingegangen waren – Beziehungen, die so eng und stark waren, dass der Tod eines geliebten Menschen zu verzweifelter, zerstörerischer Wut führen konnte.

Eine Gesellschaft ließ sich wiederum dadurch schaffen, dass man unbegrenzte gegenseitige Verpflichtungen einging: sei es, dass man die Toten der anderen begrub oder bereit war, auf Eigentumsrechte zu verzichten, wenn sich im Traum eines anderen ein tiefes Bedürfnis offenbarte.

Unter den Fünf Nationen gab es natürlich keinen Markt. Aus diesem Grund ist es interessant, die Situation in Nordamerika mit der zu vergleichen, die zur gleichen Zeit, im sechzehnten Jahrhundert, in Westafrika herrschte. Als die europäischen Kaufleute dort ankamen (zunächst auf der Suche nach Gold), trafen sie auf einen Flickenteppich von Gesellschaften, von denen die meisten nicht nur seit Jahrhunderten in größere Handelskreisläufe eingebunden waren, sondern darüber hinaus über eigene Märkte, Zahlungsmittel und Formen des eigennützigen Tausches verfügten. Der Handel mit den Neuankömmlingen wurde durch rituelle Objekte reguliert, von den Europäern als »Fetische« bezeichnet, auf die ein Schwur geleistet werden musste und die eine vertragliche Bindung zwischen Leuten schufen, die ansonsten nichts miteinander verband. Die Kräfte, die solchen Objekten zugeschrieben wurden, ähnelten Hobbes' souveräner Macht: Sie waren nicht allein Zeichen einer Übereinkunft, sie waren überdies in der Lage, die Durchsetzung dieser Übereinkünfte zu erzwingen, da sie im Wesentlichen Formen geronnener Gewalt waren. Zumeist handelte es sich um Verkörperungen von Krankheiten oder anderen Leiden, die herbeigerufen werden konnten, um jemanden zu vernichten, der seinen Verpflichtungen nicht nachkam.[3] Während Wampum für das genaue Gegenteil der verheerenden Auswirkungen des Pelzhandels stand, war es hier so, als würden Macht und Abstraktion des Geldes gegen dieses selbst gewandt, eine imaginäre Gewalt, die seine schlimmsten Folgen verhindern konnte.

Sucht man nach nicht vollständig naturalisierten Gesellschaftsformen, ist es daher hilfreich, sich die Mechanismen anzusehen, mit deren Hilfe kollektive Übereinkünfte erzielt werden. Das soll nicht heißen, dass es in all diesen Gesellschaften nicht auch Formen gab, die man tatsächlich als durch das Universum gegeben betrachtete oder als vor langer Zeit von Wesen geschaffen, die sich grundlegend von den Menschen unterschieden (oder zumindest von allen Menschen, die man kannte). Meistens wurde das soziale

Universum dabei in verschiedene Aspekte unterteilt: Beispielsweise sahen sowohl die Irokesen als auch die Kwakiutl Aspekte der persönlichen Identität als in dieser Weise gegeben an, größere gesellschaftliche Arenen mussten dagegen immer wieder neu gebildet werden; die Maori scheinen das genau andersherum gesehen zu haben. Doch selbst das ist eine zu starke Vereinfachung. Was wirklich erstaunt, ist, wie oft die Leute bestimmte Institutionen – oder sogar die Gesellschaft im Ganzen – zugleich als Werk des Menschen und als durch den Kosmos gegeben betrachten, zugleich als etwas, das sie selbst geschaffen haben, und etwas, das sie eigentlich gar nicht selbst geschaffen haben können. Insofern stellt der irokesische »Träger der Erde«, der Schöpfer, der offenbar nicht imstande ist, seine schöpferischen Kräfte richtig zu begreifen, einen Versuch dar, mit diesem Paradoxon klarzukommen. Die schlagendsten Beispiele findet man allerdings in der Literatur über afrikanische »Fetische«, wobei wir hier mein Material zu madagassischen *ody* und *sampy* mit einschließen könnten, von denen bereits am Ende des vierten Kapitels kurz die Rede war und über die in der ethnologischen Literatur über Magie mehr zu finden ist – Vorstellungen von Magie, die voller Paradoxa stecken. Ich denke, wenn man die Rituale der Merina vor diesem Hintergrund betrachtet, versteht man besser, wie wenig sich die Menschen in »traditionellen« Gesellschaften von ihren politischen Institutionen hinters Licht führen lassen, in welch erstaunlichem Maß sie diese Institutionen realistisch als menschliche Schöpfungen betrachten, aber warum es oft keine besonders große Rolle spielt, dass sie das tun.

Der König und die Münze

Außerhalb Madagaskars ist das Merina-Ritual vor allem durch die Arbeit von Maurice Bloch bekannt, der zahlreiche Texte über Begräbnisrituale, Beschneidungszeremonien und Ritualsprache verfasst hat.[4] Von ihm stammen außerdem zwei gleichermaßen bekannte Essays über das Königsritual der Merina,[5] in deren Mittelpunkt das Königliche Bad steht. Blochs Fazit unterscheidet sich jedoch erheblich von dem meinen im vierten Kapitel. Hinsichtlich der Frage, was die Zeremonien tatsächlich über Wesen und Ursprung königlicher Macht aussagen, zieht er sogar eine gegenteilige Schlussfolgerung.

Lassen Sie mich mit Blochs Aufsatz »The disconnection between power and rank as a process: an outline of the development of kingdoms in central Madagascar« aus dem Jahr 1977 beginnen. Bloch greift zunächst Louis Dumonts Beobachtungen zum indischen Kastensystem[6] auf, insbesondere die strikte Unterscheidung zwischen Kaste, die Dumont zufolge im Wesentlichen eine religiöse Einrichtung ist, und der realen Ordnung von Königtümern, einschließlich Geschmacklosigkeiten und Gewalt als Folgeerscheinungen politischer Macht. Laut Bloch kann man diese Unterscheidung auch im Imerina treffen. Die frühe Monarchie im Hochland von Madagaskar entsprach im Grunde genommen einer Herrschaft von Raubrittern und die »Könige« waren eine Horde von Banditen, die sich in Bergfestungen verschanzten und die Bauern in der Umgebung schröpften. Im siebzehnten und achtzehnten Jahrhundert war das Imerina in mehrere solcher unbedeutenden Königreiche aufgeteilt, während zur gleichen Zeit Sklavenjäger von der Küste die ländlichen Gebiete heimsuchten und die Dorfbewohner verschleppten, um den wachsenden Bedarf an Plantagenarbeitern auf den in europäischer Hand befindlichen Inseln Mauritius und Réunion zu decken. Schon bald mischten auch die meisten einheimischen Herrscher im Sklavenhandel mit.

Die offizielle Ideologie dieser Königtümer[7] stand in einem auffälligen Gegensatz dazu. Die Gesellschaft erschien als ausgedehnte, vielschichtige Hierarchie, in der etwa ein Drittel der Bevölkerung als »adlig« (*andriana*) galt und der Rang jeder Gruppe ihrem Besitz an *hasina* entsprach – von Bloch als eine Art unaussprechlicher Gnade oder intrinsische Überlegenheit bezeichnet, als »Macht, Lebenskraft, Fruchtbarkeit, Leistungsfähigkeit, ja sogar Heiligkeit«.[8] *Hasina* war etwas, das die Menschen allein aufgrund ihres Seins besaßen oder weil sie es von ihren adligen Vorfahren empfangen hatten, nicht wegen irgendwelcher Taten. Außerdem standen die Königsrituale in Einklang mit dem Naturkreislauf, und Menschen, die besonders *masina* waren (viel *hasina* besaßen), schrieb man die Fähigkeit zu, die Feldfrüchte zu segnen, so dass »Macht als unveränderliche, eng mit der Natur verbundene und nur an rechtmäßige Inhaber übertragene Wesenheit«[9] erschien. *Hasina* war folglich eine Art inhärenter Gnade, die durch die kosmologische Ordnung an sich gegeben war. Menschen konnten sie nicht hervorbringen; tatsächlich existierte sie weitgehend außerhalb des Einflussbereichs irgendwelcher menschlicher Handlungen. Bestenfalls konnten die Leute *hasina* zeigen oder an ihre Nachkommen weitergeben – und darum ging es bei dem Königsritual in erster Linie. Man kann sich kaum einen größeren Gegensatz denken als zwischen der ideologischen zeitlosen Hierarchie und den schmutzigen Einzelheiten realer Politik, in der Mord, Erpressung und Entführung an der Tagesordnung waren.

Bloch führt jedoch weiter aus, dass es für den Begriff *hasina* noch eine andere Verwendung gab: man bezeichnete damit große Silbermünzen (häufig Maria-Theresia-Taler, später spanische oder mexikanische Dollars), die der König als zeremoniellen Tribut erhielt. Nahezu jeder Auftritt des Königs vor seinen Untertanen begann damit, dass sie ihm »*hasina* gaben«. Man darf wohl annehmen, dass zwischen diesen beiden Verwendungsarten des Begriffs ein gewisser Zusammenhang bestand. Bloch stellt eine Analogie zu dem Begriff »Ehre« her. Von manchen Leuten heißt es, sie »besäßen« Ehre, sie seien ihrem Wesen nach ehrenwert. Man kann aber auch jemandem »Ehre erweisen«, indem man ihn so behandelt, als sei er ehrenwert. In der Theorie erkennt man durch die Ehrerweisung lediglich etwas an, was diese Leute bereits besitzen; in der Realität besitzen sie es natürlich nur, weil man sie dementsprechend behandelt. Genauso verhält es sich mit *hasina*. *Hasina* – im Sinne intrinsischer Überlegenheit (von Bloch als »*hasina* Typ I« bezeichnet) – zu besitzen ist gleichbedeutend damit, Ehre zu besitzen; das Überreichen der Münzen (*hasina* Typ II) ist gleichbedeutend damit, jemandem Ehre zu erweisen.

Dann geht er noch einen Schritt weiter. Bei den meisten Königsritualen, so Bloch, wird ein Tausch vorgetäuscht. Wenn die Untertanen dem König *hasina* in Form von Münzen überreichen, revanchiert er sich beispielsweise, indem er sie mit Wasser besprengt, eine Segnung, die für Fruchtbarkeit, Wohlergehen und Gesundheit sorgen soll und die der König nur aufgrund seiner mysteriösen Heiligkeit (sein *hasina* Typ I) ausführen kann. Das in diesem Zusammenhang bedeutendste Ereignis war die Zeremonie des

Königlichen Bades, der große Nationalfeiertag, der im Ritualkalender der Merina ganz oben stand. Hier wird dieses Schema auf das gesamte Königreich ausgedehnt. Zu Beginn des Festes müssen Kinder ihren Eltern und die Leute allgemein den in der Hierarchie unmittelbar über ihnen Stehenden *hasina* (oder ein ähnliches Zeichen der Ehrerbietung) überreichen; den Höhepunkt bildet eine Zeremonie, bei der Abgesandte der wichtigsten Orden und Gruppierungen des Königreichs dem König Silbermünzen überreichen. Nachdem er die Münzen entgegengenommen hat, verschwindet er hinter einem Wandschirm, badet in warmem Wasser und ruft dabei: »Möge ich *masina* sein«, dann taucht er wieder auf, um die Abgesandten mit dem Badewasser zu besprengen. Später baden dann auch die Eltern und besprengen ihre Kinder mit dem Wasser, womit sie den Segen über das gesamte Königreich verteilen und die Autorität des Königs weiter naturalisieren, indem eine Verbindung zur Abstammung hergestellt wird.

Entscheidend ist für Bloch dabei, dass all diese Rituale dazu dienen, die tatsächliche Quelle königlicher Macht mit einem Geheimnis zu umgeben, wobei diese Macht in der Fähigkeit des Königs besteht, mit der Behauptung, diese Macht stamme aus einem Bereich jenseits menschlichen Handelns, andere dazu zu bringen, ihm Tribut zu zahlen und ihn wie einen Monarchen zu behandeln. Es geht einzig und allein darum, die Verbindung zwischen *hasina* Typ I und *hasina* Typ II zu verschleiern. Aber schon bei der ersten Lektüre des Aufsatzes als Student fand ich etwas an diesen Ausführungen ziemlich merkwürdig. Wenn sich alles darum dreht, die Verbindung zwischen den beiden Formen von *hasina* zu verschleiern, warum verwendet man dann die gleiche Bezeichnung dafür? Ist das nicht eher ein Wink mit dem Zaunpfahl?

Als ich dann in Madagaskar lebte und die Möglichkeit hatte, aus erster Hand Wissen über die heutige Ritualsprache der Merina zu sammeln, fiel es mir immer schwerer zu glauben, das sich durch die Verwendung des Begriffs *hasina* irgendetwas hätte verschleiern lassen. Zugegeben, ich betrieb meine Feldforschung fast hundert Jahre nach der Abschaffung der Monarchie, aber ich habe niemals gehört, dass mit dem Begriff *hasina* eine Vorstellung von intrinsischer hierarchischer Überlegenheit vermittelt werden sollte. *Hasina* bedeutet noch immer die Macht, sich bei Handlungen unsichtbarer oder nicht wahrnehmbarer Mittel zu bedienen, das Verb *manasina* (*hasina* geben, etwas *masina* machen), das im neunzehnten Jahrhundert für das Überreichen der Münzen an einen König verwendet wurde, bedeutet im Grunde genommen so viel wie »ein Ritual durchführen«. Das hört man andauernd. Meistens in einem Zusammenhang, den man als Konsekration bezeichnen könnte: Zum Beispiel brachte man einem bestimmten Baum ein Opfer dar oder auch einem Gewässer, wo nach allgemeiner Überzeugung ein vergessener Geist hauste, oder dem Grab eines früheren Königs. Damit wollte man zum *hasina* dieser Orte beitragen und zugleich die auf diese Weise geschaffene oder gestärkte Macht anrufen, damit sie irgendetwas bewirkte: sei es die Heilung von einer Krankheit oder die Befreiung von Unfruchtbarkeit, Reichtum oder das Bestehen einer Prüfung.

Nach Auskunft der Leute, die ich kennenlernte, wurde *hasina immer* durch menschliche Handlungen erzeugt. Außerdem musste für seinen Erhalt gesorgt werden. Erkundigte ich mich zum Beispiel nach einem bestimmten Stein, der einst als Opferstätte benutzt worden war, oder einem Baum, der die Felder eines Dorfs vor Hagel schützte, erklärte man mir oft, früher sei besagter Stein oder Baum sehr *masina* gewesen, weil ihm vor langer Zeit bei Ritualen *hasina* verliehen worden sei, allerdings hätte man die Rituale schon lange nicht mehr durchgeführt, deshalb könne man nicht sicher sein, ob noch etwas davon übrig sei. Andererseits waren solche Gegenstände oft mit einem Tabu belegt, und allein die Einhaltung dieser Tabus konnte im weitesten Sinn »*hasina* verleihen«, vielleicht reichte es also schon, die Kraft dieser Dinge anzuerkennen, um sie zu erhalten.

Durch *manasina* erzeugte man auch *ody*, das madagassische Pendant zu »Fetischen« oder »Amuletten«, von denen ich im vierten Kapitel bereits gesprochen habe. Amulette besitzen ebenfalls *hasina*, aber auch sie nur deshalb, weil die Leute es ihnen verleihen, indem sie bestimmte Gegenstände (Holzstücke, Perlen, Silberschmuck usw.) und einen namenlosen, unsichtbaren Geist miteinander verbinden. Wie bereits an anderer Stelle ausgeführt, ist es genau diese Uneindeutigkeit, die Geister zu reinen, abstrakten Verkörperungen von Kraft werden lässt. Aber letzten Endes sind es immer menschliche Handlungen, die *ody* mächtig machen. Im neunzehnten Jahrhundert konnte dies durch Weihegaben erfolgen: Man weihte den unsichtbaren Mächten irgendein kleines materielles Symbol, das für die Handlung stand, die man von ihnen erflehte, und anschließend bewahrte man es als Verkörperung ihrer Kraft an einem verborgenen Ort auf, damit diese Handlung regelmäßig ausgeführt wurde. Das war vielleicht nicht die gebräuchlichste Methode, *ody* zu erzeugen, aber man begegnete ihr immer wieder, und sie ist deshalb von Bedeutung, weil sie ganz genau der rituellen Übergabe von *hasina* an den König entspricht: Auf dem Höhepunkt der Zeremonie des Königlichen Bades, nachdem er von allen Münzen erhalten hat, verschwindet der König hinter einem Wandschirm, sagt: »Möge ich *manasina* sein«, und tritt dann wieder hervor, um die versammelte Menge mit dem Badewasser zu besprengen. Wann immer diese intakten Münzen als Teil eines Talismans auftauchten – was gelegentlich der Fall war –, standen sie für eine intakte Totalität. Als Opfergaben stehen sie für den Wunsch, etwas intakt zu erhalten, das andernfalls zerbrechen und sich in unzählige winzige Teile auflösen könnte; als Teil eines Talismans stehen sie für die Macht, es zu erhalten. Nach dieser Logik steht die Überreichung einer intakten Münze für den Wunsch des Volkes, das Königreich zu vereinen, aus den einzelnen Individuen und Gruppen, aus denen es besteht, ein Ganzes zu machen – sie zeugt von dem Wunsch der versammelten Untertanen, genau das zu werden, durch die Macht des Königs vereinte Untertanen. Danach verbirgt sich der König und besprengt, aufs Neue mit *hasina* versehen, alle Anwesenden mit Wasser, was ebenfalls ziemlich genau dem entspricht, was man mit den wichtigsten Talismanen, den sogenannten *sampy* macht – man »badet« sie in Wasser und besprengt damit dann die Leute, die sie beschützen sollen. So wird der König praktisch zum Talisman, ein Gegenstand mit der Macht, die Einheit des Königreichs zu erhalten.

Diese *sampy* waren nebenbei bemerkt sehr wichtige *ody*, die eigene Namen und Persönlichkeiten besaßen und für den Schutz ganzer gesellschaftlicher Gruppen sorgten. Das Königreich der Merina beispielsweise wurde von einer Art Pantheon aus königlichen *sampy* beschützt, gelegentlich als »königliche Palladien«[10] bezeichnet, von denen jedes über eine Priesterschaft von Wächtern verfügte. Auch sie wurden bei rituellen Anlässen hervorgeholt und dem Volk gezeigt, erhielten *hasina*, wurden außer Sichtweite gebadet und anschließend erschienen ihre Wächter – manchmal auch der König höchstpersönlich –, um die Menge mit dem Wasser zu besprengen. Bei der Zeremonie des Königlichen Bades spielte der König also in buchstäblichem Sinne die Rolle eines magischen Talismans.

Von Blochs These ist inzwischen nicht mehr viel übrig. *Hasina* bezieht sich nicht auf eine intrinsische Überlegenheit, sondern ist einfach eine Form von Macht.[11] *Hasina* ist dem Wesen der Welt nicht inhärent, sondern wird von Menschen erzeugt. Durch die Überreichung intakter Münzen erzeugen Repräsentanten des Königtums die Macht, die sie als Königtum vereint, sie führen eine gemeinsame Handlung aus, die sie (als Untertanen) und gleichzeitig den König (als König) erschafft. Und das wurde nicht nur stillschweigend durch den Ablauf des Rituals impliziert, die Merina des neunzehnten Jahrhunderts waren offenbar sehr wohl in der Lage, es in bestimmten Zusammenhängen explizit zu formulieren; es gab beispielsweise ein Sprichwort, dem zufolge ein König erst durch die Übergabe von Münzen zum König wurde.[12]

Damit wären wir wieder bei den Gesellschaftsverträgen. Das Fazit scheint zu lauten: Königsherrschaft entsteht aus einem allgemeinen Konsens. Dieser Konsens muss unablässig bestätigt werden; die Zeremonie zur Erschaffung des Königs muss immer und immer wieder vollzogen werden. Auch hier zeigt sich eine interessante Parallele zu Talismanen. Zumindest einer missionarischen Quelle zufolge glaubte man, dass wichtige *ody* – vermutlich dachte der Verfasser dabei an diejenigen, die Familien oder größere Gruppen beschützten – durch einen »Treueschwur« geweiht werden müssten, bevor sie über irgendeine Form von Kraft verfügten. »Bevor die Weihe stattgefunden hatte und der Treueschwur geleistet war, war der Talisman, auch wenn er bereits seine endgültige Form und alle sonstigen allgemeinen Merkmale besaß, für sie nichts weiter als ein Stück Holz.«[13] Seine Handlungsmacht hing also ebenfalls von einer Art allgemeinem Konsens ab, zumindest bei den Leuten, die er beschützte. Und auch für den Erhalt dieses Konsenses musste man sorgen, indem man ständig »*hasina* gab«, was im Fall eines Talismans alles bedeuten konnte, angefangen damit, dass man ihn mit Honig und Rizinusöl einrieb, bis zur Opferung eines Schafs oder auch einfach nur die Einhaltung bestimmter Tabus. Zumindest scheint immer eine gewisse Vorstellung von Übereinkunft zu existieren und darüber hinaus ein Bewusstsein dafür, dass diese Übereinkunft in erster Linie durch die Macht von Worten zustande gekommen ist – wobei das verbindende Element darin besteht, dass überzeugende Worte wiederum als *masina* bezeichnet werden können.

Der madagassische Begriff, den man in diesem Zusammenhang verwenden würde, ist *fanekana*, womit entweder »eine Übereinkunft« gemeint sein kann, im Sinne eines Vertrags oder einer Abmachung zwischen zwei oder mehr Parteien, oder der etwas weniger konkrete Zustand eines gemeinsamen Konsenses; in jedem Fall bedeutet es jedoch, dass man gegenseitige Verpflichtungen eingeht oder aufrechterhält, ähnlich denen, wie sie normalerweise innerhalb einer Familie bestehen, nur dass die Beteiligten hier nicht miteinander verwandt sind. Wenn eine solche Übereinkunft getroffen wird, bedeutet das für gewöhnlich zumindest implizit, dass zugleich eine unsichtbare Gewalt geschaffen wird, die sie durchsetzen kann (so wie Ahnen ihre Nachkommen bestrafen, wenn sie ihre wechselseitigen Verpflichtungen nicht erfüllen). Genauso wurde der König gesehen: Ein Großteil seiner Macht bestand darin, dass er aufsehenerregende Strafen verhängen konnte. Auch wurde die Verbindung zwischen der Übergabe von *hasina* an den König und gewöhnlichen Verträgen nicht allein sprachlich hergestellt. Sie war ziemlich konkret. Wann immer im neunzehnten Jahrhundert im Merina-Königreich jemand einen Vertrag abschloss, sei es nun, dass eine Gemeinschaft Bewässerungsvorschriften zustimmte oder sich zwei Parteien in einem Erbstreit einigten, machte man das Ganze dadurch offiziell, dass man dem Souverän *hasina* gab.[14] Beim Lesen von Aufzeichnungen aus dem neunzehnten Jahrhundert wird rasch klar, dass die Macht des Königs auf diese Weise bis in den Alltag der Leute hinein reichte: durch Gesten, die dazu dienten, die Macht des Königs zur Durchsetzung von Vereinbarungen in jeder Hinsicht aufrechtzuerhalten.

Zurück auf Anfang

Man könnte an dieser Stelle also einfach die Schlussfolgerung ziehen, dass Bloch sich geirrt hat, und es dabei bewenden lassen. Jedenfalls habe ich das zunächst getan. Dann nahm ich mir noch einmal die Quellen aus dem neunzehnten Jahrhundert vor, auf die Bloch sich hauptsächlich gestützt hatte,[15] und fand tatsächlich einige Aussagen, die *hasina* als quasi-natürliche Macht erscheinen lassen, an Fruchtbarkeit gebunden, von königlichen Vorfahren an ihre Nachkommen vererbt, häufig im Besitz bestimmter Gruppen und auch sonst weitgehend Blochs Beschreibung entsprechend. Das trifft insbesondere auf Aussagen in offiziellen Chroniken zu und auf solche zum Ablauf der Königsrituale selbst.

Damit wurde es kompliziert. Es bedeutet, dass die Königsrituale zwei völlig entgegengesetzte Dinge aussagten. Auf ganz explizite Weise sagten sie, dass königliche Macht durch das Universum gegeben ist; gleichzeitig scheint der Ablauf des Rituals jedoch zu besagen, dass Könige nur deshalb über Macht verfügen, weil die Leute das so wollen.

Wie soll man das verstehen? Wenn Königsrituale dem Zweck dienen, Machtverhältnisse zu naturalisieren, warum wird diese Botschaft dann gleichzeitig untergraben? Und noch merkwürdiger: Warum scheint das nicht die geringste Rolle zu spielen? Wenn wir die verborgene Botschaft einmal als eine Art subtiler interner Kritik an der Monarchie betrachten – was einige zweifellos tun würden –, dann war sie offensichtlich nicht besonders wirkungsvoll, da diese Rituale eine entscheidende Rolle bei der Konstituierung ebenjenes Objekts spielten, gegen das sich die Kritik richten würde. Andererseits, wenn die Vorstellung, dass Könige eine Verkörperung des Volkswillens sind, ihrer Autorität nicht weiter schadet, warum sagt man es dann nicht geradeheraus? Weil es während der Zeremonie nie geradeheraus gesagt wurde. Und wenn es selbstverständlich wäre, würde man auch kein Sprichwort wie »Es ist die Münze, die den König zum König macht« brauchen. Stattdessen haben wir es offenbar mit einem Ritual zu tun, das eine Behauptung aufstellt und sie sofort wieder zurücknimmt, fast so, als würde man erst erklären, Könige seien göttliche, vom Himmel herabgestiegene Wesen, und dann hinzufügen: »Aber natürlich nicht richtig – was sie eigentlich zu Königen macht, ist der Umstand, dass sie uns dazu bringen, bei diesem Unfug mitzuspielen.« (Ich habe dieses Beispiel gewählt, weil ein anderes madagassisches Sprichwort besagt: »Kein König ist wirklich vom Himmel herabgestiegen.«)

Wenn sich jemand ein solches Ritual ausdenken würde, würde man sagen, er hat zu viel Phantasie. Aber das hat natürlich niemand getan. Das Königszeremoniell der Merina bestand, wie Bloch selbst betont, aus allen möglichen woanders entliehenen Elementen; es war zusammengeflickt aus Bruchstücken ritueller Praktiken, in die bereits bestimmte Vorstellungen von Macht eingeschrieben waren. Das erklärt zum großen Teil auch die Unterschiede zwischen Blochs Untersuchung und meiner. Bloch hat sich in seiner ethnographischen Arbeit weitgehend auf an Verwandtschaftsverhältnisse und Abstammung gebundene Rituale konzentriert: Beschneidungszeremonien, Ahnenkulte, Grabwachen. Tatsächlich sind dies die einzigen Rituale, die nicht als *manasina* bezeichnet werden. Blochs besonderes Interesse richtet sich darauf, inwiefern diese Rituale ein bestimmtes Bild zeitloser, unwandelbarer Autorität erzeugen; genauer gesagt definiert er Verwandtschaft selbst als »eine Möglichkeit, die Beziehungen zwischen Menschen als durch Geschlecht und Elternschaft geschaffene Bande zu betrachten, so dass die solcherart dargestellten sozialen Bindungen den Beteiligten als natürlich, unvermeidlich und unveränderlich erscheinen«.[16] Manch einer würde zweifellos hinzufügen, dass es bei Verwandtschaft auch noch um andere Dinge geht, aber es stimmt schon, wenn man das Königsritual auf Analogien hin untersucht, wird man genau hier fündig, was die Darstellung von *hasina* als unwandelbar, natürlich und so weiter betrifft. Ich dagegen interessierte mich für das, was sich allgemeiner als »magische Praxis« beschreiben ließe, bei der es allein darum geht, dass Menschen *hasina erzeugen*, und die in gewisser Hinsicht Verwandtschaft entgegenzustehen scheint. Daher ist es kaum verwunderlich, dass das Königsritual etwas ganz anderes zu besagen scheint, wenn es sich auf diese Tradition bezieht.

Nun könnte man natürlich einwenden, dass das nicht das Geringste zu einer Klärung beiträgt, weil die eigentliche Frage ja lautet, warum das Königsritual überhaupt auf zwei so gegensätzliche Traditionen zurückgreifen sollte. Das ist zweifellos richtig, dennoch halte ich die Unterscheidung zwischen diesen beiden Formen ritueller Praxis für einen vielversprechenden Ausgangspunkt.

Was mich während meiner Arbeit wirklich erstaunte, um ein Beispiel zu nennen, war der Umstand, dass Bloch in all seinen Schriften kaum etwas zu Talismanen und Medizin zu sagen hat – alles, was man im weitesten Sinn als »Magie« bezeichnen würde. Vielleicht ist das aber gar nicht so verwunderlich, da auch keiner der anderen Ethnologen, die sich mit Madagaskar beschäftigten, sehr viel zu diesem Thema zu sagen hatte (die Literatur über madagassische Magie stammt fast ausschließlich aus der Feder von Missionaren und Kolonialbeamten). Was Bloch betrifft, ist es jedoch praktisch der einzige Aspekt des Merina-Rituals, über den er *nicht* spricht. Ich kam schließlich zu dem Schluss, es läge daran, dass Bloch in seinen Arbeiten der marxistischen Tradition folgt. Marxistische Ethnologen hatten seit jeher ihre Schwierigkeiten mit Magie. Im Gegensatz zur Religion: Dazu hatte die marxistische Theorie, angefangen bei Marx selbst, immer sehr viel zu sagen.

Ich halte das für ein interessantes Phänomen. Was ist der Grund dafür? Und wie könnte eine marxistische Theorie der Magie aussehen?

Magie und Marxismus

Marx setzte sich in seinen frühen Arbeiten – insbesondere in seinen Erwiderungen auf andere Junghegelianer wie Feuerbach und Stirner – häufig mit Religion auseinander. Man könnte sogar sagen, dass es bei seinen Arbeiten über Ideologie hauptsächlich darum ging, für eine Religionskritik entwickelte Begriffe auf den ökonomischen Bereich anzuwenden. Fetischismus ist dabei nur einer der bekannteren dieser Begriffe.

Die Logik hinter Marx' Religionskritik war entscheidend für sein Denken über die menschliche Existenz im Allgemeinen. Um eine bekannte These zu wiederholen: Menschen sind Schöpfer. Die soziale (und in einem hohen Maß sogar die natürliche) Welt, in der wir leben, ist etwas, das wir gemacht haben und ständig neu machen. Unser Problem besteht darin, dass wir das selbst nicht ganz durchschauen und diesen Vorgang deshalb auch nicht kontrollieren können, sondern meistens glauben, dass wir von unseren Schöpfungen kontrolliert werden. Insofern wird Religion zum Prototyp aller Formen von Entfremdung, denn sie beinhaltet, dass wir unsere schöpferischen Fähigkeiten nach außen auf Wesen übertragen, die allein der Phantasie entsprungen sind, und uns dann vor ihnen niederwerfen und um Gefälligkeiten bitten. Und so weiter.

All das dürfte inzwischen hinlänglich bekannt sein, aber vor diesem Hintergrund versteht man leichter, warum Magie ein solches Problem ist. Werfen wir einen Blick darauf, wie die frühe Ethnologie (Tylor, Frazer u.a.) den Unterschied zwischen Magie und Religion definierte. Für Tyler war Religion eine Glaubenssache (»der Glaube an übernatürliche Wesen«), Magie dagegen waren Praktiken. Es ging darum, etwas zu tun, das eine unmittelbare Wirkung auf die Welt haben sollte, dazu gehörte aber nicht unbedingt die Anrufung irgendeiner vermittelnden Macht. Mit anderen Worten, Magie muss nicht zwangsläufig irgendwelche fetischisierten Projektionen einschließen. Frazer wird in dieser Hinsicht noch deutlicher, wenn er darauf beharrt, dass Magie ihre Wirkung »automatisch« entfaltet; selbst wenn ein Magier beispielsweise einen Gott oder einen Dämon anruft, sperrt er diesen für gewöhnlich in ein Pentagramm und kommandiert ihn herum, statt Gefälligkeiten von ihm zu erbitten. Bei Magie geht es demnach darum, die eigenen Absichten zu verwirklichen (wie immer diese auch aussehen mögen), indem man auf die Welt einwirkt. Es geht nicht darum, dass die Absichten und kreativen Fähigkeiten der Leute nach außen auf die Welt projiziert werden und ihnen in seltsamen, entfremdeten Formen erscheinen. Genau das Gegenteil ist der Fall. Mit anderen Worten: Wenn Religion die Methode ist, (imaginäre) menschliche Persönlichkeiten und Absichten auf (reale) Naturkräfte zu übertragen, dann müsste es sich bei Magie darum handeln, reale menschliche Persönlichkeiten und Absichten mit imaginären Naturkräften auszustatten.

Das ist nicht im herkömmlichen Sinn fetischistisch. Vielmehr geht es darum, dass Menschen die Welt aktiv gestalten und sich dabei dessen bewusst sind, was sie tun. Die übliche marxistische

Kritik greift hier nicht. Andererseits neigen Magier aber auch dazu, alle möglichen Behauptungen aufzustellen, die ganz offensichtlich falsch sind und zumindest in bestimmten Bereichen zur Stärkung ausbeuterischer Systeme der einen oder anderen Art beitragen. Etwas Derartiges können Marxisten natürlich auch nicht gutheißen. Vielleicht haben sie deshalb das Thema oft gleich ganz gemieden.[17]

Aber das madagassische Beispiel – und ich bin sicher, dass es noch mehr davon gibt – legt nahe, dass Magie genau aus diesem Grund wichtig ist. Weil es gerade diese unfetischisierte Eigenschaft ist, der Umstand, dass Magie die Quelle sozialer Kreativität im menschlichen Handeln ansiedelt und nicht außerhalb, der es ermöglicht, zu einem solchen offenbar realistischen Verständnis von Königtum zu gelangen – das genau genommen dem eines Sozialwissenschaftlers erstaunlich nahe kommt.

Das ist natürlich noch keine Erklärung für die offenkundig doppelte Botschaft. Ich denke, an dieser Stelle könnte es von Nutzen sein, einen Blick auf neuere ethnologische Theorien zur Magie zu werfen.

Magie und Ethnologie

Im zwanzigsten Jahrhundert sahen die wenigsten Ethnologen ihre Arbeit im Kontext einer kritischen Theorie. Seit Anfang des Jahrhunderts gab sich die etablierte Ethnologie beharrlich relativistisch. Während die marxistischen Ethnologen dazu neigen, Magie dessentwegen, was sie nicht entstellt, problematisch zu finden, haben die meisten anderen da Schwierigkeiten mit ihr, wo sie es tut. Wie sich gezeigt hat, sperrt sich Magie hartnäckig gegen jede Relativierung. Für Evolutionisten ist Magie schlicht eine Sammlung von Irrtümern. Für Edward Tylor oder Sir James Frazer fielen all jene Methoden unter die Kategorie »Magie«, die nach Ansicht eines unbeteiligten Beobachters nicht funktionieren konnten. Die Aufgabe des Relativisten besteht also offenkundig darin aufzuzeigen, inwiefern magische Aussagen zutreffen. Das erwies sich jedoch als äußerst schwierig; zum einen hat es Forscher dazu veranlasst, unablässig etwas herunterzuspielen, was andernfalls wohl eines der Hauptmerkmale von Magie wäre: nämlich, dass sie fast immer mit Tricks, Effekthascherei und Skepsis verbunden zu sein scheint.

Die ethnologische Literatur zu »Magie« ist nicht besonders umfangreich. Sie besteht im Wesentlichen aus den beiden umfangreichen Monographien von Edward E. Evans-Pritchard und Bronislaw Malinowski.[18] Beide entstanden zu einer Zeit, als Ethnologen es zumindest noch der Mühe wert fanden, sich mit alten evolutionistischen Fragen zu befassen; damit hat es sich dann aber auch schon. Die Debatten zu diesem Thema – beispielsweise ein Großteil der sogenannten »Rationalitätsdebatte«, die auf Evans-Pritchards *Witchcraft, Oracles and Magic among the Azande* folgte – wurden zumeist von Philosophen und anderen Nichtethnologen geführt. In den 1960er Jahren gaben neue linguistische Modelle den Anstoß zu einer Reihe von Essays, wobei hier die größte Bedeutung den Schriften von Stanley Tambiah[19] zukommt, vor allem der von ihm konstatierten Analogie von Zaubersprüchen und performativen Sprechakten, d.h. Äußerungen (z.B. »ich entschuldige mich«), die allein dadurch, dass sie gemacht werden, etwas bewirken. Tambiahs Arbeit diente seither als Ausgangspunkt für so gut wie alle der wenigen neuen ethnologischen Schriften über Magie. Tatsächlich haben sich die Ethnologen in ihrer Mehrzahl schon lange von dem Begriff »Magie« abgewandt und ziehen es vor, Daten, die möglicherweise früher einmal darunter fielen, nach Rubriken wie Hexerei und Zauberei, Schamanismus, Heilkunst, Kosmologie und so weiter zu sortieren, von denen jede unterschiedliche Fragen und unterschiedliche Probleme nach sich zieht. Meine Ansicht nach gibt es dafür auch einen guten Grund. Als Instrument der ethnographischen Beschreibung ist der Begriff »Magie« weitgehend nutzlos. In meinen ethnographischen Untersuchungen[20] habe ich mir meistens mit dem Begriff »Medizin« beholfen, als direkteste Übersetzung für das Wort, das ein Madagasse im Zusammenhang mit solchen Dingen verwenden würde. Nichtsdestoweniger ist die theoretische Debatte über Magie erhellend.

Für einen Relativisten besteht das Problem darin zu zeigen, dass magische Aussagen nicht einfach falsch sind. Wenn Magier behaupten, ihre Magie habe eine soziale Wirkung, haben sie in gewisser Hinsicht zweifellos Recht. Im Allgemeinen ist es so. Sobald ihre

Behauptungen darüber hinauszureichen scheinen, steht man vor einem gewaltigen Problem. Ein Beispiel: Wenn jemand sagt, er habe die Macht, Blitze auf die Köpfe seiner Feinde zu lenken, muss ein außenstehender Beobachter geradezu zwangsläufig zu dem Schluss kommen, dass er natürlich nicht dazu in der Lage ist. Die Aussage ist falsch. Entweder irrt sich der Sprecher also oder er lügt. (Die meisten Evolutionisten, einschließlich Missionare, tendierten zu einer etwas voreiligen Kombination aus beidem.) Die einzige Möglichkeit, diesem Dilemma zu entgehen, bestünde darin, den Begriff »Wahrheit« in Frage zu stellen: magische Aussagen, so könnte man argumentieren, sollen nicht »wahr« sein, zumindest nicht in dem wissenschaftlichen, empirisch nachweisbaren Sinn, den der Begriff für ein westliches Publikum hat. Sie sind poetisch oder rhetorisch, eher expressiv als instrumentell, illokutionär, performativ und so weiter. Vermutlich gründet Tambiahs Ruhm vor allem darauf, dass er in seinen frühen Aufsätzen diesbezüglich eine extreme Position vertritt.

Sein berühmtestes Beispiel ist eine *vilamalia* genannte Gartenmagie auf den Trobriand-Inseln, von der Malinowski berichtet.[21] Sie soll dazu dienen, die Speicherhäuser für die Yamsknollen zu verankern, indem sie groß, prall und schwer und sowohl die Speicherhäuser als auch die Yamsknollen darin stark und widerstandsfähig gemacht werden. Als Malinowksi die Magier fragte, wie diese Magie funktioniere, lautete ihre Antwort meistens, dass sie nicht direkt auf die Nahrung oder die Speicher wirke. Vielmehr, sagten sie, wirke sie auf die Bäuche der Menschen – der Bauch gilt sowohl als Sitz des Verstandes als auch der magischer Kräfte. Diese Magie bringt die Leute dazu, ihren Hunger unter Kontrolle zu halten, so dass sie sich nicht die Bäuche mit Yams vollschlagen und die Speicher gefüllt bleiben. Daraus lässt sich die Schlussfolgerung ziehen, dass es sich bei Magie um eine öffentliche Darbietung handelt, mit der die Leute beeinflusst werden sollen, oder, wie Tambiah schreibt, um »Geist und Empfindungen der Akteure neu zu ordnen und miteinander zu verbinden«,[22] und nicht um eine irrige Methode, Dinge zu beeinflussen.

Nur handelt es sich dabei leider um einen recht ungewöhnlichen Zauber. Die Trobriander verwendeten Zaubersprüche auch, um den Wind zu beherrschen oder Kanus schneller fahren zu lassen, und es scheint keinen Grund zu der Annahme zu geben, dass die Wirkung dieser Sprüche als rein rhetorisch betrachtet wurde. Aber beachten Sie die Analogie zum Königsritual der Merina. Auch hier haben wir es bei dem Ritual selbst mit Aussagen über scheinbar außergewöhnliche, naturalisierte Kräfte zu tun (dass die Macht von Königen in der Natur wurzelt, dass die Worte von Magiern die materielle Welt beeinflussen können), die dann unmittelbar darauf durch andere Aussagen untergraben werden, denen zufolge es sich nicht so verhält und es in Wirklichkeit bei alldem nur darum geht, Einfluss auf die Absichten der Menschen zu nehmen.

Es ist auch bezeichnend, dass es sich bei der trobriandischen Magie selbst in erster Linie um eine öffentliche Darbietung handelt. Die Behauptung, eigentlich glaube niemand daran, dass Magie Einfluss auf die materielle Welt hat, höchstens auf andere Menschen, ist wesentlich schwerer ernst zu nehmen, wenn man es etwa mit Evans-Pritchards Material über die Zande zu tun hat oder auch mit zeremonieller Magie, wie sie im Altertum[23] praktiziert wurde, wo die meisten Rituale im Geheimen stattfanden. Zum Teil hängt das davon ab, wie man »Darbietung« definiert. Wenden wir uns noch einmal dem Beispiel des Blitzschlags zu. Zu der Zeit, als ich in der Kleinstadt Arivonimamo lebte, blätterte ich während eines Besuchs in der Wohnung eines medialen Heilers namens René in einem Notizbuch mit Rezepten für *ody*, das sicher nicht zufällig auf dem Tisch lag. René verwies mich daraufhin auf eine Seite, die, wie er sagte, Anweisungen für einen Blitzzauber enthielt. »Sie müssen wissen, dass ich selbst so etwas nie machen würde«, sagte er. »Das ist zutiefst unmoralisch. Obwohl, wenn ich ehrlich bin, habe ich es einmal gemacht. Vor vielen Jahren. Aber da wollte ich Rache an dem Mann nehmen, der meinen Vater getötet hat. Ich weiß, ich hätte das nicht tun sollen, aber …« Er hielt inne und zuckte ergeben die Schultern. »Es war immerhin mein Vater!«

Wie soll man diesen Vorfall deuten? Es war zweifellos eine Darbietung. Aber sie wurde in normaler Alltagssprache gegeben, die nach den Kriterien wahr und falsch beurteilt werden sollte. Man kann nicht sagen, die Frage, ob René tatsächlich jemanden mit einem Blitzschlag bestraft hatte oder nicht, sei »unangemessen«. Dann muss man sich aber tatsächlich zwischen Irrtum und

Lüge entscheiden. Mir kommt es hier jedoch in erster Linie auf die Feststellung an, dass praktisch jeder Madagasse, dem ich von diesem Vorfall erzählte, diese Entscheidung ohne zu zögern traf. Offensichtlich log René. (Wenn man wirklich über solche furchteinflößenden Kräfte verfügt, gibt man damit nicht vor Fremden an.) Andererseits hielten es wohl die meisten nicht für ganz ausgeschlossen, dass er tatsächlich wusste, wie man einen Blitz auf jemanden lenkte, jedenfalls genügte es, um es sich zweimal zu überlegen, bevor man etwas tat, was ihn richtig sauer machte, und das war ganz offensichtlich die eigentliche »soziale Wirkung«, die seine Darbietung haben sollte; das bedeutet wiederum, dass ihm die Leute in dem Maß nicht glaubten, wie sie annahmen, dass er mit seiner Äußerung lediglich eine soziale Wirkung bezweckte. Ethnologen nehmen diese Art von Skepsis – die Aura latenter Ungläubigkeit, die alle Phänomene zu umgeben scheint, die unter die Kategorie »Magie« fallen – nur zur Kenntnis, um sie sofort als unerheblich abzutun. Evans-Pritchard beispielsweise stellte fest, dass die meisten ihm bekannten Zande der Meinung waren, die Medizinmänner seien in der Mehrzahl Betrüger und lediglich eine Handvoll davon »vertrauenswürdige Fachleute«. »Daher sind sie nie ganz sicher, ob sie den Aussagen eines bestimmten Medizinmanns vertrauen können oder nicht.«[24] Ähnliches wird fast überall über Heiler berichtet. Das Fazit ist aber jedes Mal das gleiche: Da jeder, oder fast jeder, zustimmt, dass es zumindest einige seriöse Heiler gibt, fällt die Skepsis nicht ins Gewicht. Ähnlich verhält es sich mit den Kniffen, Täuschungen und Taschenspielertricks von Zauberkünstlern wie Schamanen oder Medien (die angeblich Gegenstände aus den Körpern von Leuten saugen, bauchreden, Glas essen). Ein Klassiker zu diesem Thema ist natürlich Lévi-Strauss' Aufsatz »Der Zauberer und seine Magie« von 1971 über einen jungen Kwakiutl, der sich schamanistische Künste aneignet, um deren Anwender als Betrüger zu entlarven, zu guter Letzt jedoch selbst zu einem erfolgreichen Heiler wird. Der springende Punkt ist also, dass Heiler (um ein Beispiel zu nennen) zwar wissen, dass das, was sie tun, zumeist Bühnenzauber ist, zugleich aber glauben, dass irgendwie auch was dran sein muss, weil sie tatsächlich Menschen damit heilen. Wieder sind die Tricks ohne Bedeutung. Historisch gesehen gibt es gute Gründe dafür, warum

Ethnologen diese Haltung einnehmen – im Fall von Missionaren dürfte es klar sein –, aber was passiert, wenn wir den Spieß umdrehen und erklären, gerade die Skepsis ist interessant? Nehmen wir einmal die Haltung gegenüber Heilern. Evans-Pritchard berichtet, dass bei Séancen der Zande keiner der Anwesenden »ganz sicher war«, ob der Heiler, dem er zusah, ein Scharlatan war oder nicht; die gleiche Erfahrung machte ich in Madagaskar. Die Leute änderten ständig ihre Meinung, was bestimmte Heiler anging. Man muss sich nur einmal überlegen, was das bedeutet. Heiler, ob echt oder nicht, sind zweifellos sehr mächtig und einflussreich. Das bedeutet, jeder, der einer Darbietung beiwohnte, war sich bewusst, dass die Kräfte der Person vor ihm *möglicherweise* lediglich auf seiner Fähigkeit beruhten, andere davon zu überzeugen, dass er sie besaß. Und das gewährt meiner Ansicht nach tiefe Einblicke in das Wesen sozialer Macht.

Natürlich bedeutet das nicht, dass solche Möglichkeiten zwangsläufig auch irgendwie genutzt wurden. Aber man kann durchaus behaupten, dass es häufig so war. Gaunergeschichten zum Beispiel erscheinen oft als ziemlich unverblümte Betrachtungen über die Beziehung zwischen Betrug, Tricks und sozialer Kreativität. In Madagaskar stehen in diesen Geschichten entweder herumziehende Hochstapler (die sich oft als Magier ausgeben) im Mittelpunkt oder politische Figuren wie Könige, die gewaltsam die Macht an sich reißen. Oder ein Beispiel aus dem Alltagsleben: Für die meisten Leute, die ich in Madagaskar kennenlernte, war es eine Sache des gesunden Menschenverstands, dass die Medizin jemandem, der nicht richtig daran glaubte, auch nicht half. Eine der ersten Geschichten, die ich hörte, war die eines italienischen Priesters, der eine Gemeinde übernehmen sollte und an seinem ersten Tag im Land bei einer wohlhabenden madagassischen Familie eingeladen war. Mitten während des Essens verloren auf einmal alle das Bewusstsein. Wenige Minuten später kamen zwei Einbrecher durch die Tür geschlendert und ergriffen gleich darauf erschrocken die Flucht, als sie merkten, dass noch jemand wach war. Wie sich herausstellte, hatten sie im Haus ein *ody* versteckt, das um sechs Uhr abends alle einschlafen lassen sollte, aber da der Priester ein Ausländer war, der nicht an solchen Unfug glaubte, hatte es keine Wirkung auf ihn.

Das wusste jeder. Manche Leute gingen sogar noch einen Schritt weiter und behaupteten, auch wenn jemand eine Medizin benutzte, um einem anderen zu schaden, würde sie nicht wirken, solange der Betreffende nichts davon wusste.

Das erste Mal hörte ich das von verhältnismäßig gebildeten Leuten und ich hatte den starken Verdacht, dass sie mir einfach nur etwas erzählten, von dem sie dachten, dass ich es hören wollte. Immerhin beschreibt es ziemlich genau die Einstellung vieler Amerikaner: Wenn ein Zauber funktioniert, dann allein durch die Kraft der Suggestion. Im Lauf der Zeit lernte ich jedoch einige Astrologen und Heiler kennen, Leute, die fast keine Schulbildung hatten und ganz bestimmt keine Ahnung, was Amerikaner im Allgemeinen so dachten (einer von ihnen hielt mich sogar für einen Afrikaner), und sie erzählten mir genau das Gleiche. Und fast jeder, den man rein theoretisch dazu befragte, pflichtete bei. Für gewöhnlich folgten dann aber sofort alle möglichen Einschränkungen, ja, es stimmte, es sei denn natürlich, es handelte sich um etwas, das einem ins Essen getan wurde. Oder um einen dieser wirklich mächtigen Liebeszauber. Oder, oder …

Das Befremdliche daran ist, dass Prinzip und Praxis in krassem Widerspruch zueinander standen. Jeder pflichtete bei, aber keiner verhielt sich jemals so, als würde es auch zutreffen. Wenn man krank war, ging man zu einem Heiler. Der Heiler erklärte einem für gewöhnlich, die Ursache der Krankheit sei irgendeine Medizin, die jemand gegen einen verwendet habe, und verriet dann, wer es war und wie er es gemacht hatte. Es liegt auf der Hand, dass diese Prozedur keinen Sinn ergibt, wenn einem eine Medizin nur dann Schaden zufügen kann, sofern man weiß, dass sie jemand zu diesem Zweck benutzt hat. Theorie und Praxis sind also zwei Paar Stiefel. Aber wenn sich nie jemand so verhielt, als würde sie zutreffen, warum gab es die Theorie dann überhaupt?

In gewisser Weise handelt es sich um denselben Widerspruch, mit dem wir es bereits beim Königsritual und bei Tambiahs Yamszauber zu tun hatten, nur diesmal in einer Verkehrung. Die Leute warten zunächst mit einer Interpretation auf, wonach magische Handlungen lediglich eine soziale Wirkung haben, unmittelbar darauf fangen sie jedoch an, Einschränkungen zu machen und zu relativieren. Dennoch hat man die gleiche schiefe Beziehung zwischen zwei Prämissen, die einander ganz offensichtlich widersprechen, in der Praxis jedoch voneinander abhängig zu sein scheinen. Denn wie würde die madagassische Gesellschaft aussehen, wenn sich jeder so verhielte, als würde eine Medizin nur dann wirken, wenn man an sie glaubt oder wenn man will, dass sie wirkt? Schwarze Magie – die verbreitetste Form von Magie – würde es dann einfach nicht mehr geben. Aber es gab sie ganz offensichtlich. Wie mir eine Frau ziemlich bekümmert erklärte: »Ich muss wohl daran glauben, denn seit ich hierher aufs Land gezogen bin, bin ich dauernd krank.« Vielleicht ließe sich etwas Ähnliches über das Wesen politischer Macht sagen oder zumindest über Zwangsformen wie die Organisation eines Staates. Macht *ist* in einem hohen Maß lediglich die Fähigkeit, andere Leute davon zu überzeugen, dass man sie besitzt (und wenn nicht das, dann besteht sie in der Fähigkeit, die Leute davon zu überzeugen, dass man sie besitzen *sollte*).[25] Einmal abgesehen von der Frage, ob das bedeutet, dass Macht ihrem Wesen nach auf eine etwas paradoxe Weise zirkulär ist, könnte es tatsächlich eine Gesellschaft geben, in der die Leute sich so verhalten, als wären sie sich dessen bewusst? Würde das nicht bedeuten, dass es Macht selbst – zumindest in ihren hässlicheren, eindeutig schädlichen Erscheinungsformen – einfach nicht mehr geben würde, ähnlich wie schwarze Magie? Man sieht beinahe einen madagassischen Bauern früherer Zeiten vor sich, der hinsichtlich Blochs Banditen-Königen zu dem gleichen Schluss gelangt wie meine Bekannte bei der Medizin: Na ja, ich muss wohl an sie glauben; oder in diesem Fall: Sie sind wohl tatsächlich Emanationen meines Wunsches nach einer einenden Macht, die uns alle zu Angehörigen ein und desselben intakten Königtums macht, schließlich gebe ich ihnen ja weiter intakte Münzen.

Magisches und religiöses Verhalten

Einer der Gründe, warum Ethnologen den Begriff »Magie« nicht besonders mögen, ist der, dass er so stark mit bewusster Täuschung und Tricks assoziiert wird. Es ist kein Zufall, dass in Amerika heutzutage die meisten Leute an Männer in Fräcken denken, die Kaninchen aus Zylindern ziehen, wenn sie »Magie« hören. Meiner Meinung nach ist allerdings genau das das Interessante daran. Der Begriff »Magie«, insofern er noch von irgendeinem Nutzen für die Ethnologie ist, lässt sich am besten anhand zweier Merkmale definieren. Erstens ist Magie nicht inhärent fetischistisch, da sie erkennt, dass die Macht, die Welt zu verändern, letztlich auf menschliche Intentionen zurückgeht. Das heißt, selbst wenn fremde Kräfte oder unsichtbare Geister der einen oder anderen Art daran beteiligt sind, steht am Anfang jeder Handlung immer eine menschliche Intention und an ihrem Ende ein greifbares Ergebnis. Zweitens schließt Magie immer ein gewisses Maß an Skepsis ein, ein Schwanken zwischen der Feststellung, dass die beteiligte Macht geheimnisvoll und außergewöhnlich ist, und der Feststellung, dass es sich lediglich um »soziale Effekte« handelt, was manchmal bedeutet, sich einfach dessen bewusst zu sein, dass diese Macht eine Art Schwindel ist, ohne dass sie deshalb weniger real oder bedeutungsvoll wird.

Nun könnte man vor diesem Hintergrund viele der in diesem Kapitel angeführten Beispiele noch einmal neu untersuchen. Boas' Kwakiutl-Informanten aus der Zeit der Jahrhundertwende, die ein und dasselbe Wort für »Ritual« und »Schwindel« oder »Täuschung« verwendeten, ließen in ihrem Verständnis von sozialer Macht einige höchst magische Neigungen erkennen. Gleichzeitig war der letzte Ursprung dieser Kräfte hochgradig fetischisiert. Die Maori-Quellen über verborgenes *mauri* schwanken zwischen einer magischen und einer theologischen Erklärung: In manchen Versionen sind die Kräfte des verborgenen Talismans die der Götter, in anderen (insbesondere bei Ranapiri) die von Priestern. In jedem Fall handelt es sich um ein entfremdetes Bild der menschlichen Kräfte, die eigentlich für die Bildung sozialer Gruppen verantwortlich sind. Dies ließe sich weiter fortsetzen.

Diese Anmerkungen sollen keinen neuen Vorwand für akademische Debatten über die Frage, ob eine bestehende Praxis »magisch« oder »religiös/theologisch« ist, liefern. Man sollte diese Dinge besser als Haltungen betrachten, das heißt, die an einem Ritual Beteiligten können dazu völlig unterschiedliche Meinungen haben. Entscheidend ist, dass eine solche Haltung zumindest die Möglichkeit für etwas eröffnet, was man nur als erstaunlich realistische Denkweise über das Phänomen sozialer Macht bezeichnen kann. Ich habe bereits beschrieben, wie das im Königsritual der Merina Form annimmt und sich dabei einer magischen Praxis nähert. Allerdings war diese Haltung gegenüber Macht nicht auf Rituale beschränkt. Ein bekanntes Beispiel dafür ist König Radama I., der Anfang des neunzehnten Jahrhunderts regierte und als erster Merina-Herrscher engeren Kontakt zu Europäern pflegte. Den meisten Berichten zufolge war Radama durch und durch ein Zyniker. Zu seinen Lieblingsbeschäftigungen gehörte es, die Tricks seiner Hofmagier aufzudecken. Der Umgang mit Missionaren war ihm offenbar nicht besonders angenehm, dafür verstand er sich bestens mit Freidenkern wie dem französischen Maler Copalle, mit dem er in den meisten Dingen einer Meinung war. So erklärte er Copalle zum Beispiel, er halte Religion lediglich für eine politische Institution, und in Anbetracht seiner Entscheidung, das Königsritual aufzugeben, kaum dass er über ein modernes stehendes Heer verfügte, scheint er tatsächlich davon überzeugt gewesen zu sein.

Viele ethnologische Theorien hätten Schwierigkeiten damit, allein die Existenz eines solchen Mannes zu erklären. Es entbehrt nicht einer gewissen Ironie, dass dies insbesondere auf eine Richtung der ethnologischen Theorie zutrifft, die sich unmittelbar aus den Debatten über Magie herleitet: Anstoß dazu gab Evans-Pritchards Behauptung, die Azande seien nicht in der Lage, die Grundlagen ihrer Denkweise zu hinterfragen,[26] und ihre extremste Form erreicht sie in einigen Thesen von Robin Horton, wonach Menschen, die an Magie glauben, in einem geschlossenen geistigen Universum voller unwiderlegbarer Aussagen leben, die niemals durch die empirische Realität in Frage gestellt werden können (anders als die Menschen im Westen natürlich, die wissenschaftlich denken und aufgeschlossen sind). Ich habe dagegen eher den Eindruck, als ob gerade jemand wie Radama aus einem von Magie bestimmten Umfeld kommt – das heißt voll von Geschichten über Wunder und Täuschungen und ständigen Spekulationen über verschiedene Formen persönlicher Macht und Manipulation, ein Umfeld, in dem die Mechanismen der Macht, die Falltüren und Spiegel, hinter den Kulissen sichtbar sind.

Mir wäre daran gelegen, einen Teil der künstlichen Distanz aufzuheben, die viele ethnologische Theorien oft unabsichtlich zwischen Beobachtern und Beobachteten errichten. Ich bezweifle ernsthaft, dass es irgendwo jemanden gibt, der *nicht* in der Lage ist, die Grundlagen seiner Denkweise in Frage zu stellen; selbst wenn wahrscheinlich die überwältigende Mehrheit der Menschen auf dieser Welt keinen Grund sieht, warum sie das tun sollten. Wenn es denn eine Antwort auf die Frage gibt, warum das Königsritual der Merina zwei so widersprüchliche Dinge zu sagen scheint, muss sie hier zu finden sein. Man könnte sagen, dass man mit einer Aussage wie »Es ist noch kein König vom Himmel herabgestiegen (jedenfalls nicht so richtig)« so weit geht, wie man gehen kann, um Macht zu entfetischisieren, ohne einen Diskurs in Gang zu setzen, eine Art des Denkens und Sprechens über Macht, die nicht selbst wiederum untrennbar mit Praktiken der Macht verflochten ist – oder die zumindest versucht, sich davon fernzuhalten. Um diese machtfernen Räume zu schaffen, muss man das jedoch *wollen*. In der Praxis schließt das eine Art bewusstes Programm des gesellschaftlichen Wandels ein. Fehlt ein solches Programm, hat man wahrscheinlich nicht viel mehr zu erwarten als paradoxe oder zynische Bemerkungen über die Überheblichkeit der Mächtigen.

Es mag irreführend sein, wenn man wie ich sagt, das Merina-Ritual komme einem unfetischisierten oder gesellschaftswissenschaftlichen Verständnis des wahren Wesens des Merina-Königtums nahe, da das so aufgefasst werden könnte, als versuche es, zu einem solchen Verständnis zu gelangen, was es natürlich nicht tut. Ein Ritual versucht nicht, über sich selbst hinaus zu gelangen. Für die Beteiligten ist es letztlich nicht besonders wichtig, ob Könige tatsächlich vom Himmel herabgestiegen sind oder nicht; was zählt, ist, dass sie es getan haben könnten.

Cthulhus Baumeister

Wenn ich von den Grenzen des Analysierens spreche, will ich damit nicht sagen, dass im achtzehnten oder neunzehnten Jahrhundert die Leute in Madagaskar nicht in der Lage waren, sich völlig andere politische Alternativen vorzustellen und den Versuch zu ihrer Umsetzung zu unternehmen. Es gab Revolutionen,

Volksaufstände, in deren Verlauf die herrschenden Eliten gestürzt wurden. An der Westküste gibt es Gruppen wie die Vezo und die Tsimihety, denen es nicht nur gelang, sich einer Eingliederung in die Königtümer dieser Region zu widersetzen, darüber hinaus schufen sie offenbar Gesellschaftsordnungen, die praktisch als egalitäres Experiment in Opposition dazu angelegt waren. Selbst die ländlichen Merina, denen Beobachter im neunzehnten Jahrhundert bedingungslose Loyalität gegenüber der Königin bescheinigten, haben ihre Meinung über königliche Macht offenbar sofort nach der Abschaffung der Monarchie im Jahr 1896 geändert und bezeichnen diese und jede andere Form von Macht, die einigen Leuten das Recht gibt, anderen willkürliche Befehle zu erteilen, inzwischen als zutiefst unmoralisch.[27] Soweit die Leute weiterhin mythischem Denken verhaftet blieben, scheint es in der Praxis keine große Rolle gespielt zu haben. Ich wollte vielmehr auf eine reflektierte Auffassung von gesellschaftlicher Realität hinaus (darauf komme ich gleich noch zurück). Jedenfalls führt es zu der ziemlich verblüffenden Schlussfolgerung, dass man sich auf der Suche nach einem nichtfetischisierten Bewusstsein in nichtwestlichen Gesellschaften am ehesten in der Umgebung von Gegenständen umsehen sollte, die man im Westen als »Fetische« bezeichnen würde. Ich vermute, einer der Gründe dafür hat mit dem Wesen revolutionären Handelns an sich zu tun – bei weitestmöglicher Auslegung des Begriffs »revolutionär«.

Betrachten wir beispielsweise die seltsame Ambiguität in Marx' Denken über revolutionäres Handeln. Wie bereits im dritten Kapitel erläutert, geht Marx davon aus, dass menschliche Kreativität und Kritikfähigkeit letztlich auf einem reflexiven Vorstellungsvermögen beruhen. Das ist es, was uns zu Menschen macht. Daher auch das bekannte Beispiel des Baumeisters, der, anders als die Biene, die Zelle erst in seinem Kopf baut und dann in Wachs. Daher rührt jedoch auch die Ambiguität: Unsere Fähigkeit zur Revolution rührt zwar von ebenjener Kritikfähigkeit her, aber der Revolutionär darf Marx zufolge niemals auf die gleiche Weise vorgehen wie der Baumeister. Es war nicht die Aufgabe des Revolutionärs, fertige Pläne für eine zukünftige Gesellschaft vorzulegen und dann zu versuchen, sie umzusetzen, oder sich auch nur einzelne Aspekte dieser zukünftigen Gesellschaft vorzustellen. Das wäre Utopismus und für revolutionäre Theoretiker, die so vorgehen, hat Marx nichts als Verachtung übrig.

Warum die Unterscheidung? Weil der revolutionäre Umbruch so allumfassend sein sollte, ein Sprung in eine völlig neue Phase der Geschichte? Vermutlich ist das die einfachste und gängigste Erklärung. Man könnte sagen, ein Revolutionär, der versucht, eine neue Gesellschaft zu entwerfen, gleicht einem Baumeister, der versucht, ein Gebäude zu entwerfen, das in einem Universum mit völlig anderen physikalischen Gesetzen errichtet werden soll. Oder einem Scholastiker aus dem Mittelalter, der versucht, sich die Vorgänge an der New Yorker Börse vorzustellen. Dieser Ansatz führt zu einer Reihe bekannter Fragen: Wie relativistisch war Marx eigentlich? Welche Art von radikalem Umbruch erwartete er vom Sozialismus? Glaubte er an die Existenz irgendwelcher gesellschaftlicher oder moralischer Prinzipien, die über bestimmte historische Epochen hinausreichten? Über all das wurden bereits endlose Debatten geführt. Vielleicht wäre es interessanter, wenn man die Vorstellung eines radikalen Umbruchs beiseitelässt und die Frage unter dem Aspekt des Maßstabs betrachtet. Immerhin ist jeder schöpferische Akt bis zu einem gewissen Grad neu und beispiellos. Nur ist das zumeist ein sehr geringer Grad. Das Gleiche gilt für Baumeister: Jeder neue Entwurf ist zwar bis zu einem gewissen Grad einzigartig und kann daher als Ausdruck der persönlichen, schöpferischen Vision(en) des Baumeisters betrachtet werden – und das trifft sogar auf ein gemeinsam errichtetes traditionelles Haus in einer traditionellen Gesellschaft zu –, in anderer Hinsicht ist es jedoch lediglich die Wiederholung einer vertrauten Tätigkeit. Es werden ununterbrochen neue Häuser entworfen und gebaut. Hinzu kommt, dass ein solches Projekt stets in verschiedene übergeordnete praktische Kategorien fällt, die im Wesentlichen ebenfalls Handlungsmuster sind. Was den Entwurf angeht, genießt ein Baumeister vielleicht eine große künstlerische Freiheit, er kann sogar einen völlig neuen Stil anvisieren; sollte er jedoch feststellen, dass ihn die bürgerliche Unterscheidung zwischen Wohnhaus, Garage und Kaufhaus zu Tode langweilt, würde er schnell merken, dass die in seiner Vorstellung entstandenen Entwürfe nicht darüber hinausgekommen sind oder es zumindest nicht weiter als bis zu Blaupausen oder Zeichnungen in Avant-garde-Zeitschriften geschafft haben. Kreatives Handeln, so könnte man sagen, wird auf allen Ebenen von einem übergeordneten Handlungssystem umschlossen, innerhalb dessen es gesellschaftlich bedeutsam wird – das heißt gesellschaftlichen Wert erlangt. Jede kreative Handlung in einem gewissen Maß revolutionär, um aber in einem relevanten Maß revolutionär zu sein, muss sie die Struktur, in die sie eingebunden ist, verändern. An diesem Punkt angelangt, kann man sich nicht länger einbilden, dass man nur an Gegenständen arbeitet, sondern man muss sich eingestehen, dass man auch an Menschen arbeitet. Und dieses Handlungs- und Bedeutungssystem wird natürlich wieder von einem anderen umschlossen. Wir haben es also mit einem Kontinuum zu tun. Das heißt nicht, dass ein revolutionärer gesellschaftlicher Wandel mit ähnlich kreativen, intentionalen Qualitäten wie denen des Baumeisters nicht möglich ist. Es bedeutet, dass es sehr viel schwieriger ist, ihn in den Griff zu bekommen, weil er über sehr viel subtilere kollektive Medien erfolgt.

Man könnte das Problem auch aus einer entgegengesetzten Perspektive betrachten. Wenn jeder schöpferische Akt revolutionär ist (und sei es auch nur in einem sehr geringen Maß, in etwa so, wie ein Fisch ein einzigartiges Individuum ist), woraus besteht dann diese revolutionäre Qualität? Vermutlich bemisst sie sich daran, inwiefern dieser Akt beispiellos ist und deshalb das alleinige Werk seines oder seiner Schöpfer ist. Das bedeutet aber auch, dass der revolutionäre oder kreative Aspekt einer Handlung zugleich ihr historischer Aspekt ist: zumindest wenn man – wie ich es tue[28] – anerkennt, dass man eine Handlung insoweit als historisch betrachten kann, als sie vor ihrer Ausführung nicht vorhersagbar war. In jeden Fall sprechen wir über etwas, das aus der Perspektive eines Systems »Willkür« zu sein scheint, aus der Perspektive des Individuums jedoch »Freiheit«. Insofern jedes Handlungssystem zugleich historisch ist, befindet es sich in dauernder Transformation oder zumindest potentieller Transformation.

Im dritten Kapitel habe ich behauptet, dass man Marx' Fetischismus als eine Unterart des Piaget'schen Egozentrismus betrachten könnte, im Sinne einer Verwechslung der eigenen, individuellen Perspektive innerhalb eines übergeordneten Systems mit dem System als Ganzem – das Versäumnis, die relevanten Sichtweisen zu koordinieren. Das impliziert jedoch vor allem, dass diese größere Totalität existiert und dass es möglich ist, etwas darüber zu wissen. Ich habe vorsorglich darauf hingewiesen, dass dies allenfalls in einem begrenzten Umfang zutrifft. Es ist praktisch unmöglich, dass sich jemand aller Perspektiven bewusst ist, die er in einer bestimmten Situation einnehmen kann oder auch nur derer, die alle an einer bestimmten Situation Beteiligten einnehmen (jedes Mitglied einer Familie oder eines Kegelclubs, von einem Markt gar nicht zu reden). In den meisten Fällen spielt das jedoch keine Rolle, weil man es mit Dingen zu tun hat, die praktisch immer wieder auf die gleiche Weise ablaufen. Auch wenn man nicht wissen kann, wie die einzelnen Akteure auf dem Markt eine Sache sehen, versteht man, sofern man die Logik des Systems versteht, genug, um zu begreifen, warum ein bestimmtes Produkt den Wert hat, den es hat. Daraus wiederum folgt, dass dies umso weniger zutrifft, je mehr die mit einer Situation verbundene historische Kreativität zunimmt. In einem Augenblick tiefgreifenden historischen Wandels kann keiner der Beteiligten wissen, woraus das fragliche System genau besteht. Man ist in dem gefangen, was ein Hegelianer als Augenblick dialektischer Entfaltung bezeichnen würde. Wissen ist zwangsläufig fragmentarisch, und die Totalitäten, mit denen die Akteure operieren, sind zwangsläufig imaginär oder prospektiv oder zahlreich und widersprüchlich.

Welche Folgen hat das für eine Fetischismustheorie? Oder eine Werttheorie?

Was die Bestimmung von Wert betrifft, wird in solchen verwirrenden Situationen häufig ein Feld für eine minimale faktische »Gesellschaft« abgesteckt, sozusagen eine Art Mikrototalität. Ein Beispiel wäre der Potlatch, den ich im vorangegangenen Kapitel beschrieben habe. Ein anderes die von Beidelman untersuchten Homerischen Spiele:[29] Wagenrennen oder andere Wettkämpfe, bei denen Krieger um alle möglichen, für gewöhnlich den Feinden abgenommene Preise miteinander stritten: wertvolle Waffen, Kessel aus kostbarem Metall, hübsche Sklavinnen. Turner[30] merkt hierzu an, es sei in einem solchen Fall unmöglich, eine gemeinsame Wertgrundlage zu schaffen, zum Beispiel auf Arbeit basierend, die es erlaubt, diese Gegenstände als unterschiedliche Proportionen zu behandeln. Die endlosen – und andernfalls etwas sinnlos wirkenden – Spiele und Wettkämpfe, die sich die Heerführer während der Belagerung von Troja lieferten, dienten (sicher neben anderen Dingen) dazu, ein Feld abzustecken, eine Art imaginäre Miniaturausgabe der homerischen Gesellschaft zu schaffen, in der man sie in ein Verhältnis zueinander setzte, indem man sie als erster Preis, zweiter Preis und so weiter einstufte. Wie beim Potlatch ist das erst durch die Anwesenheit eines Publikums möglich.

Man könnte eine solche Analyse noch auf eine ganze Reihe anderer klassischer Fälle der Ethnologie ausdehnen. Ich möchte mich hier auf die eigentümliche Rolle von Objekten im Zusammenhang mit historischer Wirkungskraft konzentrieren – insbesondere auf jene, die wie Geld als Medium dienen, um genau das hervorzubringen, was sie repräsentieren. Kehren wir noch einmal zur Untersuchung des Geldes im dritten Kapitel zurück. In einem Lohnarbeitssystem steht Geld für den Wert (die Bedeutsamkeit) produktiver Handlungen, während gleichzeitig das Verlangen nach seinem Erwerb zu dem Mittel wird, das diese Handlungen hervorbringt. Was den Kapitalismus angeht, trifft das lediglich aus der spezifischen, subjektiven Perspektive des Lohnarbeiters zu; in der Wirklichkeit – das heißt in der sozialen Wirklichkeit – rührt die Macht des Geldes von einem gigantischen System her, das der Koordination menschlichen Tuns dient. In einer Situation radikalen Wandels jedoch, einem revolutionären Augenblick, in dem das übergeordnete System selbst transformiert wird oder in dem, wie es bei westafrikanischen Fetischen oder einer großen Zahl madagassischer Talismane der Fall ist, überhaupt erst soziale Übereinkünfte zwischen völlig verschiedenen Akteuren getroffen werden, verhält es sich anders. Die übergeordnete soziale Realität existiert noch nicht. Das einzig Reale ist die Fähigkeit des Akteurs, sie zu schaffen. In solchen Situationen erwecken Gegenstände das, was sie repräsentieren, tatsächlich in einem gewissen Sinn zum Leben. Sie werden sozusagen zum Scharnier zwischen Vorstellung und Realität. Wenn eine Gruppe von Leuten den Schwur leistet, neue Rechte und Verpflichtungen untereinander festzulegen, und dann ein Objekt anruft, es möge sie erschlagen, falls sie diesen Verpflichtungen nicht nachkommen, dann erlangt dieses Objekt dadurch nicht die Macht, das auch zu tun. In anderer Hinsicht hat es – oder der Glaube, den die Leute in es setzen – jedoch tatsächlich die Macht, eine neue gesellschaftliche Ordnung ins Leben zu rufen. Vielleicht lag Mauss hier nicht völlig daneben, als er Subjekt-Objekt-Umkehrungen als integralen Bestandteil bei der Schaffung sozialer Bindungen und Verpflichtungen sah: die Art von Gesellschaftsverträgen, deren untergründige Geschichte er zutage fördern wollte.

Fazit

Meine Ausführungen zum Königsritual der Merina endeten mit der Feststellung, dass magisches Verhalten zwar manchmal etwas hervorbringt, das einer gesellschaftswissenschaftlichen Betrachtungsweise sozialer Macht erstaunlich nahe kommt, dass es aber unsinnig ist, tatsächlich so etwas wie eine Sozialschaftswissenschaft davon zu erwarten, irgendeinen systematischen Versuch, das Wesen der sozialen Realität zu entschlüsseln – das heißt einen Diskurs in Gang zu setzen, der versucht, außerhalb von Machtpraktiken zu stehen –, es sei denn als Teil einer ganz speziellen Art von sozialem Projekt. Man könnte sogar sagen eines »utopischen Projekts«. Die Vorstellung, es könnte einen Diskurs geben, der nicht an den Praktiken von Macht und Ungleichheit teilhat, war historisch eng mit der Vorstellung verbunden, es könnte eine Welt geben, die das nicht tut. Nur in solchen historischen Epochen – etwa während der Aufklärung, in den Jahren vor der Französischen und der Amerikanischen Revolution –, wenn man die Idee einer neue Gesellschaftsordnung für möglich (oder genauer gesagt, für legitim) hält und diese dann verwirklicht, scheint auch eine Idee von sozialer »Wirklichkeit« zu entstehen; sozusagen als Kehrseite der Überzeugung, dass man (um ein bekanntes Schlagwort von Mai 1968 zu verwenden) die Phantasie an die Macht bringen kann.

Dieser Punkt wird von denen, die Ethnologie im Großen und Ganzen für ein Produkt des Imperialismus halten, gern übersehen. Das, was wir als »Sozialwissenschaft« bezeichnen (in Ermangelung eines besseren Begriffs), entstand in einem intellektuellen Milieu, das nicht nur von einem weltweiten Imperialismus geprägt war, sondern außerdem besessen von der Möglichkeit der

Revolution, der eigenen plötzlichen und radikalen Verwandlung in etwas anderes. Zweifellos verdankt die moderne Ethnologie ihre Entstehung der Bildung riesiger europäischer Imperien, die sich eine Vielzahl von Gesellschaftssystemen einverleibten. Aber das allein reicht als Erklärung nicht aus. In der Menschheitsgeschichte hatte es schon zuvor multikulturelle Reiche gegeben, und soweit wir wissen, hat sich keines davon jemals mit dem systematischen Vergleich kultureller Unterschiede beschäftigt. Selbst wenn wir uns auf die abendländische Tradition beschränken, deutet vielmehr alles in die entgegengesetzte Richtung. Geht man zurück bis in die Antike, könnte man sagen, dass im fünften Jahrhundert v. Chr. in Griechenland so etwas wie Ethnologie entstand, und als Beleg die Werke von Geografen wie Hekataios und Geschichtsschreibern wie Herodot anführen. Zweifellos entwickelten diese Gelehrten Ideen dazu, wie sich Sitten und Bräuche systematisch miteinander vergleichen ließen.[31] Das war zu einer Zeit, in der die hellenistische Welt noch keine politische Einheit war, geschweige denn Mittelpunkt eines ausgedehnten multikulturellen Reichs. Mit der Entstehung solcher Imperien verschwand diese Art von Literatur: Weder der Hellenismus noch das Römische Reich konnte mit etwas der Ethnologie Vergleichbarem aufwarten. Eine einleuchtende Erklärung wäre wohl, dass in Griechenland das fünfte vorchristliche Jahrhundert eine Epoche politischer Möglichkeiten war: reich an gesellschaftlichen Experimenten, Revolutionen, utopischen Plänen zur Gründung idealer Städte. Der Vergleich von Gesellschaftsordnungen war eine Möglichkeit, über das potentielle Aussehen einer politischen (für die Griechen gleichbedeutend mit »menschlichen«) Gesellschaft zu sprechen. Während der mehrere Jahrhunderte dauernden römischen Herrschaft war das anders. Genau genommen sieht es so aus, als hätte gerade die politische Zersplitterung Griechenlands im fünften Jahrhundert diese Art von Denken gefördert. Mit dem Stadtstaat, einer relativ kleinen Gemeinschaft, als politischer Grundeinheit bot sich ein riesiges Feld für politische Experimente: Ständig wurden neue griechische Kolonien und damit politische Einheiten gegründet, neue Verfassungen entworfen und umgesetzt, alte Systeme gestürzt.

So wird die Geschichte für gewöhnlich jedoch nicht erzählt. Ich vermute, dass die meisten Wissenschaftler, wenn sie von den ersten Regungen ethnographischer Forschung überhaupt Notiz nähmen, diese lediglich als einen Aspekt der aufkommenden wissenschaftlichen Forschung betrachten würden: der gleiche Geist systematischen Vergleichs, den griechische Denker auch auf die Physik oder die Geometrie anwandten. Ich halte das nicht unbedingt für falsch, aber wie es häufig der Fall ist, zieht die Nennung des Begriffs »Wissenschaft« so viele andere Fragen nach sich, dass es wahrscheinlich eher der Verwirrung als der Erhellung dient. Interessanter wäre es, die Möglichkeit in Betracht zu ziehen, dass die Bereitschaft, die menschliche Phantasie an die Macht zu bringen, es ihrerseits erfordert, eine aus irgendeiner Art von resistenter »Wirklichkeit« bestehende Grundlage anzuerkennen (die dann untersucht werden muss). Das sind gewissermaßen die beiden Seiten ein und desselben Vorgangs. Dann würde man zumindest besser verstehen, warum in der jüngeren Vergangenheit so viele ausgesprochen idealistische Menschen darauf bestanden haben, sich selbst als »Materialisten« zu bezeichnen, oder wenigstens, warum die waghalsigsten utopischen Projekte so oft an irgendeine Art von Materialismus gebunden waren.

Vielleicht könnte man für die letzten fünfhundert Jahre europäischer Geschichte zumindest eine lose Verbindung zwischen ethnographischer Neugier und einem Bewusstsein für politische Möglichkeiten aufzeigen. Man könnte im sechzehnten Jahrhundert beginnen, in dem in den Schriften Montaignes zum ersten Mal die Rede von etwas war, das später zum modernen Relativismus werden sollte, und gleichzeitig eine Utopie und eine revolutionäre Bewegung die nächste jagte. In den folgenden hundert Jahren ließ die Neugier nach und man sah nicht mehr überall neue Möglichkeiten, bis es in der Zeit vor der Französischen Revolution zu einer plötzlichen Wiederbelebung kam, auf die ein erneuter Rückgang in den Jahren der Restauration nach Napoleons Abdankung und eine umso stärkere Wiederbelebung nach den Revolutionen von 1848 folgten. In diese letzte Epoche fiel die Entstehung der Ethnologie als Disziplin. Man vergisst leicht, wie sehr die europäische Gesellschaft jener Zeit vom Gespenst der Revolution verfolgt wurde: selbst wackere Viktorianer wie Edward Tylor oder Sir James Frazer waren sich der Möglichkeit, dass sich ihre Gesellschaft von heute auf morgen in etwas völlig anderes verwandeln könnte, nur allzu bewusst. Diese Aussicht machte den meisten frühen Ethnologen zweifellos Angst, einige wenige fanden sie möglicherweise auch aufregend,[32] aber ignorieren konnte sie keiner. Die frühe Ethnologie versank also nicht nur in voyeuristischen Betrachtungen eines völlig fremden und fernen Anderen, sondern wurde zumindest zum Teil von der Vorstellung beflügelt, man könnte eines Tages aufwachen und feststellen, dass man selbst zum Anderen geworden war.

Vielleicht haben wir es hier mit einem Bündel von Komponenten zu tun: ein Bewusstsein für gesellschaftliche Möglichkeiten; das Gefühl, dass die Menschen in der Lage sein sollten, nur in der Phantasie existierende Pläne auf die eine oder andere Weise Wirklichkeit werden zu lassen; ein damit verbundenes Interesse, die volle Bandbreite menschlicher Möglichkeiten zu verstehen wie auch die »Wirklichkeit« selbst. Es dürfte kaum ein Zufall sein, dass in den 1980er und 1990er Jahren all das gleichzeitig ins Kreuzfeuer geriet. In einigen Disziplinen lief der Postmodernismus darauf hinaus, den Traum von Massenaktionen zum Zweck revolutionärer Veränderungen und den Glauben an irgendeine Art von »Fundamentalismus«, irgendeine Verankerung in einer resistenten Wirklichkeit, aufzugeben; in der Ethnologie lief er darauf hinaus, ebenjenes Vergleichsprojekt in Frage zu stellen. Damals hielt man das weithin für radikal – und insofern »radikal« bedeutet, zu den Wurzeln von etwas vorzudringen, dann war es zweifellos radikal. Die Frage, die ich im Verlauf dieses Buches wiederholt gestellt habe, lautet jedoch, ob es wirklich dieser Wurzelstrang ist, den wir ausreißen sollten. Ich für meinen Teil bin der Ansicht, dass sich ein anderer Strang sehr viel besser als intellektueller Widerpart eignet: eine Konvergenz zwischen Parmenides' festen Formen, einem gewissen extremen Individualismus, der die abendländische Tradition lange Zeit verfolgt hat, und der Annahme, dass die menschliche Natur auf einem unaufhörlichen, unstillbaren Begehren beruht, weshalb wir uns alle in einem ständigen Konkurrenzkampf miteinander befinden.[33] Das waren jedenfalls meine wichtigsten intellektuellen Gegenspieler in diesem Buch. Und sie erscheinen mir als wesentlich größere Herausforderung, weil sie alle sehr viel tiefer in unser Alltagsdenken eingebettet sind.

Marx gegen Mauss – zweite Runde

Die größte Herausforderung von allen ist vielleicht die Betrachtung der Welt aus, wie ich es genannt habe, heraklitischer oder, wenn Ihnen das lieber ist, dialektischer Sicht. Im Verlauf dieses Buches habe ich dargelegt, dass Kategorien- oder Wissenssysteme tatsächlich nur die eine Seite eines Handlungssystems sind; dass Gesellschaft daher in einem gewissen Sinn immer ein aktives Projekt oder eine Menge von Projekten ist; dass Wert die Art und Weise bezeichnet, wie Handlungen für die Handelnden Bedeutung erlangen, indem sie in ein übergeordnetes gesellschaftliches Ganzes eingebunden werden, sei dieses nun real oder imaginär. Einen dialektischen Ansatz zu verfolgen bedeutet, Dinge nicht nach der Vorstellung zu definieren, die man in einem bestimmten abstrakten Moment, außerhalb der Zeit, von ihnen hat, sondern wenigstens partiell nach dem Potential, das in ihnen steckt. Diese Denkweise konsequent zu verfolgen ist ausgesprochen schwierig. Aber wenn man es schafft, lösen sich alle möglichen vermeintlich unlösbaren Probleme auf. Ich möchte das an einem Beispiel zeigen, bevor ich den Versuch unternehme, eine allgemeinere Verbindung herzustellen.

Lévi-Strauss hat vor vielen Jahren in Zusammenhang mit dem ethnologischen Relativismus auf ein solches grundlegendes Problem hingewiesen: Während wir die Vorstellung ablehnen, dass manche Völker Barbaren sind, und darauf beharren, dass die Sichtweisen verschiedener Gruppen alle gleichberechtigt sind, ist es in den meisten dieser Gruppen einer der obersten Glaubenssätze, dass dem nicht so ist.[34] Deshalb verwendeten die meisten indigenen Gesellschaften in Nord- und Südamerika für sich selbst eine Bezeichnung, die so viel wie »menschliches Wesen« bedeutete, während die Bezeichnungen für ihre Nachbarn (Menschenfresser, Mörder, Esser von rohem Fisch usw.) nahelegten, dass sie das nicht waren. Lévi-Strauss' Schlussfolgerung, die wahren Barbaren seien diejenigen, die andere für Barbaren halten, ist so offensichtlich zirkulär, dass man annehmen muss, sie war als Scherz gemeint.

Auf der Grundlage der gleichen Art von Strukturalismus erklärte Michel Foucault in der *Archäologie des Wissens*, dass es sich bei der Vorstellung von »Mensch« oder Menschsein, auf der die Humanwissenschaften gründen, nicht um eine universelle Kategorie handele, sondern um eine bestimmte Doktrin der Aufklärung, die sich eines Tages erledigt haben wird. Damit erregte er eine Menge Aufmerksamkeit. Aber kaum jemand hat darauf hingewiesen, dass dieses Argument auf einer ausgesprochen parmenideischen, ja sogar positivistischen Denkweise hinsichtlich begrifflicher Kategorien beruht. Die amerikanischen Gesellschaften, von denen Lévi-Strauss sprach, mögen sich als »menschliche Wesen« bezeichnet und keinen Zweifel daran gelassen haben, dass sie andere Gesellschaften für zurückgeblieben hielten, die meisten (wie die Irokesen) waren jedoch zugleich stolz darauf, dass sie Kinder und selbst Erwachsene aus anderen Gesellschaften adoptieren und richtige menschliche Wesen aus ihnen machen konnten. Es gibt keinerlei Beleg dafür, dass sie glaubten, sie könnten dasselbe auch mit Fischen oder Schnecken machen. Also existierte tatsächlich eine universelle Kategorie des Menschseins, aber als Menge von Potentialen, so wie universalistische Religionen wie Christentum, Zoroastrismus oder Islam – lange vor der Aufklärung – in Lebewesen, die über das Potential verfügten, zum Christentum oder zum Zoroastrismus zu konvertieren, eine universelle Kategorie des Menschseins erkannten. Diese Logik lässt sich auf alle möglichen anderen Probleme anwenden. Bei universellen Ideen handelt es sich nicht um Ideen, die von allen auf der Welt geteilt werden, das ist lediglich falscher Positivismus; universelle Ideen sind Ideen, die jeder auf der Welt verstehen könnte. Entsprechend sind universelle moralische Normen keine Normen, über die sich im Augenblick alle auf der Welt einig sind – offensichtlich gibt es nichts, worüber sich alle einig sind –, sondern Normen, die wir aufgrund der Fähigkeit zu moralischem Denken und bereits geteilter Erfahrungen mit Formen moralischer Praxis gemeinsam entwickeln und anerkennen könnten (was wir wahrscheinlich auch tun müssen, wenn wir alle überleben wollen). Und so weiter.

Da die Ethnologie in meinen Augen notwendigerweise Teil eines moralischen Projekts ist – in der Vergangenheit oft kein besonders gutes, aber potentiell immer sehr gut –, steht in diesem Buch an vielen Stellen die Dichotomie zwischen Marx und Mauss im Mittelpunkt, zwei Männern, die beide von kultureller Differenz fasziniert waren und sich der revolutionären Transformation ihrer jeweiligen Gesellschaft verschrieben hatten. Davon abgesehen hatten sie kaum Gemeinsamkeiten. Mauss suchte eine universelle moralische Grundlage für eine Kapitalismuskritik und hielt in anderen Gesellschaften Ausschau nach Hinweisen auf die Gestalt von Institutionen, die den Kapitalismus ersetzen könnten. Marx lehnte jede derartige Kritik ab, da sie unweigerlich etwas von der »kleinbürgerlichen« Moral von Handwerkern und Bauern an sich hatte, und beharrte darauf, dass die Rolle, die Wissen im revolutionären Prozess spielte, nahezu ausschließlich kritisch war: Für ihn ging es darum, die inneren Widersprüche und Bewegungsgesetze des Kapitalismus selbst zu verstehen. Sein Ansatz war tatsächlich so erbarmungslos kritisch, dass er kategorisch erklärte, es sei unmöglich, in der bestehenden Gesellschaftsordnung etwas zu finden, das als Grundlage für eine Alternative dienen könnte, einmal abgesehen von der revolutionären Praxis des Proletariats, dessen historische Rolle jedoch daher rührte, dass es sich als die eine Klasse, die in der herrschenden kapitalistischen Ordnung absolut nichts zu sagen hatte, nur durch deren vollständige Negation befreien konnte.[35] Fünfundsiebzig Jahre später hatte Mauss die Gelegenheit zu beobachten, wie leicht aus der Ablehnung kleinbürgerlicher Moral die Verdammung »bürgerlicher Sentimentalität« werden konnte – ein Ausdruck, dessen sich die bolschewistische Führung bediente, um jeden, der sich aus Prinzip weigerte, andere kaltblütig zu ermorden, zu disqualifizieren. Er gelangte offenbar zu der Schlussfolgerung, dass es gerade Marx' Weigerung war, die gängige moralische Kapitalismuskritik ernst zu nehmen, welche so viele seiner Anhänger in einen hartherzigen, zynischen Utilitarismus verfallen ließ, der seinerseits eine leicht veränderte Variante der auf dem kapitalistischen Markt herrschenden Moral war. Andererseits bewegte Mauss sich so weit in die entgegengesetzte Richtung, dass seine Schlussfolgerungen manchmal verblüffend naiv gerieten: beispielsweise, dass aristokratische Gesellschaften wirklich so funktionierten, wie die Aristokratie vorgab, oder dass sich Kapitalisten, angetrieben vom eigenen Konkurrenzdenken, zu guter Letzt von ihrem Kapital trennen würden, wenn man sie nur oft genug dazu ermunterte.

Das Interessante an dieser Dichotomie ist, dass sie unsterblich zu sein scheint. Ich habe bereits einiges zum Schicksal der kritischen Theorie in den 1970er Jahren gesagt – was geschieht, wenn man ernsthaft versucht, die von Marx begonnene Entwicklung einer, wie er es in einem Brief nennt, »rücksichtslosen Kritik alles Bestehenden«, zu ihrem Ende zu führen. Dabei käme vermutlich das Bild einer derart trostlosen Welt heraus, dass letzten Endes die Kritik selbst sinnlos erscheint. Wie andererseits die Debatten über die Ausbeutung von Arbeiterinnen in Melanesien zeigen, um ein Beispiel zu nennen, haben Neo-Maussianerinnen wie Marilyn Strathern oder Annette Weiner in dieser Hinsicht nicht unbedingt sehr viel mehr zustande gebracht.[36] Wo man in der Verfolgung des Marx'schen Ansatzes geneigt wäre, die Bedeutung jedes sichtbaren Zeichens von weiblicher Autonomie oder Macht letztlich daran zu messen, in welchem Maß sie zur Aufrechterhaltung eines übergeordneten Systems, in dem Frauen unterdrückt werden, beiträgt, bestreiten die Maussianer letzten Endes, dass es irgendein übergeordnetes System von Bedeutung gibt. Auch wenn feministische Ethnologinnen natürlich zu Recht auf die seit jeher bei ihren männlichen Kollegen bestehende Neigung hinweisen, weibliche Belange und Autonomiebereiche außer Acht zu lassen, wird es, wenn man diesen Ansatz bis zu seinem logischen Schluss weiterverfolgt, statt diese Probleme als unlösbar zu begreifen, ziemlich schwierig aufzuzeigen, dass überhaupt ein Problem existiert.[37]

Die Frage lautet offensichtlich nicht, ob es notwendig ist, einen Kompromiss zwischen diesen extremen Standpunkten zu finden, die Frage lautet, wie man ihn findet. Oder sie sollte vielmehr lauten: Was veranlasst normalerweise vernünftige Gesellschaftstheoretiker dazu, solche merkwürdig extremen Standpunkte einzunehmen? Schließlich fällt es den meisten von uns nicht übermäßig schwer, im Alltagsleben einen Mittelweg zwischen Zynismus und Naivität zu finden. Warum sollte uns die Gesellschaftstheorie, die uns die Augen für so viele Phänomene öffnen kann, denen gegenüber der gesunde Menschenverstand blind ist, Problemen gegenüber blind machen, für die der gesunde Menschenverstand tatsächlich Lösungen findet? Ich hoffe, dass ich es im Verlauf dieses Buchs zumindest geschafft habe, einen Hinweis darauf zu geben, wo man nach einer Lösung suchen könnte: dass das Problem größtenteils auf der parmenideischen Logik hinter den Vorstellungen von »Gesellschaft« oder »Kultur« beruht, die zu unlösbaren Widersprüchen zwischen individueller Motivation und gesellschaftlicher Form führen, und dass ein Ansatz, der stattdessen von den Fragen nach Wert, Kreativität und der unaufhörlichen Überlagerung von realen und imaginären gesellschaftlichen Totalitäten ausgeht, viel zu einer Lösung beitragen könnte.[38]

Perspektiven: Von der Bedeutung zum Begehren

Die Anziehungskraft marktwirtschaftlicher Ideologien ist nicht besonders schwer zu verstehen. Sie bedienen sich eines Bildes der menschlichen Natur und der menschlichen Motivation, das tief in der religiösen Tradition des Abendlandes verwurzelt ist und in unserer marktwirtschaftlich orientierten Gesellschaft durch die Alltagserfahrung unablässig bestätigt wird. Darüber hinaus hat es den Vorteil, dass es ein paar ganz einfache Aussagen trifft. Wir sind einzigartige Individuen mit einem grenzenlosen Begehren; da es kein natürliches Limit gibt, wann jemand genug Macht, Geld, Spaß oder materiellen Besitz hat, und die Ressourcen knapp sind, bedeutet das, dass wir uns immer in einem zumindest stillschweigenden Wettstreit befinden. Was wir »Gesellschaft nennen«, ist, wenn nicht eine reine Behinderung, dann ein Instrumentarium, das das Streben nach Glück erleichtert, den Vorgang steuert und hinterher vielleicht das Chaos beseitigt.

Zum Ausgleich von Marktprinzipien kann dann gegebenenfalls ihr Gegenteil dienen: Familienwerte, selbstlose Nächstenliebe, altruistische Hingabe an einen Glauben oder eine Sache – allesamt Prinzipien, die gewissermaßen als Gegenstück zur reinen Psychologie eines rationalen, eigennützigen Kalküls entstanden. Sie sind, wie Mauss uns erinnert, im Grunde nur die beiden Seiten derselben falschen Münze. Der entscheidende Schritt, der wichtigste ideologische Schachzug besteht demnach darin, die grundlegenden Fragen des Begehrens aus der Gesellschaft zu extrahieren, so dass sich Glück vor allem als Beziehung des Einzelnen zu Gegenständen begreifen lässt (oder bestenfalls zu Menschen, die man wie Gegenstände behandelt): in dem Augenblick, in dem uns Rousseau daran erinnern muss, dass es sinnlos wäre, alle anderen umzubringen und sich ihres Besitzes zu bemächtigen, weil es dann niemanden mehr gäbe, der wüsste, dass er jetzt uns gehört, haben wir das ideologische Spiel längst verloren. Und es ist natürlich genau dieses Extrahieren, das den Befürwortern des Marktes die Behauptung erlaubt, sie würden im Namen der menschlichen Freiheit handeln, da sie dem Individuum die Möglichkeit geben, sich darüber klar zu werden, was es vom Leben will; und dabei merkt keiner, dass die meisten dieser Individuen den größten Teil ihrer wachen Zeit nach der Pfeife von anderen tanzen. Eigentlich ein genialer Trick, wenn man genauer darüber nachdenkt.

Die Macht der Markttheorie beruht zum großen Teil auf ihrer Einfachheit. Sie schließt eine Theorie der menschlichen Natur in sich ein, eine Theorie des Begehrens, des Vergnügens, der Freiheit und sogar auf ihre Art eine Theorie der Gesellschaft. Der Umstand, dass die Argumentation in all diesen Bereichen so grob gestrickt ist, dass sie praktisch nur aus Löchern besteht, ist für ideologische Zwecke kaum von Bedeutung, insbesondere wenn niemand mit einer überzeugenderen Alternative aufwarten kann. Vielmehr sieht es manchmal fast so aus, als hätte die andere Seite (abgesehen von jeder erdenklichen spitzfindigen Kritik) wenig mehr zu bieten als eine zusammengewürfelte Sammlung vereinzelter Einsichten, die, so brillant sie auch sein mögen, aus so unterschiedlichen theoretischen Traditionen hergeleitet werden, dass es unmöglich ist, eine kohärente Argumentation daraus aufzubauen. Ein Problem, dem ich mich beispielsweise bei der Arbeit an diesem Buch ziemlich oft gegenübersah, war das Fehlen einer theoretischen Sprache, in der man über Begehren sprechen kann. Man steckt ganz schön in der Klemme, wenn man sich nicht einreden kann, es gäbe einen zwingenden Grund zu glauben, dass eine besondere Beziehung zwischen der Sprache und dem Penis des eigenen Vaters besteht, und infolgedessen die Ideen von Jacques Lacan zu übernehmen bereit ist, oder wenn man nicht willens ist, sich Autoren wie Deleuze oder Foucault anzuschließen und den Ansatz Nietzsches zu übernehmen, der das Begehren oder die Gier nach Macht zum konstitutiven Prinzip der Wirklichkeit erklärt – eine Position, die, treibt man sie weiter, ausnahmslos zu ziemlich absonderlichen Ergebnissen führt, zum Beispiel wenn linke Akademiker ein Loblied auf Marquis de Sade singen. Natürlich ist es möglich, Einsichten aus solchen Theorien zu gewinnen, ohne sie im Ganzen gutzuheißen, wie ich es am Ende des vierten Kapitels getan habe, als ich mich an einer nichtfreudianischen Version von Lacan versucht habe. Allerdings muss ich gestehen, dass es sich dabei um eine Verzweiflungstat handelte. Bestimmt gibt es andere Alternativen.

Eine Anregung zu diesem Gedankengang lieferte ein früher Text Jean Baudrillards über Fetischismus, von dem man sagen könnte, dass er Lacans Vorstellung vom gespiegelten Begehren zu ihrem logischen Schluss führt. Baudrillard stellte die Frage, warum bestimmte Formen von Körperschmuck einen so starken sexuellen Reiz ausüben, zum Beispiel (wie Lévi-Strauss behauptet) die Tätowierungen, die die Gesichter der Caduveo-Frauen mit Arabesken überziehen? Liegt es nicht daran, dass das, was wirklich Begehren weckt, wie bei allen Fetischen, die Existenz einer Form von Perfektion ist, ein in sich geschlossenes Zeichensystem?

> Was uns fasziniert, ist stets das, was uns durch seine Logik oder seine innere Perfektion radikal ausschließt: eine mathematische Formel, ein paranoisches System, eine Steinwüste, ein nutzloser Gegenstand oder ein glatter Körper ohne Öffnungen, vom Spiegel verdoppelt, der perversen Selbstbefriedigung geweiht. Dadurch dass sich die Striptease-Tänzerin selbst streichelt, durch ihre selbstbefriedigenden Gesten regt sie die Lust am meisten an.[39]

Vielleicht ist das weniger eine Theorie des Begehrens als eine Theorie des enttäuschten Begehrens. Es war in erster Linie eine Reaktion auf diese Art von autoerotischem Modell, das Gilles Deleuze anregte, den Blick stattdessen auf das polymorph-perverse Kind zu richten; für ihn wird Begehren zu einer Art universeller ursprünglicher Produktivkraft, die in allen Richtungen zwischen Körpern und zwischen Körpern und der Welt fließt.[40] Was wir als »Wirklichkeit« bezeichnen, ist tatsächlich ein Nebeneffekt. Doch selbst wenn man die oben genannten nietzscheschen Probleme beiseitelässt, ist das keine echte Theorie des Begehrens – es ist eher eine Erklärung, weshalb keine Theorie notwendig ist.[41]

Zu Beginn dieses Buches habe ich gesagt, dass eine Werttheorie vielleicht aus sich eine Alternative hervorbringen könnte. Ich denke, dass eine solche Theorie zumindest in einige vielversprechende Richtungen zeigt.

Eines meiner Hauptargumente in diesem Buch zielt darauf, dass das, was wir als »Struktur« bezeichnen, keine feste Menge statischer Formen oder Prinzipien ist, sondern das Muster, nach dem Veränderungen – oder, im Fall der Sozialstruktur, Handlungen – erfolgen; sie besteht, um mit Piaget (oder Turner) zu sprechen, aus den unveränderlichen Prinzipien, die ein System von Transformationen steuern.[42] Als solche ist sie schwer zu greifen. Und zwar nicht nur deshalb, weil wir leicht den Überblick verlieren, inwiefern unsere Handlungen dazu beitragen, uns selbst und unser soziales Umfeld zu reproduzieren und zu verändern. Sie ist auch deshalb schwer zu greifen, weil soziales Auftreten für gewöhnlich in dem Maß als kunstvoll und kultiviert – oder sogar kompetent – betrachtet wird, in dem es diese Strukturen – die Muster oder Schemata oder wie immer man es nennen will –, die dahinter stehen, verschwinden lassen kann. Doch selbst dann neigen diese Muster oder Schemata dazu, in der dislozierten geisterhaften Form imaginärer Totalitäten wieder aufzutauchen, und diese Totalitäten wiederum neigen dazu, eingeschrieben in eine Reihe von Objekten zu enden, die, insofern sie zu Vermittlern von Wert werden, auch zu Objekten des Begehrens werden – in erster Linie dadurch, dass sie für den Handelnden den Wert seiner Handlungen darstellen. Das fragliche Objekt kann dabei alles Mögliche sein: eine rituelle Darbietung, ein Erbstück, ein Spiel, ein Titel samt dazugehöriger Regalien. Der springende Punkt ist, dass man, egal worum es sich handelt, sagen kann, dass es auf einer bestimmten Ebene alles einschließt. Solche Objekte verweisen innerhalb ihrer eigenen Struktur auf all jene Prinzipien der Bewegung, die den Bereich abstecken, in dem sie Bedeutung erlangen – so wie sich beispielsweise in einem Haushalt alle elementaren Beziehungsformen finden, die in einem größeren Verwandtschaftssystem im Spiel sind, wenn auch manchmal in einer seltsam verkehrten Form. Auf jeden Fall werden sie zu Standbildern jener Handlungsmuster, die in der Praxis dadurch entstehen, dass ihnen die Leute Wert beimessen – sie sind, wie gesagt, Spiegel unserer manipulierten Absichten.

Normalerweise sind diese mikrokosmischen Symbole von einer merkwürdigen Dualität. Einerseits stehen sie für eine in sich geschlossene Perfektion, die, wie Baudrillard meint, an sich reizvoll ist, und neben der der Handelnde nur als Mangel, als Wunde, als Abwesenheit, als abstrakter Inhalt erscheinen kann, der durch diese konkrete Form vervollständigt wird. Hinter diesem strahlenden Bild der Perfektion verbirgt sich jedoch fast immer das Bewusstsein für etwas nicht Wahrnehmbares, eine angedeutete Abwesenheit (deshalb erscheinen Begriffe für das Sehen oft ziemlich passend – eine sichtbare Oberfläche impliziert immer etwas Unsichtbares dahinter). Diese Abwesenheit wird oftmals nicht als Mangel, sondern als eine Art Kraft verstanden. Die ultimative Illusion, der ultimative Trick, der dem Spiel der Spiegel zugrunde liegt, besteht jedoch darin, dass diese Kraft überhaupt keine Kraft ist, sondern eine geisterhafte Reflexion des Handlungspotentials des Einzelnen; seiner »kreativen Energie«, wie ich es etwas vage genannt habe.

Fest steht jedenfalls, dass allein das kreative Potential zählt. Man könnte es in einem gewissen Sinn sogar als ultimative gesellschaftliche Realität bezeichnen. Das ist für mich das wirklich Bezwingende an Bhaskars »kritischem Realismus«. Bhaskar zufolge sind die meisten Philosophen deshalb nicht in der Lage, mit einer angemessenen Theorie zur physischen Realität aufzuwarten, weil diese für sie lediglich aus Objekten besteht und nicht aus dem, was er als »Kräfte« bezeichnet – Potentiale, Fähigkeiten, Dinge, die grundsätzlich undarstellbar sind und für Ereignisse in den »offenen Systemen« des realen Lebens meistens auch unvorhersagbar[43] So verhält es sich meiner Ansicht nach auch mit den Kräften sozialer Kreativität. Was Kreativität sowohl für den Handelnden als auch für den Beobachter so verwirrend macht, ist der Umstand, dass diese Kräfte – ja, genau – grundlegend sozial sind. Und zwar deshalb, weil sie zum einen das Ergebnis eines fortdauernden Prozesses sind, bei dem sich die Strukturen der Beziehung zu anderen untrennbar mit unserem Sein verbinden, und zum anderen weil dieses Potential sich nicht selbst verwirklichen kann – zumindest nicht auf irgendeine bedeutsame Weise –, es sei denn im Zusammenwirken mit anderen. Nur so verwandeln sich Kräfte in Wert. Viele der verblüffenden Rituale, die in diesem Buch beschrieben wurden, vom irokesischen Traumdeuten bis zum Wirken von madagassischem *sorona* und *faditra*, könnten als Meditation über diese komplizierte Wirklichkeit aufgefasst werden.

Es ist meines Erachtens genau dieser soziale Aspekt, der den Weg frei macht für das, was in den meisten Theorien fehlt. Noch deutlicher tritt das zutage, wenn man sich nach den Theorien des Begehrens den Theorien des Vergnügens zuwendet. Sowohl bei Mauss als auch bei Marx finden sich reizvolle Hinweise (wenn auch nur Hinweise), wie eine Gesellschaftstheorie des Vergnügens aussehen könnte: bei Marx im Geiste nicht entfremdeter Arbeit die Überlegung, dass es in der Natur der sozialen Beziehungen, in die Kreativität eingebettet ist, begründet liegt, ob man Vergnügen daraus zieht oder sie als Qual empfindet; bei Mauss, indem er »das Gefallen an ästhetischem Luxus; das Vergnügen der Gastfreundschaft und des privaten oder öffentlichen Festes«[44] hervorhebt. Wenn man sich eines davon als Ausgangspunkt für eine Theorie des Vergnügens vorstellt, kann man schon erkennen, dass sich bei der Form von Vergnügen, die Markttheoretiker offenbar im Sinn haben, wenn sie ihre Modelle menschlichen Verhaltens entwickeln, um eine ziemlich einsame Angelegenheit handelt. Wenn Markttheoretiker an eine vergnügliche, bereichernde Erfahrung denken, scheint ihnen dabei das Bild eines essenden Menschen (»Konsum«) vor Augen zu stehen – und zwar nicht bei einem privaten oder einem öffentlichen Fest, sondern für sich allein. Man könnte meinen, es ginge um eine mehr oder weniger verstohlene Aneignung, bei der Gegenstände, die Teil der äußeren Welt waren, dem Ich des Konsumenten einverleibt werden. Im Grunde genommen muss man gar nicht zu Marx oder Mauss zurückgehen: Es reicht, sich vorzustellen, wie diese Theorie aussehen würde, wenn ihr Ausgangspunkt irgendeine andere vergnügliche Erfahrung wäre, beispielsweise mit jemandem schlafen, ein Konzert besuchen oder auch ein Spiel spielen.

Es ist ein Gemeinplatz, dass Vergnügen einen gewissen Ichverlust bedeutet. Da es sich bei Schmerz um ein Phänomen handelt, das alles außer dem schmerzenden Ich verdrängt, meinen manche sogar, man sollte Vergnügen am besten als Gegenstück dazu begreifen:[45] Wenn man mit der Hand die Haut eines anderen Menschen berührt, empfindet man Vergnügen, weil man die Haut des anderen spürt; wenn man die eigene Hand spürt, ist es Schmerz. Das hört sich vielleicht ein wenig extrem an, aber für einen Irokesen im siebzehnten Jahrhundert wäre es grundsätzlich wohl absolut logisch gewesen, da man in den irokesischen Kulturen Schönheit und Vergnügen vor allem mit der Überwindung jener Hindernisse assoziierte, die das Ich davon abhalten, sich zu öffnen, sich in die Welt hinaus auszudehnen und in Austausch mit anderen zu treten. Von besonderer Bedeutung erscheint mir dabei das Vorhandensein eines Schöpfungsprinzips. Bei Dankesreden werden nicht nur der Reihe nach die Besonderheiten des Kosmos aufgezählt, es wird auch ihre Entstehung beschrieben, der Umstand ihrer Erschaffung. Vielleicht kann man sogar so weit gehen zu sagen, dass Vergnügen in seinen vollendetsten Formen letztlich nicht nur die Auslöschung des Ichs einschließt, sondern auch den Anteil, den diese Auslöschung an einer unmittelbaren Erfahrung jenes am schwierigsten zu fassenden Aspekts der Wirklichkeit hat, des reinen kreativen Potentials (sei es nun biologischer, gesellschaftlicher oder ästhetischer Art – obwohl ich vermute, dass es im besten Fall an allen drei teilhat) – jenes Phänomens, das, wie der Träger der Erde feststellte, auch beispielloses Leid hervorrufen kann, wenn man nichts über den sozialen Kontext weiß, in dem es stattfindet.

Anmerkungen

Erstes Kapitel
Drei Spielarten des Wertbegriffs

1 In *Entangled Objects* (1991) gibt Nicholas Thomas sogar einem Abschnitt die Überschrift »value: a surplus of theories« (S. 30), führt dann aber doch nur drei Theorien an.

2 Saussure: *Grundfragen der allgemeinen Sprachwissenschaft*, 1967.

3 Kluckhohn: »A Comparative Study of Values in Five Cultures«, 1951; ders.: »Towards a Comparison of Value-emphases in Different Cultures«, 1956; und Vogt u. a. (Hg.): *The People of Rimrock*, 1966.

4 Kluckhohn: »Values and Value-orientations in the Theory of Action«, 1951, S. 395.

5 Kluckhohn: »The Philosophy of the Navaho Indian«, 1949, S. 358–359.

6 Albert: »The Classification of Values«, 1956; dies.: »Value Systems«, 1968; Kluckhohn: »Values and Value-orientations in the Theory of Action«, 1951; ders.: »The Study of Values«, 1961; und F. Kluckhohn u. a.: *Variations in Value Orientation*, 1961.

7 Edmonson: »The Anthropology of Values«, 1973; Dumont: *Individualismus*, 1991, S. 249–286.

8 Malinowski: *Argonauten des westlichen Pazifik*, 1979, S. 88.

9 Ebd., S. 88–89.

10 Auf alle Fälle ist die Chance, dass Prognosen zutreffen, umso größer, je stärker die Forschung eingreift.

11 Vgl. Boas: »The Social Organization and Secret Societies of the Kwakiutl Indians«, 1897; Malinowski: *Argonauten des westlichen Pazifik*, 1979.

12 Ich sollte besser anmerken, dass diese simplifizierende Darstellung wie ein Scheinargument aussehen mag, und kluge Wirtschaftswissenschaftler sind in ihren Ausführungen auch weitaus scharfsinniger. Doch wer zum Beispiel eine Einführung in die Theorie der rationalen Entscheidung besucht hat, dürfte einer derartigen Argumentation schon mal begegnet sein.

13 In ähnlicher Weise wird Macht oft als Fähigkeit definiert, die Handlungen anderer zu beeinflussen, obwohl das nicht viel Ähnlichkeit mit Privatbesitz hat.

14 In der ethnologischen Literatur wird ein solches Denken nach Marshall Sahlins (*Kultur und praktische Vernunft*, 1981) oft auch als »utilitaristisch« bezeichnet. Ich ziehe jedoch den Begriff »ökonomistisch« vor, da darin der Sinn besser zum Ausdruck kommt und man ihn auch nicht so leicht mit der spezifischen Denkströmung des neunzehnten Jahrhunderts verwechseln kann.

15 Allerdings muss man zugeben, dass diese im ökonomistischen Denken häufig sehr weit gefasst werden. Dabei zeigt schon ein Minimum an Reflexion, dass das menschliche Bedürfnis nach Nahrung oder der Sexualtrieb an sich recht wenig bedeuten; schließlich kann sich jeder problemlos kulinarische Genüsse oder Formen von Sexualität vorstellen, nach denen manchen gelüstet, die für einen selbst jedoch eher einer Bestrafung gleichkämen.

16 Vgl. Polanyi u. a. (Hg.): *Trade and Market in the Early Empires*, 1957; ders.: »Anthropology and Economic Theory«, 1959; ders.: *Primitive, Archaic and Modern Economies*, 1968; Dalton: »Economic Theory and Primitive Society«, 1961; Cook: »The Obsolete ›Anti-Market‹ Mentality«, 1966.
17 Das wirkt wie eine Schrumpfform des Denkens von Herbert Spencer, einem Gesellschaftstheoretiker aus dem neunzehnten Jahrhundert, dessen Werk in akademischen Kreisen aus unerfindlichen Gründen als völlig inakzeptabel gilt.
18 Polanyi u. a. (Hg.): *Trade and Market in the Early Empires*, 1957.
19 Firth: *Economies of the New Zealand Maori*, 1959; Bohannan: »Some Principles of Exchange and Investment among the Tiv«, 1955; ders.: »The Impact of Money on an African Subsistence Economy«, 1959; und Bohannan u. a.: *Tiv Economy*, 1968.
20 Sahlins: *Stone Age Economics*, 1972.
21 Vgl. Burling: »Maximization Theories and the Study of Economic Anthropology«, 1962; Cook: »The Obsolete ›Anti-Market‹ Mentality«, 1966.
22 Barth: *Models of Social Organization*, 1966; Kapferer (Hg.): *Transaction and Meaning*, 1976.
23 Evans-Pritchard: *The Nuer*, 1940, S. 135–138.
24 Ebd., S. 135.
25 Vielleicht kann man es sich auch so vorstellen, dass jede Sprache das gesamte Farbspektrum umfasst, es aber willkürlich gliedert und jedem Bereich ein Wort zuweist. Sie unterteilt die Wirklichkeit also gewissermaßen in »Realitätsscheibchen«.
26 Barthes: *Die Sprache der Mode*, 1985; Baudrillard: *Das System der Dinge*, 1991; Sahlins: *Kultur und praktische Vernunft*, 1981.
27 Sahlins: *Kultur und praktische Vernunft*, 1981, S. 300–301.
28 Saussure nach Sahlins: *Kultur und praktische Vernunft*, 1981, S. 301–302.
29 Ein System, das nur angibt, dass ein Steak mit Pommes frites mehr wert ist, ist rein technisch eine Rangordnung. Wenn es auch genau angibt, wie viel mehr sie wert sind, enthält es zusätzlich den Aspekt der Proportionalität.
30 Lévi-Strauss: *Die elementaren Strukturen der Verwandtschaft*, 1981; ders.: *Strukturale Anthropologie*, 1971; ders.: *Das Ende des Totemismus*, 1965; und ders.: *Das wilde Denken*, 1968.
31 Das gilt auch in politischer Hinsicht: Die französischen Strukturalisten der 1960er Jahre waren als politisch passiv bekannt bzw. galten sogar als konservativ (da eine »apolitische« Haltung in der Praxis meist mit einer gemäßigt rechten Gesinnung einhergeht).
32 Sahlins: *Der Tod des Kapitän Cook*, 1986; ders.: *Inseln der Geschichte*, 1992; ders.: »Cosmologies of Capitalism«, 1988; ders.: »The Return of the Event, Again«, 1991.
33 Dumont: *Gesellschaft in Indien*, 1976; ders.: *From Mandeville to Marx*, 1977; ders.: *Individualismus*, 1991.
34 Hertz: »La Prééminence de la main droite: étude sur la polarité religieuse«, 1907; Needham: *Right and Left*, 1973.
35 Dumont: *Individualismus*, 1991; vgl. auch Tcherkezoff: *Le Roi Nyamwezi, la droite et la gauche*, 1983.

36 Die Kritik daran ist vielfältig; meine eigene findet sich in Graeber: »Manners, Deference and Private Property«, 1997.
37 Insofern hat er dem einfachen Modell Saussures den Aspekt der Rangordnung hinzugefügt (jedoch keine Proportionalität).
38 Dies ist lediglich ein simples Beispiel und besagt nicht, dass es nach Dumont in allen Gesellschaften genau diese Sphären gibt.
39 Um auch ein symbolisches Beispiel aus der westlichen Tradition anzuführen: Während in der Sphäre des Säkularen die Frauen die Männer zur Welt bringen (eindeutig eine Geste des »Umfassens«), ist das Verhältnis in der Sphäre des Kosmologischen, in der Eva aus der Rippe Adams geformt wird, genau umkehrt.
40 Dumont: *From Mandeville to Marx*, 1977; ders.: *Individualismus*, 1991.
41 In traditionellen Gesellschaften kann im Grunde gar nicht von »Individuen« gesprochen werden. Es gibt keine scharfe Trennung zwischen Subjekten und Objekten; vielmehr bestehen Handelnde aus unterschiedlichen Aspekten oder Elementen mit unterschiedlichen hierarchischen Werten.
42 Das bekannteste Beispiel dafür ist Edmund Leach: *Political Systems of Highland Burma*, 1954 (auch wenn Leach im Übrigen kein Formalist war). In Indien ist Macht (*artha*) keineswegs implizit, sondern ein bewusst formulierter Wert (vgl. Dumont: *From Mandeville to Marx*, 1977, S. 152–166), obwohl er mir dennoch zu einer anderen Ordnung zu gehören scheint als Reinheit.
43 Coppet: »Cycles de meurtres et cycles funéraires«, 1969; ders.: »1, 4, 8; 9, 7. La monnaie: présence des morts et mesure du temps«, 1970; ders.: »The Lifegiving death«, 1982; ders.: »Land Owns People«, 1985; ders.: »'Are'are Society: A Melanesian Socio-Cosmic Point of View«, 1995.
44 Barraud: *Tanebar-Evav*, 1979.
45 Iteanu: *Le ronde des échanges*, 1983; ders.: »Idéologie patrilinéaire ou idéologie de l'anthropologue?«, 1983; ders.: »The Concept of the Person and the Ritual System«, 1990.
46 Jamous: *Honneur et Baraka*, 1981.
47 Fairerweise muss man einräumen, dass Dumont selbst anmerkt, ein Vorteil seines hierarchischen und holistischen Ansatzes sei der Verzicht auf derart eindeutige Entweder-oder-Unterscheidungen, weil Hierarchien inklusiv und nicht exklusiv sind und von ihren Zentren her bestimmt werden, nicht von ihren Rändern (Dumont: *Individualismus*, 1991, S. 237–248). Das scheint jedoch eher eine philosophische Überlegung, die sich kaum in der ethnologischen Praxis niederschlägt.
48 Dumont: *From Mandeville to Marx*, 1977, S. 219.

Zweites Kapitel
Aktuelle Strömungen in der Tauschtheorie

1 Ein weiterer Faktor war die verspätete Veröffentlichung von Marx' *Formen die der Kapitalistischen Produktion vorausgehen* bzw. der *Grundrisse der Kritik der Politischen Ökonomie*, die ebenfalls eine viel flexiblere Haltung offenbart, als sich nachfolgende Marxisten vorgestellt hatten.

2 In der französisch- und spanischsprachigen Welt ist seine intellektuelle Bedeutung bis heute aber wesentlich größer.
3 Im Grunde stritten Marxisten und Strukturalisten darüber, welche analytische Methode mehr Berechtigung hatte. Dabei nahmen die Strukturalisten eine relativistische Position ein und behaupteten letztlich, der Marxismus sei ethnozentrisch. Wie unten dargelegt, setzt Marilyn Strathern diese Linie fort.
4 Zu Marx' »Gebrauchswert« und »Tauschwert« gibt es reichlich Literatur (z. B. Godelier: *Ökonomische Anthropologie*, 1973, insbes. »›Salzgeld‹ und Warenzirkulation bei den Baruya in Neuguinea«, S. 207–240; Modjeska: »Exchange value and Melanesian trade reconsidered«, 1985; und vor allem Taussig: *The Devil and Commodity Fetishism in South America*, 1980). Ich teile die Ansicht, dass »Gebrauchswert« und »Tauschwert« vor allem zur Funktionsbeschreibung innerhalb des kapitalistischen Systems verwendet werden sollten, nicht außerhalb.
5 Vgl. Miller: *Material Culture and Mass Consumption*, 1987; ders. (Hg.): *Acknowledging Consumption*, 1995.
6 Mauss: »Die Gabe«, 1975 [1925], S. 12.
7 Diese Schlussfolgerung war bereits in Durkheims »organischer Solidarität« angelegt, bei der gesellschaftliche Solidarität eine Folge der Arbeitsteilung und der durch sie verursachten wechselseitigen Abhängigkeit aller war.
8 Bourdieu: *Entwurf einer Theorie der Praxis*, 1976, S. 336.
9 Bourdieu verweist bezüglich Gesellschaften, die »keinen ›self-regulating market‹ (Polanyi) [...] aufweisen«, sogar explizit auf ihn (ebd., S. 357).
10 Bourdieu macht keinen Hehl daraus, dass er ökonomische Analysemethoden auf beinahe jedes Feld menschlichen Handelns anwendet. Damit werden diese Felder jedoch nicht notwendig auf das der Ökonomie reduziert, meint er; nur haben diejenigen, die das Feld der Ökonomie untersuchen, bestimmte Prozesse und Phänomene (wie Wettbewerbsstrategien, die Bildung bestimmter Kapitalformen usw.), die im Verborgenen in jedem anderen Feld ebenfalls vonstattengehen, bislang am besten beschrieben.
11 Bourdieu: *Entwurf einer Theorie der Praxis*, 1976, S. 345. Dagegen lässt sich der übliche Einwand machen: Wenn sich Reichtum oder ein Lächeln so einfach vermehren lassen, warum sollte man das dann überhaupt als eine »Gewinnmaximierung« verstehen?
12 Gnostisch in dem Sinne, dass die Welt, in der wir leben, zutiefst und unrettbar verkommen ist und dass die einzig mögliche Erlösung in dieser Erkenntnis besteht. Allerdings muss man fairerweise einräumen, dass Bourdieu vor nicht allzu langer Zeit Derrida wegen der Behauptung kritisiert hat, echte Geschenke seien per definitionem unmöglich, und er meint, »die rein spekulative und akademische Frage, ob Großzügigkeit und Uneigennützigkeit möglich sind, sollte der politischen Frage Platz machen, welche Mittel notwendig sind, um Welten zu schaffen, in denen Menschen wie in Schenkökonomien ein Interesse daran haben, großzügig zu sein und uneigennützig zu handeln.« (Bourdieu: »Marginalia – Some Additional Notes on the Gift«, 1997, S. 240.)
13 Wie sich rasch zeigte, ging es dabei um den individuellen Konsum, der ohnedies eine Lieblings-Freizeitbeschäftigung wohlhabender Akademiker ist.

Bourdieu dagegen blieb sich treu, rannte gegen den Trend an und kritisierte in *Die feinen Unterschiede* (1982 [1979]) den Konsum als Reproduktion von Ungleichheit.

14 Appadurai, »Introduction: commodities and the politics of value«, 1986, S. 13.

15 Ebd., S. 14–15.

16 Kopytoff: »The Cultural Biography of Things«, 1986; vgl. auch Parry und Bloch (Hg.): *Money and the Morality of Exchange*, 1989.

17 Appadurai: »Introduction: commodities and the politics of value«, 1986, S. 12; vgl. auch Carrier: »Gifts in a World of Commodities«, 1990; und ders.: »Gifts, Commodities, and Social Relations«, 1991.

18 Das betont etwa Marilyn Strathern: »Qualified Value«, 1992; vgl. auch Comaroff und Comaroff: *Ethnography and the Historical Imagination*, 1992, S. 151.

19 Ferguson: »Cultural Exchange: New Developments in the Anthropology of Commodities«, 1988.

20 »In erstaunlich vielen Gesellschaften [...] dient es dem Interesse der Herrschenden, wenn der freie Fluss der Waren vollständig zum Erliegen kommt und ein in sich geschlossener Warenkreislauf an seine Stelle tritt, bei dem ein strenges Reglement darüber entscheidet, wie diese Waren bewegt werden dürfen.« (Appadurai: »Introduction: commodities and the politics of value«, 1986, S. 57) Beispiele dafür, wie die Mächtigen das Ausmaß des Tauschs zu steigern oder die Machtlosen ihn zu beschränken versuchen, nennt er keine.

21 Thomas: *Entangled Objects*, 1991, S. 28.

22 Andere Texte des Bandes erlauben dies durchaus, vor allem Patrick Gearys ausgezeichnete Darstellung der Zirkulation mittelalterlicher Reliquien (»Sacred Commodities«, 1986).

23 Weiner: »Inalienable Wealth«, 1985; dies.: *Inalienable Possessions*, 1992; und dies.: »Cultural Difference and the Density of Objects«, 1994.

24 Vgl. Weiner: »The Reproductive Model in Trobriand Society«, 1976, S. 180–183.

25 Weiner: *Inalienable Possessions*, 1992, S. 8–12.

26 Ähnlich wie für Lévi-Strauss Gesellschaft dadurch entsteht, dass Männer, indem sie heiraten, untereinander Schwestern tauschen (*Die elementaren Strukturen der Verwandtschaft*, 1981 [1949]), betont Weiner die enge Geschwisterbeziehung, den Grad, zu dem sich Männer sogar nach der Heirat weigern, ihre Schwestern aufzugeben (»Inalienable Wealth«, 1985).

27 Vgl. Weiner: »The Reproductive Model in Trobriand Society«, 1976; dies.: »Reproduction: A Replacement for Reciprocity«, 1980; und dies.: »Sexuality among the Anthropologists«, 1982.

28 Vgl. Gregory: »Gifts to Men and Gifts to God«, 1980; ders.: *Gifts and Commodities*, 1982.

29 Vgl. Strathern: »Culture in a Netbag«, 1981; dies.: »Subject or object?«, 1984; dies.: »Marriage Exchanges«, 1984; dies.: »Conclusion«, 1987; dies.: *The Gender of the Gift*, 1988; und dies.: »Qualified Value«, 1992.

30 Vermutlich beginnt sie mit Roy Wagners *The Invention of Culture* (1975), auch wenn sich das nicht mit Sicherheit sagen lässt. Ich stelle im Folgenden zum Beispiel Gregorys Bedeutung für Marilyn Stratherns Modelle heraus, obwohl Gregory selbst Stratherns frühen ethnographischen Arbeiten einen großen Einfluss auf sein eigenes Werk zuschreibt (Gregory: *Savage Money*, 1998, S. 10).

31 Prinzipielle Einwände gegen ein derartiges Projekt muten seltsam an. Die Gefahr liegt eher darin, das Modell mit der Wirklichkeit zu verwechseln und zum Beispiel der Deutung einer speziellen melanesischen Tauschform mit dem Argument zu widersprechen, »Melanesier« könnten nicht so denken – obwohl man zugeben muss, dass fast niemand, der ein solches Modell entwickelt (Strathern eingeschlossen), dieser Versuchung ganz zu widerstehen vermag.

32 Meiner Meinung nach stört sich die feministische Kritik vor allem daran, dass Strathern in einem 344-seitigen Werk über Gender dies erst auf Seite 325 offen ausspricht.

33 Strathern: *The Gender of the Gift*, 1988, S. 144–159.

34 Vgl. Josephides: *Suppressed and Overt Antagonism*, 1982; dies.: »Equal but different? The Ontology of Gender among the Kewa«, 1983; dies.: *The Production of Inequality: Gender and Exchange among the Kewa*, 1985; und Bloch: »The Symbolism of Money in Imerina«, 1990, S. 172.

35 Vgl. MacPherson: *The Political Theory of Possessive Individualism*, 1962.

36 Strathern: *The Gender of the Gift*, 1988, S. 142 [Hervorhebung des Verfassers, D.G.].

37 Ebd., S. 142–143.

38 Mir ist nicht klar, welche der beiden Haltungen Strathern präferiert; vermutlich letztere, da es ziemlich eindeutige Hinweise gibt, dass auch die Melpa, die Stratherns wichtigstes Beispiel sind, einen einzigartigen kreativen Wesenskern kennen (vgl. A. Strathern: »Gender, Ideology and Money in Mount Hagen«, 1979).

39 Bei der Lektüre von Stratherns Schriften ist es hilfreich, sich ein kleines Glossar ihrer Terminologie anzulegen und sie in Begriffe zu übersetzen, wie sie ein etwas konventionellerer Wissenschaftler verwenden würde. Bei mir sind es zum Beispiel: entlocken – wahrnehmen; Wert – Bedeutung (oder Bedeutsamkeit); im Vergleich zu – im Unterschied zu; Anbindung – Verpflichtung; nötigen – überreden oder jemanden dazu bringen, sich zu etwas verpflichtet zu fühlen.

40 Diese Überlegung ist zum Teil einer besonderen Verwendung von »Grund« und »Ursprung« in der Melpa-Sprache geschuldet (vgl. Errington und Gewertz: »The Remarriage of Yebiwali«, 1987). Der Schenkende ist der »Grund« der Gabe, ihre »Quelle« bzw. ihr »Ursprung« ist das, was sie im jeweiligen Kontext veranlasst hat. Diese unterschiedlichen Quellen oder Ursprünge erklären auch, warum Schweine, die an sich gleich groß sind oder einander auch sonst körperlich gleichen, als verschieden betrachtet werden und verschiedenen Wert haben.

41 Nach Strathern unterscheiden die Melpa zwischen Arbeit und Tausch. Während sich in der Arbeit der unsichtbare »Geist« oder vielleicht der »Wille« einer

Person ausdrückt, ist der Tausch die Veränderung von Objekten, die per se sichtbar sind, sich »auf der Haut« befinden. Deswegen können durch Tausch neue soziale Beziehungen entstehen, Arbeit dagegen kann nur die bestehenden festigen.

42 Gregory: *Gifts and Commodities*, 1982, S. 47–51.

43 Meggit: »From Tribesmen to Peasants«, 1971.

44 Gregory: *Gifts and Commodities*, 1982, S. 50.

45 Strathern: »Qualified Value«, 1992; Gewertz: *Sepik River Societies*, 1983.

46 Das sagt Gregory zwar gar nicht, aber das ist unwichtig, weil Strathern sagen könnte, dass er es eigentlich hätte tun sollen.

47 Strathern: »Conclusion«, 1987, S. 286.

48 Oder sogar, dass sie in einem historischen oder produktiven Verhältnis zueinander stehen.

49 Obwohl Menschen ständig so handeln, dürften die Aussichten gering sein, dass Sozialwissenschaftler je die exakten Gründe ihrer Entscheidungen ermitteln, genauso wenig wie man ein theoretisches Modell wird entwickeln können, mit dem sich vorhersagen lässt, welche Erbstücke jemand wahrscheinlich aus einem brennenden Haus retten wird.

50 Beidelman: »Agnostic Exchange«, 1989; Bourdieu: *Entwurf einer Theorie der Praxis*, 1976. Während Herrschaft für das westliche Denken eher darin besteht, dass eine Partei eine andere in ihrer subjektiven Freiheit unterdrückt und sie am Handeln hindert, besteht sie (nach Strathern) für die Melanesier eher darin, andere zum Handeln zu bewegen. Deswegen nennt Strathern das Überreden – insbesondere das Überreden eines anderen zu einer Tauschhandlung – erstaunlicherweise einen Akt des »Zwangs«, so als wäre es die gröbste Gewalttat.

51 Munn: »The Spatiotemporal Transformations of Gawan canoes«, 1977; dies.: »Gawan Kula«, 1983; und dies.: *The Fame of Gawa*, 1986.

52 Munn: *The Fame of Gawa*, 1986, S. 11–12, 49–73.

53 Bzw. ihr »transformativer Wert«, wie Munn bisweilen sagt.

54 So bemerkt Strathern über die Schweinezucht in Mount Hagen: »Das Futter, mit dem die Ehefrau die Schweine aufzieht, wird auf einem Stück Land angebaut, das dem Clan des Ehemanns gehört, es wird vom Ehemann gerodet und von der Ehefrau bestellt, und nur eine von außen kommende Theorie der Ausbeutung von Arbeitskraft kann diese wechselseitigen Investitionen hierarchisieren.« (Strathern: *The Gender of the Gift*, 1988, S. 162–163) Diese Aufzählung von Einflussfaktoren ließe sich beliebig verlängern, etwa um die Energie, die in die Ernährung des Paares oder die landwirtschaftliche Ausbildung geflossen ist.

55 Und wer es dennoch tut, beschäftigt sich eher mit ihrer phänomenologischen Methode als mit ihrer Werttheorie (z. B. Thomas: *Entangled Objects*, 1991; vgl. Weiss: *The Making and the Unmaking of the Haya Lived World*, 1996, R. Foster: »Value without Equivalence«, 1990; ders.: *Social Reproduction and History in Melanesia*, 1995.)

Drittes Kapitel
Wert als die Bedeutsamkeit von Handlungen

1 Turner: »The Social Skin«, 1980; ders.: *Value, Production and Exploitation in Non-Capitalist Societies*, 1984; ders.: *The Kayapo of Southeastern Para*, 1987.
2 Turner: »Anthropology and the Politics of Indigenous Peoples' Struggles«, 1979; ders.: »Dual opposition, hierarchy and value«, 1984.
3 Z.B. Turner: »The Gê and Bororo Societies as Dialectical Systems«, 1979, S. 171; ders.: »Animal Symbolism, Totemism, and the Structure of Myth«, 1985, S. 52.
4 Heraklits genaue Position zu bestimmen fällt der modernen Wissenschaft nicht leicht, weil seine Ideen aus Fragmenten oder Kurzfassungen zusammengestückelt werden müssen, die sich in den Werken späterer, ihm widersprechender Autoren erhalten haben. So ist nicht völlig klar, ob er jemals wirklich »Man kann nicht zweimal in denselben Fluss steigen« gesagt hat. Kirk (*Heraclitus: The Cosmic Fragments*, 1962) meint nein, Vlastos (»On Heraclitus«, 1970) und Guthrie (*A History of Greek Philosophy*, 1971, S. 488–492) meinen ja und behaupten, der Satz »Wer in dieselben Flüsse hinabsteigt, dem strömt stets anderes Wasser zu« entspreche nicht seinen ursprünglichen Worten. Die Diskussion geht aber, wie Jonathan Barnes bemerkt (*The Presocratic Philosophers*, 1982, S. 65–69, vgl. Guthrie: *A History of Greek Philosophy*, 1971, S. 449–450), ziemlich an der Sache vorbei, da diese spätere Randbemerkung tatsächlich eine korrekte Beschreibung von Heraklits Position ist, wie sich durch den Vergleich mit anderen Fragmenten rekonstruieren lässt (vor allem mit seiner Feststellung, dass der »Gerstentrank«, der aus Wein, Gerste und Honig bestand, »nur dann existierte, wenn er gerührt wurde«). Heraklit leugnete nicht die kontinuierliche Existenz von Objekten in der Zeit, hob aber hervor, dass sie alle letztlich Veränderungs- und Tranformationsmuster seien. Die erstgenannte Interpretation wurde offenbar durch Platons *Kratylos* populär, wo sich die Behauptung findet, man könne, wenn Heraklit Recht habe, keinem Ding je einen Namen geben, da es ja keine fortdauernde Existenz habe (McKirahan, *Philosophy Before Socrates*, 1994, S. 143).
5 Heraklit wiederum war der geistige Vorfahr von Demokrit, dem Begründer des Atomismus, der behauptete, alle Objekte könnten in unteilbare, sich ständig bewegende Einheiten zerlegt werden. Marx, der via Hegel auf diese Tradition zurückgriff, schrieb seine Dissertation über Demokrit.
6 Ricœur: *Geschichte und Wahrheit*, 1974, S. 195–196. Vgl. Sahlins: *Kultur und praktische Vernunft*, 1981, S. 121, Fußnote 21.
7 Diesem »epistemischen Irrtum« unterliegt seiner Ansicht nach der Großteil der westlichen Philosophie; zwei Hauptschuldige in diesem Zusammenhang seien Descartes und Hume.
8 Vielleicht ist das einer der Gründe, weshalb die Marx'sche Dialektik, in wie revidierter Form auch immer, so große Anziehungskraft entwickeln konnte. Jedenfalls betrachtete Hegel Modelle als relativ »abstrakt« und daher »einseitig« und unvollständig im Vergleich mit den »konkreten Totalitäten« der Realität.

Die gesamte dialektische Tradition geht davon aus, dass Objekte immer komplexer sind als jede Beschreibung, die wir von ihnen anfertigen können.

9 Bhaskar: *The Possibility of Naturalism*, 1979; ders.: *Scientific Realism and Human Emancipation*, 1986; ders.: *Reclaiming Reality*, 1989; ders.: *Philosophy and the Idea of Freedom*, 1991; ders.: *Dialectic: The Pulse of Freedom*, 1993; ders.: *Plato etc.*, 1994; Collier: *Critical Realism*, 1994. Archer: *Critical Realism*, 1998.

10 Was übrigens nicht bedeutet, dass solche Ereignisse nicht ex post facto erklärt werden können; Bhaskar widerspricht auch der positivistischen Annahme, Erklärung und Vorhersage seien letztlich dasselbe bzw. sollten es sein.

11 Mit dem Kauf der Arbeitskraft erhält der Kapitalist letzten Endes natürlich die »konkrete Arbeit«, egal was er seinen Arbeitern tatsächlich aufträgt, und zieht daraus Profit, weil Arbeiter unter dem Strich viel mehr als die reinen Kosten der Reproduktion ihrer Arbeitskraft produzieren können; das spielt hier aber im Moment keine Rolle.

12 Dies alles ist nur möglich, weil es Standards für das gibt, was Marx die »sozial notwendige Arbeitszeit« nennt, die zur Herstellung einer bestimmten Sache erforderlich ist, also kulturelle Übereinkünfte über den Grad an Anstrengung, Organisation usw., die bestimmen können, was als vernünftige Dauer gilt, innerhalb derer eine bestimmte Aufgabe erfüllt wird. Das Ganze wird auf S. 53–54 des *Kapitals* Bd. 1, 1968, in aller Klarheit dargelegt.

13 Das trifft schon dann zu, wenn man mit einem Begriff wie »Arbeit« (also einem kulturbedingten Begriff) operiert, und erst recht, wenn man einen abstrakteren Begriff wie »kreative Energie« verwendet, der an sich unquantifizierbar ist. Man kann schon deshalb nicht sagen, eine Gesellschaft habe eine feststehende Menge davon, die dann im bekannten ökonomischen Sinn vom »Sparen« knapper Güter aufgeteilt werden müsste, weil die Menge des in Umlauf befindlichen kreativen Potentials nie vollständig realisiert wird. Eine Gesellschaft, in der alle ständig bis an die Grenzen ihrer geistigen und körperlichen Möglichkeiten produzieren, lässt sich schwer auch nur vorstellen, und ganz bestimmt würde niemand freiwillig in ihr leben.

14 Marx: *Die deutsche Ideologie*, 1969, S. 28–31.

15 Ebd., S. 30.

16 Marx: *Das Kapital*, Band I, 1968, S. 193.

17 Turner: *Value, Production and Exploitation in Non-Capitalist Societies*, 1984, S. 11. Fajans: »Exchanging Products: Producing Exchange«, 1993, S. 3.

18 Und zwar kraft seiner Identität oder schlicht durch Lernen oder aber indem er sich bestimmte Fähigkeiten im Verlauf des Handlungsprozesses aneignet. »Indem er durch diese Bewegung auf die Natur außer ihm wirkt und sie verändert, verändert er zugleich seine eigne Natur.« (Marx: *Das Kapital*, Band I, 1968, S. 192.)

19 Natürlich ist man sich bei vielen Alltagshandlungen nicht einmal dessen richtig bewusst. Aber Turner konzentriert sich wie Marx auf Handlungen, bei denen man sich seiner selbst so sehr bewusst ist, dass man ihre Grenzen ausloten kann.

20 Vgl. Taussig: »Maleficium: State Fetishism«, 1993.

21 Die freudianischen natürlich auch. Vielleicht werden beide Ansätze deshalb so oft als ungemein mächtige kritische Methoden betrachtet.
22 Eines falschen allerdings insofern, als die Träger dieses unvollständigen Bewusstseins seine Unvollständigkeit nicht erkennen.
23 Piaget: *Der Strukturalismus*, 1973. Turner: »Piaget's Structuralism«, 1973.
24 Piaget zufolge beging der Strukturalismus in den Sozialwissenschaften einen gravierenden Fehler, als er Saussures Linguistik als Modell übernahm, weil die Sprache so gut wie die einzige soziale Ausdrucksform ist, die auf einem ganz und gar arbiträren Kode basiert, der sich damit völlig abseits jeder Praxis befindet. Nur deshalb lässt sich ja Saussures berühmte Unterscheidung zwischen *langue* und *parole* überhaupt treffen. In fast jedem anderen Bereich menschlichen Handelns könnte man unmöglich von einem »Kode« auch nur sprechen, ohne Bezug auf die Praxis zu nehmen (Piaget: *Der Strukturalismus*, 1973, S. 74–76).
25 Beispielsweise Sahlins: *Kultur und praktische Vernunft*, 1981, S. 177, Fußnote 49. Bloch: »The Ritual of the Royal Bath in Madagascar«, 1989, S. 115–116) zeigt sich nur ein klein wenig großzügiger.
26 »(...) zunächst aus senso-motorischer Handlung, dann aus praktischer und technischer Intelligenz, während erweiterte Denkformen diesen aktiven Charakter in der Beschaffenheit von Operationen wiederentdecken, die wirkungsvolle und objektive Strukturen zwischen ihnen bilden.« (*Sociological Studies*, 1995, S. 282.) Wie viele solcher Autoren entwickelt Piaget seine eigene Terminologie, die man sich erst mühsam aneignen muss, wenn man sie vollständig beherrschen will.
27 Piaget: *Der Strukturalismus*, 1973, S. 34.
28 Bourdieu: *Entwurf einer Theorie der Praxis*, 1976.
29 Vygotsky: *Mind in Society*, 1978, S. 79–91. Abgeleitet von einer pädagogischen Theorie mit der Prämisse, dass Kinder immer in der Lage sind, auf einer Stufe Tätigkeiten zu erlernen bzw. überhaupt zu operieren, die einen Schritt weiter ist als die, die sie selbst erklären können bzw. vollkommen internalisiert haben.
30 Victor Turner: *The Forest of Symbols*, 1967.
31 Turner: »Transformation, Hierarchy and Transcendence«, 1977; ders.: *The Poetics of Play*, 1993, S. 22–26.
32 Turner (»Anthropology and the Politics of Indigenous Peoples' Struggles«, 1979, S. 32) stellt fest: In unserer Gesellschaft wird in Bezug auf Hochzeiten üblicherweise davon ausgegangen, dass die individuelle Ehe zwar zwischen zwei realen Menschen geschlossen wird, die Institution der Ehe aber von Gott geschaffen wurde.
33 Ollman, *Alienation*, 1971.
34 Vgl. Turner und Fajans, *Where the Action Is*, 1988. Piaget selbst ging nie ausführlich auf die Parallelen zwischen seinen Anschauungen und denen von Marx ein (vgl. allerdings »Egocentric and Sociocentric Thought«, in: *Sociological Studies*, 1995, S. 276–86), sah sich jedoch klar in derselben dialektischen Tradition. Dass der Egozentrismus meist eine ähnliche Umkehrung von Subjekt und Objekt beinhaltet, wie Marx sie als typisch für den Fetischismus erachtete, ist ein immer wiederkehrendes Thema in Piagets Werk. So macht er beispielsweise

die interessante Beobachtung, dass Kinder systematisch dazu neigen, fast jeden Bestandteil der physischen Welt so zu beschreiben, als wäre er von einer wohlwollenden Intelligenz zu ihrem Nutzen geschaffen worden – was aus marxistischer Sicht natürlich gar nicht so falsch ist, da ja genau die Instrumente, mittels derer alles in der uns umgebenden Welt zu unserem Nutzen entworfen wurde, durch den Markt unsichtbar gemacht werden, was bei vielen Erwachsenen zu einer ganz ähnlichen Einstellung führt.

35 Vgl. Piaget: *Der Strukturalismus*, 1973, S. 112–113.

36 Z.B. Hallpike: *The Foundations of Primitive Thought*, 1979.

37 In diesem Fall der, fachsprachlich gefasst, »abstrakten Arbeit« bzw. der Wert der Arbeitskraft des Arbeiters, deren Entstehung in der Sphäre des Hauswesens von der Produktionssphäre aus betrachtet praktisch unsichtbar ist, so wie die Arbeit, durch die das Produkt erzeugt wurde, von der anderen Seite her unsichtbar wird (vgl. untenstehendes Diagramm).

38 Vgl. Turner: »Anthropology and the Politics of Indigenous Peoples' Struggles«, 1979, S. 20–21.

39 Turner: *Value, Production and Exploitation in Non-Capitalist Societies*, 1984.

40 Turner: »Anthropology and the Politics of Indigenous Peoples' Struggles«, 1979.

41 Fajans: »The Alimentary Structures of Kinship«, 1993; dieselbe: *They Make Themselves*, 1997; Turner und Fajans: *Where the Action Is*, 1988.

42 Die einzige Ausnahme bilden kunstvolle, wunderschöne Maskeraden, über deren Bedeutung die Baininger allerdings keine Auskunft geben; das Ganze wird von ihnen als »nur ein Spiel« abgetan. Nebenbei möchte ich anmerken, dass die Baininger innerhalb des Spektrums der anarchistischen Gesellschaften am äußersten kollektivistischen (im Gegensatz zum individualistischen) Ende anzusiedeln sind.

43 Fajans: »The Alimentary Structures of Kinship«, 1993, S. 59–75; dieselbe: *They Make Themselves*, 1997, S. 75–78, 88–100.

44 Dieser Rückgriff erfolgte beispielsweise in der Debatte innerhalb der russischen Psychologie über die kleinsten Analyseeinheiten, angefangen bei Vygotsky, und durchzog auch die spätere »Tätigkeitstheorie« (vgl. Turner und Fajans: *Where the Action Is*, 1988).

45 Turner spricht bekanntlich von der »kleinsten modularen Artikulationseinheit«, was zugegebenermaßen nicht besonders elegant klingt. Turner zufolge ist die Beschäftigung mit der kleinsten Struktureinheit eine mögliche Erklärung für Marx' Vorgehensweise im *Kapital*, wo die Fabrik eine ähnliche Funktion erfüllt.

46 Turner: »Kinship, Household and Community Structure among the Kayapo«, 1979; ders.: »The Social Skin«, 1980; ders.: *Value Production and Exploitation in Non-Capitalist Societies*, 1984; ders.: »Dual opposition, hierarchy and value«, 1984; ders.: *The Kayapo of Southeastern Para*, 1987.

47 Turner: *The Kayapo of Southeastern Para*, 1987, S. 25–28.

48 »Schönheit« schreiben die Kayapó Dingen oder Handlungen zu, die insofern vollständig sind, als sie ihre wesenhafte Beschaffenheit, ihr Potential oder ihren intendierten Zweck vollkommen verwirklichen. »Vollständigkeit« hat also diesem Verständnis nach sowohl die Konnotation »Perfektion« als auch, auf Hand-

lungen bezogen, die Konnotation »Geschicklichkeit«. Eine ordnungsgemäß und vollkommen durchgeführte zeremonielle Handlung ist »schön«, aber die Fähigkeit, bestimmte der für die Gesellschaft wichtigsten und am höchsten spezialisierten Funktionen zu erfüllen – etwa das Verteilen der angesehensten Wertgegenstände –, ist nicht gleichmäßig in der Gesellschaft verbreitet. (Turner: *The Kayapo of Southeastern Para*, 1987, S. 42.)

49 Der mit »Häuptling« übersetzte Begriff lautet wörtlich »die, die singen dürfen«.

50 Turner: *Value, Production and Exploitation in Non-Capitalist Societies*, 1984.

51 Der neue Status des Paars kann als Anteil an der gesamten sozialen Arbeitszeit, gemessen anhand besagter Zeiteinheiten, betrachtet werden, wenn auch, in diesem Fall, in einem wesentlich weniger komplizierten Sinn. Der Grund dafür ist, dass die jungen Erwachsenen die Produkte zweier, die Älteren aber dreier aufeinanderfolgenden Zyklen der sozialen Produktion sind.

52 Myers: *Pintupi Country, Pintupi Self*, 1986.

53 Turner: *The Kayapo of Southeastern Para*, 1987, S. 28. Was übrigens nicht heißt, dass alle Wertsysteme sozial ungerecht sein müssen; es heißt nur, dass eine Unterscheidung vorgenommen werden muss. Der Vergleich könnte ebenso gut mit einem zeitlichen Bezug angestellt werden, etwa zwischen einem früheren Zustand, in dem man besagten Wert noch nicht besaß, und einem zukünftigen, in dem man ihn vielleicht nicht mehr hat.

54 Turner: »Anthropology and the Politics of Indigenous Peoples' Struggles«, 1979, S. 31–34.

55 In den meisten Gesellschaften fühlen sich die Menschen auch nicht selbst verantwortlich dafür.

56 Ein Prozess, der, wie wir gesehen haben, in den meisten Fällen emergente Eigenschaften aufweist, die den beteiligten Akteuren nicht völlig begreifbar sind. Dies ähnelt Roy Bhaskars »Transformationsmodell sozialen Handelns« (Bhaskar: *The Possibility of Naturalism*, 1979, S. 32–41), auch wenn dieses wesentlich weiter gefasst ist.

57 Strathern räumt das in gewisser Hinsicht ein, wenn sie sagt, dass die »ästhetischen« Regeln, denen zufolge bestimmte Sachen als wertvoll gelten und andere nicht, in einer Schenkökonomie meist unsichtbar werden. Das, so Strathern, mache sie zum Gegenteil einer Warenökonomie, in der nur die äußere Form der Objekte hervorgehoben werde, während die an ihnen beteiligten menschlichen Beziehungen verschwänden. Diese Behauptung ist meiner Meinung nach zwar faszinierend, ja geradezu brillant, weicht aber der Frage aus, wie der ästhetische Kodex überhaupt erst geschaffen und reproduziert wird. Dieses Ausweichen ist aber wohl unvermeidlich, wenn man bedenkt, dass die britische Tradition der Sozialanthropologie, aus der Strathern kommt, immer auf eine klare Unterscheidung zwischen »Kultur« im Sinne eines aus Ausdrucksbedeutungen bestehenden Komplexes und »Gesellschaft« im Sinne eines aus interpersonalen Beziehungen bestehenden Netzwerks gepocht hat, während »Kultur« und »Gesellschaft« in der Tradition der amerikanischen Sozialanthropologie gemeinhin als zwei Aspekte ein und derselben Sache betrachtet werden. Strathern kann weder mit »Gesellschaft« noch mit »Kultur« als eindeutigem Begriff viel anfangen, reproduziert dann aber die Unterscheidung,

indem sie differenziert zwischen den sozialen Beziehungen, die die Menschen bewusst zu reproduzieren versuchen, und den verborgenen »Konventionen der Verdinglichung«, die festlegen, welche Formen (ein Schwein, eine Muschel, ein Frauenkörper) bestimmte Arten von sozialen Beziehungen verkörpern können und welche nicht (vgl. z. B. Leach: *Political Systems of Highland Burma*, 1954).

58 Oder, eher wahrscheinlich, verschiedene Totalitäten, die auf unterschiedlichen sozialen Ebenen existieren.

59 Turner: *Value, Production and Exploitation in Non-Capitalist Societies*, 1984, S. 56–58.

60 Wie das Beispiel verdeutlichen soll, ist hier nicht nur von den physischen Eigenschaften der Medien die Rede (obwohl diese durchaus stark ins Gewicht fallen), sondern auch von der Art und Weise ihrer Nutzung. »Abstraktion« ist keine physische Eigenschaft.

61 Das ist natürlich stark vereinfacht. Im Grunde verschmelze ich alle möglichen sozialen Organisationen, in denen Menschen sich persönlich realisieren, zur »Sphäre des Hauswesens« und ignoriere die Tatsache, dass die schulische Bildung außerhalb des Hauses stattfindet usw. Solche Simplifikationen sind aber manchmal nützlich, solange man sie nicht mit der Wirklichkeit verwechselt.

62 Turner: »Anthropology and the Politics of Indigenous Peoples' Struggles«, 1979, S. 34–35.

63 Alle anderen, weniger theatralischen Handlungen, die dabei im Spiel sind, werden, um es mit Strathern zu sagen, von ihnen »in den Hintergrund gedrängt«.

64 Vgl. Turner: »Transformation, Hierarchy and Transcendence«, 1977, S. 59–60.

65 Bourdieu: *Entwurf einer Theorie der Praxis*, 1976.

66 Bloch: »Death, Women and Power«, 1982.

67 Wilson: »Witch Beliefs and Social Structure«, 1970.

68 Graeber: »Dancing with Corpses Reconsidered«, 1995.

69 Bei den Bainingern handelt es sich offenbar um ungewöhnlich nonindividualistische Egalitaristen, und für die Kayapó scheint Egalitarismus keine besonders große Rolle zu spielen.

70 Z. B. Meillassoux: *Die wilden Früchte der Frau*, 1976; Godelier: *Ökonomische Anthropologie*, 1973.

71 Und zwar fast per definitionem, da Staaten normalerweise durch die systematische Anwendung von Gewalt definiert sind.

72 Turner: *The Kayapo of Southeastern Para*, 1987.

73 Turner: »Kinship, Household and Community Structure among the Kayapo«, 1979, S. 210.

74 Turner: »The Kayapo of Central Brazil«, 1978; ders.: »Anthropology and the Politics of Indigenous Peoples' Struggles«, 1979, S. 1–43. Vgl. Myers und Brenneis: »Introduction: Language and Politics in the Pacific«, 1991, S. 4–5.

75 Dumont hat es ganz offensichtlich mit Hierarchien und hält die modernen, individualistischen/egalitären Gesellschaften in gewisser Hinsicht für abnormal oder gar pervers – meint gleichzeitig aber wohl, dass es unmöglich ist, sie loszuwerden (vgl. Robbins: »Equality as a Value«, 1994, S. 21–70, vor allem sein amüsantes Fazit: »Was will Dumont eigentlich?«).

76 Vgl. Turner: *The Poetics of Play*, 1993.

Viertes Kapitel
Handlung und Reflexion, oder
Annäherung an eine Theorie des Reichtums und der Macht

1 Dorfman und Mattelart: *Walt Disneys »Dritte Welt«*, 1977, S. 61–62.
2 Leach: *Political Systems of Highland Burma*, 1954, S. 142.
3 Munn: *The Fame of Gawa*, 1986, S. 55–73, 111–118.
4 Foucault: *Überwachen und Strafen*, 1977, S. 221–250.
5 Ebd., S. 241.
6 Ebd., S. 248.
7 Ebd., S. 241–244.
8 In der ethnologischen Literatur zum Thema »Meidungsbeziehungen« und zu formalen Gehorsamsbeziehungen überhaupt stößt man immer wieder darauf, dass Autoritätspersonen nicht offen bzw. überhaupt nicht angesehen werden durften, zumindest nicht, bevor sie den anderen angesehen hatten. Dieses Prinzip taucht in der einen oder anderen Form vermutlich überall auf – obwohl es auch Situationen gibt, in denen der Blick auf solche Personen wiederum erwartet wird. Vgl. Graeber: »Manners, Deference and Private Property«, 1997.
9 Zitiert in Silverman: »Fragments of a Fashionable Discourse«, 1985.
10 Turner: »The Social Skin«, 1980, S. 50–56.
11 Berger: *Sehen*, 1976, S. 43.
12 Ebd.
13 Daher, so Berger, auch das bildnerische Stereotyp der sich im Spiegel betrachtenden Frau.
14 Lacan: »Das Spiegelstadium als Bildner der Ichfunktion«, 1991.
15 Tylor: *Die Anfänge der Cultur*, 1873, S. 423–450.
16 Hobbes: *Leviathan*, 1996, S. 537; vgl. Pye: »The Sovereign, the Theatre, and the Kingdom of Darkness«, 1984.
17 Ein aufschlussreiches Beispiel findet sich in Nancy Munns Analyse der auf Gawa herrschenden Vorstellung von »Schönheit« und deren Rolle beim Kula-Tausch (Munn: *The Fame of Gawa*, 1986, S. 101–103). Bei den Gawanern, so Munn, gilt die Zurschaustellung an sich als etwas Überzeugendes: »Der verschönerte Mensch überzeugt, indem er seine Überzeugungskraft als sichtbare Fähigkeit seines Ichs zeigt« (S. 103). In diesem Fall sollen andere dazu gebracht werden, dem verschönerten Menschen Kula-Wertgegenstände zu schenken – Schmuckobjekte wie die, mit denen man sich selbst verschönert. Diese Analyse stimmt mit der Untersuchung der aristokratischen Zurschaustellung weiter unten vollkommen überein.
18 Berger: *Sehen*, 1976, S. 44.
19 Zumindest lautet so das aristokratische Ideal. In Wirklichkeit hat sich natürlich kein König jemals ausschließlich auf die Zurschaustellung verlassen, um seine Autorität zum Ausdruck zu bringen. Solche Methoden funktionieren nur in Verbindung mit aktiveren Formen des Überzeugens. Mir ist durchaus bewusst, dass die theoretischen Dichotomien, die ich hier entwerfe, wie die meisten theoretischen Dichotomien nirgends in Reinform existieren – dass die Ausübung von Macht in der Realität immer die Fähigkeit erfordert, sowohl

auf andere einzuwirken als auch sich selbst zu definieren. Aber es gibt Abstufungen. Und natürlich identifizieren sich bestimmte Menschentypen – ob nun bürgerliche Männer, Feudalherrscher oder was auch immer – mit bestimmten charakteristischen Arten der Machtausübung mehr (oder werden mehr damit identifiziert) als mit anderen.

20 Weber: *Wirtschaft und Gesellschaft*, 1976, S. 298–299.

21 Turner und Fajans: *Where the Action Is*, 1988.

22 Marx: *Das Kapital*, Bd. I, 1968, S. 56–61.

23 Marx: *Zur Kritik der politischen Ökonomie*, 1971, S. 104–114.

24 Ebd., S. 108, Hervorhebung im Original.

25 Engels: *Der Ursprung der Familie*«, 1975, S. 161.

26 Shell: *The Economy of Literature*, 1978, S. 62.

27 Ebd.

28 Ebd., S. 21, Fußnote 25.

29 Vernant: *Myth and Thought among the Greeks*, 1983, S. 54.

30 Finley: *Die antike Wirtschaft*, 1993, S. 195–199; Austin und Vidal-Naquet: *Gesellschaft und Wirtschaft im alten Griechenland*, 1984.

31 Finley weist darauf hin, dass »kein Geldwechsler […] einen besseren Kurs für ein syrakusanisches Vier-Drachmen-Stück [gab], nur weil es von [dem berühmten Künstler] Euainetos signiert war«. *Die antike Wirtschaft*, 1993, S. 196.

32 Oder die Dominanz hinter der Schönheit usw.

33 Wer in den Spiegel schaut, sieht das Bild seiner selbst in einem Objekt. Es besteht demnach eine unmittelbare Ähnlichkeit zwischen einem Spiegelbild und dem »Schmuck der Person« in dem von mir gemeinten Sinn des Wortes: Beides stellt eine Erweiterung des Ichs oder der Person in einem außerhalb des Körpers befindlichen Gegenstand dar, die nur erkannt werden kann, indem sie gesehen wird. (Zu Glasperlen und Spiegeln vgl. Comaroff: *Ethnography and the Historical Imagination*, 1992, S. 170–197; Hamell: »Trading in Metaphors«, 1983.)

34 Ong: *Interfaces of the Word*, 1977, S. 121–144.

35 Vérin: *The History of Civilisation in North Madagascar*, 2004.

36 Madagaskar wurde als Quelle von Arbeitskräften für europäische Plantagen in Mauritius und Réunion ausgebeutet.

37 Perlen waren zu dieser Zeit im Imerina offenbar nicht mehr als Tauschmedium in Gebrauch – wenn sie es dort überhaupt je gewesen waren.

38 Edmunds: »Charms and Superstitions in Southeast Imerina«, 1897.

39 Ellis: *History of Madagascar*, 1838, Bd.2, S. 302–303.

40 Ebd., S. 304.

41 Vgl. Edmunds: »Charms and Superstitions in Southeast Imerina«, 1897.

42 Berg: »Royal Authority and the Protector System«, 1986.

43 Vgl. Callet: *Tantara ny Andriana eto Madagascar*, 1908, S. 179, 190–191.

44 Vgl. Bernard-Thierry: »Perles magiques à Madagascar«, 1959, S. 84.

45 Delivré: *L'histoire des rois d'Imerina*, 1974, S. 144–145.

46 Vig: *Charmes*, 1969, S. 59–60; Callet: *Tantara ny Andriana eto Madagascar*, 1908, S. 84; vgl. Ruud: *Taboo*, 1960, S. 218.

47 Callet: *Tantara ny Andriana eto Madagascar*, 1908, S. 82–85.
48 Ottino: »La mythologie malgache des Hautes Terres«, 1981, S. 36.
49 Vig: *Charmes*, 1969, S. 70–72.
50 Ebd., S. 71.
51 Richardson: *A New Malagasy-English Dictionary*, 1885, S. 591.
52 Die Bezeichnung dafür lautete *volatsy vaky*. Wie erinnerlich, wurde Geld normalerweise in kleinere Teile zerstückelt.
53 Callet: *Tantara ny Andriana eto Madagascar*, 1908, S. 51–52.
54 Vgl. Sibree: *Madagascar. The Great African Island*, 1880, S. 302–303.
55 Ellis: *History of Madagascar*, 1838, I. Bd., S. 435.
56 Callet: *Tantara ny Andriana eto Madagascar*, 1908, S. 56; Chapus und Ratsimba: *Histoires des Rois*, 1953, S. 91, Fußnote 134.
57 Vgl. Berg: »Royal Authority and the Protector System«, 1986; Bloch: »The Ritual of the Royal Bath«, 1989.
58 Das gilt für die tatsächliche Geschichte des Objekts wie für die Geschichte, die ihm von denjenigen zugeschrieben wird, die es als wertvoll erachten.
59 Ich würde nicht behaupten, dass alles Begehren zwingend fetischistisch ist. Vielleicht wird man sogar irgendwann eine Unterscheidung zwischen metaphorischem und metonymischem Begehren treffen können. Dann würde das begehrte Objekt nur beim Erstgenannten eine imaginäre Repräsentation der Ganzheit des Besitzer-Ichs werden. Räumte man die Möglichkeit der zweiten Art von Begehren ein, dann ließe sich auch die Möglichkeit des Wunsches in Betracht ziehen, sich mit anderen Menschen oder Dingen aufgrund ihrer tatsächlichen Unterschiede statt aufgrund ihrer imaginierten Ähnlichkeiten zu vereinen. Dies stünde in Einklang mit Lacans Denken: Er behandelte das Imaginäre oder »Spiegelhafte« als eine nachrangige, präödipale Stufe des Begehrens im Vergleich zur stärker indexikalisch geprägten, die mit der Sprache einhergeht.
60 Turner: *Value, Production and Exploitation in Non-Capitalist Societies*, 1984.

Fünftes Kapitel
Wampum und soziale Kreativität bei den Irokesen

1 Hamell: »Trading in Metaphors: The Magic of Beads«, 1983.
2 Ceci: *The Effect of European Contact and Trade on the Settlement Pattern of the Indians in Coastal New York*, 1977; dies.: »The Value of Wampum among the New York Iroquois«, 1982; und Beauchamp: *Wampum and Shell Articles Used by the New York Indians*, 1901.
3 Weeden: *Indian Money as a Factor in New England Civilization*, 2009 [1884]; Martien: *Shell Game: A True Account of Beads and Money in North America*, 1996.
4 »Mohawk« geht auf ein algonkisches Wort zurück, das »Menschenfresser« bedeutet. »Irokese« scheint sich von einem Wort für »Mörder« abzuleiten.
5 Zu dieser Zeit spielte Wampum bei den Siedlern keine Rolle mehr als Zahlungsmittel: Etwa von 1652–1654 an wurde es in den englischen Kolonien nicht

mehr als gesetzliches Zahlungsmittel anerkannt. Die Holländer verwendeten es weiterhin, doch dann begannen die Engländer, die Bestände gegen Felle und holländische Waren zu verschleudern, um in Neu-Niederlande eine gewaltige Inflation herbeizuführen.

6 Thwaites (Hg.): *The Jesuit Relations and Allied Documents: Travels and Explorations of the Jesuit Missionaries in New France, 1610–1791*, 1970 [1896–1901], Bd. 22, S. 287–289.

7 Goldenweiser: »On Iroquois Work 1912«, 1914; ders.: »On Iroquois Work 1913–14«, 1914; Parker: »An Analytical History of the Seneca Indians«, 1926; Shimony: *Conservatism among the Six Nations Iroquois Reservation*, 1961; Heidenreich: *Huronia: A History and Geography of the Huron Indians 1600–1650*, 1971, S. 371–372. Zu den Huronen vgl. Tooker: *An Ethnography of the Huron Indians, 1615–1649*, 1964, S. 44–45.

8 Zumindest bei den Huronen gab es einen Aspekt der »Seele« einer Person, der angeblich wiedergeboren wurde, wenn der Name wiederauferstand; ein anderer stieg in die Unterwelt hinab in ein Totendorf, vgl. Heidenreich: *Huronia*, S. 374–375. In irokesischen Quellen war dazu nichts Entsprechendes zu finden.

9 Fenton: »An Iroquois Condolence Council for Installing Cayuga Chiefs in 1945«, 1946, S. 116.

10 Hewitt und Fenton: »The Requickening Address of the Iroquois Condolence Council«, 1944, S. 65–66; Beauchamp: *Wampum and Shell Articles*; Fenton: »An Iroquois Condolence Council«, 1946, S. 118; Druke: »The Concept of Personhood in Seventeenth and Eighteenth Century Iroquois Ethnopersonality«, 1980.

11 Später kam noch eine sechste Nation dazu, die Tuscarora, allerdings in untergeordneter Stellung und ohne Stimmrecht.

12 Richter: »War and Culture: the Iroquois Experience«, 1983; ders.: *The Ordeal of the Longhouse: The Peoples of the Iroquois League in the Era of European Colonization*, 1992, S. 32–38.

13 Richter: *The Ordeal of the Longhouse*, 1992, S. 35.

14 Starna und Watkins: »Northern Iroquoian Slavery«, 1991.

15 Quain: »The Iroquois«, 1937.

16 Vgl. Lafitau in Fenton: »Northern Iroquois Culture Patterns«, 1978, S. 315.

17 Wir erfahren nicht, ob dies dadurch geschah, dass man ihm den Namen des Opfers gab (wie bei den Huronen) oder einen Gürtel.

18 Smith: »Wampum as Primitive Valuables«, 1983, S. 236; Morgan: *League of the Ho-de'-no-sau-nee, or Iroquois*, 1962 [1851], S. 331–334; Parker: *An Analytical History of the Seneca Indians*, 1926.

19 Eric Wolf geht ausführlich darauf ein, dass es keine größere Auseinandersetzung gab, bei der alle Nationen des Bundes auf derselben Seite standen. Wolf: *Die Völker ohne Geschichte: Europa und die andere Welt seit 1400*, 1986 [1982], S. 240–244.

20 Vgl. Beauchamp: *Wampum and Shell Articles*, 1901; Smith: »Wampum as Primitive Valuables«, 1903, S. 231–232. War kein Wampum verfügbar, konnten andere Geschenke wie Beile oder Biberfelle als Ersatz dienen (vgl. Snyderman: »The Functions of Wampum«, 1954, S. 474; Druke: »Iroquois Treaties: Common

Forms, Varying Interpretations«, 1985). Das Entscheidende war, dass irgendein Gegenstand den Besitzer wechseln musste. Alle Quellen stimmen jedoch darin überein, dass das angemessene Geschenk Wampum war; wenn eine Partei bei Verhandlungen kein Wampum zur Hand hatte, wurden Stöcke als Pfand für das später nachzureichende Wampum übergeben.

21 Brice in Holmes: »Art in Shell of the Ancient Americans«, 1883, S. 242.

22 Heckewelder: *Nachricht von der Geschichte, den Sitten und Gebräuchen der Indianischen Völkerschaften, welche ehemals Pennsylvanien und die benachbarten Staaten bewohnten*, 1821, S. 133.

23 Vgl. Michael K. Foster: »Another Look at the Function of Wampum in Iroquois-White Councils«, 1985.

24 Vgl. Tooker: *The Iroquois Ceremonial of Midwinter*, 1970, S. 7; Chafe: *Seneca Thanksgiving Rituals*, 1961.

25 Die förmlichen Ansprachen standen möglicherweise bis zu einem gewissen Grad unter missionarischem Einfluss (Gespräch mit W. Fenton, 1999), aber auf die eine oder andere Weise kann man jedes irokesische Ritual als Dankesritual auffassen.

26 Hamell: »Trading in Metaphors: the Magic of Beads«, 1983.

27 Ebd., S. 19.

28 Scarry: *Der Körper im Schmerz. Die Chiffren der Verletzlichkeit und die Erfindung der Kultur*, 1992 [1985].

29 Vgl. Converse: *Myths and Legends of the New York State Iroquois*, 1974 [1908]; Hale: *The Iroquois Book of Rites*, 1963 [1883]; Hewitt: »Legend of the Founding of the Iroquois League«, 1892; Parker: *The Constitution of the Five Nations, or the Iroquois Book of the Great Law*, 1916. Zwei Untersuchungen mit ausführlichen Hintergrundinformationen zu den verschiedenen überlieferten Versionen aus jüngerer Zeit sind Dennis: *Cultivating a Landscape of Peace: Iroquois-European Encounters in Seventeenth-Century America*, 1993, Kapitel 3; Fenton: *The Great Law and the Longhouse: A Political History of the Iroquois Confederacy*, 1998, Kapitel 5–6.

30 Vgl. Hewitt: »Legend of the Founding of the Iroquois League«, 1892, S. 138–140.

31 Vgl. Hale: *The Iroquois Book of Rites*, 1965 [1883]; Hewitt: »The Requickening Address of the Iroquois Condolence Council«, 1944; Parker: »An Analytical History of the Seneca Indians«, 1926; Tooker: »The League of the Iroquois: Its History, Politics, and Ritual«, 1978, S. 437–440.

32 Hale: *The Iroquois Book of Rites*, 1963 [1883], S. 54–55.

33 Loskiel: *Geschichte der Mission der evangelischen Brüder unter den Indianern in Nordamerika*, 1789, S. 38; vgl. Parker: *The Constitution of the Five Nations*, 1916, S. 48.

34 Morgan: *League of the Ho-dee-no-sau-nee, or Iroquois*, 1962 [1851], S. 120–121; vgl. Druke: »Iroquois Treaties«, 1985.

35 Ein lila Gürtel war doppelt so viel wert wie ein weißer, da lila Perlen seltener waren. Beim Handel mit den Europäern galt weiterhin das Prinzip von Angebot und Nachfrage, deshalb waren weiße Perlen weniger wert, obwohl sie aus

irokesischer Sicht den höchsten Wert darstellten. Im Lauf der Zeit erhielten sie auch die meisten Felle als Tribut.

36 Holmes: »Art in Shell of the Ancient Americans«, 1883, S. 244.

37 Vgl. Michelson: »Upstreaming Bruyas«, 1974; Fenton: *The Great Law and the Longhouse*, 1998, S. 128; Beauchamp: »Wampum Used in Council and as Currency«, 1898, S. 11.

38 Vgl. Morgan: *League of the Ho-de'-no-sau-nee, or Iroquois*, 1962 [1851], S. 387–388.

39 Parker: *The Constitution of the Five Nations*, 1916, S. 37.

40 Vgl. Morgan: *League of the Ho-de'-no-sau-nee, or Iroquois*, 1962 [1851], S. 333.

41 Hewitt: »Legend of the Founding of the Iroquois League«, 1892, S. 146–148.

42 Hallowell: »The Ojibwa Self in its Behavioral Environment«, 1967, S. 177.

43 Ebd., S. 180, Hervorhebung im Original.

44 Davon gehen sowohl Hallowell als auch Tooker aus. Vgl. Hallowell: »Ojibwa Ontology, Behavior, and World View«, 1960, S. 52; Tooker: »The League of the Iroquois: Its History, Politics, and Ritual«, 1978.

45 Chafe: *Seneca Thanksgiving Rituals*, 1961, S. 17–24.

46 Vgl. Erminnie A. Smith: »Myths of the Iroquois«, 1883; Hewitt: »Iroquoian Cosmology: First Part«, 1903, S. 167; ders.: »Iroquoian Cosmology: Second Part, with Introduction and Notes«, 1928, S. 479; Converse: »Myths and Legends of the New York State Iroquois«, 1974 [1908]; Lévi-Strauss: *Die eifersüchtige Töpferin*, 1987 [1985], S. 209–217.

47 Hewitt: »Iroquoian Cosmology: First Part«, S. 167–168.

48 Ebd., S. 171.

49 Vgl. Jennings u. a.: »Glossary of Figures of Speech in Iroquois Political Rhetoric«, 1985, S. 122.

50 Vgl. hierzu Anthony Wallace: »Dreams and Wishes of the Soul: A Type of Psychoanalytic Theory among the Seventeenth Century Iroquois«, 1958. Wallace führt zahlreiche solche Berichte über irokesische Theorien an, die er aus naheliegenden Gründen mit denen von Freud vergleicht.

51 Zitiert nach Lévi-Strauss: *Die eifersüchtige Töpferin*, 1987 [1985], S. 212.

52 Vgl. A. Wallace: »Dreams and Wishes of the Soul«, 1958; Tooker: *The Iroquois Ceremonial of Midwinter*, 1970; Blau: »Dream Guessing: A Comparative Analysis«, 1963.

53 Manche Träume stellten nicht nur eine Gefahr für den Träumenden dar, sondern für die gesamte Gemeinschaft. Es kam auch vor, dass man sie als Prophezeiung betrachtete: Wenn ein Mann träumte, seine Feinde würden ihn verbrennen, hielt man oft eine abgeschwächte Form dieses Schicksals für erforderlich, um zu verhindern, dass es tatsächlich eintrat. Meiner Meinung nach handelte es sich in diesem Fall nicht um eine Begierde der Seele des Träumenden, sondern der des Schöpfers.

54 Thwaites: *The Jesuit Relations*, Bd. 10, S. 175–177.

55 Ebd., Bd. 42, S. 155–156.

56 Ebd., Bd. 17, S. 170.

57 Ebd., Bd. 42, S. 165.

58 Étienne de Carheil, ebd., Bd. 54, S. 65–67.
59 Tooker: *The Iroquois Ceremonial of Midwinter*, 1970, S. 86–88.
60 Thwaites: *The Jesuit Relations*, Bd. 10, S. 169.
61 Vgl. Wallace: *The Death and Rebirth of the Seneca*, 1969.
62 Vgl. Le Jeune in Thwaites: *The Jesuit Relations*, Bd. 17, S. 165–187.
63 Vgl. Dablon, ebd., Bd. 42, S. 195–197.
64 Tooker: *The Iroquois Ceremonial of Midwinter*, 1970.
65 Vgl. Blau: »Dream Guessing: A Comparative Analysis«, 1963; Beauchamp: »Onondaga Customs«, 1888.
66 Wallace merkt an, dass die »Seele«, der innere, unsichtbare Teil der Person, mit Absichten und Begierden gleichgesetzt wird, wobei die Begriffe dafür denen für die Talismane entsprechen, die zu ihrer Befriedigung überreicht werden; vgl. Hewitt: »The Iroquian Concept of the Soul«, 1895.
67 Hale: »The Iroquois Sacrifice of the White Dog«, 1885; Hewitt: »White Dog Sacrifice«, 1910; ders.: »The White-dog Feast of the Iroquois«, 1910; Speck: *Midwinter Rites of the Cayuga Long House*, 1949; Blau: »The Iroquois White Dog Sacrifice: Its Evolution and Symbolism«, 1964; Tooker: »The Iroquois White Dog Ceremony in the Latter Part of the Eighteenth Century«, 1965; dies.: *The Iroquois Ceremonial of Midwinter*, 1970, S. 41–47, S. 102–103, S. 128–141.
68 Fenton: *Songs from the Iroquois Longhouse*, 1942, S. 17.
69 A. Wallace: »Dreams and Wishes of the Soul«, 1958, S. 247.
70 A. Wallace: *The Death and Rebirth of the Seneca*, 1969.
71 Das ist am deutlichsten bei den Onondaga zu sehen (vgl. Blau: »Dream Guessing: A Comparative Analysis«, 1963), es scheint jedoch selbst dort, wo das Traumdeuten bei Zeremonien keine so große Rolle mehr spielt, ein grundlegendes Prinzip zu sein (vgl. z. B. Fenton: »An Iroquois Condolence Council for Installing Cayuga Chiefs in 1945«, 194; Speck: *Midwinter Rites of the Cayuga Long House*, 1949, S. 122; Shimony: *Conservatism among the Six Nations Iroquois Reservation*, 1961, S. 182–183).
72 In neueren Quellen ist davon kaum die Rede; es kommt vor allem bei den Falschgesichterbünden vor, deren Mitglieder mithilfe von Träumen moietyübergreifend rekrutiert wurden (vgl. z. B. Fenton: »An Iroquois Condolence Council for Installing Cayuga Chiefs in 1945«, 1946).
73 Morgan: *League of the Ho-de'-no-sau-nee, or Iroquois*, 1962 [1851], S. 83; Fenton: *The Roll Call of the Iroquois Chiefs: A Study of a Mnemonic Cane from the Six Nations Reserve*, 1950; Tooker: *The Iroquois Ceremonial of Midwinter*, 1970, S. 23.
74 Vgl. Ceci: » »The Value of Wampum among the New York Iroquois«, 1982, S. 102–103; E. Smith: »Myths of the Iroquois«, 1883, S. 78–79.
75 Ceci: »The Value of Wampum among the New York Iroquois«, 1982, S. 103.
76 Beispielsweise wurden die Brüder einen jungen Mannes auf mehrere Clans verteilt, während der Vater wiederum der anderen Moiety angehörte.
77 Obwohl Frauen natürlich unmittelbar einen Krieg auslösen konnten, da es für gewöhnlich die weiblichen Verwandten waren, die einen »Mourning War« forderten, wenn jemand starb, vgl. Dennis: *Cultivating a Landscape of Peace, 1993, S.* 109–110.

78 Parker: *The Constitution of the Five Nations*, 1916, S. 46.
79 Vgl. Holmes: »Art in Shell of the Ancient Americans«, 1883, S. 241; Hamell: »The Iroquois and the World's Rim: Speculations on Color, Culture, and Contact«, 1992.
80 Die offensichtlichen Ausnahmen bildeten Namensgürtel und -schnüre; ein Austausch der generischeren Formen, die am engsten mit der Macht, politische Gegebenheiten zu schaffen, verknüpft waren, scheint jedoch fast ausschließlich zwischen Männern stattgefunden zu haben.
81 Turgeon: »The Tale of the Kettle: Odyssey of an Intercultural Object«, 1997.
82 Paul Wallace: *The White Roots of Peace: The Iroquois Book of Life*, 1946, S. 7.
83 Delâge: *Bitter Feast: Amerindians and Europeans in Northeastern North America, 1600–64*, 1993, S. 52–53.
84 A. Wallace: »Revitalization Movements«, 1956.
85 Richter: *The Ordeal of the Longhouse*, 1992, S. 85.
86 Vgl. Dennis: *Cultivating a Landscape of Peace*, 1993.

Sechstes Kapitel
Zurück zu Marcel Mauss

1 Dumont: *Individualismus: Zur Ideologie der Moderne*, 1991 [1976].
2 Sahlins: *Stone Age Economics*, 1972.
3 Davy hatte 1922 *La Foi jurée* veröffentlicht, eine Studie über die rechtliche Grundlage des Potlatch an der Nordwestküste. An anderer Stelle behauptete Mauss, sie hätten lange vor dem Ersten Weltkrieg angefangen, an dem Thema zu arbeiten (vgl. Mauss: »Une forme ancienne de contrat chez les thraces«, 1969 [1921], S. 35).
4 Mauss: »Die Gabe«, 1975 [1925], S. 13.
5 Diese Überlegung wird von einigen Forschern auf Ralph Waldo Emersons 1844 erschienenen Essay »Gifts« zurückgeführt, in dem er das Gefühl des Empfängers beschreibt, eine Art Angriff erlitten zu haben, der nur durch ein gleichwertiges Gegengeschenk wettgemacht werden kann. Mauss verbindet beides miteinander.
6 Lévi-Strauss: »Einleitung in das Werk von Marcel Mauss«, 1974 [1946].
7 Mauss: »Die Gabe«, 1975 [1925], S. 43.
8 Ebd., S. 83.
9 Ebd., S. 102.
10 Fournier: *Marcel Mauss*, 1994.
11 Maurice Godelier beschreibt Mauss in *Das Rätsel der Gabe*, 1999 [1996], als strammen Antibolschewisten und Sozialdemokraten. Aber zu diesem Urteil kam Godelier vor der Wiederveröffentlichung von Mauss' politischen Schriften im Jahr 1997, die zeigen, dass er ein ambivalentes Verhältnis zur Russischen Revolution hatte und dass seine politischen Ziele in vielerlei Hinsicht denen von Anarchisten wie Proudhon ähnlicher waren als denen seines Mentors Jaurès.

12 Zugleich hielt Mauss sie für ein taktisches Desaster: »Niemals wurde Gewalt so schlecht eingesetzt wie von den Bolschewisten. Was ihren Schrecken in erster Linie kennzeichnet, ist seine Dummheit, sein Wahnwitz.« (Mauss: »L'obligation à rendre les présents«, 1923.)
13 Mauss: »Socialisme et bolchevisme«, 1997 [1925], S. 708–709.
14 Mauss: »La vente de la Russie«, in: *La Vie Socialiste* vom 18. November 1922; Fournier: *Marcel Mauss*, 1994, S. 472–476.
15 Mauss: »Die Gabe«, 1975 [1925], S. 127.
16 Mauss: »Les idées socialistes. Le principe de la nationalisation«, 1997 [1920]; »Intervention à la suite d'une communication d'Aftalion: ›Les fondements du socialisme‹«, 1969 [1924].
17 Diese Beobachtung sollte allerdings nicht überstrapaziert werden. Das *Kapital* war schon lange auf Französisch erhältlich und die Durkheim-Schüler hatten einen Lesekreis dazu gebildet. Mauss selbst machte sich erst später mit den Ideen von Marx vertraut, als er sich eingehender mit Technik beschäftigte. Mir geht es hier allerdings in erster Linie um den Marx'schen Begriff der Entfremdung, den er insbesondere in seinem Frühwerk entwickelt hat und mit dem Mauss offenbar nicht besonders vertraut war. Jedenfalls konnte ich in den veröffentlichten Texten von Mauss keine Verweise auf »Entfremdung« im Marx'schen Sinne finden.
18 Jonathan Parry und Maurice Godelier kommt das Verdienst zu, an die übergeordnete Fragestellung zu erinnern, die Mauss verfolgte. Parry: »The Gift, the Indian Gift, and the ›Indian Gift‹«, 1986; Godelier: *Das Rätsel der Gabe*, 1999 [1996].
19 Mauss: »Die Gabe«, 1975 [1925], S. 16.
20 Mauss: *Handbuch der Ethnographie*, 2012 [1947], S. 181.
21 Vgl. Mauss: »Les idées socialistes. Le principe de la nationalisation«, 1997 [1920]; ders.: »Intervention à la suite d'une communication d'Aftalion: ›Les fondements du socialisme‹«, 1969 [1924].
22 Wenn sie einseitig wären, schreibt er, würden sie am Schluss aufgehoben werden, so dass A von B nimmt, B von C, C von D und D wieder von A. Der Einfluss auf Lévi-Strauss' späteren Entwurf des generalisierten Austauschs ist unübersehbar. Weniger Aufmerksamkeit erhielt ein anderer Begriff von Mauss, nämlich der der »alternierenden Reziprozität«, wonach man das, was man von seinen Eltern erhalten hat, zurückerstattet, indem man den eigenen Kindern dasselbe zuteilwerden lässt.
23 Mauss: *Handbuch der Ethnographie*, 2012 [1947], S. 183; vgl. Godelier: *Das Rätsel der Gabe: Geld, Geschenke, heilige Objekte*, 1999 [1996], S. 55–72.
24 Parry: »The Gift, the Indian Gift, and the ›Indian Gift‹«, 1986.
25 Caillé: *Don, intérêt et désintéressement*, 1994, S. 10–12.
26 Vergleiche dazu Parrys Beobachtungen zur Gabe im Hinduismus in dem Aufsatz »The Gift, the Indian Gift, and the ›Indian Gift‹«; darin führt er aus, dass das Aufkommen universalistischer Religionen zum Ideal der nicht zu vergeltenden Gabe führt. Zum Islam vgl. Dresch: »Mutual Deception: Totality, Exchange, and Islam in der Middle East«, 1998.
27 Nicolas: »Le don rituel, face voilée de la modernité«, 1991.

28 Godbout und Caillé: *The World of the Gift*, 1998 [1992], S. 220–221.

29 Derrida: *Falschgeld: Zeit geben I*, 1993 [1991]; vgl. Gasché, Rudolphe: »Heliocentric Exchange«, 1997 [1972]; und allgemein Schrift: *The Logic of the Gift: toward an Ethic of Generosity*, 1997.

30 Mauss: »Die Gabe«, 1975 [1925], S. 124.

31 Ebd., S. 125.

32 Eine typische, reflexartige Ablehnung von einer rechten Position findet sich im Vorwort von Mary Douglas zur englischen Ausgabe der »Gabe« (»Foreward: No Free Gifts«, 1990).

33 Vgl. Annette Weiner: »Inalienable Wealth«, 1985, und *Inalienable Possessions: The Paradox of Keeping-while-Giving*, 1992; Godelier: *Das Rätsel der Gabe*, 1999 [1996].

34 Mauss: »Die Gabe«, 1974 [1925], S. 46.

35 Malinowski: *Das Geschlechtsleben der Wilden in Nordwest-Melanesien*, 1979 [1929], S. 134–138.

36 Ebd., S. 151.

37 Ebd.; Weiner: *Women of Value, Men of Renown: New Perspectives on Trobriand Exchange*, 1976, S. 121–123.

38 Munn: *The Fame of Gawa*, 1986, S. 142–143.

39 Weiner: *Women of Value, Men of Renown*, 1976, S. 123–129; Malinowski: *Argonauten des westlichen Pazifik* 1979 [1922], S. 371–382; *Das Geschlechtsleben der Wilden in Nordwest-Melanesien*, 1979 [1929], S. 86–89.

40 Munn: *The Fame of Gawa*, 1986.

41 Munn: »The Spatiotemporal Transformations of Gawan canoes«, 1977; dies.: *The Fame of Gawa*, 1986, S. 121–162.

42 Weiner: *Women of Value, Men of Renown*, 1976; dies.: »The Reproductive Model in Trobriand Society«, 1978; dies.: *The Trobrianders of Papua New Guinea*, 1988.

43 Munn: »The Spatiotemporal Transformations of Gawan canoes«, 1977; dies.: »Gawan Kula: Spatiotemporal Control and the Symbolism of Influence«, 1983; dies.: *The Fame of Gawa*, 1986.

44 Damon: *Modes of Production and the Circulation of Value on the Other Side of the Kula Ring*, 1978; ders.: »The Kula and Generalized Exchange: Considering Some Unconsidered Aspects of the Elementary Structures of Kinship«, 1980; ders.: »The Problem of the Kula on Woodlark Island: Expansion, Accumulation, and Overproduction«, 1995.

45 Battaglia: »Projecting Personhood in Melanesia: the Dialectics of Artefact Symbolism on Sabarl Island«, 1983, S. 289.

46 Ebd., S. 293–294.; dies.: *On the Bones of the Serpent*, 1990, S. 68–71.

47 Dies.: »Projecting Personhood in Melanesia: the Dialectics of Artefact Symbolism on Sabarl Island«, 1983.

48 Ebd., S. 301.

49 Dies.: *On the Bones of the Serpent*, 1990, S. 128–135.

50 Vgl. Wagner: *Symbols that Stand for Themselves*, 1986, S. 58–59; Clark: »Pearl-Shell Symbolism in Highland Papua New Guinea, with Particular Reference to the Wiru People of Southern Highlands Province«, 1991; Atkins und

Robbins: »An Introduction to Melanesian Societies: Agencies, Identity, and Social Reproduction«, 1999, S. 16–19.

51 Vgl. hierzu Goldman: *Ancient Polynesian Society*, 1970; ders.: *The Mouth of Heaven: An Introduction to Kwakiutl Religious Thought*, 1975; Sahlins: »Cosmologies of Capitalism«, 1988.

52 Schwimmer: »Lévi-Strauss and Maori Social Structure«, 1978, S. 202–203.

53 Schwimmer: »Lévi-Strauss and Maori Social Structure«, 1978; ders.: »The Maori Hapu: a Generative Model«, 1990.

54 Firth: *Economics of the New Zealand Maori*, 1959, S. 181; vgl. auch Graeber: »Manners, Deference and Private Property: The Generalization of Avoidance in Early Modern Europe«, 1997.

55 Angas: *Savage Life and Scenes in Australia and New Zealand*, 1847, Bd. 1, S. 318.

56 Williamson: »Kumara Lore«, 1913, Johansen: *Studies in Maori Rites and Myths*, 1958; Sahlins: *Inseln der Geschichte*, 1992 [1985].

57 Smith: *Tapu removal in Maori Religion*, 1974.

58 Ebd., S. 62–63; Gudgeon: »Mana Tangata«, 1905, S. 62–65.

59 Schwimmer (»The Maori Hapu: a Generative Model«, 1990) geht so weit, darin die beiden Pole der Maori-Philosophie zu sehen. Da jeder gleichermaßen von den Göttern abstammt, stellt sich die Frage, woher die Unterschiede in den Spezies kommen, warum sie also verschiedene *tikanga* oder Naturen besitzen; die Antwort liegt in der Universalität des Kampfes.

60 Weiner: »Sexuality among the Anthropologists: Reproduction among the Informants«, 1992, S. 61.

61 Tregear: *The Maori Race*, 1904, S. 132–133. Die meisten dieser Beispiele stammen von White (»Maori Customs and Superstitions«, 1885, S. 197–198), der auch etliche Gründe aufzählt, auf die sich ein Stamm oder *hapu* berufen kann, wenn er Anspruch auf ein bestimmtes Stück Land erhebt; unter anderem, dass Vorfahren dort begraben oder gestorben sind, Kämpfe verloren oder gewonnen oder berühmte Taten vollbracht wurden. Auch bestimmte Handlungen konnten dazu beitragen, dass Besitz unter die einzigartige Identität einer Person gefasst wurde.

62 Maning: *Old New Zealand*, 1863, S. 137–139; vgl. Firth: *Economics of the New Zealand Maori*, 1959, S. 345.

63 White: »Maori Customs and Superstitions«, 1885, S. 150–151; vgl. Donne: *The Maori Past and Present*, 1927, S. 88–89.

64 Ein Unruhestifter konnte einen lokalen Häuptling auch verfluchen, indem er das Schwein eines Dritten mit dem Namen des Häuptlings rief. Wenn der Häuptling Wind davon bekam, konnte er seine Ehre nur retten, indem er sich das Schwein mit Waffengewalt holte. Daher fühlte sich der Besitzer des Schweins für gewöhnlich verpflichtet, es auszuhändigen, sobald der Häuptling verflucht wurde.

65 Firth: *Economics of the New Zealand Maori*, 1959, S. 411–412.

66 Darüber hinaus wurde vor allem Nahrung und nicht Erbstücke getauscht; vgl. hierzu Polack: *Manners and Customs of the New Zealanders*, 1840, Bd. 2, S. 159.

67 Johansen: *The Maori and His Religion*, 1954, S. 119.
68 White: »Maori Customs and Superstitions«, 1885, S. 196.
69 Shortland: *Traditions and Superstitions of the New Zealanders*, 1856, S. 215–217.
70 Donne: *The Maori Past and Present*, 1927, S. 189.
71 Vgl. Maning: *Old New Zealand*, 1863, S. 83–91; Johansen: *The Maori and His Religion*, 1954, S. 140–146.
72 Best: »The Spiritual Concepts of the Maori, part 1«, 1900, und »The Spiritual Concepts of the Maori, part 2«, 1901.
73 Firth: *Economics of the New Zealand Maori*, 1959, S. 255.
74 Vgl. Johansen: *The Maori and His Religion*, 1954; Schwimmer: »Lévi-Strauss and Maori Social Structure«, 1978.
75 Vgl. Gudgeon: »Maori Religion«, 1905, S. 127–128.
76 Vgl. hierzu u. a. Mitchell: *Takitimu*, 1944, S. 42–43.
77 Vgl. Best: »Maori Forest Lore, Part III« 1909, ders.: *Fishing Methods and Devices of the Maori*, 1929, ders.: *Forest Lore of the Maori*, 1942.
78 Best: *Maori Agriculture*, 1925, S. 199–203.
79 Vgl. hierzu Firth: *Economics of the New Zealand Maori*, 1959, S. 279–281, 417–421; Johansen: *The Maori and His Religion*, 1954, S. 116–118; Lévi-Strauss: »Einleitung in das Werk von Marcel Mauss«, 1974; Panoff: »Marcel Mauss: The Gift Revisited«, 1970; Sahlins: *Stone Age Economics*, 1972; ders.: »Foreword«, 1992; Gathercole: »›Hau‹, ›Mauri‹ and ›Utu‹«, 1978; McCall: »Association and Power in Reciprocity and Requital: More on Mauss and the Maori«, 1982; MacCormack: »Mauss and the ›Spirit‹ of the Gift«, 1982; Casajus: »L'énigme de la troisième personne«, 1984; Taïeb: »L'Oreille du Sourd«, 1984; Weiner: »Inalienable Wealth«, 1985; dies.: *Inalienable Possessions*, 1992, S. 49; Thompson: »The Hau of the Gift in its Cultural Context«, 1987; Racine: »L'Obligation de rendre les présents et l'esprit de la chose donnée«, 1991; Babadzan: *Les dépouilles des dieux*, 1993; Godelier: *Das Rätsel der Gabe*, 1999, S. 49–56; Salmond: *Between Worlds: Early Exchanges Between Maori and Europeans*, 1997, S. 176–177; Gell: *Art and Agency: An Anthropological Theory*, 1998, S. 106–109; Godbout und Caillé: *The World of the Gift*, 1998, S. 131–134.
80 Best: »Maori Forest Lore, Part III«, 1909.
81 Zitiert nach ebd., S. 439 und 441. Die an verschiedenen Stellen geänderte Übersetzung von Best beruht auf der von Bruce Biggs (nach Sahlins: *Stone Age Economics*, 1972, S. 152), MacCall: »Association and Power in Reciprocity and Requital: More on Mauss and the Maori«, 1982, und anderen.
82 Best: »The Spiritual Concepts of the Maori, part 1«, 1900, S. 198.
83 Williams: *A Dictionary of the New Zealand Language*, 1844, S. 46–47; Tregear: *The Maori-Polynesian Comparative Dictionary*, 1891, S. 52.
84 Williams: *A Dictionary of the New Zealand Language*, 1844, S. 47.
85 Ebd.; Tregear: *The Maori-Polynesian Comparative Dictionary*, S. 52.
86 Unter anderem Best: »Maori Forest Lore, Part III«, 1909, S. 442; *Spiritual and Mental Concepts of the Maori*, 1922, S. 26; *Fishing Methods and Devices of the Maori*, 1929, S. 3.
87 Smith: *Tapu Removal in Maori Religion*, 1974, S. 33.

88 Babdazan: *Les dépouilles des dieux*, 1993, S. 61; s.a. Gell: *Art and Agency: An Anthropological Theory*, 1998, S. 108.
89 So konnte gekochte Nahrung nicht wachsen oder »ihre eigene Natur entfalten« (*tupu*) und ihr Nutzen bestand nur mehr darin, etwas anderem einverleibt zu werden und ihm zum Wachstum zu verhelfen.
90 Vgl. Shortland: *Traditions and Superstitions of the New Zealanders*, 1856, S. 114–115.
91 Vergleiche Mauss: »Die Gabe«, 1975 [1925], S. 25, Fn. 29.
92 *Tapu* zu sein bedeutet nach Williams (*A Dictionary of the New Zealand Language*, 1844, S. 450) unter anderem, »jenseits der Macht zu stehen, unerreichbar«.
93 Das Wort *taonga* konnte letztlich für alles, was man wertschätzte, verwendet werden, nicht nur für Erbstücke, für die offenbar eher das Wort *manatunga* gebraucht wurde (Johansen: *The Maori and His Religion*, 1954, S. 100; vgl. Williams: *A Dictionary of the New Zealand Language*, 1844, S. 202 und 445). Weiner erklärt, dass nach Ranpiri nur *taonga* ein *hau* hatten; allerdings wurden auch für Nahrung erwiderte Geschenke *hau* genannt (vgl. Mauss: »Die Gabe«, 1975 [1925], S. 26, Fn 31).
94 Weiner: *Inalienable Possessions: The Paradox of Keeping-while-Giving*, 1992, S. 56–58.
95 Tregear: *The Maori Race*, 1904; Metge: *The Maori of New Zealand*, 1976, S. 263; Best: *Spiritual and Mental Concepts of the Maori*, 1924, Bd. 2, S. 54–55; vgl. Taylor: *Te Ika a Maui or New Zealand and Its Inhabitants*, 1855, S. 62.
96 Gudgeon: »Mana Tangata«, 1905, S. 57.
97 Ebd., S. 55–57.
98 Mitchell: *Takitimu*, 1944, S. 187; White: *The Ancient History of the Maori: His Mythology and Traditions*, 1887, Bd. 3, S. 301–302; Bd. 4, S. 17–18.
99 Firth berichtet, dass einer der Häuptlinge eines Stammes-*ariki* der Wächter solcher Stammeserbstücke war und auch die Aufsicht über die *mauri* der Wälder und Fischgründe hatte (*Economics of the New Zealand Maori*, 1959, S. 93; vgl. Johansen: *The Maori and His Religion* 1954, S. 106).
100 Donne: *The Maori Past and Present*, 1927, S. 187.
101 Allgemein hieß es, nur Aristokraten könnten solche wertvollen Objekte herstellen, aber das schloss eigentlich kaum jemanden aus, wie wir gesehen haben. Von einer bemerkenswerten Ausnahme berichtet Stirling: *Amiria: The Life Story of a Maori Woman*, 1976, S. 162. Dass man sich nicht an die Künstler erinnert, liegt zum Teil an dem Wesen des Maori-Tauschs. Solche Handwerker wurden wie Priester für rituelle Dienste oder Tätowierer mit Geschenken entlohnt, was eine endgültige Veräußerung zur Folge gehabt zu haben scheint (Firth: *Economics of the New Zealand Maori*, 1959, S. 299–304; 413–414; vgl. Thomas: *Entangled Objects: Exchange, Material Culture, and Colonialism in the Pacific*, 1991).
102 Er war, so heißt es, ein Geizkragen.
103 Offenbar hatte Te Wehi das Gefühl, eine direkte Bitte nicht ausschlagen zu dürfen, obwohl er sich in dieser Situation wahrscheinlich bereits tief in ihrer Schuld stehen sah.

104 Ich folge in dieser Zusammenfassung Kelly: *Tainui: The Story of Hotoroa and his Descendants,* 1949, S. 223–227 und S. 275–277; Jones: *The Traditional History of the Tainui People,* 1995, S. 260–271 und S. 360–361.

105 Ich konnte in den Dokumenten zu Te Whata Karakas Genealogie keinen Hinweis finden, dass er ein Nachfahr von Pakaue war, so dass er Waikato in Gestalt ihres Häuptlings eigentlich nur gegeben wurde.

106 Vgl. hierzu Geary: »Sacred Commodities: the Circulation of Medieval Relics«, 1986.

107 Vgl. hierzu Anne Salmond: »Nga Huarahi O Te Ao Maori (Pathways in the Maori World)«, 1984.

108 Codere: *Fighting with Property: A Study of Kwakiutl Potlatching and Warfare, 1792–1930,* 1950, S. 19.

109 Vgl. hierzu Walens: *Feasting with Cannibals: An Essay on Kwakiutl Cosmology,* 1981.

110 Ebd.; Goldman: *The Mouth of Heaven: An Introduction to Kwakiutl Religious Thought,* 1975.

111 Kobrinsky: »Dynamics of the Fort Rupert Class Struggle: Or, Fighting with Property Vertically Revisited«, 1975; Masco: »It Is a Strict Law that Bids Us Dance: Cosmologies, Colonialism, Death, and Ritual Authority in the Kwakwaka'wakw Potlatch, 1849 to 1922«, 1995; Wolf: *Envisioning Power: Ideologies of Dominance and Crisis,* 1999.

112 Lévi-Strauss: *Der Weg der Masken,* 1977 [1975].

113 Vgl. Codere: »The Amiable Side of Kwakiutl Life: The Potlatch and the Play Potlatch«, 1956.

114 Wie so viele Jäger und Sammler wechselten die Kwakwaka'wakw zwischen verstreut liegenden kleineren Siedlungen im Sommer und großen, zentralen Siedlungen im Winter, wenn auch die Zeremonien abgehalten wurden.

115 Boas: *Kwakiutl Ethnography,* 1966, S. 50.

116 Ebd., S. 41–44; ders.: »Kwakiutl Culture as Reflected in Mythology«, 1935, S. 41–52.

117 Boas: »The Social Organization and Secret Societies of the Kwakiutl Indians«, 1897, S. 383.

118 Boas: »Kwakiutl Culture as Reflected in Mythology«, 1935, S. 43.

119 Es heißt, dass nur die ältesten vier Kinder, gleich welchen Geschlechts, den aristokratischen Status ihrer Eltern erbten; das fünfte galt als »Sklave«, auch wenn es tatsächlich wohl ein Gemeiner war.

120 Wahrscheinlicher ist, dass nur die Deckel weitergegeben und der Rest für den neuen Besitzer nachgebaut wurde. Das gleicht für die Übertragung von Titeln: Weitergegeben wird der Name und man schafft neue physische Entitäten, die ihn übernehmen und so neue Verkörperungen des Originals werden.

121 Lévi-Strauss: *Der Weg der Masken,* 1977 [1975].

122 Da die Familiengeschichten und andere detaillierte Berichte alle möglichen Titel beinhalteten, die in diesen paradigmatischen Listen nicht aufgeführt waren, muss die tatsächliche oder auch nur mögliche Titelzahl sehr viel größer gewesen sein.

123 Nach Helen Codere entstand das allgemeine Rangsystem erst Ende des neunzehnten Jahrhunderts, als die Kwakiutl um Fort Rupert siedelten und anfingen, den neu entdeckten Reichtum für ihre Statuswettbewerbe zu nutzen.
124 Da das alles männliche Namen waren, konnten Frauen sie nur als eine Art Mann ehrenhalber tragen oder stellvertretend für ihre Söhne. Selbst in der Zeit des schlimmsten demographischen Niedergangs, als die Zahl adliger Männer weit geringer war als die der verfügbaren Titel, wurde einer Frau nur ausnahmsweise gestattet, ein solches Erbe anzutreten.
125 Für den Potlatch ging man jedoch weiterhin von verschiedenen Persönlichkeiten aus, die jeweils ihren Anteil am verteilten Besitz erhielten.
126 Wolf: *Envisioning Power: Ideologies of Dominance and Crisis,* 1999, S. 77, zitiert Zahlen, die darauf hinweisen, dass die Bevölkerungszahl von etwa 85.000 im Jahr 1835 bis auf etwa 1000 zur Jahrhundertwende sank.
127 Bei Kan: *Symbolic Immortality: The Tlingit Potlatch of the 19th Century,* 1989, S. 49–75, findet sich die bemerkenswerte Ausnahme für die Nordwestküste.
128 Goldman: *The Mouth of Heaven: An Introduction to Kwakiutl Religious Thought,* 1975; Walens: *Feasting with Cannibals: An Essay on Kwakiutl Cosmology,* 1981.
129 Boas: »The Social Organization and Secret Societies of the Kwakiutl Indians«, 1897, S. 554. Solche Wappen waren auf Häuptlingshäusern besonders markant und repräsentierten das Haus selbst als eine Art äußerer Körper des *numaym*, dessen Mitglieder alle in gewisser Weise von der Persönlichkeit, der Formseele seines Gründers und dessen (derzeitigem) lebenden Repräsentanten umfasst wurden.
130 Walens: *Feasting with Cannibals: An Essay on Kwakiutl Cosmology,* 1981, S. 46–49.
131 Ebd., S. 46. Daher zeigen mythische Tiere, wenn sie ihre Maske abstreifen und zu Menschen werden, nur eine andere Oberfläche, ähnlich den Masken hinter den Masken.
132 Ebd., S. 146–147.
133 Goldman: *The Mouth of Heaven: An Introduction to Kwakiutl Religious Thought,* 1975, S. 50–52, 139–140, 202–205.
134 Genauso wenig wie die Titel von Frauen, die es durchaus gibt. Jedes *numaym* verfügt über eine Reihe von Adelstiteln, die für Frauen reserviert sind, aber anders als die für Männer hält man sie für einzigartig und inkommensurabel.
135 In Boas: »The Social Organization and Secret Societies of the Kwakiutl Indians«, 1897, S. 363.
136 Goldman: *The Mouth of Heaven,* 1975, S. 79.
137 Boas: »Contributions to the Ethnology of the Kwakiutl«, 1925, S. 249–269.
138 Goldman: *The Mouth of Heaven: An Introduction to Kwakiutl Religious Thought,* 1975, S. 78–79.
139 Ein Potlatch wurde auch abgehalten, um ein beschämendes Ereignis wettzumachen; wenn beispielsweise ein adliges Kind beim Spielen verletzt wurde

oder aus seinem Kanu fiel, verteilten seine Eltern normalerweise zur Kompensation Geschenke.

140 Goldman: *The Mouth of Heaven*, 1975, S. 124.

141 Ebd., S. 61; Boas: »The Social Organization and Secret Societies of the Kwakiutl Indians«, 1897, S. 339–340; Codere: *Fighting with Property: A Study of Kwakiutl Potlatching and Warfare, 1792–1930*, 1950, S. 67.

142 Boas: *Kwakiutl Ethnography*, 1966, S. 100.

143 Vgl. Oberg: *The Social Economy of the Tlingit Indians*, 1973, S. 125.

144 Das lag zum Teil natürlich daran, dass der Rang nicht verändert werden konnte, zumindest nicht so leicht. Die Stellung verschiedener Stämme und *numayma* zueinander und daher der Rang ihrer jeweiligen Titel konnte zwar durch einen Potlatch geändert werden, aber das war offenbar außerordentlich schwer zu erreichen. Wie oft bei solchen Systemen bestand natürlich keine Einmütigkeit über den jeweiligen Stand der Dinge.

145 Boas: »Kwakiutl Culture as Reflected in Mythology«, 1935, S. 334.

146 Goldman: *The Mouth of Heaven*, 1975.

147 Drucker und Heizer: *To Make My Name Great: Reexamination of the Southern Kwakiutl Potlatch*, 1967, S. 78.

148 Boas: »The Social Organization and Secret Societies of the Kwakiutl Indians«, 1897, S. 344; ders.: *Kwakiutl Ethnography*, 1966, S. 82.

149 Waterman: »Some Conundrums in Northwest Coast Art«, 1923.

150 Widerspach-Thor: »The Equation of Copper: In Memory of Wilson Duff«, 1981.

151 Kan: *Symbolic Immortality: The Tlingit Potlatch of the 19th Century*, 1989, S. 238–241.

152 Die Idee, dass es zwei Arten von Kupferplatten gibt, von denen eine wertvoller ist und vom Clan behalten wird (Weiner: *Inalienable Possessions: The Paradox of Keeping-while-Giving*, 1992, S. 164, Fn. 11, 180, Fn. 1; Godelier: *Das Rätsel der Gabe*, 1999, S. 59–60), geht wohl auf eine Mauss'sche Fehlinterpretation von Boas zurück (Boas: »The Social Organization and Secret Societies of the Kwakiutl Indians«, 1897, S. 564, 579; Mauss: »Die Gabe«, 1975 [1925], S. 90, Fn 224).

153 Duff: »The Killer Whale Copper: a Chief's Memorial to his Son«, 1981, S. 153; Jonaitis: *Chiefly Feasts: The Enduring Kwakiutl Potlatch*, 1991, S. 40–41.

154 Boas: *Kwakiutl Ethnography*, 1966, S. 84–92.

155 Goldman: *The Mouth of Heaven*, 1975, S. 126–127.

156 Widerspach-Thor: »The Equation of Copper: In Memory of Wilson Duff«, 1981, S. 172.

157 Kan: *Symbolic Immortality: The Tlingit Potlatch of the 19th Century*, 1989, S. 246; vgl. S. 345, Fn 65.

158 Diesen Begriff prägten Drucker und Heizer in *To Make My Name Great: A Reexamination of the Southern Kwakiutl Potlatch*, 1967, S. 102–103.

159 Ebd., S. 119.

160 Barnett (»The Nature of the Potlatch«, 1938) führt das auf den Brauch des »gesichtswahrenden Potlatch« zurück, bei dem man Reichtum aufgibt oder zerstört, um eine Kränkung oder Demütigung zu kompensieren. Entsprechend gibt

ein Gast, der auf dem Weg zum Haus seines Gastgebers gestolpert ist, eine oder zwei Decken.

161 Das Zerbrechen einer Kupferplatte war eine hervorragende Möglichkeit für einen Adligen, einen vermeintlichen Emporkömmling aus den Reihen der Gemeinen fertigzumachen, der sich zu einem Potlatch hocharbeiten wollte; in der Literatur von Anfang des zwanzigsten Jahrhunderts taucht das zuhauf auf.

162 Mauss: »Die Gabe«, 1974 [1925], S. 77.

163 Drucker und Heizer: *To Make My Name Great: A Reexamination of the Southern Kwakiutl Potlatch*, 1967, S. 37 und S. 56–57.

164 Curtis: *The North American Indian, volume X*, 1915, S. 143; Testart: »Uncertainties of the ›obligation to reciprocate‹: A Critique of Mauss«, 1998.

165 Barnett: »The Nature of the Potlatch«, 1938; ders.: *The Nature and Function of the Potlatch*, 1968; Rosman und Rubel: *Feasting with Mine Enemy: Rank and Exchange among Northwest Coast Societies*, 1971.

166 Goldman: *The Mouth of Heaven*, 1975, S. 136–137.; Sewid-Smith: »Kwagiutl Ceremonial Blankets«, 1986, S. 63.

167 Vgl. Oberg: »The Kingdom of Ankole in Uganda«, 1940, S. 150–157. Margaret Wiener vergleicht das mit dem Excalibur-Prinzip: »Wer auch immer dieses Schwert trägt, ist König«. (*Visible and Invisible Kingdoms: Power, Magic and Colonial Conquest in Bali*, 1995, S. 67).

168 Oberg: »The Kingdom of Ankole in Uganda«, 1940, S. 156.

169 Daher sind wir verpflichtet, so zu tun, als wären Parteisoldaten vor allem wegen ihrer persönlichen Qualitäten an ihre Position gelangt. (Nebenbei bemerkt glaube ich, dass B. B. King im Lauf seiner Karriere schon mehrere Lucilles durchgebracht hat. Wer in einer solchen Situation ein derart berühmtes Objekt besitzt, steht unter enormem Druck, es wegzugeben und beispielsweise für eine gute Sache versteigern zu lassen oder es mit großer Geste zu verschenken. Dieser Druck rührt vermutlich u. a. von dem Wunsch her, erneut zu bestätigen, dass die eigene Identität tatsächlich in einem inneren Vermögen wurzelt und nicht in irgendwelchen Emblemen oder historischen Artefakten.)

170 Vgl. die Literatur zu Maori-Festen, z. B. Firth: »The Study of Values by Social Anthropologists«, 1964.

171 Gelegentlich hob Mauss die Verpflichtung hervor, Gaben zu erwidern, dann wieder verwies er darauf, dass es drei wichtige Verpflichtungen gebe: die Verpflichtung zur Gabe, die Verpflichtung, sie anzunehmen, und die Verpflichtung, sie zu erwidern. Wie Alain Testart (*Des dons et des dieux: Anthropologie religieuse et sociologie comparative*, 1993; »Uncertainties of the ›obligation to reciprocate‹: a critique of Mauss«, 1998) bemerkte, hat »obligation« im Französischen mehrere Bedeutungen, und es ist nicht klar, ob Mauss das Gefühl meinte, etwas tun zu sollen, oder eine Pflicht mit tatsächlichen Sanktionen. Jedenfalls sollte das in diesem Kapitel angeführte Material deutlich gemacht haben, dass die drei Verpflichtungen nicht alle das gleiche Gewicht haben: Gaben bei den Maori mussten beispielsweise nicht immer angenommen, aber immer erwidert werden; unter den Kwakwala-Sprechern musste man geben, aber es herrschte normalerweise nicht die Verpflichtung zur Erwiderung der Gabe.

172 Lévi-Strauss: »Einleitung in das Werk von Marcel Mauss«, 1974 [1950].

173 In dieser Weise begreifen Moieties die wechselseitigen Beziehungen für gewöhnlich, auch wenn sie es wie die Irokesen schon lange nicht mehr praktiziert haben.
174 Mauss: *Handbuch der Ethnographie,* 1947, S. 183–185.
175 Lévi-Strauss: *Die elementaren Strukturen der Verwandtschaft,* 1981 [1949].
176 Sahlins: *Stone Age Economics,* 1972.
177 Ebd., S. 223.
178 Daher kommt Sahlins zu dem Schluss, dass die meisten hierarchischen Beziehungen unter die »generalisierte Reziprozität« fallen, wobei das meiner Meinung nach ein weiteres Beispiel für die gefährliche Ambiguität des Begriffs »Reziprozität« ist. Ich würde sagen, dass die meisten solcher Beziehungen (wenn man den Begriff ernst nimmt) in keiner Weise reziprok sind.
179 Beidelman: »Agonistic Exchange: Homeric Reciprocity and the Heritage of Simmel and Mauss«, 1989.
180 Vgl. Lévi-Strauss: *Die elementaren Strukturen der Verwandtschaft,* 1981 [1949].
181 Leach: *Social Anthropology,* 1982, S. 150–151.
182 Auf ziemlich paradoxe Weise würden sie mangels anderer Möglichkeiten dadurch wieder äquivalent.
183 Man könnte einwenden, dass ich mit »individueller« eigentlich meine, »sich von anderen derselben Art in mehr Dimensionen unterscheiden (die für wichtig gehalten werden)«, wonach die Inkommensurabilität dann von der bloßen Zahl solcher Dimensionen herrührt. Wenn Intelligenz also aus hunderten von verschiedenen inkommensurablen Maßstäben abgeleitet wird, kann man nicht behaupten, dass eine Person intelligenter als eine andere ist. Dem liegt jedoch die Annahme zugrunde, dass diese Dimensionen selbst zumindest hypothetisch messbar sind, was mir ein wenig positivistisch vorkommt.
184 Sahlins: *Stone Age Economics,* 1972.
185 So Godbout und Caillé: *The World of the Gift,* 1998.
186 Das kann etwas verwirrend werden, denn selbst die am wenigsten gleichen Beziehungen können von den beteiligten Akteuren als reziprok dargestellt werden, wenn sie ihre Gesellschaften als letztlich gerecht erscheinen lassen wollen. Auf eine solche Rhetorik wird meist aber nur in ganz spezifischen Zusammenhängen zurückgegriffen, und selbst dann kann man nie sicher sein, wie ernst die Akteure selbst sie nehmen.
187 Testart: »Les trois modes de transfert«, 1998, S. 98.
188 Weiner: »Inalienable Wealth«, 1985; dies.: *Inalienable Possessions: The Paradox of Keeping-while-Giving,* 1992; Godelier: *Das Rätsel der Gabe,* 1996.
189 So z.B. Parry und Bloch: »Introduction: Money and the Morality of Exchange«, 1989; Barraud u. a.: *Of Relations and the Dead: Four Societies Viewed from the Angle of Their Exchanges,* 1994; ebenso Weiner: »The Reproductive Model in Trobriand Society«, 1978; dies.: »Reproduction: A Replacement for Reciprocity«, 1980; dies.: »Sexuality among the Anthropologists: Reproduction among the Informants«, 1982.

Siebtes Kapitel
Die falsche Münze unserer Träume oder das Fetischproblem

1 Marx: *Das Kapital*, Bd. 1, S. 72.
2 Marx-Aveling: »Karl Marx. Lose Blätter«, 1964, S. 273.
3 Vgl. hierzu William Pietz' bekannte Essays zum Fetischproblem: »The Problem of the Fetish I«, 1985; ders.: »The Problem of the Fetish II: The Origin of the Fetish«, 1987; ders.: »The Problem of the Fetish IIIa: Bosman's Guinea and the Enlightenment Theory of Fetishism«, 1988; sowie MacGaffey: »African Objects and the Idea of the Fetish«, 1994.
4 Bloch: *Placing the Dead: Tombs, Ancestral Villages, and Kinship Organization in Madagascar*, 1971; ders.: »Death, Women and Power«, 1982; ders.: *From Blessing to Violence: History and Ideology in the Circumcision Ritual of the Merina of Madagascar*, 1986; ders.: Einführung zu *Political Language and Oratory in Traditional Societies*, 1975.
5 Bloch: »The disconnection between power and rank as a process«, 1977; ders.: »The Ritual of the Royal Bath in Madagascar«, 1989.
6 Dumont: *Gesellschaft in Indien*, 1976 [1966].
7 Wie jene der »Ablegerstaaten«, die jedes Mal entstanden, wenn es einem einheimischen Herrscher gelang, groß angelegte öffentliche Bauarbeiten in Gang zu setzen, für gewöhnlich ließ er dafür seine Gefolgsleute Sümpfe trockenlegen und Bewässerungssysteme bauen und verteilte dann das neu gewonnene Land an Familien, die dadurch zu seinen unmittelbaren Untergebenen wurden.
8 Bloch: »The disconnection between power and rank as a process«, 1977.
9 Ebd.
10 Domenichini: *Les Dieux au service des rois: histoire des Palladium d'Emyrne*, 1977; Delivré: *L'Histoire des rois d'Imerina: interprétation d'une tradition orale*, 1974.
11 *Hery* ist der Begriff für schlichte Kraft, wird aber insbesondere für Dinge wie das Bewegen von Steinen oder jemandem auf den Kopf schlagen verwendet; *hasina* ist die Kraft, die weniger sichtbar wirkt.
12 De Méritens: *Livre de la sagesse malgache*, 1967.
13 Edmunds: »Charms and Superstitions in Southeast Imerina«, 1897, S. 63.
14 In der Praxis seinem örtlichen Vertreter. Die bei solchen Gelegenheiten übergebene Summe betrug weniger als einen Silberdollar, es handelte sich also um einen ziemlich bescheidenen Betrag, der aber dennoch als *hasina* bezeichnet wurde.
15 Vgl. z.B. Callet: *Tantara ny Andriana eto Madagascar*, 1908; Cousins: *Fomba Malagasy*, 1963.
16 Bloch: Hierarchy and Equality in Merina Kinship«, 1986.
17 Marx selbst schien nichts gegen Magier zu haben, zumindest nicht bei den Gutenachtgeschichten, die er seinen Töchtern erzählte, wie das Motto zu diesem Kapitel erkennen lässt.
18 Evans-Pritchard: *Witchcraft, Oracles and Magic among the Azande*, 1937; Malinowski: *Korallengärten und ihre Magie*, 1981 [1935].

19 Tambiah: »The magical power of words«, 1968; ders.: »The Form and Meaning of Magical Acts: A Point of View« 1973.
20 Graeber: »Dancing with Corpses Reconsidered«, 1995; ders.: »Love Magic and Political Morality in Central Madagascar, 1875–1990«, 1996.
21 Malinowski: *Korallengärten und ihre Magie*, 1981.
22 Tambiah: *Culture, Thought and Social Action: An Anthropological Perspective*, 1985, S. 118.
23 Faraone (Hg.): *Magika Hiera: Ancient Greek Magic and Religion*, 1991; Graf: *Gottesnähe und* Schadenzauber, 1996.
24 Evans-Pritchard: *Witchcraft, Oracles and Magic among the Azande*, 1937, S. 276.
25 Selbst wenn Macht ausschließlich auf Gewalt und Unterdrückung beruht, geht es noch darum, diejenigen, die Waffen besitzen oder anderweitig Teil des Unterdrückungsapparats sind, zu überzeugen.
26 Evans-Pritchard: *Witchcraft, Oracles and Magic among the Azande*, 1937, S. 122.
27 Graeber: »Dancing with Corpses Reconsidered«, 1995.
28 Ebd.
29 Beidelman: » Agonistic Exchange: Homeric Reciprocity and the Heritage of Simmel and Mauss«, 1989.
30 Turner: »A Commentary«, 1989, S. 263–264.
31 Hogden: *Early Anthropology in the 16th and 17th Centuries*, 1964, S. 21–43.
32 Lewis Henry Morgan träumte von einer Gesellschaft, die nicht mehr vom Privateigentum beherrscht werden würde; Alfred Haddon war Sozialist; Radcliffe-Brown war in Studententagen als »Anarchisten-Al« bekannt.
33 Dieser Hypothese hat Sahlins einen großen Teil seiner Arbeit gewidmet, vgl. Sahlins: *Culture in Practice*, 2000.
34 Vgl. Lévi-Strauss: *Strukturale Anthropologie*, 1971 [1958].
35 Bei Vincent Geoghegan findet sich eine nützliche Zusammenfassung über die historische Beziehung von Marx und Engels zu utopischem Denken, die wesentlich ambivalenter ist, als sie für gewöhnlich dargestellt wird. Vgl. Geoghan: *Utopianism and Marxism*, 1987, S. 22–34. Zu Marx' Reaktion auf Moralkritik, insbesondere die von Proudhon (ein wichtiger Ideengeber für einen Sozialismus Mauss'scher Prägung) vgl. Thomas: *Karl Marx and the Anarchists*, 1980.
36 Weiner macht deutlich, dass ihr Ansatz weitgehend von Mauss beeinflusst ist, jedenfalls mehr als von Marx. Es wäre vermutlich ungerecht zu behaupten, dass sie die untergeordnete Stellung von Frauen bestreitet, zumindest tut sie es nicht explizit; allerdings verwendet sie wie Strathern all ihre Energie darauf, Leute anzugreifen, die eine solche Unterordnung feststellen oder andeuten.
37 Dabei handelt es um ein dauerhaftes Dilemma der feministischen Ethnologie – und ich vermute, der einzige Grund, warum man es in diesem Fall so viel leichter erkennt, ist der, dass es sich bei der feministischen Ethnologie um eines der wenigen ethnologischen Gebiete mit einem fortdauernden politischen Engagement handelt.

38 Die systematische Verfolgung eines solchen Ansatzes würde ihrerseits zweifellos alle möglichen unlösbaren Widersprüche nach sich ziehen. Die Vorstellung, dass es anders sein könnte, wäre geradezu naiv. Man kann jedoch zumindest mit gutem Grund davon ausgehen, dass diese Widersprüche ergiebiger wären.

39 Baudrillard: »Fetischismus und Ideologie: Die semiologische Reduktion«, 1972, S. 326.

40 Vgl. z.B. Deleuze: *Anti-Ödipus. Kapitalismus und Schizophrenie*, 1988 [1972].

41 Zumindest eine Theorie dazu, warum sich Begehren von allem anderen unterscheidet. Das Gleiche ließe sich von Foucaults Machttheorie behaupten.

42 Nicht das Brett also, auf dem sich die Damesteine bewegen, sondern die Regeln, die uns sagen, welche Markierungen auf dem Brett wichtig sind und warum.

43 Natürlich nur, bis sie realisiert sind. Von dieser Warte aus betrachtet konnte man sagen, dass Begehren nicht wie in der nietzscheschen Version eine wesentliche Komponente der Wirklichkeit ist, sondern eher eine Metapher für Potential.

44 Mauss: »Die Gabe«, 1975 [1925], S. 127.

45 Vgl. z.B. Scarry: *Der Körper im Schmerz*, 1992 [1985].

Literaturverzeichnis

Ahern, Emily
— »The Problem of Efficacy: Strong and Weak Illocutionary Acts«, in: *Man*, 14, 1, 1979, S. 1–17.
Atkins, David und Robbins, Joel
— »An Introduction to Melanesian Currencies: Agencies, Identity, and Social Reproduction«, in: dies. (Hg.): *Money and Modernity: State and Local Currencies in Melanesia*, Pittsburgh 1999, S. 1–40.
Albert, Ethel M.
— »The Classification of Values: A Method and Illustration«, in: *American Anthropologist*, 58, 1956, S. 221–248.
— »Value Systems«, in: Sills, David (Hg.): *The International Encyclopedia of Social Sciences*, Bd. 16, 1968, S. 287–291.
Anderson, Perry
— *Von der Antike zum Feudalismus: Spuren der Übergangsgesellschaften*, übers. v. Angelika Schweikhart, Frankfurt/M. 1978 [1974].
— *Die Entstehung des absolutistischen Staates*, übers. v. Gerhard Fehn, Frankfurt/M. 1979 [1974].
Angas, George French
— *Savage Life and Scenes in Australia and New Zealand*. 2 Bde., London 1847.
Appadurai, Arjun
— »Introduction: commodities and the politics of value«, in: ders. (Hg.): *The Social Life of Things: Commodities in Cultural Perspective*, Cambridge 1986, S. 3–63.
Archer, Margaret, Bhaskar, Roy, Collier, Andrew, Lawson, Tony und Norrie, Alan (Hg.)
— *Critical Realism: Essential Readings*, New York 1998.
Austin, Michel und Vidal-Naquet, Pierre
— *Gesellschaft und Wirtschaft im alten Griechenland*, übers. v. Andreas Wittenburg, München 1984 [1972].

Babadzan, Alain
— *Les dépouilles des dieux: Essai sur la religion tahitienne à l'époque de la découverte*, Paris 1993.
Barnes, Jonathan
— *The Presocratic Philosophers*, New York 1982.
Barnett, Homer G.
— »The Nature of the Potlatch«, in: *American Anthropologist*, 40, 1938, S. 349–358.
— *The Nature and Function of the Potlatch*, Eugene 1968.
Barraud, Cécile, Coppet, Daniel de, Iteanu, André und Jamous, Raymond
— *Of Relations and the Dead: Four Societies Viewed from the Angle of Their Exchanges*, übers. v. Stephen J. Suffern, Oxford 1994.

Barraud, Cécile
— *Tanebar-Evav: une société de maisons tournée vers le large*, Cambridge 1979.
Barth, Fredrik
— *Models of Social Organization*, London 1966.
Barthes, Roland
— *Die Sprache der Mode*, übers. v. Horst Brühmann, Frankfurt/M. 1985 [1967].
Battaglia, Debbora
— »Projecting Personhood in Melanesia: the Dialectics of Artefact Symbolism on Sabarl Island«, in: *Man*, 18, 1983, S. 289–304.
— *On the Bones of the Serpent: Person, Memory and Mortality in Sabarl Island Society*, Chicago 1990.
Baudrillard, Jean
— *Das System der Dinge*, übers. v. Joseph Garzuly, Frankfurt/M. 1991 [1968].
— *Pour une critique de l'économie politique du signe*, Paris 1972.
— *Der symbolische Tausch und der Tod*, übers. v. Gerd Bergfleth, 1982 [1976].
— »Fetischismus und Ideologie: Die semiologische Reduktion«, in: Pontalis, Jean-Bertrand (Hg.): *Objekte des Fetischismus*, Frankfurt/M. 1972, S. 315–334.
Beauchamp, William M.
— »The Iroquois White Dog Feast«, in: *American Antiquarian*, 7, 1885, S. 235–239.
— »Onodaga Customs«, in: *Journal of American Folklore* 1, 1888, S. 195–203.
— »An Iroquois Condolence«, in: *Journal of American Folklore*, 8, 31, 1895, S. 313–316.
— »Wampum Used in Council and as Currency«, in: *American Antiquarian*, 20, 1, 1898, S. 1–13.
— *Wampum and Shell Articles Used by the New York Indians*, Albany 1901.
— *Civil, Religious and Mourning Councils and Ceremonies of Adoption of the New York Indians*, Albany 1907.
— *Iroquois Folk Lore*, Syracuse 1922 (Nachdruck Port Washington 1965).
Beidelman, Thomas O.
— »Agonistic Exchange: Homeric Reciprocity and the Heritage of Simmel and Mauss«, in: *Cultural Anthropology*, 4, 1989, S. 227–259.
Berg, Gerald
— »Royal Authority and the Protector System in Nineteenth Century Imerina«, in: Kottak, Conrad P., Rakotoarisoa, J.-A., Southall, A. und Vérin, P. (Hg.): *Madagascar: Society and History*, Durham 1986.
Berger, John
— *Sehen. Das Bild der Welt in der Bilderwelt*, übers. v. Axel Schenck, Reinbek 1976 [1972].

Bernard-Thierry, Solange
— »Perles magiques à Madagascar«, in: *Journal de la Société des Africanistes*, 29, 1959, S. 33–90.
Best, Elsdon
— »The Spiritual Concepts of the Maori, part 1«, in: *Journal of the Polynesian Society*, 9, 1900, S. 173–199.

— »The Spiritual Concepts of the Maori, part 2«, in: *Journal of the Polynesian Society*, 10, 1901, S. 1–20.
— »Maori Forest Lore, Part III«, in: *Transactions of the New Zealand Institute*, 43, 1909, S. 433–481.
— *Spiritual and Mental Concepts of the Maori*, Wellington 1922.
— *The Maori*, 2 Bde., Wellington 1924.
— *Maori Religion and Mythology*, Wellington 1924.
— *Maori Agriculture*, Wellington 1925.
— *Tuhoe: Children of the Mist*, 2.Bde., New Plymouth 1925.
— *Fishing Methods and Devices of the Maori*, Wellington 1929.
— *Forest Lore of the Maori*, Wellington 1942.
Bhaskar, Roy
— *The Possibility of Naturalism*, Hempstead 1979.
— *Reclaiming Reality*, London 1989.
— *Scientific Realism and Human Emancipation*, London 1986.
— *Philosophy and the Idea of Freedom*, London 1991.
— *Dialectic. The Pulse of Freedom*, London 1993.
— *Plato etc.*, London 1994.
Blau, Harold
— »Dream Guessing: A Comparative Analysis«, in: *Ethnohistory*, 10, 3, 1963, S. 233–249.
— »The Iroquois White Dog Sacrifice: Its Evolution and Symbolism«, in: *Ethnohistory*, 11, 2, 1964, S. 97–115.
Bloch, Maurice
— *Placing the Dead: Tombs, Ancestral Villages, and Kinship Organization in Madagascar*, London 1971.
— »Introduction«, in: *Political Language and Oratory in Traditional Societies*, London 1975, S. 1–28.
— »The disconnection between power and rank as a process: an outline of the development of kingdoms in central Madagascar«, in: *European Journal of Sociology*, 18, 1, 1977, S. 107–148.
— »Death, Women and Power«, in: ders. und Parry, Jonathan (Hg.): *Death and the Regeneration of Life*, Cambridge 1982, S. 211–30.
— *From Blessing to Violence: History and Ideology in the Circumcision Ritual of the Merina of Madagascar*, Cambridge 1986.
— »Hierarchy and Equality in Merina Kinship«, in: Kottak, Conrad P., Rakotoarisoa, J.-A., Southall, A. und Vérin, P. (Hg.): *Madagascar: Society and History*, Durham 1986, S. 215–228.
— »The Ritual of the Royal Bath in Madagascar: The Dissolution of Death, Birth, and Fertility into Authority«, in: ders.: *Ritual, History and Power: Selected Papers in Anthropology*, London 1989, S. 187–211.
— »The Symbolism of Money in Imerina«, in: ders. und Parry, Jonathan (Hg.): *Money and the Morality of Exchange*, Cambridge 1989, S. 165–190.
Boas, Franz
— »The Social Organization and Secret Societies of the Kwakiutl Indians«, in: *Report of the U.S. National Museum for 1895*, 1897, S. 311–738.

— »Ethnology of the Kwakiutl«, in: *Bureau of American Ethnology Thirty-fifth Annual Report*, Teil 1 und 2, 1913–1914, Washington, D.C., 1921.
— »Contributions to the Ethnology of the Kwakiutl«, in: *Columbia University Contributions to Anthropology*, Bd. III, New York 1925.
— »The Religion of the Kwakiutl Indians«, in: *Columbia University Contributions to Anthropology*, Bd. X, New York 1930.
— »Kwakiutl Culture as Reflected in Mythology«, in: *Memoirs of the American Folklore Society* 28, New York 1935.
— »The Social Organization of the Kwakiutl«, in: ders.: *Race, Language and Culture*, New York 1940, S. 356–369.
— *Kwakiutl Ethnography*, hg. von Helen Codere, Chicago 1966.
Bogart, John
— »The Currency Crisis in New Amsterdam«, *De Halve Maen*, 32, 1, 1957, S. 6–77.
Bohannan, Paul
— »Some Principles of Exchange and Investment among the Tiv«, in: *American Anthropologist* 57, 1955, S. 60–67.
— »The Impact of Money on an African Subsistence Economy«, in: *Journal of Economic History* 19, 1959, S. 491–503.
Bohannan, Paul und Bohannan, Laura
— *Tiv Economy*, Evanston 1968.
Bosman, William
— *A New and Accurate Description of the Coast of Guinea*, London 1967 [1744].
Bourdieu, Pierre
— *Entwurf einer Theorie der Praxis auf der ethnologischen Grundlage der kabylischen Gesellschaft*, übers. v. Cordula Pialoux und Bern Schwibs, Frankfurt/M. 1976 [1972].
— *Sozialer Sinn. Kritik der theoretischen Vernunft*, übers. v. Günter Seib, Frankfurt/M. 1987 [1980].
— »Marginalia – Some Additional Notes on the Gift«, in: Schrift, Alan D. (Hg.): *The Logic of the Gift: toward an Ethic of Generosity*, New York 1997, S. 231–241.
Buck, Peter
— *The Coming of the Maori*, Wellington 1950.
Burling, Robbins
— »Maximization Theories and the Study of Economic Anthropology«, in: *American Anthropologist* 64, 1962, S. 802–821.

Caillé, Alain
— »Deux mythes modernes: la rareté et la rationalité économiques«, in: *Bulletin du MAUSS*, 12, 1984, S. 9–37.
— *Critique de la raison utilitaire: Manifeste du MAUSS*, Paris 1989.
— *Don, intérêt et désintéressement: Bourdieu, Mauss, Platon et quelques autres*, Paris 1994.
Callet, François
— *Tantara ny Andriana eto Madagascar*, Tananarive 1908.

Cannizzo, Jeanne
— »George Hunt and the Invention of Kwakiutl Culture«, in: *Canadian Review of Sociology and Anthropology* 20, 1983, S. 44–58.
Carrier, James G.
— »Gifts in a World of Commodities: The Ideology of the Perfect Gift in American Society«, in: *Social Analysis* 29, 1990, S. 19–37.
— »Gifts, Commodities, and Social Relations: A Maussian View of Exchange«, in: *Sociological Forum* 6, 1991, S. 119–136.
— »The Gift in Theory and Practice in Melanesia: A Note on the Centrality of Gift Exchange«, in: *Ethnology* 31, 1992, S. 185–193.
— *Gifts and Commodities: Exchange and Western Capitalism since 1700*, London 1995.
Casajus, Dominique
— »L'énigme de la troisième personne«, in: Galey, Jean-Claude (Hg.): *Différences, valeurs, hiérarchie: textes offertes à Louis Dumont*, Paris 1984, S. 65–78.
Ceci, Lynn
— *The Effect of European Contact and Trade on the Settlement Pattern of the Indians in Coastal New York, 1524–1665*, New York 1977 [Dissertation; gedruckt New York 1990].
— »Letters: The Cowrie Shells from the Little Neck Bay Area, Long Island«, in: *Archaeology*, 6, 1979, S. 63.
— »The First Fiscal Crisis in New York«, in: *Economic Development and Cultural Change*, 28, 1980, S. 839–847.
— »The Value of Wampum among the New York Iroquois: A Case Study in Artifact Analysis«, in: *Journal of Anthropological Research*, 38, 1, 1982, S. 97–107.
Chafe, Wallace L.
— *Seneca Thanksgiving Rituals*, Washington, D.C., 1961.
Chapus, George-Sully und Ratsimba, Emmanuel (Hg.)
— *Histoires des Rois*, 4 Bde., Tananarive 1953–58 (frz. Übers. v. Callet: *Tantara ny Andriana*, 1908).
Clark, Jeffrey
— »Pearl-Shell Symbolism in Highland Papua New Guinea, with Particular Reference to the Wiru People of Southern Highlands Province«, in: *Oceania*, 61, 1991, S. 185–193.
— »Shit Beautiful: Tambu and Kina Revisited«, in: *Oceania*, 65, 1995, S. 195–211.
Clellan, Ford S.
— *Smoke from their Fires: the Life of a Kwakiutl Chief*, hg. v. Charles J. Nowell, New Haven 1941 [Nachdruck 1968].
Codere, Helen
— *Fighting with Property: A Study of Kwakiutl Potlatching and Warfare, 1792–1930*, Seattle 1950.
— »The Amiable Side of Kwakiutl Life: The Potlatch and the Play Potlatch«, in: *American Anthropologist*, 58, 1956, S. 334–351.
Cole, Douglas und Chaikin, Ira
— *An Iron Hand Upon the People: The Law against the Potlatch on the Northwest Coast*, Seattle 1990.

Colenso, William
— »On the Maori Races of New Zealand«, in: *Transactions of the New Zealand Institute* 1, 1868, S. 339–424.
Collier, Andrew
— *Critical Realism: An Introduction to Roy Bhaskar's Philosophy*, London 1994.
Comaroff, John L. und Comaroff, Jean
— *Of Revelation and Revolution: Christianity, Colonialism and Consciousness in South Africa*, Chicago 1991.
— *Ethnography and the Historical Imagination*, Boulder 1992.
Converse, Harriet M.
— *Myths and Legends of the New York State Iroquois*, hg. v. Arthur C. Parker, Albany 1974 [Nachdruck der Ausgabe von 1908].
Cook, Scott
— »The Obsolete ›Anti-Market‹ Mentality: A Critique of the Substantivist Approach to Economic Anthropology«, in: *American Anthropologist* 68, 1966, S. 323–345.
Coppet, Daniel de
— »Cycles de meurtres et cycles funéraires. Esquisse de deux structures d'échanges«, in: Pouillon, J. und Maranda, P. (Hg.): *Echanges et communications. Mélanges offerts à Claude Lévi-Strauss*, Den Haag 1969, S. 759–781.
— »1, 4, 8; 9, 7. La monnaie: présence des morts et mésure du temps«, in: *L'Homme*, 10, 1, 1970, S. 17–39.
— »Premier troc, double illusion«, in: *L'Homme*, 13, 1–2, 1972, S. 10–22.
— »The Life-giving death«, in: Humphreys, S. C., und King, H. (Hg.): *Mortality and Immortality: The Anthropology and Archaeology of Death*, New York 1982.
— »Land Owns People«, in: Barnes, R. H., Coppet, Daniel de und Parkins, R. J. (Hg.): *Contexts and Levels: Anthropological Essays on Hierarchy*, Oxford 1985.
— »'Are'are Society: A Melanesian Socio-Cosmic Point of View. How are Big-men the Servants of Society and Cosmos?«, in: Coppet, Daniel de und Iteanu, André (Hg.): *Cosmos and Society in Oceania*, Oxford 1995, S. 235–274.
Cousins, William E.
— *Fomba Malagasy*, hg. v. Henri Randzavola, Tananarive 1963.
Curtis, E. S.
— *The North American Indian, volume X. The Kwakiutl*, New York 1915.

Dalton, George
— »Economic Theory and Primitive Society«, in: *American Anthropologist* 62, 1961, S. 483–490.
— »Primitive Money«, in: *American Anthropologist* 66, 1965, S. 44–65.
Damon, Frederick H.
— *Modes of Production and the Circulation of Value on the Other Side of the Kula Ring*, Princeton 1978 [Dissertation].
— »The Kula and Generalized Exchange: Considering Some Unconsidered Aspects of the Elementary Structures of Kinship«, in: *Man*, 15, 1980, S. 267–292.
— »Muyuw Kinship and the Metamorphosis of Gendered Labor«, in: *Man*, 18, 1983, S. 305–326.

— »The Muyuw Lo'un and the End of Marriage«, in: Damon, Frederick und Wagner, Roy (Hg.): *Death Rituals and Life in the Societies of the Kula Ring*, DeKalb 1989, S. 73–94.
— »Representation and Experience in Kula and Western Exchange Spheres (Or, Billy)«, in: *Research in Economic Anthropology*, 14, 1993, S. 235–254.
— »The Problem of the Kula on Woodlark Island: Expansion, Accumulation, and Overproduction«, in: *Ethnos*, 45, 1980, S. 176–201.
Davy, Georges
— *La foi jurée: étude sociologique du problème du contrat et la formation du lien contractuel*, Paris 1922.
Delâge, Denys
— *Bitter Feast: Amerindians and Europeans in Northeastern North America, 1600–64*, Vancouver 1993.
Deleuze, Gilles und Guattari, Felix
— *Anti-Oedipus: Kapitalismus und Schizophrenie I*, übers. v. Bernd Schwibs, Frankfurt/M. 1988 [1972].
Delivré, Alain
— *L'Histoire des rois d'Imerina: interprétation d'une tradition orale*, Paris 1974.
Dennis, Matthew
— *Cultivating a Landscape of Peace: Iroquois-European Encounters in Seventeenth-Century America*, Ithaca 1993.
Derrida, Jacques
— *Falschgeld: Zeit geben I*, übers. v. Andreas Knop und Michael Wetzel, München 1993 [1991].
Domenichini, Jean-Pierre
— *Les Dieux au service des rois: Histoire des Palladium d'Emyrne*, Paris 1977.
Donne, Thomas Edward
— *The Maori Past and Present*, London 1927.
Dorfman, Ariel und Mattelart, Armand
— *Walt Disneys »Dritte Welt«. Massenkommunikation und Imperialismus bei Micky Maus und Donald Duck*, übers. von Gaston Richter u. Frowin Haas, Berlin 1977 [1971].
Douglas, Mary
— »Foreword: No Free Gifts«, in: Marcel Mauss: *The Gift: The Form and Reason for Exchange in Archaic Societies*, New York 1990, S. xii–xviii.
Dresch, Paul
— »Mutual Deception: Totality, Exchange, and Islam in the Middle East«, in: *Marcel Mauss: A Centenary Tribute*, New York 1998, S. 111–133.
Drucker, Philip und Heizer, Robert F.
— *To Make My Name Great: A Reexamination of the Southern Kwakiutl Potlatch*, Berkeley 1967.
Druke, Mary A.
— »The Concept of Personhood in Seventeenth and Eighteenth Century Iroquois Ethnopersonality«, in: Bonvillain, Nancy (Hg.): *Studies on Iroquoian Culture*, Rindge 1980, S. 59–69.

— »Iroquois Treaties: Common Forms, Varying Interpretations«, in: Jennings, F., Fenton, W., Druke, M. und Miller, D. (Hg.): *History and Culture of Iroquois Diplomacy*, Syracuse 1985, S. 85–98.
Duff, Wilson
— »The Killer Whale Copper: a Chief's Memorial to his Son«, in: Abbott, Donald N. (Hg.): *The World is as Sharp as a Knife: An Anthology in Honour of Wilson Duff*, Victoria 1981, S. 153–156.
Dumont, Louis
— »Marcel Mauss: Eine Wissenschaft im Werden« [1952], in: ders.: *Individualismus: Zur Ideologie der Moderne*, übers. v. Una Pfau und Achim Russer, Hamburg 1991 [1983], S. 195–214.
— *Gesellschaft in Indien: die Soziologie des Kastenwesens*, übers. v. Margarete Venjakob, Wien 1976 [1966].
— *From Mandeville to Marx: The Genesis and Triumph of Economic Ideology*, Chicago 1977.
— *Individualismus: Zur Ideologie der Moderne*, übers. v. Una Pfau und Achim Russer, Hamburg 1991 [1983].
Durkheim, Emile
— *De la division du travail social. Étude sur l'organisation des sociétés supérieures*, Paris 1893.
Durkheim, Emile und Mauss, Marcel
— »De quelques formes primitives de classifications. Contributions à l'étude des représentations collectives«, in: *L'Année Sociologique* 6, 1903, S. 1–72.

Edmonson, Munro S.
— »The Anthropology of Values«, in: Taylor, Walter, Fischer, John und Vogt, Evon (Hg.): *Culture and Life: Essays in Memory of Clyde Kluckhohn*, Carbondale 1973, S. 157–197.
Edmunds, William
— »Charms and Superstitions in Southeast Imerina«, in: *Antananarivo Annual and Malagasy Magazine* 22, 1897, S. 61–67.
Ellis, William
— *History of Madagascar*, 2 Bde. London 1838.
Engels, Friedrich
— *Der Ursprung der Familie, des Privateigentums und des Staats*, in: Karl Marx/ Friedrich Engels: *Werke*, Bd. 21, Berlin 1975 [1884], S. 25–173.
Errington, Frederick und Gewertz, Deborah
— »The Remarriage of Yebiwali: A Study of Dominance and False Consciousness in a Non-Western Society«, in: Strathern, Marilyn (Hg.): *Dealing with Inequality: Analysing Gender Relations in Melanesia and Beyond*, Cambridge 1987, S. 63–88.
Evans-Pritchard, Edward E.
— *Witchcraft, Oracles and Magic among the Azande*, Oxford 1937.
— *The Nuer: the Political System and Mode of Livelihood of a Nilotic People*, Oxford 1940.

Fajans, Jane
— »Exchanging Products: Producing Exchange«, in: dies. (Hg.): *Exchanging Products: Producing Exchange*, Sydney 1993, S. 1–14.
— »The Alimentary Structures of Kinship: Food and Exchange among the Baining of Papua New Guinea«, in: dies. (Hg.): *Exchanging Products: Producing Exchange*, Sydney 1993, S. 59–75.
— *They Make Themselves: Work and Play among the Baining of Papua New Guinea*, Chicago 1997.
Faraone, Christopher und Obbink, Dirk (Hg.)
— *Magika Hiera: Ancient Greek Magic and Religion*, New York 1991.
Fenton, William N.
— *Songs from the Iroquois Longhouse*, Washington, D.C., 1942.
— »An Iroquois Condolence Council for Installing Cayuga Chiefs in 1945«, in: *Journal of the Washington Academy of Sciences*, 36, 4, 1946, S. 110–127.
— *The Roll Call of the Iroquois Chiefs: A Study of a Mnemonic Cane from the Six Nations Reserve*, Washington, D.C., 1950.
— »The New York State Wampum Collection: The Case for Integrity of Cultural Treasures«, in: *Proceedings of the American Philosophical Society*, 115, 6, 1971, S. 437–461.
— »Northern Iroquois Culture Patterns«, in: Sturtevant, W. und Trigger, B. (Hg.): *Handbook of North American Indians*, Bd. 15: Northeast, Washington, D.C., 1978 S. 296–321.
— »Structure, Continuity, and Change in the History of Iroquois Treaty Making«, in: Jennings, Fenton, W., Druke, M. und Miller, D. (Hg.): *History and Culture of Iroquois Diplomacy*, Syracuse 1985, S. 3–36.
— *The Great Law and the Longhouse: A Political History of the Iroquois Confederacy*, Norman 1998.
Ferguson, James
— »The Bovine Mystique«, in: *Man*, 20, 1985, S. 647–674.
— »Cultural Exchange: New Developments in the Anthropology of Commodities«, in: *Cultural Anthropology* 3, 1988, S. 488–513.
Finley, Moses
— *Die antike Wirtschaft*, übers. v. Andreas Wittenburg, München 1993 [1973].
Firth, Raymond
— »The Analysis of *Mana*: An Empirical Approach«, in: *Journal of the Polynesian Society*, 49, 1940, S. 483–512 (erneut abgedruckt in ders.: *Tikopia Ritual and Belief*, London 1967).
— *Economics of the New Zealand Maori*, Wellington 1959.
— »The Study of Values by Social Anthropologists«, in: *Essays on Social Organization and Values*, London 1964, S. 206–224.
Ford, Clellan S.
— *Smoke from Their Fires: The Life of a Kwakiutl Chief*, New Haven 1941.
Foster, Michael K.
— *From the Earth to Beyond the Sky: An Ethnographic Approach to Four Longhouse Iroquois Speech Events*, Ottawa 1974.

— »Another Look at the Function of Wampum in Iroquois-White Councils«, in: F. Jennings, W. Fenton, M. Druke und Miller, D. (Hg.): *History and Culture of Iroquois Diplomacy*, Syracuse 1985, S. 125–142.
Foster, Robert J.
— »Production and Value in the Enga Tee«, in: *Oceania*, 55, 1985, S. 182–196.
— »Value without Equivalence: Exchange and Replacement in a Melanesian Society«, in: *Man*, 25, 1990, S. 54–69.
— »Commodisation and the Emergence of kastom as a Cultural Category: A New Ireland Case in Comparative Perspective«, in: *Oceania*, 62, 1992, S. 284–294.
— »Dangerous Circulation and Revelatory Display: Exchange Practices in a New Ireland Society«, in: Fajans, Jane (Hg.): *Exchanging Products: Producing Exchange*, Sydney 1993, S. 15–31.
— *Social Reproduction and History in Melanesia: Mortuary Ritual, Gift Exchange, and Custom in the Tanga Islands*, Cambridge 1995.
Foucault, Michel
— *Archäologie des Wissens*, übers. v. Ulrich Köppen, Frankfurt/M. 1973 [1969].
— *Überwachen und Strafen. Die Geburt des Gefängnisses*, übers. v. Walter Seitter, Frankfurt/M. 1977 [1975].
Fournier, Marcel
— *Marcel Mauss*, Paris 1994.

Gasché, Rudolphe
— »Heliocentric Exchange«, in: Schrift, Alan (Hg.): *The Logic of the Gift: Toward an Ethic of Generosity*, New York 1997 [1972], S. 100–120. (Originaltitel: »L'échange héliocentrique«, in: *L'Arc*, 48, 1972, S. 70–84.)
Gathercole, Peter
— »›Hau‹, ›Mauri‹ and ›Utu‹«, in: *Mankind*, 11, 1978, S. 334–340.
Gauchet, Marcel
— *Le désenchantement du monde: une histoire politique de la religion*, Paris 1994.
Geary, Patrick
— »Sacred Commodities: the Circulation of Medieval Relics«, in: Appadurai, Arjun (Hg.): *The Social Life of Things: Commodities in Cultural Perspective*, Cambridge 1986, S. 169–191.
Geertz, Clifford
— *The Interpretation of Cultures*, New York 1973.
Gell, Alfred
— *Wrapping in Images: Tattooing in Polynesia*, Oxford 1993.
— *Art and Agency: An Anthropological Theory*, Oxford 1998.
— *The Art of Anthropology: Essays and Diagrams*, London 1999.
Geoghegan, Vincent
— *Utopianism and Marxism*, London 1987.
Gewertz, Deborah
— *Sepik River Societies: A Historical Ethnography of the Chambri and their Neighbors*, New Haven 1983.
Godbout, Jacques T. und Caillé, Alain

— *The World of the Gift*, Montreal 1998 [1992].

Godelier, Maurice

— *Ökonomische Anthropologie: Untersuchungen zum Begriff der sozialen Struktur primitiver Gesellschaften*, übers. v. Wolf H. Leube und Hans-Horst Henschen, Reinbek 1973 [1973].

— *The Making of Great Men: Male Domination and Power among the New Guinea Baruya*, Cambridge 1986.

— *Das Rätsel der Gabe: Geld, Geschenke, heilige Objekte*, übers. v. Martin Pfeiffer, München 1999 [1996].

Goldenweiser, Alexander A.

— »On Iroquois Work 1912«, in: *Summary Report of the Geological Survey Branch of the Canadian Department of Mines for the Calendar Year 1912*, Ottawa 1914, S. 464–475.

— »On Iroquois Work 1913–14«, in: *Summary Report of the Geological Survey Branch of the Canadian Department of Mines for the Calendar Year 1913*, Ottawa 1914, S. 365–372.

Goldman, Irving

— *Ancient Polynesian Society*, Chicago 1970.

— *The Mouth of Heaven: An Introduction to Kwakiutl Religious Thought*, New York 1975.

Graeber, David

— »Dancing with Corpses Reconsidered: an Interpretation of Famadihana (in Arivonimamo, Madagascar)«, in: *American Ethnologist*, 22, 1995, S. 258–278.

— »Beads and Money: Notes toward a Theory of Wealth and Power«, in: *American Ethnologist*, 23, 1996, S. 1–32.

— »Love Magic and Political Morality in Central Madagascar, 1875–1990«, in: *Gender and History*, 8, 3, 1996, S. 94–117.

— »Manners, Deference and Private Property: The Generalization of Avoidance in Early Modern Europe«, in: *Comparative Studies in Society and History*, 39, 4, 1997, S. 694–728.

Graf, Fritz

— *Gottesnähe und Schadenzauber. Die Magie der griechisch-römischen Antike*, München 1996.

Gregory, Christopher A.

— »Gifts to Men and Gifts to God: Gift Exchange and Capital Accumulation in Contemporary Papua«, in: *Man*, 15, 4, 1980, S. 626–652.

— *Gifts and Commodities*, London 1982.

— »Kula Gift Exchange and Capitalist Commodity Exchange: a Comparison«, in: Leach, Jerry W. (Hg.): *The Kula: New Perspectives on Massim Exchange*, Cambridge 1983, S. 103–117.

— »Cowries and Conquest: Towards a Subalternate Quality Theory of Money«, in: *Comparative Studies in Society and History*, 38, 2, 1996, S. 195–216.

— *Savage Money: The Anthropology and Politics of Commodity Exchange*, Amsterdam 1998.

Gudgeon, C. M. G.

— »Mana Tangata«, in: *Journal of the Polynesian Society*, 14, 1905, S. 49–66.

— »Maori Religion«, in: *Journal of the Polynesian Society*, 14, 1905, S. 117–130.
Gudgeon, Thomas Wayth (Hg.)
— *The History and Doings of the Maoris: From the Year 1820 to the Signing of the Treaty of Waitangi in 1840*, Auckland 1885.
Guthrie, William K. C.
— *A History of Greek Philosophy*, Bd. III, Cambridge 1971.

Hale, Horatio E.
— *The Iroquois Book of Rites*, Philadelphia 1883 [Nachdruck 1965].
— »The Iroquois Sacrifice of the White Dog«, in: *American Antiquarian*, 7, 1885, S. 7–14.
— »An Iroquois Condoling Council«, in: *Transactions of the Royal Society of Canada*, 1, 2, 1895, S. 45–65.
Hallowell, A. Irving
— »Ojibwa Ontology, Behavior, and World View«, in: Diamond, Stanley (Hg.): *Culture in History: Essays in Honor of Paul Radin*, New York 1960, S. 19–52.
— »The Ojibwa Self in its Behavioral Environment«, in: ders.: *Culture and Experience*, Philadelphia 1967, S. 172–182.
Hallpike, C. R.
— *The Foundations of Primitive Thought*, Oxford 1979.
Hamell, George R.
— »Trading in Metaphors: The Magic of Beads«, in: *Proceedings of the 1982 Glass Trade Bead Conference*, hg. v. Charles Hayes, Rochester 1983, S. 5–28.
— »Mythical Realities and European Contact in the Northeast During the 16th and 17th Centuries«, in: *Man in the Northeast*, Nr. 33, 1987, S. 63–87.
— »The Iroquois and the World's Rim: Speculations on Color, Culture, and Contact«, in: *American Indian Quarterly* 16 (4), 1992, S. 451–469.
Harris, Marvin
— *Cultural Materialism: The Struggle for a Science of Culture*, New York 1979.
Hart, Keith
— »Heads or tails? Two Sides of the Coin«, *Man*, 21, 4, 1986, S. 637–656.
— *The Memory Bank: Money in an Unequal World*, London 2000.
Heckewelder, Johann
— *Nachricht von der Geschichte, den Sitten und Gebräuchen der Indianischen Völkerschaften, welche ehemals Pennsylvanien und die benachbarten Staaten bewohnten*, Göttingen 1821.
Heidenreich, Conrad E.
— *Huronia: A History and Geography of the Huron Indians 1600–1650*, Ottawa 1971.
Hertz, Gilbert
— »La Prééminence de la main droite: étude sur la polarité religieuse«, in: *Revue Philosophique*, 68, 1907, S. 553–580.
Heusch, Luc de
— »The Symbolic Mechanisms of Sacred Kingship: Rediscovering Frazer«, in: *Journal of the Royal Anthropological Institute*, 3, 1998, S. 213–232.

Hewitt, John N. B.
— »New Fire among the Iroquois«, in: *American Anthropologist*, 2, 1889, S. 319.
— »Legend of the Founding of the Iroquois League«, in: *American Anthropologist*, 5, 2, 1892, S. 131–148.
— »The Iroquoian Concept of the Soul«, in: *Journal of American Folklore*, 8, 29, 1895, S. 107–116.
— »Iroquoian Cosmology: First Part«, in: *Annual Report of the Bureau of American Ethnology for the years 1899–1900*. Washington, D.C., 1903, S. 127–339.
— »Wampum«, in: Hodge, F. W. (Hg.): *Handbook of American Indians North of Mexico*, Bd. 2, Washington, D.C., 1910, S. 904–909.
— »White Dog Sacrifice«, in: Hodge, F. W. (Hg.): *Handbook of American Indians North of Mexico*, Bd. 2, Washington, D.C., 1910, S. 939–944.
— »The White-dog Feast of the Iroquois«, in: *American Anthropologist*, 12, 1910, S. 86–87.
— »Iroquoian Cosmology: Second Part, with Introduction and Notes«, in: *Annual Report of the Bureau of American Ethnology for the Years 1925–1926*, Washington, D.C., 1928, S. 449–819.
Hewitt, John N. B. und Fenton, William N.
— »The Requickening Address of the Iroquois Condolence Council«, in: *Journal of the Washington Academy of Sciences* 34 (3), 1944, S. 65–85.
Hickerson, Harold
— »The Feast of the Dead among the Seventeenth-Century Algonkians of the Upper Great Lakes«, in: *Ethnohistory* 62, 1960, S. 81–107.
Hobbes, Thomas
— *Leviathan*, übers. v. Jutta Schlösser, Hamburg 1996 [1651].
Hogden, Margaret
— *Early Anthropology in the 16th and 17th Centuries*, Philadelphia 1964.
Holmes, William
— »Art in Shell of the Ancient Americans«, in: *Second Annual Report of the Bureau of American Ethnology 1880–1881*, 1883, S. 185–305.
Iteanu, André
— *Le ronde des échanges: de la circulation aux valeurs chez les Orokaiva*, Paris 1983.
— »Idéologie patrilinéaire ou idéologie de l'anthropologue?«, in: *L'Homme* 23 (2), 1983, S. 37–55.
— »The Concept of the Person and the Ritual System: An Orokaiva View«, in: *Man*, 25, 1990, S. 35–53.

Jacobs, Wilbur
— »Wampum, the Protocol of Indian Diplomacy«, in: *William and Mary Quarterly* 6, 1949, S. 596–604.
Jamous, Raymond
— *Honneur et Baraka: les structures sociales traditionnelles dans le Rif*, Paris 1981.
Jennings, Francis
— *The Invasion of America: Indians, Colonialism, and the Cant of Conquest*, New York 1976.

— *The Ambiguous Iroquois Empire: The Covenant Chain Confederation of Indian Tribes with English Colonies from its beginnings to the Lancaster Treaty of 1744*, New York 1984.
Jennings, Francis, Fenton, William, Druke, Mary und Miller, David
— »Glossary of Figures of Speech in Iroquois Political Rhetoric«, in: dies. (Hg.): *History and Culture of Iroquois Diplomacy*, Syracuse 1985, S. 115–124.
Joas, Hans
— *The Creativity of Action*, Chicago 1996.
Johansen, J. Prytz
— *The Maori and His Religion*, Kopenhagen 1954.
— *Studies in Maori Rites and Myths*, Kopenhagen 1958.
Jonaitis, Aldona (Hg.)
— *Chiefly Feasts: The Enduring Kwakiutl Potlatch*, New York 1991.
Jones, Pei Te Hurinui
— *The Traditional History of the Tainui People*, Auckland 1995.
Josephides, Lisette
— *Suppressed and Overt Antagonism: A Study in Aspects of Power and Reciprocity among Northern Melpa*, Papua New Guinea 1982.
— »Equal but different? The Ontology of Gender among the Kewa«, in: *Oceania*, 53, 3, 1983, S. 291–307.
— *The Production of Inequality: Gender and Exchange among the Kewa*, London 1985.
— »Metaphors, Metathemes, and the Construction of Sociality: A Critique of the New Melanesian Ethnography«, in: *Man*, 26, 1991 S. 145–161.
— »Replacing Cultural Markers: Symbolic Analysis and Political Action in Melanesia«, in: de Coppet, Daniel und Iteanu, André (Hg.): *Cosmos and Society in Oceania*, Oxford 1995, S. 189–212.

Kan, Sergei
— *Symbolic Immortality: The Tlingit Potlach of the 19th Century*, Washington, D.C., 1989.
Kapferer, Bruce (Hg.)
— *Transaction and Meaning: Directions in the Anthropology of Exchange and Symbolic Behavior*, Philadelphia 1976.
Keane, Webb
— »The Value of Words and the Meaning of Things in Eastern Indonesian Exchange«, in: *Man*, 29, 1994, S. 605–629.
— *Signs of Recognition: Powers and Hazards of Representation in an Indonesian Society*, Berkeley 1997.
— »From Fetishism to Sincerity: on Agency, the Speaking Subject, and their Historicity in the Context of Religious Conversion«, in: *Comparative Studies in Society and History* 39, 1977, S. 74–693.
Kelly, Leslie G. (Te Putu)
— *Tainui: The Story of Hotoroa and his Descendants*, Wellington 1949.
Kirk, Geoffrey S. (Hg.)
— *Heraclitus: The Cosmic Fragments*, Cambridge 1962.

Kluckhohn, Clyde
— »The Philosophy of the Navaho Indian«, in: Northrop, Filmer S. (Hg.): *Ideological Differences and World Order*, New Haven 1949, S. 356–384.
— »Values and Value-orientations in the Theory of Action: an Exploration in Definition and Classification«, in: Parsons, Talcott und Shils, Edward (Hg.): *Toward a General Theory of Action*, Cambridge 1951, S. 388–433.
— »A Comparative Study of Values in Five Cultures«, in: Vogt, Evon Z.: *Navaho Veterans*, Cambridge 1951, S. vii–xii.
— »Towards a Comparison of Value-emphases in Different Cultures«, in: White, Leonard (Hg.): *The State of the Social Sciences*, Chicago 1956, S. 116–132.
— »The Study of Values«, in: Barrett, Donald (Hg.): *Values in America*, Notre Dame 1961, S. 17–45.
Kluckhohn, Florence und Strodtbeck, Fred
— *Variations in Value Orientation*, Evanston 1961.
Kobrinsky, Vernon
— »Dynamics of the Fort Rupert Class Struggle: Or, Fighting with Property Vertically Revisited«, in: Serl, Vernon C. und Taylor, Herbert C. (Hg.): *Papers in Honor of Harry Hawthorne*, Bellingham 1975, S. 32–59.
Kopytoff, Igor
— »The Cultural Biography of Things: Commoditization as Process«, in: Appadurai, Arjun (Hg.): *The Social Life of Things: Commodities in Cultural Perspective*), Cambridge 1986, S. 64–94.

Lacan, Jacques
— »Das Spiegelstadium als Bildner der Ichfunktion, wie sie uns in der psychoanalytischen Erfahrung erscheint [kommentiert (D)]«, in: ders.: *Schriften I*, Bd. 1, ausgew. u. hg. v. Norbert Haas, Weinheim 1991, S. 61–70.
Leach, Edmund
— *Political Systems of Highland Burma*, Cambridge 1954.
— *Social Anthropology*, Oxford 1982.
Lévi-Strauss, Claude
— *Die elementaren Strukturen der Verwandtschaft*, übers. v. Eva Moldenhauer, Frankfurt/M. 1981 [1949].
— »Einleitung in das Werk von Marcel Mauss«, in: Marcel Mauss, *Soziologie und Anthropologie*, Bd. 1. *Theorie der Magie. Soziale Anthropologie*, übers. v. Henning Ritter, München 1974 [1904], S. 7–41.
— *Strukturale Anthropologie*, übers. v. Hans Naumann, Frankfurt/M. 1971 [1958].
— *Das Ende des Totemismus*, übers. v. Hans Naumann, Frankfurt/M. 1965 [1962].
— *Das wilde Denken*, übers. v. Hans Naumann, Frankfurt/M. 1968 [1966].
— *Der Weg der Masken*, übers. v. Eva Moldenhauer, Frankfurt/M. 1977 [1975].
— *Die eifersüchtige Töpferin*, übers. v. Hans-Horst Henschen, Nördlingen 1987 [1985].
Liep, John
— »Gift Exchange and the Construction of Identity«, in: Jukka Siikala (Hg.), *Culture and History in the Pacific*, Helsinki 1990, S. 164–183.

Loskiel, Georg Heinrich
— *Geschichte der Mission der evangelischen Brüder unter den Indianern in Nordamerika*, Barby 1789.

MacCormack, Geoffrey
— »Mauss and the ›Spirit‹ of the Gift«, in: *Oceania*, 52, 1982, S. 286–293.
MacGaffey, Wyatt
— »African Objects and the Idea of the Fetish«, in: *RES. Journal of Anthropology and Aesthetics*, 25, 1994, S. 123–131.
MacPherson, Crawford B.
— *The Political Theory of Possessive Individualism*, Oxford 1962.
Malinowski, Bronislaw
— *Argonauten des westlichen Pazifik*, übers. v. Heinrich Ludwig Herdt, Frankfurt/M. 1979 [1922].
— *Das Geschlechtsleben der Wilden in Nordwest-Melanesien*, übers. v. Eva Schumann Frankfurt/M. 1979 [1929].
— *Korallengärten und ihre Magie*, übers. v. Gertraud Marx, Frankfurt/M. 1981 [1935].
Maning, Frederick Edward
— *Old New Zealand*, London 1863 (Neuausg. 2001 von Alex Calder).
Martien, Jerry
— *Shell Game: A True Account of Beads and Money in North America*, San Francisco 1996.

Marx, Karl
— *Thesen über Feuerbach*, in: ders. und Engels, Friedrich: Werke, Bd. 3, Berlin 1969 [1845], S. 533 ff.
— *Grundrisse der politischen Ökonomie. Formen, die der kapitalistischen Produktion vorhergehn*, in: *Werke*, Bd. 42, Berlin 1983 [1858], S. 19–875.
— *Zur Kritik der politischen Ökonomie*, in: ders. und Engels, Friedrich: Werke, Bd. 13, Berlin 1971 [1859], S. 3–160.
— *Das Kapital*, Bd. 1, in: ders. und Engels, Friedrich: *Werke*, Bd. 23, Berlin 1968 [1867], S. 49–98.
Marx, Karl und Engels, Friedrich
— *Die deutsche Ideologie*, in: dies.: *Werke*, Bd. 3, Berlin 1969 [1846], S. 5–530.
Marx-Aveling, Eleanor
— »Karl Marx. Lose Blätter« in: *Mohr und General*, Berlin 1964, S. 269–279.
Masco, Joseph
— »It Is a Strict Law that Bids Us Dance: Cosmologies, Colonialism, Death, and Ritual Authority in the Kwakwaka'wakw Potlatch, 1849 to 1922«, in: *Comparative Studies in Society and History*, 37, 1995, S. 41–75.
Mauss, Marcel
— »Les idées socialistes. Le principe de la nationalisation« [1920], in: ders.: *Écrits Politiques: Textes réunis et présentés par Marcel Fournier*, Paris 1997, S. 249–266.

— »Pour les bolchevistes«, in: ders.: *Écrits Politiques: Textes réunis et présentés par Marcel Fournier*, Paris 1997 [1921], S. 405–406.
— »Une forme ancienne de contrat chez les thraces«, in: ders., *Œuvres* III, Paris 1969 [1921], S. 35–45.,
— »La vente de la Russie«, in: ders., *Écrits Politiques: Textes réunis et présentés par Marcel Fournier*, Paris 1997 [1922], S. 472–476.
— »L'obligation à rendre les présents«, in: Compte rendu d'une communication présentée à l'Institut français de l'anthropologie. *Anthropologie* 33, 1923, S. 193–94.
— »Intervention à la suite d'une communication d'Aftalion: ›Les fondements du socialisme'«, in: ders., *Œuvres* III, Paris 1969 [1924], S. 634–38.
— »Gift gift«, in: ders., *Œuvres* III, Paris 1969 [1924], S. 46–51.
— »Die Gabe. Form und Funktion des Austauschs in archaischen Gesellschaften«, in: ders., *Soziologie und Anthropologie*, Bd. 1., übers. v. Eva Moldenhauer, München 1974 [1925].
— »Socialisme et bolchevisme«, in: ders., *Écrits Politiques: Textes réunis et présentés par Marcel Fournier*, Paris 1997 [1925], S. 699–721.
— »Letters on communism, fascism and nazism«, in: Gane, Mike (Hg.): *The Radical Sociology of Durkheim and Mauss*, New York, 1992 [1936], S. 213–215.
— »Eine Kategorie des menschlichen Geistes: Der Begriff der Person und des ›Ich‹«, in: ders., *Soziologie und Anthropologie*, Bd. 2. *Gabentausch. Soziologie und Psychologie. Todesvorstellung. Körpertechniken. Begriff der Person*, übers. v. Eva Moldenhauer, München 1974 [1938].
— *Handbuch der Ethnographie*, hg. v. Iris Därmann und Kirsten Mahlke, übers. v. L. Dinkel und A. Haarmann, München 2012 [1947] (in Vorbereitung).
Mauss, Marcel und Hubert, Henri
— »Entwurf einer allgemeinen Theorie der Magie« [1902–1903], in: dies.: *Soziologie und Anthropologie Bd. 1. Theorie der Magie. Soziale Morphologie*, übers. v. Henning Ritter, München 1974, S. 43–179.
McCall, Grant
— »Association and Power in Reciprocity and Requital: More on Mauss and the Maori«, in: *Oceania*, 52, 1982, S. 303–319.
McKirahan, Richard
— *Philosophy Before Socrates: An Introduction with Texts and Commentary*, Indianapolis 1994.
Mead, Sidney
— *Traditional Maori Clothing*, Wellington 1969.
Meggitt, Mervyn J.
— »From Tribesmen to Peasants: the Case oft he Mae-Enga of New Guinea«, in: Hiatt, Lester R. and Jayawardena, Chandra (Hg.): *Anthropology in Oceania: Essays presented to Ian Hogbin*, Sydney 1971, S. 191–209.
Meillassoux, Claude
— *Die wilden Früchte der Frau. Über häusliche Produktion und kapitalistische Wirtschaft*, übers. v. Eva Moldenhauer, Frankfurt/M. 1976 [1975].
Méritens, Guy de und Veyrières, Paul de
— *Livre de la sagesse malgache*, Paris 1967.

Metge, A. Joan
— *The Maori of New Zealand: Rautahi*, London 1976.
Michelson, Gunther
— »Upstreaming Bruyas«, in: Foster, Michael K. (Hg.): *Papers in Linguistics from the 1972 Conference on Iroquois Research*, Ottawa 1974, S. 36–46.
Miller, Daniel
— *Material Culture and Mass Consumption*, London 1987.
— *Acknowledging Consumption: A Review of New Studies*, (Hg.), London 1995.
Mitchell, J. H. (Tiaki Hikawera Mitira)
— *Takitimu*, Wellington 1944.
Mithun, Marianne
— »The Proto-Iroquoians: Cultural Reconstruction from Lexical Materials«, in: Foster, Michael K., Campisi, J. und Mithun, Marianne (Hg.): *Extending the Rafters: Interdisciplinary Approaches to Iroquoian Studies*, Albany 1984, S. 259–281.
Modjeska, Nicholas
— »Exchange value and Melanesian trade reconsidered«, in: Gardiner, Don und Modjeska, Nicholas: *Recent Studies in the Political Economy of Papua New Guinea Societies*, Sydney 1985, S. 145–162.
Morgan, Lewis Henry
— *League of the Ho-de'-no-sau-nee, or Iroquois*, Secaucus 1962 [1851].
Munn, Nancy
— »Symbolism in a Ritual Context: Aspects of Symbolic Action«, in: Honigmann, J. J. (Hg.): *Handbook of Social and Cultural Anthropology*, Chicago 1973, S. 579–612.
— »The Spatiotemporal Transformations of Gawan canoes«, in: *Journal de la Société des Océanistes*, Bd. 33 (März-Juni), 54–55, 1977, S. 39–53.
— »Gawan Kula: Spatiotemporal Control and the Symbolism of Influence«, in: Leach, J. und Leach, E. (Hg.): *The Kula: New Perspectives on Massim Exchange*, Cambridge 1983, S. 277–308.
— *The Fame of Gawa: A Symbolic Study of Value Transformation in a Massim (Papua New Guinea) Society*, Cambridge 1986.
Myers, Fred
— *Pintupi Country, Pintupi Self: Sentiment, Place, and Politics among Western Desert Aborigines*, Washington 1986.
Myers, Fred und Brenneis, Donald
— »Introduction: Language and Politics in the Pacific«, in: dies. (Hg.): *Dangerous Words: Language and Politics in the Pacific*, Prospect Heights 1991, S. 1–29.

Needham, Rodney
— *Right and Left*, Chicago, 1973.
Nicolas, Guy
— »Le don rituel, face voilée de la modernité«, in: *Revue du MAUSS* 12, 1991, S. 7–29.
Nuckolls, Charles W.
— *Culture: A Problem that Cannot Be Solved*, Madison 1998.

Oberg, Kalervo
— »The Kingdom of Ankole in Uganda«, in: Fortes, Meyer und Evans-Pritchard, Edward (Hg.): *African Political Systems*, London 1940, S. 121–162.
— *Social Economy of the Tlingit Indians*, Seattle 1973.
Ollman, Bertell
— *Alienation. Marx's Conception of Man in Capitalist Society*, Cambridge 1971.
Ong, Walter
— *In the Presence of the Word*, New Haven 1967.
— *Interfaces of the Word*, New Haven 1977.
Ottino, Paul
— »La mythologie malgache des Hautes Terres: Le cycle des Andriambahoaka«, in: Bonnefoy, Yves (Hg.): *Dictionnaire des Mythologies*, Bd. 2, Paris 1981, S. 30–45.

Pannel, Sandra
— »Circulating Commodities: Reflections on the Movement and Meaning of Shells and Stories in North Australia and Eastern Indonesia«, in: *Oceania*, 64, 1993 S. 57–76.
Panoff, Michel
— »Marcel Mauss: The Gift Revisited«, in: *Man*, 5, 1970, S. 60–70.
Parker, Arthur C.
— *The Constitution of the Five Nations, or the Iroquois Book of the Great Law*, Albany 1916.
— *Seneca Myths and Folk Tales*, Buffalo 1923.
— *An Analytical History of the Seneca Indians*, Rochester 1926.
— *Parker on the Iroquois*, hg. von William N. Fenton, Syracuse 1968.
Parry, Jonathan
— »The Gift, the Indian Gift, and the ›Indian Gift‹«, in: *Man*, 21, 1986, S. 453–473.
Parry, Jonathan und Bloch, Maurice
— »Introduction: Money and the Morality of Exchange«, in: dies. (Hg.): *Money and the Morality of Exchange*, Cambridge 1989.
Parsons, Talcott und Shils, Edward A. (Hg.)
— *Toward a General Theory of Action*, Cambridge 1951.
Peristiany, John G. (Hg.)
— *Honour and Shame: The Values of Mediterranean Society*, Chicago 1966.
Piaget, Jean
— *The Psychology of Intelligence*, New York 1967.
— *Der Strukturalismus*, übers. von Lorenz Häfliger, Olten 1973 [1968].
— *Sociological Studies*, London 1995 [1965].
Pietz, William
— »The Problem of the Fetish I«, in: *RES. Journal of Anthropology and Aesthetics* 9, 1985, S. 5–17.
— »The Problem of the Fetish II: The Origin of the Fetish« *RES. Journal of Anthropology and Aesthetics* 13, 1987, S. 23–45.

— »The Problem of the Fetish IIIa: Bosman's Guinea and the Enlightenment Theory of Fetishism«, in: *RES. Journal of Anthropology and Aesthetics* 16, 1988, S. 105–123.
— »Fetishism and Materialism: The Limits of Theory in Marx«, in: Apter, Emily und Pietz, William (Hg.): *Fetishism as Cultural Discourse*, Ithaca 1993, S. 119–151.
— »The Spirit of Civilization: Blood Sacrifice and Monetary Debt«, in: *RES. Journal of Anthropology and Aesthetics* 28, 1995, S. 23–38.
— »Death and the Deadened: Accursed Objects and the Money Value of Human Life«, in: Farquar, Masuzawa, Judith Tomoko und Mavor, Carol (Hg.): *(Un) Fixing Representation*, Minneapolis 1995.
Polack, Joel S.
— *Manners and Customs of the New Zealanders*, 2 Bde., London 1840.
Polanyi, Karl
— *The Great Transformation: Politische und ökonomische Ursprünge von Gesellschaften und Wirtschaftssystemen*, übers. v. Heinrich Jelinek, Frankfurt/M. 1978 [1944].
— »The economy as an instituted process«, in: ders., Arensberg, Conrad M. und Pearson, Harry W. (Hg.), *Trade and Market in the Early Empires*, Glenco 1957.
— »Anthropology and Economic Theory«, in: Fried, Morton (Hg.): *Readings in Anthropology*, Bd. 2, New York 1959, S. 215–238.
— *Primitive, Archaic, and Modern Economies: Essays of Karl Polanyi*, hg. v. George Dalton, New York 1968.
Postone, Moishe
— »Anti-Semitism and National Socialism«, in: Rabinbach, Anson und Zipes, Jack (Hg.): *Germans and Jews Since the Holocaust: the Changing Situation in West Germany*, New York 1986, S. 302–314.
Pye, Christopher
— »The Sovereign, the Theatre, and the Kingdome of Darkness: Hobbes and the Spectacle of Power«, in: *Representations*, 8, 1984, S. 85–106.

Quain, Buell
— »The Iroquois«, in: Mead, Margaret (Hg.): *Cooperation and Competition Among Primitive Peoples*, New York 1937, S. 240–281.
Quiggin, Alison H.
— *Trade Routes, Trade and Currency in East Africa*, Livingstone 1949.

Racine, Luc
— »L'Obligation de rendre les présents et l'esprit de la chose donnée: de Marcel Mauss à René Maunier«, in: *Diogène*, 154, 1991, S. 69–94.
Renel, Charles
— *Contes de Madagascar*, Paris 1910.
— »Les Amulettes Malgaches: Ody et Sampy«, in: *Bulletin de l'Académie Malgache*, 2, 1915, S. 31–279.
— »Ancêtres et dieux«, in: *Bulletin de l'Académie Malgache*, 5, 1920, S. 1–261.
Richardson, John (Hg.)

— *A New Malagasy-English Dictionary*, Antananarivo 1885.
Richter, Daniel K.
— »War and Culture: the Iroquois Experience«, in: *The William and Mary Quarterly*, 3. Folge, 40, 4, 1983, S. 528–559.
— *The Ordeal of the Longhouse: The Peoples of the Iroquois League in the Era of European Colonization*, Chapel Hill 1992.
Ricœur, Paul
— *Geschichte und Wahrheit*, übers. v. Romain Leick, München 1974 [1955].
Robbins, Joel
— »Keeping to Oneself in Melanesia: Secrecy, Not-Reciprocity, and Cultural Theory«, 1987 (Vortrag, gehalten auf der Jahreskonferenz der Paper American Anthropological Association, Chicago).
— »Equality as a Value: Ideology in Dumont, Melanesia and the West«, in: *Social Analysis* 36, 1994, S. 21–70.
Rosman, Abraham und Rubel, Paula
— *Feasting with Mine Enemy: Rank and Exchange among Northwest Coast Societies*, Prospect Heights 1986 [1971].
Rospabé, Philippe
— *La dette de vie: aux origines de la monnaie sauvage*, Paris 1995.
Ruud, Jørgen
— *Taboo: A Study of Malagasy Customs and Beliefs*, New York 1960.

Sahlins, Marshall
— *Stone Age Economics*, Chicago 1972.
— *Kultur und praktische Vernunft*, übers. v. Brigitte Luchesi, Frankfurt/M. 1981 [1976].
— *Der Tod des Kapitän Cook: Geschichte als Metapher und Mythos als Wirklichkeit in der Frühgeschichte des Königreichs Hawaii*, übers. v. Hans Medick und Michael Schmidt, Berlin 1986 [1981].
— »Individual Experience and Cultural Order«, in: Kruskal, William (Hg.): *The Social Sciences: Their Nature and Uses*, Chicago 1982.
— *Inseln der Geschichte*, übers. v. Ilse Utz, Hamburg 1992 [1985].
— »Cosmologies of Capitalism«, in: *Proceedings of the British Academy* 74, 1988, S. 1–51.
— »The Return of the Event, Again: With Reflections on the Beginnings of the Great Fijian War of 1843 to 1855 Between the Kingdoms of Bau and Rewa«, in: Aletta Biersack (Hg.): *Clio in Oceania*, Washington 1991, S. 37–99.
— »Foreword«, in: Schrempp, Gregory: *Magical Arrows: The Maori, the Greeks, and the Folklore of the Universe*, Madison 1992, S. ix-xiii.
— *How »Natives« Think: About Captain Cook, For Example*, Chicago 1995.
— *Culture in Practice: Selected Essays*, New York 2000.
Salmond, Anne
— »›Te Ao Tawhito‹: A Semantic Approach to the Traditional Maori Cosmos«, in: *Journal of the Polynesian Society*, 87, 1978, S. 5–28.
— *Hui*, Wellington 1983.

— »Nga Huarahi O Te Ao Maori (Pathways in the Maori World)«, in: Mead Sidney M. (Hg.): *Te Maori, Maori Art from New Zealand Collections*, New York 1984, S. 109–137.
— *Between Worlds: Early Exchanges Between Maori and Europeans 1773–1815*, Honolulu 1997.
Saussure, Ferdinand de
— *Grundfragen der allgemeinen Sprachwissenschaft*, übers. v. Hermann Lommel, Berlin 1967 [1916].
Scarry, Elaine
— *Der Körper im Schmerz. Die Chiffren der Verletzlichkeit und die Erfindung der Kultur*, Frankfurt/M. 1992 [1985].
Schlanger, Nathan
— »The study of techniques as an ideological challenge: Technology, Nation, and Humanity in the Work of Marcel Mauss«, in: James, Wendy und Allen, N. J. (Hg.): *Marcel Mauss. A Centenary Tribute*, New York 1998, S. 192–212.
Schrempp, Gregory
— *Magical Arrows: The Maori, the Greeks, and the Folklore of the Universe*, Madison 1992.
Schrift, Alan D. (Hg.)
— *The Logic of the Gift: toward an Ethic of Generosity*, New York 1997.
Schulte-Tenckhoff, Isabelle
— *Potlatch, conquête et invention: réflexions sur un concept anthropologique*, Lausanne 1986.
Schwimmer, Eric
— »Guardian Animals of the Maori«, in: *Journal of the Polynesian Society*, 72, 1963, S. 397–410.
— »Lévi-Strauss and Maori Social Structure«, in: *Anthropologica*, 20, 1978, S. 201–222.
— »The Maori Hapu: a Generative Model«, in: *Journal of the Polynesian Society*, 99, 1990, S. 297–317.
Scott, James D.
— *Domination and the Arts of Resistance: Hidden Transcripts*, New Haven 1990.
Sewid-Smith, Daisy
— »Kwagiutl Ceremonial Blankets«, in: Jensen, Doreen and Sargent, Polly (Hg.): *Robes of Power: Totem Poles on Cloth*, Vancouver 1986.
Shell, Marc
— *The Economy of Literature*, Baltimore 1978.
Shimony, Annemarie
— *Conservatism among the Six Nations Iroquois Reservation*, New Haven 1961.
Shirres, M. P.
— »Tapu«, in: *Journal of the Polynesian Society*, 91, 1, 1982, S. 29–51.
Shortland, Edward
— *Traditions and Superstitions of the New Zealanders*, London 1856.
Maori Religion and Mythology, London 1882.
Sibree, James

— *Madagascar: The Great African Island*, London 1880.
— *Madagascar Before the Conquest: The Island, the Country, and the People*, London 1896.
Silverman, Kaja
— »Fragments of a Fashionable Discourse«, in: Modleski, Tania (Hg.): *Studies in Entertainment: Critical Approaches to Mass Culture*, Bloomington 1985, S. 215–247.
Simmel, Georg
— *Philosophie des Geldes*, Berlin 1900.
Siou, Georges E.
— *Huron-Wendat: The Heritage of the Circle*, Vancouver 1999.
Slotkin, J. S. und Schmidt, Karl
— »Studies of Wampum«, in: *American Anthropologist* 51, 1, 1949, S. 223–236.
Smith, Erminnie A.
— »Myths of the Iroquois«, in: *Second Annual Report of the Bureau of American Ethnology for the Years 1880–1881*, Washington, D.C., 1883 S. 47–116.
Smith, Jean
— *Tapu Removal in Maori Religion*, Wellington 1974.
Smith, S. Percy
— *History and Traditions of the Taranaki Coast*, Wellington 1910 [Nachdruck 1984].
Smith, Timothy
— »Wampum as Primitive Valuables«, in: *Research in Economic Anthropology*, 5, 1983, S. 225–246.
Snyderman, George S.
— »The Functions of Wampum«, in: *Proceedings of the American Philosophical Society*, 93, 6, 1954, S. 469–494.
— »The Functions of Wampum in Iroquoian Religion«, in: *Proceedings of the American Philosophical Society*, 105, 1961, S. 571–605.
Speck, Frank G.
— *The Functions of Wampum Among the Eastern Algonquin*, Lancaster 1919.
— *Midwinter Rites of the Cayuga Long House*, Philadelphia 1949.
Stallybrass, Peter
— »Marx's Coat«, in: Spyer, Patricia (Hg.): *Border Fetishisms: Material Objects in Unstable Spaces*, New York 1998, S. 183–207.
Starna, William A. und Watkins, Ralph
— »Northern Iroquoian Slavery«, in: *Ethnohistory*, 38, 1, 1991, S. 34–57.
Stirling, Amiria Manutahi und Salmond, Anne
— *Amiria: The Life Story of a Maori Woman*, Wellington 1976.
Strathern, Andrew
— *The Rope of Moka: Big-Men and Ceremonial Exchange in Mount Hagen*, New Guinea, Cambridge 1971.
— »Gender, Ideology and Money in Mount Hagen«, in: *Man*, 14, 3, 1979, S. 530–548.
Strathern, Marilyn
— *No Money on Our Skins: Hagen Migrants in Port Moresby*, Port Moresby 1975.

— »Culture in a Netbag: The Manufacture of a Subdiscipline in Anthropology«, in: *Man*, 1981, S. 665–688.
— »Subject or object? Women and the circulation of valuables in Highlands New Guinea«, in: Hirschon, Renée (Hg.): *Women and Property - Women as Property*, New York 1984, S. 158–175.
— »Marriage Exchanges: A Melanesian Comment«, in: *Annual Review of Anthropology* 13, 1984, S. 41–73.
— »Conclusion«, in: Strathern, Marilyn (Hg.): *Dealing with Inequality: Analysing Gender Relations in Melanesia and Beyond*, Cambridge 1987, S. 278–302.
— *The Gender of the Gift: Problems with Women and Problems with Society in Melanesia*, Berkeley 1988.
— »Qualified Value: The Perspective of Gift Exchange«, in: Humphrey, Caroline, und Hugh-Jones, Stephen (Hg.): *Barter, Exchange and Value: An Anthropological Approach*, Cambridge 1992, S. 169–191.
Suttles, Wayne
— »Coping with Abundance: Subsistence on the Northwest Coast«, in: Lee, Richard B. und DeVore, Irvin (Hg.): *Man the Hunter*, Chicago 1968, S. 56–69.

Taïeb, Paulette
— »L'Oreille du sourd«, in: *Bulletin du MAUSS*. 11, 1984, S. 39–69.
Tambiah, Stanley J.
— »The Magical Power of Words«, in: *Man*, 3, 1968, S. 175–208.
— »The Form and Meaning of Magical Acts: A Point of View«, in: Horton, Robin und Finnegan, Ruth (Hg.): *Modes of Thought*, London 1973, S. 199–229.
— *Culture, Thought and Social Action: An Anthropological Perspective*, Cambridge 1985.
Taussig, Michael T.
— *The Devil and Commodity Fetishism in South America*, Chapel Hill 1980.
— »Maleficium: State Fetishism«, in: Apter, Emily und Pietz, William (Hg.): *Fetishism as Cultural Discourse*, Ithaca 1993, S. 217–247.
Taylor, Richard
— *Te Ika a Maui or New Zealand and Its Inhabitants*, London 1855.
Tcherkezoff, Serge
— *Le Roi Nyamwezi, la droite et la gauche. Révision comparative des classifications dualistes*, Paris 1983.
Testart, Alain
— *Des dons et des dieux: Anthropologie religieuse et sociologie comparative*, Paris 1993.
— »Les trois modes de transfert«, in: *Gradhiva* 21:39–58.
— »Uncertainties of the ›obligation to reciprocate‹: A Critique of Mauss«, in: James, Wendy und Allen, N. J. (Hg.): *Marcel Mauss: A Centenary Tribute*, New York 1998, S. 97–110.
Thomas, Nicholas
— »Forms of personification and prestations«, in: *Mankind*, 15, 1985, S. 223–230.

— *Entangled Objects: Exchange, Material Culture, and Colonialism in the Pacific*, Cambridge 1991.
Thomas, Paul
— *Karl Marx and the Anarchists*, London 1980.
Thomas, William I. und Znaniecki, Florian
— *The Polish Peasant in Europe and America*, Dover 1918.
Thompson, David
— »The Hau of the Gift in its Cultural Context«, in: *Pacific Studies* 11, 1987, S. 63–79.
Thwaites, R. G. (Hg.)
— *The Jesuit Relations and Allied Documents: Travels and Explorations of the Jesuit Missionaries in New France, 1610–1791*, 73 Bde., Cleveland 1970 [1896–1901].
Tooker, Elizabeth
— *An Ethnography of the Huron Indians, 1615–1649*, Washington, D.C., 1964.
— »The Iroquois White Dog Ceremony in the Latter Part of the Eighteenth Century«, in: *Ethnohistory* 12, 1965, S. 129–140.
— *The Iroquois Ceremonial of Midwinter*, Syracuse 1970.
— »The League of the Iroquois: Its History, Politics, and Ritual«, in: Trigger, Bruce (Hg.): *Handbook of North American Indians*, Bd. 15: Northeast, Washington, D.C., 1978, S. 418–441.
— »Women in Iroquois Society«, in: Foster, Michael K., Campisi, J. und Mithun, Marianne (Hg.): *Extending the Rafters: Interdisciplinary Approaches to Iroquoian Studies*, Albany 1984, S. 109–123.
Tregear, Edward
— *The Maori-Polynesian Comparative Dictionary*, Wellington 1891.
— *The Maori Race*, Wanganui 1904.
Trigger, Bruce
— *The Children of Aatentsic: A History of the Huron People to 1660*, 2 Bde., Montreal 1976.
Turgeon, Laurier
— »Les objets des échanges entre Français et Amérindiens au XVIe siècle«, in: *Recherches amérindiens au Québec*, 22, 1–2, 1992, S. 152–167.
— »The Tale of the Kettle: Odyssey of an Intercultural Object«, in: *Ethnohistory*, 44, 1, 1997, S. 1–29.
Turner, Terence
— »Parsons' Concept of a Generalized Media of Social Interaction and its Relevance for Social Anthropology«, in: *Sociological Inquiry*, 38, 1967, S. 121–134.
— »Piaget's Structuralism«, in: *American Anthropologist*, 75, 1973, S. 351–373.
— »Transformation, Hierarchy and Transcendence: A Reformulation of Van Gennep's Model of the Structure of Rites of Passage«, in: Moore, Sally Falk und Myerhoff, Barbara (Hg.): *Secular Ritual*, Amsterdam 1977, S. 53–70.
— »The Kayapo of Central Brazil«, in: Sutherland, Anne (Hg.): *Face Values*, London 1978, S. 245–279.
— »The Gê and Bororo Socities as Dialectical Systems: A General Model«, in: Maybury-Lewis, David (Hg.): *Dialectical Societies. The Gê and Bororo of Central Brazil*, Cambridge 1979, S. 147–178.

— »Kinship, Household and Community Structure among the Kayapo«, in: Maybury-Lewis (Hg.): *Dialectical Societies. The Gê and Bororo of Central Brazil*, Cambridge 1979, S. 179–217.
— »Anthropology and the Politics of Indigenous Peoples' Struggles«, in: *Cambridge Anthropology*, 5, 1979, S. 1–43.
— »The Social Skin«, in: Cherfas, Jeremy und Lewin, Roger (Hg.): *Not Work Alone*, Beverly Hills 1980, S. 112–140.
— *Value, Production and Exploitation in Non-Capitalist Societies*, 1984 (unveröffentlicht).
— »Dual opposition, hierarchy and value: Moiety structure and symbolic polarity in Central Brazil and elsewhere«, in: Galey, Jean-Claude (Hg.): *Différences, valeurs, hiérarchie: textes offertes à Louis Dumont*, Paris 1984, S. 335–370.
— »Animal Symbolism, Totemism, and the Structure of Myth«, in: Urton, Gary (Hg.): *Animal Myths and Metaphors in South America*, Salt Lake City 1985, S. 49–107.
— *The Kayapo of Southeastern Para*, 1987 (unveröffentlicht).
— »A Commentary« (zu T.O. Beidelman: »Agonistic Exchange, Homeric Reciprocity and the Heritage of Simmel and Mauss«), in: *Cultural Anthropology*, 4, 3, 1989, S. 260–264.
— »Representing, Resisting, Rethinking: Historical Transformations of Kayapo Culture and Anthropological Consciousness«, in: Stocking, George (Hg.): *Colonial Situations: Essays on the Contextualization of Ethnographic Knowledge*, Madison 1991, S. 285–314.
— *The Poetics of Play: Ritual Clowning, Masking and Performative Mimesis among the Kayapo*, 1993 (unveröffentlicht).
— »Bodies and anti-Bodies: Flesh and Fetish in Contemporary Social Theory«, in: Csordas, Thomas J. (Hg.): *Embodiment and Experience*, Cambridge 1994, S. 21–47.
— »Social body and embodied subject: the production of bodies, actors and society among the Kayapo«, in: *Cultural Anthropology*, 10, 2, 1995, S. 143–170.
Turner, Terence und Fajans, Jane
— *Where the Action Is: An Anthropological Perspective on ›Activity Theory‹, with Ethnographic Implications*, 1988 (unveröffentlicht).
Turner, Victor
— *The Forest of Symbols. Aspects of Ndembu Ritual*, Ithaca 1967.
Tylor, Edward Burnett
— *Die Anfänge der Cultur. Untersuchungen über die Entwicklung der Mythologie, Philosophie, Religion, Kunst und Sitte*, Bd. 1, übers. v. Johann Wilhelm Sprengel und Friedrich Poske, Leipzig 1873 [1871].

Van Gennep, Arnold
— *Übergangsriten*, übers. v. Klaus Schomburg und Sylvie M. Schomburg-Scherff, Frankfurt/M. 1986 [1909].
Vérin, Pierre
— *The History of Civilisation in North Madagascar*, Rotterdam 1986 [1972].
Vernant, Jean-Pierre

— *Myth and Thought among the Greeks*, London 1983 [1965].
Vig, Lars
— *Charmes: Spécimens de magie malgache*, Oslo 1969.
Vlastos, Gregory
— »On Heraclitus«, in: Allen, Reginald E. und Furley, David J. (Hg.): *Studies in Presocratic Philosophy: The Beginnings of Philosophy*, New York 1970, S. 413–423.
Vogt, Evon Z. und Albert, Ethel M. (Hg.)
— *The People of Rimrock: A Study of Values in Five Cultures*, Cambridge 1966.
Vogt, W. Paul
— »Obligation and Right: The Durkheimians and the Sociology of Law«, in: Besnard, Philippe (Hg.): *The Sociological Domain: The Durkheimians and the Founding of French Sociology*, Cambridge 1983, S. 177–198.
Vygotsky, Lev S.
— *Mind in Society: The Development of Higher Psychological Processes*, Cambridge 1978.

Wagner, Roy
— *The Invention of Culture*, Englewood Cliffs 1975.
— *Lethal Speech*, Ithaca 1978.
— *Symbols that Stand for Themselves*, Chicago 1986.
Walens, Stanley
— *Feasting with Cannibals: An Essay on Kwakiutl Cosmology*, Princeton 1981.
Wallace, Anthony F. C.
— »Revitalization Movements«, in: *American Anthropologist*, 58, 2, 1956, S. 264–281.
— »Dreams and Wishes of the Soul: A Type of Psychoanalytic Theory among the Seventeenth Century Iroquois«, in: *American Anthropologist*, 60, 2, 1958, S. 234–248.
— *The Death and Rebirth of the Seneca*, New York 1969.
Wallace, Paul A. W.
— *The White Roots of Peace: The Iroquois Book of Life*, Philadelphia 1946.
Waterman, Thomas T.
— »Some Conundrums in Northwest Coast Art«, in: *American Anthropologist*, 25, 4, 1923, S. 435–451.
Weber, Max
— *Wirtschaft und Gesellschaft: Grundriß der verstehenden Soziologie*, 1. Halbband, Tübingen 1976 [1921].
Weeden, William B.
— *Indian Money as a Factor in New England Civilization*, Baltimore 1884 [Nachdruck 2009].
Weiner, Annette B.
— *Women of Value, Men of Renown: New Perspectives on Trobriand Exchange*, Austin 1976.

— »The Reproductive Model in Trobriand Society«, in: Specht, Jim und White, J. Peter (Hg.): *Trade and Exchange in Oceania and Australia*, Sydney 1978, S. 175–186.
— »Reproduction: A Replacement for Reciprocity«, in: *American Ethnologist*, 7, 1980, S. 71–85.
— »Sexuality among the Anthropologists: Reproduction among the Informants«, in: Poole, Fitz John P. und Herdt, Gilbert H. (Hg.): *Sexual Antagonism, Gender and Social Change in Papua New Guinea*, Adelaide 1982.
— »Inalienable Wealth«, in: *American Ethnologist*, 12, 1985, S. 210–227.
— *The Trobrianders of Papua New Guinea*, New York 1988.
— *Inalienable Possessions: The Paradox of Keeping-while-Giving*, Berkeley 1992.
— »Cultural Difference and the Density of Objects«, in: *American Ethnologist*, 21, 1994, S. 391–403.
Weiner, James F.
— *The Heart of the Pearlshell: The Mythological Dimension of Foi Sociality*, Berkeley 1988.
Weiss, Brad
— *The Making and Unmaking of the Haya Lived World: Consumption, Commoditization, and Everyday Practice*, Durham 1996.
White, John
— »Maori Customs and Superstitions«, in: Gudgeon, Thomas (Hg.): *The History and Doings of the Maoris: From the Year 1820 to the Signing of the Treaty of Waitangi in 1840*, Auckland 1885, S. 95–225.
— *The Ancient History of the Maori: His Mythology and Traditions*, 6 Bde., Wellington 1887–90.
Widerspach-Thor, Martine de
— »The Equation of Copper: In Memory of Wilson Duff«, in: Abbott, Donald N. (Hg.): *The World is as Sharp as a Knife: An Anthology in Honour of Wilson Duff*, Victoria 1981, S. 157–174.
Wiener, Margaret J.
— *Visible and Invisible Kingdoms: Power, Magic and Colonial Conquest in Bali*, Chicago 1995.
Williams, William
— *A Dictionary of the New Zealand Language*, Wellington 1844.
Williamson, W. L.
— »Kumara Lore«, in: *Journal of the Polynesian Society*, 22, 1913, S. 36–41.
Wilson, Monica
— »Witch Beliefs and Social Structure«, in: Marwick, Max (Hg.): *Witchcraft and Sorcery*, Harmondsworth 1970, S. 252–263.
Wolf, Eric R.
— *Die Völker ohne Geschichte: Europa und die andere Welt seit 1400*, übers. v. Niels Kadritzke, Frankfurt/M. 1986 [1982].
— *Envisioning Power: Ideologies of Dominance and Crisis*, Berkeley 1999.